CW01335711

Pour Michaël (Pakenham)
mon ami *Ducta. Panta*
en le remerciant de tous
ses conseils

Ce
/ TRISTAN CORBIÈRE
plus vif et repris
que ne le laisseraient penser ces
500 p.

amicalement
11 mai 2011

Du même auteur

L'Écho traversé, poèmes, G. Chambelland, 1968, nouv. éd. Le Castor Astral et La Rivière Échappée, 1995.

La France frénetique de 1830, Phébus, 1978.

Le Champ d'écoute, essais critiques, La Baconnière, 1985.

Ni même, poèmes, Ubacs, 1986.

Pétrus Borel, un auteur provisoire, PUL, 1986.

D'hier, poèmes, La Rivière Échappée, 1989.

La Littérature fantastique, PUF, « Que sais-je ? », 1990.

Aujourd'hui de nouveau, poésies, Ubacs, 1990.

La Poésie et ses raisons, essais critiques, José Corti, 1990.

Arthur Rimbaud. Une question de présence, Tallandier, 1991 (prix de l'Académie française) ; New York, Welcome Rain, 2000 ; Tokyo, Suïseisha, 1998 ; Shangaï, Éditions du Peuple, 2008.

Chute libre dans le matin, poésies et poèmes, Le Castor Astral, 1994.

André Breton et les surprises de l'Amour fou, PUF, « Le texte rêve », 1994.

Signets, essais critiques sur la poésie du XVIIIe au XXe siècle, José Corti, 1995.

Le Mois de janvier, récit, Le Castor Astral, 1996.

Stéphane Mallarmé. L'absolu au jour le jour, Fayard, 1998. Prix H. Mondor de l'Académie française et prix P.-G. Castex de l'Institut.

Les Femmes de Rimbaud, éd. Zulma, 1999.

Les Réseaux poétiques, essais critiques, José Corti, 2000.

La Ligne de ciel, poésies, Le Castor Astral, 2000.

N'Essences, proses, éd. Apogée, 2001.

Pétrus Borel, vocation poète maudit, Fayard, 2002.

Jusqu'à, poésies, Le Castor Astral, 2003.

Philippe Jaccottet, Seghers, « Poètes d'aujourd'hui », 2003.

Les Temps sont venus, essais, éd. Cécile Defaut, 2006.

Courbet, essai, Virgile, 2007.

Reconnaissances, essais, éd. Cécile Defaut, 2008.

Le jeu tigré des apparences, poèmes et poésies, Le Castor Astral, 2008, grand prix de poésie de la SGDL et prix Paul Verlaine de l'Académie française.

Œuvres complètes de Lautréamont, édition, préface et notes, Gallimard, Bibliothèque de la Pléiade, 2009.

Les poètes de l'« île verte », anthologie, La Passe du vent, 2010.

Le Dépositaire suivi de *Lignes de Crète III*, poésies, Le Castor Astral, 2011.

Jean-Luc Steinmetz

Tristan Corbière

« Une vie à-peu-près »

Ouvrage publié avec le concours du Centre National du Livre

Fayard

© Librairie Arthème Fayard, 2011.
ISBN : 978-2-213-63110-3

« Dans l'effroyable translation "de l'utérus au sépulcre" qu'on est convenu d'appeler cette vie »

Léon Bloy (*Belluaires et porchers*)

« Il ne ressembla jamais tout à fait à sa légende, mais il s'en approcha. »

Jorge Luis Borges
(*Histoire universelle de l'infamie*)

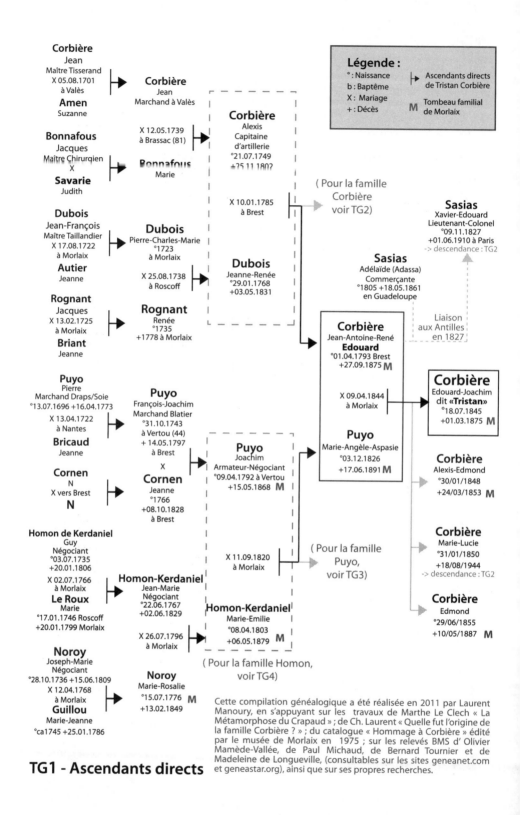

Légende :
° : Naissance
b : Baptême
X : Mariage
+ : Décès

➤ Ascendants directs de Tristan Corbière

M Tombeau familial de Morlaix

Corbière
Jean
Maître Tisserand
X 05.08.1701
à Valès
Amen
Suzanne

Corbière
Jean
Marchand à Valès

X 12.05.1739
à Brassac (81)

Bonnafous
Jacques
Maître Chirurgien
X
Savarie
Judith

Bonnafous
Marie

Corbière
Alexis
Capitaine
d'artillerie
°21.07.1749
+25.11.1802?

(Pour la famille
Corbière
voir TG2)

Sasias
Xavier-Edouard
Lieutenant-Colonel
°09.11.1827
+01.06.1910 à Paris
-> descendance : TG2

X 10.01.1785
à Brest

Dubois
Jean-François
Maître Taillandier
X 17.08.1722
à Morlaix
Autier
Jeanne

Dubois
Pierre-Charles-Marie
°1723
à Morlaix

X 25.08.1738
à Roscoff

Dubois
Jeanne-Renée
°29.01.1768
+03.05.1831

Sasias
Adélaïde (Adassa)
Commerçante
°1805 +18.05.1861
en Guadeloupe

Rognant
Jacques
X 13.02.1725
à Morlaix
Briant
Jeanne

Rognant
Renée
°1735
+1778 à Morlaix

Corbière
Jean-Antoine-René
Edouard
°01.04.1793 Brest
+27.09.1875 **M**

Liaison
aux Antilles
en 1827

Corbière
Edouard-Joachim
dit «**Tristan**»
°18.07.1845
+01.03.1875 **M**

Puyo
Pierre
Marchand Draps/Soie
°13.07.1696 +16.04.1773
X 13.04.1722
à Nantes
Bricaud
Jeanne

Puyo
François-Joachim
Marchand Blatier
°31.10.1743
à Vertou (44)
+ 14.05.1797
à Brest

X

X 09.04.1844
à Morlaix

Cornen
N
X vers Brest
N

Cornen
Jeanne
°1766
+08.10.1828
à Brest

Puyo
Joachim
Armateur-Négociant
°09.04.1792 à Vertou
+15.05.1868 **M**

Puyo
Marie-Angèle-Aspasie
°03.12.1826
+17.06.1891 **M**

Corbière
Alexis-Edmond
°30/01/1848
+24/03/1853 **M**

Homon de Kerdaniel
Guy
Négociant
°03.07.1735
+20.01.1806
X 02.07.1766
à Morlaix
Le Roux
Marie
°17.01.1746 Roscoff
+20.01.1799 Morlaix

Homon-Kerdaniel
Jean-Marie
Négociant
°22.06.1767
+02.06.1829

X 11.09.1820
à Morlaix

(Pour la famille
Puyo,
voir TG3)

Corbière
Marie-Lucie
°31/01/1850
+18/08/1944
-> descendance : TG2

Noroy
Joseph-Marie
Négociant
°28.10.1736 +15.06.1809
X 12.04.1768
à Morlaix
Guillou
Marie-Jeanne
°ca1745 +25.01.1786

Homon-Kerdaniel
Marie-Emilie
°08.04.1803
+06.05.1879 **M**

X 26.07.1796
à Morlaix

Noroy
Marie-Rosalie
°15.07.1776 **M**
+13.02.1849

(Pour la famille Homon,
voir TG4)

Corbière
Edmond
°29/06/1855
+10/05/1887 **M**

TG1 - Ascendants directs

Cette compilation généalogique a été réalisée en 2011 par Laurent Manoury, en s'appuyant sur les travaux de Marthe Le Clech « La Métamorphose du Crapaud » ; de Ch. Laurent « Quelle fut l'origine de la famille Corbière ? » ; du catalogue « Hommage à Corbière » édité par le musée de Morlaix en 1975 ; sur les relevés BMS d' Olivier Mamède-Vallée, de Paul Michaud, de Bernard Tournier et de Madeleine de Longueville, (consultables sur les sites geneanet.com et geneastar.org), ainsi que sur ses propres recherches.

L'acte de mariage du « Sieur » Jean Corbière avec Marie Bonnafous nous apprend que ce dernier renonce « à toutes les hérésies et notamment à celle de Calvin ». Jean porte le titre « de Peyrolle »* sur certains actes, tandis que son fils Alexis, aussi qualifié de « Sieur » porte parfois le nom composé « Corbière-Verdayron ». Ce nom de Verdayron viendrait d'une terre de la commune de Castelnau de Brassac (voir à ce sujet l'article « Quelle fut l'origine de la famille Corbière ? » par Ch. Laurent).
*Il naissait en 1618 à Ambialet (81) un Jean de Corbière, Sieur de Peyrolles, père de Jean de Corbière, Sieur de la Croix, la filliation n'est cependant pas établie.

Corbière
Jean
Marchand à Valès

X 12.05.1739
à Brassac (81)

Bonnafous
Marie

Corbière
Alexis
Capitaine
d'artillerie
°21.07.1749
+28.11.1802

X 10.01.1785
à Brest

Dubois
Jeanne-Renée
°29.01.1768
+03.05.1831

Corbière
Rose-Antoinette-Reine
°1785 +1826

Corbière
Antoine-Louis
°1787 +1791

Corbière
Pierre-Alexis
°1800 +1833

Crocquet
Louise Marcelline
°03.04.1834
(en Guadeloupe)

X 27.07.1859
à St Pierre le Fort
(Martinique)

Sasias
Xavier-Edouard
Lieutenant-Colonel
°09.10.1827
+16.05.1910 à Paris

Sasias
Jeanne
°1863
X
Kendiczka N

Sasias
Georges
°1865
+29.11.1919
à Vergt (24)
X
Cazac Jeanne
-> descendance

Sasias
Victor
°1867
Administrateur en chef
des Colonies
X
Godet Pauline
-> descendance

Sasias
Louis Raoul François
°18.06.1869 (Cherbourg)
+18.03.1899 (Vietnam)
Artiste lyrique

Sasias
Adélaïde dite «Adassa»
Commerçante
°1805 +18.05.1861
en Guadeloupe

Liaison
aux Antilles
en 1827

Sasias
Gabrielle dite «Gaby»
°1870
X
Merle Joseph
-> descendance

(Voir TG3)

Puyo
Joachim
Armateur-Négociant
°09.04.1792 à Vertou
+15.05.1868 **M**

X 11.09.1820
à Morlaix

Homon-Kerdaniel
Marie-Emilie
°08.04.1803
+06.05.1879 **M**

(Voir TG4)

Corbière
Jean-Antoine-René
Edouard
°01.04.1793 Brest
+27.09.1875

X 09.04.1844
à Morlaix

Puyo
Marie-Angèle-Aspasie
°03.12.1826
+17.06.1891

Corbière
Edouard-Joachim
dit « **Tristan** »
°18.07.1845
+01.03.1875 **M**

Corbière
Alexis-Edmond
°30/01/1848
+24/03/1853 **M**

Corbière
Edmond
°29/06/1855
+10/05/1887 **M**

Corbière
Marie-Lucie
°31/01/1850
+18/08/1944

X 05.02.1870

Vacher
Aimé Pierre
Alexandre
°11/08/1844
+17/02/1929

Vacher
Jeanne-Marie-Lucie
°08.08.1870 + Nov1915

Vacher
Marguerite-Marie-A.
°14.03.1872 +24.8.1961
X
Vince
Comte Léon-Paul
°1864 +1946
-> descendance

Vacher
Lucie-Marie-A.-Amélie
°21/2/1873+15.12.1961
X1 11.02.1903 Morlaix
Massenet
Henri-Marie-Augustin
°1869 +1913
X2 17.08.1921
Prodhomme
Léopold
°1861 +1934

Vacher
Pierre-Edouard-Joseph
°14.4.1877 +27.6.1891

Vacher-Corbière*
Christian
°19.3.1878 +1891

Vacher-Corbière*
Jean
Consul de France
à Dublin
°05.08.1886 +1977
X 1922
Mather
Dorothée dite « Dolly »
°1899 +1984
-> descendance

Vacher
Laurent
X
Potier
Catherine

Vacher
Pierre
°07.06.1768
+23.03.1847

X

Richard du Plessis
Françoise Aimée
+19.10.1813 à Brest

Vacher
Pierre-Aimé
°07.10.1806
+06.05.1874

X 04.09.1843
à Morlaix

Moreau de Lizorieux
Virginie Marie Victoire
°24.03.1820
+1879

*Autorisation
d'adjoindre le
nom Corbière
par décret du
08.02.1919

TG2 - Famille Corbière

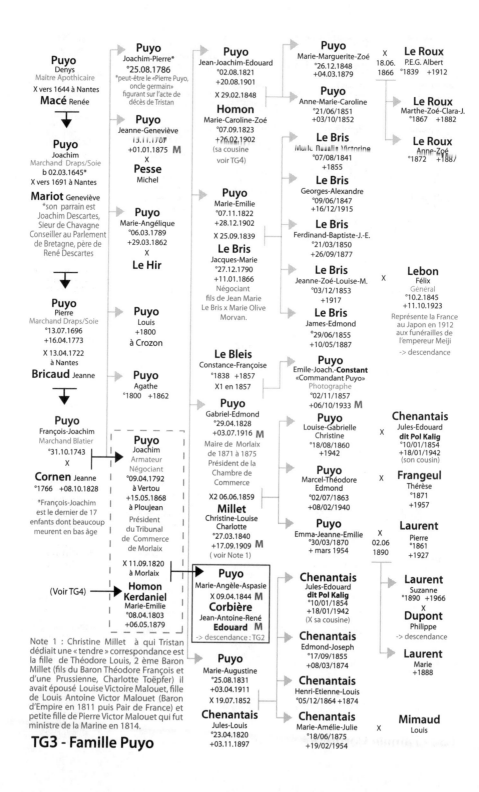

Puyo
Denys
Maître Apothicaire
X vers 1644 à Nantes
Macé Renée

Puyo
Joachim
Marchand Draps/Soie
b 02.03.1645*
X vers 1691 à Nantes
Mariot Geneviève
*son parrain est
Joachim Descartes,
Sieur de Chavagne
Conseiller au Parlement
de Bretagne, père de
René Descartes

Puyo
Pierre
Marchand Draps/Soie
°13.07.1696
+16.04.1773
X 13.04.1722
à Nantes
Bricaud Jeanne

Puyo
François-Joachim
Marchand Blatier
°31.10.1743
X
Cornen Jeanne
°1766 +08.10.1828
*François-Joachim
est le dernier de 17
enfants dont beaucoup
meurent en bas âge

(Voir TG4)

Puyo
Joachim-Pierre*
°25.08.1786
*peut-être le «Pierre Puyo,
oncle germain»
figurant sur l'acte de
décès de Tristan

Puyo
Jeanne-Geneviève
13.11.1787
+01.01.1875 M
X
Pesse
Michel

Puyo
Marie-Angélique
°06.03.1789
+29.03.1862
X
Le Hir

Puyo
Louis
+1800
à Crozon

Puyo
Agathe
°1800 +1862

Puyo
Joachim
Armateur
Négociant
°09.04.1792
à Vertou
+15.05.1868
à Ploujean
Président
du Tribunal
de Commerce
de Morlaix
X 11.09.1820
à Morlaix
**Homon
Kerdaniel**
Marie-Emilie
°08.04.1803
+06.05.1879

Puyo
Jean-Joachim-Edouard
°02.08.1821
+20.08.1901
X 29.02.1848
Homon
Marie-Caroline-Zoé
°07.09.1823
+26.02.1902
(sa cousine
voir TG4)

Puyo
Marie-Emilie
°07.11.1822
+28.12.1902
X 25.09.1839
Le Bris
Jacques-Marie
°27.12.1790
+11.01.1866
Négociant
fils de Jean Marie
Le Bris x Marie Olive
Morvan.

Le Bleis
Constance-Françoise
°1838 +1857
X1 en 1857

Puyo
Gabriel-Edmond
°29.04.1828
+03.07.1916 M
Maire de Morlaix
de 1871 à 1875
Président de la
Chambre de
Commerce
X2 06.06.1859
Millet
Christine-Louise
Charlotte
°27.03.1840
+17.09.1909 M
(voir Note 1)

Puyo
Marie-Angèle-Aspasie
X 09.04.1844 M
Corbière
Jean-Antoine-René
Edouard M
-> descendance : TG2

Puyo
Marie-Augustine
°25.08.1831
+03.04.1911
X 19.07.1852
Chenantais
Jules-Louis
°23.04.1820
+03.11.1897

Puyo
Marie-Marguerite-Zoé
°26.12.1848
+04.03.1879

Puyo
Anne-Marie-Caroline
°21/06/1851
+03/10/1852

Le Bris
Marie Rosalie Victorine
°07/08/1841
+1855

Le Bris
Georges-Alexandre
°09/06/1847
+16/12/1915

Le Bris
Ferdinand-Baptiste-J.-E.
°21/03/1850
+26/09/1877

Le Bris
Jeanne-Zoé-Louise-M.
°03/12/1853
+1917

Le Bris
James-Edmond
°29/06/1855
+10/05/1887

Puyo
Emile-Joach.-**Constant**
«Commandant Puyo»
Photographe
°02/11/1857
+06/10/1933 M

Puyo
Louise-Gabrielle
Christine
°18/08/1860
+1942

Puyo
Marcel-Théodore
Edmond
°02/07/1863
+08/02/1940

Puyo
Emma-Jeanne-Emilie
°30/03/1870
+ mars 1954

Chenantais
Jules-Edouard
dit Pol Kalig
°10/01/1854
+18/01/1942
(X sa cousine)

Chenantais
Edmond-Joseph
°17/09/1855
+08/03/1874

Chenantais
Henri-Etienne-Louis
°05/12/1864 +1874

Chenantais
Marie-Amélie-Julie
°18/06/1875
+19/02/1954

X 18.06. 1866

Le Roux
P.E.G. Albert
°1839 +1912

Le Roux
Marthe-Zoé-Clara-J.
°1867 +1882

Le Roux
Anne-Zoé
°1872 +1887

X
Lebon
Félix
Général
°10.2.1845
+11.10.1923
Représente la France
au Japon en 1912
aux funérailles de
l'empereur Meiji
-> descendance

Chenantais
Jules-Edouard
dit Pol Kalig
°10/01/1854
+18/01/1942
(son cousin)

X
Frangeul
Thérèse
°1871
+1957

X
Laurent
Pierre
°1861
+1927

X 02.06 1890

Laurent
Suzanne
°1890 +1966
X
Dupont
Philippe
-> descendance

Laurent
Marie
+1888

X
Mimaud
Louis

Note 1 : Christine Millet à qui Tristan dédiait une « tendre » correspondance est la fille de Théodore Louis, 2 ème Baron Millet (fils du Baron Théodore François et d'une Prussienne, Charlotte Toëpfer) il avait épousé Louise Victoire Malouet, fille de Louis Antoine Victor Malouet (Baron d'Empire en 1811 puis Pair de France) et petite fille de Pierre Victor Malouet qui fut ministre de la Marine en 1814.

TG3 - Famille Puyo

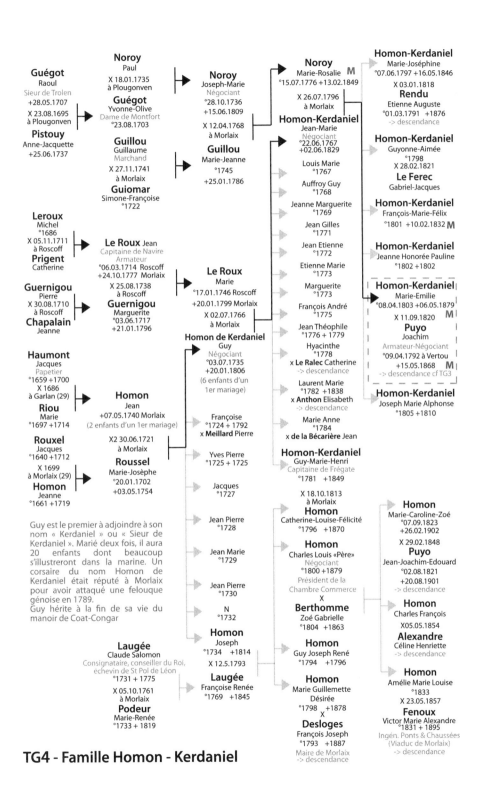

Guégot Raoul
Sieur de Trolen
+28.05.1707
X 23.08.1695 à Plougonven
Pistouy Anne-Jacquette
+25.06.1737

Noroy Paul
X 18.01.1735 à Plougonven
Guégot Yvonne-Olive
Dame de Montfort
°23.08.1703

Guillou Guillaume
Marchand
X 27.11.1741 à Morlaix
Guiomar Simone-Françoise
°1722

Noroy Joseph-Marie
Négociant
°28.10.1736
+15.06.1809
X 12.04.1768 à Morlaix
Guillou Marie-Jeanne
°1745
+25.01.1786

Noroy Marie-Rosalie **M**
°15.07.1776 +13.02.1849
X 26.07.1796 à Morlaix
Homon-Kerdaniel Jean-Marie
Négociant
°22.06.1767
+02.06.1829

Louis Marie °1767
Auffroy Guy °1768
Jeanne Marguerite °1769
Jean Gilles °1771
Jean Etienne °1772
Etienne Marie °1773
Marguerite °1773
François André °1775
Jean Théophile °1776 + 1779
Hyacinthe °1778 x **Le Ralec** Catherine -> descendance
Laurent Marie °1782 +1838 x **Anthon** Elisabeth -> descendance
Marie Anne °1784 x **de la Bécarière** Jean

Homon-Kerdaniel Marie-Joséphine
°07.06.1797 +16.05.1846
X 03.01.1818
Rendu Etienne Auguste
°01.03.1791 +1876
-> descendance

Homon-Kerdaniel Guyonne-Aimée
°1798
X 28.02.1821
Le Ferec Gabriel-Jacques

Homon-Kerdaniel François-Marie-Félix
°1801 +10.02.1832 **M**

Homon-Kerdaniel Jeanne Honorée Pauline
°1802 +1802

Homon-Kerdaniel Marie-Emilie
°08.04.1803 +06.05.1879 **M**
X 11.09.1820
Puyo Joachim
Armateur-Négociant
°09.04.1792 à Vertou
+15.05.1868 **M**
-> descendance cf TG3

Homon-Kerdaniel Joseph Marie Alphonse
°1805 +1810

Leroux Michel
°1686
X 05.11.1711 à Roscoff
Prigent Catherine

Le Roux Jean
Capitaine de Navire
Armateur
°06.03.1714 Roscoff
+24.10.1777 Morlaix
X 25.08.1738 à Roscoff
Guernigou Marguerite
°03.06.1717
+21.01.1796

Guernigou Pierre
X 30.08.1710 à Roscoff
Chapalain Jeanne

Le Roux Marie
°17.01.1746 Roscoff
+20.01.1799 Morlaix
X 02.07.1766 à Morlaix

Homon de Kerdaniel Guy
Négociant
°03.07.1735
+20.01.1806
(6 enfants d'un 1er mariage)

Homon-Kerdaniel Guy-Marie-Henri
Capitaine de Frégate
°1781 +1849
X 18.10.1813 à Morlaix
Homon Catherine-Louise-Félicité
°1796 +1870

Homon Charles Louis «Père»
Négociant
°1800 +1879
Président de la Chambre Commerce
X
Berthomme Zoé Gabrielle
°1804 +1863

Homon Guy Joseph René
°1794 +1796

Homon Marie Guillemette Désirée
°1798 +1878
X
Desloges François Joseph
°1793 +1887
Maire de Morlaix
-> descendance

Homon Marie-Caroline-Zoé
°07.09.1823
+26.02.1902
X 29.02.1848
Puyo Jean-Joachim-Edouard
°02.08.1821
+20.08.1901
-> descendance

Homon Charles François
X05.05.1854
Alexandre Céline Henriette
-> descendance

Homon Amélie Marie Louise
°1833
X 23.05.1857
Fenoux Victor Marie Alexandre
°1831 + 1895
*Ingén. Ponts & Chaussées
(Viaduc de Morlaix)*
-> descendance

Haumont Jacques
Papetier
°1659 +1700
X 1686 à Garlan (29)
Riou Marie
°1697 +1714

Homon Jean
+07.05.1740 Morlaix
(2 enfants d'un 1er mariage)
X2 30.06.1721 à Morlaix
Roussel Marie-Josèphe
°20.01.1702
+03.05.1754

Rouxel Jacques
°1640 +1712
X 1699 à Morlaix (29)
Homon Jeanne
°1661 +1719

Françoise °1724 + 1792 x **Meillard** Pierre
Yves Pierre °1725 + 1725
Jacques °1727
Jean Pierre °1728
Jean Marie °1729
Jean Pierre °1730
N °1732

Homon Joseph
°1734 +1814
X 12.5.1793
Laugée Françoise Renée
°1769 +1845

Laugée Claude Salomon
*Consignataire, conseiller du Roi,
échevin de St Pol de Léon*
°1731 + 1775
X 05.10.1761 à Morlaix
Podeur Marie-Renée
°1733 + 1819

Guy est le premier à adjoindre à son nom « Kerdaniel » ou « Sieur de Kerdaniel ». Marié deux fois, il aura 20 enfants dont beaucoup s'illustreront dans la marine. Un corsaire du nom Homon de Kerdaniel était réputé à Morlaix pour avoir attaqué une felouque génoise en 1789.
Guy hérite à la fin de sa vie du manoir de Coat-Congar

TG4 - Famille Homon - Kerdaniel

Préface

La dénomination de « poète maudit » n'est pas de celles qui peuvent le plus servir pour ranimer la mémoire que l'on a d'un écrivain. Elle procède à un sacre à rebours et risque de placer sous une enseigne tapageuse un ancien vivant dont ne demeure plus que l'œuvre, parvenue, bon gré mal gré, jusqu'à nous. De ces prétendus maudits on se demande toujours par qui et pour quoi. Verlaine, trouvant l'appellation et, pour ainsi dire, la promulguant, allait, par ces mots bien frappés et qui sonnent avec une certaine évidence, procéder à une révélation et, de cette même révélation, former un masque[1]. Comme s'il suffisait de prononcer l'expression « poètes maudits » pour que tout, d'une démarche, après tout inassimilable, fût homologué et clarifié. Chance en dernier lieu accordée à ceux qu'un oubli profond risquait d'ensevelir, et sanction immédiate qu'impose cette renommée perverse à plus ou moins bon escient attribuée.

Corbière, Rimbaud, Mallarmé, tel est le trio qu'en 1883-1884 il a rassemblé pour le meilleur et pour le pire. Mallarmé en Hamlet professeur d'anglais parlait encore devant un petit noyau de disciples, rue de Rome. Rimbaud restait dans le souvenir de plusieurs et le délai ne serait pas long avant que fussent publiées dans *La Vogue* ses *Illuminations*. Corbière, de loin, était le plus ignoré. Mort désormais. Inapprochable. Encore que des trois retenus par Verlaine seules ses *Amours jaunes* offrent l'aspect d'un véritable livre, non pas opuscule comme *Une saison en enfer*, ni tirage limité comme *L'Après-midi d'un faune*.

Sans même en être bien conscient, assez tôt je me suis senti tenu de mieux connaître la vie de Rimbaud et celle, si différente, de Mallarmé, comme si, à bien observer celles-là, quelque secret de l'opération poétique se livrerait à moi[2]. Ce furent d'assez toniques aventures où l'œuvre prend forme d'existence, sans être le calque des instants quotidiens, sans les ignorer non plus. L'ordinaire des jours se voyait intimement doublé par une poursuite insensée, quitte à ce qu'elle fît sens : encrapulement ou voyance pour l'un (bien que par la suite il soit retombé dans le quotidien sans pitié), événement même de la Littérature pour l'autre, élevée à la hauteur d'un coup de dés cosmique.

Pour Corbière, je devinai assez tôt que je risquai de me heurter à l'inénarrable, en raison de connivences si étroites que je n'avais plus rien à en dire. Ses *Amours jaunes* accompagnaient ma vie à tout bout de champ, sa laideur m'était familière comme la mienne ; une légende l'entourait, aussi recouvrante que celle de Rimbaud, substituant à toute possible vérité une fiction de haut vol, un goût inné de la parade. De Rennes, pendant vingt-trois ans, j'ai tenté maintes fois l'expédition corbiérienne jusqu'à Morlaix, jusqu'aux pointes finistériennes, en pensant que j'allais tout simplement le rencontrer. Mais, sitôt arrivé sur un lopin de lande ou un aber, en rade de Morlaix ou quai de Roscoff, un autre prenait sa place et Tristan se dérobait ; il me venait alors l'idée de raconter cette dérobade infinie – ce qui n'aurait élevé qu'un petit monument presque illisible à mon insatisfaction !

Aujourd'hui que « ma journée est faite », à l'heure du crépuscule des idoles, il m'est possible enfin de parler de Corbière en vertu de l'espèce de devoir qui prend parfois pour un homme figure d'accomplissement. Songer à ses dettes, vis-à-vis d'une Bretagne qui fut longtemps mon pays d'adoption, vis-à-vis d'un François Rannou, d'un Jacques Josse, d'un Yvon Le Men, d'un Christan Prigent et, plus encore, eu égard à moi, narrateur désormais des trois « maudits ». Au plus ignoré d'entre eux revient la place la plus grande, celle que ses biographes, très rares, très chiches, n'ont pu lui accorder « en gloire ». Une impressionnante disette de documents attend l'évocateur de Tristan, réduit à la portion congrue qu'imposèrent des pudeurs familiales, voire le désintérêt de tous. Après avoir lu le peu que laissèrent mes devanciers et parcouru pour la énième fois le viatique des *Amours jaunes* me vint l'assurance – vérifiée en d'autres cas – qu'une tonalité de base, qu'une couleur fondamentale devaient avant tout me guider, m'enchanter. Au fur et à mesure que les répétitions des on-dit faisaient autour de moi leurs rumeurs de crécelle et de pages froissées, il m'a semblé percevoir la nécessité de Corbière, placé dans son site et dans son écart, « posant » avec ce degré de sincérité auquel bien peu de lecteurs osent se montrer sensibles, car ils veulent fonder de lui une image uniquement parodique, alors qu'il forme un jeu où je est de la partie, d'instant en instant déplacé, sans perdre pour autant sa force primaire.

Faut-il l'avouer ? La biographie de Corbière, avant que je l'envisage sous certains angles, m'a paru longtemps inviable. Je ne nierai pas toutefois que cette impossibilité offrait quelque charme, la séduction du pôle inatteignable et l'illusion, latérale, qu'on finira par y venir. Au sein des réflexions évoquées plus haut, des certitudes s'élevaient, contradictoires et fondatrices. Non, Corbière n'est pas un bohème errant. C'est un fils à papa, par excellence, jouissant de tout l'argent de son père et adonné à un formidable farniente. Non, Corbière n'est pas seulement un poète. Il n'a cessé de pratiquer deux modes d'expression : la poésie et la peinture (ou le dessin) reliant l'une et l'autre et les enrichissant ainsi. Non, Corbière ne fut pas le « Breton bretonnant » acclamé par Verlaine, mais un touriste en verve (contre l'Italie) et un Parisien éprouvé, très chatnoiresque avant la lettre, tournant sept fois autour de la place Pigalle avant d'écrire rue Frochot un sonnet boiteux.

Cette triple contestation m'a permis – j'ose le croire – d'aller plus avant dans ce que le fil des jours lui réserva : la fréquentation des oncles et tantes, ses relations avec les peintres, ses pleines heures du IXe arrondissement où la « dèche » ne vint jamais le menacer. L'homme en ce cas ne dressait pas une silhouette d'épouvantail solitaire. Il était l'individu social, fréquentable en dépit de ses humeurs, un copain à la Murger, un rapin d'occasion qui se plaisait à voir ses semblables descendre du train de Paris. Plusieurs autres mondes ouvrent ici leurs domaines, guère parcourus par mes prédécesseurs, plus attentifs à Corbière qu'à son entourage et le transformant vite en Armoricain convaincu, incapable de vivre loin de son Roscoff ou du quai de Tréguier.

Le génie de Tristan est sans exemple, soit. Car – et quelque gêne peut en naître – il ne concède qu'à peine à la littérature, malgré son art consommé du vers et la sûreté exceptionnelle qu'il montre dans l'agencement des formes. Quel que soit le désir qui l'entraîne, il s'empresse de tout verser dans l'indifférence. Il n'y a pas de grandeur chez lui, sinon dans la constante défection de l'être sans laquelle on ne saurait recomposer sa vie. Faire avec le *manque*, en familier de *l'inutile*. Autant de termes qui n'ont pas bonne presse auprès des individus rentables que l'on nous conseille d'être. Tristan face à cela propose une abstention confondante qui n'est pas même un programme. Après coup, j'oserais affirmer que de cette attitude, de cette réserve (éclatant parfois en fêtes vaines, en rages fulgurantes) beaucoup me vint – aliment qui ne sustente pas les belles phrases ni ne favorise les rodomontades critiques.

Le plus étonnant, sans doute, est que frôlant l'image convenue pour la griffer, détournant ce qui paraissait être la bonne ligne droite, je touchai la zone où Tristan avait précisément à se révéler, zone placée dans l'immanence, tout étant là, donné, mais quasi invisible.

La rencontre se fit, progressive, avec trois jeunes chercheurs dont deux ne le connaissaient que de loin. Laurent Manoury, l'historien généalogiste, s'était occupé de l'hôtel des Battine (les amis du Tristan des dernières années)[3]. Sébastien Quéquet travaillait à l'INHA et venait d'achever un master sur Jean-Louis Hamon, le peintre qui invita Tristan à Capri[4] Benoît Houzé, enfin, à ce moment de coïncidence presque parfaite où je décidai sans trop d'appréhension d'écrire une vie de Corbière, achevait de son côté un master concernant l'auteur des *Amours jaunes*[5]. La liste est longue de ce que depuis il découvrit, et la conjonction de nos efforts permit d'exhumer enfin ce que je considérai alors comme l'objet propédeutique à toute nouvelle étude sur Corbière : l'Album Louis Noir[6].

Sans l'apport de ceux-là qui, à des titres divers, ont répondu à mes suggestions, ce « Corbière » n'aurait pu prendre l'importance qu'il a désormais. Faut-il rappeler, en effet, que jusqu'à une époque récente, les biographies le concernant se réduisaient à peu de choses, l'œuvre ayant en quelque sorte pris le pas sur la vie, dans la mesure où elle semblait en exprimer la quintessence. Il en est résulté fort tôt une projection de l'écrit sur l'existence présumée, au point de suppléer systématiquement à de nombreuses lacunes. Les enquêtes les plus sommaires qui auraient pu avoir lieu du temps de Corbière auprès de ses descendants ne furent pas menées avec l'obstination souhaitable, d'autant plus que les familles se faisaient un devoir de rendre honorable ce Tristan atypique et donc de taire tant bien que mal ses éventuels écarts de conduite. À ce compte il n'est que trop certain qu'une partie de la correspondance fut détruite avec un soin pieu qui visait à en éliminer les probables gravelures. Quatre lettres seulement subsistent de la période qui va de 1863 à 1875, année de la mort, soit douze années – ce qui est à peu près sans exemple pour des écrivains de cette époque[7] et ce qui, bien entendu, a empêché le développement de tout projet biographique d'envergure. En revanche fut conservée la correspondance écrite durant les années scolaires (de 1859 à 1862). De là une inflation (si l'on peut dire) des renseignements concernant l'adolescent, apport non négligeable, mais assurément difficile à gérer[8] pour quiconque souhaite écrire une biographie équilibrée – si pareil adjectif convient, en l'occurrence.

La célébrité de Tristan ne fut pas telle qu'on éprouvât le besoin de mieux le connaître. *Les Amours jaunes*, son seul livre, y suffisaient, en offrant ce qui se présentait non pas comme le « journal d'une âme », à l'instar des *Contemplations* de Victor Hugo, mais comme celui d'un corps et d'une sensibilité torturée par son éros inassouvi. Verlaine, le révélateur, s'est borné à donner quelques détails soufflés par le cousin Pol Kalig, que l'on s'est plu à répéter avec une apathique ferveur pendant un long demi-siècle. Les lecteurs s'en contentaient. Vanier l'éditeur en ajouta plusieurs autres que précisèrent parfois de jeunes écrivains, comme Jean Ajalbert, dans des articles brefs[9]. Le tout se résumait à trois quatre idées (Tristan Breton et marin. Tristan malade. Il s'éprit d'une certaine Marcelle. Il publia chez les Glady, éditeurs d'ouvrages érotiques.) Gourmont dirigera l'attention sur Édouard le père, romancier maritime. Il faut attendre 1904, toutefois, pour que René Martineau écrive la première biographie[10] qui contienne les éléments minimaux concernant l'identité de Corbière et recueille d'ultimes informations. Rien de bien neuf, hélas ! sinon l'initiative prise, que compléteront plusieurs articles de Léon Durocher, un ancien du *Chat noir*, breton de surcroît qui, entrant en contact avec les derniers témoins, Jean Benner et Camille Dufour apporta quelques précisions indispensables sur le voyage de Tristan à Capri et ses différents séjours à Paris[11]. Il était bien tard cependant et l'essentiel témoignage de Camille Dufour n'aura pas de suite. Faute d'avoir reconstitué le réseau des amitiés de Tristan avec les peintres, le silence plane définitivement aussi (je le crains) sur Gaston Lafenestre avec qui devait être réalisé l'Album Noir.

En 1925 R. Martineau se servant d'informations récentes, notamment celles fournies par Durocher, fait éditer au Divan sa deuxième biographie de Corbière, dédiée à Pol Kalig[12]. Il a pu bénéficier alors, grâce à Mme et M. Levacher-Corbière de plusieurs lettres de Tristan collégien et de l'album de caricatures possédé par Many Benner, la partie proprement biographique restant bien mince (de la page 29 à la page 80), même si la précède un bref chapitre sur « Corbière l'ancien ».

Je vois néanmoins, quelque cinq ans plus tard, une biographie comme on les aime malgré leurs inexactitudes, mue par le courant inventif de l'écriture, sous la plume d'Alexandre Arnoux[13] qui recrée autour de Tristan le monde de Morlaix et fournit la preuve, une fois encore, que ces éléments de décor confèrent à une vie une partie de son caractère – non pas résultante du site et de la race, mais impressions durables sur une pensée en formation.

Dans les années cinquante on constate une reprise du projet biographique autour de Corbière, qu'il s'agisse de la trop courte étude de Jean de Trigon[14] qui, à la même époque, a le mérite de mettre en lumière l'un des maîtres *in partibus* de Corbière, Gabriel de la Landelle[15], ou du petit volume des « Poètes d'aujourd'hui » dû à Jean Rousselot, grâce auquel toute une génération, la mienne, eut accès aux *Amours jaunes*[16]. Yves-

Marie Gérard Le Dantec venait d'en procurer une édition nouvelle dans la collection blanche chez Gallimard[17], cependant qu'en Angleterre, Ida Levi soutenait à Oxford une thèse restée inédite : « Tristan Corbière, a biographical and critical study », résultat de nouvelles investigations (s'y trouvait décrit l'exemplaire personnel des *Amours jaunes* corrigé par Corbière et enrichi de nombreux inédits)[18].

Ce fut aussi bientôt pour Jean Vacher-Corbière l'occasion de rétablir une part de vérité sur la réalité familiale vécue par Tristan nullement en opposition avec son père comme Jean Rousselot, recourant à une psychanalyse sommaire, l'avait laissé entendre. *Portrait de famille*[19] rendait également leur place aux amis de l'adolescence, Aimé Vacher et Ludovic Alexandre. Vers cette époque le père Francis F. Burch, ainsi qu'Albert Sonnenfeld de l'Université de Princeton, rassemblèrent les lettres du lycéen et certaines d'Édouard père à son fils[20]. Il était dès lors possible d'établir une première publication des Œuvres complètes de Corbière dans la prestigieuse collection de la Bibliothèque de La Pléiade. Celle-là fut faite par les soins de Pierre-Olivier Walzer et de Francis Burch[21]. Elle continue de constituer le corpus fondamental auquel il convient de se reporter. Cependant, une enquête essentielle menée à Capri (pur et simple retour aux sources incompréhensiblement négligé jusqu'alors) allait donner lieu aux révélations du professeur P.A. Jannini exposées dans son *Un altro Corbière*[22] qui, non seulement montrait les premiers états des poèmes recopiés sur l'Album de l'Hôtel Pagano, mais découvrait les traces d'un second voyage accompli à Capri. La vie de Tristan apparaissait alors sous un double jour qui la plaçait pour un temps à distance d'une Bretagne marâtre dont je ne nie pas, toutefois, qu'il ne se soit voulu avec constance et affectation le fils prodigue.

Vint l'année commémorative du centenaire de la mort et l'*Hommage à Corbière* du Musée de Morlaix[23] où firent surface, en fac-similé, deux lettres inédites de Tristan qui projetaient un éclairage complémentaire sur le Corbière du voyage italien, quand le poète les rédigea, l'une pour ses parents, l'autre pour sa tante Émilie Le Bris. Plusieurs reproductions de photos et de dessins découverts conféraient au poète une dimension insoupçonnée, celle du peintre en gésine et du dessinateur satirique. Ce sont elles qui, collectées et repensées, furent pour ainsi dire réactivées par moi sous l'angle d'une vision biographique.

L'ouvrage de Marthe Le Clech et de François Yven[24], demeuré trop confidentiel par le vœu même de ses auteurs, est venu en son temps (1995) pour produire au jour une documentation considérable (et fiable) sur Tristan, sa famille, ses lieux de Bretagne. Attentif au milieu morlaisien, il juxtapose des éléments où la passion cartophilique l'emporte parfois sur les aléas d'une destinée. Il concentre un matériau premier, à l'abri de toutes les vagues superstructures de la légende, mais il n'est pas sûr que Tristan le hante ni s'y retrouve. On y déchiffre, en outre, avec une curiosité bien légitime la plus grande partie d'une lettre adressée de Roscoff à Christine, où quelques données précisent enfin une image de Tristan dans ce port éloigné : manières d'être, voisinage, inflation ou détresse sentimentales.

En 1995, une autre exposition au Musée des Jacobins[25] entendait de nouveau rappeler la mémoire de celui qui se présenta comme un « poète en dépit de ses vers », et Fabienne Le Chanu à cette occasion fit le point sur la vie de celui-là, sans éviter les indispensables répétitions (comme un obsédant leitmotiv) ni, pour autant, renforcer la légende.

Une décennie plus tard, répondant à une sommation toute intérieure, celle qui coïncide avec le moment voulu et venu, je décidai d'écrire le troisième volume de mon implicite trilogie, veillé par cette autre silhouette maléfique : Pétrus Borel[26]. Et, de ce jour, les découvertes se succédèrent, jamais décisives pour la plupart, mais toujours incitatrices, grâce auxquelles s'étendait le champ d'action de Tristan : Finistère Sud, Capri, Rome, Gênes, la Provence, Paris, le Paris de Montmartre et de ses environs et les bourgades en marge de la forêt de Fontainebleau, sans compter les terres mancelles des Aiguebelles. Des éléments inédits venaient à point pour illustrer des intuitions, comme ceux que propagèrent la vente Alde du 20 juin 2007[27] (exposés un an auparavant dans le parloir du lycée Clemenceau de Nantes) et la relecture par Benoît Houzé de l'exemplaire des *Amours jaunes* ayant appartenu à Tristan.

Demeurait, ciblé depuis quelque temps par B. Houzé et moi-même, l'Album Noir, décrit avec suffisamment de précisions par Martineau, puis par Micha Grin[28], pour qu'on estimât n'avoir pas affaire à un mythe supplémentaire (une sorte de « Chasse spirituelle », en puissance). La découverte de ce nouvel ensemble, au moment même où j'achevais mon livre, fournit la dernière preuve attendue pour vérifier l'approximative justesse des pages que j'avais écrites jusque-là.

Je m'en voudrais de signifier que Corbière apparaît désormais en pleine lumière. À supposer qu'on réussisse pareille entreprise, je suppose que lui-même aurait refusé un tel rôle, une telle *exposition*. Par scrupule et franchise, ajoutons que, si j'ai souhaité restituer une présence, le biographe que j'ai tenté d'être n'a été en mesure de le faire qu'après avoir essayé de pourvoir d'une *anima* le compte, le décompte et la somme, par delà le simple recensement et l'exactitude. C'est pourquoi je n'éprouve nul regret d'avoir outrepassé le seul constat comptable pour m'aventurer dans l'hypothétique, en songeant quelle chance il a de rencontrer le vrai ou le réel. À l'impardonnable romanesque qui enchante trop facilement les vies lorsqu'on ne sait qu'en dire, j'ai substitué le pressentiment et le souffle du probable, souvent relayé, du reste, par les poèmes de Tristan (ce livre vie) qui viennent à point pour éclaircir les questions implicitement posées et sont, de ce fait, d'admirables *répondants*. Exercice dangereux que l'on serait en droit de me reprocher, quand l'imagination supplée au vrai et risque de céder à une forme d'ivresse compensatoire. À côté des biographies de Tristan qui se réduisent, en réalité, à quelques pages obligées où l'on éprouve vite le manque d'air (à moins que nous irrite la surenchère pire d'un Tristan au cube caricaturant sa caricature), en marge aussi des méditations et des vues d'Henri Thomas et de Gérard Macé[29], frères en poésie comme il y eut des « frères-la-côte », je propose une durée aussi bien qu'une endurance, la représentation d'un théâtre d'ombres sur un écran dont je souhaite souvent qu'il se crève, pour donner sur le grand large... du poème. Une respiration, non moins. Entrecoupée de rires. Et, pour reprendre le titre de l'enseigne, une « vie à-peu-près », puisque avec Tristan il ne saurait y avoir de « vie tout-à-fait ». Avec le sens et la jouissance du manque, que je refuse d'adjuger au mystère des apartés et des sous-entendus. Dans les parages d'un corps atteint et d'une voix volontairement cassée. Et non loin d'une espèce de philosophie très peu heideggerienne, ma foi !, adressée par le tout-venant des jours, quand Corbière se sent plus que jamais problématique, adossé au néant plus qu'à la réalité, avec la seule nécessité d'écrire (de peindre ? de dessiner ?), quand il en est encore temps, poursuivant jusqu'au bout l'aventure d'un marin à terre, d'un poète tanguant sur l'irrégularité des vers et des rimes. À-peu-près, donc, et comme il se peut, liant adresse et coups de génie, coups de chien.

« Adieu, mon beau navire[30]. »

Manoir de Traon Nevez, Pentecôte 2010

Notes

1. Verlaine, *Les Poètes maudits. Tristan Corbière, Arthur Rimbaud, Stéphane Mallarmé*, Vanier, 1884. Ces essais avaient été publiés auparavant dans la revue *Lutèce*.

2. *Arthur Rimbaud. Une question de présence*, Tallandier, 1991 ; *Stéphane Mallarmé. L'absolu au jour le jour*, Fayard, 1998.

3. Voir dans ce livre le résultat de ses recherches sur Rodolphe de Battine, « Herminie » et les éditeurs Glady, chapitres XIII, XIV et XV.

4. Voir chapitres VII et XI.

5. Voir notamment « Traces de Tristan Corbière », *Histoires littéraires*, n° 33, janvier-mars 2008 ; « En profil laminé », *Pleine Marge*, n° 49-50, octobre 2009, p. 67-76 ; « Un hommage inconnu à T. Corbière : quelques *Coups de bâtons* de Louis Verbrugghe », *Studi Francesi*, n° 160, janvier-avril 2010, p. 8-12 ; « Tristan Tous Genres », *L'Œil bleu*, n° 11, juin 2010, p. 3-22 ; « Xavier Édouard-Sasias, demi-frère de Tristan Corbière », *RHLF*, décembre 2010.

6. Voir chapitre X.

7. Pour Isidore Ducasse, nous disposons de sept lettres pour les années de maturité (1868-1870).

8. Voir les chapitres II et III.

9. Jean Ajalbert, « En Bretagne. Un poète de la mer », *Le Figaro*, supplément littéraire, 30 mai 1891, qui révélait deux inédits communiqués par Pol Kalig : « Paris diurne » et « Paris nocturne ».

10. *Tristan Corbière. Essai de biographie et de bibliographie* avec 2 portraits de Tristan Corbière, Mercure de France, 1904. Ce livre donne plusieurs poèmes inédits : « Une mort travaillée » et « Madame, une nuit... ».

11. Voir notamment dans *Le Fureteur breton* « Tristan Corbière à Paris » (t. VII, avril-mai 1912) et « Corbière à Capri » (t. VII, juin-juillet 1912).

12. *Tristan Corbière. Avec de nombreux documents inédits, des portraits, des dessins et un fac-similé d'écriture*, Le Divan, 1925, 134 p. On peut y lire notamment les poèmes de jeunesse.

13. *Une âme et pas de violon. Tristan Corbière*, Bernard Grasset, collection « La Vie de Bohème », 1930, 246 p.

14. Jean de Trigon, *Tristan Corbière*, Paris, Le Cercle du Livre, 1950, 58 p.

15. Jean de Trigon, *Poètes d'océan : La Landelle, Édouard et Tristan Corbière*, Émile-Paul, 1958.

16. *Tristan Corbière*, Pierre Seghers, collection « Poètes d'aujourd'hui », n° 23, 1951, avec le fac-similé d'une lettre inédite de Tristan à sa sœur et la reproduction en fac-similé d'une partie de « Ay Panneau » et de la « Barcarolle des Kerlouans naufrageurs ».

17. *Les Amours jaunes*, édition augmentée de poèmes et de proses posthumes, introduction et appendice critique par Y.-G. Le Dantec, Gallimard, 1953.

18. Ms. D. Phil., Oxford, 1951. Exemplaire dactylographié déposé à la Bibliothèque « Les Amours jaunes » de Morlaix. Voir aussi d'I. Levi, « New Light on Tristan Corbière », *French Studies*, V, n° 3, juillet 1951.

19. Jean Vacher-Corbière, *Portrait de famille. Tristan Corbière*, Monte-Carlo, Regain, 1955, 62 p.

20. Voir Albert Sonnenfeld, *L'Œuvre poétique de Corbière*, Paris PUF et Princeton University Press, 1960, 221 p. Ce livre contient cinq lettres inédites ; et Francis F. Burch, *Sur Tristan Corbière. Lettres inédites adressées au père et premières critiques le concernant*, Nizet, 1975.

21. Corbière y est regrettablement jumelé avec Charles Cros et l'on n'envisage pas une réédition séparée des deux œuvres, comme ce fut le cas en 2009 pour Lautréamont jumelé auparavant avec Germain Nouveau. Il existe, par ailleurs, une précieuse édition critique des *Amours jaunes* due à Elisabeth Aragon et Claude Bonnin, Toulouse, Presses universitaires

du Mirail, 1992. Pour une lecture courante des *Amours jaunes* on peut recourir soit au volume dans la collection « *Poésie*/ Gallimard », soit, plutôt, à celui donné par Christian Angelier dans Le Livre de Poche, en attendant le volume en préparation aux éditions GF.

22. Rome, Bulzoni, 1977, avec seize documents photographiés. La biographie occupe les pages 21 à 80.

23. Catalogue de l'exposition qui s'est tenue du 24 mai au 3 août 1975, 284 pièces répertoriées, sous la direction d'Alice Le Guevel et d'André Cariou. Dans le sillage de cette exposition, on signalera l'excellent numéro de la *Nouvelle Tour de Feu* (n° 11-12 13), 1985, sous la direction de Michel Dansel, consacré à Tristan, avec notamment les articles de P.A. Jannini, Francis Burch, Jean-Louis Debauve et Michel Dansel.

24. Tristan Corbière. *Les Métamorphoses du crapaud*, Plourin-lès-Morlaix, « Bretagne d'hier », chez l'auteur, 1995, 80 p.

25. Catalogue Tristan Corbière, « Poète en dépit de ses vers », 80 p., le commissaire de l'exposition, qui s'est tenue du 12 mai au 18 juillet 1995, étant M. Patrick Jourdan.

26. Jean-Luc Steinmetz, *Pétrus Borel. Vocation « poète maudit »*, Fayard, 2002.

27. Vente salle Rossini, à Paris, n° 110 à 120, avec de nombreuses reproductions. En 2006 Jean-Louis Liters m'avait fait visiter la petite exposition du lycée Clemenceau où furent montrées pour la première fois un certain nombre des pièces de cette vente.

28. Micha Grin dans son livre *Tristan Corbière, poète maudit*, Évian, les éditions du Nant d'Enfer, 1971 a donné la primeur (p. 34) de la description faite par Martineau, à lui confiée. Pierre-Olivier Walzer l'a reproduite dans « Autour du centenaire de Tristan Corbière », *RHLF*, mars-avril 1976, p. 242-248.

29. Gérard Macé, *Ex libris. Nerval. Corbière. Rimbaud. Mallarmé. Segalen* (« Tristan, un nom pour un autre », p. 25-46), Gallimard, 1980 ; Henri Thomas, *Tristan le dépossédé* (Tristan Corbière), essai, Gallimard, 1972. Ce sont des livres remarquables par le ton qu'ils trouvent et le *la* qu'ils donnent, mais leur projet n'est évidemment pas biographique. Du second je n'oublie pas que je m'entretins trop vite un après-midi finissant de l'été 1987 avec Henri Thomas qui s'apprêtait à retourner à Hoëdic, moi-même attendant le bateau pour Belle-Isle. Le lendemain la terre reprenait Michel Lotte, le « capitaine » de *La Mouette*, *notre* capitaine.

30. Le poème de Corbière « À mon cotre Le Négrier » porte cette indication en sous-titre : « Vendu sur l'air de "Adieu, mon beau navire" ». Cet air n'est pas une simple « chanson de marin » comme l'indique P.O. Walzer dans le volume de La Pléiade en partie consacré à Corbière (p. 1359) mais il provient de l'opéra-comique *Les Deux Reines* (1835), livret de Frédéric Soulié et Auguste Arnould, musique d'Hippolyte Monpou.

I

L'auteur du *Négrier*

La tentation est grande, sitôt que l'on entreprend de parler de Tristan Corbière, de considérer au préalable la vie de son père. La plupart y cédèrent. D'autres, avec une certaine audace, choisirent en premier lieu de ne la retracer qu'avec parcimonie, comme s'ils redoutaient qu'elle nuise d'entrée de jeu au plein développement de leur figure favorite ou qu'un trop long hors d'œuvre ne fasse perdre de vue le sujet principal. Tous comptes faits, il paraît bien impossible de ne pas évoquer à grands traits ce père remarquable, dont tout prouve, au demeurant, que, loin de gâter la vie de son fils aîné, il prit soin de lui donner toute la liberté qu'elle réclamait.

Suffisamment, la substance du nom propre marque chaque individu pour qu'on lui réserve la part originelle qui lui revient. À première vue, le patronyme Corbière est bien étranger à la Bretagne. Le cordial vin de Corbière emplit les verres dans une région du Midi de la France, en Pays d'Oc. Corbière, nom commun, désigne, par ailleurs, un lieu fréquenté par les corbeaux, endroit sinistre auquel Tristan, pourtant attentif aux mots, semble ne jamais avoir fait d'allusion particulière. Aussi me garderè-je de le placer sous le signe d'un pseudo-animal totémique de cette envergure, même s'il évoque le *Raven* d'Edgar Poe[1].

Charles Le Goffic, avec l'âpreté compréhensible de qui cherche à faire du poète un inconditionnel Armoricain, pointa, en son temps, une autre signification du mot corbière plus proche de l'image que nous nous faisons du Tristan que nous connaissons : « liséré de côte sur lequel s'exerce la surveillance des douaniers et qui est hanté par la contrebande et la quête des épaves[2]. » La définition est si conforme à l'univers de l'auteur des *Amours jaunes* que l'on s'en voudrait de ne pas l'accueillir comme parole d'évangile. Et plus d'une fois nous serons appelés à fréquenter ces sentiers du littoral où le poète put perpétuer ses marches rêveuses ou observatrices.

Quoique déjà placés dans les brumes d'Armor, il nous faut bien nous déplacer cependant, pour commencer, dans une région dont rien ne laissait penser, hormis l'homonymie déjà signalée, qu'elle pouvait former le lieu d'origine ancestral, celui de son père, du moins. C'est, en effet, dans un village du département du Tarn, l'ancien Haut-Languedoc, que les Corbière virent le jour[3]. Ils habitaient alors dans le hameau de Valès appartenant à la paroisse de Saint-Agnan et dépendant, sous l'Ancien Régime, du consulat de Castelnau de Brassac, puis, sous la première République, de la commune de Bez. Valès lui-même, situé en pays de montagnes, comprenait une partie haute et une partie basse. Cette région de la France était peuplée en majorité de protestants, les huguenots, contre lesquels furent menées sous Louis XIII et Louis XIV de nombreuses expéditions répressives. Il est possible que les Corbière aient appartenu à ce milieu de protestants exemplairement rebelles et souvent châtiés avec éclat. Dans l'acte de mariage qui unit le 12 mai 1739 Jean Corbière à Marie Bonafous, fille de Jacques Bonafous, maître en chirurgie, il est précisé que le sieur Corbière « a solennellement promis de renoncer à toutes les hérésies et notamment à celle de Calvin[4] » pour « vivre et mourir dans la religion apostolique et romaine ». Il s'agit, à l'évidence, d'une formule toute faite, mais elle montre à quel point ladite hérésie continuait de préoccuper le clergé officiel. La dénomination de « sieur » attribuée à Jean Corbière signale la respectabilité du personnage, même s'il n'est pourvu d'aucun titre de noblesse. Le couple aura quatre enfants : Marie baptisée le 8 mars 1741, Jeanne baptisée le 8 mars 1744, François-Auguste baptisé le 6 septembre 1846 et Alexis baptisé le 21 juillet 1749. C'est de ce dernier qu'il importe de suivre la carrière. On sait peu de choses sur sa vie jusqu'au moment où il est nommé fourrier au corps royal de la Marine en service à Brest (10 janvier 1785). Il compte alors trente-six années et s'occupe des vivres qui approvisionnent la Marine royale. Ce mois-ci, le 10, il épouse dans l'église Saint-Martin de Morlaix une jeune orpheline de la ville, Jeanne Renée Dubois, fille mineure de Pierre-Charles Dubois et de Renée Rognant. Elle n'a que dix-sept ans. Alexis l'avait fréquentée avant ce mariage, évidemment nécessité par les circonstances puisque quatre mois plus tard, le 6 mai 1785, elle met au jour à Brest une fille, Rose Antoinette (Reine). Le ménage du fourrier royal s'agrandit de trois autres membres, Antoine-Louis, le 12 janvier 1787, Jean-Antoine-René-Édouard, le père de Tristan, le 1er avril 1793, Pierre-Alexis le 9 vendémiaire an IX (autrement dit le 1er octobre 1800). Les renseignements que comportent les différents actes de naissance montrent la progression dans la carrière du fourrier royal, devenu sous-lieutenant du corps royal des canonniers-matelots, puis capitaine d'infanterie de marine, puis capitaine d'artillerie de marine.

L'Histoire de la France connaît durant cette période des bouleversements considérables que la population subit avec plus ou moins de dommages. Le petit peuple est plus à l'abri que les grands. Les aristocrates sont plus à plaindre que la piétaille. Alexis Corbière, par ses qualités propres – doit-on croire – est devenu officier des diverses marines qui se succèdent sous un pavillon désormais tricolore, en attendant d'autres années d'inquiétude. Ses trois fils font carrière dans l'armée, notamment le cadet qui décédera à Lyon, lieutenant du 23e ligne, le 13 novembre 1833.

Il est malaisé de restituer le train courant de ces existences, très vite prises en main par l'institution militaire. Alexis, en effet, ne semble pas avoir envisagé d'autre avenir pour sa progéniture. Blessé ou souffrant, il revient à Castres dans sa région natale pour passer sa convalescence. Il n'aura pas le loisir de retourner à Brest où il avait fait la plus grande partie de sa carrière puisqu'il meurt dans cette même ville le 4 frimaire an XI (25 novembre 1802).

Jean-Antoine-René-Édouard n'aura donc guère connu son père, car il n'a que cinq ans lorsque celui-ci décède. Jeanne Renée Dubois sa mère doit faire face désormais à une situation difficile. Si une pension de 300 francs lui est accordée, cette mesure ne lui permet pas toutefois d'élever ses enfants. Elle est contrainte de tenir un petit commerce, sur la nature duquel nous n'avons pas de renseignements. Cette relative indigence, mais également sans doute une tradition dans les milieux de la marine expliquent pourquoi dès l'âge de neuf ans Édouard exerce la fonction de mousse à douze francs à bord de *L'Aquilon*, en rade de Brest. Il a – semble-t-il – un mentor, un marin qui conseille ses premiers pas dans le métier et auquel – comme il convient – il doit sa connaissance précoce des choses et gens de mer. Édouard[5], comme plus tard Tristan, aimera célébrer ces personnages qui firent partie de son adolescence et qu'il montre comme des gens d'expérience, porteurs d'une véritable leçon de vie. Dans *Le Négrier*, son roman le plus illustre, il s'appliquera à transposer ces années avec cette émotion retenue qui marque la plupart de ses livres et les amputent de sentiments que l'on aurait été tout prêt à partager en pareilles pages. Le voici donc, figurant sous le nom de Léonard et guidé par le vieux matelot Yves-Marie Lagadec. Éternel lieu commun des autobiographies, une légende se crée par les soins de celui qui se raconte. Tristan n'aura plus qu'à rajouter ses tribulations et à doubler cette écriture pour être et ne pas être lui-même, pour exister par procuration.

Bienfaits d'une éducation moins fruste qu'on n'aurait pensé, les mousses ne sont pas assignés à vie à leur emploi. On veille à perfectionner les acquis de leurs gestes quotidiens, tout comme on leur enseigne de nouvelles connaissances. Édouard, assurément doué, suit l'enseignement d'un certain Nicolas-Claude Duval-Leroy[6], qui l'a marqué comme la première rencontre importante de sa carrière. À lui nous devons faire remonter la somme de connaissances tant scientifiques que rhétoriques, qu'Édouard s'empressera de faire fructifier. L'homme est un puits de science, un disciple des Encyclopédistes, un irrépressible polémiste, un farouche anticlérical et un adversaire déclaré du mariage. Il semble avoir ainsi trempé le caractère alors malléable d'Édouard et lui avoir inculqué ses plus enracinées convictions. Nul doute. Il croit aux vertus républicaines, aux bienfaits du progrès, aux Lumières, au style même (au grand style romain) des orateurs de 89 et ne voit dans les prêtres que différents Tartuffes méritant les railleries les plus acerbes.

Bientôt, sous le commandement du lieutenant de vaisseau Louis-Marie Biscault, Édouard embarque à bord du cotre *Le Printemps* et connaît son premier combat avec les Anglais qui de toutes parts harcelaient les côtes du Nord de la France. L'engagement a lieu à la pointe du Finistère, au large du Conquet. Sept péniches anglaises sont arraisonnées par l'embarcation française. Le jeune Édouard se signale par sa vaillance. « Fortuna audentes juvat ». Quand, soixante dix ans plus tard, Prosper Levot rédigera sa notice nécrologique[7], il prendra soin encore de rappeler cet épisode, tout comme Édouard, beaucoup plus tôt, le relatera dans son volume *La Mer et les marins*[8]. Aspirant de deuxième classe, le 10 juin 1807, il devra se contenter de manœuvres moins exaltantes à bord du vaisseau *L'Aquilon* mouillé en rade de Brest jusqu'au 1er mars 1808, période à laquelle il embarque sur le lougre *Le Granville*, chargé de la protection des convois, puis sur la canonnière 93 (capitaine Schilots). De nouvelles et fortes émotions l'attendent à bord de ce bâtiment qui, le 1er décembre 1810 (nous sommes en plein blocus continental) est abordé par un brick anglais, le *Scylla*, au large de l'île de Batz, c'est-à-dire en face de Roscoff, plus tard lieu de prédilection de Tristan. Ce *Scylla* hostile ne supporte nul Charybde à proximité et coule la canonnière qui protégeait un convoi de péniches chargées de grains pour Brest. Au cours du combat, le capitaine Schilots est mortellement blessé. Corbière, atteint à la main gauche par la mitraille, sera fait prisonnier et envoyé dans les pontons de Tiverton, sur la côte anglaise. Ces bateaux hors d'usage servaient alors de prisons. Rimbaud les laisse apparaître dans un vers du *Bateau ivre*, lorsqu'il évoque « les yeux horribles » de ces prisons flottantes. Un Édouard Corbière « en a vu », comme dit l'expression populaire, plus qu'il n'en fallait. L'expérience des hommes de ces temps presque héroïques demeure indépassable – j'ose l'affirmer très tôt dans le récit de cette « geste » du père, un père embarrassant, je le répète, non point tant parce qu'il se serait employé à rogner les ailes de son vilain petit canard de fils qu'en raison des épreuves qu'il subit et de l'extrême goût de la vie qu'il contracta à les endurer.

1811-1812. Nous n'en sommes qu'au début des tribulations d'Édouard qui, comme malgré lui, va accumuler avanies et succès, en vertu sans doute aussi de sa rare témérité jointe à une intelligence aiguë des situations qui ne cède point toutefois aux sirènes de l'opportunisme. L'époque est suffisamment versatile, du reste, pour que l'on ne puisse miser avec certitude sur la durable prédominance de quiconque.

Cette détention, particulièrement sinistre, il prendra soin de la décrire à plusieurs reprises, offrant ainsi un témoignage de tout premier ordre sur la vie dans un camp[9]. Aperçu d'une littérature carcérale qui jusqu'alors s'était plutôt développée pour dire des réalités terriennes, Plombs de Casanova ou *Prigioni* de Silvio Pellico. Enfin libéré sur parole après avoir juré de ne plus naviguer contre l'Angleterre, il est élargi après un an et demi d'une détention au cours de laquelle il s'est mieux rendu compte encore de ce qu'étaient les hommes : personnalités dominantes, *struggle for life*, homosexualité. Le panorama est complet des vilenies et des conduites aberrantes et vicieuses. Débarqué à Morlaix (il tourne donc autour de cette ville, sans savoir qu'un jour elle sera le *moyeu* de sa roue) il fait une demande pour être réintégré dans la marine, ce qu'on lui accorde sans difficulté, étant donné sa courageuse conduite de naguère. Le régime a changé cependant. Louis XVIII règne bientôt sur la France, ce qui ne peut réjouir un franc républicain et un admirateur de l'Empereur comme lui. On le retrouve du 6 mai au 5 juillet 1814 à bord de la canonnière n° 71, chargée de transporter des prisonniers de guerre. Les trajets sont courts. Mais le 6 juillet une grande aventure l'attend, lorsqu'il passe sur le *Marengo*, toujours destiné aux mêmes opérations. Cette fois, le voyage l'emmène jusque sous les Tropiques. Le navire, en effet, part à destination de la Martinique qui sert de lieu de détention pour certains indésirables. Le 21 décembre, à la fin de l'année 1814, le navire touche Saint-Pierre que n'avait pas encore dévasté la redoutable éruption de son volcan. Édouard voit du pays, touche de près le monde colonial et la réalité de l'esclavage. Le *Marengo* rallie Brest le 4 février 1815, désarme le 3 mars. Napoléon fait son retour. Édouard ne cache pas son enthousiasme. Que de fortunes

tourneront à mal après la trêve des Cent Jours et le désastre de Waterloo !
Les destinées basculent. Les rancœurs s'assouvissent. Au Château d'If,
Edmond Dantès n'a plus pour horizon que les murs de sa cellule.

En avril 1816, Édouard qui veut faire carrière en dépit d'une politique
qui lui est peu favorable (mais il ne conçoit pas à quel point chacun doit
y être soumis) passe le concours pour entrer dans la compagnie d'élèves-
officiers de la Marine. Reçu, il jouirait d'une situation enviable et pourrait prétendre à des honneurs plus grands. Pendant des mois il a étudié
en toutes matières. Bon en mathématiques, il sait aussi rédiger des rapports dans une langue ferme et précise. Il montre, en outre, une excellente connaissance du métier et fait figure d'homme aguerri. Classé
dans la première série pour ses connaissances, il se retrouve relégué
dans la quatrième pour ses opinions, à l'évidence contraires à ce que
l'on attend d'un individu au service de la France royaliste. Est-ce le
résultat d'une enquête préalable, usuelle en pareil cas, ou la sanction de
questions habilement posées auxquelles il n'a su se dérober qu'à moitié,
sans avoir le cœur de déguiser sa pensée, le 27 mai, on le licencie sans
solde par décision du ministre Dubouchage, avec deux-cents autres
candidats recalés comme lui.

Vient une période mal connue où, visiblement irrité par cette injustice
et fort d'un beau brin de plume qui lui permet d'exprimer au mieux ses
récriminations, il choisit une voie nouvelle, celle de la littérature, plutôt
pamphlétaire, certes, mais avec des velléités plus dignes, à la suite
desquelles il explore le genre dramatique et le genre poétique. Édouard
Corbière ne doute de rien. Il a confiance en son talent, même s'il
convient de son absence de génie. Situation confortable, à vrai dire,
puisqu'elle l'écarte du sublime et de ses pentes ardues. Le marin licencié multiplie les tentatives littéraires. Il écrit une pièce en deux actes *Les
Jeux floraux*[10], accueillie avec succès tour à tour à Brest et à Landerneau,
qui n'était peut-être pas un endroit d'excellence, mais qui conférait un
semblant de légitimité à ses aspirations de dramaturge, au point qu'il
présente son œuvre au comité de lecture de l'Odéon, lequel la refuse,
sans commentaires.

La vie littéraire provinciale se manifestait alors sous des formes multiples que savaient encourager dès le XVIIIe siècle de fertiles académies.
Réunions, revues, journaux, imprimeurs forment un tissu de communication dont profitent les jeunes auteurs. Édouard est d'ores et déjà lié à
l'éditeur brestois Pierre Anner qui dans les années suivantes va publier
la plupart de ses livres qui paraissent en même temps à Paris chez Brissot-
Thivars. Il compose une anthologie qui, sous le titre *Les Soirées
bretonnes*[11], ne manquera pas de s'attirer les faveurs du public. Si elle

regroupe vingt-et-un auteurs elle comporte cependant une majorité de pièces signées de son nom (pas moins de cinquante et un poèmes), aux-quelles il faut ajouter – touchante attention commémorative – trois épi-grammes qui reviennent à Alexis son père[12]. Tristan aura de qui tenir et cet aïeul inconnu savait déjà épointer la satire plus que servir le compli-ment. La veine pamphlétaire appartenait depuis des lustres au tempéra-ment des Corbière. Certes, dans les poésies qu'Édouard livre aux lecteurs, son talent particulier ne se fait pas jour. Si la rime atteste le poème, elle ne saurait y suffire. La même année, fort d'opinions poli-tiques qu'il n'est pas le seul à professer, il fonde avec Pierre Anner un journal libéral, *La Guêpe*, « ouvrage moral et littéraire », de vingt-quatre feuillets, qui paraît deux fois par mois et comportera quatorze livraisons[13]. La plus grande partie de la rédaction lui en revient. Il s'emporte contre différentes formes d'abus et n'hésite pas à témoigner de ses récentes déconvenues : son éviction de la Marine, le refus qu'on a opposé à sa pièce *Les Jeux floraux*. Il conte aussi sa découverte d'une région qu'il connaît à peine, le Léon, qui, bien des années plus tard, deviendra son lieu de vie : les mœurs inquiétantes des pilleurs d'épa-ves auxquelles il assista et qu'il rapportera encore dans certains de ses livres, son intérêt pour la langue bretonne qu'il ne parle pas, mais qui touche sa curiosité insatiable. Fidèle aux enseignements contestables de son vieux maître Duval-Leroy, il force la note anticléricale avec une conviction que rien n'ébranlera par la suite avant qu'il ne rentre dans le sein d'une bourgeoisie pour laquelle il n'était fait qu'à moitié. Son humeur batailleuse trouve à s'exprimer aussi dans une série de pamphlets où il prend soigneusement parti contre le régime, de plus en plus répressif au fur et à mesure que se construisent ou se détruisent les Chambres introuvables ou trouvées, sous la baguette de premiers ministres dont la compétence laisse à désirer. Le 14 août, il lance sous le titre *Le Dix-neuvième siècle* un opuscule signé rancuneusement « Ed. Corbière de Brest, ex-officier de marine[14] ». Confession d'un enfant du siècle ? Pas encore. Mais découverte de la portée offensive du langage. « Iracundia fit versus ». Édouard Corbière, lecteur de Juvénal et vigoureux contempteur de gouvernants insipides, n'aura pas attendu le Victor Hugo des *Châtiments* pour donner libre cours à son emportement :

> « Dans un siècle où tout prête un trait à la satire
> Heureux cent fois celui qui naquit pour médire
> Sans se creuser l'esprit à trouver un sujet
> Chaque instant à ses vers vient offrir un objet. »

La facture classique rappelle Boileau. Mais la moralité n'est certes pas au rendez-vous quand il met en valeur le vilain mot de « médire » qui dépasse de loin la juste critique qu'il veut faire des institutions. Le navigateur de naguère se sent investi d'un devoir que son fils n'oubliera pas :

> « Avec les impudents je dois rompre en visière
> De ma libre pensée exprimer les élans ! »

Nous y sommes. Corbière recherche cette liberté ; il est non moins un libre-penseur qui du siècle voudrait stigmatiser les ridicules et les infamies. *À la liberté publique*[15] se veut une profession de foi qu'il adresse à ses concitoyens « les habitants de Brest » et où il n'hésite pas à rappeler son père Alexis. En d'autres pamphlets *ejusdem farinae*, il ajuste ses griffes. *La Marotte des ultras*[16], ou recueil de chansons patriotiques, s'en prend à ce parti extrême qui prend de plus en plus ses distances vis-à-vis de la monarchie libérale qu'avait laissé entrevoir la Charte signée par Louis XVIII. Délectables surtout apparaissent dans ce cadre *Trois jours d'une mission à Brest*[17] où s'emparant d'une réalité locale, d'une querelle de clocher, il lui donne sa véritable portée. L'offensive accuse un clergé cherchant à s'immiscer dans les affaires publiques et soucieux de dominer l'enseignement. Brest, ville de port et de commerce, se signalait par son irréligion et ses mœurs relâchées. Alarmé plus que de raison, Monseigneur de Dombidau de Crouseilhes, évêque de Quimper, avait décidé d'envoyer dans cette nouvelle Gomorrhe une mission de Jésuites afin de restaurer les mœurs en perdition. À cette offensive par trop frontale, les Brestois avaient opposé une manière d'émeute et plusieurs charivaris notoires, à grand renfort de cris et d'objets de métal percutés avec force. Édouard n'est que jubilation devant une telle conduite dont on peut penser qu'à des années de distance elle inspira certains moments de la vie de son fils. Les 27 pages qu'il écrit sur ces trois jours épiques connaîtront quatre tirages consécutifs. Plus de dix mille exemplaires en auraient été vendus. Le gouvernement n'allait pas tarder à réagir. Édouard et ses imprimeurs sont traduits en justice devant les assises du Finistère en janvier 1820. Mais, défendu par un ami, l'avocat Gilbert Villeneuve, il est finalement acquitté, suite à l'excellente plaidoirie de son défenseur. Si Corbière à ce moment demeure lié au milieu brestois qu'il connaît depuis l'enfance, on le voit aussi à maintes reprises se déplacer dans la capitale où, très certainement, il est surveillé plus qu'il ne pense, car sa réputation de trublion n'est plus à faire et l'on sait sa franche audace dont on a toutes les raisons de se méfier. Il habite alors au 11, rue Hautefeuille et fonde, par diversion sans doute, le *Journal lyrique*[18] qui n'aura que deux livraisons le 5 et le 12 août. Il participe surtout à des associations secrètes et joue un rôle dans la Charbonnerie puisqu'il préside une vente à Brest[19] – ce qui l'entraîne à certaines démarches compromettantes, où apparaît toute la haine qu'il porte au régime en place. Avec des délégations de Nantes et de Rennes, il se rend à Paris pour mettre à exécution un plan subversif. Mais comme bien souvent, en pareil cas, les têtes sur lesquelles comptaient les conjurés se dérobent. Foy, La Fayette, Laffitte, Lameth hésitent et ne donnent plus suite au projet. Seul Louis de Saint-Aignan, député de Nantes, entend le mener à bien. Devant une telle débandade, il paraît plus sage de renoncer. L'époque insatisfaite en est aux conspirations, aux menées subversives, aux tentatives souterraines commandées par des anciens de Napoléon ou par d'utopiques régicides. En décembre 1821, la conspiration du général Berton se met en place. Corbière y participe vraisemblablement, mais elle est découverte et le chef principal sera exécuté à Poitiers. Fin 1821, il quitte Brest, où il conservera des amitiés, pour Le Havre. Un personnage comme lui est lié à un grand nombre d'individus. Il appartient au milieu des affidés et des conjurés. S'il échappe aux peines capitales qui sanctionnent ceux que l'on estime coupables de crime contre l'État, il n'en est jamais loin. Ces moments de sa vie apparaissent donc comme recouverts d'un certain silence. Lui-même a quelque intérêt à ne pas se laisser voir, ni prendre, et à offrir de lui une apparence toute différente de sa personne réelle. Du Havre, auquel il reviendra bientôt, il passe à Rouen, autre port où il travaille comme commis chez un marchand de salines, le sieur Épagny. Mais, dès le 5 décembre 1822, on le voit à la tête d'une feuille libérale quotidienne, bien nommée *La Nacelle. Journal commercial et littéraire de la Seine inférieure*[20]. L'éditeur en titre est un certain Étienne-François Puyproux, ex-adjudant sous-officier des chasseurs à pied de l'ex-garde. Les « ex » se multiplient à son propos, signalant suffisamment que le nouveau régime l'a licencié comme il a licencié Édouard. Les deux hommes s'entendent à merveille sur fond de complicité politique. Édouard révèle très vite ses talents de meneur d'hommes. La direction effective du journal lui revient et il sait s'entourer de jeunes gens désireux d'exercer leur plume – qu'elle soit informatrice ou polémique. Les lecteurs y rencontrent autant des études de mœurs que des chansons ou d'inévitables poésies élégiaques ou satiriques. Le riche Charles Levavasseur, fils d'un manufacturier rouennais, finance avec largesse l'entreprise. *La Nacelle*, de plaisante dénomination, change bientôt de sous-titre pour devenir le 9 février 1823 un plus engagé *Journal du commerce, des mœurs et de la littérature de la Seine inférieure*. Ce changement, choisissant la platitude, s'explique selon toute vraisemblance par une circonstance peu favorable qui risquait de mettre à mal définitivement ledit journal. En effet, le 1ᵉʳ avril, le préfet du département fait part au ministre de l'Intérieur que *La Nacelle* (et non point le *Journal du Commerce*) a été déférée aux tribunaux. Corbière, sur la voie qu'il s'était choisie, n'en était pas à un procès près. Le 6 mai, le tribunal correctionnel de Rouen le condamne, ainsi qu'Étienne-François Puyproux, à une amende de 300 francs et à un emprisonnement d'un mois pour infraction aux lois de la presse, devenues de plus en plus rigoureuses et qui, sept ans plus tard, provoqueraient, entre autres, l'éphémère Révolution de juillet 1830. Cette condamnation supposait que des articles politiques avaient paru dans le journal. Corbière, ainsi victime, n'allait pas être abandonné de ceux qui par ce quotidien modelaient l'opinion d'une province et semaient en elle les germes de soulèvements futurs. Le banquier Laffitte, qu'il avait connu à Paris lors de la fameuse conjuration, lui fait parvenir, par l'intermédiaire de son homme d'affaire Varon, la somme de 300 francs et Charles Levavasseur, commanditaire de *La Nacelle*, lui assure, en prison, qu'un poste de capitaine en second l'attend sur la *Nina*, un vieux trois-mâts de prise anglais qu'avait acquis son père. Rassuré quant à son avenir par cet acte de gratitude venant d'un de ses familiers, Corbière, après avoir purgé sa peine, prend le commandement du navire et renoue ainsi avec une fonction dont il connaissait d'expérience les moindres rouages. Lui-même avait suivi progressivement les différentes étapes (de mousse à aspirant de marine) d'un métier pour lequel il présentait toutes les compétences requises. Certes ce nouvel emploi le met en présence d'un type de commerce qui n'avait pas toute sa sympathie : la traite des nègres. Il s'y résout cependant, faute de mieux, et navigue entre les Açores et les Antilles, Cuba, la Martinique, les cités colombiennes atlantiques. Pour ce qu'on en sait, il accomplit une douzaine d'expéditions à son actif. Sur la *Nina*, puis sur le *Royal-Louis* acheté en remplacement de la *Nina*, il se livre au commerce triangulaire en relation avec les roitelets africains qui livrent le « bois d'ébène » qu'il transporte ensuite, chargé dans la partie réservée du bateau, jusque dans les îles tropicales où les Nègres de bonne qualité physique (je parle de ceux qui ont survécu à la traversée) seront employés dans les plantations de canne à sucre ou les champs de café. Ce trafic durera un peu moins de quatre années au cours desquelles il s'enrichit, non sans courir maints dangers au risque de sa vie. *Le Négrier*, son principal roman, retracera par le menu les scènes de telles expéditions. Le républicain Corbière ne manque pas de se poser maintes questions quand il considère le trafic d'esclaves. Mais il en vient peu à peu à l'accepter (Napoléon, général de la Révolution, n'avait-il pas en son temps rétabli l'esclavage, jamais contredit par une Joséphine fille de riches planteurs), sans ignorer le caractère odieux d'une telle pratique. Plus tard, de la part de Tristan, elle ne soulèvera aucune réprobation, et son père à jamais sera pour lui « l'auteur du *Négrier* », un peu moins qu'un négrier véritable, donc, en tout cas le responsable d'une fiction où les Noirs sont mis au ban de l'humanité. Dès juin 1823, Corbière, cédant au mince filet de son inspiration poétique, avait publié des *Élégies brésiliennes* suivies de *poésies diverses* et d'une « notice sur la traite des Noirs[21] ». On aime alors constater qu'un tel sujet ne l'a pas laissé indifférent et que, loin de l'écarter, il a souhaité le considérer de front et y apporter sa réponse personnelle. Ces *Élégies brésiliennes* prouvaient, en outre, que, durant la période précédente, il avait déjà navigué sur un brick armant pour l'Afrique et le Brésil. Fulgence Girard, dès 1837, rappellera ce fait dans l'un de ses articles de *La France maritime*. À cette occasion, aurait-il déjà participé à ce commerce infâmant ? L'épître liminaire adressée à un ami « Ad. E... » évoque un voyage au Brésil qu'il accomplit en dehors de toute préoccupation mercantile. Il n'en aurait rapporté que des souvenirs. Il rappelle l'image qu'il se faisait de l'Amérique conçue d'abord comme un pays d'Eden et devenue « le cloaque des vices » de l'Europe, et il signale que « notre tyrannie y a naturalisé l'esclavage ». Avec véhémence, il s'indigne à l'adresse d'un Portugais : « Pourquoi allez-vous arracher des nègres à la Guinée pour les rendre esclaves de vos colonies ? » Aussi bien se veut-il poète plus que marin expérimenté ; il espère non pas voler au secours de ces sauvages qui mériteraient un tel acte de générosité, mais user du moins de sa lyre pour faire connaître leur poésie et leurs mentalités, exercice d'autant plus vain que les cinq poèmes qu'il présente[22], loin d'être des adaptations où l'on sentirait le « primitivisme » de l'original, coulent dans des modèles classiques et des figures toutes faites des sentiments dont on aurait souhaité retrouver plutôt l'élan et le primesaut. Édouard Corbière poète est sans conteste possible trois fois exécrable. De la poésie Empire à peine revue par Lamartine il nous offre le pire échantillon, décourageant à tout jamais les faiseurs d'élégies. Tristan a entendu cette leçon négative. Il ne fallait pas être grand clerc pour l'entendre. Édouard lui-même ne persistera guère dans ses essais de lyrique essoufflé. En revanche, sa généreuse « Notice sur la traite des Noirs » mérite d'être relue, quand bien même l'on doit regretter qu'elle ait été supprimée (à dessein, par conséquent) de la deuxième édition des *Élégies brésiliennes*, comme s'il n'avait plus à s'embarrasser de tels scrupules. Il n'était certes pas permis de douter de ses opinions quand il commençait ainsi les premières lignes de son « précis » :

> « La traite des noirs est à la fois la plus affreuse violation du droit des gens, et le trafic le plus humiliant pour l'espèce humaine, puisqu'elle prouve l'excès de tyrannie auquel parvient l'homme policé, et le degré d'abaissement où l'on peut réduire l'homme sauvage. »

Ses diverses expéditions firent connaître à Corbière un univers qu'il n'avait qu'entrevu lors de ses précédents voyages. Participant à un commerce dont il n'ignore rien, ni le caractère illicite, ni la cruauté manifeste, il adopte – semble-t-il – presque contre le gré de sa conscience profonde une position critiquable entre toutes. Car sans écarter tout remords, il convient, en fait et par ses actes, du bien-fondé économique d'un tel négoce. S'il reconnaît aux Noirs, aux nègres, une part d'humanité, il ne leur concède, en revanche, qu'une âme inférieure enfermée dans un corps de brute.

Les douze voyages qu'il accomplit seront, à chaque fois, entourés de tous les périls imaginables. Édouard sait ce que signifie « risquer sa vie », la défendre, voire l'ôter aux autres. S'il n'est pas sûr qu'il eut un ou des meurtres sur la conscience, on ne s'aventurera guère en supputant qu'il put en compter plusieurs, morts d'hommes en ce cas justifiées par l'auto-défense nécessaire, la répression d'une mutinerie, les multiples motifs avancés en pareil cas. Il a profité également pendant plusieurs mois de sa vie aux îles, pour fréquenter les cabarets de Saint-Pierre, le « petit Paris des Antilles », et connaître l'élite des belles créoles ardentes ou languides qui valaient mieux que le menu fretin indigène. Aucun de ses livres qui ne se plaise à relater quelque aventure galante, sans d'ailleurs que les censeurs s'avisent d'en caviarder les épisodes. Il y a mieux, sans doute, événement qui jette un jour nouveau sur ce capitaine au long cours s'inquiétant peu d'une morale bien pensante et partageant avec ses marins la liberté et l'immoralité du comportement. Certes le secret semble avoir été bien gardé, puisqu'il n'apparaît pas dans les biographies les plus autorisées, et pour cause ! Mais il est dorénavant établi qu'en 1827 Édouard eut un fils d'une demoiselle Adélaïde, dite Adassa Sasias, âgée de 23 ans, domiciliée à Saint-Pierre, originaire de Paris. Cet enfant fut prénommé Xavier-Édouard[23]. Le patronyme paternel ne fut pas transmis et le garçon fut inscrit sous le nom de sa mère. Corbière, loin de le renier, mais loin aussi de le reconnaître pleinement, s'en est occupé par la suite en 1845, quand Xavier-Édouard se présenta au concours de l'École spéciale militaire. Il est donc plus que vraisemblable que Tristan fut au courant de l'existence de ce demi-frère. Aussi l'expression fameuse par laquelle il tendra à se définir « Batard de créole et breton » prend ici une couleur nouvelle. En cet autre, il est possible qu'il se soit reconnu (mais Adassa était née dans la métropole) et qu'il ait secrètement pactisé avec ce premier Édouard né sous les Tropiques.

Le métier de négrier, outre les dangers auxquels il l'exposait, ne pouvait tout à fait convenir au capitaine Corbière. Lui qui aimait se servir d'expressions populaires, pouvait assurer, sans vaine forfanterie, qu'il « en avait pris pour son grade ». Après quatre ans de service où, par douze fois, au passage de la Ligne, il avait participé aux mascarades du bonhomme Tropique, il abandonne son uniforme de marine et revient à ses chères acrobaties de pamphlétaire pour lesquelles il éprouva jusqu'à la fin de sa vie un durable prurit. Corbière eut beau passer des journées en mer, œil fixé sur l'horizon d'où parfois émerge un geyser de baleine, il a suivi avec attention les nouvelles politiques d'un régime qui l'a destitué et dont il raille, comme beaucoup d'autres, les innombrables bévues et maladresses. Ironie d'une fatale coïncidence, le vaisseau de l'État se trouve désormais entre les mains du comte de Corbière, ministre de l'Intérieur, ancien fauteur de la Terreur blanche, inféodé à la Congrégation. Dès 1822 il avait édicté des lois sur la presse dont Édouard avait été le premier à pâtir. En 1828 l'homme se doit de dissoudre la Chambre et se retire, en même temps que Villèle. Édouard ne trouve alors rien de mieux que de saisir la plume et de rimer une épître à son Excellence[24]. Cette Corbiéréïde ne manque pas de sel, surtout si on la considère à la lumière de l'homonymie des adversaires. Semblables, les noms recouvrent des personnalités différentes. La contradiction travaille le réel. De même entre Édouard et le futur Tristan, ressemblances et disparités se liront, comme entre le fils reconnu et le fils bâtard, autres pièces d'un jeu dont nous ne connaîtrons sans doute jamais complètement les données.

À l'ancre au Havre, Édouard poursuit sa destinée dont les fils s'entrecroisent sans pour autant se brouiller. Le voici de nouveau requis par le milieu de la presse. Stanislas Faure le met à la tête de la rédaction du *Journal du Havre*[25]. Cet imprimé avait été fondé en 1776 par Pierre Joseph Denis Stanislas Faure. Ce n'était alors qu'une simple feuille hebdomadaire. En 1828, cependant, Stanislas Faure fils avait décidé d'en faire un quotidien. Sous l'impulsion d'un administrateur clairvoyant, le journal, concentrant son intérêt sur les choses de la navigation, allait devenir le premier imprimé français spécialiste de la Marine. Corbière y témoigne de son entregent, de son expérience de la navigation, de ses initiatives. Considérable se révèle son activité puisque chaque jour il

rédige une revue de presse où il se montre attentif aux événements politiques, mais surtout aux questions maritimes, voire à la colonisation. Il
soutient le Havre contre Brest en tant que port le plus favorable pour les
voyages transatlantiques ; il veut réorganiser la guerre de course qu'il
avait pratiquée autrefois, même à ses dépens, pour arraisonner les vaisseaux de commerce étranger ; il favorise la pêche à la baleine pour
laquelle le Havre était le port de France le plus important. De jour en
jour, il se penche sur le marbre, corrige les épreuves de ses collaborateurs, improvise avec une belle aisance des « unes » particulièrement
bien senties. Il se mêle de critique littéraire, juge le *Joseph Delorme* de
Sainte-Beuve, les poèmes d'Elisa Mercoeur, certains livres de Hugo. Il
s'en prend avec légèreté à Chateaubriand auquel il ne pardonne pas de
collaborer au régime de Charles X. Ses récents souvenirs l'inspirent
pour confectionner quelques nouvelles qui ont plutôt l'aspect de scènes
typiques ou de tableaux. Son succès, son talent incitent l'un de ses
anciens amis havrais, Joseph Morlent, à le faire rédacteur en chef d'un
nouvel organe, *Le Navigateur, journal des naufrages*[26]. Titre peu
réjouissant, en vérité, et qui sera bientôt amputé de son appendice enre-
gistreur de catastrophes. Outre l'engouement pour le monde maritime,
bien exprimé alors par les peintures de marine où roulent les volutes tur-
gescentes des vagues et que noircit un ciel d'orage, on commençait à
découvrir les romans de mer d'un Fenimore Cooper et d'un Walter
Scott[27]. *Le Navigateur*, fort de ses prétentions littéraires, accueillera pendant cinq ans des récits de ce genre. On y lira des textes des écrivains en
vogue, Eugène Sue, Léon Gozlan, Mme Tastu. Chateaubriand lui-même y
donnera sa « prière du matelot à la mer, » et l'on y reprendra, sans tarder,
le *Tamango*[28] de Mérimée, d'abord confié à la *Revue de Paris*. Corbière,
ce pamplétaire assidu, prend goût à la littérature. Il est prêt à trouver sa
voie, non sans se permettre auparavant un dernier écart lorsque, latiniste
correct, il se mêle de traduire les poésies de Tibulle en vers français[29]
pour un résultat égal aux « belles infidèles » de ce temps.

Informé quotidiennement du mouvement des navires, rêvant parfois
encore à de grandes aventures, mais le plus souvent citoyen positif
attentif aux reptations d'une politique menée en dépit du bon sens,
Corbière doit être de ceux qui voient le « navire de l'état » (vieille métaphore) aller à sa perte et (M. Prudhomme oblige !) voguer sur un volcan. Le naufrage se fera – il le présume – aux dépens de la royauté.
Encore qu'établi dans un Le Havre où il fait figure de bourgeois, (mais
dépourvu de la moindre particule et ne la cherchant pas), il est connu
pour ses idées républicaines qu'il n'hésite pas à partager, voire à répandre, le cas échéant.

Les malheureuses lois sur la presse de 1829 vont provoquer un soulè-
vement qui gagne vite la province. Lors des Trois Glorieuses des 27, 28
et 29 juillet 1830, les républicains prennent espoir, malgré le sang versé.
Il s'en faut de peu pour que du haut du balcon de l'Hôtel de Ville une
Seconde République ne soit proclamée. Louis-Philippe transige cependant et sous le titre de roi des Français occupe le trône et ouvre le règne
d'une convenable médiocrité durant lequel s'épanouira, contre son gré,
parfois, mais sans heurts notoires, le deuxième romantisme. Corbière au
Havre même participe à l'événement et avec le futur amiral Charles
Baudin, concourt à organiser une compagnie de volontaires qui se rendent dans la capitale pour venir en renfort aux émeutiers[30], circonstance
remarquable, puisque, à ce moment même, et depuis cet endroit, et à
l'instigation d'Édouard, se forme donc une troupe de *bousingots*, à
savoir (métonymie oblige) des jeunes gens exaltés coiffés du chapeau
portant ce nom, couvre-chef de marin en cuir bouilli. Ainsi affublés ils
ont quitté leur ville natale, pleins d'intentions rebelles et républicaines.
Ces tapageurs, qui provoqueront dans la population, hébétée à leur vue,
plus de peur que de mal, allaient servir à désigner pour presque un an,
de fieffés enragés, graines d'insoumis, troupes bruyantes prêtes à alimenter le moindre foyer d'insurrection, ceux dont le *Figaro* en un
feuilleton déclinerait la geste héroïco-comique. De ces bousingots avec
un *t* (le nom de leur chapeau) à la « Camaraderie du Bousingo », c'est-
à-dire du boucan en argot, où se regroupèrent quelques « petits romantiques », il n'y avait qu'un pas qu'un certain nombre n'hésiteront pas à
franchir, y compris parmi les plus sérieux exégètes de notre temps.
Qu'Édouard Corbière ait intronisé en quelque sorte des émeutiers
enthousiastes accomplit, selon la trajectoire la plus juste, le parcours de
l'humour quand du littéral (un vulgaire chapeau) au métaphorique il
transforme la réalité pour en faire une marque de l'esprit de liberté. Sur
l'événement havrais, minimal en apparence, Édouard tiendra à s'expliquer dans *Trois journées de Paris ou la révolution de 1830*[31], un opuscule qui sort au Havre des presses de Stanislas Faure.

La royauté constitutionnelle de Louis-Philippe lui est malgré tout
favorable. On reconnaît ses mérites. L'homme qui s'en est pris avec
assiduité aux précédentes royautés de Louis XVIII et de Charles X est
pour ainsi dire réhabilité et inscrit en 1831 à l'ordre de la Légion d'honneur. Honorable, en effet, il peut se considérer comme tel, sans toutefois
s'éblouir des illusions de la gloire. Un ancien marin qui a essuyé combien de tempêtes et de combats, un conspirateur, un négrier aux prises
avec les souverains anthropophages, a le cœur suffisamment trempé
pour affronter toutes les vicissitudes de l'Histoire. Le moment lui sem-

ble venu de rappeler ce passé. Il sent s'éveiller en lui non pas une veine lyrique qui célébrerait les beautés ou les fureurs de l'océan, mais une inspiration précise grâce à laquelle il dira « la mer et les marins » ou récitera les « contes du bord ». La conjoncture produit ce nouveau Corbière qui, laissé à terre, se doit de naviguer encore par le souvenir et d'évoquer les innombrables situations qu'il a connues. Les livres de Cooper et de Walter Scott immédiatement traduits rencontraient un succès considérable. Les fortunes des gens de mer, les histoires de pirates séduisaient la nouvelle génération avide de « frénétique ». Très vite des auteurs français vont rivaliser avec eux, en y montrant moins de talent, certes. Mais un Auguste Jal et surtout un Eugène Sue[32] ne manquent pas d'expérience de la navigation, même si précisément Édouard Corbière estime, dans ce nouveau mouvement auquel il participe désormais, être celui qui sait le mieux ces réalités hauturières, le vocabulaire des manœuvres, le sabir des matelots, leurs us et coutumes. Il ne se trompe pas, au demeurant, quand il revendique ces marques d'authenticité qui le distinguent, selon lui, de conteurs élégants qui n'ont goûté que de loin aux heurs et malheurs du grand large. *Le Navigateur* contient ses premiers contes, auxquels s'ajoutent bientôt ses contributions au *Journal de la marine* et à *La France maritime*. Le coup d'éclat, qui l'impose de suite, consiste en un livre épais, *Le Négrier*[33], qui compte deux tomes, le premier « Aventures de mer » par « Édouard Corbière », le second où il se donne le titre de « capitaine au long cours » et « rédacteur du *Journal du Havre* ». Une préface ultérieure de son ami J. Morlent assurera qu'il fut le premier en France à donner aux scènes maritimes une force véritablement dramatique[34] . Cette priorité, à tout prendre discutable, ne pouvait abuser le lecteur, connaisseur, il va de soi, de ses illustres prédécesseurs, plus romanciers que navigateurs. Ce que gagne Corbière en exactitude, il le perd assurément en imagination, et la vérité de ce qu'il narre interdit à son œuvre de prendre l'élan souhaité. De tableaux en tableaux, de scènes en scènes, il ne parvient pas à constituer une matière romanesque sensible et les critiques du temps le perçoivent aisément, tel Sainte-Beuve trouvant à ses pages une incontestable odeur de goudron difficile à supporter pour des natures tant soit peu fragiles. Le roman maritime s'encombre peu d'élégances. Corbière y repousse même les effets de psychologie. Nous le croyons sur parole ; mais avons-nous vraiment besoin de telles vérités *sui generis* ? Un succès confortable l'engage à continuer. Édouard trouve là – n'en doutons pas – une identité à sa mesure. Son talent lui sert de génie. Son expérience comble les lacunes de son invention défaillante. Le typique remplace l'émotionnel. Le public de 1830 est prêt à s'y laisser prendre. Il a besoin de ces héros tout d'une pièce, de ces baroudeurs, de ces amateurs de flibuste. Lire Corbière, c'est embarquer pour une odyssée où, faute de Nausicaa, on trouvera de belles créoles ; les mots crus des hommes d'équipage sont garantis. Une tempête soulève les pages d'un chapitre. Un chargement de Noirs fera peser sur le suivant la menace d'une révolte. Parfois le flot bercera amoureusement les flancs du navire. Comme on ne peut perpétuellement dévider sa vie (ce à quoi, pour partie, s'appliquait *Le Négrier*), un semblant de romanesque mélodramatique cherche à ranimer une narration trop souvent répétitive. *Les Pilotes de l'Iroise*[35] développe l'histoire de jumeaux bientôt séparés, et la suite de leurs extravagantes aventures jusqu'à leur réunion finale. Comme toujours, Corbière réussit certains chapitres, puis l'intérêt retombe. Sur le fil d'un style médiocre, heureusement dénué de toute emphase, il atteint le terme qu'il s'est fixé, accomplit le contrat. On peut se demander, en effet, si, représentant opportun d'un genre en vogue, il écrit par simple plaisir ou pour satisfaire plusieurs éditeurs qui dès lors demandent de la copie. On pencherait volontiers pour cette dernière hypothèse à la lecture du livre publié chez H. Souverain *Scènes de mer*[36] ou *Le Banian*[37] qu'inspire son séjour à la Martinique (un « banian » désigne un « Européen venu dans les îles pour y pratiquer le bas agiotage que le négoce abandonne aux *petits blancs* ») ou bien encore, chez Werdet, *Les Folles-brises*[38], un recueil de nouvelles, et *Les Trois pirates*[39] au titre ultra-convenu. L'aspect autobiographique de beaucoup de ces œuvres justifie pourtant leur conception. Assurer la trame d'une intrigue compte moins pour ce marin devenu terrien que la remémoration amplifiée, déformée, par laquelle il configure sa propre légende. Il est peu certain que Corbière ait raisonné en ces termes (trop complexes pour un esprit aussi positif que le sien), mais ses romans et ses nouvelles se succédant, il est permis d'y voir sans discontinuer les avatars de son propre moi, parfois dessiné sans grande déformation comme dans son *Prisonnier de guerre*, souvenir des pontons de Tiverton, ou dans *Les Aspirans* [*sic*] *de marine* qui renvoient à ses jeunes années. À lire sa production durant cette période (à laquelle il faut ajouter ses fréquentes interventions dans le *Journal du Havre* et ses contributions régulières à la *France maritime*[40] d'Amédée Gréhan), on doit l'imaginer attelé à une tâche quotidienne, plié aux exigences des éditeurs, absorbé aussi par ses évocations, vivant plusieurs vies dans ces frustes héros qui lui ressemblent et qui, au gré de leur intense activité, accomplissent autant ce qu'il fut que ce qu'il aurait voulu être. Chaque année des livres s'ajoutent aux précédents, satisfaisant un public d'habitués, d'abord séduits par ce milieu sauvage, ces hommes du métier, puis peu à peu lassés quand se répètent les mêmes péripéties sous des couleurs différentes, les mêmes caractères taillés à la hache. Tout comme le roman maritime a donné ce qu'il était en mesure de fournir sans parvenir, sur la fin, à se renouveler, Corbière lui-même sent qu'il n'a plus rien à dire, même s'il peut toujours étirer davantage les souvenirs des êtres dont il conte les improbables destinées. Le ressac éditorial néanmoins continuera longtemps de laisser sur la grève les livres qu'il persiste à envoyer à destination de lecteurs de plus en plus rares, comme d'inutiles bouteilles à la mer : *Les Îlots de Martin Vaz*, roman d'aventure au titre prometteur, aux pages plus décevantes, que publient Berquet et Pétion en 1843, et, la même année, *Pélaïo*, beau prénom espagnol un peu fanfaronnant, aux éditions Chapelle et Gulliver – ces deux romans en quatre tomes venant après *Tribord et babord*, un recueil de nouvelles paru chez Dumont en 1840.

La vie d'Édouard, auteur connu, lui vaut la fréquentation de personnages d'importance, milieu de l'édition, journalistes, confrères et gens du métier, sans compter ses pairs romanciers qui ne dédaignent pas ce provincial riche d'une expérience originale. Dans la correspondance qu'il laissera figurent des lettres de Dumas père, d'Henry Monnier[41]. La plupart des célèbres auteurs qu'a publiés à un moment ou à un autre son *Navigateur* ont entretenu avec lui une relation épistolaire. S'y joignent les mots de critiques souvent bienveillants à son égard et ceux des illustrateurs, aussi en vogue alors que les photographes de nos jours. Témoin de sa renommée, le médaillon que façonne en 1835 le sculpteur David d'Angers, qui s'était spécialisé dans ce genre de représentations et en laissa des dizaines. Selon son habitude, David montre son modèle de profil, ici la partie droite du visage. Les cheveux sont coiffés en coup de vent, comme sur l'un des plus célèbres tableaux de Chateaubriand. Le nez apparaît busqué, ce que les autres portraits d'Édouard, posés de face, ne montrent pas. David d'Angers, pour ce qu'on en sait, était assez proche du romancier pour l'appeler « Mon ami ».

C'est toutefois un autre portrait, frontal celui-là, que l'on connaît surtout quand on évoque Édouard Corbière. Cette lithographie, souvent reprise, ornait l'excellent article sur l'auteur du *Négrier* publié dans *La France maritime* en 1837 et dû à Jules Lecomte. Longtemps attribuée au peintre de marine Théodore Gudin, elle a quelques raisons – semble-t-il – de revenir plutôt à Jacques-François Ochard, plus tard conservateur du Musée du Havre. Le visage est rempli. Le regard, surmonté de sourcils bien marqués, ne manque pas d'ambition. La bouche est petite. Les cheveux, ramenés sur les tempes, forment un léger toupet sur le haut du front dégagé. Ce visage, sans beauté particulière, n'a rien de médiocre cependant. Il laisse envisager un avenir que semblent deviner les yeux qui ne scrutent pas le spectateur, mais sont dirigés vers un lointain qui nous échappe[42].

Édouard Corbière est vite devenu une personnalité du Havre recherchée par la bourgeoisie locale. On le sait peu favorable au régime de Louis-Philippe dont il s'accommode malgré tout, car si un succès momentané lui vient de ses livres, il ne néglige pas pour autant ce qui concerne le monde maritime ambiant, dont il connaît les principales figures, armateurs, capitaines, commerçants. À l'aise dans les affaires, à l'affût des innovations, il discute au cours de soirées intimes avec ses amis de maints projets. Il est resté en relations avec son ancien camarade Joachim Puyo, gros négociant, plus jeune que lui d'une année. Il fréquente aussi Jacques-Marie Le Bris, qui développe son commerce avec l'Amérique du Sud. Les trois hommes mettent au point un service maritime entre Le Havre et Morlaix, fort utile à une époque où le chemin de fer ne desservait pas encore cette partie de la Bretagne. Le 10 juillet 1839, un steamer, *Le Morlaisien*, est lancé qui assurera un service régulier entre les deux cités. Le navire comptera à son bord entre cinquante et soixante passagers. Un départ est fixé tous les samedis du Havre, tous les mercredis de Morlaix. La traversée durera seize heures environ. Le bâtiment jouit du meilleur équipement moderne, de machines anglaises à basse pression. L'événement fait sensation et le journal local *L'Armoricain* le propage en vantant l'excellence de cette initiative[43]. Est-il besoin de préciser que beaucoup ne leur pardonnent pas leur réussite : « C'est un trio bien remarquable, celui formé à Morlaix par Puyo, Le Bris et Corbière. Sortis tous les trois de la classe infime de Brest, il leur a fallu bien de l'adresse, bien de l'intelligence pour s'élever où ils sont parvenus ! Celui qui en 1820 aurait prédit que tous les trois pourraient vingt-quatre ans plus tard, prétendre à figurer au nom des législateurs de la France, se serait fait rire au nez, car pas un d'eux n'aurait pu disposer de cent louis lui appartenant. Les trois amis ont été heureux. Puisse leur chance ne jamais se démentir[44]. » Le jour même du premier voyage, un dîner est offert par Joachim Puyo dans son manoir de Coat-Congar auxquels sont conviés actionnaires et passagers. Un banquet sera également organisé à la Loge Saint-Jean – ce qui montre assez l'importance de la franc-maçonnerie dans cette initiative[45]. Si le trajet Le Havre-Morlaix convoie beaucoup de pièces manufacturées, des bois précieux, voire des produits exotiques, le périple inverse amène beurre et primeurs de cette région agricole que favorise la douceur du climat. Édouard Corbière, aimé des Morlaisiens, entouré de vives amitiés auxquelles ne manque pas le sens des affaires, fait de fréquents voyages dans la cité armoricaine qui lui rappelle son enfance bretonne.

Sa mère était née dans la paroisse de Saint-Martin. Autour de Morlaix et de Roscoff il avait mené plus d'une fois ses embarcations ou fait escale. De plus en plus il songe à revenir. Il séjourne donc parfois à Morlaix et fréquente les Puyo, les Le Bris, toutes familles d'ancienne souche qui ont bien retenu la leçon de Guizot : « Enrichissez-vous ».

Édouard Corblère est un homme d'action, beaucoup moins un rêveur. Il a le sens des réalités. Tout le désigne pour être un edlle, un individu qui attire le respect, un bourgeois censitaire. Il envisage sa définitive réussite sociale dans un milieu qu'il domine aisément par son intelligence pratique et son passé d'aventurier. Cherche-t-il à se ranger ? En a-t-il besoin même ? Le temps est venu de poser à terre le sac de marin. Un Corbière, du reste, ne s'embarrasse jamais d'aussi pauvres *impedimenta*. Il sait au besoin se contenter du strict nécessaire. En ce sens il diffère hardiment des autres. Et le pied qu'il pose sur « le plancher des vaches » ressent secrètement les tangages d'autrefois. Il a lié un pacte avec la mer. Il ne saurait s'en éloigner beaucoup. Il faut sous ses yeux le mouvement des navires et l'accès, guère loin, au grand large. Aussi bien ne sera-t-il pas un bourgeois comme les autres, une existence quiète enchaînée aux répétitions de la vie quotidienne, enclose dans une sécurité tapissée de papier monnaie. Arrivé à ce qu'il pense bien être le terme d'une destinée capricieuse, il s'assure un gîte, un havre, une bonne demeure au cœur de Morlaix et, pour orner le début d'une vieillesse dont il ne doute pas qu'elle sera longue et heureuse, il se laisse tenter par le mariage proche que lui ménage sans grands détours son ami Joachim, empressé de « placer » ses filles. Il se passe toutefois cinq années avant que soient célébrées des noces encore prématurées, car lorsque Marie-Angélique Aspasie, née le 3 décembre 1826, épouse Édouard Corbière, elle n'a que dix-sept ans. Doit-on, en pareil cas, songer à une inclination de la jeune fille qui compte trente-quatre ans de moins que lui ? On n'ose le croire, même si on est tenté d'accorder à celle-là un penchant particulier joint à une admiration justifiée pour ce quinquagénaire de petite taille et de grande réputation. Il convient, bien davantage, de croire à un mariage arrangé et qui satisfaisait les deux amis soucieux de conjoindre leurs richesses et de tisser des liens de famille propres à renforcer une communauté économique souhaitée. Le même Joachim avait mis entre les bras de son autre ami Le Bris, tout aussi âgé qu'Édouard, une sœur d'Aspasie, Marie-Émilie, née en 1822. Cette première union, célébrée dès 1839, avait devancé celle d'Édouard et lui avait pour ainsi dire donné l'exemple. Aspasie, en dépit de sa jeunesse, ne montrait pas cette beauté que l'on attend parfois d'une fiancée. Les yeux de son visage plutôt ingrat sont étrangement bridés,

ce qui leur donne un certain charme. Tous, au demeurant, se sont accor-
dés à lui reconnaître un caractère enjoué et des qualités d'épouse
appelée à tenir son rang dans la société provinciale. De Corbière, on
ignore les frasques de jeune homme, si jamais il y en eut, excepté
l'aventure avec Adassa Sasias. Si ses livres ne le montrent pas insensi-
ble aux femmes vénales, telles celles que peuvent connaître les marins
au cours de leurs bordées, on est tenté cependant de considérer en lui un
être moral, soucieux du devoir, bien qu'un passage du premier chapitre
du *Négrier*, écrit dès 1831, contienne une tirade misogyne sur laquelle
ses biographes ont plus d'une fois attiré l'attention. Pose ? Satire excessive ? Il ne semble pas qu'Édouard ait regimbé contre l'état de conjugo.
Parvenu à ce point, on doit se souvenir toutefois de la liaison qu'il eut
avec Adassa et du rejeton qui en résulta. Il n'est pas dit qu'il ait main-
tenu strictement secret ce bâtard qui, vraisemblablement grâce à lui,
reçut une éducation suffisante pour accéder aux cadres de l'armée.

Le lecteur l'aura compris depuis le début de ce chapitre, une vie de
Tristan Corbière ne peut se dispenser de tracer au préalable une partie
de celle de son père. Les faits et gestes de ce dernier n'auraient point
mérité tant de pages s'ils s'étaient confinés dans l'insignifiance et la
banalité. Mais Édouard Corbière montre une personnalité d'exception,
et si la renommée finalement l'a dédaigné, elle ne parvint pas toutefois
à le passer tout à fait sous silence. Homme de son temps affronté à tous
les moments politiques de son époque, il fut aussi l'un des représentants
les plus notables des romanciers maritimes et, à ce titre, mérite de survivre. La gloire posthume qui mit en lumière Tristan lui a redonné une
importance que, sans ce fils maudit et célèbre, on ne lui aurait certes
qu'à demi conférée. Mais il reste improbable qu'un oubli complet aurait
recouvert son nom. Quant au regard qu'il put porter sur le premier de
ses enfants né sous le régime du mariage, il faut le voir empli de bienveillance et d'un espoir assurément vite déçu. Que Tristan entre maintenant sur la scène du monde n'aura pas pour effet de repousser Édouard
dans les coulisses. Le fils, malmenant son géniteur avec ironie, le reconnaîtra aussi pour ce qu'il fut : une figure quasi héroïque et, surtout, enveloppé d'un certain mystère, un écrivain ami des mots et des histoires, un
homme chez qui le rêve était surtout le frère de l'action[46].

Notes

1. Le célèbre *Corbeau* d'Edgar Poe (première publication dans l'*Evening Mirror* du 29 janvier 1845) avait été traduit une première fois par Baudelaire dans *L'Artiste* du 1er mars 1853 et repris dans sa traduction de *La Genèse d'un poème*, ajoutée aux *Histoires grotesques et sérieuses* (1865). C'est – semble-t-il – en toute connaissance du mot « corbière », lieu fréquenté par les corbeaux, qu'Édouard Corbière père aurait donné comme nom à sa future propriété en Ploujean, sur un terrain acheté en 1867 (que seule habitera sa femme, lui-même étant mort avant la fin des travaux) le nom de Roc'h-ar-Brini, soit, en breton, le rocher aux corbeaux. Aspasie Corbière y mourut. Ses enfants Pierre-Aimé Vacher et Lucie Corbière la conservèrent jusqu'en 1920, date où elle fut vendue.

2. Charles Le Goffic, préface pour la réédition des *Amours jaunes*, A. Messein, 1931.

3. Voir l'article par le médecin général Ch. Laurent « Quelle fut l'origine de la famille Corbière ? », *Les Cahiers de l'Iroise*, 14e année, n° 4 (nouvelle série), octobre-décembre 1967, p. 207-210.

4. *Ibid.*, p. 208-209.

5. L'essentiel des travaux sur Édouard Corbière père est représenté par ces titres : *Édouard Corbière*, « Père du roman maritime en France », catalogue de l'exposition présentée à Brest (mai-juin 1990) et à Morlaix (juillet-août 1990) par Jean Berthou, Gallimard, 1990 (66 p.) ; « Édouard Corbière "homme multiple" (1823-1875) », *Recueil de l'Association des Amis du Vieux Havre*, n° 50, 1991, p. 141-164 ; *Études sur Édouard et Tristan Corbière*, Cahiers de Bretagne occidentale, n° 1, 1976, 116 p. Ces ouvrages contiennent une bibliographie complète concernant le romancier.

6. Il apparaît, sans être nommé, dans le premier chapitre du *Négrier* (cité par nous d'après l'édition du Club français du livre, 1953) sous les traits d'un respectable septuagénaire se donnant lui-même la qualification d'*ennemi particulier* de Dieu. Né en 1731, il mourra en 1810.

7. Prosper Levot, *Notice biographique sur Édouard Corbière*, dans le *Bulletin de la société académique de Brest*, Brest, Lefournier, 1877, p. 220-235. Voir aussi, publiée en 1876 à Rouen chez Boisser, l'étude de Charles Levavasseur.

8. *La Mer et les marins*, scènes maritimes, Paris, J. Bréauté, 1833, 2 vol.

9. *Le Négrier*, chapitre IV, « Les prisons d'Angleterre », et « Les Pontons d'Angleterre » dans *La France maritime*, I, p. 21-26.

10. *Les Jeux floraux*, comédie en deux actes en vers, Brest, P. Anner, 1818.

11. *Les Soirées bretonnes*, Brest, P. Anner (1818), 214 p., in-16.

12. Les trois épigrammes de son père.

13. Voir de Louis Le Guillou, « "La Guêpe" d'Édouard Corbière » dans *Édouard et Tristan Corbière*, ouvr. cit., p. 37-48.

14. *Le Dix-neuvième siècle*, satire politique, Paris, Mlle Donas, août 1819, 16 p.

15. *À la liberté publique*, dithyrambe, Paris, Mlle Donnas, in-8°. Un préambule s'adresse « Aux habitants de Brest ». On peut y lire également une note concernant son père.

16. *La Marotte des ultras*, Brest-Paris, P. Anner, Brissot-Thivars, décembre 1819, 30 p.

17. *Trois jours d'une mission à Brest*, Paris-Brest, P. Anner, Brissot-Thivars, 1819. 27 p.

18. Paris, imprimerie G.F. Patris. Cet exemplaire de la BN, le seul connu, contient sur 24 pages le prospectus publicitaire et les deux livraisons du journal.

Édouard comptait publier un hebdomadaire consacré aux productions musicales et aux poèmes dramatiques, « lyrique » désignant ce type d'œuvres.

19. Voir de Jean Berthou, « Édouard Corbière conspirateur », *Les Cahiers de l'Iroise*, 1992, n° 153, p. 73-75.

20. *La Nacelle*, quotidien de 4 pages, format in-4°, comptera 199 numéros, allant du jeudi 5 décembre 1822 au samedi 21 juin 1823. Il est imprimé par Bloquel, rue Saint-Lô.

21. *Élégies brésiliennes*, première édition, Paris, Plancher et Brissot-Thivars, juillet 1823, 97 p. Deuxième édition en 1823, quelques mois plus tard en juin. Troisième édition en 1825, publiée comme « seconde édition, augmentée de poésies nouvelles ». Voir de M.A. De Oliveira Faria, *Les Éditions des Brésiliennes d'Édouard Corbière*, thèse dactylographiée soutenue à l'Université de Santa Catarina (Brésil).

22. « Les chants, dont ces Élégies ne sont que la traduction, m'ont paru être le récit des aventures attribuées à un héros brésilien ; et j'ai tâché [...] de ménager une sorte d'unité d'intérêt, comme dans les poèmes réguliers. » Ces poèmes sont successivement « L'Inondation », « Les aveux », « Le Manglier », « Chant d'hymen » et « Chant de guerre ».

23. Xavier-Édouard Sasias est né le 9 octobre 1827 à Saint-Jacques du Coulet, en Martinique. Admis à Saint-Cyr le 3 décembre 1845, il fera carrière dans l'armée et atteignit le grade de lieutenant-colonel en 1869. Il a accompli la plus grande partie de sa carrière aux Antilles où il s'était marié (à Saint-Pierre) à une femme dont il eut six enfants. Retraité en 1869, il s'installa à Paris, en 1883. Il mourra le 16 mai 1910, au 277 bis rue Saint-Jacques. Il était domicilié au 178, rue Jeanne d'Arc. Il est alors déclaré fils d'Édouard Sasias et d'Adassa Sasias. *Édouard* Sasias renvoie assurément à *Édouard* Corbière. Sa mère Adélaïde, dite « Adassa » Sasias, est née à Paris en 1805 et décédée au Morne-à-l'Eau, (Guadeloupe) en 1861. Un article de Benoît Houzé donne toutes les précisions sur ce demi-frère (*Revue d'Histoire littéraire de la France*, 2010). B. Houzé a consulté au service de la Défense historique son dossier (côte Ye SASIAS).

24. Voir de Jean Berthou « La Corbièréïde », *Les Cahiers de l'Iroise*, 1990, p. 117-122. L'opuscule sous le titre « à Corbière, épître à son Excellence le comte de Corbière » avait été publié chez Ponthieu à Paris en 1827 et comportait 15 pages. « [...] je veux qu'un autre âge en pesant le passé / dise : « Il fut deux Corbière en ce siècle éclipsé, / l'un ne fut jamais rien, l'autre en sortant d'un somme / se vit homme d'État, et ce fut le pauvre homme. » La même année, les célèbres Auguste Barthélemy et Méry donnaient leur propre *Corbiéréïde* (Dupont).

25. Louis Brindeau a écrit l'*Historique* du Journal du Havre (impr. du journal, 24 p.).

26. Le titre complet est « Journal des naufrages et autres événements nautiques, par une Société de marins ». Sous cette première forme, *Le Navigateur*, qui comportera huit tomes, paraîtra de 1829 à 1833. Il se poursuivra, de 1834 à 1838, publié à Paris par l'éditeur Hippolyte Souverain et dirigé par Jules Lecomte, par livraisons mensuelles.

27. Voir le catalogue dû à Jean Berthou *La Naissance du roman maritime*, Musée maritime de l'île de Tatihou, 2004 et surtout la thèse de Monique Brosse sur « La littérature de la mer en France, en Grande-Bretagne et aux États-Unis (1829-1870) » (atelier de reproduction des thèses, Université de Lille III, 1983). Pour un aperçu sur les romans

maritimes d'E. Sue, voir de Jean-Louis Bory, *Les plus belles pages d'Eugène Sue*, Mercure de France, 1963.

28. Cette nouvelle sera reprise en 1833 dans l'ensemble *Mosaïque* (Fournier).

29. Traduction des *Poésies de Tibulle*, Paris, Brissot-Thivars, 1829. Voir l'étude de Jean Marmier « Édouard Corbière, Mirabeau et Tibulle » dans les *Annales de Bretagne*, n° 3, septembre 1965, tome LXXII, p. 406-419.

30. Voir A.E. Borély, *Histoire de la ville du Havre*, Le Havre, 1881 1885, † II, p. 556-559 et Roger Lévy, *Le Havre entre deux révolutions (1789-1848)*, Paris, 1912, p. 58-66.

31. *Les Trois journées de Paris ou la Révolution de 1830 contenant le procès historique des derniers événements qui ont eu lieu dans la capitale ou les départements et le tableau des faits se rattachant à cette mémorable époque par M.* Édouard Corbière, rédacteur du *Journal du Havre*, à la librairie du *Journal du Havre*, chez Stanislas Faure, 1830, 63 p. Sur les péripéties des mots « bousingot » et « bousingo », je me permets de renvoyer aux pages qui leur sont consacrées dans mon *Pétrus Borel, vocation « poète maudit »*, Fayard, 2002.

32. Voir d'Auguste Jal, *Scènes de la vie maritime*, Gosselin, 3 vol., 1832 et d'Eugène Sue *Atar Gull*, U. Canel et Guyot, 4 vol., 1832-1834, *La Coucaratcha*, même éditeur, mêmes années, 4 vol., *Kernok le Pirate*, Dubreuil, 1830, *Plik et Plok*, E. Renduel, 1831, *La Vigie de Koat-Ven : roman maritime (1760-1830)*, Vimont, 1833, *La Salamandre*, Paulin, 1845.

33. *Le Négrier, aventures de mer*, Denain, 1832, 324 p. + 391 p. ; deuxième édition chez Denain et Delamare, 1834 ; 4ᵉ édition revue sur un manuscrit de l'auteur, Le Havre (1855), Brindeau et Cie et Costey. De ce livre, François Roudaut a procuré une importante édition critique, excellemment préfacée (XVIII-LXVII), aux éditions Klincksieck en 1990.

34. Préface publiée dans le livre d'Édouard Corbière, *La Mer et les marins*, Bréauté, 1833.

35. *Les Pilotes de l'Iroise*, Paris, Bréauté, 1832. Une réédition de ce roman a été donnée aux éditions José Corti en 2000, préfacée et annotée par Jacques-Rémi Dahan.

36. *Scènes de mer. Deux lions pour une femme. Capitaine noir*, Paris, Souverain, 1835, 2 vol.

37. *Le Banian*, Souverain, 1836, 2 vol. Cet ouvrage sera analysé par René Martineau dans son livre *Promenades biographiques*, Librairie de France, 1920, p. 64-69.

38. *Les Folles-Brises (nouvelles maritimes)*, Werdet, 1838, 2 vol. L'expression « folle-brise » avec un trait d'union est un terme de marine.

39. *Les trois pirates, aventures du capitaine Salvage*, Werdet, 1838.

40. *La France maritime*, fondée par A. Gréhan, Paris, Pastel, 1837-1842, comportera trois volumes.

41. Voir de Jean-Louis Debauve, « Autour des manuscrits et de la correspondance du romancier Édouard Corbière », dans *Mémoires de la Société d'histoire et d'archéologie de Bretagne*, tome LXXX, 2002, p. 243-257.

42. Voir la reproduction de ce médaillon entre les p. 20 et 21 du *TC* de Martineau. Il se trouve au Musée des Jacobins de Morlaix. Deux lettres de David d'Angers à Victor Pavie permettent de dater cette œuvre [voir Henry Jouin, *David d'Angers, sa vie, son œuvre, ses écrits*, (1878)]. Le portrait publié dans *La France maritime* est bien reproduit dans *Édouard Corbière, père du roman maritime en France*, catalogue de l'exposition de Brest et de Morlaix, (Gallimard, 1990, p. 1) dû à Jean Berthou. Sur la couverture de

ce petit livre, se voit en pleine page la photo (visage agrandi) d'Édouard Corbière âgé (cliché collection Matarasso).

43. *L'Armoricain*, 10 juillet 1839.

44. D'après la « Chronique d'un bourgeois de Brest » de Jean-François Brousmiche, cité par Yves Le Gallo dans ses *Études sur la marine*, PUF, 1968, t. II, p. 272-276.

45. Des recherches aux archives de Quimper pour cette période sur la franc-maçonnerie à Morlaix n'ont guère été fructueuses. Elles ont montré, du moins, l'existence de la loge Saint-Jean à cette époque. Archives maçonniques. XIX, 1850-1875 (40 J 50).

46. On reconnaîtra l'allusion aux vers du « *Reniement de Saint Pierre* » de Baudelaire :
> « – Certes, je sortirai, quant à moi, satisfait
>   D'un monde où l'action n'est pas la sœur du rêve ; ».

II

Premières années. Le « bahut » de Saint-Brieuc

La copie de l'acte de naissance de Tristan Corbière, libellée le 8 janvier 1904, en la mairie de Ploujean, se présente comme suit[1] :

« L'an mil huit cent quarante-cinq, le dix-neuf du mois de juillet, à huit heures du matin, par devant nous, Yves-Marie Steun, second adjoint du maire de la commune de Ploujean, canton de Morlaix, département du Finistère, officier de l'État-civil délégué, est comparu Monsieur Antoine-Édouard Corbière, directeur de bateaux à vapeur, âgé de cinquante ans, domicilié au Havre, présentement en cette commune, au manoir de Coat-Congar, lequel nous a présenté un enfant de sexe masculin, né le jour d'hier, à six heures du soir, en cette demeure, de légitime mariage de lui déclarant avec Madame Angélique-Aspasie Puyo, âgée de dix-neuf ans et auquel il a déclaré vouloir donner les prénoms de Édouard-Joachim. Lesdites déclarations et présentations faites en présence des deux témoins ci-après dénommés, savoir : de Monsieur Jacques Le Bris, propriétaire, âgé de cinquante-trois ans, oncle maternel de l'enfant et de Monsieur Alexandre Doverre, docteur médecin, âgé de cinquante-deux ans, les deux domiciliés dans la ville de Morlaix et ont, le père et témoins, signé avec nous le présent acte après leur en avoir donné lecture

Le registre dument signé
Pour copie conforme
(En mairie de Ploujean, le 8 janvier 1904)
Pour le maire absent, le secrétaire, A. Kernett »

Cette pièce officielle nous donne plusieurs informations. À cette époque, le 19 juillet 1845, Édouard est considéré comme le directeur de la ligne maritime Le Havre-Morlaix. Cette seule fonction lui est reconnue. On apprend également qu'il habite encore au Havre. L'enfant est venu au monde dans la riche demeure de Joachim Puyo, le manoir de Coat-Congar[2] (autrement dit « le bois » de M. Congar). Celui-ci appartenait à ses grands-parents maternels qui en avaient hérité en 1855. Il provenait de Jean-Marie Homon Kerdaniel, père de la grand-mère maternelle de Tristan. Lui-même l'avait reçu de son père Guy Kerdaniel qui demeurait quai des Lances à Morlaix et louait alors le manoir et la métairie avoisinante à un certain Yves Gaouyer. Cette antique demeure avait toute une histoire, puisqu'elle remontait à la noble famille de Coat-Congar, dont l'un des membres, Yvon, archer en brigandine et page, avait participé en 1492 au célèbre complot de Nicolas de Coatenlem s'opposant au mariage de la duchesse Anne avec Charles VIII, union par laquelle la Bretagne se trouvait rattachée à la France et perdait ainsi une identité qui lui était chère. Un autre personnage haut en couleurs, le brigand Guy Eder, sieur de la Fontenelle, avait été quelque temps, à la fin du XVIe siècle, propriétaire du lieu.

Dans cette belle bâtisse Joachim Puyo et sa femme ne venaient qu'à la belle saison. Le reste du temps ils habitaient à Morlaix, au 41 quai de Léon. Si l'on peut encore voir la propriété dans son état moderne, il ne demeure de son aspect originel que des éléments disparates, un antique puits couvert à colonnes de pierre, une avenue à l'entrée de laquelle s'élevait une chapelle, une belle allée plantée. Joachim Puyo, commerçant recourant volontiers au trafic maritime, avait acquis dès octobre 1841 à Morlaix une maison à lances, ancien édifice dont il avait démoli certaines parties pour le reconstruire à neuf. En un premier temps il l'avait loué au nouveau couple, auquel il le cédera le 30 mars 1847.

Sur le berceau du nouveau-né se penche un autre habitué du clan Puyo[3], Jacques-Marie Le Bris, beau-frère d'Édouard le marin. Il avait épousé la sœur d'Aspasie. Lui aussi était un négociant d'envergure internationale qui faisait commerce avec l'Amérique du Sud et importait du Chili du guano destiné à fertiliser les terres à primeur de la région léonoise.

Le milieu dans lequel naît Tristan forme un tissu extrêmement serré dont chaque maille est liée aux autres. L'image du poète solitaire ou famélique, qu'il tendra à dessiner plus tard pour sa délectation la plus intime, ne tient pas devant ce groupe familial pléthorique auquel il est intégré dès l'origine et dont il ne s'écartera que par foucades et presque à contre-cœur. C'est assurément dans ce milieu où les ressemblances entre ceux qui le composent sont plus nombreuses que les disparités, qu'il va se développer, à l'ombre non pas de jeunes filles en fleur, mais de nombreux oncles et tantes où l'on se perdrait vite (outre le désintérêt que pourraient susciter ces fantômes), si leur réapparition momentanée au cours de la vie du poète ne tendait à imposer peu à peu leur présence, à leur conférer un semblant d'identité. Le jeune Corbière évoluera dans le milieu Puyo, individus de souche ou figurant là par alliance. Ce monde aisé représente bien celui des grandes familles de ce temps membres d'une haute bourgeoisie, celle qui enrichit la France par son travail, son négoce, ses activités multiples, ses gains considérables et ses placements, ses manœuvres financières. Les Puyo, les Corbière, les Le Bris vont tenir le haut du pavé à Morlaix, se retrouver promus aux plus hautes fonctions, combiner leur intérêt personnel et ceux de la cité. Un Balzac leur a manqué ; car Morlaix, ville provinciale, ne connaît pas l'assoupissement des sous-préfectures ou préfectures de province. Le port florissait ; l'arrière-pays était riche d'une agriculture de grande qualité. Ceux qui, quelques mois plus tard, célèbrent le baptême d'Édouard-Joachim Corbière[4] peuvent lui prédire le plus bel avenir. Joachim et sa femme ont rassemblé leurs fils et filles : Édouard né en 1821 qui est encore célibataire, Marie-Émilie (1822) mariée à Jacques-Marie Le Bris que l'on a déjà évoqué, Marie-Aspasie (1826) la mère de Tristan, Edmond (1828), Marie-Augustine, née en 1831. Tristan apprendra à connaître ce petit monde qu'augmentent d'année en année les mariages et les naissances, au point de créer une véritable phratrie à laquelle devra s'habituer le lecteur, tout comme Corbière saura distinguer peu à peu les attitudes, les comportements de chacun, les caractères. Ses préférences se marqueront assez vite, si l'on doit en croire sa correspondance d'enfant et d'adolescent. Beaucoup, dans les pages qui suivent, ne feront que passer. Mais peut-être furent-ils pour lui plus que de simples occurrences, dignes de ses espiègleries, de sa provisoire tendresse ou ne méritant que son indifférence.

On ignore quand exactement Édouard Corbière décida d'habiter définitivement Morlaix. Il est possible que, durant un certain temps, plusieurs lieux de séjour l'aient accueilli. Il est presque certain, du moins, qu'Édouard fils ne fut pas transporté d'une résidence à l'autre. C'est donc dans la propriété du Launay, appartenant à Joachim Puyo et où s'établirent très vite les Corbière, qu'il passa ses premières années. Jean Vacher-Corbière la décrit comme une modeste gentilhommière d'assez grise mine[5], mais que l'on peut imaginer en éveil et en gaîté lorsqu'au printemps y chantaient les oiseaux et jouaient là les trois petits Corbière. La famille, en effet, allait prospérer : un fils Alexis-Edmond, né le 30 janvier 1848, qui malheureusement décédera cinq ans plus tard le 24 mars. Lucie née le 31 janvier 1850 et Edmond né le 29 juin 1855. Corbière dans sa position d'aîné a la meilleure entente avec sa sœur. Quant à Edmond, il le regarde avec une sympathique condescendance. Environné de nombreux cousins et cousines, il grandit dans le cercle privilégié des Puyo et Corbière et par eux connaît peu à peu la société des adultes dont il doit très vite saisir les travers comme le prouvent ses lettres. Une abondante domesticité sert ses parents, de la nourrice au cocher, en passant par la lingère, la cuisinière, la femme de chambre. Françoise prépare d'excellents repas et confectionne d'appréciables pâtisseries. La « bonnic » de Tristan veille sur ses premiers pas. Père et mère s'entendent comme il se peut, assurément mieux que ne le laisserait supposer la tirade contre le mariage aux premières pages du *Négrier*. Aspasie se révèle une parfaite maîtresse de maison, heureuse des soins portés aux enfants, d'une claire gaieté qu'assombrit parfois un nuage de mélancolie. Monsieur Corbière, quoique retiré du Havre, s'adonne à de multiples occupations. Il a beaucoup à faire quand il veille à la direction de la Société maritime. Il n'a pas abandonné pour autant son œuvre littéraire. De nouveaux titres s'ajoutent aux anciens, résultat d'une compilation de textes donnés dans les journaux et les keepsakes et parfois « romans maritimes » d'assez bonne venue. Mais le développement de Morlaix réclame aussi son attention[6]. Sous son impulsion la ville se modernise, s'enrichit de bornes-fontaines assurant une meilleure hygiène. On procède à l'éclairage au gaz. Un nouveau bassin est construit permettant d'accueillir des navires de plus fort tonnage. Ses beaux-frères sont des hommes de commerce qu'intéresse la prospérité de la cité. Tristan est entouré par ces personnages industrieux, intelligents, entreprenants, instruits, connaisseurs du monde pratique et pourvus de quelques talents non négligeables dans le domaine artistique pour lequel Edmond et Édouard montrent des dispositions qui valent un peu mieux que celles de simples peintres du dimanche.

Toute occasion est bonne pour qu'oncles et tantes se réunissent : mariages, baptêmes, bientôt premières communions. Une apparente gaîté rassemble ces bourgeois de bonne race, d'ambition certaine, mais peu divisés – comme on aurait pu le craindre – par les querelles dites de famille. Tristan vit dans cet univers qui a son charme. La famille n'y forme pas un enclos saturé, sans relations avec l'extérieur. Édouard est un individu respiratoire (plus qu'inspiré), un meneur d'hommes animé des meilleures intentions envers ses concitoyens, bien qu'il ne dédaigne ni les honneurs ni le profit. Lors des journées de Février 1848, Tristan, qui n'a que trois ans, ne peut comprendre les soubresauts de l'Histoire qui certes atteignent Morlaix et soulèvent d'espoir les quelques républicains du lieu qui plantent alors leurs arbres de la liberté. Corbière, fervent admirateur de Napoléon, n'approuvait pas forcément le neveu devenu président d'une deuxième République éphémère. Les débuts du Second Empire lui plurent peut-être davantage et la stabilité retrouvée – condition nécessaire pour que prospère le commerce. Les factions étant écartées, les royalistes n'ayant plus droit à la parole, l'heure s'ouvrait favorable pour le négoce, l'industrialisation, les grandes manœuvres des banques. À ce compte pouvaient s'édifier des fortunes considérables.

Tristan vit sous le signe fécond d'un régime opulent où vont se multiplier les fêtes impériales. Quelque bonheur émane de ces heures insouciantes en apparence, alors qu'elles sont redevables à tant d'activités forcenées, voire, qui pis est, à l'exploitation la plus impitoyable des prolétaires. Préservé, sans ignorer tout à fait l'extrême pauvreté de la Bretagne profonde, rejeton choyé d'un père qui met en lui de solides espoirs, Corbière entre dans la vie sans même pressentir les obstacles qu'il va rencontrer. Il est entendu que des êtres doivent le servir avec déférence, que les tâches les plus dures leur reviennent et lui seront épargnées. Il lui faut pourtant apprendre à son tour les premiers rudiments du calcul et de l'écriture. Il fréquente donc une petite école tenue par Victor Marie Le Bourgeois et son épouse, Françoise Cabon au 32, rue de Brest[7]. Il se fait des camarades comme Bodros, dont les parents tiennent une importante épicerie (gros et demi gros). Il se montre un assez bon élève sans toutefois laisser un souvenir impérissable à ceux qui ont charge de l'enseigner. Les éléments de moralité qu'on lui inculque comptent alors presque autant que les connaissances positives. Corbière se plonge bientôt dans le *De viris illustribus* qui l'amuse ; il ne montre pour le grec aucune disposition. Quant aux petites narrations morales sur un thème obligé, il s'y applique sans émotion particulière. Papa de temps à autre corrige les fautes d'orthographe. La mère le soir lui lit les contes de Grimm, et le bienheureux *Magasin pittoresque* pourvoit de rêves la maison. Quant à la bibliothèque paternelle abondamment nantie de toute la littérature du temps, où brille bellement reliée l'œuvre complète du géniteur, il se garde d'y faire d'indiscrètes incursions, mais se la réserve pour plus tard, quand ce trésor supposé sera mieux à la portée de son esprit encore proche de l'enfance.

Il était temps pour Édouard le fils de faire des études plus conséquentes. Morlaix n'offrait que peu de ressources pour qui voulait se préparer aux épreuves du baccalauréat. Malgré l'arrachement qu'un tel éloignement représente souvent en pareil cas, la décision est prise. Il poursuivra sa scolarité dans l'un des établissements les plus cotés, mais aussi les plus proches, le lycée impérial de Saint-Brieuc. Édouard Corbière, par ses fonctions, a des connaissances dans toute la Bretagne. Ses amis

Bazin seront donc les correspondants de l'aîné dans cette ville des Côtes-du-Nord. Tristan attend le dernier trimestre pour entrer dans le vénérable édifice qui jouit de la meilleure réputation.

À partir de mai 1859 jusqu'à l'été 1860, une correspondance[8] entre l'interne malheureux et ses parents s'échange avec régularité. Avec celle qui s'étendra sur ses années d'étude à Nantes, elle constitue le document le plus important et le plus continu qui permette de compren dre le tempérament de Tristan et l'éveil de sa pensée. Ses lettres ne furent pas mises au rebut, contrairement à d'autres écrits dont on peut soupçonner que la famille les détruisit par la suite, étant donné leur contenu qui, de ce fait, à tout jamais nous restera inconnu. Les épîtres de Tristan n'offrent – nous le verrons – aucun élément qui traduise son génie précoce et, ne serait-ce le fait qu'il les rédigea, on pourrait les tenir pour négligeables. Mais, éclairées par sa destinée, elles prennent une valeur imprévue et, mieux que tout, nous informent sur ce jeune homme de quatorze ans, lié d'une affection sans faille (et presque désespérée) à sa famille et soumis, non sans mal, à un enseignement, dont il perçoit fort bien les défauts et les insuffisances.

Une première lettre, adressée à son père, le 11 mai 1859[9], contient déjà en elle un certain nombre des caractéristiques qui marqueront toutes les autres. Tristan raconte donc son entrée au lycée, en classe de quatrième. Il fait partie des deux nouveaux de ce troisième trimestre. L'autre, un certain Louis Felep, de la Guadeloupe, semble au premier abord attirer sur lui l'estime des professeurs aux dépens de Tristan. On n'a pas prononcé, en effet, à propos de la jeune recrue morlaisienne les éloges qui furent proférés à l'égard de ce Felep, à savoir qu'il a l'air « d'un petit jeune-homme très intelligent ». Bien au contraire, on a constaté que Tristan sait à peine lire le grec. En revanche, on a dû convenir qu'il est excellent en version latine. Tristan, tout droit sorti de l'institution Bourgeois, reconnaît vite ses lacunes. Il se sait mauvais helléniste et piètre mathématicien. Grande est son inquiétude de ne pouvoir subir avec succès les examens de fin d'année. Il a certes pris de bonnes résolutions : « je me débarbouillerai du mieux possible », assure-t-il pour rassurer quant à son hygiène. Les longues journées des lycéens lui font connaître la discipline d'un véritable bagne. De cinq heures du matin jusqu'à huit heures du soir, tous sont soumis à un travail constant, de plus ou moins grande intensité, où il faut compter d'interminables heures passées en étude – durant lesquelles il lui est permis de rédiger ses lettres. Les jours de sortie, il se rend chez ses correspondants, M. et Mme Bazin qui ont une fille, Agathe, de l'âge de Lucie la sœur de Tristan. Ils considèrent Corbière comme un fils et lui-même ressent avec bonheur leur affection. Interrompant le calvaire d'un travail fastidieux et d'une discipline rigoureuse, Tristan, qui se réjouit de porter son uniforme de lycéen d'une rigueur toute militaire, attend le moment où il pourra prendre des leçons d'escrime. L'équipement lui manque : fleuret et visière. En espérant bien le recevoir il le réclame à son père, excellent bretteur, doit-on supposer. La lettre s'achève sur les diverses formules de politesse à l'égard de tous ceux qui l'entourèrent jusque-là : le petit frère Edmond, Lucie la sœur, Françoise et la bonne, toute la maisonnée.

Les lettres de Tristan durant cette période sont fréquentes, répétitives. Il y est toujours dit la même chose, non sans quelques variantes qui retiennent l'attention. À de tels détails on le perçoit mieux. Le 12 mai, écrivant à sa mère[10], il témoigne de sa joie d'être sorti pour une journée du lycée. Il est heureux comme un roi d'être reçu chez les Bazin. « Je suis traité comme l'enfant de la famille et l'on fera des crêpes pour le dîner. » Cependant, sa conscience d'élève le rappelle à ses devoirs. Toujours la même faiblesse en grec : s'il veut passer dans la classe supérieure, il devra prendre des répétitions. Côté divertissements, il compte ferme sur les séances d'escrime pour lesquelles il a besoin d'un équipement conséquent. Et puis songeant aux quelques objets qui lui sont propres dans ce monde, où non sans aigreur il se sent mêlé à des congénères imposés et où personne ne le distingue, il demande à sa mère de lui envoyer son calepin et, pour des travaux manuels et des découpages, une paire de ciseaux. Un gentil mot est joint à l'adresse de Lucie qui s'occupe avec soin des petites bêtes du Launay. Elle a recueilli des bouvreuils tombés du nid. « Tâche au moins d'en élever un auquel tu donneras mon nom. » Corbière, drôle d'oiseau ! n'entend qu'être assimilé à ce charmant volatile, en attendant les albatros et pétrels de plus grande envergure. Une touchante précision conclut ce mot : « Dis à maman que je me garderais bien de brûler les lettres que l'on m'écrit et que je brûlerai plutôt mes navires. » Première marque d'esprit d'un être sarcastique qui n'en manquera pas par la suite. Il tint parole. Mais, à dire vrai, pourquoi se serait-il livré à pareil holocauste ?

Le pensionnaire éprouve vite l'enfermement dans sa cage. Le prisonnier évoque avec la plus amère mélancolie son Launay, son paradis perdu. Il en attend des lettres – comme des colombes après le Déluge. Il ne cache pas son inconsolable tristesse. « Toutes les fois que je pense au Launay, je me mets à pleurer. » M. Bazin, néanmoins, montre à son égard le plus vif empressement et vient le voir au parloir les jeudi et dimanche, quand il n'est pas de sortie. « C'est pour moi un père véritable », conclut Tristan en mal d'affection. Les nouvelles qu'il donne[11] ne peuvent évidemment concerner que sa vie claquemurée. Il a commencé ses répétitions de grec, il se porte assez bien. Ses talents de dessinateur se manifestent déjà et il vient d'obtenir une cinquième place en cette matière. Du reste, pour se distraire et par nostalgie, il a tracé « sur un morceau de papier » ce qu'il nomme assez comiquement « le portrait » de sa chambre du Launay, une façon comme une autre de substituer à la banalité du grand dortoir un lieu tout à sa mesure, du temps où il était heureux dans le giron familial. Sur la voie du souvenir, il cède sans pudeur au regret : « Je pense aux parties que nous faisions à Plougasnou et à Carantec ». Car Édouard Corbière, homme de grand air, n'hésite pas à emmener sur un *cart* toute sa progéniture, avec provisions de bouche et la bonne et Françoise, jusqu'aux plages des environs où il va bientôt donner à Tristan ses premières leçons de natation. La mer fait partie du paysage, des usages, des plaisirs. Même à Saint-Brieuc, Tristan n'en est jamais loin. À l'affût des rares distractions que permet le milieu scolaire, il attend avec impatience sa première leçon d'escrime. Il souhaite aussi recevoir dans les plus brefs délais sa boîte de peinture – pour les cartes de géographie, précise-t-il – mais on devine qu'il compte s'en servir pour de petits essais artistiques. Une précision montre à quel point il tient à l'objet demandé. Elle doit être « dans la maison de la ville au 15, quai de Tréguier, dans le secrétaire de ma chambre ». Suivent les recommandations habituelles. « Embrasse tout le monde. N'oublie pas non plus les tantes, ni bonne maman, ni bon papa. »

Le 18 mai, Tristan s'adresse à son père[12]. Il décrit ses longues journées. Puisque la vie réclame de telles études, il faut y consentir. Il a commencé à prendre des leçons de grec pour se mettre à niveau, mais il est tourmenté à la perspective de son passage en troisième. Il lui faudrait réussir, or il n'a guère confiance en lui. La discipline du lycée lui pèse et les désagréments quotidiens, avec parfois une bonne surprise comme ce « lait aigre » qu'ils ont eu au petit déjeuner et qui lui a tout à fait rappelé celui qu'il « ribotait » au Launay. Tristan est un Breton comme un autre, habitué à des usages, à des coutumes. Il s'y plaît et s'y retrouve. Plutôt perspicace pour son âge, il juge le monde qui l'entoure. Les adultes sont si drôles. « Nous avons un aumônier qui est un très bon homme et surtout il n'est pas bégueule, enfin il est comme un autre, et quand il vous parle, on dirait plutôt que c'est un bourgeois qu'un prêtre qui vous parle. » À l'aise avec son père, Tristan ne recule pas devant de telles confidences. Il sait Édouard peu confit en dévotion et, sans rejeter l'idée d'une transcendance – ce qui témoignerait d'une audace légèrement au-dessus de son âge –, il a quelque idée de la tartufferie des prêtres. Cet aumônier briochin forme à ses yeux un estimable spécimen d'humanité, auquel il n'accroche pas les remarques déplaisantes qui d'ores et déjà lui sont familières. « Un homme comme un autre », voilà ce qu'il aime chez celui-là dont les pareils sont trop souvent imbus de leur ministère et ne dévident que paroles d'évangile. « Un bourgeois ». Le mot ne revêt pas encore la valeur péjorative qu'il prendra, et signale une honnête franchise, une sympathique bonhomie.

Les jours s'enchaînent, désespérants, les mêmes, pour les assidus besogneux penchés sur leurs pupitres, gavés de fayots et harcelés de pensums. Pour passer le temps, à partir du 1ᵉʳ mai, il a confectionné un petit almanach[13]. Il en compte soigneusement les pages avant le jour de la sortie définitive : 77 ! Faut-il voir dans ce soin la naissance d'une pratique qu'il développera durant ses longs séjours à Roscoff ? On imagine mal toutefois Tristan s'astreindre à tenir un journal. Mais on sait, par ailleurs, que beaucoup de ses poèmes seront datés et situés, et que la vie quotidienne lui sera toujours un appréciable point de repère. Corbière n'est point pensable sans la biographie rêvée qu'il compose dans son for intérieur, sans ce journal de bord secrètement rédigé.

Les résultats scolaires, maintenant ? Un peu meilleurs en grec (pour les leçons), et les beaux compliments de son maître d'escrime qui lui assure « qu'il est fait pour ça ». Il faut croire qu'à cet âge nul rhumatisme ne l'avait encore déformé et que son corps présentait une bonne tenue. Dans ses imaginaires faits d'armes au sein des *Amours jaunes* ne placera-t-il pas un « Duel aux camélias » ayant occasionné à l'adversaire une « boutonnière » près du cœur ? Pour Édouard, soucieux des progrès de son fils, Tristan dresse un bilan qui ne laisse rien ignorer de ses capacités :

> « Sans me vanter je suis fort en version et en thème, en histoire je ne suis pas très faible ; en géographie ma science est bonne, quant à l'arithmétique je suis peu féroce, en grec c'est pitoyable. Va t'en deviner là-dedans un élève distingué ! Cependant il est fort probable que dans les hautes classes je sois fort en narration, en philosophie ou en autre chose [...] »

Le panorama est à peu près complet, sans équivaloir à un palmarès. Tristan, comme ses pairs les poètes, Baudelaire ou Rimbaud, s'entend avec la langue latine. Il est entièrement formé par elle. Elle constitue même la langue première de la poésie, celle dont on ausculte la moindre syllabe (longues ou brèves, exercices de vers latins) et qui apprend, plus que le français même, le bon usage des figures de style, dites tropes. Mais pour le grec il ne montre aucun attrait, et en cela ne ressemble aucunement aux Parnassiens dévotieux de cette langue. Sans que nous en ayons à ce moment-là quelque preuve (rien dans ses lettres mêmes), Tristan se sait à l'aise dans l'exercice d'imitation en quoi consistaient alors les narrations ; il ne doute pas non plus du parfait raisonnement de sa pensée logique et attend avec confiance l'heure où il se confrontera aux œuvres philosophiques.

La condition de l'internat donne lieu sous sa plume aux éternelles doléances que ne comprend que trop Édouard le navigateur du grand large. « Nous sommes ici dans un cloître [*et, de fait, le lycée occupait l'emplacement d'un édifice monastique*] et de nulle part nous ne pouvons voir la ville, de sorte que quand je sors, ça me fait un drôle d'effet, qui ne manque pas d'agrément, car alors je respire plus librement. Nous sommes allés aujourd'hui nous promener à Cesson cette vieille tour qui est au bord du Légué. » Limité, chez Tristan, le sentiment des ruines. Il ne l'oubliera pas tout à fait néanmoins, lorsqu'il rimera son « Poète contumace ». Vient ensuite l'évocation des anciens camarades morlaisiens et plus spécialement d'Aimé Vacher qui – précise Tristan – est « mon plus grand ami avec Ludovic Alexandre ». Dès 1859, le trio était déjà constitué, immortalisé plus tard par trois photos dont nous reparlerons. « J'ai griffonné au bas de sa lettre [*celle d'Aimé Vacher à Alexandre*] environ deux lignes dans lesquelles je lui dis que je m'embête bien ».

Tant qu'à vivre sous le signe de l'ennui, il se distrait par des « coloriages ». Il retrace soigneusement sur une feuille de papier le trajet de la diligence Saint-Brieuc-Morlaix, histoire de symboliquement accomplir ce retour au pays natal. En dépit d'aussi minces distractions, il ne s'habitue pas aux conditions de l'internat : « Le matin depuis 5 h jusqu'à midi environ je suis très triste, le reste de la journée je suis très gai et je joue comme les autres. » C'est dire que la moitié de son temps est voué à la mélancolie. Aucun effet de spleen trop étudié n'est à sous-entendre ici. Mais Tristan passe ses jours dans un état de morosité inquiétant. Saura-t-il jamais les rendre plus heureux ? Cependant, des paquets soigneusement préparés parviennent à l'interne si mal en point. On lui a envoyé le petit calepin réclamé, de la colle à bouche, des pinceaux, ainsi que d'excellents biscuits[14]. En tant qu'élève il s'efforce de se montrer à la hauteur des ambitions que l'on nourrit à son égard. Il participe au concours général entre tous les lycées et collèges de France, sans grand espoir, toutefois, de figurer parmi les lauréats. Dans son relatif isolement, il s'inquiète à la perspective des examens de fin d'année. Un abcès à la mâchoire le tourmente. Le récent passé revient par vagues à sa mémoire, les sorties à Plougasnou et à Carantec. Il se préoccupe aussi de l'avancement des travaux menés pour construire les manoirs de ses tantes, signes de l'opulence d'Émilie et de la réussite exceptionnelle de ses commerçants qui leur permet, en effet, d'envisager la construction d'habitations fastueuses. Tristan, peu préoccupé des chaumières bretonnes chantées par Émile Souvestre, montre son impatience à connaître ces nouveaux domaines. En juin a été célébré le mariage d'Edmond Puyo qui épouse en secondes noces Christine-Louise Millet, fille d'un baron du voisinage. Elle n'a que cinq ans de plus que Corbière. Il éprouvera sans doute pour elle le plus tendre sentiment. En cette année 1859 ce n'est encore qu'un songe, une vague velléité. Mais progressivement Christine deviendra sa confidente préférée.

Lointain, quasi exilé, il pense aux joyeuses réunions de famille, où se croisent les générations. La conversation des femmes au boudoir, celle des hommes, dans les vapeurs d'un havane, où l'on programme le prochain projet sensationnel qui éblouira les habitants de Morlaix placée à la pointe du progrès. La fin de l'année scolaire approche, à petits pas soigneusement comptés par les lycéens, qui en ce mois de juin, ont droit à quelques exercices physiques espérés ardemment par Tristan. « Nous commencerons à nous baigner vers le milieu du mois de juin seulement et j'espère que je saurai nager aux vacances. » Mais les regrets ne tardent pas à submerger l'inconsolable : « C'est surtout le soir et le matin quand je suis réveillé dans mon lit que je pleure[15] […] ».

Un peu plus tard il envoie un mot plein de gentillesse à Lucie[16] où il s'informe des chats, des bouvreuils, qui ne font pas nécessairement bon ménage, et des dessins qu'ils échangent avec assiduité, en imitant les esquisses de bandes dessinées qui commencent à paraître dans les journaux et revues.

Solennellement, par connivence, Tristan le 27 mai adresse à son père une lettre[17] et précise la qualité du destinataire : « *Propriétaire* à son *Château* du petit Launay ». Il donne des nouvelles des Bazin, ses correspondants, puis décrit en termes acerbes le personnel enseignant : « Mon professeur de 4e est aussi un brave homme. Il se nomme Robert. Quant au professeur de mathématiques, c'est un petit homme maigre, sec et emporté. C'est l'arithmétique personnifiée, son nom est Harent, et il en est un fameux. » Le trait d'humour vaut d'être signalé, même s'il répète une plaisanterie largement colportée par les élèves. Proche de son père qui apprécie le mot d'esprit, Tristan se permet de légères inconvenances dont il sait pertinemment qu'elles seront approuvées par Édouard, toujours un peu rebelle au fond de lui.

Le 15 juin, il accuse réception de divers envois[18], les ciseaux, un panier de cerises, le cachet de tante Marie qu'il se plaît peut-être à appliquer au verso de ses enveloppes, les pains d'Espagne de Léocadie, auxquels il n'a pas encore touché. La période est faste pour les lycéens en mal de vacances. « vu la fête de la Pentecôte il y a eu sortie lundi ; mardi pour la bataille de Magenta, il y avait encore sortie, et mercredi, c'est-à-dire aujourd'hui, en l'honneur de la visite de M. Pouland, le directeur du personnel [...] » Même dans les lointains départements on tenait à célébrer les succès de l'Empire. Le lycée de Saint-Brieuc, bon an mal an, vivait à l'heure de l'Histoire. Tristan, que la politique ne soucie guère, profite de ces journées somptuaires et se retrouve, comme de prévu, chez les bienheureux Bazin qui, le soir, le mènent à la « comédie » où il s'est bien amusé. On ne connaît pas le titre de la pièce et Tristan n'a pas même éprouvé le besoin de le préciser. Assurément ce n'était ni Molière, ni Regnard, ni Marivaux, qui auraient mérité une mention particulière.

Entre le père et le fils, tout autant qu'avec Aspasie, la correspondance continue, riche de liens affectifs et de connivences. Édouard prend la plume, encourage son fils aîné. Tristan avec gratitude lui répond[19]. Récemment houspillé par un élève hostile, il a subi quelques horions de la part dudit. De telles épreuves de passage paraissent inévitables. En tant que victime qui, dans un récent courrier, s'était plaint de cette avanie, il tient maintenant à rassurer son entourage : « Dis à maman que je ne suis pas mort des coups *redoutables* de M. Piquot, il suffirait pour la tranquilliser de lui dire que l'individu en question est un pilier d'infirmerie, qui a été doué par la nature d'une cliche perpétuelle. » Comprenne qui pourra ce dernier vocable qui devait être usuel dans le clan Corbière, raison pour laquelle Tristan l'emploie comme un mot d'emploi courant.

Au milieu de ses occupations d'éminent citoyen morlaisien, Édouard gardait un œil sur son œuvre littéraire. Si la vogue du roman maritime était passée, restait un nombre appréciable d'amateurs qui pouvaient s'en délecter encore. Fier de son *Négrier*, il veille à le faire réimprimer, en y apportant maintes corrections et en le dotant d'une nouvelle préface[20]. Ses confidences assurent qu'il s'agit là, à ses yeux, de son meilleur livre et portent sur les autres un regard dénué de complaisance. En dépit des quelques passages scabreux contenus dans le volume, *Le Négrier* dans sa nouvelle version parvient à Tristan qui découvre ainsi plus clairement, plus ostensiblement le génie de son père. « Je te remercie bien des *Négriers* que tu m'as envoyés pour donner au proviseur, au censeur et aux autres, car je pense que ça ne pourra que les disposer en ma faveur[21]. » La démarche est intéressée. Le livre ne parvient qu'aux adultes. Tristan a-t-il vraiment le droit de le lire dans son intégrité ? Quoiqu'il en soit, Édouard a répandu la manne de ses précieux exemplaires sur le personnel de l'établissement et s'est dépensé en dédicaces flatteuses comme la suivante[22] :

« à monsieur Alliou, Proviseur du Lycée impérial de Saint-Brieuc-hommage de haute considération de la part de l'auteur »

Sachant l'importance que son père accorde à cette marque de reconnaissance pour son talent d'écrivain, Tristan lui assure avec la plus grande satisfaction : « Tu fais du bruit au Lycée et tu y as de la réputation malgré la peine que se donne M. Piquot pour te faire regarder comme un auteur semblable à Eleouet. » Plus d'un, sans doute, savait que Corbière le lycéen avait pour père le romancier, et plusieurs gardaient en mémoire sa renommée de naguère. De mauvais coucheurs cependant s'ingénient à minimiser son importance, au point de le confondre avec un auteur secondaire, voire tertiaire, comme cet Eleouet[23], dont l'homonymie avec le gendre d'André Breton sonne comme une ironie. Dès l'âge de quatorze ans, Tristan s'enorgueillit de la gloire de son père. Il lui voue une franche admiration dénuée de toute jalousie prématurée. Parmi les lectures autorisées, on imagine sans peine que les lycéens avaient le loisir de feuilleter quelques-uns de ces romans maritimes dont la vogue avait fait fureur durant la précédente décennie. Et Tristan de citer un passage de la *Duchesse Anne ou Campagne à bord d'une corvette* que lui a montrée l'un de ses camarades : « C'était un vieux loup de mer que Petit, et sa vie, racontée par un *Corbière*, serait une véritable odyssée[24] ». *Scripta manent.* Édouard père par Édouard fils était inscrit désormais au fronton du Temple de mémoire. Tristan ne songe pas encore à rivaliser avec l'illustre romancier. Nourrira-t-il jamais pareille ambition, lui qui s'estimera plutôt poète, autant dire propre à rien et bohème ? Mais *Le Négrier* restera pour lui le maître-titre, le chef d'œuvre qui, tout autant qu'une narration rocambolesque, concentre les éléments d'une existence. Celle-ci demeurait encore pour lui pleine de mystères, fertile en recoins secrets, peut-être en épisodes inavouables. Si le lycéen s'est empressé de distribuer les exemplaires de l'insigne bouquin, il n'a pas échappé pour autant à la corvée de la procession de la Fête-Dieu dont lui et ses condisciples sont revenus « tout en sueur et couverts de poussière[25] ». Il y avait de l'orage dans l'air et tout un après-midi il a été exposé au soleil « avec un gros pantalon de drap », « un gilet très épais et doublé en ouate », une « tunique d'une épaisseur inimaginable ». Ces conditions lui ont fait regretter la Fête-Dieu de Morlaix célébrée avec tout le faste possible. « Je ne la reverrai que dans quatre ou cinq ans » se lamente-t-il en songeant aux années d'étude qui lui restent à faire. Il évoque par la même occasion les quatre ou cinq foires hautes qui auront lieu sans lui.

Une dernière lettre[26] avant les grandes vacances nous renseigne sur
son état d'esprit. Nous sommes alors le 22 juillet 1859. Il a reçu, envoyé
par sa mère, un panier de groseilles qu'il aurait tant voulu savourer à
l'ombre des tonnelles du Launay. Tante Marie, épouse Chenantais, est
passée au lycée, mais il n'a pu la voir, car il se promenait alors avec
M. Bazin son correspondant et n'est rentré qu'à 9 h du soir. D'autres
envois lui ont été faits, dont une orange (le fruit est encore rare à l'époque dans cette région de la France) qu'il a gardée pour la bonne bouche,
et un petit couteau, « un vieil habitant du Launay ». On ne sait rien des
terribles examens qu'il n'a cessé d'appréhender depuis le mois de mai.
Il les a passés sans peine et lorsqu'il quitte Saint-Brieuc, il est admis
dans la classe supérieure, la troisième, et a été nommé au palmarès pour
un deuxième accessit de thème latin.

Avec toute l'impatience présumable, il attend le jour du 8 août où il
reviendra dans la propriété familiale et retrouvera là liberté et affections.
Deux mois de vacances lui feront oublier la prison briochine, les horaires impitoyables, le son du tambour « voce sinistra » scandant les heures
de fin de cours, et les pions intraitables « vultu barbaro ». Viennent la
chasse, la pêche, les bains de mer, la natation, la navigation sur un petit
cotre, voire un ou deux passages au Havre. On ne parle pas des « journées de lecture ». Il y en eut plus d'une, sans doute.

La correspondance de l'année scolaire 1859-1860 nous est parvenue
dans ce qu'on peut supposer être sa quasi totalité. Au fur et à mesure
que l'on en prend connaissance, elle complète l'image approximative du
Tristan de l'époque. Comme par la suite ses lettres seront très rares, elle
reste donc inestimable, bien qu'elle ne nous fasse accéder qu'à l'adolescence d'un homme qui, il est vrai, ne revendiqua jamais sa maturité.

Le jour du 11 octobre 1859, la rentrée a lieu au lycée. Parti la veille
de Morlaix à 5 h., les voyageurs de la diligence ont atteint Guingamp à
minuit. Ils ont été obligés de coucher à l'Hôtel de France. Levés tôt le
matin, ils sont à 11 h. 30 devant les portes du sévère édifice, la « cage »,
comme il l'appelle. Il se trouve plutôt mal en point, car un orgelet gon-
fle sa paupière. Les quelques camarades morlaisiens Estrade et Duval ne
lui font pas oublier la séparation d'avec une famille pour laquelle il
éprouve l'affection la plus vive : « [...] je suis comme fou, mais comme
fou hébété, je ne sais pas où je suis et j'ignore si je rêve ou si je dors. »
Faible compensation à tant de détresse, son nouveau professeur,
M. Cassin, qui ne lui paraît « pas trop méchant [...] seulement il est un
peu sec[27] ». L'entente entre le père et le fils semble sans faille. Ceux qui
en accusèrent la fragilité feraient bien de relire ce qu'en dit Tristan lui-
même : « Tu sais, quand tu me disais en me quittant "Allez, courage,

mon vieux" eh bien ça me sonne encore à l'oreille, et j'ai envie de mourir ou de me jeter par une fenêtre. » Le désespoir qu'éprouve Tristan, loin de provenir d'une attitude paternelle hautaine et distante, résulte plutôt de ces vraies paroles d'ami que l'on aime entendre sortir de la bouche d'un père.

Conscients de la dureté de l'internat, les parents Corbière sont venus une première fois voir leur fils. Tristan rappelle ce moment de retrouvailles : « votre visite m'a fait du bien… je vois approcher le premier de l'an et je vois de loin Pâques qui le tient par la queue. » Nous ne sommes pourtant qu'au 23 octobre ! Le lycéen se résigne. Idolâtre de l'auteur du *Négrier*, il installe dans sa case le portrait de l'illustre géniteur, sans doute celui qui se trouve reproduit dans le fameux roman. Lui-même a quelque raison de se féliciter puisque malgré son aversion pour la langue d'Homère il a obtenu « une très bonne place en version grecque et c'est ça qui m'a rendu probablement si *guilleret* et si *agréable*. » (les deux adjectifs sont soulignés, comme s'ils ne correspondaient pas à son état ordinaire, un peu abattu, par conséquent, et plutôt sourcilleux).

Les conditions de vie au lycée pendant l'hiver (qu'il n'avait pas encore subies) dépassent tout ce qu'il craignait. Le froid pénétrant rend interminable l'étude du matin. « Et comme on ne peut garder ses gants pour écrire on a les doigts morts de froid pendant que les pieds gèlent sur place. » L'économe n'envisage pas encore d'installer les poêles. Une jolie référence culturelle, qui témoigne de ses lectures, émaille ce passage de sa lettre : « Arago[28] dit dans ses *voyages autour du monde* : que les misères d'un baleinier devraient le faire regarder comme un ange, alors les Lycéens devraient être aussi salués comme des saints ou du moins béatifiés ou quelque chose de ce genre ».

L'humour à la Corbière commence à s'exercer. Il fallait sans doute un tel inconfort pour qu'il prît forme. « À propos voici quelque chose de chic », note-t-il encore, avec cette familiarité de langage qui établit entre lui et ses destinataires une précieuse complicité. Programme en vue : la musique au lycée. Tristan, qui très certainement est saturé du piano familial sur lequel Lucie commence à faire ses gammes, convoite dans la clique « une place de cymbale ». « Il va sans dire que c'est le lycée qui fournit l'instrument harmonieux pour lequel j'ai tant de vocation ». Plus sérieusement il s'adonne à son art favori, le dessin, pour lequel on reconnaît sans peine son talent. Du reste, entre sa sœur et lui s'amorce un échange de petites représentations où compte moins l'exactitude que l'*esprit*, la charge. Une nouvelle fois (tel est bien son sujet favori), il passe en revue ses capacités, pour conclure : « Si j'avais en fait de vers français une haute opinion de moi-même, il n'en était pas de même pour les vers latins ». Cette autocritique témoigne d'un jugement clairvoyant. Des vers français du Tristan de l'époque nous connaîtrons bientôt quelques échantillons. Il est certain que d'ores et déjà il est rompu au mécanisme de la prosodie – une distraction comme une autre dans l'épais ennui de ses heures de classe où ses mentors ont souvent l'allure de misérables cuistres : « Notre professeur de géométrie est le meilleur de tous ; il est myope, sourd, point fin et très commode. » Sans trop froncer les sourcils, avec même peut-être un léger sourire, Édouard père lit cette appréciation qui annonce des dons pour la satire. Un autre courrier[29] montre la bonne entente du père et du fils. Le premier, qui connaît le caractère des hommes, flatte le second. Tristan s'enorgueillit de ce regard porté sur lui. L'auteur du *Négrier* ne lui a-t-il pas assuré qu'il avait toutes les qualités requises pour « devenir un homme distingué » ! Le mot compte à l'époque et fait mouche, même s'il n'a rien à voir avec la distinction paradoxale du dandy aimé de Baudelaire.

La sagesse s'acquiert-elle par le renoncement ? À quinze ans d'autres objectifs occupent la tête. Alors que les pensionnaires font leur promenade ou « patrouillent en rang dans la boue », Tristan feint de ne pas regretter les célèbres foires de Morlaix et leurs pittoresques camelots, mais il doit bien reconnaître qu'il n'aurait pas été fâché « d'honorer de sa présence [*belle formule ironique*] ces lieux de réjouissance », d'autant plus qu'« il doit rester encore quelques *Artistes* et quelques baraques que j'aurais été voir[30] ». Tristan est un curieux et un flâneur, un badaud, à l'affût des petites merveilles que cachent les tentes des gens du voyage. Il sent bien, avec ce rien de primesautier qui le caractérise, que ces forains sont les vrais artistes de ce temps, d'un monde dégradé où l'art peut consister aussi en toiles criardes qui annoncent un spectacle, en tours qui ébaudissent les passants, en « passez muscade » dont les enfants sont éblouis. A-t-il lu *Le Saut du tremplin* de Banville[31] ? Quoi qu'il en soit, il appartient à ce public qui aime s'étonner et qu'une foule endimanchée réjouit, comme une fanfare ou un défilé de zouaves.

Puis vient le moment des remémorations familiales ou amicales. Une pensée pour le gros Gouronnec le « monmon », son petit frère auquel par plaisanterie il donne le nom du cocher de la maison. Une autre pour les enfants Le Bris qui à leur tour apprennent l'orthographe et la grammaire chez les Bourgeois. Une autre encore pour les tantes Puyo qui, comme à la fin de chaque automne, procèdent à leur retour dans leurs demeures de la ville. Le bienheureux Launay lui suggère quelques scènes de chasse au lapin où plus tard il se montrera expert. La lettre finit sur une nouvelle comique propre à réjouir ses destinataires : « Il vient de tomber sur le lycée un fléau inconnu jusqu'alors, c'est un dentiste qui lime les dents à tous les élèves qui ne veulent pas et il en travaille 8 ou 10 par jour[32]. » On ignore quelle mesure prophylactique justifia pareil « travail » (au sens ancien de « torture ») auquel Tristan ne croit pas avoir la chance d'échapper.

Le principe de réalité réveille parfois ces élèves anesthésiés par des études classiques dont ils ont du mal à comprendre la stricte nécessité. De là d'inévitables chahuts dont plus loin on reparlera. Tristan, quant à lui, constate son état avec humour : « C'est une vie de chien que d'être du matin au soir, à se casser la tête sur des stupidités grecques et latines[33]. » Le père, peu disert en ces matières, devait secrètement l'approuver. Quant à la transcendance, Dieu et le reste, Tristan s'en occupe un minimum, guidé par un aumônier, sympathique du reste, et moins pédéraste que ne le veut l'usage. Le Morlaisien, qui ronge son frein, est plutôt bien considéré par la communauté des professeurs. Des bruits flatteurs courent à son sujet et lui reviennent aux oreilles. L'un de ces enseignants n'a-t-il pas tenu sur lui des propos franchement élogieux, allant jusqu'à le considérer comme « une intelligence supérieure » ! « Il a même assuré qu'il était possible que dans le cours de mes classes je ne brille pas beaucoup, mais qu'une fois que je serai sorti du collège, on verrait. » Ce hardi prophète ne se trompait pas. Mais il faudra beaucoup attendre, toute une vie presque, pour qu'un semblant de génie soit reconnu au renégat. Tristan, cependant, montre déjà cette attention au détail qui ne trompe pas et signale le délié d'un esprit, son pouvoir de comprendre les choses : « Il vient de se monter ici sur la route du Légué une auberge qui a pour enseigne "Au cochon d'or du Légué". Le matelot amoureux vend à boire et donne à manger pour de l'argent. J'ai vu de drôle d'enseignes, mais je n'en ai jamais vu comme ça. » Se souvient-il de *L'Anglais sauté*, ce cabaret de Roscoff décrit dans *Le Négrier* ? Pour lui les enseignes, comme pour Villon, construisent un étrange univers formel. Bon public il les place dans un coin de sa mémoire.

De semaine en semaine l'interne édifie la même lettre avec des variantes. Il s'y découvre, sans vraiment se connaître. Exilé du paradis perdu, il ressasse un malheur sans remède, le même auquel il voit ses meilleurs camarades se résigner. Les Bazin veillent sur lui en correspondants modèles. Ils lui ont acheté une petite glace « très gentille[34] », « toute pareille aux miroirs de l'Hôtel Foissier ». Il pourra s'y examiner tout à son aise et y reconnaître sa laideur ! Pour l'instant il ne semble pas en avoir pris conscience, mais ce petit miroir interrogé le renverra bientôt à quelque perplexité quasi existentielle.

Côté nouvelles briochines, un coup de vent a dévasté une partie du port. « Les bateaux du Légué ont coulé en face du Roselier, et tous ceux qui étaient dedans se sont noyés. On a trouvé aussi beaucoup de débris, entre autres une chaloupe qui portait le nom du Navire le Bonfleur ». Tristan épargne les commentaires et passe presque sans transition à l'école Bourgeois dont il ne garde pas le plus tendre souvenir :

> « Triomphe-t-elle ou non ? J'ai dans l'idée que ça baisse un peu. Et les croix suffisent-elles aux Le Bris ? »

Sans trop rechigner il continue ses répétitions avec M. Cassin, le samedi, le lundi et le mercredi[35]. En certaines matières, il fait preuve d'une distraction insigne. L'Histoire n'a jamais été son fort, et quand son professeur lui demande de raconter le combat des Horaces et des Curiaces (que son quasi compatriote Alfred Jarry transformera en Vora- ces et Coriaces[36]) il manigance un récit invraisemblable dont ses bons parents condescendants durent crever de rire : « Je commence ainsi : "Deux Romains tombent morts, cependant ils se relèvent et celui qui survivait remporte la victoire."

« Il est vrai – ajoute Corbière, qui doit pouffer en écrivant ces lignes – que je m'étais un peu troublé, car j'avais dans ce moment un bâton de sucre dans la bouche, et mon voisin me piquait le derrière. »

Édouard continue d'être vénéré par les élèves. Un peu moins célèbre qu'un Byron sans doute, il forme à leurs yeux un composé d'écrivain et de pirate, une manière de héros de romans d'aventures. Deux condisci- ples de Tristan se sont empressés de décalquer son visage avec le dos d'un crayon – comme on le fait pour les pièces de monnaie. Corbière for ever ! Tristan, quant à lui, n'a jamais douté de l'excellence de l'auteur du Négrier.

Légèrement puni pour un début d'indiscipline, il conte maintenant à Édouard[37] l'histoire d'un pensum qui lui fut infligé, soit 600 lignes de vers latins. À ce compte une dizaine de punitions de ce genre feraient débiter l'Enéide entière ! Sinon, pas de nouvelles. L'ami Vacher, qui se trouve au lycée Napoléon à Paris, lui a décrit longuement cet établisse- ment magnifique, en insistant sur l'alimentation délicieuse de la cantine. Quant à Estrade et Duval, il s'est à moitié fâché avec eux, mais il recon- naît volontiers son caractère versatile. « C'est moi qui ai tort, car j'ai fait le bégueule ». Ses résultats scolaires sont satisfaisants. Il figure au tableau d'honneur, bien qu'il soit mal noté « comme théologien » : « l'aumônier disait pour prouver l'existence de Dieu, qu'il n'y avait pas d'œuvre sans ouvrier, et que la chapelle ne s'était pas élevée toute seule. Alors moi j'ai repris tout bas que si elle ne s'était pas élevée toute seule, elle s'abattrait toute seule. » On ne s'égarera pas en pensant que M. Corbière dut se réjouir de cette pointe anticléricale raisonnant sur les fins dernières.

La lettre suivante[38] est adressée à sa mère dans la maison de la ville, au 15, quai de Tréguier. On y apprend que Tristan s'est réconcilié avec Estrade et Duval, ce qui ne l'empêche pas de penser : « Ici je n'ai personne qui m'aime. » Accablé de devoirs, il doit supporter le froid mordant qui règne dans les salles et le dortoir : « J'ai des engelures aux pieds et ça m'agace énormément, car j'ai des démangeaisons insupportables. » Les calorifères que l'on a mis en marche le plus tard possible ont un fonctionnement défectueux. Ils fument tant qu'il faut garder les fenêtres ouvertes.

Quant à la chronique briochine, « toute la ville et les églises sont sens dessus dessous pour le sacre du curé de la cathédrale, M. Epinet. »

Loin d'être déjà ce rhumatisant dont ses biographes ne cesseront de parler par la suite, Tristan songe aussi à se dépenser en multiples exercices physiques. Et il est plein d'enthousiasme à l'idée d'avoir un cheval, même si Aspasie craint pour lui, comme toute mère poule, un accident dû à sa témérité. Il s'emploie donc à calmer ses inquiétudes et lui assure que ce fringant cheval, à lui destiné, il l'enfourchera non pas à la Victor Alexandre, mais seulement dans la cour du Launay, ou même à l'écurie. » Les Alexandre avaient avec les Puyo et les Corbière des liens d'amitié ; ils se fréquentaient, et Ludovic du même âge que Tristan deviendra l'un de ses plus inséparables comparses.

Le studieux Morlaisien éloigné s'attarde maintenant sur ses lacunes d'élève appliqué : « en fait d'anglais je ne sais dire que *I have* ». Il se rattrapera – faut-il croire – quand, par teinture de dandysme, il utilisera volontiers la langue de Shakespeare, familière aussi à ce bourlingueur d'Édouard qui en avait supporté les accents impérieux quand l'emprisonnaient les pontons de Tiverton. Le latin le passionne davantage. Là encore il retrouve l'empreinte ineffaçable du père. Il lui est, en effet, donné à traduire un passage de l'élégiaque Tibulle, sur lequel Édouard avait précisément commis l'une de ces « belles infidèles » dont le siècle était amateur.

« Divitias alius fulvo sibi congera auro
    et teneat culti jugera multa soli »

bellement transposé par l'érudit géniteur en :

> Que d'une main avide il entasse de l'or
> Et force un sol fertile à l'enrichir encor.

Deux alexandrins traduits où se perdaient la couleur fauve du métal et les nombreux arpents cultivés de l'original[39] !

Corbière s'ennuie toujours autant au lycée, mais, craignant de ranimer trop de regrets, il préfère ne pas venir a Morlaix pour le nouvel an. À quoi bon ces journées en famille s'il faut rentrer dès le lendemain ? Le lycéen s'interroge encore et encore sur sa réelle valeur – ce qu'il fera sa vie durant. Monsieur Cassin l'apprécie : « il espère faire quelque chose de moi. Cependant il n'a pas l'air de dire comme le professeur de 4e qu'une fois mes études terminées, l'on verrait... quoique j'aie écrit sur la table

> sous la griffe d'un professeur
> ma muse reste emprisonnée
> mais elle paraîtra dans toute sa splendeur
> une fois sorti du Lycée. »

Petit quatrain, relativement anodin (bien sûr, la Muse demeure la poésie personnifiée), mais un avenir de poète semble devoir échoir à cet élève captif des quatre murs de l'internat. Tristan, fort de son talent littéraire naissant, se montre irrité quand son professeur d'histoire lui fait remarquer que dans sa rédaction le style laisse un peu à désirer : « et moi qui me pique d'être le premier de la classe sur ce point, j'ai été vexé ». De là une protestation qui ne manque pas de véhémence : « Mais où diable veut-il que je lui flanque du style dans une rédaction de 7 ou 8 pages au moins, et que je suis bien heureux de pouvoir finir ? »

Pour les nouvelles de la cité, un bateau de pêche a sombré (Corbière a lu ça dans le journal chez les Bazin) et le pittoresque curé Keramanach, un Breton, celui-là, tout prêt à être croqué par le futur caricaturiste, a assisté pipe à la bouche au sacre de l'évêque. Les essais philharmoniques du Lycée se poursuivent. Une souscription est ouverte pour acheter une grosse caisse. Tristan n'a cure d'y participer : « je ne vois pas pourquoi je donnerais mon argent pour entendre accompagner nos trompettes enragées d'un zim boum boum assourdissant. » Tout en allant à sauts et à gambades, il ressuscite sa vieille hantise, le fameux pensum du professeur d'histoire (600 vers), lequel maintenant est « jeté dans l'oubli du temps, ou figure dans les latrines du susdit qui s'appelle Lamare ». Le même sera appelé à figurer comme première tête de Turc dans l'œuvre du poète ! Puis, faisant un grand écart entre le lycée prison et Launay le paradis, il se prend à rêver sur le prochain achat d'une voiture par ses parents. Il en demande la description, avec la passion qu'auront plus tard les enfants pour les automobiles : « comment elle est doublée, de quelle couleur, la forme dessinée, les poignées des portières, comment est le siège, s'il y a un tablier, de quelles couleurs sont les roues et le timon, comment s'appellent les *coursiers* [*le mot, choisi avec soin, se moque du vocabulaire épique*] s'ils sont plus petits que ceux des Le Bris et s'ils ont une belle queue, comment sont les harnais. » Sur le sujet, le captif de Saint-Brieuc brode à l'infini, enivré par la richesse bourgeoise qui n'aspire à rien tant qu'à mimer l'aristocratie : « Nous pourrions faire mettre comme armes à la voiture une couronne plus ou moins ducale, avec une inscription propre à enfoncer les jaloux, par exemple on pourrait mettre :

Pourquoi pas ?

Ce qui voudrait dire : pourquoi pas duc, puisque tout le monde est comte ou marquis, ou le portrait de Jacques le cocher avec cette légende qu'on nous serine en classe : Labor improbus omnia vincit. [*Le labeur acharné vient à bout de tout*]. » Tristan aime les devises, les listels, les légendes. Lui-même en fabriquera pour son usage, quand il confectionnera son blason et le complètera d'une formule en quatrain. Pour l'heure, il jouit avec orgueil de la réussite paternelle, non sans railler le Second Empire qui fabrique de la noblesse pour qui s'emploie à devenir un suppôt du régime. Avant de boucler sa lettre, il s'épanche encore sur ses études : « M. Cassin est passionné par les vers latins, il prétend que c'est là que l'on voit l'imagination et le goût de l'individu [...] je dois donc renoncer à prouver à mon professeur que je suis peut-être le plus *riche*, en goût et en imagination, de mes concurrents. Le professeur de 4ᵉ persiste à dire que je ferai quelque chose de chic peut-être pas pendant mes classes mais après [...] ».

Le 8 décembre 1859, Tristan obtient les renseignements attendus sur la mirifique voiture. Mais la description peaufinée par sa mère lui semble incomplète : « On ne me dit pas si la soie bleue dont elle est doublée, est unie ou à fleurs, et si elle est peinte en bleu clair, ou foncé[40]. » Après les habituelles informations sur ses notes et ses places lors des exercices ou des compositions, un détail, que souligne Corbière, peut alarmer notre ignorance des mœurs de l'époque. En effet, la famille ne paraît pas disposée à lui donner un libre accès dans l'*aerarium*. Que désigne le mot ? Un certain espace où prendre l'air, oui. Mais sous quel aspect, dans quelles conditions ? et au nom de quoi de telles précautions pour en écarter Tristan ?

Le pensionnaire a bien d'autres raisons de se plaindre. Son maître d'études a cherché à lui parler pendant la récréation (peut-être impressionné par la célébrité de Corbière père), mais le personnage s'y est pris de bien curieuse façon : « Voilà toujours comment il commence : Il faut convenir, Corbière, que vous avez une drôle de figure. » Moi je lui réponds que ce n'est pas moi qui me suis fait et que du reste je me moque de ma figure. Puis alors nous discutons sur ce point pendant toute la récréation et il me dit dans le cours de la conversation que je suis un sot ou n'importe quoi ou bien il me dit : « Il faut convenir que… », puis il se reprend en disant « Ah ! non, il vaut mieux être poli. » La laideur de Corbière trouve ainsi son premier énonciateur identifiable, face auquel Tristan semble ne s'irriter que comme devant un excès de franchise qu'aurait dû envelopper la plus élémentaire des politesses. Toutes ses lettres de lycéen, dans le désordre de leur expression et de leur développement, n'en expriment pas moins la formation même de l'adolescent Corbière, les espoirs qu'il met en lui, ses quelques sujets de satisfaction et cette disgrâce physique dont il paraît convenir sans hésiter et qui l'assigne déjà à remplir un rôle, sur lequel il ne cessera de renchérir. Harcelé par un surveillant maladroit, voire sadique, il n'en subit sans doute pas un réel traumatisme, mais se voit catalogué, qualifié par le regard de l'autre, en attendant d'écrire lui-même : « Ce crapaud-là, c'est moi. »

Le milieu de la pension réserve aussi les divertissements les mieux partagés. Aucun établissement de l'époque qui n'échappe à des chahuts monstres organisés par un groupe de séditieux, excédés de subir la chiourme d'une surveillance de fer. *Zéro de conduite*[41], oui, comme Jean Vigo en sera le témoin au lycée de Nantes : la révolte à domicile et sa provisoire féerie de mauvais anges. Inoubliable la narration de Corbière, introduite par ce simple prologue : « On vient de renvoyer un élève pour avoir fait du train. Voici l'histoire ».

Monsieur avait semé le soir en montant au dortoir dans l'escalier, une centaine de pois fulminants, de sorte que quand les autres divisions ont passé, ça fait une cannonade un peu soignée, le censeur étant venu voir ce que c'était, écrasait en marchant tous les pois fulminants et ne savait pas où mettre les pieds. C'était comique de le voir ainsi embarrassé. Alors il monte en fureur au dortoir et fait mettre au cachot l'auteur du tapage. Le lendemain, un autre élève en fait autant et on le met aussi au cachot, mais l'exécution n'avait pas arrêté la contagion des pois fulminants qui partaient à chaque instant tous les soirs. Enfin, on fait sortir du cachot les deux élèves qui y étaient et le censeur leur dit que s'il partait encore un pois fulminant ce seraient eux qui seraient punis. Alors un d'eux lui fait un pied de nez, le censeur lui dit de finir ou qu'il s'en repentira, alors l'autre lui répond :

« Vilain merle que vous êtes, je vous emmerde. – Que dites-vous ? s'écrie le censeur. – Je dis, je dis que vous voulez que je vous dise que je vous emmerde, et que vous êtes un imbécile, mais je ne vous le dirai pas. » Alors le censeur et l'élève sont allés trouver le proviseur et l'on n'attend plus pour expédier l'élève que le consentement du recteur.

Tristan met facilement de son côté son honorable et complice destinataire. Ni lui ni Édouard ne seront dans le camp des moutons. Autre actualité : « Ici on parle politique. » Il est vrai qu'il s'agit d'une expédition lointaine teintée d'exotisme. L'expédition de Chine. Après la signature du traité de Tien-Tsin, la Chine avait accordé aux alliés la libre circulation sur le Yang-Tsé. Cette clause n'ayant pas été respectée, une nouvelle expédition envoyée en 1860 s'était achevée par la prise de Pékin. Le jeune Tristan en prend acte, sans plus s'en émouvoir. Tout juste sa remarque suffit-elle pour prouver qu'il ne se désintéresse pas tout à fait de tels problèmes, entre deux résultats de devoirs. Mais bien davantage il pense au Launay, aux parties de chasse dans les bosquets : « les merles doivent être joliment faciles à tuer… si j'avais été là avec un fusil j'aurais fait dans le bois du père Puyo un carnage de lapins et de bécasses. » Bon tireur, ce Corbière ! Il ne regrette pas moins les festivités d'hiver, où sa mère, excellente valseuse, doit briller, malgré son physique ingrat : « Les bals doivent avoir commencé à Morlaix, ornés par Baquet et Victor Alexandre, et les soirées Guéguen ont-elles repris leur cours ? » Telle se déroule la vie ordinaire, enjouée plus qu'ennuyeuse, participant à la grande fête du Second Empire qui n'en est encore qu'à ses débuts. Les amis des parents sont nombreux. À la plupart Tristan envoie son bon souvenir : à MM. Fautrel, Lester et Briant, ainsi qu'à la tante Mouchet qui, curieuse comme elle l'est, a dû faire une visite quai de Tréguier pour en savoir plus sur la fameuse voiture.

L'élève Corbière, appliqué en apparence, a-t-il la secrète intention de se ficher du monde ? On pourrait le croire, lorsque, maître en laconisme, il rédige sa composition d'histoire sur le sujet « Quels souvenirs se rattachent à la date 410 ? » et l'accomplit par ces quelques mots : « Ce fut en 410 qu'Alaric fit invasion sur le territoire romain. » De là, une intervention du proviseur en personne et le repentir souhaité. D'autres moments lui sont plus favorables, et pour une traduction du latin il se voit estimé par ses maîtres : « Il y a du talent là-dedans », dit l'un, cependant que l'autre renchérit : « Oh ! oui, c'est celui qui écrit le mieux le français, il a de l'imagination et pourrait faire très bien[42] ». Comme si les traductions étaient affaire d'imagination ! Les congés approchent. Tristan spécule sur la liberté que lui accorderont ces brèves vacances du samedi 31 décembre à 4 h du soir jusqu'au lundi 2 janvier à 8 h. du soir. Il rêve d'escapades :

« crois-tu qu'au premier de l'an je pourrais aller une fois au Launay sur *mon* cheval, car je ne crains pas le fringage ? »

Les conditions de vie au lycée sont toujours aussi exécrables, soumises aux plus irritantes promiscuités : « j'ai pour voisin de réfectoire un stupide animal ou plutôt un chien hargneux [...] si je n'avais pas peur d'empoigner une pile, il y aurait longtemps que je me serais battu avec lui. Ici tu ne pourrais pas croire comme on est pékin, les plus recherchés ne sont pas les meilleurs garçons, mais ceux qui paraissent les plus huppés, or, pour avoir l'air huppé, il faut mépriser les haricots et cracher sur les patates. Il est aussi de très bon genre de trouver pourris et infects tous les plats de poissons qu'on nous sert, enfin toutes sortes de bégueuleries pareilles. » Tristan, quant à lui, méprise ces « fils de marchands de réglisse parvenus ou non », fière attitude devant les orgueils mal placés, distance que ne pouvait qu'approuver son père qui savait sur quelle hypocrisie repose l'antagonisme des classes sociales.

La Noël approche. Le froid durcit. Tous les élèves souffrent de douloureuses engelures. Avec soin Corbière prévoit la sortie : « j'arriverai je pense vers les 3 h. à 4 h. du matin, car la voiture aura sans doute du retard, de sorte que le dimanche matin premier janvier je serai dans mes foyers[43]. » Il imagine son arrivée un peu comme celle du fils prodigue, mais sans croire que l'on va tuer le veau gras. Les distractions ne manquent pas, même au lycée où – c'est la mode du temps – il fait du patin à glace. Malheureusement il est tombé, s'est écorché le dos, « ce qui a avec le froid paralysé ma vocation pour cet exercice ».

Dans les rangs des enseignants on pressent quelque défection possible. En précoce usager de l'humour noir, Tristan apporte une précision à ce propos : « Il y a un professeur, peut-être le plus méchant, qui est fort mal, et l'on espère qu'il va mourir pour aller à son enterrement. C'est une distraction comme une autre. » À la rubrique des divertissements rien ne vaut Morlaix cependant : les bals et les soirées et maintenant la préparation de la crèche – ce qu'il appelle « la Nativité », dans sa chambre et dans celle de sa bonne. Il évoque alors ses jeux d'enfant : le loto et le théâtre d'*ombres* chinoises.

Les fêtes de fin d'année se déroulent au mieux, d'une famille à l'autre. Parfois l'on s'aperçoit des talents de Tristan. On se passe ses premières caricatures. Une main de crayonneur, comme ceux qui collaborent aux journaux illustrés de l'époque. Mais il faut vite rejoindre le lycée, le sourcilleux professeur d'histoire, le maître d'étude ironique, et compter les jours jusqu'à Pâques ou à la Trinité. Il s'échine sur une composition de vers latins. Pour l'épiphanie il a tiré la fève chez les Bazin. Son maître d'étude continue de le poursuivre de toute sa haine et Corbière envisage de s'en plaindre auprès du proviseur. « Tu me dis que ça te fait de la peine de ne pas me voir franc et ouvert » – écrit-il à sa mère – « mais c'est justement par mon trop de franchise que j'ai *encouru les disgrâces de mon maître d'études* [...] je suis timide avec les étrangers, et toutes les fois que je leur parle, je deviens cornichon[44]. » Ainsi donc Corbière n'a guère le sens du rapport social. Faute d'y être habitué, il se conduit avec maladresse, au risque de passer pour un insupportable personnage, alors qu'il n'oppose à l'inconnu qu'une façade plus ou moins composée. Insincère Corbière ? On croira tout de lui, mais pas ça. Et ce maître d'études s'est amusé de sa fragilité et de ses mines. Loin de l'internat de Saint-Brieuc qui lui répugne tant, une issue pourrait s'offrir à Tristan. Aimé Vacher, qui fait ses études au lycée Napoléon, l'engage très clairement « à venir partager à Paris sa captivité ». De son côté Monsieur Corbière a dit à son fils que « s'il voulait changer après la seconde il le tirerait d'ici ». Tristan, confiant cette intention à sa mère, éclate de joie : « C'est moi qui serais content alors ! Christi ! Si on pouvait me délivrer... »

Une lettre du 20 janvier, envoyée à Lucie, dite « Cagaille[45] » est agrémentée de petits croquis satiriques où il montre déjà une enviable maîtrise. Quant à ses récriminations d'interne, elles ne varient guère et se déploient selon les gammes d'une complaisante ratiocination. Cible privilégiée de Lamare, son professeur d'histoire, il trace de l'individu honni un portrait typique : « C'est un grand cornichon qui a la figure toute jaune et qui voudrait avoir de la barbe. Il fait un peu le loustic et l'homme d'esprit. » L'illustration en marge représente le susdit en toge magistrale, avec son collet d'hermine, la tête surmontée d'un énorme gibus – coiffe qui devient l'un des premiers sujets d'inspiration de Tristan poète.

ODE AU CHAPEAU...

Ode au chapeau (système gibus) de M. Lamare, professeur d'histoire au lycée impérial de Saint-Brieuc (Musée et Bibliothèque), archiviste et antiquaire de la ville, agrégé de la faculté des..., officier d'académie, inventeur de la chaîne de montre en or des gens qui n'ont pas les moyens de se procurer des chaînes en cuivre.

INVOCATION

Venez, Muses, venez neuf sœurs
accorder ma cythare
Je chante le taf à Lamare
le plus cruel de tous mes professeurs

Et puissent mes vers si faibles par eux-mêmes
être grandis par le noble sujet
Que j'embrasse en chantant ce couvre-chef suprême
ce respectable objet

AU CHAPEAU

Noble débris (j'allais dire sans tache)
De la gloire de nos ayeux
Toi qui jadis bravas la francisque et la hache
Du sarrazin audacieux
Qui suivant de Clovis la vagabonde course
vis le Rhône effrayé remonter vers sa source
Du bruit de ses exploits
Viens et que ma lyre
Oubliant la satyre [*sic*]
Chante la splendeur d'autrefois

Oui ton nom est inscrit au temple de mémoire
ô féodal gibus
Oui ton nom est inscrit à l'autel de la gloire
parmi ceux des Romains en US.

À titre de divertissement, lors de sa journée de sortie passée en compagnie de M. Bazin, son correspondant l'a conduit assister à une séance de jury de cours d'assise. Il semblerait que Tristan en ait éprouvé une délectation particulière. Amusé par diverses condamnations mineures, il se montre tout particulièrement réjoui par une histoire des plus macabres, celle d'un déserteur dix fois condamné et qui a exécuté en état d'alcoolisme un autre homme. Tristan, précoce amateur de macabre, ne néglige aucun détail rétrospectif : « Et les intestins de celui qui avait été éventré sortaient à deux mètres par le trou qu'avait fait le couteau. » À la rescousse un dessin montre l'assassin s'apprêtant à trucider sa victime.

Puis, sans transition particulière, il s'inquiète de tonton Puyo et de tante Christine, la nouvelle mariée, celle qui deviendra plus ou moins sa confidente.

Une vingtaine de jours plus tard, Tristan a célébré avec sa gourmandise habituelle l'épiphanie. Pour son père[46], il évoque une salade aux oranges « pareille à celle que tu nous avais faite à Coat-Congar avec l'ananas de la serre ». Les journées au manoir occupent son esprit, et quelques moments de douceur auxquels, par la suite, il ne s'abandonnera que rarement. Les envois des Morlaisiens le réjouissent : les « chic illustrations » de Lucie et ce parachute (une sorte de cerf-volant) avec lequel il s'est bien amusé, car il faisait beaucoup de vent et il allait aussi haut que la maison. De tels exercices d'astronautique mineure l'ont étourdi. Le lendemain encore, la tête lui tourne.

Imperturbable se déroule la vie au lycée avec son lot d'inévitables vexations : « mon maître d'études, ce féroce et sempiternel pion, recommence la guerre avec moi […] il s'est mis à me harceler comme auparavant. » Heureusement, il trouve auprès de ses parents un soutien bien inattendu. Au fond, tous ces bonshommes universitaires n'inspirent à Édouard et à Aspasie qu'un mépris qu'ils ne dissimulent qu'à peine. « La lettre de maman m'a *cuirassé* contre mon fauve professeur d'histoire. » Tristan, qui ne doute pas du soutien moral que lui apporte son père, assurément complice, jubile : « Comme tu me consoles quand tu me parles de Pâques et que tu me dis que tu te moques de cette vilaine race universitaire qui me tient entre ses pattes. » Propos subversifs d'un géniteur dont les études se firent à la dure et dans l'action.

Il n'empêche qu'il doit supporter bien des petites misères. Sans doute attiré par la tenue d'un journal intime, voire d'une sorte d'éphéméride où plus aisément, plus artistiquement aussi se ferait le décompte des jours, Tristan laisse toujours entrevoir la présence d'un album ou d'un calepin ; il en reconnaît la nécessité. Cette fois, M. Cassin, le proviseur, a rendu à M. Bazin son aimable correspondant le « petit album » qu'on lui avait confisqué. « Je vais le finir tout à fait », affirme Tristan, « et je vous l'enverrai. » « Je voulais coller dessus le portrait de mon professeur d'histoire que j'avais très bien réussi. » Mais M. Bazin, l'a forcé à brûler ce petit chef d'œuvre. Ce qui est certain aussi, c'est qu'il prend plaisir à composer ses narrations, même si ses mérites ne sont pas toujours reconnus. Il est particulièrement satisfait de la dernière qu'il aurait voulu adresser à Édouard pour qu'il l'apprécie, mais il faudrait mettre trois timbres-poste pour cet envoi et il n'en a pas à sa disposition. Père et fils s'entendent comme larrons en foire, et Tristan se plaît à rappeler une nouvelle fois le passage d'une lettre où – citation savoureuse – Édouard traitait le fameux professeur Lamare de « *bipède incivilisable* ». Sur le point de conclure, il devine toutefois que ses doléances perpétuelles risquent d'ennuyer son destinataire, si bien disposé qu'il soit à son égard, et feint de les remiser à tout jamais : « […] si tu veux je ne parlerai plus jamais de tous ces vilains merles, pions ou professeurs d'histoire. »

À cette époque peut-être, sa santé lui donne quelque inquiétude. Il a parlé à son père de ses étourdissements. On voit maintenant qu'il a dû interrompre ses leçons d'escrime et que par lui-même il s'est arraché une dent. Mais il faudrait beaucoup d'ingéniosité pour déduire de telles informations une pathologie spéciale.

Tout en accusant la méchanceté des gens du lycée, il promet de bientôt recopier la fameuse narration et, passant du coq à l'âne, évoque son cheval pour lequel il s'estime bien meilleur cavalier que ne le croit sa mère. « Tu me dis que mon cheval est trop fringant encore. Mais c'est parce que tu ne sais pas comme je suis bon cavalier et tu verras un peu comme je l'entourcherai dans l'avenue du Launay. » Pour l'instant, celui que l'on verra trop souvent comme un malheureux contrefait ne doute pas de ses mérites physiques et vise à devenir un sportman accompli. Il n'y a pas que l'art de l'équitation qui réclame ses soins. Comme dans toute bonne famille bourgeoise qui se respecte, celui de la musique a son prix. Cependant Tristan laisse volontiers le piano aux jeunes filles – ce qui était de mode en ce temps. « Si tu voulais me permettre d'apprendre le violon par exemple, tu me ferais bien plaisir et je trépigne d'impatience en pensant comme aux vacances je pourrais t'accompagner un petit sorcier ou au biniou perdu […] il y en a plusieurs dans mon étude qui apprennent le violon […] je pourrais aussi apprendre la flûte, mais tu n'aimes pas les instruments à vent[47]. »

Les Amours jaunes ne laissent pas de doute quant à la familiarité de Tristan avec la musique, bien qu'il ait reporté ses désirs sur des instruments plus frustes : sorte de clarinette du pauvre dont il joue sans l'un de ses portraits-charge ou la vielle familière qui de son crincrin aigrelet distraira ses longues veillées roscovites. Eut-il jamais le loisir de faire glisser un archet sur trois cordes ultra-sensibles et tendues à se rompre ? Jouant sur le double sens du mot « âme », il nous rappellera plus tard sa mélomanie empêchée :

« Une âme et pas de violon. »

La lettre baguenaudant atteint, enfin, comme il se doit, les histoires de famille et les Le Bris. Jacques-Marie Le Bris avait épousé Marie-Émilie, la grande sœur d'Aspasie qui n'a pour elle que des sentiments mitigés. Tristan fait chorus : « Je vois que mes pauvres cousins Le Bris n'ont pas son estime, je t'assure aussi qu'ils ne possèdent pas la mienne, car ce sont de vilains *amateurs* auxquels je ne voudrais pas ressembler, sois tranquille ».

Enfin du fatras des lettres de Tristan, longuement rédigées en tirant à la ligne, une perle (plutôt ordinaire) surgit, la fameuse narration annoncée depuis des jours[48] avec le secret orgueil de la soumettre au jugement paternel, autrement plus décisif à ses yeux que celui de ses maîtres. Premiers essais occasionnés par la teneur des études de ce temps. Nous connaissions les vers latins de Baudelaire et de Rimbaud et de ce même Rimbaud un genre de narration à la première personne – comme du jeune Mallarmé nous est parvenu « Ce que disaient les trois cigognes ».

Corbière à son tour montre de quoi il est capable, non sans avouer une évidente satisfaction. Le tout est recopié avec rigueur et lisibilité, à chaque fois précédé de la matière de la narration sur laquelle il convenait de broder dans le style le plus accompli. Pour le meilleur et pour le pire ici commence le Corbière écrivain, confronté, comme par malice, à un sujet « maritime », que son père plus d'une fois en d'autres circonstances avait traité avec tout le brio dont il était coutumier.

« Matière (de composition)

Un navire du Havre revenait d'Amérique avec de nombreux passagers.
La traversée avait été heureuse et déjà l'on apercevait la terre de France quand tout à coup une tempête s'élève. Quelques scènes de désolation. Quelques victimes. Cependant la tempête se calme et le malheureux navire rentre enfin au port.

Narration (de la composition)

Un navire du Havre, le Sans-Façon revenait d'Amérique avec de nombreux passagers. La traversée avait été heureuse et déjà l'on voyait à l'horizon s'élever la terre de France. Les marins joyeux se promenaient sur le pont et les passagers se pressaient sur l'avant du vaisseau. Les uns pour saluer cette patrie tant désirée, les autres pour apercevoir de plus loin ce pays qu'ils ne connaissaient pas. On allait entrer au port, déjà le pavillon national montait majestueusement au sommet du grand mât quand tout à coup les nuages s'amoncèlent, la mer devient plus houleuse, et les vagues viennent se briser avec fureur contre les flancs du Sans-Façon. Aussitôt les chants d'allégresse cessent, tout à bord est morne et silencieux. La joie a fait place à l'épouvante. Au bruit terrible des lames qui déferlent sur le pont vient se mêler le bruit sinistre des manœuvres. Les poulies crient, les mâts craquent, les voiles battent, et le vent siffle dans les cordages. Sur le pont du navire, règnent le désordre et la terreur, partout ce ne sont que des scènes de désolation, que des plaintes et des gémissements. Ici un riche négociant pleure les richesses qu'il va perdre, là une mère supplie le ciel de sauver la vie à son fils bien-aimé qu'elle tient embrassé sur son sein. Plus loin c'est un jeune marin qui prie avec ferveur à côté d'un vieux loup de mer qui vomit des imprécations et des juremens. Mais la voix imposante de la tempête couvre toutes les voix et les chefs ont peine à faire entendre leurs ordres. Cependant le danger devenait de plus en plus imminent, le grand foc ayant, sous l'effort du vent, rompu la corde qui le retenait, flottait au haut du mât de misaine, et menaçait de hâter la perte du navire. Il fallait prendre un parti. Trois hommes se dévouent pour le salut commun et montent dans les haubans. Déjà ils ont atteint la hune, encore un effort et la drisse du foc est coupée. Mais hélas, une rafale fait revenir la voile immense qui enveloppe dans ses replis les trois infortunés, et les entraînant dans sa chute elle va retomber au loin sur les flots agités comme pour servir de linceul aux vastes funérailles qui se préparent.

Cependant la tempête commence à se calmer, la mer devient moins grosse et moins furieuse, les nuages se dissipent et le soleil reparaît. Un rayon d'espérance vient ranimer le courage des passagers et des matelots ; tous travaillent avec une ardeur égale à réparer les avaries et le Sans-Façon désemparé rentre péniblement au port. »

On appréciera la docilité du narrateur lycéen qui tient compte de chacun des éléments de l'énoncé primordial. Point d'originalité, cependant, lorsque nous est retracée la désolation des passagers selon des effets de variations bien connus qui cherchent à montrer les divers sentiments d'une multitude. Tristan introduit néanmoins une scène typique qui témoigne de sa connaissance des choses de la mer, et l'on apprécie son naufrage, un peu court d'haleine en vérité, mais plein de vie. Édouard, qui n'est pas indifférent à cette première tentative, a réagi en connaisseur, sans concession : et l'écrivain novice avec humilité convient de ses erreurs[49] : « Je savais bien que cette histoire de foc n'était pas possible, mais je savais aussi à qui j'avais à faire, les amateurs appelés à être mes juges n'avaient vu de tempêtes que dans des livres grecs ou latins, de sorte qu'ils ont trouvé ça tout naturel. J'avais fait ainsi périr ces trois matelots enveloppés dans une voile pour insinuer cette phrase ronflante : "et la voile immense va retomber" […] C'est une idée qui m'était venue et je ne voulais pas la garder pour moi. » Comme quoi Tristan tenait à la science des effets. Il la rendra plus efficace encore dans ses poèmes, non sans éviter les phrases « ronflantes » qu'il abandonnera volontiers à ceux qui veulent faire de la littérature.

La deuxième narration paraît avoir inspiré davantage le nouvelliste en herbe. Il est vrai qu'elle réclamait un développement plus complet. Ce canevas d'une histoire de brigands traduisait bien l'esprit d'une époque, légèrement immoral, au demeurant. Si l'on songe d'abord à Mérimée que sans nul doute Tristan a pu se donner comme modèle, on se rappelle autant Baudelaire, celui d'*Assommons les pauvres* ou de *La Fausse Monnaie*, qu'il ne pouvait connaître. La description d'Antonelli ornée des poncifs du genre ne manque pas d'attrait. Devant ces deux petits récits imposés la réaction d'Édouard a été plus sévère qu'on ne l'aurait cru et Tristan l'accepte sans rechigner : « Tu as raison je n'étais pas dans mon élément pas même dans la description de la tempête car du moment qu'on vous donne un sujet, qu'il soit ou non de votre goût, on le fait comme un devoir. »

Rien ne sert donc d'écrire contraint et forcé. Tristan avec éclat respectera cette règle. Malgré tout, il n'est pas fâché d'avoir une poignée de lecteurs. « Je suis pressé de savoir ce que les Puyo pensent de mes œuvres. » À dire vrai, c'est de tante Christine qu'il attend surtout des appréciations.

Quant à la réalité de l'internat qu'il appelle son « exil », il ne faut pas croire qu'il parvienne à s'y habituer. « C'est bien triste tout de même d'être ici au milieu de vilains bougres qui ne s'intéressent pas le moindrement à vous et qui font tout ce qu'ils peuvent pour vous rendre la vie aussi dure que possible. » En veine d'affection, il signe « Ton Édouard qui t'aime de tout son cœur » et signale qu'il a repris, pour une demi-heure chaque matin, ses leçons d'escrime avec son « maître-ferrailleur ».

Le 29 février Tristan décrit les moyens peu orthodoxes qu'il pratique pour s'acquitter de ses devoirs[50]. Il avoue qu'il a recopié sa composition de géographie. « Mais pour l'histoire […] – regrette-t-il – le cahier n'est pas si portatif. » Quant à tirer une morale de ce comportement, n'attendons pas de sa part le moindre remords. Il en rajoute plutôt, en comptant résolument sur l'assentiment parental. « Mais au bout du compte, qu'est-ce que ça fait qu'une composition d'histoire soit plus mal fichue qu'une autre […] Dis-moi et dis à papa de me dire en grosses lettres que vous vous en moquez tous. » On ne saurait rêver plus bel accord entre un élève déluré et ses père et mère guère impressionnés par les autorités universitaires. Tristan s'empresse alors d'évoquer l'une de ses nouvelles narrations où l'impertinence, qui lui devient habituelle, s'exprime tout à trac : « je tape dedans à tour de bras sur un misérable chantre de campagne et sur un pauvre curé. » Son satané maître d'études a mis en note à cet endroit : « Passablement inconvenant » et M. Cassin lui a dit qu'il parlait comme un athée, terrible remontrance qui dut aller droit au cœur d'Aspasie Corbière, mais ne toucha pas outre mesure son diable de mari. Tristan concède au repentir, mais pour vite se délecter de ses rodomontades. « J'ai traîné dans la boue ce prêtre imaginaire en lui faisant dire sur la tombe d'un mort des De profundis accélérés parce qu'il n'avait pas déjeuné et d'autres bêtises semblables ». Le lycéen légèrement frondeur commence à faire de l'esprit, à moins qu'il ne manifeste son humour. L'exilé ne s'embarrasse d'ailleurs pas encore de telles distinctions. Il vit déjà *son rire en pleurs*. Cérémonieux, M. Cassin lui a recommandé de méditer cette maxime : « l'esprit qu'on veut avoir gâte celui qu'on a. » Rien n'assure que Tristan ait tenu compte d'un tel adage – d'autant qu'il n'avait pas à vouloir acquérir ce qui lui était si largement échu en partage.

Sa condition d'interne lui est encore plus pénible en période pascale : « On fait ici joliment carême[51] ». D'où des menus où les fayots reviennent plus souvent qu'à leur tour. Il faut subir la surveillance du maître d'études sans cesse malintentionné, la « vilaine race » de tous ces « vilains bougres ». Du coup il retourne à ses écritures, à ses « almanachs ». Il s'enquiert de Vacher dans son lycée parisien et regrette encore une fois Morlaix et l'émancipation précoce qu'il a tentée loin de sa ville : « Et dire que c'est moi qui ai voulu vous quitter[52] ». Pour la deuxième fois aussi, une remarque concernant la politique apparaît sous sa plume. Sans doute vient-elle des imprimés que chaque jour de sortie il lit chez les Bazin, ses correspondants. Deux journaux locaux viennent d'être supprimés, en effet, *La Bretagne* et *Les Côtes-du-Nord*, et l'on a prévenu l'avocat qui les dirige que s'il bougeait encore le moindrement, il irait voir ce qui se passe à Cayenne, autrement dit serait enfermé au bagne. Le régime impérial ne badinait pas sur ces matières et le soutien que Napoléon III apportait au pape Pie IX, dont les États se trouvaient menacés par les troupes de Garibaldi, ne devait donner lieu à aucune objection officielle.

Tristan, qui même dans une lettre ne rejette pas les confidences de l'introspection, trace de lui un portrait désabusé : « je reste souvent comme un imbécile à regarder fixement toujours du même côté sans savoir ce que je regarde. » C'est ainsi que la vie passe sans qu'il ait sur elle la moindre prise. Ses condisciples morlaisiens, Estrade et Duval, l'agacent. Original, tour à tour espiègle et morose, il construit déjà en lui le Tristan du futur : « Je suis très recherché et je passe comme très spirituel sans être pour cela loustic. » Ne dira-t-on pas de lui ces mots par la suite, en aimant son esprit, tout en soupçonnant l'espèce de souffrance qui l'accable ? Déjà Édouard est un *triste* ; il le sait, et sait non moins que cette tristesse se dore d'une espèce de vernis extérieur, d'un humour factice qui l'empoisonne plus qu'il ne contamine les autres.

Une semaine plus tard, une nouvelle lettre[53] contient de nouvelles doléances. On a l'impression d'une répétition inéluctable. Le maître d'études endosse définitivement son rôle de croquemitaine inamovible. Fort d'un ceinturon neuf qu'on lui a offert, Tristan montre un peu trop le plaisir qu'il éprouve à le posséder. En le voyant « si chouettement » harnaché, le « bipède incivilisable » lui a dit : « J'espère que vous voilà beau. » Tristan lui a répondu, et le voilà privé de sortie, cependant que le maître d'études lui reproche ses mauvaises notes en leçon, etc. etc. « Quand il m'a dit ça j'étais si en colère que j'ai eu envie de lui flanquer mon livre à travers la figure ». Violent, ce Corbière, qui tient peut-être de son père, bien que l'on imagine celui-là plus rude et plus réservé. Son emportement, vite réprimé, réveille chez le rebelle, un instant poussé à bout, des souvenirs allusifs qui en disent long sur sa conduite à Morlaix dans le premier établissement où il commença ses études. « Je n'ai pas voulu recommencer mes exploits de chez Bourgeois ». Actes de rébellion qui durent marquer le petit monde de cette institution. Comme un cheval emballé, Tristan obéit au mouvement fougueux de ses phrases. Car – explique-t-il – s'il n'avait pas reçu de lettre de sa famille, ce qui l'a un peu calmé, « j'aurais cassé la boule d'abord à mon pion et j'aurais fichu le camp du lycée. » L'exilé rancuneux trouve d'ailleurs dans les événements qui agitent l'établissement un spectacle à la mesure de ses espérances. Incapables de supporter plus longtemps une discipline abrutissante, les lycéens ont, pour ainsi dire, pris les armes, et un semblant de révolte trouble maintenant le traintrain somnolent du vénérable édifice. Corbière s'en donne à cœur joie ; « les cahiers au feu/ et le maître au milieu ». 3 mars 1860 : les jeunes insurgés ont pris quelque avance sur les grandes vacances. Corbière, un peu en retrait, jubile, tout prêt à la blague et à la provocation. De son petit frère, « le gros Gouronnec », il approuve « l'indocilité » et recommande à son père, avec un clin d'œil perceptible : « Dis-lui de ma part qu'il a raison de se moquer des commissaires de police en attendant qu'il les tue à Pâques avec son arme briochine. » Encouragement à l'indiscipline ! On n'en rajoutera pas !

Toutefois – et c'est l'autre face de Corbière –, Tristan se targue d'être un assez bon élève, et puis – car il sait ce qu'est en cette vie un tempérament, une humeur – il passe [*sic*] et il est « (modestement) le plus spirituel de la classe ». « J'ai aussi (avec moins de modestie) dans la tête que je serai un jour un grand homme, que je ferai un *Négrier*. » Tristan écrit « aussi » pour lier les deux phrases. Mais devine-t-il que son talent dépendra étroitement de cet « esprit » qu'il se reconnaît et qui vaut, bien entendu, comme une « vision du monde » (ainsi que le dit l'expression philosophique courante) à l'opposé du sérieux qui comprime les têtes et alourdit d'un poids écrasant les moindres mouvements de la vie quotidienne ? Cette lettre qui raconte un chahut mémorable exprime par la même occasion une ambition démesurée : « Je serai un grand homme. » « Chateaubriand ou rien » avait proclamé quelqu'un d'autre. En l'occurrence il ne va pas chercher trop loin son modèle. Il lui suffira de faire un *Négrier*, ce beau titre de gloire. Il s'en tiendra à pareil objectif, sans quitter les eaux paternelles, selon une obstétrique particulière le faisant naître de ce géniteur illustre plus que de sa mère, contrairement aux apparences. Le père en reçoit la confidence comme il en accepte la métaphore. Tristan, treize ans plus tard, ira jusqu'à dédier ses *Amours jaunes* « à l'auteur du *Négrier* ». Tout cela est dit avec une bonne ironie, qui ignore encore les flèches et le poison.

Ravi, il annonce sa venue pour Pâques, les poches pleines de « pois fulminants » (on en a dix pour un sou, une aubaine !). Quant aux pensums que lui inflige Lamare, le fameux professeur d'histoire, ses intentions sont bien claires . il ne fera que les courts, « pour les longs, je lui dirai de s'adresser ailleurs ; c'est maman et toi qui m'avez autorisé à faire ça et décidément j'en profiterai. » La lettre se termine sur une demande : celle d'une boîte de peinture neuve dont il donne une longue description. On en vend chez Mairet, précise-t-il. Dès réception il s'en servira « pour faire un chouette dessin ».

Au lycée de Saint-Brieuc l'atmosphère séditieuse ne se calme pas. Tristan épingle ses hantises, professeurs et pions[54]. Celui qui sans discontinuer le harcèle commence à se faire beau pour une prochaine sortie. L'ironique Morlaisien le daube à souhait : « mais il aura beau faire il ne sera jamais qu'un vilain merle au moral comme au physique. » Les lycéens n'ont pas renoncé à leurs intentions chahuteuses. Une vague blasphématoire complète leur inconduite profane : « à la messe personne n'a chanté, ce qui a été un scandale dans la ville [*en effet, tous les lycéens assistaient à l'office célébré dans la cathédrale*] et puis au *Domine salvum* tout le monde s'est remis à gueuler de toutes ses forces et puis à un signal on s'est arrêté court au mot *imperatorem*. »

Napoléon III ne pouvait guère compter sur de telles recrues, mais une bonne décennie encore il garderait le pouvoir. À la suite de ces marques notoires de désobéissance ou d'insoumission, les frondeurs ont subi le triple assaut de remontrances dûment fourbies : un discours du pion : « Tout le monde s'est mis à claquer des mains en criant bravo » ; un discours du censeur, effroyablement didactique ; enfin la harangue véhémente du proviseur. « Horriblement en colère, il tapait du pied, gesticulait, écumait, tortillait son bonnet grec. » Ce sermon fut suivi d'un « suif » de l'aumônier (le mot est à la mode et Tristan en abuse. Aucun monosyllabe pour mieux signifier une superbe engueulade). Entêtés dans leur charivari, les lycéens, peu convaincus par leurs gardes-chiourme, n'ont qu'une idée, celle de continuer de plus belle. Ils ne peuvent toutefois se dérober aux plus élémentaires devoirs qu'implique leur condition, et Tristan peine sur une version latine, non sans affirmer en un quatrain qui déjà ressemble à son œuvre comme deux gouttes d'eau :

> « À eux le latin de cuisine
> Qu'ils courent après, pauvres fous.

À eux la version latine.

Mais la narration est à nous. »

Personne, en réalité, pour songer à lui contester pareille suprématie.

« On voit bien que Pâques approche et que je n'ai plus que 27 jours à avaler. » Si l'on ne doit pas croire venant de lui une pratique assidue de la poésie, il n'en faut pas moins remarquer le soin qu'il met à remplir de notes et de dessins son album : « je n'ai plus que deux pages à remplir et un dessin à finir. J'ai fait un petit bateau à vapeur, le Finistère, un Turc en caricature[55] et une peinture avec ma boîte neuve représentant un curé et un garde-champêtre, l'autorité spirituelle et l'autorité temporelle. » Il semblerait qu'il ait trouvé là un moyen d'expression sous une double forme, dans le cadre réconfortant d'une éphéméride. Tout laisse penser – nous le verrons – qu'il n'abandonnera pas de tels supports, leur confiant tour à tour ses essais poétiques et ses essais graphiques. Tristan est bien conscient de ses talents, même s'il ne perçoit là qu'un divertissement. Ne dira-t-il pas, du reste, qu'il ignore l'art – ce qui n'a vraisemblablement rien d'une stricte boutade ?

Heureusement les vacances s'annoncent pour le captif. Mais s'il revient à Morlaix pour Pâques, ce sera dans la maison de la ville. Pour l'heure il ferait trop froid au Launay pour y planter sa tente. Du moins projette-t-il d'y aller « une fois à pied et une autre fois à cheval avec ses guêtres (tu verras comme j'aurai bonne touche) ». D'autres expéditions sont prévisibles : « je pense que je suis chouettement équipé pour la chasse maintenant, j'ai des guêtres, une carnassière et un fusil. Que les merles du Launay et les lapins de Coat-Congar prennent garde à eux. » Sous sa signature, il se représente le bras droit tendu en direction de l'inscription « route de Morlaix », les pieds munis de roulettes, la jambe gauche envoyant promener livres et cahiers, le bras gauche brandissant un fouet en direction de la silhouette du professeur d'histoire coiffé de son inséparable gibus devant lequel deux élèves prennent la fuite vers les vacances. Un simple mot légende le tableau : « PÂQUES[56] ».

Tristan compte les jours jusqu'aux mirifiques vacances. Sa place de premier en version latine ne l'empêche pas d'être la victime désormais habituelle de Lamare et du maître d'études qui vraiment exagère : « Il a été fouiller dans mes affaires et a déchiré mon plus joli dessin, le mieux fait de tous, mon chef d'œuvre. Il prétendait que c'était inconvenant[57] ». La belle charge figurant un garde-champêtre et un curé n'a pas échappé à la destinée qui échoit aux infractions de ce genre. « Voilà déjà qu'il me déchire deux fois mon album. », se plaint Corbière qui prend soin d'ajouter qu'il lui a répliqué sur le ton « le plus élevé possible ». Mais la partie était inégale. N'importe. Le persécuté a recommencé son dessin si inconvenant.

La perspective de Pâques lui fait envisager des promenades à cheval un peu au-delà de la tranquille allée du Launay. Sans doute son père lui permettra cette audace. En attendant il se morfond et combine déjà les horaires les plus favorables pour prendre dès le dimanche soir la malle-poste qui le conduira, en ce cas, à 1 h. du matin à Morlaix. La peinture distrait ses quelques heures de repos. Il a écrit à tonton Jules de Nantes (Jules Chenantais, le mari de Marie-Augustine) pour que l'original médecin lui envoie deux petits morceaux de bois dont il fera des manches de pinceaux, et il a adressé aux jeunes enfants du couple, qu'il appelle « les tout-mignons », un soldat le plus rouge possible (rouge garance, évidemment) qu'il a coloré avec sa chic boîte de peinture.

Revenant avec son petit orgueil bien placé sur son rang de premier en version latine, il souhaiterait que son triomphe soit annoncé aux familiers de la maison, M. Lester, M. Fautrel le capitaine, M. Briant, et à ses grands et petits amis. Il aimerait, qui plus est, que la nouvelle atteigne Bourgeois. « il pipera joliment » suppose Tristan, qui pavane, en énumérant avec délectation d'anciens condisciples : Bodros, Le Gac et Le Hir. L'épître du 17 mars se termine sur les affabilités habituelles dispensées aux uns comme aux autres, « à Cagaille, à ma bonnic et au gros Gouronnec ». Un dessin dont on ignore la teneur complète l'envoi.

Les lycéens se sont donnés quelque exercice et le corps, faible peut-être, de Tristan ne semble pas en avoir pâti. « Nous avons été faire une bonne course du côté du Gouët, où on a commencé les travaux du chemin de fer, nous sommes restés voir les soldats faire l'exercice sur le champ de foire[58]. » De retour chez les Bazin, Tristan avec Agathe, la fille de la maison, a joué aux échasses.

La perspective du grand voyage pascal ne donne plus lieu à de vagues spéculations : « Ma place est arrêtée pour la grande diligence qui part d'ici à 7 heures 1/2 du matin »… Le trajet sera long, neuf heures pour faire 23 lieues, soit un peu plus de cent kilomètres. Il peut espérer arriver vers les quatre heures du soir, juste pour le dîner, ainsi il faudra mettre son couvert.

Tristan, qui supporte de plus en plus mal l'internat de Saint-Brieuc, commence à suggérer qu'il serait mieux externe à Nantes, logé chez l'oncle Jules. « Ce qui m'embête, vois-tu – explique-t-il avec délicatesse à sa mère – c'est d'être loin de vous, je n'y gagnerai rien sous ce rapport en me transplantant là-bas, mais enfin je serai en famille avec ta sœur et ça sent Morlaix, la maison[59]. » Car ici il ne sort que tous les quinze jours, ce qui ne suffit pas pour le « dépionniser », beau néologisme à mettre à son actif ! En attendant, si l'on veut avoir à son sujet des nouvelles toutes fraîches, une bonne adresse : « chez Briens, chapelier ». En effet – précise Tristan – le fils de celui-là vient de partir pour Morlaix, il y a environ un quart d'heure. Le susdit a été chassé de l'établissement !

Le 3 avril, impatient il met un mot à Lucie[60]. Encore « six jours de cage ». « Demain soir, nous entrons en retraite pour la communion ». Le jour de délivrance arrivé, il prendra la diligence de 6 h. du matin. Il voudrait qu'on l'attende et souhaite un accueil digne du fils prodige. On viendra donc à sa rencontre sur la route de Paris ou, s'il fait mauvais, dans le bureau Mauger, mais il voudrait plus encore : que tous s'avancent jusqu'au Pouthou[61]. » Il faut absolument que vous veniez jusqu'au Pouliet et quand vous verrez une tête et un képi sortir par la portière vous crierez, « Le voilà ». L'instant est solennisé à l'avance, quasi filmé, pour des retrouvailles mémorables. Édouard apparaît ainsi en fils aîné rescapé d'une lointaine épreuve.

Tout étant relatif, il faut en revenir aux réalités scolaires, fort satisfaisantes, au demeurant : « j'ai mérité d'avoir l'honneur de ma composition envoyée à Rennes pour être corrigée. » Ainsi procédait-on pour le concours général interdépartemental. Son escalade pour toucher le comble des honneurs n'ira pas plus haut. Aucune récompense ne consacrera ses efforts, sans doute mesurés. Deux croquis commentent à leur manière le jour espéré du retour à Morlaix. Sur l'un on voit, de dos, la famille Corbière se portant à la rencontre de Tristan qui arrive par la diligence. Entre Madame Corbière à gauche s'abritant sous une ombrelle et Monsieur Corbière à droite en haut-de-forme, on distingue par ordre de taille décroissant Lucie dite Cagaille, le gros petit Edmond que M. Corbière tient par la main et la bonne « bonnic ». Un autre dessin figure Tristan marchant sur des échasses.

Les vacances de Pâques cette année-là, plus que toutes les autres sont pour lui un savoureux moment de délivrance – trop bref, il va de soi. Il en profite pour faire un tour au Launay et monter son docile cheval. Le retour à Saint-Brieuc le plonge dans le marasme. Il n'a plus le goût de travailler, ne cesse de penser aux grandes vacances pour lesquelles il échafaude de magnifiques projets. Une lettre au père[62] se développe selon les habituels contours de cette correspondance. Encore et encore les surveillants persécuteurs. « Mon pion devient d'une férocité intolérable ». « Depuis vendredi je n'ai été en récréation qu'à midi et encore au piquet contre un arbre à apprendre des vers. » On ne doute pas qu'en pareille circonstance la poésie ne dût le séduire qu'à moitié. Sans sombrer dans le pessimisme, il espère beaucoup en ses jours de sortie avec M. Bazin. Jeudi dernier, par un temps superbe, ils se sont promenés sur les bords du Légué. Tristan a vu une couleuvre. C'est lui qui l'a aperçue le premier. « J'ai voulu mettre le pied dessus mais j'étais sur une espèce de falaise très raide et j'ai eu peur de tomber en bas en courant après. » Hormis cet incident, peu de choses à signaler. Il songe toujours aller à Nantes : « Au moins là, externe, je n'en goûterai pas [*il parle des pions*] et le temps passera plus vite. » Si le tout-venant du lycée ne l'intéresse guère, en revanche il se préoccupe fort de tout ce qui concerne Morlaix, d'autant plus que la ville est en voie de modernisation. On doit prolonger, en effet, le chemin de fer de Rennes à Brest et la cité léonoise avec son port et son large estuaire, qui doit être desservie par le rail, pose un épineux problème qu'on ne pourra résoudre qu'au détriment de la belle harmonie du site. Où établir la gare ? Et surtout doit-on construire un viaduc[63] au beau milieu de ses rues et de ses quais ? À considérer les levées de boucliers écologiques que l'on voit de nos jours, on imagine sans peine l'émoi soulevé par de tels projets, les différentes propositions et rivalités. Tout Morlaix vit à l'heure de ce programme qu'il reste encore à discuter et qui définitivement défigurera l'aspect de la ville, par souci de la rendre moderne, accessible et digne du siècle de la vitesse. La commission du Marhallac, soutenue par Édouard le père, ne souhaitait pas ce viaduc enjambant la ville. Les discussions allaient bon train. À dire vrai on ne parlait que de cette question et Tristan en avait entendu débattre plus qu'il n'aurait voulu au cours des interminables réunions familiales d'après dîner. Mme Bazin, sa correspondante de Saint-Brieuc, suit de près, elle aussi, l'affaire. Or, après bien des hésitations et des palabres, le projet adverse, celui de Saint-Martin et du père Homon, a été adopté. Corbière en est consterné : « N'est-ce pas que ce n'est pas vrai ? Je n'ai pas voulu la croire, quoiqu'elle tînt la nouvelle de la femme de l'ingénieur en chef d'ici. » Il devra bien se résigner, pourtant, avec plusieurs autres, à accepter la monstrueuse construction ombrageant la ville. Qui sait si Roscoff ne lui parut pas dès lors plus favorable ? Hormis cette nouvelle stupéfiante et qu'il lui reste à vérifier, il fait aux parents sa coutumière demande de timbres et promet, comme un papotage, d'envoyer un article sur le lycée publié dans le journal *La Bretagne*, mort et ressuscité sous la forme de *L'Armorique*, où il voit un bel exemple de « métempsycose toute pure » – ce que nous nous garderons bien de contredire.

Six jours plus tard, Corbière, écrivant à sa mère[64], se plaint encore de l'irascible maître d'études qui l'accable de punitions. « J'en suis presque malade » – dit-il, pour qu'elle compatisse juste un instant. Mais vite il se reprend, pour indiquer qu'il n'éprouve aucun trouble physique réel : « [...] sois tranquille, je ne suis pas malade, il s'en faut, car je dors et je mange comme un bienheureux. » D'autres nouvelles lui importent davantage. « Penses-tu tapisser ma chambre ? » Car il aime ses aises, un certain apparat, une allure. On le verra bien lorsqu'il meublera en imagination son « Casino des Trépassés ». Puis, tout à trac, il pose à sa mère une question qui déjà contient la réponse : « N'est-ce pas que je suis un rêveur ? » Oui, sans doute. Bien que l'ensemble de ses lettres n'ait pas, jusqu'à maintenant, laissé transparaître un tel état de rêverie. L'adolescent montrait plus d'ironie que de mélancolie. Tristan n'était pas près de pouvoir qualifier son être, plus insaisissable que le Nathanaël[65] de Gide. En guise de conclusion il égratigne ses chers oncle et tante Le Bris empressés d'étaler leurs richesses aux yeux des badauds léonois et se plaisant à rivaliser avec M. Corbière. Voici donc leur voiture décrite sur le mode satirique adéquat : « Quel clinquant ! On aurait dû la faire dorer plutôt que de la peindre en vert. Mais j'espère que ça viendra avec le temps. Et le cocher ? Ne le fera-t-on pas argenter bientôt ? Il est fâcheux qu'on trouve aussi rarement des chevaux couleur de perroquet. »

Le 24 mai, Corbière provisoirement jubile[66] : « Nous voilà enfin à la sortie. » Le prochain Lundi, en effet, sera le jour de la Pentecôte et tous assisteront à la pose de la première pierre de la nouvelle chapelle. Il y aura cinq discours à la file : celui d'un cardinal, celui de l'évêque d'ici, celui du préfet, celui du proviseur et celui des inspecteurs généraux – chacun rivalisant de phrases creuses et emphatiques au service de l'Empereur vénéré. « Les inspecteurs généraux ont inspecté hier notre classe. On m'a fait expliquer du grec, Homère mon cauchemar » – une appréciation qui ne sent pas son classique et qui prouve Corbière relativement exempt de toute la teinture gréco-latine en usage à l'époque.

« Mens sana in corpore sano ». Tristan ne vaut pas encore lord Byron, mais il nageotte. « Tu verras comme j'irai loin cette année. » Quant aux camarades, s'il s'entend moins bien avec Estrade, il est, en revanche, en parfait accord avec un certain Arthur Besnier de Lamballe, un nommé Charles Plessis de Guingamp et Edmond Guiomar de Tréguier. Ce Corbière-là, plutôt sociable, cherche à s'amuser, à nouer des liens de franche camaraderie. Un bon garçon, en somme, dont la tête n'est pas encore farcie de vers, comme on a voulu nous le faire croire.

Sa relation avec le pion honni devenant de plus en plus conflictuelle, il s'en est plaint au proviseur. Fort de résolutions vindicatives, Tristan en est revenu – comme à son plus sûr confident – à son fameux album : « J'ai commencé mon album neuf, tu sais, et j'ai écrit en tête, en souvenir des déchirures commises au préjudice du précédent album : "Qui s'y frotte s'y pique" et, entre parenthèses, avis à MM. les maîtres d'études et autres[67]. » La réplique n'a pas tardé, et le pion, qui ne laisse pas un instant de répit à son souffre-douleur, s'est mis à écrire sur la même page toutes sortes de bêtises. « Par exemple, sous une poire que j'avais dessinée avec un pot de chambre pour pendant, il a mis que j'avais parfaitement réussi mon portrait tant physique que moral. Moi j'ai écrit au-dessous qu'il avait eu raison de garder le pot de chambre pour lui, et toutes sortes de choses comme ça. Tous les jours il écrit quelque chose et moi je lui réponds et toujours sur l'album. » À ce jeu de « Qui s'y frotte s'y pique » se développe – chacune des parties y consentant – un étrange sado-masochisme intellectuel et, sous l'hostilité déclarée, une complicité secrète. Toujours Tristan aura besoin d'un pion quelque part pour le larder d'épigrammes ou le couvrir de pasquinades.

Autre nouvelle concernant la bonne cité de Morlaix. M. Bazin lui a dit que « le viaduc de famille était décidé ». Il le tient de l'ingénieur en chef M. de la Tribonnière. Le bâtiment n'aura qu'une arche, contrairement à ce que montrera plus tard cette imposante réalisation des Ponts et Chaussées. Corbière persiste à penser qu'il s'agit de cancans, comme il s'en colporte si souvent à Saint-Brieuc, et, sans trop d'illusion, espère que les Marhallac (le projet soutenu par son père) l'emporteront. Saturé de l'atmosphère du lycée, l'exilé délaisse toute application. Les zéros récompensent sa paresse. 0 de conduite. 0 en leçon d'anglais. Le proviseur s'en alarme et lui demande raison de sa conduite. À quoi Tristan a le front de répondre qu'il est probable « d'après ce chiffre, qu'il n'avait pas eu de conduite », excellente remarque d'humoriste qui dut laisser pantois son interlocuteur trop interloqué dès lors pour avoir la présence d'esprit de lui infliger, dans l'immédiat, un pensum.

La lettre, qui pressent les grandes vacances et sans doute le départ définitif du bahut, s'achève sur une kyrielle de recommandations au sujet de ses petits biens personnels, « ma chambre, mon jardin, mon fusil, ma carnassière, mes bateaux et toute ma boutique ». Tel est le monde de Corbière à cet âge, et son entourage d'objets, ses « propriétés », dont certaines ne consistent qu'en simulacres, en modèles réduits, comme ses « bateaux », en attendant les vrais cotres ou sloops désirés.

Les jacasseries à propos du personnel enseignant ne cesseront qu'avec la fin des classes. M. et Mme Corbière le savent et se résignent à lire sous la plume de leur fils ses petites hantises, ses ragots d'interne, ses démêlés avec les camarades et les professeurs. Pour un temps il se dit réconcilié avec le pion et le proviseur[68]. Mais resurgit Lamare, le terrible professeur d'histoire, dont on peut toutefois partager la légitime irritation : « il m'a privé de promenade pour demain parce que je lui ai dit que l'Angleterre était bordée au Nord, à l'Est et à l'Ouest par l'Océan glacial arctique, et au Sud, par la Méditerranée[69]. » On hésite à attribuer à Tristan la plus crasse ignorance, et l'on conçoit plus aisément, venant de lui, une blague artistement préméditée. Trêve d'insolence... il souffre au doigt, l'index de la main gauche : « le bout est tout enflé et repousse l'ongle en arrière. » « Je ne sais d'où ça peut venir car je ne me suis fait aucune piqûre. » De là à en déduire le rhumatisme articulaire dont on l'a dit atteint, il n'y avait qu'un pas que bientôt franchirent ses biographes. Je resterai plus prudent que la plupart et me contenterai d'être dubitatif, sans davantage porter quelque diagnostic compromettant. « C'est la nuit que ça enfle, car dans le jour ça reste toujours la même chose. Tu conviendras que c'est une bien drôle d'idée. » En fait d'idée, c'est une frottée bien réelle que Tristan « au doigt gonflé » a reçue de son condisciple « le sieur Keromnès », pour avoir écrit sur une table certaines épithètes diffamatoires qui pouvaient se rattacher à ce nom. L'amateur de bons mots, le jongleur ès anagrammes réfléchira un instant sans trouver les prétendus qualificatifs. Il n'empêche que ledit Keromnès (quel homme est-ce ?), plus éclairé que nous sur le sujet, a administré à Tristan une bonne gifle et un coup de pied dans le derrière dont l'Histoire de France ne fait pas mention, mais qui n'en fut pas moins mémorable. Comment se venger ? Affaire d'honneur. On ne recourra pas au duel, mais quand même ! « Je ne suis pas assez fort pour lui flanquer une pile, c'est à peine si je suis de trempe à en recevoir une, comment faire, car il m'a insulté par-dessus le marché, je lui ai répondu, mais ça ne fait rien » – comprendre : « cela ne saurait être une réplique suffisante ».

À la fois hilare et humilié, Tristan entonne une kyrielle profane où l'on peut apprécier son précoce talent d'insulteur par devant l'éternel : « Voici donc le sommaire des litanies que je lui ai débitées. Canaille, crapule, voyou, sale pâtissier, vilain crapaud [*son tour viendra de s'y reconnaître*], ours, âne, imbécile, saleté, puanteur, arsouille, cochon, porc, vilain roquet hargneux, décrotteur, voleur, mauvais drôle, vaurien, pendard, gredin, bonnetouche, savetier mal léché, orang-outang, lèche-cul, » etc.

Ici plus que partout ailleurs il fait ses gammes de poète n'ayant que la malédiction à la bouche – en attendant de subir pareils anathèmes, plus tard. L'accumulation des injures entraîne le rythme ïambique. L'attaque roule ses vagues de syllabes appropriées. En dernier lieu, à bout de souffle, il fait appel à son père : « [...] il faut absolument que papa me dise comment sauver mon honneur ». On en restera là cependant.

Finalement le mal au doigt de Tristan a reçu le nom médical qui convient : un panaris. Il faut que l'abcès soit percé, ce que le médecin s'empresse de faire à l'aide d'une lancette. Tristan se félicite du courage qu'il a montré. Nouvelle plus réjouissante : « Hier nous avons fait une chouette promenade, nous avons été voir les travaux du chemin de fer. » Suit une description où il orthographie bizarrement le mot « rail » au féminin, comme si l'on devait y discerner une quelconque *raillerie*. En matière de réjouissance digne de clore l'année scolaire, les Bazin voudraient que les Corbière viennent assister aux courses de Saint-Brieuc. Tristan révèle son plus cher désir, quand il les imagine venant tous en voiture. « Quelle fiction à bon compte ! Vous partiriez vers les 7 h. du matin, vous iriez à Guingamp la canne à la main en restant quelques heures à Plounévez pour reposer les chevaux, vous coucheriez à Guingamp, et le lendemain il ne vous resterait plus que 8 lieues pour être au lycée de Saint-Brieuc. [...] » « Le lieu des courses impressionne par son ampleur, car elles se déroulent sur une grande grève que découvre à des heures précises la marée. » Quant à la date, il faut compter les 11, 12 et 13 juillet. Pas de célébration du 14 juillet en ce temps-là. Nous sommes sous le Second Empire ! La lettre révèle ensuite un Corbière ami-ennemi des animaux, double, comme il le sera toujours. Il parle de son cheval, noble bête assurément, pour lequel il est un cavalier très honorable. Mais le chat dévorateur des pigeons de Cagaille ne mérite pas son pardon : « j'aurais tant de plaisir à lui administrer son affaire, ce sera un avertissement pour les lapins de Coat-Congar et les merles du Launay. » Il évoque aussi un nouveau chien qui l'accompagnera dans ses exploits cynégétiques, le « moutard », auquel il aimerait qu'on fît un « chic petit collier en cuir rouge avec des grelots [...] comme il doit être mignon, comment s'appelle-t-il ? Attendez-moi pour lui donner un nom. »

En ce mois de juin, les lycéens n'ont pas manqué d'assister en troupeau serré à la procession de la Fête-Dieu. Corbière, suant sous le plein soleil, s'y est ennuyé ferme. « Comme toujours on nous met en rang derrière tout le monde, nous allons là pour faire : genoux terre ! ! ! ! ! ! [*sommation quasi militaire*] et pour gober tous les Te Deum possibles. » Le blasphème s'énonce ouvertement. Madame Corbière, que l'on sache, n'a pas sourcillé.

L'année tire à sa fin. Même s'il sait que l'an prochain il entrera au lycée de Nantes, Tristan tient à faire une sortie honorable. Mais il n'est pas autrement satisfait de ses dernières prestations scolaires. « Primo, fiasco pour la composition de prix en version latine[70] ». Il ne figurera donc pas au palmarès pour cette matière. Ensuite il a eu une entrevue avec le nouveau censeur qui lui a remémoré son comportement irrespectueux envers le maître d'études et qui a jugé bon de le punir, alors que le proviseur, magnanime, était passé sur l'événement. Tristan trace un portrait concis du personnage : « C'est un petit monsieur excessivement raide, très plat, tout content de lui et on ne peut plus absolu. » Du coup, le pion, sa bête noire, rétabli dans son pouvoir par le censeur, est revenu à la charge et l'a contraint à faire ses excuses, sous peine de cachot. Orgueilleux de son nom, Tristan ne lésine pas : « Quoique ce soit le Baptême du Lycéen et quand on n'a pas passé par là on n'est pas *digne de porter l'uniforme*. Seulement je fais exception à la règle et je porte honorablement le mien, parce que c'est moi, parce que je m'appelle Édouard Corbière. » On n'attendait peut-être pas autant de fierté de la part d'un Tristan qui jouera plus tard le pauvre hère. Il faut croire toutefois à l'orgueil qu'il tirait de son patronyme, où il discernait moins les ancêtres marins que le romancier maritime, l'inégalable auteur du *Négrier*. Du reste, Tristan que l'on dit chétif et maladif fait preuve pour l'heure d'une belle vitalité et participe avec brio aux exercices physiques : « Hier soir nous avons été à la baignade, l'eau était excellente, et à peine arrivé je me suis fichu dedans, il fallait voir, j'étais le plus crâne. » Il a nagé sur une distance appréciable. « C'est à peu près long comme le jardin du Launay, de la maison à la tonnelle neuve où je fais mon feu d'artifice. » En atteignant la destination fixée il était certes « esquinté ». « J'avais à peine la force de me tenir au manche du drapeau, qui était piqué dans la mer, et joliment au large. » « je ne croyais pas si bien nager », se félicite-t-il, sans la moindre modestie. Tu verras comme je vais bien maintenant, j'irai comme toi, aussi loin à condition que tu me remorques quand je serai fatigué. » En attendant, il exige de lui-même un ultime effort pour remporter *in extremis* quelques prix. Après-demain, il compose en thème grec. Sait-on jamais ? « car je ne suis pas fait comme les autres, quelquefois je suis presque dernier en quelque chose et quelquefois premier pour la même chose. » Tristan ne savait pas si bien dire, à moins que, dès cette époque, il n'ait eu pleine conscience de sa singularité, non sans pressentir que pareille étrangeté ne lui rendrait pas la vie facile. Amuseur, soit. Loustic, peut-être. Mais surtout original, différent presque malgré lui. Voilà qui pouvait l'inquiéter et créer chez lui un réel malaise.

Une dernière lettre[71] va clore cette année scolaire passée à Saint-Brieuc. Tristan avoue que sans la correspondance de ses parents il aurait supporté durement les derniers jours ; mais grâce à leur courrier hebdomadaire il a été « chouettement désembêté ». L'ultime bulletin est évidemment mauvais en ce qui concerne la discipline. Il a dû sans cesse se garder de la provocation des pions. Parfois il n'a pas résisté à leur répliquer vertement. Exemple de situation difficile à dominer : « je suppose qu'un *supérieur* dise à un élève : "Monsieur vous êtes une bête.", l'autre répond "Merci" en riant. De suite on a sur le bulletin : "Élève impertinent". » Telle est la logique du lycée, à quoi il ne parvient décidément pas à se plier. La résolution de ce rebelle à demi s'exprime sans fard : « C'est moi qui leur dirai chouettement leur affaire à ces vilains merles quand je m'en irai d'ici un mois. »

Passant à des sujets plus agréables, il évoque son père qui n'a pas tout à fait renoncé à écrire des récits maritimes : « Quelle bonne idée papa a eue de m'envoyer le journal […] cette histoire de roi des baleiniers est charmante, elle est comique […] le journal fait sensation et tout le monde me demande : C'est ton père qui a fait ça ? Moi je réponds *négligemment* Oui, comme pour dire, il a fait bien d'autres choses, et tu comprends comme je suis crâne. » À quinze ans Tristan se montre plutôt fier de ce père exceptionnel et ne songe nullement à rivaliser avec lui. Il le prend plutôt comme modèle, mais n'oublie pas qu'au delà de l'homme célèbre, il y a l'être affectif auquel le rattachent le plus simplement du monde, et sans respect excessif, les liens filiaux. Par ailleurs il ne doute pas de lui-même, confirme même une certaine intrépidité. Si sa mère a peur qu'il monte *véritablement* à cheval, il lui réplique aussitôt : « Pour qui me prends-tu » et fanfaronne quelque peu pour contrer les appréhensions d'Aspasie : « Si je vais malgré toi, ce ne sera pas simplement dans les allées, mais sur la route, où il y aura le plus de charrettes de roulier, où mon cheval aura le plus peur, et je me casserai le cou pour te faire enrager ah, ah. » Revenant à de meilleurs sentiments, il conseille : « Dis à ma Cagaille de se dépêcher d'installer les images dans ma chambre et de les mettre chouettement. Je suis pressé de les voir. Sont-elles peintes ? »

Voilà donc l'année scolaire achevée. Sur le palmarès du 6 août, il figure pour un 2e prix de version latine, un 1er accessit de thème latin, un 1er accessit de vers latins. Résultats médiocres qui lui permettent d'accéder sans encombre à la classe supérieure. Les portes du lycée de Saint-Brieuc se referment définitivement derrière lui. Il n'éprouvera aucun regret pour tous les « vilains merles » qui ont gâté son existence d'interne, souffrant plus que tout de l'exil enduré et des vexations multiples. Le retour à Morlaix ne sonne pas l'heure d'un triomphe. Mais c'est à nouveau le bonheur de la famille qu'il savoure, les jeux, les promenades au Launay, les parties de baignades et de natation avec son père, peut-être les premières journées de lecture, encore qu'on le voie peu passionné pour ce qui a nom littérature, dont il ne semble pas avoir pressenti la richesse ni les enchantements.

Notes

1. L'acte de naissance donné dans le *Corbière* (1925) de René Martineau correspond à la « copie conforme » à lui envoyée par la mairie de Ploujean en 1904. Celui qui est présenté dans le volume de la Bibliothèque de la Pléiade par P.-O. Walzer en 1970 reproduit les termes de cet acte. La vérification sur l'original prouve qu'il n'y a pas eu de faute de retranscription.

2. Sur ce manoir, voir les informations données dans le livre de Marthe Le Clech et François Yven, *Tristan Corbière. La Métamorphose du crapaud* (Plourin-lès-Morlaix, chez l'auteur, 1995), que nous abrègerons désormais en *TCMC* et auquel il nous arrivera de recourir pour sa riche iconographie. Voir photo p. 4 et texte p. 5. Nous avons visité le manoir où nous a obligeamment reçu M. Lebon.

3. Qu'il soit permis d'utiliser ce mot au sens originel et irlandais du terme, lequel, loin de toute image dépréciative, paraît convenir ici.

4. L'ondoiement de Tristan avait eu lieu le lendemain de sa naissance, le 19 juillet 1845, et sera fait par le prêtre Silliau. Le baptême sera célébré le 1er septembre de la même année par Monsieur Bohic supérieur de la maison ecclésiastique de Saint-Paul, Joachim Puyo et Mme Veuve Homon Kerdaniel, née Rosalie Noroy, étant les parrain et marraine (*TCMC*, p. 6).

5. Voir de Jean Vacher-Corbière, *Portrait de famille. Tristan Corbière*, Monte-Carlo, Regain, 1955. Une certaine méfiance des propriétaires actuels, qui semblaient ignorer l'importance de Corbière, ne m'a pas permis de voir entièrement le parc ni de visiter la maison.

6. Voir de Jean Berthou, « Édouard Corbière, "homme multiple" (1793-1875) » dans le recueil de l'*Association des Amis du Vieux Havre* n° 50, 1991, p. 141-164, et de M.-R. Dirou, « Édouard Corbière et la modernisation des ports de Morlaix et de Roscoff », *Les Cahiers de l'Iroise*, 1987.

7. Sur cette période, René Martineau écrit des lignes sur lesquelles je fais toute réserve : « Il était joueur, peu studieux, rarement tranquille [...] il fuit les camarades, préfère la maison paternelle [...] Il s'administre des drogues pour ne pas aller à l'école et comme il est débile et sa mère obligée à des soins continus, celle-ci le plaint sincèrement, disant : "Repose-toi, ne te tracasse pas à cause de tes devoirs..." » (*TC*, p. 28-29).

8. La plus grande partie de cette correspondance a été recueillie dans *Pl* (1970). Nos références dans les notes se rapportent aux textes originaux. Sur l'ensemble de ces lettres, voir l'article d'Anne Chevalier, « "sans feu ni lieu". Les lettres du lycéen (Tristan) Édouard Corbière à sa famille » dans le collectif *Expériences limites de l'épistolaire*, *Actes du colloque de Caen*, Champion, 1993.

Pour information, voici l'horaire d'une journée de lycéen pensionnaire en 1861 : lever, 5 h en été, 5 h 30 en hiver. Étude puis toilette au lavabo, 7 h 1/4 ; préparation aux leçons, réfectoire 1/4 h à l'heure, de 7 h 30 à 7 h 45, récréation ; 7 h 45 à 8 h, étude, de 8 h à 10 h, classe ; 1/4 h de récréation ; de 10 h 15 à 12 h, étude ; réfectoire, de 12 h 25 à 13 h, récréation ; de 13 h à 14 h, étude ; de 14 h à 16 h, classe ; 16 h 15, réfectoire (collation) ; 16 h 15-17 h, cours ; 17 h-20 h étude ; 20 h, réfectoire.

9. Autographe, 3 p. in 12, Musée d'histoire de l'éducation de l'Institut pédagogique national (désormais abrégé par nous IPN), Ms. A. 13030.

10. Autographe 2 p. in-12, ancienne collection Jean Vacher-Corbière.

11. Lettre à sa mère du (17 mai) 1859, autographe 4 p. in-12, ancienne collection Jean Vacher-Corbière.

12. Autographe inconnu. Publié par Théophile Briand « Sur deux lettres inédites de Tristan Corbière » dans *Le Goéland*, XIV, n° 97, juillet-septembre 1950.

13. Lettre à sa mère (22 mai). Autographe, collection Clayeux, 4 p. in-12. Voir le livre d'Albert Sonnenfeld, *L'Œuvre poétique de Tristan Corbière*, p. 217-218, Paris, Presses universitaires de France, Princeton University Press, 1960, VIII, 221 p.

14. Lettre à sa mère, mardi 24 mai 1859. Autographe, 4 p., IPN, Ms. A. 9255.

15. *Ibid.*

16. Lettre à Lucie, sur la même feuille que la précédente.

17. Lettre à Édouard. Autographe, 2 p., IPN, Ms. A. 13303.

18. Lettre à sa mère, 4 p. in-12. Ancienne collection Jean Vacher-Corbière.

19. Lettre à son père, du 15 juin 1859, sur la même feuille que la précédente.

20. Quatrième édition publiée au Havre en 1855, augmentée d'un liminaire « Une confidence d'auteur au public » où, critiquant les ciselures de la forme et toutes « les mignardises de l'expression », il se réclame de la « simplicité native » des vieux livres et prône le « naturel du langage ».

21. Lettre à son père, 26 juin 1859, autographe inconnu. Publiée par H. Matarasso dans *Les Lettres nouvelles*, 2ᵉ année, n° 19, septembre 1954, p. 406-408.

22. Dédicace signalée par J.-L. Debauve.

23. Éleouet : vraisemblablement Jean-Marie Éleouet, vétérinaire né à Morlaix et maire de cette ville en 1848. Il avait donné un article dans des *Mémoires d'agriculture d'économie rurale et domestique*, collectif, Paris, Veuve Bouchard-Huzard, 1857.

24. *La Duchesse-Anne ou Campagne à bord d'une corvette*. Le titre exact porte « Histoire d'une frégate » et non « Campagne à bord d'une corvette ». Ce livre, souvent réédité, était dû à Olivier Le Gall et avait été publié à Tours, chez Mame, en 1853.

25. Lettre datée du 11 octobre 1859 à son père et donnée dans « Avec Tristan Corbière au lycée de Saint-Brieuc ». Une lettre inédite suivie d'un poème inconnu retrouvé et commenté, présentation par Jean-Louis Debauve, p. 16-21, *Les Cahiers de l'Iroise* 26ᵉ année, n° 1, janvier-mars 1979.

26. Lettre à sa mère, 2 p. in-12. Ancienne collection Jean Vacher-Corbière.

27. Lettre à son père, dimanche 23 octobre 1859. Autographe inconnu, publié par H. Matarasso dans *Les Lettres nouvelles*, septembre 1954, p. 408-411.

28. Jacques Arago (1790-1855) explorateur et scientifique, auteur de *Voyages autour du monde*, qui inspireront Jules Verne.

29. Lettre à son père, mercredi 26 octobre 1859, 2 p. un quart in-12, IPN, Ms. A. 16288.

30. À sa mère, 27 octobre, 3 p. in-12, ancienne collection Jean Vacher-Corbière.

31. Célèbre poème des *Odes funambulesques* (1857) de Théodore de Banville.

32. À son père, sur la même feuille que la précédente (27 octobre).

33. Lettre à sa mère du lundi 31 octobre 1859. Autographe de 2 p. 1/2, ancienne collection Jean Vacher-Corbière.

34. Lettre à sa mère, 4 novembre 1859, 2 p. 3/4, ancienne collection Jean Vacher-Corbière.

35. Lettre à son père, lundi 7 novembre 1859, 2 p. IPN, Ms. A. 11542.

36. *Ubu roi*, acte V, scène première.

37. Lettre à son père, dimanche 13 novembre 1859, 4 p. in-12. IPN, Ms. A. 18429.

38. Lettre à sa mère, samedi 19 novembre 1859, 2 p. 1/4, IPN, Ms. A. 12451.

39. Lettre à son père du 27 novembre 1859, publiée, sous une date fausse, par H. Matarasso dans *Les Lettres nouvelles*, ouvr. cit., p. 414-417. Édouard Corbière avait donné cette traduction dans ses *Poésies de Tibulle*, (I, 1) – vers pour lesquels on peut proposer la traduction suivante : Que l'un entasse pour lui des richesses d'or fauve et possède de nombreux arpents de sol cultivé.

40. Lettre à son père, jeudi 8 décembre 1859. Autographe inconnu. Publiée incomplète par H. Matarasso dans *Les Lettres nouvelles*, p. 417-421. P.O. Walzer dans son édition des *OC* de la Pléiade en a précisé la date, p. 1396.

41. On pense évidemment à ce film, aimé aussi de Julien Gracq et qui date de 1933.

42. Lettre à son père du samedi 10 décembre 1859, 3 p. in-8. Publiée par H. Matarasso, *Les Lettres nouvelles*, p. 421-424. Voir sa description dans le catalogue Bernard Loliée, n° 19, 1969, autographe n° 7.

43. Lettre à sa mère, 20 décembre 1859, 4 p. in-12. IPN, Ms. A. 9254. Publiée par A. Sonnenfeld dans *Romanic Review*, XLIX n° 4, décembre 1958, p. 294-297.

44. Lettre à sa mère du 15 janvier 1860, 2 p. in-12, IPN, Ms. A. 2015.

45. Lettre à Lucie Corbière, vendredi 20 janvier 1860 datée par erreur du vendredi 18 janvier 1859, par Tristan. Autographe 2 p. in-12. Collection Matarasso. Reproduite en fac-similé dans le *Corbière* de Jean Rousselot, Seghers, 1951, entre les pages 32 et 33.

46. Lettre à son père, vendredi 10 février 1860. 4 p. in-12, IPN, Ms. A. 9257. Publiée par A. Sonnenfeld, *Romanic Review*, p. 297-300.

47. Lettre à sa mère datée *circa* 10-15 février 1860, *La Nouvelle Tour de Feu*, p. 79. 3 p. in-8°. N° 30 du catalogue de la vente de la collection B. Le Dosseur, 23 juin 1980. La retranscription en est incertaine.

48. Envoi à son père (entre le 11 et le 24 février 1860). Ancienne collection Jean Vacher-Corbière.

49. Lettre à son père, lundi 27 février 1860. Autographe inconnu. Publiée par R. Martineau dans *Les Marges*, XXX, 15 juillet 1924 et *TC*, 1925, p. 30-32.

50. Lettre à sa mère, 29 février 1860, signalée dans le catalogue Loliée n° 16, autographe n° 11. Ms. de 4 p. in-8. Fragments publiés par Loliée et Sonnenfeld.

51. Lettre à son père du 27 février déjà citée.

52. Lettre à sa mère du 29 février, 4 p. + 2 croquis intégrés dans le corps du texte, partiellement reproduite (p. 1) et transcrite intégralement dans Édouard Graham, *Passages d'encre. Échanges littéraires dans la bibliothèque Bonna*, Gallimard, 2008, p. 263-266.

53. Lettre à son père, samedi 3 mars 1860. Autographe inconnu. Publié par H. Matarasso, *Les Lettres nouvelles*, p. 424-428. La date restituée par Matarasso est inexacte.

54. Lettre à sa mère, mardi 18 mars 1860. Autographe communiqué par B. Loliée à P.O. Walzer, texte donné dans B. de la Pléiade, p. 1016-1020 et par A. Sonnenfeld dans *L'Œuvre poétique de Tristan Corbière*, ouvr. cit., appendice, p. 218-231. La lettre a été acquise en 1995 par la bibliothèque municipale de Morlaix. Voir la reproduction de sa première page dans *Tristan Corbière en 1995*, Bibliothèque municipale de Morlaix, 1996, p. 158.

55. On connaît ces deux essais reproduits dans *Tristan Corbière*, catalogue du Musée des Jacobins, 1995, p. 41.

56. *Ibid.*

57. Lettre à son père, du samedi 17 mars 1860. Publiée par H. Matarasso dans *Les Lettres nouvelles*, p. 428-432.

58. Lettre à sa mère, vendredi 30 mars 1860, 2 p. in-12. Ancienne collection Vacher-Corbière.

59. *Ibid.*

60. Lettre à Lucie, mardi 3 avril 1860, une page en fac-similé publiée dans *TC* (Martineau), p. 35. Le texte est orné de deux croquis.

61. *Ibid.*

62. Lettre à son père, lundi 7 mai 1860, 2 p. 1/2, ancienne collection Jean Vacher-Corbière.

63. Sur la construction du viaduc, voir le chapitre V du présent livre, p. 142 et s.

64. Lettre à sa mère, jeudi 10 mai 1860, 3 p. in-12, IPN, Ms. A. 9256. Publiée par A. Sonnenfeld dans *Romanic Review*, p. 300-301.

65. *Les Nourritures terrestres*, Mercure de France, 1897.

66. Lettre à son père, du 24 mai 1860. Autographe, 2 p. 1/2, IPN, Ms. A. 8657.

67. Lettre à Édouard Corbière, dimanche 3 juin 1860. Autographe, 2 p., IPN, Ms. A. 18430.

68. Lettre à sa mère, samedi 9 juin 1860. Autographe, 4 p. Collection Tréantec. Publiée par A. Sonnenfeld dans *L'Œuvre poétique de Tristan Corbière*, p. 214-216.

69. Lettre à sa mère, 3 p. in-8, vente de la Bibliothèque de Daniel Sicklès, en 1990, n° 1080. Jean-Louis Debauve en a donné le texte dans son article « Deux lettres de Tristan Corbière », dans *Histoires littéraires*, n° 33, janvier-mars 2008, p. 39-41.

70. Lettre à son père, mercredi 4 juillet 1860. Publiée incomplète par H. Matarasso dans *Les Lettres nouvelles*, ouvr. cit., p. 432-434.

71. Lettre à sa mère, mardi 10 juillet 1860. Autographe, 2 p. 1/2. IPN, Ms. A. 7361.

III

A Nantes chez les Chenantais

En dépit des quelques réticences que contenait une lettre de Tristan à
ses parents datée de l'an passé, c'est avec une évidente confiance qu'il
accepte la nouvelle situation qui lui est ménagée en cette rentrée des
classes de 1860. Sa santé quoique fragile ne l'inquiète pas cependant. Il
montre la vigueur d'un adolescent ouvert à la vie, malgré son corps
souffrant qui maintes fois le trahit. Il échappera donc aux rigueurs de
l'internat qu'il avait si mal supportées au lycée de Saint-Brieuc et jouira
de la condition d'externe, puisqu'il logera chez oncle Jules. Le docteur
Chenantais (1820-1897) est un homme de science, un esprit constamment en éveil, un personnage ingénieux qui sur Tristan aura la plus
bénéfique influence. Il venait d'être nommé professeur de pathologie
externe et de médecine opératoire (autant dire chirurgien) à l'École préparatoire de médecine et de pharmacie de Nantes. Il avait épousé Marie
Augustine, l'une des sœurs d'Aspasie. Deux enfants étaient nés de cette
union, Jules Édouard (1854-1942) et Edmond Joseph (1855-1874). Le
logement des époux se situait en plein cœur de la ville, près de la place
Graslin, 7 rue Jean-Jacques Rousseau, au troisième étage. Spacieux, il
comportait huit pièces. Tristan est donc accueilli dans une famille qu'il
connaissait bien. Il est entouré d'affection et supporte la promiscuité des
deux frères, dont l'aîné transmettra sa mémoire – ce que nul alors ne
pouvait pressentir. Malgré la faiblesse de sa constitution, Tristan est un
adolescent joueur, ironique, aimant la société. Il ne soupçonne peut-être
pas encore ses dons littéraires, mais griffonne déjà des caricatures dont
s'émerveillent autour de lui petits et grands.

Bientôt il va faire connaissance avec le lycée impérial de Nantes
(aujourd'hui Georges Clemenceau[1]). La rentrée des classes pour les
internes est reportée du 5 au 8 octobre en raison de l'annexion de Nice

et de la Savoie à la France, beau succès diplomatique dont Napoléon III peut se flatter. Il fait connaissance avec l'établissement où les conditions de travail sont réduites au dispositif le plus élémentaire. Une salle de classe qui contient une vingtaine d'élèves. Pas de tables. On écrit sur ses genoux. Le professeur domine son troupeau du haut de sa chaire. Pour les Lettres[7] l'enseignement est confié à M. Émile-Auguste-Félix Desprez, un homme corpulent, marié, âgé de cinquante ans. Il a obtenu l'agrégation cinq ans plus tôt. Monsieur Mourin enseigne l'Histoire et la Géographie, Labresson la physique, la chimie et la cosmographie, M. Vallet le dessin d'imitation et M. Clériceau le dessin linéaire. Enfin au professeur Jondeau revient d'apprendre à ses ouailles la langue anglaise, dont on doit penser que Tristan eut quelque teinture, approfondie par les essais de dandysme chers à son temps.

Une première lettre à sa mère[3] semble oublieuse de toutes les obligations scolaires, puisqu'elle se plaît exclusivement à évoquer les bonheurs maritimes dont il a déjà joui pendant l'été et pour lesquels il éprouve un regret plus que légitime : « […] papa m'a promis un bateau, oui, un sabot. La nouvelle ne t'est peut-être pas aussi béatifiante que pour moi, la promesse ne t'épanouit pas sans doute autant, mais moi je suis bien sûr le plus heureux des vivants et des morts et je ne suis pas le seul. » La passion pour la mer s'est tout naturellement transmise de père à fils et l'on ne conçoit pas un Tristan indifférent à la navigation. Édouard le géniteur n'envisageait vraisemblablement pas pour lui un autre destin que celui de marin, capitaine au long cours, il va de soi, et les premiers rudiments qu'il donne à l'aîné de ses enfants n'ont d'autre dessein que de fortifier en lui un goût bien décidé pour les aventures du grand large. En cette occurrence, Tristan ne s'est pas fait prier, et il emboîte le pas, sur le gaillard d'avant, à son vénéré père qui plus que tout autre a le pied marin. Qu'importe – à dire vrai – si la première embarcation prévue n'est qu'un « sabot ». La chose promise sera chose due, comme le rappelle Tristan en citant La Fontaine :

> « Un tiens vaut, me dit-on, mieux que deux tu l'auras,
> L'un est sûr, l'autre ne l'est pas. »

ce qu'il commente avec certitude : « un tu l'auras de papa vaut bien le tiens d'un autre ». Papa est un homme, un vrai, à qui l'on peut se fier. Aussi Tristan n'a-t-il pas attendu pour partager sa joie, il en a de suite informé son ami Guéguen, alors à Brest, un fameux « marsouin », celui-là ! Quant aux inquiétudes maternelles qui risqueraient de naître de sa verte témérité, il les écarte d'un trait d'humour. Pratique et impatient, il fait le tour de la question et se demande comment pareille promesse se réalisera : « je ne pense pas qu'à Morlaix on en trouve tant que ça à vendre. » Mais au Havre, si l'on cherche bien, on choisira un « youjou quelconque » et il sera facile de charger M. Fautrel, ami d'Édouard et capitaine du port, de l'acquérir. Assurément ses ambitions demeurent modestes et ce n'est ni un cotre ni un sloop qu'il voit en sa possession ! En attendant, et pour donner quelque évidence aux promesses faites, il va tourner sous le patronage de tonton Jules une barre de gouvernail « un peu fionnée[4] ». Jules Chenantais, en effet, avait installé en un coin de son vaste appartement un petit atelier de menuiserie, son délectable violon d'Ingres, et prenait soin d'initier à ces travaux manuels ses fils et son neveu. Corbière, au corps perclus de rhumatismes, saura travailler de ses dix doigts, contrairement à ses contemporains – poètes occupés à façonner les « constrictors » des hexamètres –, et seul de cette pléiade d'artistes gauches et malhabiles il pourra conduire un voilier à travers des récifs plus consistants que tous les pièges que tend la langue française à ses usagers.

Tristan achève son courrier en consignant les remarques que lui inspire son nouveau séjour : « J'ai beaucoup plus d'ordre et sans les rejetons Chenantais je ne laisserais rien à désirer », encore qu'on ne se fasse aucune illusion sur la méticulosité d'un Tristan, plus à l'aise dans le bric-à-brac que dans la belle ordonnance d'un salon bourgeois.

Une lettre de son père[5] révèle, d'ailleurs, avec quel soin il a décrit les lieux qu'il occupe désormais :

« Le plan géométral de ta chambre nous a fait connaître l'agrément que tu dois avoir à habiter un tel logis après avoir été enterré 18 mois au Lycée. Tu dois te trouver aussi heureux que poisson en belle eau. Le voisinage de l'atelier de ton oncle est surtout fait pour compléter les avantages de ta nouvelle position. »

Attentif aux études du lycéen, Édouard émet sur le caractère de son fils un jugement qui ne manque pas de justesse et dessine les principaux traits d'un tempérament. Une telle discontinuité marquera la poésie même de Tristan. Mieux, elle en sera l'une des caractéristiques les plus notoires. Quant à l'allure de cette vie, on y verra se succéder le plus souvent les petits désastres – les ascensions heureuses étant réservées à l'œuvre après la mort.

À propos de sa mauvaise composition en grec, il note :

« [...] c'est toujours par soubresauts que tu procèdes, aujourd'hui au faîte et demain en bas. »

Édouard, avec une bienveillance sévère, se doit de conclure en faisant montre d'une certaine bonhomie non exempt de fermeté :

« Réfléchis donc un peu, mon ami, avant de te laisser aller au caprice de ta plume. »

Une autre de ses lettres[6] approfondit ces premières remarques. L'entrée dans l'adolescence y est définie avec quelque solennité. Tristan – n'en doutons pas – sait que le moment est grave. Mais croit-il vraiment en ce monde des adultes où il va pénétrer plus délibérément quelque trois ans plus tard, une fois obtenu son baccalauréat ? « Tu me dis que tu sais déjà être un homme quand tu le veux – assure Édouard – le moyen selon moi de te rendre homme serait de te montrer d'abord moins enfant dans ce que tu nous écris [...] je ne saurais donc, mon bon ami, trop te recommander de moins chercher à faire montre de ce que tu appelles ton esprit et un peu plus usage de ce que je voudrais bien appeler ta raison [...]. » L'analyse psychologique est bien menée. Chacun a sa conception de ce que représente un homme. Tristan repousse-t-il toute responsabilité ? Non, sans doute, et, par quelque côté, il souhaite suivre les traces du père. Il a hâte d'être un bon navigateur, même à bord d'un piètre youyou. Mais peut-être garde-t-il en lui un certain esprit d'enfance, à cent lieues des engagements définitifs qui fondent les hommes. De là cet *esprit* qu'il met en avant, arme défensive, sa force à lui, la seule éprouvée avec des mots qui se retournent, se rebiffent, attaquent ou caressent – ce qui, bien entendu, n'est pas du goût d'Édouard peu décidé à laisser place à l'humour (quoiqu'il n'en soit pas dépourvu) et empressé à se référer à la *raison*, au tout puissant principe qui règle au mieux les actions humaines. Il convient donc pour Tristan de venir à « résipiscence ». Quelques commentateurs ont saisi cette occasion pour souligner la dureté d'Édouard à l'égard de son fils[7]. Qu'il soit permis de dire qu'il n'en est rien. Et si les propos ne manquent pas d'une certaine sévérité, on les sent surtout inspirés par la situation de Tristan, lycéen obéissant à des maîtres, et non moins par la reconnaissance du caractère affirmé de ce fils – dont il doit aimer secrètement la fougue, voire l'insoumission. Je ne conçois pas Édouard dupe des obligations sociales. Je pense néanmoins qu'il refusa de les enfreindre, sans pour autant nourrir envers elles la moindre illusion.

Les propos de Madame Corbière, qui complètent les lettres d'Édouard, ne se dissipent pas en vagues considérations morales. Aspasie s'inquiète d'abord de ce fils mal poussé : « Dis-moi si tu te tiens mieux au moment de ta croissance, si tu ne te redresses pas, tu peux tout à fait nuire à ton développement. » L'adolescent marche courbé, voûté, un peu accablé déjà par la perspective que lui offre la vie. Mais il est d'autres attitudes qu'on lui imagine : tenant fièrement le gouvernail d'un bateau ou bon cavalier sautant les obstacles dans les bois du Launay ou bravement fendu dans sa posture d'escrimeur.

Après avoir menacé de l'interrompre si Tristan ne fait pas preuves de plus de sagesse, Édouard continue sa correspondance avec l'aîné. Il lui parle avec une grande liberté[8], et non sur le ton d'un père fouettard attardé, et lui annonce un « événement qui n'a pas laissé que de faire du bruit dans la cité ultra-cancanière de Montroulez [*Morlaix*] ». Édouard décidément ne cache pas qu'il se moque de tous les potins qui prolifèrent dans les villes de province. En ce sens, il n'est pas un bourgeois comme les autres, même si, le moment voulu, il ne refuse pas les avantages de l'honorabilité. « Je viens, en un mot – poursuit-il avec verve – et pour ne pas te faire plus longtemps attendre, – d'acheter la maison Bourboulon. Rien que cela ! ! ! Le susdit Bourboulon, qui a donné un nom devenu fameux à la demeure qu'il habitait, m'avait emprunté une somme de sept mille francs hypothéqués sur la demeure de son père ou de ses ancêtres. Forcé par de nombreux créanciers de vendre l'immeuble qui l'abritait, j'ai mis 38 mille francs dans le tout pour être plus certain d'être remboursé des sept mille francs que j'avais eu la faiblesse de prêter à ce triste débiteur. »

Édouard parle à son fils presque d'égal à égal ; il le met au courant de ses transactions ; il en fait déjà un digne héritier. Tristan n'est alors âgé que de quinze ans. Heureux le fils qu'un père, nullement avare ni dépensier, informe ainsi de ses affaires ! Et voici maintenant très vite décrit le fameux logis, impressionnante demeure donnant sur le quai de Léon : « la maison m'est restée avec ses dépendances et ses jardins en amphithéâtre qui valent presque une campagne. » Beaucoup de travaux de réhabilitation demandent à être faits, mais Édouard est plein d'enthousiasme. L'emménagement est prévu pour le 1er avril de l'an prochain, date qui a l'air d'une provocation, mais où le principal intéressé ne voit pas malice. L'auteur du *Négrier* éprouve une grande satisfaction d'avoir pignon sur rue. Et Tristan, comme on le constatera, ne ressentira pas moins de bonheur en apprenant cette heureuse nouvelle. Édouard, fier de ce qu'il annonce, ne s'y attarde pas trop cependant et donne d'autres informations à son destinataire : il a fait un voyage à Brest avec Aspasie pour donner son avis à propos d'une avarie subie par le steamer *Le Nord*. On fait ainsi appel à lui en tant qu'homme du métier. Puis vient le paragraphe moral : « sauf erreur – commence avec un léger agacement l'épistolier – il me semble à moi qu'il est beaucoup plus à propos de te recommander d'avoir de l'ordre, moins d'étourderie et un peu plus de raison que de te tenir au courant de la santé de ton mouton ou des espiègleries de ton chat [...] ». Côté famille, une appréciation pleine d'humour sur le grand-père : « Père Puyo nous est revenu hier au soir de Paris où il s'est je crois assez gaiement ennuyé en compagnie de son bon ami Deverre. » L'ancien romancier continue de bien manier l'oxymore et laisse entrevoir une tournée des grands ducs finement arrosée. Treize ans plus tard, Tristan fera ses débuts dans *La Vie parisienne* !

Une lettre, de sa mère cette fois[9], lui annonce qu'elle viendra à Nantes vers le quinze février. Mais elle insiste surtout sur le cas Bourboulon en dressant du personnage un portrait peu flatteur, bien qu'elle l'entoure d'une apparente commisération. « Il paraît que le pauvre homme est coffré pour de bon. On dit qu'ayant soustrait des titres de fermes à sa mère, qui était usufruitière des biens qui reviennent à la veuve de son fils mort à Paris, il a emprunté deux ou trois mille francs hypothéqués sur ces fermes qui ne lui appartiennent pas. Petit à petit leur maison se vide. Ils vendent pour vivre tout ce qui leur reste, moi je n'ai rien acheté [...] » La lettre s'achève en narrant les dernières pitreries d'Edmond en qui déjà se dessine une indiscipline notoire et une rare impudence. Un autre mot de Lucie raconte les menus faits de la vie ordinaire. Edmond et Mme Jestin qui vient lui faire l'école à domicile fournissent des sujets inépuisables. Le dernier né fait des progrès « en méchanceté surtout » et se conduit comme un grossier personnage vis-à-vis de la préceptrice de Lucie, dont la présence l'agace : « Allez-vous-en bien vite, Mademoiselle Jestin, et si vous ne voulez pas, je vous donne un coup de pied dans le derrière », ce que le petit bonhomme mal embouché se serait empressé de faire, toujours d'après les dires de Lucie.

Le 9 décembre, Édouard Corbière ajoute – visiblement avec le plus grand plaisir – quelques éléments à la chronique Bourboulon[10], pour prouver que le personnage est une crapule insigne. Quant au gros Gouronnec, autrement dit Edmond, il fait ses premières armes à l'école préparatoire des demoiselles Marec où il se montre « aussi turbulent et aussi destructeur que par le passé » : « Ce qui lui plaît surtout dans les cours qu'on lui fait suivre, c'est la permission qu'on lui accorde, ou qu'il prend, de faire des culbutes en compagnie de quelques amis. » « Enfin – conclut philosophiquement Édouard – pendant quatre ou cinq heures, la dame Marec nous délivre de lui, et c'est déjà quelque chose. »

Tristan s'est bien adapté au milieu nantais. Il est vrai que l'essentiel de sa vie se limite à fort peu d'activités. Le meilleur de son temps est pris par le lycée où il fait figure d'assez bon élève. Moins assommé par la discipline scolaire que quand il était interne, il rentre midi et soir rue

Jean-Jacques Rousseau. Sa tante Marie l'entoure de son affection, comme s'il était l'un de ses fils, et il s'entend bien avec Edmond-Joseph et avec Jules Édouard qui dès cette époque manifeste envers lui une sorte d'admiration. L'oncle Jules lui apparaît comme un ingénieux personnage penché sur son tour et ses instruments de menuiserie – distraction dominicale qui fait de lui une espèce de magicien.

Pour la Noël Tristan n'est pas revenu à Morlaix. Peu après le jour de l'an, il fait le compte des nombreuses étrennes qu'il a reçues[11]. Tante Christine lui a envoyé un magnifique album de caricatures, sur lequel on aurait aimé avoir plus de renseignements. Tante Marie lui a donné, elle aussi, un grand et bel album deux fois grand comme une feuille de papier et une « charmante petite boîte à dessin en cèdre, avec de petits compartiments pour mettre trois crayons, un taille-crayon, un porte-plume. » Comme Aspasie a oublié de lui envoyer sa boîte de peinture, il a été chez Mademoiselle Aglaé Pottin, libraire en général et marchande de peinture par excellence « et il a acquis une belle boîte en fer blanc avec 18 couleurs ». Un adage s'imposait en matière de conclusion que Tristan ne manque pas de souligner dans sa lettre : « *Il ne manque plus que le talent pour réussir.* »

Du talent, on doit penser qu'il en manifestait déjà à cette époque, à considérer les nombreux petits dessins qui ornent les marges de ses lettres et l'intérêt qu'il montre avec constance pour le matériel entourant une telle occupation. Il faut croire qu'on lui reconnaissait de réelles aptitudes et qu'on l'encourageait assez vivement, comme il apparaît au vu des cadeaux qu'on jugeait bon de lui offrir. Tristan, dans les années qui suivent, ne démentira pas un tel don qu'il développera avec la conscience accrue de la renommée qu'il pourrait obtenir en pareil domaine, quoique les divers palmarès scolaires où son nom figure ne permettent pas de penser qu'il fut estimé dans cette discipline par des enseignants trop souvent soucieux de suivre des modèles classiques vite transformés en poncifs.

L'hiver étant d'une exceptionnelle rigueur, le cours de la Loire et celui de l'Erdre gèlent. Chacun, adulte ou enfant, a le loisir de s'exercer au sport du patinage, comme sur les meilleurs tableaux des petits maîtres hollandais. Tristan, audacieux de tempérament, et désireux de suivre l'exemple de l'aîné des fils Chenantais, se livre à la nouvelle distraction en vogue – ce qui ne va pas sans éveiller les craintes bien légitimes de ses géniteurs. Édouard, malgré sa nature téméraire, sait son fils fragile et lui prodigue des recommandations de prudence[12] : « Veille bien quand les glaces reviendront à ne pas te casser un bras ou deux pour le frivole avantage d'étaler ta grâce aux yeux du public que tes mésaventures de débutant ne laissent pas que d'égayer. » – conseils sur lesquels renchérit Aspasie, avec un regain d'autorité : « Je te recommande bien de ne plus patiner, mon cher Édouard, car tu ne sais pas, tu es si fou, à combien de dégâts tu t'exposes. » Devinant à quel point Tristan sera contrarié par de telles mises en garde, Édouard lui laisse entrevoir d'autres distractions plus salutaires pour le plein été et il en appelle à l'excellent capitaine du port M. Fautrel, comme à la figure tutélaire capable de guider les louables ambitions maritimes de son fils : « M. Fautrel te promet bien, aux prochaines vacances, de te faire de bonnes courses sur l'eau et de te faire flotter tout à ton aise, puisque tant est que c'est ton goût favori et presque ta vocation. » Tristan se voit donc enrôlé dans ce milieu nautique pour lequel Édouard avec contentement constate ses dispositions. Ne pourrait-il devenir un jour, malgré sa mauvaise santé, capitaine au long cours ? Pour l'instant les lettres paternelles n'augurent pas ce trop bel avenir, mais il est d'ores et déjà admis que Tristan éprouve pour le monde marin une passion de toute évidence héritée de l'« auteur du *Négrier* ».

Petit événement qui a son importance : du lointain Morlaix, Aspasie et Cagaille (c'est-à-dire Lucie) se sont déplacées à Nantes où les accueille la famille Chenantais et où elles doivent faire quelques emplettes, de celles que permettent les magasins des grandes villes. Une lettre au père du 7 février 1860[13] apprend qu'elles sont arrivées avec trois heures de retard sur l'horaire prévu : « La diligence a eu un ressort de cassé comme ça devait nécessairement arriver, du moment qu'il y a des Corbière dans la voiture », note Tristan amusé par l'étrange justice distributive du destin. « Exemple – moi j'écrase une femme – 4 heures de retard », rappelle-t-il, sans plus de commentaires, tout en complétant la série par un autre souvenir : « il y a bien longtemps […] toi et maman vous avez passé sur un homme et blessé un cheval, etc. etc. »

La correspondance de père à fils se poursuivant, on y lit moins de remarques sur les notes obtenues au lycée – sa scolarité est honorable durant toute cette année 1860-1861 – que de recommandations concernant les leçons d'escrime qu'il reçoit : « tu l'as abandonnée, ou du moins ta mère te l'a fait lâcher[14]. » Ne serait-ce pas là le signe d'un état physique défaillant qui ne permet plus à Tristan d'exercer des activités sportives, pour lesquelles toutefois il montre un intérêt certain ? Toujours est-il que, vaguement résigné. Édouard lui conseille de « rapporter aux prochaines vacances son fleuret, son casque et son gant ». Ainsi pourra-t-il à Morlaix même « s'entretenir un peu la main ».

Le mois de mars voit revenir le moment de « faire ses Pâques » et de communier pour ce grand jour. Édouard reste muet sur ce chapitre.

Mais Aspasie veille à ce que son fils se présente pur devant le Seigneur. Tristan toujours confiant dans la liberté de ton avec laquelle il s'exprime dans ses lettres, n'a-t-il pas écrit récemment avec désinvolture : « j'ai avalé une messe et un sermon » ? Aspasie l'engage donc à tenir un langage plus respectueux et lui dit de se souvenir du chagrin qu'elle a éprouvé quand un professeur de Saint-Brieuc reprocha à son fils de parler comme un athée[15]. Les flammes de l'Enfer ne sont pas loin ! Elle l'engage, par conséquent, à faire une confession de ses péchés franche et sincère. « Les fautes que je te reprocherais d'abord, c'est le mensonge », souligne-t-elle sans autre précaution oratoire, au risque de choquer Tristan qui sans doute n'est pas un grand dissimulateur. Fort de son assurance catéchistique, elle poursuit : « [...] quelles que soient les sottises que tu pourrais faire, ne cache rien, avoue tes moindres fautes [...] j'espère que mes avis seront écoutés par toi [...] Prie ta tante de te prêter ou de t'acheter un livre de lectures pieuses. » On ne doute pas que tante Marie n'ait procuré à Tristan l'ouvrage requis. Il est moins sûr qu'il en ait tiré un quelconque profit, et son œuvre de poète le montrera peu préoccupé par les questions de l'au-delà. Ce monde-ci réclame bien davantage son attention, et Aspasie le sait, qui donne une indication pour que lui soit fourni le matériau suffisant afin qu'il vaque à ses petits travaux de menuiserie : « [...] mais j'aimerais mieux te voir t'amuser à faire des choses plus utiles. »

Bientôt les vacances pascales, qu'il passera à Nantes et non pas à Morlaix. En l'occurrence, sa mère s'emploie à atténuer en lui le moindre regret « [...] je pense que le bonheur de ces malheureux prisonniers [*elle veut parler des internes*] qui viennent passer quelque temps dans leur famille [...] ne te donne pas de regrets ? Il faut être juste envers la Providence et y a-t-il beaucoup d'élèves qui passent aussi commodément que toi leurs années de lycée[16] ? » Puis, parlant de la maisonnée Corbière, elle l'informe des dernières facéties de l'incorrigible Edmond. Édouard a pris soin d'ajouter un mot au courrier de sa femme, en narrant un « fait-Morlaix » : Mme Guéguen, la femme du directeur du Gaz, leur a appris que son fils, dit Gros mignon, un ami de Tristan qui poursuit ses études à Brest, va revenir dans ses pénates pour le congé de Pâques. Puis, changeant de programme : « La semaine prochaine nous devons nous emparer de la maison Bourboulon comme d'une forteresse, car c'est presque d'assaut que nous pourrons nous flatter d'en déloger les hôtes tenaces. Quand la victoire sera certaine, nous te l'annoncerons par un bulletin. »

Le lycéen Corbière, à l'aise chez les Chenantais, sitôt finis ses devoirs, menuise ou dessine – ses deux violons d'Ingres du moment.

D'autres s'y ajouteront, plus tard. Aussi informe-t-il sa mère de tous ses travaux[17] : « je commence mon théâtre en question et je t'annonce que j'ai fini mon sucrier. Il est charmant (sans me flatter), il est couvert des pieds à la tête de picotures, de petits trous qui laissent des endroits de bois lisse qui formeront des dessins. » Occupation artisanale qui témoigne d'un esprit perfectionniste et nous engage à penser que Tristan, comme beaucoup de lycéens de ce temps (on évoque en tout premier lieu Alfred Jarry) se livrait à des jeux de marionnettes, voire à des représentations aux dimensions d'un petit théâtre (un castelet) pour lequel il est imaginable qu'il ait composé des sortes de scénarios ou rédigé quelques passages dialogués. Certaines pièces des *Amours jaunes* comme « les Pannoïdes » ou le « Grand Opéra » auraient pu avoir les honneurs d'une représentation intime. Toujours uni de cœur avec son frère et sa sœur, il a confectionné un petit fouet pour Edmond, qui joue au cocher, et une petite galette avec quatre champignons pour la poupée en porcelaine de Lucie. Cadeaux naïfs et bon enfant qui témoignent de sa part d'un excellent naturel et d'une parfaite entente avec les siens. Pas le moindre éclat de révolte. Il est trop tôt encore, si jamais pareille révolte signifia quelque chose pour lui.

Quant à la question morale sur laquelle Aspasie a insisté sans délicatesse, Tristan à juste titre se rebiffe : « Il serait beaucoup plus court d'enregistrer mes mensonges, mes maussaderies que mes vérités et mes politesses. » À retenir toutefois ces « maussaderies » qui signalent une attitude boudeuse, un renfrognement, une manière de spleen, en moins grave, en moins suicidaire. Avec une certaine aisance, Tristan poursuit son examen de conscience à cœur ouvert : « Papa a peur que je ne fasse le loustic, mais je ne l'ai jamais été. Dieu m'en garde. À Saint-Brieuc je me révoltais contre mon pion pour mon propre compte et non pas pour celui des autres. Ici je n'ai pas d'amis, je reviens tout seul du collège, par un autre chemin que les élèves de ma classe auxquels je ne parle presque jamais [...] Comment pourrais-je être un loustic ? Une autre et même raison pour que je ne puisse pas l'être, même avec la plus grande vocation, c'est que je me nomme Édouard Corbière et que je suis le fils de mon père et de ma mère. » Beau passage qui se termine sur une envolée de morale affective. Tristan ignorait-il alors son demi-frère qui, lui, né d'une femme vivant à la Martinique, n'était pas « le fils de sa mère » ? L'important, du reste, dans cette courte rétrospective psychologique, qui donne bien le ton de ses préoccupations, tient dans le mot, qui commençait à se répandre, de « loustic ». Le loustic (le terme est allemand ; il avait acquis une portée internationale) désignait l'amuseur du régiment. Tristan n'aura pas le loisir de briller très exactement dans ce rôle. Il en avait pris le chemin, certes, au lycée de Saint-Brieuc, ses pitreries et ses répliques étant cependant, comme il ne manque pas de le souligner, à usage intime et non pas pour soulever d'hilarité une classe toute prête aux dissipations d'un chahut monstre. Il n'empêche. Le papa Corbière, qui reproche à sa progéniture ses puérilités, a bien perçu en lui une tendance essentielle dont il ne sait pas toutefois démêler le chevêtre. Tristan aime faire rire les autres, aiguiser son esprit à des situations opportunes, exprimer sa narquoiserie par tous moyens. Ce n'était pas mal voir à l'avance les penchants de ce drôle de corps et de cette pensée malcontente et contestatrice. Loustic, Tristan le sera, des années encore, peaufinant ses poses, quintessenciant ses jeux de mots, amuseur patenté d'un public prêt aussi bien à le moquer qu'à l'applaudir. Et le jeune lycéen de seconde a beau se défendre d'une telle attitude, il doit bien reconnaître au fond de lui une dangereuse facilité pour incarner ce genre de rôle, celui du pitre et du jocrisse. Ce qui ne l'empêche pas d'éprouver plus souvent qu'à son tour la solitude, comme en ses retours du lycée (qu'il nomme collège) au logis des Chenantais, où quelque pensée triste accompagne ses pas. Le Corbière nantais n'est certes pas un cha-huteur. Il n'a plus affaire à des surveillants tatillons et ridicules. Jules est un modèle de père par procuration, bien qu'il ne jouisse pas aux yeux de Tristan du prestige d'Édouard. Marie montre pour lui les attentions d'une mère. Les deux fils aiment leur cousin. Mais en lui se forme peut-être une certaine image de la vie, en rapport avec sa propre image, celle que lui renvoie son miroir. Rien n'est drôle, sauf le drolatique, tou-jours un peu forcé. Et sa laideur que lui serinait le pion briochin devient assurément pour lui, sinon une obsession, du moins une évidence. Ce garçon-là ne plaît pas aux filles. Et les autres élèves ont tendance à railler sa dégaine maladroite, son corps dégingandé. Une photo de l'époque[18] le montre en uniforme de lycéen : tunique de drap bleu bordé d'un liseré rouge au collet, aux parements et sur le devant, palmes bro-dées en or au collet et sur les boutons du lycée, le pantalon noir avec liseré rouge, un gilet à petits boutons dorés, un ceinturon noir avec une plaque dorée à l'angle. Il est assis sur une chaise et s'appuie du coude gauche sur une petite table étroite dont les pieds sont formés de colon-nettes torses. Il tient de la main droite, retourné, son képi brisé en drap bleu avec galon liseré et macaron en or au centre. Le visage, de face, regarde sans aménité l'opérateur. On n'en attend pas un sourire. L'œil accuse. Mais ne serait-ce pas plutôt un regard *accusé* ? Les cheveux, longs pour l'époque, recouvrent la moitié de l'oreille. Un nez long. Une bouche boudeuse. L'air boudeur ajoute presque un charme. L'âge ingrat ! Après tout, on n'est pas forcé d'accepter pareille séance de pose ni d'aimer la photographie. Et puis... quel sera l'usage de cette photo imposée dont, pour sa part, il se serait bien dispensé ? À quelle identité renvoie ce Corbière ? À quelle intériorité ? Une fois encore, face à de tels documents, on est tenté de s'abstenir de tout commentaire. Comment restituer un être, une personne ? Quoi passe par un regard ? On ne fera donc guère plus que consigner une impression globale : à cette période de son existence, dans ce moment précis où, plus ou moins contraint, il se prête à l'introspection de l'objectif, Corbière n'est pas content de ce qu'il vit. Il ne nourrit aucune illusion sur l'instant présent qu'il lui faut subir. A-t-il déjà conscience de la bêtise sociale ?

Guère séduit par le fade quotidien, au lycée il relâche ses efforts. Son dernier bulletin d'avril trahit bien des faiblesses. Il faut croire qu'elles ne seront que passagères. Tristan n'échappe pas aux remontrances paternelles, lesquelles s'enrobent d'indulgente compréhension : « Allons donc, mon ami, un peu plus de travail [...] songe au plaisir que tu nous feras en revenant aux vacances pour nous montrer comme gage de ta valeur et du désir que tu as de nous contenter, quelques bons prix bien mérités et vaillamment remportés à la barbe de tous tes condisciples [...] De la docilité, mon ami, de la complaisance et de l'attention à écouter les avis qui ne te sont donnés que pour ton bien dans l'intérêt de ton avenir et de l'existence que tu es destiné à mener bientôt dans le monde[19]. » Pour Édouard donc, dans ce mois d'avril, Tristan a bel et bien un avenir à gérer ; les études qu'il fait doivent y mener. Il occupera une position dans le monde (on aimerait, à coup sûr, savoir laquelle). Sa faiblesse physique ne lui apparaît pas encore comme un obstacle insurmontable. À défaut de la marine, le destinera-t-on aux professions libérales ? Fera-t-il des études de droit, comme tant d'autres jeunes gens de la bourgeoisie qui en profitent, pendant trois ans, pour courir les grisettes et autres Rosanettes ? Il est clair, par conséquent, que Tristan passera son baccalauréat. Présentement on ne lui imagine pas d'autre avenir. D'où la conclusion morale, point trop sévère cependant et rigoureusement impersonnelle, comme les lignes d'un manuel : « Les conseils te fatiguent, la morale te rebute, je le sais. Mais c'est là un travers qu'il faut réformer [...] L'expérience des autres, vois-tu, est le guide le plus sûr que l'on puisse suivre pour arriver de bonne heure à bien et éviter les plus cruels mécomptes de la jeunesse et de l'étourderie. »

On n'a pas la réponse à cette stricte homélie. Tristan ne devait pas en faire plus de cas qu'il n'en fallait. Un mois plus tard, sa lettre à Édouard[20] regrette surtout la vie familiale à Morlaix. Aspasie, qui s'est déplacée pour différentes fêtes à Quimperlé (une « orgie » de baptêmes), s'active maintenant « en pleine maison Bourboulon » : il s'agit, en effet, d'occuper les lieux vite et bien. « Oh ! mon Dieu ! quel coup de feu ! – se réjouit Tristan. – À peine sortie des embarras d'une première communion, [*celle de Lucie*] elle tombe dans un baptême, pour retomber dans la maison Corbière (ex-Bourboulon). » Il s'inquiète de ce nouveau logis qu'il ne connaît que par ouï-dire : « Où en est-on dans les préparations ? Comment est la petite maison du jardin ? » Et puis prennent forme des images de vacances : « Il fait déjà une chaleur étouffante. Quel temps exprès pour Roscoff ! Quelles chouettes baignades ! si ce soleil brûlant veut bien continuer. » À Nantes, ses occupations de menuiserie vont bon train : « Je charpente, je scie, et je rabote toujours avec une ardeur toujours croissante et mon théâtre vient de prendre une certaine forme ce matin. Il a en tout 50 centimètres de hauteur, dont 55 de largeur et 34 de profondeur. La scène en a 35 de largeur et 39 de hauteur. Que dis-tu des dimensions ? J'ai fait aussi le plancher de la scène en pente, il est de 2 cent. Plus haut par derrière que par devant. »

Plusieurs renseignements sur la famille alimentent, comme il se doit, sa correspondance. Tante Le Bris va passer lundi à Nantes : « Les deux Allain (dame et demoiselle) sont ici avec l'ordre de l'attendre. » C'est l'occasion pour l'épistolier de tracer d'elles une caricature littéraire fort bien enlevée, qui laisse présager ses réussites en la matière : « [...] Les deux Allain font le plus de fla-fla possibles dans les rues où chacun se retourne en haussant les épaules – La mère navigue avec toute crinoline dehors, la fille a toujours son pavillon d'appel à tête de mât (je veux parler comme toi) ».

Quelques informations sur une scolarité qui ne va pas sans heurts complètent ce courrier marqué par l'approche des vacances.

« Nous avons [...] composé en vers latins, et j'ai mal fait ma composition [...] Nous avons aussi composé en histoire et c'est une terre peu fertile en lauriers, comme tu sais, pour moi. »

Le 16 mai, c'est au tour de Marie (Mme Jules Chenantais) d'écrire à sa sœur Aspasie[21] pour lui confirmer qu'elle a acheté un habillement complet pour Tristan : gilet, pantalon, paletot, et lui donner des précisions sur la qualité du drap choisi pour le tailleur. Quatre jours plus tard, le Nantais est informé[22] de la façon dont s'est déroulée la communion solennelle à Morlaix. Dans la procession de la paroisse de Saint-Melaine Lucie figurait en bonne place. Aspasie détaille la vêture de sa fille comme elle décrirait une gravure de mode (on peut douter que Tristan se soit attardé sur de telles précisions) : « une robe blanche bouillonnée sur ruban lilas, puis un joli petit chapeau sur lit de paille d'Italie avec plumes blanches et velours noirs ». Gouronnec (Edmond) a eu sa part de ces fastes et s'ébattait en piqué jaune et noir. Du haut de la maison

Bourboulon en travaux, il a apostrophé depuis le balcon les passants, fidèle à son sans-gêne ordinaire. De beaux reposoirs ornaient la ville en liesse. Des coups de fusil ont été tirés pour imiter des coups de canon. Tante Le Bris, toujours moquée par le clan Corbière, « en pleurait de désespoir » – précise malignement Aspasie. « Elle prétendait que ces détonations lui faisaient un effet extraordinaire, mais on ne lui a pas fait grâce d'un seul des coups ordonnés par l'autorité. » Le même jour vraisemblablement, Édouard donne à son fils des nouvelles de sa santé[23]. Toujours des clous, des exanthèmes qui le font souffrir et pour lesquels oncle Jules a prescrit des remèdes. Attentif aux rédactions de Tristan chez qui – semble-t-il – il perçoit un certain don pour écrire et décrire, il commente le dernier devoir du lycéen en des termes légèrement brouillés pour notre compréhension immédiate. L'allusion cependant devait être claire pour les principaux intéressés :

« Je vois que ta narration sur l'historiette de George III, d'idiote mémoire, et de la jeune fille de l'émigré, a fait fortune au Lycée. Peu importe à la postérité que l'anecdote soit fausse ou vraie. Ce papa George, dont il t'a fallu évoquer le souvenir, n'était au fond qu'un assez pauvre imbécile que ses anciens valets étaient chargés de nourrir à Windsor. Mais l'essentiel pour toi c'était de brocher sur le tout pour faire avaler la boulette à ton professeur. Le tour a été joué, dis-tu, à la satisfaction du parterre, et la chose est au mieux. »

Aux détracteurs d'Édouard Corbière on conseillera de savourer tout à loisir ces lignes de complicité avec son fils. La connivence était grande, placée sous le signe plus ou moins avoué de la littérature. Bienveillant mentor, Édouard ne néglige pas de répandre des conseils plus sensés que machiavéliques : « C'est à s'élever au-dessus de la médiocrité qu'il faut constamment viser, et ce n'est pas là une tâche si difficile qu'on le croit. »

Bien convaincu par la première partie de ce programme, Tristan ne choisira pas toutefois la voie la plus aisée pour l'atteindre. Il jouera d'un dandysme peu apte à lui concilier les cœurs et rejoindra avec avidité les rangs d'une marginalité sans issues.

Pour achever son épître, Édouard retrace plaisamment le comportement de « Gouronnec », l'intraitable Edmond, « qui n'a pas encore communié, mais qui n'en a pas moins une idée assez nette du sacrement de la confirmation ». Un coup d'œil sur l'état de ce bon vieux Launay, la maison d'enfance aimée de Tristan, devance tous les regrets d'avoir à le quitter : « Le Launay, un peu en retard, commence à prendre un certain air de plein rapport et tu retrouveras encore des fraises à ton arrivée et des groseilles, poires et pommes plus que tu ne pourras en absorber en deux mois. »

L'année scolaire tire à sa fin. Bientôt Tristan, qui figure sur le palmarès pour deux premiers accessits, l'un en narration, l'autre en thème latin, va rejoindre Morlaix et connaître, s'il ne l'a fait déjà, l'illustre maison Bourboulon. Certes on s'est engagé dans une longue suite de travaux et Aspasie prend à cœur de les décrire par le menu[24] : pose de planchers, révision des cloisons, plafonds refaits à neuf. « Nous avons là une maison vaste et commode – se réjouit-elle – avec proximité de jardins. » « Il y aura simplement une grande fenêtre qui domine la ville du côté des escaliers (lettre A) et sur la terrasse une porte vitrée (lettre B), pour monter deux marches (lettre C), rocher sur le côté. » Le tout est accompagné d'un croquis enrichi des lettres correspondant à la description faite. La maison est spacieuse ; elle donne sur le port ; un jardin suspendu la complète, où se trouve le petit chalet. Le tout, de belle allure, convient au rang social d'Édouard, personnage officiel de la ville, un capitaine, un romancier, un homme de responsabilités. Non loin habitent les Puyo, les Le Bris[25]. La vue sur le quai assure à tout instant de l'état florissant de la cité. Il ne vient pas à l'esprit de contester la belle ordonnance de ces vies faites pour durer, prospérer, atteindre les honneurs. Aspasie Corbière ne raisonne pas autrement. Mais elle ne manque pas de vivacité d'esprit ni de gaieté de caractère. À son âge, trente-cinq ans, elle est à la tête de l'une des familles bourgeoises les plus en vue de la ville. Aussi mettra-t-elle tout son soin à faire de la maison Bourboulon un lieu de réception exemplaire. Elle confie à Tristan, pour qui de tels détails ne comptent guère, les projets d'ameublement qu'elle conçoit avec une amoureuse circonspection : « J'ai demandé à Paris des échantillons de papier : ayant 18 à 20 chambres à tapisser [*le logis occupe donc une surface considérable*], j'y trouverai, dit-on, une grande économie. Je n'aurai cette année qu'un meuble de salon avec les glaces dont je t'ai parlé, une table de milieu, un meuble entre fenêtres. Le velours du meuble sera couleur pivoine à peu près. »

Lorsque Tristan arrive à Morlaix pour les grandes vacances, l'aménagement de la demeure est loin d'être fini. Les vacances se passent donc soit au Launay, pour la dernière fois, soit dans l'autre habitation de Morlaix, soit à Roscoff, ce lieu pour lequel, comme Édouard son père, il éprouve un goût de plus en plus exclusif. Il se plaît dans cette vieille cité de corsaires face au large. Il connaît presque tous les habitants par leur nom. La maison que loue Édouard se trouve sur la place de l'église. Tristan aime cette nature à la fois sauvage et douce, la violence de la mer toute proche qui de ses vagues bat la cale du Vile et les bienfaits d'un climat qu'adoucit le courant du Gulf-Stream. Accompagnant son père, il part en mer dès l'aube. Parties de pêche ou reconnaissances pour un court périple qui mène à une grève proche.

Au mois d'octobre 1861, il est donc presque certain que, revenu à Nantes, il suit de nouveau les cours du Lycée. L'ennui pour ceux qui enquêtent sur sa vie est que, durant cette année scolaire, aucun document ne témoigne de sa présence dans l'établissement qu'il est censé fréquenter. On ne voit pas davantage sa trace sur le palmarès. Cette année fantôme aurait dû être celle où il aurait suivi les cours de Première littéraire. Le registre des élèves consulté à l'actuel Lycée Clemenceau ne porte pas son nom. Aucun élément de correspondance ne subsiste – si bien que le champ des conjectures s'ouvre vaste, presque infini. Il n'est pas même certain que Tristan durant ce temps ait habité l'appartement des Chenantais. Mais rien non plus ne signale sa présence à Morlaix, uniquement explicable, du reste, que si un grave ennui de santé l'avait empêché de poursuivre ses études au lycée de Nantes. On doit néanmoins émettre une hypothèse de cet ordre pour éclairer ce que, à juste titre, on pourrait nommer une telle « disparition ».

Il faut dire qu'en cette année 1861-1862 le lycée de Nantes, jusqu'alors estimé pour son enseignement et sa discipline, connaît un certain nombre de troubles[26] – dont il est difficile de cerner la nature, mais qui momentanément nuisent à sa réputation. De février à juillet 1862, trois proviseurs se succèdent, ce qui témoigne d'un réel désarroi dans la direction. En conséquence on constate une baisse des effectifs et soixante élèves quittent le lycée. Il n'est pas dit que Tristan ait compté dans leur nombre. Mais on peut facilement penser qu'une méfiance certaine s'introduisit dans les esprits des parents d'élèves et que les Corbière, plus ou moins informés de cet état de choses, en tirèrent les conclusions qui s'imposaient, même s'ils maintinrent par la suite leur fils dans l'établissement incriminé.

Tardivement découverte, une lettre datée du 12 juillet 1862 envoyée par Édouard à sa femme[27] permet d'ouvrir quelques pistes de recherche, où la conjecture l'emporte toutefois sur le réel désormais ignoré. Du Havre, en effet, ville qu'il connaît bien et où il a été régler certaines affaires, il adresse à Aspasie un courrier dans lequel il s'inquiète de sa femme et de son fils. Nous y apprenons alors, pour notre plus grand étonnement, qu'Aspasie et Tristan sont à Luchon et, là-bas, ne fréquentent guère le beau monde des curistes. On imagine donc une villégiature où mère et fils repliés sur eux-mêmes n'ont d'autre contact avec la riche société environnante que ceux que commande la plus élémentaire politesse.

« c'est là une existence par trop pot-au-feu », se plaint Édouard fils, pour autant qu'il le droit d'exprimer son opinion, laquelle semble partagée, une fois encore, par son père. Rien de distrayant donc, ni même de reposant (ce que l'on attendait), d'autant plus que Mme Corbière s'est mis en tête d'entreprendre quelques excursions, dont le caractère improvisé et dangereux n'échappe pas à M. Corbière. De là, les reproches assez vigoureux qu'il formule : « Quand on prend un guide c'est ordinairement pour le suivre, et vous autres, au contraire, vous me paraissez en avoir choisi un, pour l'entraîner à votre recherche. »

Si l'on retrouve Aspasie dans le Sud-Ouest de la France en cette région des Basses-Pyrénées avec Tristan, voyage considérable pour l'époque, il faut croire qu'elle avait de bonnes raisons pour accomplir avec lui pareil déplacement. La mode, certes, était aux villes d'eau. Mais certaines, situées dans le Massif central, auraient tout aussi bien convenu. C'est, en fait, dans la cité balnéaire de Bagnères-de-Luchon, célèbre depuis les Romains pour ses eaux sulfureuses, que les deux Morlaisiens débarquent, vraisemblablement (car l'on pense plutôt à Tristan) pour une cure soignant les rhumatismes ou les affections respiratoires. Il a toujours couru, au sujet du poète, une rumeur concernant sa santé. Des rhumatismes à la phtisie, bien des noms de maladies ont été prononcés, sans qu'on les voie jamais confirmés par un document fiable. Du moins la lettre d'Édouard assure-t-elle des soins que reçut sa femme à cette occasion : « Je suis au surplus bien aise que tu te sois décidée à prendre aussi les eaux en compagnie d'Édouard. Elles ne pourront, je crois, que te faire du bien, car je dois supposer que ce n'est pas sans l'avis de votre médecin que tu t'es décidée à suivre ce traitement thermal. » À y regarder de près, on s'aperçoit qu'Aspasie n'était là que pour accompagner son fils (songeons bien qu'il n'avait pas encore atteint sa majorité). Voyant les soins qui lui sont prodigués, elle songe – autant par passe-temps sans doute – en recevoir elle aussi de son côté. À moins de considérer qu'il se serait agi de retrouver lors d'un tel séjour quelques amis dans une ambiance chic et plutôt à la mode (mais Édouard précise qu'Aspasie et Tristan ne connaissent personne), on est amené à penser que la cure tentée par le jeune homme répondait à une nécessité pressante. Il est question d'ailleurs qu'elle se poursuive en 1863 puisque Augusta, de la famille Levasseur, un ami d'Édouard au Havre, accepte d'être, l'an prochain, la compagne de route d'Aspasie pour la même destination.

De ce premier séjour (ou d'un second pour les mêmes soins), il est possible qu'une pièce des *Amours jaunes* ait souhaité conserver le très allusif souvenir. Il existe, en effet, dans ce seul livre de Tristan Corbière un poème rigoureusement intitulé

« I Sonnet »,

titre suivi de cette précision ironique « Avec la manière de s'en servir », exactement comme s'il était question d'un objet utilitaire. Le texte relève d'une haute virtuosité, et il ne semble pas que Corbière ait été capable d'un tel tour de force alors qu'il n'avait que dix-sept ans. Nous sommes surpris cependant de lire à la fin l'indication locale « Pic de la Maladetta. – Août ». La lettre d'Édouard à Aspasie étant datée du 25 juillet 1862, elle laisserait entendre que quelques jours plus tard Tristan aurait rimé à cet endroit ce poème, ou qu'il le fit au même lieu l'année suivante (on peut envisager aussi, bien entendu, une date plus tardive). Ce qui intrigue surtout le lecteur tient dans la mention de la montagne pyrénéenne proche de Bagnères-de-Luchon. On a souvent souligné le caractère fantaisiste des indications locales données par Tristan, mais une attention accrue prouve que la plupart sont moins désinvoltes qu'on ne l'aurait présumé. La Maladetta signifie la montagne maudite, et l'accès au Mont Parnasse, dont parle ce sonnet ironique, est montré comme particulièrement difficultueux. Il faut emprunter pour y arriver – comme nous dit Tristan – le « railway du Pinde ». Il serait aventureux – je le répète – de penser qu'à cette époque, poète prématuré, il ait été en mesure de confectionner une telle réussite. Non sans vraisemblance, néanmoins, on l'imaginera, pour occuper son temps entre deux séances d'hydrothérapie, s'exerçant à la poésie avec quelque prédilection pour la moquerie et la satire, où il fera – tout le laisse croire – ses vrais débuts.

À l'occasion de cette cure à Luchon soigneusement préparée, il avait une première fois quitté sa chère Bretagne dont la terre collera beaucoup moins à ses imaginaires sabots que ne le penseront des générations de bardes endurcis. Mme Corbière et Tristan font bonne figure, malgré le corps du fils que commence à torturer une sorte d'arthrose. Couple aisé que forment ce jeune homme et sa mère, sans égaler la magnificence du milieu proustien. On voyage en première. À Paris d'une gare à l'autre on prend un fiacre. Des domestiques obséquieux entourent Tristan et Aspasie dès qu'ils arrivent à destination. Simplement ils sont un peu seuls. Cette bourgeoisie aisée ne connaît point, par exemple, l'aristocratie qui fréquente les mêmes lieux et qui tient à garder ses distances avec ceux qu'elle considère comme des roturiers.

À la rentrée, en 1862, où Tristan entre en classe de Logique si l'on estime qu'il suit le cursus normal de ses études. Le jeune homme est encore à Nantes, assurément chez les Chenantais, comme en témoigne une lettre à sa mère, datée d'un dimanche d'octobre, sans plus de précision[28]. L'épître revêt sa pleine importance du fait que Tristan y examine l'issue de ses études : « Je vais un peu *vous* [*le "vous" est souligné*] parler sérieusement de mon examen de bachelier. » Cet examen obéissait, selon les académies, à différents processus et souvent il était décerné à la sortie de ce que l'on appelle de nos jours « la terminale ». Il est évident que Corbière jusqu'à l'année 1863, où il devra en passer les épreuves s'il en est jugé digne, a poursuivi des études uniquement en vue d'obtenir un tel diplôme. Ce diplôme en poche, il pouvait préparer l'entrée aux grandes écoles ou – ce qui était le plus souvent le cas à l'époque, surtout pour les fils issus de la haute bourgeoisie – faire son Droit, comme un Baudelaire, un Flaubert et tant d'autres. On n'est pas peu étonné cependant de lire sous sa plume : « Voulez-vous ou ne voulez-vous pas que je passe à la fin de l'année ce fameux examen ? Si vous le voulez, écrivez *directement* à mon oncle Jules, car il faut dès à présent que je m'y prépare le mieux possible. – Et il y a des dispositions à prendre au plus tôt, car je n'ai pas de temps à perdre. J'en parle quelquefois à mon oncle qui me répond vaguement : "Travaille toujours, après l'on verra" – ou bien : "Tu ne doutes de rien" – ou pour varier : "C'est une chance à courir" – etc. – etc. – Somme toute, il ne m'a pas l'air trop d'avis d'un examen prématuré. – Moi je ne partage pas son opinion – Si je suis reçu avant la fin de mes classes, ce sera un succès, un encouragement et une recommandation pour l'avenir, ce sera un an de gagné. – Si je suis refusé, ce ne sera pas une honte, puisque je ne me serai pas présenté dans les règles et je serai toujours à même de retenter l'épreuve *3 mois* après. Ainsi voyez. »

Le peu de biographes qui se sont penchés sur les destinées de Corbière ne se sont pas attachés à ces lignes. En réalité, elles ne brillent pas par leur clarté, alors que pour Corbière et les siens elles devaient être parfaitement intelligibles. Corbière – on n'en saurait douter – envisage de passer un examen à l'avance et, pour cela, compte se présenter comme candidat libre. C'est, du moins, ce qu'il est permis de déduire de son propos. Pourquoi cette hâte ? À quoi pouvait lui servir ce temps gagné ? Intégrer plus vite une grande école, faire ses classes d'aspirant de marine à Brest, s'il envisageait, par admiration pour son père, une carrière dans la marine ? Mais à quel moment et dans quelles conditions aurait-il passé le fameux examen que, de toute façon, il lui fallait subir à la fin de l'année (entendre par là « l'année scolaire ») ? La décision prise par Tristan prouve de sa part une réelle détermination, puisqu'il remarque ensuite qu'il « aura besoin de leçons – outre les classes ».

Suspendant ces graves réflexions sur son avenir, il passe bientôt à d'autres sujets nettement plus frivoles : la foire de Morlaix (qu'il écrit intentionnellement « fouare »), où sa mère s'est rendue en voiture découverte : « moi qui croyais qu'on n'aurait découvert la Berlingot que pour ma noce (dont Dieu me garde !) », le temps exceptionnel pour la saison : les marronniers en fleurs en octobre, et puis une poignée de moqueries obligées au sujet de la tante Le Bris (Émilie) qui a mis sens dessus dessous (par son bavardage, assurément) le ménage Permanech : « Hier elle a dîné ici et entre un homard et des côtelettes elle a pensé à la maladie de la petite Labbé [...] »

Est-il besoin de dire que durant l'année scolaire 1862-1863 on ne trouve aucune trace de Tristan au lycée de Nantes – qu'il s'obstine, du reste, à nommer collège. Mais quel autre établissement aurait-il fréquenté alors ? Le 4 novembre 1862, la dernière lettre connue de cette période[29] informe sa mère de ses occupations quotidiennes : « D'abord le matin nous avions classe jusqu'à 10 heures, comme à l'ordinaire quand je suis rentré, on s'est mis à déjeuner. De suite après, je suis allé avec mon oncle Jules à la distribution des prix de l'école de médecine jusqu'à trois heures – en sortant de là j'ai trouvé tante Marie qui m'a mené dans les magasins pour m'acheter des gants de laine, un cache-nez de dimanche et une paire de petites manchettes pour mettre aux bras [...] Après le dîner j'ai fait mes devoirs et je ne t'ai pas écrit... » Malheureusement la lettre s'arrête là ; le reste n'est pas consultable. Or le reste nous aurait beaucoup appris sur la situation de Tristan face aux études qu'il voulait poursuivre et au projet qu'il avait laissé entrevoir dans le courrier précédent. Seule phrase sauvée de cette occultation : « Qu'on me permette donc de regarder la chose comme tombée à l'eau. » Cette chose est difficilement interprétable, à moins de la rattacher au vague programme énoncé en octobre. Non, décidément, n'ayant pu obtenir l'assentiment familial, il ne passera pas avant la fin de l'année l'examen évoqué. Résultat : si Corbière a bien suivi des cours dans un établissement scolaire à Nantes en 1862-1863, ou bien il n'a pas été jugé digne d'être présenté au baccalauréat, ou bien, jugé digne, il a échoué, ou bien encore – et c'est ce que dit la tradition – il a interrompu auparavant ses études. Seule certitude : aucun des registres du lycée Clemenceau de Nantes (du reste incomplets pour cette période) ne montre son nom. Et les archives du rectorat de Rennes (dont dépendait Nantes à cette époque) ne portent celui d'« Édouard Corbière », ni pour les inscriptions au baccalauréat ni pour les résultats de cet examen[30]. Il faut donc croire, en l'absence de toute information complémentaire, que Tristan ne fut pas bachelier, malgré ses qualités évidentes pour l'être.

C'était, dès lors, être voué, plus ou moins, à une existence inactive, puisqu'il n'était pas davantage question qu'il succédât aux occupations de son père. En cette année 1863, dont on ne sait à peu près rien, il reçoit, moralement, un *certificat d'inutilité à vie*. L'heure des grandes, des interminables vacances était venue.

Notes

1. Voir *Nantes. Le Lycée Clemenceau, 200 ans d'histoire*, Nantes, Coiffard éditions, 2008.

2. Archives du lycée Clemenceau, incomplètes pour certaines années qui nous intéressent.

3. Lettre à sa mère, automne 1860. Autographe, 2 p. in-12, ancienne collection Jean Vacher-Corbière.

4. Mot familier pour dire « qui a de l'allure », « bien tournée ».

5. Lettre d'Édouard le père à Tristan, autographe, 2 p. Elle se trouve citée dans le livre de Francis F. Burch, *Sur Tristan Corbière* (noté désormais *STC*), Nizet, 1975, p. 24.

6. Datée de novembre 1860. Autographe, 1 p. et demie, dans *STC*, p. 27.

7. Ces opinions ont été émises et parfois développées par Tristan Tzara, préface aux *Amours jaunes*, Le Club français du Livre, 1950 et par André Le Milinaire, dans *Tristan Corbière. La paresse et le génie*, Champ Vallon, 1989.

8. Lettre d'Édouard le père à Tristan, mardi 20 novembre 1860, autographe de 4 p. dans *STC*, p. 33. Montroulez est le nom breton de Morlaix.

9. Lettre d'Aspasie à Tristan, novembre 1860, 2 p., dans *STC*, p. 37.

10. Lettre d'Édouard le père à Tristan, 2 p., dans *STC*, p. 43.

11. Lettre à sa mère, jeudi, janvier 1861. Autographe signalé dans le catalogue de B. Loliée, n° 13, p. 4. L'original aurait 5 p. in-12. Des fragments en sont donnés dans *Corbière*, Pléiade, p. 1051-1052.

12. Lettre d'Édouard le père à Tristan, 2 p. dans *STC*, p. 46.

13. Lettre à son père du jeudi 7 février 1861, autographe, 1 p. et demie, in-8, IPN, Ms. A. 26542.

14. Lettre d'Édouard le père à Tristan, mars 1861, 2 p., dans *STC*, p. 51.

15. Lettre d'Aspasie ; dimanche, mars 1861, 2 p. et demie, dans *STC*, p. 53.

16. *Ibid.*, p. 54.

17. Lettre à sa mère, mars ou avril 1861, autographe, 4 p. in-8, IPN, Ms. A. 11541.

18. Photo reproduite en pleine page dans le catalogue *Tristan Corbière* du Musée des Jacobins, 1995, p. 6. et surtout en face de la page de titre du *Tristan Corbière* de René Martineau (1925) avec la légende « Tristan Corbière élève au lycée de Nantes en 1862 ». Voir aussi catalogue Sotheby's, Paris, 15 décembre 2010. Mon ami Jean-Louis Liters l'a identifiée comme ayant été faite par Théodore Wolter, photographe à Nantes, mort en 1868.

19. Lettre d'Édouard le père à Tristan, avril 1861, publiée par René Martineau dans *TC*, p. 37-38.

20. Lettre à son père, mai 1861, autographe, 2 p. in-12, ancienne collection Jean Vacher-Corbière.

21. Lettre de Marie à Aspasie, 16 mai 1861, dans *STC*, p. 79. Elle est écrite sur la même feuille que la lettre de Tristan à son père, du 16 mai 1861.

22. Lettre d'Aspasie à Tristan, lundi 20 mai 1861, 2 p., dans *STC*, p. 61.

23. Lettre d'Édouard le père à Tristan, lundi 20 mai 1861, autographe, 2 p. in-12, dans *STC*, p. 65-67.

24. Lettre d'Aspasie à Tristan, dimanche (juillet 1861), autographe, 2 p. in-12, avec un croquis du chalet, dans *STC*, p. 69-71.

25. Le recensement de 1866 indique au Quai de Léon, où les Corbière ont leur maison au n° 38, Joachim Puyo et Émilie Kerdaniel au n° 41 et Marie-Émilie Puyo, veuve Le Bris, au 42.

26. Voir *Le Lycée de Nantes*, ouvr. cit., p. 116-119.

27. Lettre d'Édouard père envoyée à Aspasie, 25 juillet 1862, autographe, 2 p. in-12, dans *STC*, p. 81-83.

28. Lettre à sa mère, dimanche (octobre 1862), autographe, 4 p. in-12, ancienne collection Jean Vacher-Corbière.

29. Lettre à sa mère, mardi 4 novembre 1862, autographe, 1 p. in-12, coll. H. Matarasso.

30. En 2010 nous avons consulté ces registres au rectorat à Rennes.

IV

Poésies de jeunesse

La plus grande partie de la correspondance de Tristan s'arrête en cette année 1863 où nous pouvons présumer qu'il cessa d'étudier à Nantes. Il renonçait ainsi à passer le fameux examen qui, dans une certaine mesure, valait comme une intronisation dans la vie d'adulte. Que faire ? Que doit-on penser qu'il fit ? Le peu de témoignages à notre disposition signale de sa part un repli à Morlaix, puis à Roscoff. Une absence quasi totale de documents privés empêche à première vue de décrire, sinon par sympathie, cette partie de son existence. Ces dernières années, quelques nouvelles informations ont permis de meubler ce temps d'inactivité où il vécut. On pardonnera au biographe que je tente d'être, des reconstructions aléatoires, où l'imaginaire – maîtrisé, soit – compte autant que ce qui fut sans doute le réel. Je suis conduit à produire des scènes approximatives où Tristan apparaît selon les lois différentielles d'une possible présence. Insituable, quoique attaché à quelques lieux tangibles et déterminés. Inavouable, bien que prêt à se livrer à des confidences. Il est d'ores et déjà formé d'un tissu de paradoxes qu'il endosse avec désinvolture. Sous le fard, sous la pose une vérité se tient, se cache, face à la vie désormais si difficile à assumer dans la position qui est la sienne.

En cette période malaisée à définir avec exactitude, Tristan (qui n'a pas encore choisi son prénom) se trouve livré à lui-même. Liberté toute illusoire, en réalité, puisqu'il dépend étroitement de ceux qui l'entourent, et ils sont nombreux ceux-là, qui veillent sur lui autant qu'ils le sermonnent, l'observent, le jugent. Proches de lui, le cercle des parents auxquels désormais il se trouve confronté au quotidien, le frère et la sœur, Edmond et Lucie. Puis l'abondante tribu des oncles et tantes, aimés ou critiqués. Plus englobant le milieu des Morlaisiens : notables,

commerçants, petits bourgeois, les pauvres aussi. Tel est l'univers de
Tristan, celui qu'il observe et par lequel il est observé, ces autres auxquels il présente sa personnalité en train de se faire, de se construire.
Pour l'heure, quoique fils de l'illustre Édouard que chacun salue dans
les rues, il ne représente rien, sinon précisément un jeune monsieur qui
n'a pas continué ses études. Ce n'est pas faute d'intelligence, on veut
bien le croire. Mais l'échec est là, il en exhibe la preuve. Et la richesse
de ses parents n'y peut rien. Certes le bruit court que la raison pour
laquelle il n'est pas resté au lycée tient à sa santé défaillante, et beaucoup, à voir ce corps presque contrefait, inclinent à penser ainsi. Maigreur, attitude voûtée, mauvais teint, visage creux. Le docteur Bodros,
ami de la famille, peut en témoigner. Les parents sont assurément
navrés d'avoir dû prendre pareille décision. À dix-huit ans, Corbière
inoccupé traîne sa silhouette dans les rues, quand il ne se renferme pas
dans la maison Bourboulon, quai de Léon, pour méditer amèrement sur
son destin. Édouard Corbière a-t-il quelque projet en tête pour ce garçon
dont l'avenir paraît désormais compromis ? Et, du reste, de quoi souffre
Tristan pour qu'on ait choisi si radicalement de l'exclure de la vie des
jeunes gens de son âge[1] ? Rhumatismes, a-t-on dit ? Le mot est courant
à l'époque. Il tend à diagnostiquer n'importe quelle forme de fatigue.
Maladie de poitrine, peut-être ? Ou encore irrégularité cardiaque ? Ou
santé générale défaillante ? Il faut croire que les manifestations d'une
déficience physique furent suffisamment graves et nombreuses pour
qu'on se résolût à lui faire quitter le lycée où les notes obtenues restaient, somme toute, encourageantes. La santé de Corbière demeure une
énigme, si l'on y songe avec quelque application et en évitant de suc-
comber à un surcroît de préjugés. Car nous le verrons actif, nullement
prostré dans un repli de poitrinaire ou de rhumatisant perpétuel. Sans
aller jusqu'à faire de lui un sportif, on notera qu'il se livrait à des exercices physiques autrement plus épuisants que ceux de ses confrères en
poésie, réduits à arpenter les boulevards parisiens ou à faire le pied de
grue chez leurs éditeurs. Tristan est bon nageur, bon cavalier. On le
verra gouverner son cotre ou son sloop et, lors de ses deux séjours en
Italie, accompagner ses amis peintres en d'âpres randonnées sur les col-
lines escarpées de Capri. Tous ces traits de conduite signifient les ressources nerveuses qu'il avait, son goût de la vie, une témérité, voire un
courage constant qui lui ont fait surmonter ses mystérieux maux corpo-
rels et se comporter comme les autres, en montrant, au besoin, plus
d'audace qu'eux. Certes, le cliché du « Poète malade », du « poète souffrant » apparaîtra plus d'une fois dans ses *Amours jaunes*[2]. On ignore
toutefois s'il renvoie à lui-même ou s'il correspond à l'une des multi-

ples identités qu'il voulut endosser par jeu, par pose. Rien, par conséquent, jusqu'à nouvel ordre qui permette de l'affliger d'une tuberculose,
très répandue à l'époque, mais dont les caractéristiques étaient suffisamment déterminées pour qu'on lui attribuât sans erreur un tel mal. La
brusque perte de connaissance qui devancera de quelques mois sa mort
en 1875 ne coïncide pas davantage avec les symptômes d'une phtisie
avancée.

Malade, Tristan, dès l'âge de dix-huit ans, le fut sans doute, mais
d'un mal qui semble avoir eu trop de causes et trop de manifestations
pour qu'on le comprenne et qu'on le nomme vraiment. Mal de l'être,
quand la présence que l'on croyait assumer devient problématique,
quand le rapport social, fait pour créer un lien, subitement se dénoue et
laisse place à une embarrassante liberté. Le voilà voué au vide, non pas
au sublime vide métaphysique dont après tout il parviendrait à tirer
quelque gloire, mais à une vacuité plus ordinaire où l'on s'éprouve sans
place repérable. De cette situation, Édouard le père dut être tout à fait
conscient et, dans une certaine mesure, solidaire. Pourtant il ne saurait
faire quelque chose en faveur de Tristan. Avec ses idées bien arrêtées,
quoique nullement coercitives, il n'a vraisemblablement jamais provoqué chez son fils le doute, l'écœurement qui lui aurait fait tout abandonner. Si Tristan devient à Morlaix ce jeune homme sans occupation, sans
emploi, Édouard – devons-nous croire – en éprouva d'abord une certaine honte, tout comme Aspasie, devant ce fils prometteur devenu un
inutile. L'un et l'autre, Édouard et Aspasie, sont renvoyés à leur propre
inutilité, à celle de leur union, à quelque absurdité que Tristan incarne.
Il n'est pas certain qu'ils aient poussé jusqu'à ce point les pensées qui
les envahissaient au vu de l'escogriffe qu'ils logeaient sous leur toit.
Gageons cependant qu'ils l'entourèrent d'une attention presque irritée,
en songeant à ce qu'il aurait pu devenir, comme s'il manquait au plus
élémentaire des devoirs. Ils n'en conçoivent pas moins que Corbière
n'est aucunement responsable de son état, de ce corps défait, de ces
douleurs qui le parcourent et qui ne font pas même de lui un infirme,
tout juste un maladroit, un être gauche que trahissent parfois les gestes
qu'il tente.

Tristan a donc rejoint la belle demeure qui donne sur le port. Vaste
habitation, dont sont refaites les pièces au goût d'Aspasie, impeccable
maîtresse de céans. Il a sa chambre, ses livres. Il accède plus souvent
qu'à son tour à la bibliothèque paternelle où, à côté des revues maritimes et des récits d'aventure, il déniche de vrais trésors, serrés dans leur
reliure, à peine ouverts par le père qui en recevait par dizaines du temps
où il dirigeait le *Journal du Havre*. Il faut bien occuper les journées, et

l'on doit l'imaginer, ébloui lecteur, avec un brin de ricanements pour les
trop beaux élans des poètes élégiaques auxquels d'ores et déjà il préfère
les satiriques. Au printemps, Tristan passe des heures dans le chalet du
jardin. On ne le voit pas rêveur. Il ne se refuse pas cependant aux
grands envols de l'imagination libératrice. Je reviendrai plus loin sur le
lecteur qu'il sut être, avant de penser écrire des poèmes dignes d'être
lus. Du reste, la place n'était-elle pas occupée ? Envisage-t-il un seul
instant de prendre la suite d'un père célèbre, pour lequel il éprouve une
admiration mêlée de respect ? Saurait-il raconter des histoires ? Encore,
pour atteindre ce résultat, conviendrait-il qu'il ait vécu. Or son entrée
dans la vie équivaut à un ratage. Et s'il ne se sent pas la veine d'un
romancier au long cours capable de narrer voyages périlleux et flibuste,
il ne partage pas non plus la moindre parenté avec les Hugo, Vigny,
Lamartine pour lesquels Édouard son père ne montre qu'une estime
mitigée, des faiseurs de belles phrases, des imaginatifs en marge de ce
réel dont il faut connaître les lois, les faits, plutôt que d'en imposer au
public une vision fantastique et fausse. Ah ! les poèmes maritimes du
grand Victor, comme il vaudrait la peine d'en corriger le moindre mot !
Je ne doute pas qu'à ce sujet Tristan n'ait eu les discussions les plus
sérieuses avec son père et que ce dernier ne s'y soit prêté de la
meilleure grâce.

Peut-être Édouard lui rappelle-t-il alors son jugement sévère[3] sur les
Odes du jeune V. Hugo : « On n'en finirait pas si on voulait citer tout ce
qu'il y a de pitoyable dans ces productions d'un *jeune homme qui* NE
CONNAÎT PAS LA MESURE DE SES FORCES » et il se plaît à citer
sa parodie de poésie romantique « À Elle ! À Elle ! À Elle ! » attribuée
au personnage de son « banyan ».

Le cercle de famille avait ses douceurs loin des sinistres heures passées à Saint-Brieuc, haïssable souvenir, loin aussi des bonnes soirées
nantaises chez l'oncle Jules Chenantais le médecin menuisier entouré de
sa turbulente progéniture. Sur un mur de sa chambre, Tristan a punaisé
une grande lithographie[4] représentant deux vieilles mendiantes, l'une
jouant de la guitare en chantant, tandis que l'autre tient de toutes ses
forces son parapluie et son sac. Il y a ajouté une légende : « Les Demoiselles Amadou de Nantes, 1859. – Baisse les yeux ma sœur. Des regards
indiscrets sont dirigés vers nous. » Déjà ces contrefaits, qu'il ne cessera
de dessiner et envers lesquels il éprouve une obscure sympathie ! Lucie,
qui aime aussi crayonner, admire la manière de l'aîné. Edmond lui
demande de griffonner des « bounhommes ». Ils entourent Tristan. Il se
plaît auprès d'eux un moment, puis bougonne, se renferme dans sa
chambre, puis met son chapeau, va faire un tour dans les rues, s'attarde

chez les libraires, achète les journaux. À Morlaix, tout le monde le connaît. Mais les classes sociales n'ont entre elles que peu de relations. Petite et haute bourgeoisie. Noblesse ancienne ou d'Empire. Visibles les phratries existent selon un accord que tous respectent. Edmond le « gouronnec » suit tant bien que mal l'enseignement de dame Marec ou des Le Bourgeois, que Tristan n'a jamais porté dans son cœur. Lucie est formée par une manière de préceptrice. Les filles de son milieu ne sont pas destinées à une profession. On envisage avant tout leur mariage, un beau parti. Les prétendants ne manqueront pas.

Aux repas du midi et du soir tout ce petit monde est réuni autour de la grande table, servi par une domesticité[5] attentive dont les visages familiers apportent un supplément de bien-être à ces régulières agapes. Tristan pourrait ressentir un certain bonheur dans cette ambiance relativement feutrée, protégée de la vie. Mais il sait aussi par Édouard que la vie est tout autre chose, que l'aventure existe, le danger, la fête, l'ivresse, voire les inquiétantes douceurs de l'amour et ses trahisons. Ce que Rimbaud de son côté nommera « la vraie vie », il la pressent, selon une espèce de distance ironique, l'écart de sa solitude inassimilable.

Les quelques biographes de Corbière ont négligé, la plupart du temps, de nous montrer les nombreux oncles et tantes qui l'entouraient[6]. Ce milieu demande à être restitué pour comprendre dans quel cadre il évolua, à quelles individualités, souvent remarquables, il eut affaire et dont il put être marqué. Côté Corbière, Tristan n'a connu aucun de ses aïeux. C'est donc la tribu Puyo qu'il a fréquentée par la force des choses. Aspasie – nous l'avons dit – avait deux sœurs et deux frères. Les relations qu'elle entretint avec eux furent constantes, quoique marquées par des inégalités de comportements dues aux différences de caractère et à l'inévitable hiérarchie sociale. Édouard, en épousant Aspasie, avait pénétré dans une riche famille. Lui-même se signalait par un passé remarquable, une activité constante et le titre de directeur de la compagnie de Morlaix, à laquelle étaient affiliés son beau-père et l'un de ses beaux-frères. Seule des sœurs d'Aspasie, Marie-Augustine, la cadette, ne vivait pas à Morlaix. On a vu qu'elle habitait Nantes et que, pendant deux ou trois ans, elle hébergea Tristan venu faire ses études dans cette ville.

Marie-Émilie, quant à elle, en cette année 1863 où nous nous situons maintenant pour parler de Tristan, comptait quarante-et-un ans. Elle était la femme d'un homme beaucoup plus âgé qu'elle, Jacques-Marie Le Bris, commerçant, alors âgé de soixante-treize ans. Joachim Puyo avait arrangé ce mariage – tout comme il avait agencé celui d'Aspasie avec Édouard. Le Bris, au cours des différents régimes politiques qui s'étaient

succédé depuis l'Empire avait mis au point un commerce de vaste étendue. Ses bateaux amenaient – dit-on – d'Amérique du Sud du guano,
cependant que de la France il importait, en Argentine et au Chili principalement, divers produits européens. Le rapport d'un tel commerce étant
considérable, il n'avait cessé d'acheter terres et immeubles, notamment
le domaine de Kerozar (Kerozac'h) en Ploujean[7] que lui avait vendu Victor Le Loup, percepteur des contributions directes. L'ensemble comportait un manoir entouré de bois, auquel on accédait par de vastes avenues.
S'y ajoutaient diverses métairies. En 1859, il avait fait bâtir, non loin de
l'ancien manoir, un château. Le parc était orné de statues mythologiques.
On pouvait y voir une pièce d'eau et un théâtre de verdure. Une chapelle
dédiée à Sainte-Geneviève complétait cet ensemble. Non contents
d'occuper cette magnifique demeure, le « petit Versailles », disait-on à
Morlaix, les Le Bris avaient acquis une maison, 42, quai de Léon, à deux
numéros de la maison Bourboulon. Cette proximité ne put que renforcer
la relation entre les deux couples, mais nous avons constaté que Tristan
dans son courrier de lycéen aimait à se moquer de Marie-Émilie, de sa
conduite tapageuse, du contentement d'elle-même qu'elle ne cessait de
manifester. De cette sœur pétulante, l'aimable Aspasie ne manquait pas de
rire, le cas échéant, sans malice aucune, mais en lui reconnaissant un
manque de discrétion qu'elle tenait, à juste titre, pour un irritant défaut.
Les Le Bris comptaient cinq enfants, tous plus jeunes que Tristan, à
l'exception de Georges né en 1847, qu'il fréquentera plus tard durant ses
années parisiennes, quand le jeune homme viendra là pour ses études.
Jacques-Marie Le Bris devait mourir en 1866. Émilie continuera de passer la belle saison à Kerozar[8] où il est certain que Tristan plus d'une fois
fut reçu.

En réalité, ceux dont il se sent le plus proche sont les deux frères
d'Aspasie Édouard et Edmond, d'intéressants personnages sur lesquels
on aimerait avoir plus d'information, malgré le nombre de documents
dont on dispose déjà. Édouard[9], né en 1821, auquel Jean de Trigon
rétrospectivement prêtera l'allure d'un « souverain en voyage, une sorte
de duc de Morny, mais plus chic que le duc », était entré à l'École
Polytechnique. Il avait ensuite fait carrière dans l'armée comme officier
d'artillerie, puis appartenu à l'armée pontificale en tant que zouave.
Cette fonction, décriée de nos jours en raison d'une tradition caricaturale
et farcesque, revêtait alors le plus grand sérieux. Après avoir démissionné de l'armée, il avait ouvert à Morlaix un cabinet d'architecte et
construit dans la cité léonoise un grand nombre d'édifices, notamment
les abattoirs de la rue de Callac, ou la chapelle saint Joseph de la rue de
Villeneuve, et plus tard les Halles (détruites de nos jours). On lui devait

des églises dans les localités d'alentour, à Plouescat, Guerlesquin, Carantec, Botsorhel. Homme réfléchi, d'une grande piété, il pratiquait aussi la peinture (des sujets religieux, principalement) comme ceux visibles dans l'église Saint-Martin de Morlaix[10]. Son talent lui avait valu et lui vaudra de remporter des médailles au Salon de Paris, et nous devons penser qu'il fréquenta plusieurs peintres de la capitale, où il vint à plusieurs reprises chercher les récompenses attribuées à ses œuvres. On peut tenir pour assuré qu'il fut en relation avec Jean-Louis Hamon, Yann d'Argent (qui en 1870 décorera la chapelle Saint-Joseph qu'il avait édifiée cinq ans auparavant), Michel Bouquet, enfin, dont il conçut le chalet, place de l'église, à Roscoff. Il y a de fortes chances pour que Tristan sympathisant avec lui, ait été attiré par l'art de la peinture et que de lui ou d'Edmond dont nous allons parler, il ait appris certains rudiments l'initiant au dessin comme au traitement des couleurs, activités pour lesquelles il montrait d'évidentes dispositions. Il est possible aussi que l'excessive piété d'Édouard, très pratiquant et observant la plus rigoureuse morale catholique, l'ait quelque peu dissuadé de le fréquenter plus assidûment. Édouard a toujours quelques projets en cours. Il va d'un chantier à l'autre et les rares moments libres dont il dispose sont consacrés à la peinture où, habile artisan, il ne cherche pas à briller par l'originalité. Zoé Homon, sa femme, ne le cède en rien à ce fervent catholique dont toute l'existence se doit d'être « édifiante ». Elle s'occupe de bonnes œuvres, activité considérable dans ce coin de Bretagne où, à côté de la prospérité insolente des grandes familles, croupit la plus noire misère. Chez Édouard Puyo les devoirs de la charité n'excluent pas le soin qu'il met à s'assurer du plus grand confort. En 1865 il va faire construire sur des terres appartenant à son beau-père Charles Homon, à Pont-Pol, en Plourin-lès-Morlaix le château de Keryvoas[11]. Comme à la propriété de Kerozar des Le Bris, Tristan se rendra plus d'une fois dans ce domaine et y sera hébergé. Une saison peut-être, il éprouva pour Marie-Marguerite Zoé, de trois ans plus jeune que lui, et qui, en 1863, comptait donc quinze ans, une excusable attirance. Mais la jeune fille ne tardera guère pour se marier et trois ans plus tard épousera Albert Leroux.

Edmond Puyo[12], quant à lui, « sosie de l'Empereur », était un négociant connu sur la place. Il continuait l'activité de son père et de son grand-père, Jean-Marie Homon-Kerdaniel. En 1858, Joachim, Edmond et Charles Birand avaient construit, sur un terrain acheté par eux, « La Cordelière », immeuble actuellement situé 2, place Cornic. Le beurre Puyo, excellent produit léonard, salé et coloré au rocou, jouissait désormais d'une renommée internationale. Contenu dans des barils en pots de grés portant la marque *PV* sur une vache noire, il était exporté jusque dans les Antilles et au Brésil. Grande est la richesse d'Edmond qui ne se contente pas d'en jouir. Actif, industrieux, il prend intérêt aux affaires de la cité, se révèle un habile gestionnaire. Il siègera au tribunal de Commerce et, plus tard, à partir de juin 1871, occupera pendant un septennat la fonction de maire de Morlaix. Ce ne sont pas toutefois ses activités d'édile ni de négociant qui le signaleront en bien aux yeux de Tristan. Edmond, en effet, semble avoir été attiré par les arts plastiques et très certainement aussi par les œuvres littéraires. Peintre amateur témoignant d'un talent certain, différent, au demeurant, de celui de son frère Édouard, il s'emploiera, bien après la mort de Tristan, à créer à Morlaix une école municipale de dessin, de sculpture et de modelage. Du vivant même du poète, il fondera, en 1873, la bibliothèque municipale. Elle s'ouvrait alors au premier étage de l'église des Jacobins aménagée pour cet usage. Il s'emploiera également à créer le Musée qui prendra une importance particulière grâce au legs du comte Ange de Guernisac. Ces initiatives, ces réalisations témoignent de la personnalité éminente d'un homme de culture, fort capable, par exemple, de s'entendre avec un Édouard Corbière et de tenir avec lui une conversation littéraire. Sans doute ne convient-il pas de nourrir trop d'illusions sur ses goûts en cette matière. En l'absence d'éléments permettant de reconstituer le fonds de sa bibliothèque, il serait téméraire de lui attribuer des préférences pour la littérature nouvelle. Rien n'empêche de penser toutefois (tout même porte à le croire) qu'il était abonné à diverses revues du moment : *L'Artiste*, *La Revue européenne*, *La Revue des Deux Mondes*. Mais nous nous plaçons ici dans un espace de pures conjectures, auxquelles, bien entendu, il est permis de rêver. Edmond, qui avait épousé en 1857 Constance-Françoise Le Bléis, en avait eu un enfant, Constant qui, plus tard, devint un photographe réputé. Sa femme était décédée la même année lors de l'accouchement. Deux ans plus tard, il s'était marié avec une jeune femme, Christine Millet[13], dont il aura deux filles et un fils. Ces nouveaux membres des Puyo semblent avoir exercé sur Tristan une durable attirance. Le terme est sans doute trop faible, mais j'hésite encore à lui donner plus d'intensité, malgré ce que je pense. Christine n'a que cinq ans de plus que Tristan. En 1863 – l'année de référence que j'ai choisie pour dater ce chapitre – elle ne compte que 23 ans. Le jeune homme, le malingreux, le rhumatisant précoce voit à de multiples occasions cette tante inattendue dans l'éclat de sa fraîche beauté. À dire vrai, dans ce milieu familial multiple et varié, où s'entrecroisent les générations, elle est la seule qui soit sa contemporaine. Et leur relation d'affection lui paraît tout à la fois naturelle et merveilleuse, comme s'il avait à sa portée, proche infiniment lointaine, une femme, *la femme*, en un mot cet Éternel Féminin auquel s'adresseront sans vérita-ble espoir de retour tant de poèmes des *Amours jaunes*. À surestimer tante Christine, ne risque-t-on pas d'infléchir les amours de Tristan sur une voie qui peut paraître une impasse ? La suite montrera, preuves à l'appui, ce qu'il faut en penser. Mais il serait vain de croire que Tristan attendît l'apparition de « Marcelle » (ou d'« Herminie ») sept ans plus tard pour aimer enfin. Et Christine s'offrait comme malgré elle aux désirs, aux imaginations de ce laid, si laid Corbière (du moins, pour son propre goût) comme le corps immédiatement tangible et l'image senti-mentale que l'on a besoin de chérir quand on a dix-huit ans. Certes, il la découvre déjà mère (ou presque) et penchée sur des berceaux, accaparée par la petite Louise Gabrielle et bientôt par un nouvel arrivant, Marcel-Théodore-Edmond. Quant à Edmond l'époux, Tristan le respecte, secrè-tement l'envie ou, pour se rapprocher de Christine, sympathise avec lui, tout comme Edmond se prend d'amitié pour cet escogriffe qui se livre de chic à de si curieuses caricatures – encre et fiel en même temps. Bientôt il le recevra dans son château de Bagatelle en Saint-Martin des Champs, dont il fera l'acquisition le 27 novembre 1866[14]. Et Tristan, bien aimé du couple, y assistera aux réceptions hebdomadaires que don-nera Christine, où se retrouveront des habitués : notables morlaisiens et leurs femmes, bourgeois imposables autant qu'imposants, auxquels se joignent, le cas échéant, quelques peintres du dimanche, quelques écho-tiers du *Journal de Morlaix*, quelques rimailleurs habiles à forger le bon mot dans leurs poèmes d'un jour. Tristan apprend les rites provinciaux. Il y consent du bout des lèvres, songe toujours à quelque scandalisante plaisanterie qui ferait éclater comme une bombe dans l'assemblée. N'est-on pas d'ailleurs tout prêt à lui pardonner ses pitreries obligées, à authentifier son rôle de fou de cour tenant la marotte et narguant les assistants en tout bien tout honneur ?

Il convient donc de penser que Corbière fut présent lors des récep-tions et fêtes familiales qui réunirent ceux qui furent évoqués aupara-vant, et c'est vraisemblablement à cette occasion qu'il put réciter ou faire circuler quelques-uns de ses premiers poèmes, à moins qu'il ne les ait envoyés, selon l'occasion, à quelques destinataires privilégiés. Si décevant que cela puisse paraître, on le voit en effet exercer tout d'abord sa plume sur des sujets satiriques qui ne tirent pas à consé-quence. L'habitude veut qu'on ne leur accorde qu'une attention superfi-cielle, et il est vrai qu'ils ne laissent que confusément pressentir les réussites des *Amours jaunes*. Loin de les passer sous silence, cependant, nous nous y attarderons, parce qu'ils montrent une certaine disposition d'esprit narquoise qui ne le quittera jamais et qui apparaît à l'origine de sa création. Cette première forme d'expression rentre dans le cadre bien connu d'une sorte de paralittérature fréquente dans les premiers essais de certains poètes[15]. Après une veine potachique représentée par l'« Ode au gibus » de Lamare, Corbière s'empare donc des événements de la vie morlaisienne, des quelques anecdotes de la chronique locale, pour en façonner une version où il donne libre cours tout à la fois à son invention et à son art des vers. Il est remarquable, en ce cas, qu'aucune des pièces parvenues jusqu'à nous ne comporte de poème le concernant. S'il en a composé à cette période, il faut croire qu'il s'abstint de les communiquer à quiconque. En revanche, nous disposons d'une dizaine de textes d'un caractère ouvertement satirique qui semblent avoir été rédigés durant l'époque où, habitant Morlaix et fréquentant au besoin Roscoff, il se plaisait à égayer sa vie de chaque jour par de tels libelles dont la famille Corbière et les Puyo devaient bien rire. La plupart, du reste, étaient composés pour être chantés et l'on devine sans peine à quelle exécution hilarante ils purent donner lieu. Dans leur nombre comptent « La complainte d'Auguste Berthelon », le « poème à Mme Millet », la « Complainte morlaisienne », « L'hymne nuptial » et l'ensemble « Pannoïdes »[16]. De caractère plus privé, étant donnée sa teneur scatologique, la « légende de l'apothicaire Danet ». Quant à l'« ode aux Déperrier », elle se distingue en tant que parodie constituée sur un motif que traitera un peu plus tard Alfred Jarry et qui répondait déjà à un thème convenu dans le milieu potachique. Tous ces poèmes coïncident visiblement avec la période où il vécut uniquement dans la cité léonarde. Les « poèmes roscovites » semblent être venus à la suite – ce qui, bien entendu, ne signifie pas que Tristan avait définitivement abandonné Morlaix. Il est évident, d'autre part, que ces textes dits « de jeunesse » ne prétendent pas montrer une qualité littéraire. Ils sont écrits par amusement.

Ainsi « L'ode aux Déperrier/ par M. de Malherbe/ sur les émanations de l'écurie du rez-de-chaussée/ et les tuyaux du second, maison Corbière n° 38 » prend prétexte d'une situation peu ragoûtante que devaient supporter les habitants de la maison Bourboulon. Face à cette incommodité, Tristan, qui connaît ses classiques et le célèbre « Et Rose elle a vécu ce que vivent les roses », entonne une ode fort bien venue qui donne à voir sur la demeure récemment acquise par les Corbière, où les Déperrier occupaient le premier étage[17]. D'un état de fait touchant l'ordure et – comme il le dit – le caca, il extrait des stances sur le modèle immortel de Malherbe en modifiant à peine certains vers de l'original. Il obtient ainsi un résultat honorable que n'importe quel auditoire pouvait accepter dans la bonne humeur.

« La légende incomprise de l'apothicaire Danet »[18] exploite le même registre. Elle est beaucoup moins avouable. Tristan la rime sur l'air de « Guitare », un poème de Victor Hugo mis en musique par Monpou. On pouvait dès lors fredonner ces vers, sans toutefois leur donner une scandaleuse publicité. Le propos relève de la même inspiration concernant le bas-corporel. Tristan s'y entend un peu plus qu'il n'est décent, montre son impudence et sa connaissance des *pudenda* féminins. Le tout forme une scène qui frôle la pornographie, où l'équivoque sur le mot « chat » conduit le poète d'occasion à construire une incongruité fantastique, notoirement irrévérencieuse.

LÉGENDE INCOMPRISE
DE L'APOTHICAIRE DANET

I

Maître Danet dans sa louche officine
    Cherchait un soir,
Non pas non pas sa longue carabine,
    Mais son Clysoir !...
Il s'agissait pour notre vieux nain-jaune
    de dégraver
L'anus soufflé d'une pleine matrone
    près de crever,
    Oui, près de crever.

II

En la pointant droit au bas de l'échine
    Danet crut voir
Un animal qui lui fesait la mine
    Dans son trou noir !...
C'était un chat que la grosse cochonne
    prise de faim
Avait lappé dans sa rage gloutonne,
    Comme un lapin
    Oui comme un lapin !

III

Jamais encor, se dit l'apothicaire
    Courbant son front
non je n'ai vu dans ma vaste carrière
    pareil affront !
J'ai bien tiré sur plus d'une gouttière

Des chats tout frais...
Mais un vieux chat au fond d'un vieux derrière
Jamais jamais
Non jamais jamais !

IV
Sur le devant de ma chère boutique
Dont j'étais fou !
Qu'on place au lieu du serpent symbolique
ce vil matou !
Ah ! dit l'artiste en dévorant ses larmes
J'ai trop vécu !
Je m'en punis et... je brise mes armes
sur ce vieux cu
Oui sur ce vieux cu !

On ignore si le septuagénaire Jean-Marie Danet eut connaissance de cette obscène bluette visant ses pratiques et sa pharmacie située sur la Grand Place, et l'on doit s'étonner qu'elle n'ait pas été soustraite à l'attention des biographes. Fort de tels antécédents, il était prévisible que Tristan garderait toujours son franc-parler et pousserait le réalisme jusqu'à la crudité la plus déplaisante. Accompagnant son poème soigneusement écrit à l'envers (pour être lu au moyen d'un miroir)[19] sur une feuille de papier à lettres indiquant le deuil, un dessin montre le fameux « clysoir » brisé en son milieu, au pied d'un arbuste où s'enroule un serpent, la tête et la langue hautes et non loin du « trou noir » où brillent deux prunelles de matou. Excellente et complexe composition en l'honneur des clystères moliéresques dont, en ces années du Second Empire, on se servait encore. Le serpent des caducées pharmacologiques acquérait, en la circonstance, une signification nettement plus grivoise. Il serait toutefois déplacé – quoiqu'on puisse céder à ce genre de *tentation* – de le rapprocher du frontispice composé par Félicien Rops pour illustrer la première édition des *Fleurs du mal*. Nous verrons que Tristan n'en eut vraisemblablement pas connaissance, bien que la chose ne paraisse pas tout à fait impossible. Le « trou noir », quant à lui, étant donné le contexte, ne pouvait guère laisser place à une interprétation erronée. L'ensemble ainsi constitué admettait des sous-entendus (c'est le moins qu'on puisse dire) où la lubricité de Jean-Marie Danet paraissait impliquée sans hésitation possible. Tristan ayant qualifié d'« incomprise » sa « légende », on aurait mauvaise grâce de l'expliquer davantage.

« La véritable complainte d'Auguste Berthelon »[20], qu'il adresse à
sa bien aimée tante Christine, présente, fort heureusement pour la destinataire, un aspect plus convenable. Esprit délié, heureuse de profiter
des bonheurs de la vie, Christine aimait recevoir, inventer des fêtes et
teinter l'existence des couleurs les plus charmantes. Il lui arriva ainsi
d'organiser une loterie en faveur d'on ne sait quelle bonne œuvre, par
ou pour son seul divertissement. À cette occasion, Tristan lui adresse
le billet suivant où il se plaît à multiplier les formules précieuses,
comme au temps de l'hôtel de Rambouillet, en sachant que seront
parfaitement compris ses ronds-de-jambe et son euphuisme par trop
distingué :

« Madame et chère patronne, je viens aussi apporter à votre loterie le tribut
des Grâces et des Muses, espérant que les œuvres de l'intelligence trouvent
chez vous leur place à côté de celles de l'inintelligence.

C'est une complainte sur le coucher radieux de Berthelon à l'horizon de l'art
où le pauvre Hervé s'est éteint.

Mon vœu a été que la *botte d'or* de l'un jetât sur la botte sombre de l'autre,
un dernier rayon doré s'il est possible. / de là l'esprit de cors qui remplit mon
humble po-ème [*sic*] et en fait un lot tout de circonstance.

ETC[21]

Du reste, Madame, une autre considération suffirait à m'inspirer l'audace de
déposer à vos pieds ces quelques vers, je les ai placés à l'ombre d'un nom bien
cher, du nom de l'homme qui avait compris Berthelon et qui s'était même
élevé à sa hauteur à force de le comprendre, j'ai nommé votre père, M. le baron
Millet à qui j'ai dédié ce timide essai d'une plume/ toute à vous. »

Tristan y a joint sa complainte, à chanter sur l'air de Fualdès, l'une
des grandes affaires criminelles de ce temps. Tel est le lot qu'il envoie,
orné, en outre, de la représentation d'un sou (valeur du lot) à l'effigie de
Berthelon, de la représentation d'une botte avec des ailes, légendée « À
la botte d'or », et de la villa St Crépin entourée de deux peupliers. Lu
en dehors des références précises présentes à l'esprit des destinataires
du moment le poème vaut comme un à-propos qu'il est malaisé d'ajuster à des réalités spécifiques, disparues depuis.

Le billet à Christine montre un esprit délié, un style à volutes, un sens
du jeu de mots. Le poème dédié au père de Christine comporte en son
titre complet une indication non négligeable : « mort à l'art fin courant/
sur l'air de…/ dans sa villa San Crepina/ (route de Paris). » qui est complétée, au verso, par ce long énoncé imitant l'orthographe d'un Rabelais
ou du Balzac des *Contes drolatiques* :

« La véritable et authentycque complainte sur la mort à l'art du dict
Auguste Berthelon portant ès Blazon :

Botte d'or sur plante de pied et fond de cuyr. Le tout escript par le
sieur E. Corbière, poète en pied du dict Berthelon pour la post-hérité.
Dédié à M. le baron Millet chevalier de la Légion d'honneur et des
finances de Morlaix. »

Aux bons offices de ce Berthelon qui, selon toute évidence, nourrissait envers lui-même une estime superlative, la coquette Christine avait
eu recours, et Tristan touche ainsi, par une évocation amusée, une partie
de ce corps qui – tout fétichisme exclu – annonçait peut-être pour lui les
prémisses de plaisirs plus inavouables. Ne doutons pas que sa tante sut
entendre ce « lot » d'une oreille attentive, ouverte à son intrigant neveu
qui faisait ainsi, par les savants détours d'un poème, ses premiers pas
dans la galanterie.

> « Plus n'iront filles mutines
> Au cœur pur de Berthelon
> Mesurer à l'étalon
> Les talons de leurs bottines.
> Aux talons de Berthelon
> Qui trouve son état long ! »

Une autre pièce, à chanter sur l'air de « Maître Corbeau », porte pour
titre « à Madame Millet[22] ». Une simple lecture permet d'affirmer
qu'elle s'adresse bien à Christine et qu'elle répond à des vers qu'elle-
même aurait envoyés au jeune homme en tout bien tout honneur. Un tel
échange est bien remarquable, même s'il ne tire pas à conséquence.
Dans son poème disposé en quatrains, mais en réalité formé d'alexandrins en rimes plates, qui ont pour caractéristique (significative, on veut
bien le croire) d'être toutes masculines, Tristan écrit, selon un contexte
facile à reconstituer, comme le permettent d'autres documents, puisqu'il
ne cesse de nommer un certain Panneau. Il nous assure que celui-là a été
la cible de ses dernières épigrammes. Ce « Panneau », unique objet de
son ressentiment et spécial souffre-douleur de sa lyre novice, répondait
à la fonction de « greffillon » – le diminutif, en l'occurrence, semblant
s'imposer. Tristan venait de lui consacrer un délectable ensemble « Les
Pannoïdes », dont il sera parlé plus loin. Les derniers quatrains du
poème « À Mme Millet » montrent leur auteur obstiné dans sa véhémence satirique. Au fur et à mesure que le texte tend vers sa fin,
Corbière parle plus ouvertement de lui-même, non sans solliciter un brin
de compassion :

« Sachez que dans la peau d'un fils quoique souffrant
Loge un gredin de cœur cloué solidement. »

Ce fils, bien entendu, c'est lui, Tristan, né d'Édouard Corbière et d'Aspasie. Sans hésiter à rappeler ses douleurs physiques, qui ne sont mystère pour personne, il nous fait pénétrer dans l'intimité de son monde affectif, et, tout en se dotant d'un « gredin de cœur » bien accroché, fortement ancré dans sa poitrine et porteur de « courage », il s'avoue touché par un certain regard, deux grands « coquins d'yeux »[23], ceux de Christine. La déclaration énoncée, il n'outrepasse pas les bornes de la bienséance et se rabat sur les formules de politesse, presque risibles après pareil aveu. Christine lit et sourit. Tristan le souffrant porte un de ces cœurs comme elle les aime. Elle ne pourra pourtant lui donner plus. Quant à la pièce des « Pannoïdes[24] » incriminée, elle n'y voit qu'une bonne farce propre à égayer les après-midis de son salon, vide en ses heures d'ennui, quand la domesticité a reçu ses ordres, que les enfants font la sieste et que seul le silence lui tient compagnie.

Le malheureux Joseph Émile Lazare Panneau est donc tombé sous les griffes du souffrant Corbière, possédé par une veine satirique à la Juvénal, tout droit héritée de son père. Né en 1827, Panneau exerçait l'emploi relativement médiocre de greffier du tribunal de commerce (il était également secrétaire de la Chambre de commerce où siégeait Edmond Puyo). Puyo avait dû parler de lui plus d'une fois en des termes peu flatteurs. Tristan ne lui aurait pas accordé un tel intérêt sinon.

L'action se répartit en trois « mystères ». Elle chante (car le texte doit être chanté comme dans les vaudevilles et les pots-pourris) la rencontre avec la future épouse, puis une conception qui n'a rien d'immaculé. Tristan saisit l'occasion pour enchaîner quelques couplets évoquant le cocuage (sur l'air espagnol d'« Aï Chiquita ») avec danses et castagnettes. Le dernier « mystère » combine différents airs en vogue – ce qui montre à l'évidence la connaissance qu'en avait Corbière. Par quels intermédiaires ? Tournées théâtrales ? Représentations à Morlaix ? Ou encore pièces interprétées en petit comité, vocalises accompagnées au piano ? Tour à tour il met à contribution l'air de la Noël d'Adam, celui de la sérénade de Gounod, encore une fois le *Gastibelza* de Monpou, puis l'air de la « retraite » et celui de « Saint-Roch », enfin l'air des « Montagnes » dans la *Dame blanche* de Meyerbeer, un grand succès du temps. On ne doute pas qu'il ne l'ait interprété en famille, Aspasie ou Christine au piano, tous se divertissant aux dépens de l'indésirable Panneau, le greffier de la Venelle des eaux.

Doit-on le préciser, tout n'est pas du meilleur goût dans cette charge et le dernier des « mystères », l'« enfantement du greffier » se rit à mauvais escient de la difficile venue au monde de Joseph Octave Marie Corentin, lequel naquit un 2 avril 1865 – ce qui permet de dater avec certitude ces vers. L'intervention du docteur Bozec réveillé en pleine nuit et volant au logis du père avec un forceps à la main (« un instrument/ Beaucoup plus grand/ qu'pour extirper une dent ») ne prête pas forcément à rire. Tristan le galéjeur ressent fort bien l'inconvenance de son propos .

> « Ma Muse ici s'est voilé le visage
> De ses deux mains... pour voir entre ses doigts. »

Et le tableau suivant, fort peu charitable, pouvait se retourner contre l'auteur :

> « Crac le vlà ! qui ? parbleu, l'enfant !
> Tout au bout du grand instrument.
> Grand Dieu, si c'est là ton image
> T'as un' drol' de ball' pour ton âge. »

Corbière, lui aussi, s'était entendu seriner par un pion mal luné qu'il avait décidément une drôle de figure et lui-même en était convaincu plus qu'il n'est permis, comme en témoignent six vers inscrits sous une photo de lui prise par le réputé Gustave Croissant, 7, rue des Vieilles Murailles[25]. L'adolescent montre, en effet, un visage sans grâce, accusant « l'âge ingrat » : larges oreilles, long nez, grosse bouche, air boudeur. D'où l'épigramme suivante, à chanter sur un air connu, qu'il trousse en désespoir de cause :

> « Aïe aïe aïe, aïe aïe aïe
> Aïe aïe aïe qu'il est laid !
> V'la c'que c'est
> C'est bien fait
> Fallait pas qu'y aille (bis)
> faire son portrait ! »

Malgré le peu d'illusion qu'il avait sur lui, Tristan, en vertu d'un masochisme présumable (s'il faut emprunter ici les mots de la psychanalyse) ou tout simplement en acceptant le verdict de l'évidence, ne renoncera pas à « y aller » encore, répétant cette démarche déceptive au point d'y fonder une partie de son art, quand il prolongera complaisamment la contemplation de son apparence, tout en songeant au Corbière véritable que cachent ses traits. En tout cas, « c'est bien fait ! » À se faire tirer le portrait, on ne récolte que ce qu'on mérite, le déficit de sa personne de plus en plus mal assurée, à laquelle opposer un rire jaune, le « ça[26] » indescriptible en quoi consistent *Les Amours jaunes*. En 1862-1865, Corbière n'en est pas encore arrivé à ces conclusions désarmantes. La poésie, les croquis lui servent à l'occasion pour écourter l'ennui qui pèse, distraire un succédané de spleen toujours menaçant et se faire valoir aux yeux des autres en tant qu'admissible loustic, à côté du très réel raté qu'il signifie bien évidemment pour tous.

Un autre événement sur lequel on regrettera que la tradition locale ne fournisse aucun indice stimule son talent épigrammatique. Il rémoule donc une autre « complaincte morlaisienne[27] » en vingt couplets qu'il tient à présenter avec solennité, en mimant le parler populaire des chanteurs de rue et colporteurs qu'il voyait fréquemment lors de la grande foire de Morlaix. Avant de tourner la manivelle de son orgue de Barbarie sera distribuée sur feuille volante et mal imprimée la notice suivante, que tous s'empresseront d'acheter :

> « Ousque sont habillés en grande tenue les édilités et autres et mis sur l'air de Fualdès par le sieur Corbière Édouard et ousque sont apostillées et sublignées les plus espirituelles choses pour le plus grand esbastement des obtus d'esprit ».

Orthographe ancienne, d'avant la Révolution ! Les choses du présent deviennent légendaires, quand un poète s'en empare. Pour l'heure, il ne cherche qu'à provoquer l'hilarité de l'auditoire en multipliant à l'envi les jeux de mots, procédé auquel il restera fidèle dans les vers de sa maturité. Aussi parle-t-il avec un visible contentement, comme s'il communiquait là une véritable trouvaille, du *sain doux* de notre maire, de *feu* Néron qui met le feu, de Leroy qui d'un *nez fort* embrase les pieds des gendarmes ou du président du tribunal Damphernet *né de l'enfer*. L'histoire narrée est plus qu'embrouillée, puisque l'on manque des plus élémentaires informations sur ses principaux protagonistes. Elle touchait la municipalité et semble avoir visé un commissaire de police « très délétère », jouant les vertueux, mais envoyant à des hommes honorables des brevets de filles publiques. Le jeune Tristan apparaît très informé de ce scandale dont il suit avec ardeur toutes les péripéties : arrivée d'un sous-préfet redresseur de torts contre lequel tonne la canaille, réaction du commissaire, puis du pompier Leroy, enfin séance au tribunal où siègent Collinet et le président, le comte Louis d'Amphernet[28], et jugement prononcé contre les comparses par le procureur.

> « Il les condamne à la peine
> Pour cause de châtiment
> Et sans plus de sacrement
> En prison on les rengaine.
> On ne dégainera jamais
> Contre le peuple de Morlaix. »

Tristan se souvient-il opportunément, sans en exploiter le calembour, de la devise défensive de la cité : « Mords-les » ?

Dernier des poèmes auxquels il s'amusait, sans du tout penser qu'ils préludaient ainsi aux textes ironiques lisibles sur bien des pages de son unique livre, il entonne un « Hymne nuptial[29] » sur l'air, cher à Balzac, de « En partant pour la Syrie ». Quatre strophes suffisent pour cet épithalame corrosif évoquant le mariage de Marie Guéguen, la fille du directeur de la Compagnie du gaz à Morlaix, que fréquentaient les Corbière. Faute de mieux connaître cette famille, on doit se contenter des bons mots que, jamais à court d'équivoques ni de coq-à-l'âne, il dispense à tout venant. Les deux dernières strophes de ce texte incongru en regorgent :

> « Il [*un certain Legris, le prétendant*] lui dit : "De mon âme
> Vous êtes l'oasis,
> À vos genoux, ma flamme…"
> – Oh ! monsieur, oh ! assis. »
> Assis, il dit « gazelle
> Je demande ta main. »
> Soupirant au gaz elle
> Lui répond : « Oh ! demain ! »

> – « J'habite l'Algérie
> Et c'est Oran où tend
> Ici, dans ma patrie
> L'espoir d'avancement. »
> À ces mots chacun pousse
> Au sein du sirocco
> Une larme si douce
> Que c'est plus sirop qu'eau. »

Lire en ces fantaisies le futur Corbière relèverait d'un exercice plutôt vain. On remise d'habitude dans les commodes ces fariboles d'adolescent tout juste bonnes pour divertir des fins de repas largement arrosés. « Le calembour est la fiente de l'esprit qui vole », disait Victor Hugo. En tout état de cause on percevra dans de telles virtuosités le manque de sérieux que revendique parfois la jeunesse. Dès maintenant, toutefois, on osera suggérer qu'il est question, en l'occurrence, plutôt que d'insouciance, d'un principe d'antigravité contaminant toute chose et rendant relatif l'absolu. Ce qui pourrait apparaître comme un amusement dilatoire prendra vite les proportions d'une conduite délibérément tenue. Si bien que Corbière devenu poète à ses propres yeux procédera de tels antécédents qui auraient pu rester lettre morte, mais où se devinent sans plus tarder les éléments annonciateurs d'un style notoirement subversif et iconoclaste.

Une photo de ce temps, prise chez Gustave Croissant, de Morlaix, le montre en femme accoudé sur un bout de balcon factice destiné à la pose. Elle surprend plus qu'elle n'informe. Il faut la verser au nombre des objets qui donnent à voir sur un Tristan présumable, sans pour autant lever le voile. On ne doute pas de son goût pour le déguisement, si loin poussé, du reste, qu'à revenir à un accoutrement ordinaire, il en paraîtrait bizarre – la défroque lui collant à la peau, le bonhomme l'emportant sur l'être. Mais de là à s'afficher en jeune fille passablement charmante, regard surplombant, lèvres fardées, coiffée d'une toque de fourrure et portant de longs cheveux peut-être postiches, le corps étant enveloppé dans un grand pan d'étoffe, qui hésite entre la toge et le drap plusieurs fois replié, on doit bien constater de sa part un dépassement de la mesure dont l'excuse ne peut être que carnavalesque – à savoir une réjouissance familiale, une occasion de Mardi-Gras ou l'attifement momentané en acteur dont nous manquent les répliques. En induire une bisexualité corbiérienne ne me convient guère. D'autres photos en lazzarone ou en contrebandier s'ajouteraient à ce cliché avec plus de justesse. S'il ne fut certes pas un marin d'opérette, Tristan n'éprouva nulle pudeur à s'adjuger des rôles – très mâle et quelquefois très femme, celui-là plutôt qu'un autre[30] !

Notes

1. Le mauvais état ou la maladie chronique de Tristan ont donné lieu à plusieurs interprétations. Le docteur Pierre Osenat en a proposé une « Observation clinique a posteriori » dans *La Nouvelle Tour de Feu*, n° 11-12-13, 1995, consacré à Corbière, p. 161-182.

2. Notamment dans « Un jeune qui s'en va ».

3. Voir de René Martineau, *Promenades biographiques*, Librairie de France, 1920, et « Un adversaire du romantisme : Édouard-Antoine Corbière », *Les Annales romantiques*, II, 1905.

4. Lithographie, 25,3 × 35,7, tirée sur papier gris, collée sur papier fort, décrite dans le catalogue Alde, vente du 28 juin 2007, n° 115.

5. La domesticité comprend en 1866 une femme de chambre, une cuisinière, Jeanne Jaouen, et Marie Quément, 24 ans, qui sera au service de Tristan à Roscoff dans les années qui suivent. À cela s'ajoutait nécessairement un palefrenier chargé de conduire la voiture des Corbière et du soin des chevaux.

6. L'importance de la famille n'a pas échappé cependant à Jean Vacher-Corbière (comme il va de soi), ni à Marthe Le Clech et François Yven.

7. Nous l'avons visité en 2010, accueilli par les directeurs d'un établissement Unicopa qui s'apprêtaient à le quitter. La plupart des pièces ont été transformées pour les besoins de cette société. Il en reste une salle entièrement boisée portant d'intéressantes sculptures de style ancien et inspirées par la Bretagne et une cheminée où sur fond d'hermine se voient les initiales L B. Sur la façade arrière, deux visages féminins sculptés se font face d'une aile à l'autre, l'un triste, l'autre gai, et suffisamment personnalisés pour que l'on puisse penser qu'ils reproduisent les visages de deux filles des Le Bris Marie Rosalie-Victorine et Jeanne-Zoé-Louise.

8. Le recensement de 1866 à Morlaix indique au 42, Quai de Léon, Veuve Le Bris, née Puyo, Marie-Émilie, propriétaire, 43 ans ; Le Bris Zoé, enfant, 12 ans 1/2 ; Le Bris James, enfant, 9 ans.

9. Sur Édouard Puyo, voir *MCTC*, p. 18. Pour la citation, voir Jean de Trigon, *Tristan Corbière*, Le Cercle du Livre, 1950, p. 29.

10. Don fait en 1892. Les sujets des tableaux étaient les suivants : Fondation de la cathédrale de Quimper par Saint-Corentin et découverte de la cloche miraculeuse. – Jeanne d'Arc et saint Guénolé. – Marthe et Marie près du Christ. – Découverte de la statue de sainte Anne d'Auray. – Saint Vincent de Paul et les enfants abandonnés. – Saint Martin et le pauvre.

11. Il existe dans les archives du Musée des Jacobins une aquarelle due à Édouard Puyo qui représente en perspective ce domaine.

12. Sur Edmond Puyo, voir *MCTC*, p. 19, et Jean de Trigon, ouvr. cit., p. 29.

13. Voir l'acte de mariage en date du 6 juin 1859 de « Gabriel Edmond Puyo, propriétaire [...] veuf de dame Constance Françoise Le Bléis, décédée en cette ville le dix huit novembre mil huit cent cinquante sept [...] et demoiselle Christine Louise Charlotte Millet, propriétaire, née à Batignolles-Monceaux, arrondissement de Saint-Denis, département de la Seine, le vingt sept mars mil huit cent quarante [...] fille mineure de Monsieur Théodore Honoré Frédéric Baron Millet, receveur particulier des finances, âgé de quarante huit ans, et de dame Louise Victoire Malouët, âgée de quarante huit ans, tous ici présents et consentants, domiciliés ainsi que leur fille quai de Tréguier en cette ville [...] » Registre des mariages de la ville de Morlaix, 1859.

14. Armelle de Lafforest, la fille de Madame Sabine Charpentier, arrière-petite-fille d'Edmond et Christine Puyo, à qui appartient Bagatelle, prépare actuellement un ouvrage sur ses ascendants féminins. Je la remercie ainsi que sa mère, Mme Charpentier, de m'avoir fait visiter le château et une partie du domaine. Emma de Lafforest, leur fille et petite-fille, a consacré à Constant Puyo un livre, catalogue de l'exposition qui s'est tenue à Morlaix du 12 décembre 2008 au 9 mars 2009, Lyon, Fage éditions.

15. On connaît bien, dans ce genre, les premiers essais de Rimbaud, notamment « Un cœur sous une soutane », de Mallarmé (le recueil *Entre quatre murs*), de Jarry (*Ontogénie*) et de Jules Laforgue.

16. Tous ces poèmes se trouvent rassemblés dans les *OC* de la Bibliothèque de la Pléiade (édition Pierre-Olivier Walzer, 1970) sous le titre « Vers de jeunesse », p. 857-876. Sur les poésies de jeunesse, voir l'article de Claudio Rendina dans *Si e No*, juillet 1975.

17. On trouve à Morlaix un Louis Deperriers, propriétaire, mort le 22 mai 1868, célibataire, à 47 ans. Sa demeure était située Quai de Léon, mais le poème de Tristan s'adresse « aux Déperrier », quoiqu'il concerne *un* « Déperrier » particulier et ses « commis ». Deperriers était commissaire adjoint de la Marine et décoré de la Légion d'honneur. L'Ode corbiérienne a été publiée pour la première fois par René Martineau

dans *Les Marges*, numéro du 15 octobre 1924. Une note inédite d'Yves-Gérard Le Dantec, reproduite dans *OC* Pl, signale un autre manuscrit (1. f°, in-8° carré, de papier bleuté) passé en vente le 14 juin 1954, comme le montre un catalogue de la librairie Coulet-Faure, *Bibliothèque d'un amateur*.

18. Poème d'abord publié par A. Sonnenfeld dans « Two Unpublished Poems by Tristan Corbière » dans *Modern Language Notes*, mars 1959. Un catalogue de la librairie Bernard Loliée, n° 2, pièce 12, indique qu'il est écrit sur 2 p. in-8° et comporte un dessin original. Par ailleurs, Y.G. Le Dantec (notes inédites signalées dans *OC* Pl) en signale un autre manuscrit sur feuille de papier à lettre de deuil.

19. Le Corbière de l'époque semble avoir été coutumier du fait. Voir le mot qu'il place en tête de l'ouvrage de Murger. Pareillement écrite à l'envers, se lit une version de ce poème dans l'Album Louis Noir (voir p. 274) où elle est intitulée « histoire d'un apothicaire, de l'apothicaire Danet, véridique, mais incompréhensible pour l'auteur lui-même... un songe réel... ? sur l'histoire » Jean-Marie Danet né en 1794, tenait son officine, Grande Place, à Morlaix.

20. Le feuillet autographe est écrit recto-verso et a été publié par René Martineau dans *Les Marges* du 15 octobre 1924 ("Poèmes inédits de Tristan Corbière"), puis dans son *TC*, 1925. Le recto porte la longue annonce que nous reproduisons. Benoît Houzé a retrouvé dans les papiers des descendants du docteur Chenantais ce poème orné d'un blason, d'une botte, d'une vue de la villa Crépina et d'une caricature de Berthelon. Le billet pour sa tante Christine y est joint. Auguste Joseph Louis Berthelon est né à Morlaix le 26 octobre 1816 et y est décédé le 11 février 1904. Il exerçait le métier de marchand bottier.

21. La signature « ETC » prouve que son autre prénom fictif a désormais été adopté par Corbière, les trois majuscules abréviatives devant se lire « Édouard Tristan Corbière » amusant équivalent du etc. abréviatif.

22. Publié par René Martineau dans *Les Marges*, 15 octobre 1925. Sur Panneau, voir plus loin « Les Pannoïdes ». Le deuxième vers : « Que ne me pousse-t-il des plumes de Guilmers » fait allusion à l'imprimeur-libraire-éditeur de Morlaix, Victor-Marie Guilmer (voir de Marthe Le Clech, *Bretagne d'hier-Morlaix, l'imprimerie*, t. 4, 2001, p. 44 et s.).

23. « Je n'ai pas peur de l'eau, je n'ai pas peur des cieux.

... Ah ! si pourtant : j'ai peur de deux grands coquins d'yeux !

De deux grands coquins d'yeux !... vous n'en saurez pas plus. »

24. « Les Pannoïdes/ ou les trois mystères/ du greffier Panneau/ savoir : 1° les fiançailles 2° la conception – 3° l'enfantement et comprenant, en détail, 1er mystère. Arrivée à Chateau-Gonthier chez le mélophage et beau-père Parisot, 2e La conception. Ay Panneau/ imitado del Español Ay Chiquita, 3e et dernier mystère/ L'enfantement du greffier (pot-pourri). Une première publication fragmentaire en a été donnée par R. Martineau dans *Les Marges*, 15 octobre 1925 (reprise dans son livre *Types et prototypes*, Messein, 1931). Y. G. Le Dantec dans sa nouvelle édition des *Amours jaunes* en a donné une publication plus complète, d'après un manuscrit de 4 pages (ancienne collection Matarasso). Un fac-similé en a été reproduit dans le *TC* de J. Rousselot (1951, p. 16). Joseph Émile Lazare Panneau greffier au tribunal, s'est marié en 1864 avec Adrienne Louise Parisot. Il demeurait Venelle des eaux. Leur fils Octave Marie Corentin est né à Morlaix le 2 avril 1865.

25. Cette photographie, souvent reproduite, figure sur le catalogue de la vente Alde du 28 juin 2007, pièce 110, où l'on précise ses dimensions : 5,5 × 9, format carte de visite.

26. Titre de la première partie des *Amours jaunes* et titre du premier poème de cette partie.

27. Cette « complaincte morlaisienne » a été publiée une première fois par René Martineau dans *Le Divan*, juin 1925. Elle consiste en un manuscrit de 2 p. format grand-écolier. Les strophes, numérotées, y sont disposées sur deux colonnes. Collection Mme Vacher-Corbière. Elle figure, reproduite p. 60, dans le catalogue de l'exposition Corbière du Musée des Jacobins, 1995.

28. Le comte Louis d'Amphernet, né en 1816, était président du tribunal civil de Morlaix.

29. Publié par R. Martineau dans *Les Marges* du 15 octobre 1925 et repris dans son livre *Types et prototypes* (chapitre « Corbière et la chanson »), Messein, 1931.

30. Photo reproduite dans le catalogue de l'exposition « Tristan Corbière, poète en dépit de ses vers », Musée des Jacobins, 1995, p. 13. Le dos de la photographie porte l'indication « Gustave Croissant ».

V

Morlaix, Montroulez

« S'ils te mordent, mords-les »
(Devise de la ville)

De tous les personnages proches de Tristan, il en est un dont jusqu'à maintenant nous n'avons pas parlé, ou plutôt, que nous n'avons fait qu'esquisser. Faut-il, du reste, lui attribuer le statut de personnage, à moins d'une personnification abusive, mais qui existait bel et bien autrefois sous une forme allégorique : la cité couronnée de tours ? Oui, c'est bien de la ville de Morlaix, chef-lieu d'arrondissement du Finistère, qu'il sera question et que nous avons un peu oubliée, comme si elle faisait si intégralement partie du tableau qu'elle en serait devenue comme invisible. Dès 1855, dans le *Journal du Havre*, Édouard Corbière préparant sa venue, avait célébré « une petite ville qui grandit » en annonçant le programme de transformation « qu'était appelée à éprouver si heureusement [*sic*] la cité de Morlaix : un bassin à flots dans 3 ou 4 années d'achèvement, un chemin de fer sur Paris et sur Brest, en 6 années, l'éclairage au gaz en 1856, des cours d'eau et des bonnes-fontaines dans les quartiers à assainir, une double ligne télégraphique sur Brest et sur Paris [...]. » Les poètes et leur ville ? Le sujet pour certains paraît inépuisable. Que comprendre à Villon si l'on n'imagine pas les rues et les enseignes du Paris médiéval ? À Rimbaud, si on ne le voit pas arpentant le square de « À la musique » et parcourant les bords de la Meuse d'où s'évade parfois un « Bateau ivre » ? Le nom de Corbière est indissolublement lié à celui de Morlaix (comme celui de Tristan à Roscoff) pour le meilleur et pour le pire. En réalité, s'il est avéré qu'il vécut là pendant des années, aucun de ses poèmes des *Amours jaunes* pour évoquer les rues

de la vieille cité, si bien que l'on en est venu à situer ses heures de
création dans la localité voisine, Roscoff, largement décrite dans son
œuvre. Pourtant il usa le plus couramment la trame de ses jours dans
sa ville natale, dont il connaissait le moindre des recoins, les plus pittoresques de ses habitants, les événements les plus officiels comme les
rumeurs les plus interlopes – ce que ses poèmes de jeunesse se sont
plu à signifier pour son propre divertissement et celui du clan familial.

Quand Tristan revient habiter dans sa famille, aux alentours de 1862,
la ville prend délibérément un nouvel aspect. Elle se modernise au point
de devenir méconnaissable, et ce qui la signale le plus de nos jours, les
neuf arches de son majestueux viaduc, est en cours de construction. Premier port commerçant de la Bretagne, Morlaix à la pointe du progrès
entendait bien bénéficier de la ligne de chemin de fer tant attendue qui,
de Rennes à Brest, ouvrirait enfin une voie directe dans une Armorique
aux routes difficiles, aux longs et pénibles trajets en diligence. Les édiles, les membres de la Chambre de commerce avaient donné leur avis
sur la question, mais les divers tracés proposés par les Bretons du
Finistère et par ceux du Morbihan avaient vite créé deux camps rivaux,
chacun souhaitant que sa région profitât des meilleurs avantages aux
dépens des autres[1]. Un dossier proposé en 1845 n'avait abouti qu'à des
dissensions jugées insolubles. Il avait fallu attendre décembre 1852 pour
qu'un nouveau plan d'étude fût élaboré. Trois tracés dès lors entrèrent
en compétition : la ligne du Nord passant par Saint-Brieuc, Morlaix et
se prolongeant par Landivisiau et Landerneau ; la ligne du Sud traversant Quimperlé, Quimper, Pleyben, Sizun, Landivisiau, Landerneau ;
une troisième passait par Châteaulun, Huelgoat, Quimper. Contre toute
attente, ce fut cette dernière qui fut d'abord adoptée le 17 octobre 1854.
Mais la Compagnie des Chemins de fer de l'Ouest se prononça, en fin
de compte, pour la ligne du Nord en raison des multiples avantages
qu'elle présentait : elle desservait les localités « les plus populeuses, les
plus industrielles, les plus commerçantes et les plus agricoles ». Malgré
l'incontestable succès remporté, les élus morlaisiens pouvaient regretter
le tracé suggéré qui ne passait pas exactement par Morlaix (étant données les difficultés que soulevait sa situation géographique), mais qui la
contournait au sud au lieudit « Lesquiffiou ». Une déviation par Morlaix
est cependant adoptée, puis la conception d'un nouveau tracé de la ligne
littorale nord : Saint-Brieuc, Guingamp, Belle-Isle, le train arrivant à
Morlaix même par la vallée de Plouigneau. La difficile gestation de
cette entreprise ferroviaire devait connaître une dernière phase délicate
touchant au lieu où serait édifiée la gare. On a vu que Corbière, lycéen
à Saint-Brieuc, s'était inquiété dans une certaine lettre du choix

qu'avaient fait son père et plusieurs personnalités morlaisiennes en faveur du quartier Saint-Matthieu et de la place du Marc'Hallac'h, près du champ de foire du Pouliet. En fin de compte l'emplacement du plateau Saint-Martin, hors des limites de l'octroi et dont les environs n'étaient pas malaisés d'accès, lui sera préférée.

L'arrivée du chemin de fer et de ses réels bienfaits ne pouvait se faire sans susciter pour plusieurs des inconvénients majeurs. La belle vallée où se déploie le port serait à tout jamais coupée par l'édifice d'un viaduc. Les neuf hautes arches, chef d'œuvre, on veut le croire, du génie civil, n'en imposeraient pas moins en plein centre de la ville une manière d'incongruité, bien qu'elles répondissent le plus efficacement aux besoins d'une cité dont le développement comptait plus que le respect d'un passé vénérable. Dès le 20 juillet 1861 commencent les travaux qui promettent d'être considérables. Le centre de la ville est occupé par des baraquements. Un va-et-vient d'engins encombre la circulation. Morlaix n'est plus dans Morlaix. Il faut cependant y vivre. À quelque deux cents mètres de l'endroit où l'on construit le viaduc non loin de l'église Saint-Melaine, rendue définitivement inactuelle par cette proximité insolente, la première maison Corbière, celle du quai de Tréguier, n'échappe pas aux bruits et tintamarres incessants des charpentiers, maçons, ferronniers, tous à l'exécution de leurs tâches. Le 2 août 1863, un grand bal est donné pour célébrer la pose de la dernière clé de voûte. Les uns s'habituent à regarder le ciel à travers les arches monumentales et à voir les effleurer les vols des mouettes ou les agrès des navires. Les autres déplorent cette architecture insensée, imposée par le gouvernement et le siècle de la vitesse, et regrettent sans espoir leur ville d'autrefois. Sur la question, Tristan ne nous a pas laissé la moindre appréciation. Si l'on tente un instant de se mettre à sa place, on percevra que, peu sensible aux vieilleries, mais pas davantage séduit par la nouveauté, il voyait dans ce moyen de transport l'occasion de fugues convenables, dument entérinées par la gent parentale. Une évasion de petite ambition, moins épuisante que les heures en diligence. Paris moins inaccessible, prometteur des fêtes du Second Empire qui battaient leur plein. Le 20 janvier 1864 passe la première locomotive « La Gauloise ». Mais il faudra attendre plus d'un an avant que tout un chacun puisse embarquer dans un wagon du convoi. Il n'en coûte pas moins de 38, 40 fcs pour qui veut emprunter toute la ligne et se contenter des sièges en bois de 3ᵉ classe. L'année de l'inauguration, le trajet dure 16 h 40, là où la malle-poste de Paris à Brest mettait 72 h dans les meilleures conditions ! C'est le 25 avril 1865 que passe le premier train régulier, l'année même où Tristan vient d'être dûment réformé par le

conseil militaire pour faiblesse de constitution. Il ne ferait donc pas
d'études pour devenir capitaine dans cette cité de Brest, bien connue de
son père et que maintenant le service ferroviaire mettait à deux heures
de son aire. Il serait téméraire de croire qu'il en éprouva le plus mince
regret. On imagine néanmoins un Tristan qui, loin de se claquemurer
dans sa ville natale, se veut voyageur, homme en partance, le front
appuyé contre la vitre d'un compartiment qui, par étapes successives,
aurait quelque chance de le mener à Paris, ville des plaisirs, à Rennes,
cité de Parlement et ville universitaire, à Brest, cité de marins et de bordels
du côté de Recouvrance, avec ses navires qui gagnent des Amériques. Le
chemin de fer, ce sera aussi – nous le verrons – les estivants qui débarquent à Morlaix, les peintres en quête de bretonneries ou venant chercher leur « marine » sur le littoral armoricain.

Réduire Morlaix à son viaduc serait résumer Paris à sa Tour Eiffel.
Symbiose ineffaçable, néanmoins. Et marque – redisons-le – d'une
modernité de bon ou de mauvais aloi. De même que la poésie de
Corbière exhibe un artifice inattendu, où le passé aux mille charmes se
sait révoqué sans retour. Nul doute cependant que Tristan, devant ce
monde en métamorphose, n'ait arboré le sourire en coin que suggérait à
demi le vers de Baudelaire au début du « Cygne » : « La forme d'une
ville/ Change plus vite, hélas ! que le cœur d'un mortel[2] ». Ainsi donc,
et très certainement pour sa plus grande délectation et celle de ses amis,
ces jeunes hommes qu'il fréquente, les inséparables comparses Ludo et
Aimé, la contiguïté de l'ancien et du moderne apparaît sous les
meilleurs auspices, pour la plus grande réjouissance des yeux et la satisfaction intime que l'on éprouve quand on assiste au passage, à la *transition* – autrefois n'étant pas encore obsolète, mais brillant de l'éclat
affaibli de la survivance.

Contemporain de Corbière, Henri du Cleuziou a consacré à la ville du
poète plusieurs pages de sa *France artistique et pittoresque*. Retenons-
en ces quelques lignes :

> « Morlaix, entre ses deux collines escarpées, avec ses maisons à pignons
> étroits, à solives saillantes, avec ses jardins superposés que l'on nomme
> *combots*, entremêlant leurs verdures sombres aux toitures élevées de la
> ville, est une cité d'une allure si particulière qu'on peut dire […] qu'en
> France elle n'a pas de pareille. Le grand viaduc de pierre grise qui la tra-
> verse, au lieu de lui enlever son cachet, n'a fait que lui donner un aspect
> plus original encore peut-être que par le passé[3]. »

On discutera sur l'originalité du viaduc, dont le touriste ne saurait se
réjouir outre mesure, mais que l'économiste approuve à l'aune de ses

ambitions. De nos jours l'impression tient au resserrement du site où l'on croit pénétrer plus solennellement, comme si l'on s'apprêtait à être admis dans une cité insolite où les réserves du passé seraient encore visibles, à la fois tassées sur elles-mêmes et disséminées en désordre, cependant que l'eau, moins présente aujourd'hui, décerne à un aval qui est celui du bassin à flot et du port, plus loin, avant d'atteindre la mer. Cette mer, prévisible à quelques signes, l'odeur d'iode, le vol et le cri des mouettes, les embarcations, se fait attendre, doit être méritée, ne se livre pas complètement. Le passé Moyen Âge et Renaissance se perçoit à chaque coin de rue. Une forme de mémoire imprègne les pierres. Ancienne cité de corsaires, avec, à l'entrée de la rade, sa forteresse, le Château du Taureau, et l'anse du Dourdu : « l'eau noire », où fut établi, au XVe siècle, un important chantier de constructions navales. Le Queffleut et le Jarlot, sur les bords duquel les lavandières battent leurs linges, traversent la ville. La cité, ardente catholique en dépit de certains esprits forts comme Édouard Corbière lui-même qui, du reste, quoique athée convaincu, ne prendra pas la peine de plaisanter sur le sujet, comporte trois paroisses : Saint-Melaine, Saint-Matthieu et Saint-Martin. Saint-Melaine, ancien prieuré, montre une tour carrée à lanternon sur laquelle on remarque un écusson portant les armes de la famille Mar'hec : deux baudelaires en sautoir, autrement dit deux sabres[4]. Baudelaire était déjà là, illisible, incrusté dans la pierre ! La Fête-Dieu réunit les trois paroisses. Un défilé haut en couleurs part de l'église Saint-Matthieu, va jusqu'à Saint-Melaine en passant par Saint-Martin des Champs. Ce jour-là, les maisons sont couvertes de tentures, comme dans l'une des meilleures « illuminations » de Rimbaud : « Royauté ». À dire vrai, la cité foisonne de monuments témoins de son histoire de foi et de superstitions : l'église et le couvent des Jacobins où Edmond installera le Musée, Saint-Matthieu, ancien prieuré bénédictin dépendant de l'abbaye Saint-Matthieu près du Conquet (« sur la côte d'Armor un ancien vieux couvent »), la chapelle du Mur avec sa « vierge ouvrante », une statue en bois qui proviendrait de Cologne, la place Saint-Martin et son église reconstruite, décorée à l'intérieur par Jean-Louis Nicolas, Morlaisien de souche, et plus tard enrichie de huit tableaux d'Édouard Puyo. Dès l'entrée, on marchait sur la dalle de Mathurin Cornic, père du célèbre corsaire.

Henri du Cleuziou s'enchante à reconstruire pour ses lecteurs de hauts frontons, des tonnelles à poivrières, des clochers aigus, des contreforts découpés, un impressionnant bric-à-brac qu'illustreraient à souhait un Robida ou un Gustave Doré. Au pied de ces pittoresques demeures, il montre des navires accrochés aux quais mouvementés et parle des petites places, des bords sinueux de la rivière et des profondes vallées garnies de chênes. Chacun, à sa manière, amoureux du site, le reconstituera. Aucun biographe de Tristan pour avoir échappé à cet exercice qui revêt, dès que l'on parle du poète, l'aspect d'une nécessité. À l'aise dans ce style rétrospectif, Alexandre Arnoux, qui fut aussi un « fantaisiste » de talent, a brossé à son tour un paysage que nous reconnaissons, bien sûr, mais envisagé sous d'autres angles et modelé par d'autres mots :

> « Il est difficile d'imaginer Morlaix sans son viaduc. Il enjambe péremptoirement la vallée étroite où dévale et se blottit la ville riche en pignons, en façades écailleuses d'ardoise, en poutres sculptées dont la vieille grimace perce la peinture neuve. Ses deux étages à arches, le premier à neuf piles courtes et bien piétées, le second de quatorze hauts faîtages hissés vers le ciel [...] compose le principal trait monumental de la cité [...] La vaste mer voisine [...] insinue ses marées jusqu'à la cheville du pont géant. Les trains ronflent à la hauteur du faîte de l'église Saint-Melaine, les cloches sonnent face aux purgeurs des locomotives, cependant que, en bas, le beaupré des goélettes se trouve à niveau du bénitier[5]. »

Dans cette description aussi, malgré le ton poétique, le viaduc s'impose tout puissant, hantise des âmes morlaisiennes matériellement punies d'avoir cru au dieu de l'industrie. Certes, la cité bat son plein, résonne d'une enviable prospérité. Les campagnes alentour produisent les meilleurs primeurs qui soient et l'on exporte les oignons par les fameux bateaux de la Compagnie morlaisienne jusqu'au Havre, et de là en Angleterre et en Hollande. Le littoral est parsemé de ports de pêche. Langoustiniers et homardiers sont à l'œuvre dès la pointe du jour. Des foires célèbres attirent ceux du Trégor. Les anciennes halles, démolies en 1865, vont être remplacées par des halles modernes dessinées par Édouard Puyo. Le nouvel ensemble ouvrira deux ans plus tard. Sur la place du Marc'Hallac'h se tient la foire dite de la Semaine blanche où l'on expose et achète porcs et bêtes à cornes. Ailleurs, place du Pouliet, une autre foire a été inaugurée en 1858, où l'on vend des chevaux. Ces activités considérables sont assurément favorisées par la vie du port qui permet de constants échanges avec l'extérieur à une époque où les routes sont mal tracées, incertaines, et longues les distances par la voie terrestre. La création en 1839 par Édouard Corbière, associé à Vacher et Tilly, de la Compagnie du Finistère a donné à la ville un surcroît de vitalité[6]. Les échanges avec Le Havre consistent en primeurs et beurre venant de l'Armorique, cependant que du port normand arrivent alcools, rouennerie, fils, tabac, denrées coloniales. Dès le XVIIIe siècle une manufacture des tabacs avait été édifiée Clos Marant, sur le quai de Léon.

Des centaines d'ouvrières, les *butunerez*, y travaillaient encore du temps de Tristan[7], et parmi elles on comptait peut-être une Carmen armoricaine que le dégingandé poète n'aurait su séduire que par son audacieuse laideur.

Une telle agitation envahissant la vie quotidienne ne parvenait sans doute pas à en masquer les vides ou, pour un Tristan Corbière, ce qui en représentait la sensible médiocrité. Encore ne faut-il pas croire qu'il se tînt jamais sur un piédestal, même de carton, d'où il aurait prétendu dominer l'univers ordinaire. Je ne le vois pas prenant quelque distance vis-à-vis de ces êtres familiers qu'il lui fallait côtoyer dans le tout-venant des jours et pour lesquels il éprouvait une sympathie moins équivoque que Baudelaire pour ses pauvres du *Spleen de Paris*. Tristan piéton morlaisien ? À bien parcourir la cité aux multiples venelles, aux nombreuses petites places encaissées, on en a vite fait le tour, et l'on reconnaît sans peine les mêmes minois de jeunes filles ou les mêmes trognes parcheminées de retraités de la marine et les Bretons bretonnants dont il ne comprend pas le langage, hormis deux trois expressions habituelles, les hommes en larges bragou-braz, gilets brodés, chapeaux ronds, pen-bas à la main, folkloriques à tout jamais et formant sans le savoir leur légende chaque jour au bout de leurs sabots. Si Tristan se mêle parfois à la foule, il n'est pas dit non plus qu'il s'en délecte. Défilent là des visages, des êtres où s'inscrit la fatuité ou la bêtise, la satisfaction de vivre ou l'obscure poursuite du devoir. Tristan, voué à ne rien faire, et qui peut ainsi subsister, tout à la fois s'en réjouit et s'adresse le secret reproche de pouvoir continuer ainsi, sur la marge, en parfait parasite d'une société à laquelle, du reste, il ne demande rien, mais dont il observe, presque dégoûté, le spectacle superficiellement drôle et profondément affligeant qu'elle dispense.

Il comprend qu'il peut échapper au travail humain, en toute simplicité, et que les sous de « papa pou, mais honnête[8] » subviendront désormais à la plupart de ses désirs. Morlaix est sa ville, depuis l'enfance. Il ne peut faire un pas sans qu'on le salue en tant que fils de Monsieur Corbière, alors qu'il est le bon à rien de la famille ou l'éclopé – dit-on – ou le réformé. Son visage point beau ne choque personne. Mais depuis qu'on sait qu'il a renoncé à ses études et qu'il apparaît exhibant sa dégaine maladroite tout en produisant parfois quelques bons mots malséants, on en est venu à lui trouver « un drôle d'air ». Et lui-même, peu à peu, décide de se couler dans ce rôle, d'incarner cette exception dans laquelle on le place comme dans une cage. Bien sûr, il n'est pas (il n'est pas même) le « poète maudit » auquel Verlaine donnera ses lettres de noblesse. Destiné à en former le prototype, il doit se contenter pour l'instant de son individu même, mal abouti, sans avenir repérable, point d'interrogation pour lui comme pour les autres.

Comment s'offre le temps à vivre pour un Tristan Corbière ? Il est permis, à son propos, de poser une question aussi vaste, car c'est de réalité existentielle qu'il s'agit, de la substance de la vie vouée à sa dépense en pure perte. L'action demeure probable, freinée cependant par la douleur physique. Le rêve disponible, quoique ennuagé, couvert de passagères ténèbres. D'où cette relation si spéciale qu'il entretient avec la part du songe. Il entonne une « litanie du sommeil[9] » en attendant de s'endormir, se voue à l'insomnie. À côté de ceux qui ronflent et qui ruminent près d'une épouse endormie, il y a ceux qui, sans être soulevés par le haut-le-cœur du cauchemar, restent sur le seuil, seuls dans le pot-au-noir. Mais Corbière va sur ses vingt ans. Il ne sent pas encore l'irrémédiable. Il envisage, qui sait ? une incertaine issue dans l'entrelacs inquiétant où il se trouve pris : la rengaine morlaisienne, les histoires de famille, voire, trop souvent, son désintérêt pour une vie tragico-comique dont il voit jouer les déplorables et prétentieux acteurs.

Il vaut la peine de s'interroger sur les distractions qui purent être les siennes, pour conjurer le temps, le rendre à sa merci, échapper à la gueule de Chronos. Il existait, bien entendu, les foires traditionnelles auxquelles il se rend le moment venu, avec une particulière attirance pour les baraques, les clowneries, les gens du voyage que d'année en année il revoit – comme les conteurs d'histoire, les chanteurs de gwerz que s'empressait alors de recueillir Hervé de la Villemarqué[10]. Il écoute avec la plus grande attention, sans comprendre leur émouvant baragouin, les rhapsodes et les pilhaouers[11], ces chiffonniers qui traversent la Bretagne en vendant des loques et en dévidant leurs chansons, où les vieilles légendes rencontrent les plus modernes complaintes déplorant les malheurs d'ici-bas, les calamités et les crimes, l'ancienne histoire d'Abélard châtré pour son amour d'Héloïse et les détails sinistres de l'assassinat de Fualdès. En octobre il se rend au champ de course de Langolvas. La famille est regroupée dans la tribune du vaste hippodrome. Tristan regarde, envie les performances. Il est bon cavalier, en dépit des appréhensions de sa mère qui souhaitait l'éloigner d'un sport qu'elle jugeait dangereux. Il a des intelligences avec les bêtes, dont il ne s'estime pas si différent. Avec Aimé et Ludo il parcourt les environs, gagne les plages, suit les sentiers qui serpentent dans la lande, tente une visite dans les riches résidences des Puyo. La jument Souris[12], ainsi nommée à cause de la couleur de sa robe, vaut mieux qu'une maîtresse occasionnelle. On peut la monter à cru, sans selle, sans étriers, sans besoin de cravache, d'éperon, ni de mors.

> « J'agace du bout de ma botte
> Ta patte d'acier fin qui trotte. »

Il court, se précipite, lié à la bête comme Mazeppa[13], auquel il aimera se comparer plus tard, tête dans la crinière, les deux bras autour du collier. Il éprouve ce que Rimbaud à son tour nommera « la liberté libre ». Un profond « hurrah » sort de sa gorge et, plus qu'un Lawrence sur la moto qui le conduira à la mort, il éprouve le vertige de la vitesse. Il s'évade de lui-même, de l'armure de son corps.

Outre les plaisirs de l'équitation, il s'adonne à ceux de la nage et de la navigation de plaisance. On ne saurait recenser toutes les embarcations de Tristan. Il y a celle qu'il a célébrées, dont il a parlé, et d'autres, plus modestes, sur lesquelles, enseigné par son père, il fit ses premiers essais de marin, enchanté d'être tête au vent, de manier avec dextérité les cordages, les ris et les voiles. Voilier de quelques mètres qu'il arrime au quai de Léon, juste devant la maison paternelle, après avoir passé le pont tournant. De là il repartira bientôt pour Roscoff où il a établi ses quartiers d'automne. Là-bas plus rien ne le protège des menaces de la mer, menaces amoureuses qui entraînent dans leurs volutes, où le bateau se roule, au risque de se briser.

Tout autour de Morlaix s'étendent quantité de plages, à Saint Efflamm que domine un immense rocher, à Saint-Jean où vinrent la reine Anne et François Ier, à Primel, à Térenez, à Pempoul, à Carantec. Sous l'impulsion d'Édouard, des régates ont été créées en 1851[14] et les fêtes nautiques battent leur plein le premier dimanche de septembre à Locquénolé que le romancier Pierre Zaccone[15] fréquente parfois l'été. De Tristan marin dans l'âme, et par la plus directe hérédité, le moment viendra de parler, quand sera évoquée plus à loisir sa vie à Roscoff. Jusqu'à maintenant nous est apparu un individu physique, un vivant empêché, bien décidé pourtant à se livrer à des exercices violents en accord avec son tempérament volontaire, faisant de l'intrépidité une sorte de surenchère propre à étonner ses contemporains timorés, repliés dans l'atmosphère émolliente d'un confort inutile.

On doit encore mentionner, sans pouvoir vraiment en préciser la teneur, les distractions culturelles auxquelles un Morlaisien de son genre était en droit d'assister. Une salle de spectacle existait[16], fondée par M. de Codeville, sur la future place Émile-Souvestre. Des troupes venues de Lorient, de Brest, parfois de Paris, surtout depuis l'inauguration de la ligne ferroviaire, y donnaient leur spectacle. On n'a que peu d'informations sur de telles représentations auxquelles participaient parfois des acteurs de qualité. La loi du plus grand nombre faisant autorité, on se risquera à penser que les pièces interprétées devant ce public provincial consistaient surtout en mélodrames et en vaudevilles, bien qu'il ne soit pas interdit de croire que des drames ou des comédies de plus haute qualité aient attiré un public friand de nouveautés. Quant à l'exécution d'opéras, voire d'opérettes particulièrement en vogue à l'époque, on ne saurait trop y croire, l'orchestre en ce cas faisant défaut. Certes, des concerts, mais militaires ! réjouissaient parfois le dimanche place de Viarmes ou Grand Place un auditoire que ne recommandait pas forcément son exigence. La connaissance que montre Tristan d'airs à la mode, voire de certains opéras classiques s'explique donc davantage par l'interprétation de plusieurs de leurs morceaux réputés, lors des fameuses réunions familiales dont il a été parlé ou bien dans le cadre de salons morlaisiens fréquentés, le cas échéant, par un Tristan plus rêveur, à ce moment-là, que provocateur. Il n'est pas exclu non plus qu'à partir de 1865 Tristan n'ait pris le train et ne se soit déplacé dans des villes plus ouvertes aux beautés philarmoniques et aux vertus cathartiques du théâtre. Une telle hypothèse mérite d'être suggérée.

Sur un autre plan, l'intérêt de Corbière pour la littérature trouvait largement de quoi se satisfaire à domicile. La bibliothèque paternelle, offerte à son investigation, contenait plusieurs centaines de volumes, dont les titres malheureusement ne nous sont pas connus. Les spéculations dans ce domaine risquent d'entraîner fort loin, c'est-à-dire ni plus ni moins d'égarer. En dehors d'une littérature spécialisée, celle qui s'exprimait dans les romans maritimes d'un Scott, d'un Cooper, d'un Sue[17], on proposera comme complément, sans grands risques d'erreur, beaucoup de relations de voyages, d'aventures de mer, corsaires et pirates, comme celles de Garneray, et les livraisons au grand complet de *La France maritime*. Tristan y trouvait un aliment essentiel dont il modifiera la forme par son style taillé à coup de hache et mâtiné d'humour.

Le fonds de la bibliothèque paternelle forme pour lui la source qui ne va pas de soi, l'ensemble hétérodoxe, et bientôt dépassé, qui s'ajoute aux lectures scolaires formatrices, fondement classique appelé à vaciller sur ses bases dès qu'un esprit frondeur comme le sien, ou tout bonnement différent, s'en empare et presque instinctivement le subvertit. On a vu les exemples de détournements potachiques qu'illustrent l'« Ode au taf de Lamare » et l'« Ode aux Déperriers ». Si les grands romantiques doivent être pris en compte, on est en droit de s'interroger sur les auteurs qu'énumère exemplairement « Un jeune qui s'en va[18] », l'un des textes-manifestes des *Amours jaunes* : Hégésippe Moreau, Escousse, Lacenaire, qui appartiennent au menu fretin des *minores*. De Moreau à Baudelaire il n'y a qu'un pas, qu'aide à franchir *L'Art romantique* du second[19]. Et les « Études de main » de Théophile Gautier laissent entrevoir l'inquiétant Lacenaire au milieu même des illustres *Émaux et camées*. On ignore ce que contenaient les bibliothèques des oncles, l'un, homme de piété peu féru de la Muse nouvelle et sans doute grand lecteur du montaniste Louis Veuillot, l'autre, curieux, animé de sentiments humanistes, lecteur, à coup sûr, des *Misérables* de Hugo.

Primant sur tout Murger fut l'un des auteurs favoris de Tristan. On peut penser qu'il en lut assez tôt les œuvres, aussi bien celles qui se trouvaient dans la bibliothèque paternelle que celles qu'il s'était personnellement procurées. Parmi les rares ouvrages que l'on sait avoir été en sa possession, on connaît un exemplaire des *Propos de ville et propos de théâtre*, édités en 1862 et sur lequel se déchiffre paraphé à l'envers « Édouard Corbière » et l'indication « Cannes 25 », ce dernier chiffre n'ayant pour l'instant pas trouvé d'explication[20]. Le titre de l'ouvrage reprend celui de la première partie du livre que suivent « Silhouettes littéraires », « Notes de voyage » (en Angleterre) et des « Causeries dramatiques ». On y apprécie « l'esprit » de Murger, satirique, mais non ravageur, observant une « société du spectacle » envers laquelle il n'est pas tendre. Ce n'est évidemment pas par ce livre que s'était établie sa renommée, vite survenue à l'occasion de la représentation de *La Vie de Bohème*, drame en cinq actes qu'il avait composé avec Théodore Barrière. Elle portait sur les planches une partie des « Scènes de la Bohème » qu'il avait données en feuilleton au *Corsaire-Satan*, où Baudelaire confiait aussi ses premiers textes. Ce qu'il persistera à dénommer des « études de mœurs », Murger n'avait pas tardé à les regrouper, en les augmentant, dans son livre *Scènes de la vie de Bohème* publié en 1851 chez Michel Lévy.

Faute d'avoir assisté à la pièce (ce qui n'est pas exclu, du reste) maintes fois jouée les années suivantes, Tristan avait lu ce volume et de ces chapitres tour à tour enjoués et tristes il avait reçu le « coup de grâce » – celui par lequel se confirmerait sa vocation, d'abord hésitante, d'artiste. Tout, dans ses futures *Amours jaunes*, comme dans sa conduite au jour le jour, atteste une imitation, une imprégnation, une « copie conforme » du comportement bohémien, cette forme d'identité tant recherchée qui lui était offerte ainsi comme modèle ou bien avec laquelle tout naturellement coïncidaient les virtualités de sa personne. Si bien qu'il se reconnut peu ou prou dans ce groupe ; le musicien Schaunard, Rodolphe le poète, Marcel le peintre et Colline le philosophe. Il est bien possible même qu'à ces quatre il ait emprunté tel ou tel morceau, pièces recousues par ses soins pour obtenir sa propre rhapsodie, son vrai manteau d'arlequin.

Son « poète contumance », par exemple, reprendra quelque chose de Schaunard quand Murger le décrit dans « l'attitude d'un mortel qui entretient des relations avec les Muses » et quand il se rit de ce « concubinage sacré » ; et l'on devine aisément Corbière dans Marcel revêtu d'une vareuse rouge, coiffé d'un bonnet de débardeur » et « cédant à la maladie du calembour, surtout le matin ». Le monde de ces bohémiens est celui dont, à côté des romans maritimes d'Édouard, Tristan hérita pour le meilleur et pour le pire, comme d'un prototype déjà usagé où il n'y aurait presque plus de place pour son originalité (inévitablement secondaire), mais aussi comme de la seule configuration en accord avec son tempérament, son « idiosyncrasie » (disaient les « psychologistes » de l'époque).

Que lui est-il permis d'ajouter à ces pages qu'il parcourt en s'esclaffant ou en rêvant, plein de convoitise pour une vie libre qui a ses fêtes et ses mésaventures ? De ceux-là –il va de soi– il partage « l'habileté d'escrime comique », le goût de la franchise, cette « liberté d'allure » que d'aucuns appellent cynisme, l'émerveillement d'un jour ou l'éventuel désenchantement qui n'hésite pas à recourir à l'esprit pour stopper là le désespoir (ainsi de Rodolphe devant une de ses poésies évoquant l'amante perdue : « Mon amour pour Musette est bien trépassé, puisque les vers s'y mettent ! »).

Tristan a lu et relu les *Scènes de la vie de Bohème* en devinant (peut-être pas ?) que la sienne y était inscrite en filigrane, comme tracée à l'encre sympathique. Il n'avait plus qu'à en suivre le fil méandreux, passant par les mêmes noms (ou leurs fantômes), les mêmes avanies, pour aboutir à ce même hôpital, la maison Dubois, où Murger était mort, décomposé par la maladie. La préface disait assez tout ce qu'il allait vivre, l'avertissait à temps des dangers, des désastres – ce qui ne l'empêcherait pas de s'y précipiter, insoucieux et intrépide, comme sur les récifs cernant l'île de Batz. Murger, trop sagement, avait dispensé ses conseils. « La Bohème, c'est le stage de la vie artistique ; c'est la préface de l'Académie, de l'Hôtel-Dieu ou de la Morgue. » Or lui n'en voulait retenir qu'un encouragement au péril. Comment aurait-il pressenti l'issue qui lui reviendrait ? Et ne s'ouvrait-il pas devant lui un programme à remplir, quitte à contredire les convictions de Murger, du genre : « Nous ajouterons que la Bohème n'existe et n'est possible qu'à Paris. » Eh bien, lui, à Morlaix, voire à Roscoff, il oserait la sienne, avec quelques camarades plus ou moins présentables ou des comparses d'occasion ! Bien sûr, ce serait une Bohème ignorée, la Bohème de ceux que Murger, devançant Rimbaud, nommait « les obscurs travailleurs ». Du reste, Tristan, bravant sur ce point toute mise en garde, n'avait cure d'accéder au rang des vrais littérateurs. Et s'il repoussait les poètes pleurards, ceux qui, pour citer encore Murger, paraphent des sonnets « sur des feuilles de saule », il n'excluait pas d'être l'inutile, le parasite, armé s'il le fallait d'une « misanthropie féroce » et parlant le vocabulaire spécial de ces milieux : « enfer de la rhétorique et paradis du néologisme ». Du moins – et la différence demeurait patente, son sacrifice n'allant pas jusque-là – se savait-il préservé des errements de la misère et de la chasse à la pièce de cinq francs, même s'il ne se voyait nullement revenir, toute expérience faite, à de bonnes dispositions et s'embourgeoiser dans une ville de vingt mille âmes. Quant à fréquenter des femmes délurées, improbables grisettes morlaisiennes, des Mimi, des Musette d'Armorique, il n'y comptait guère. Tout juste avait-il remarqué le beau prénom de Tristan dans une page des *Scènes…* : « A 10 heures, M. Tristan, homme de lettres, racontera ses premières amours ». Huit ou neuf ans plus tard, le temps ourdissant sa trame, il rencontrerait un autre « Rodolphe » et de la concubine de celui-là ferait, qui sait ? une Marcelle, comme pour rappeler le couple du poète et du peintre, Rodolphe-Marcel, dans le roman de Murger.

Un autre succès de ces années-là ne dut pas le laisser indifférent, pas plus que n'y furent allergiques Rimbaud ou Ducasse. *La Dame aux camélias* faisait pénétrer dans un autre monde, peu bohème et peu maritime, celui des mondains et des courtisanes. L'effet prolongé depuis 1848 et la représentation de la pièce, quatre ans plus tard, continuaient d'entêter un vaste public, et non seulement la bourgeoisie qui avait tendance à s'y reconnaître par priorité. Entre la vie de Bohème et celle des fêtes parisiennes, la frontière n'était pas si fermée ; mais les héroïnes bon enfant de Murger, pleines de santé ou maladives, n'avaient rien de la grâce d'une Marguerite Gautier initiant au mystère de la femme. Édouard Corbière avait bien connu Alexandre Dumas père et le retrouverait à Roscoff quelques jours à la fin de sa vie. Dumas fils figurait – n'en doutons pas – dans sa bibliothèque et je ne crois pas que Tristan fut écarté de ses œuvres qui, certes, n'avaient rien d'exemplaire, en dépit de leurs prétentions moralisantes, mais que tous les jeunes gens feuilletaient en cachette avec une assiduité toute spéciale, avant de se lancer dans des conquêtes plus banales et moins dispendieuses. Tristan, à sa façon, a rêvé, tout comme Ducasse, des « cuisses aux camélias » et pris, dans la description de ces amours, les indispensables leçons érotiques que ne savait lui prodiguer une réalité trop marâtre.

Morlaix, depuis le XVIIIe siècle, avait une Chambre littéraire, comme toutes les grandes villes de province. On rappellera qu'à Dijon Aloysius Bertrand récita, en 1827, dans pareille institution, ses premiers poèmes en prose. On doutera néanmoins que les habitués de l'hôtel de la place de Viarmes, où se tenait celle de Morlaix, aient eu communication lors de l'une de leurs séances des élucubrations de Tristan. Celui-ci entendait mener seul, ou pour quelques *happy few*, ses exploits de créateur, ce qui ne l'empêchait pas, tant s'en faut, de pousser la porte des quelques libraires du quartier[21], avec ce battement au cœur qui précède les grandes découvertes, toujours possibles au hasard d'un rayonnage. Il en était ainsi quand il franchissait le seuil de chez Charles Lédan qui se piquait de littérature, ou qu'il longeait la façade de l'imprimerie Létréguilly, place du Dossen, ou celle de Guilmer qui, en 1844, avait publié un poème de Baudier décrivant « Un dimanche à Morlaix, au moment de l'arrivée du bateau à vapeur "Le Morlaisien" ». Les bonheurs de la chose écrite n'échappent jamais à un individu de cette trempe, fussent-ils dissimulés dans les feuilles de choux locales, dont certaines prétendent à plus de reconnaissance malgré leur typographie hasardeuse et l'intérêt strictement informatif de leurs pages. Il parcourt, comme tout un chacun, *L'Écho de l'arrondissement de Morlaix*, simple feuille d'annonce[22], et le *Journal de Morlaix*, « littérature, commerce, agriculture, nouvelles locales », un hebdomadaire fondé en 1850.

Que sa bonne ville, chef-lieu en pays du Léon, recèle des têtes pensantes, il n'en doute pas, sans pour autant en être impressionné. On parle volontiers de l'une des gloires de la cité, Émile Souvestre, décédé en 1854, auteur d'un *Foyer breton* déjà ancien que l'on trouve dans toutes les chaumières et qui, avec *La Fée des grèves*, a donné sa pleine place à la couleur locale. En voit-il assez autour de lui de ces coiffes « queue de homard » ou « queue de langouste » qu'arborent jeunes et moins jeunes, vêtues de châles et portant un collier fin à cœur d'or ! Vieilles mœurs, usages invétérés, dont avec un sourire mi-figue mi-raisin il accueille le pittoresque. Devine-t-il que cet univers est voué à une disparition plus ou moins prochaine ou croit-il que vont se maintenir, parallèles à la rapidité moderne et à son uniformité, ces coutumes ombreuses, ces obscures vieilleries ? À son inoubliable « Rhapsode foraine » il fera énoncer plus tard des phrases immémoriales. Tristan ressent parfois, au milieu de ces superstitions millénaires, un accès de paganisme aussi fort que le haut-mal.

Des illustres écrivains qui habitèrent la cité, il reconnaît sans peine que le vénéré Souvestre[23] ne représente qu'une figure obligée, tout comme, de moindre renommée, Hippolyte Violeau[24], fabricateur de *Loisirs poétiques* (1840). Plein de compassion, celui-là donnera encore son *Livre des mères chrétiennes* et ses *Soirées de l'ouvrier*. De quoi dissuader définitivement Tristan de tenir la plume ! L'envisage-t-il, du reste ? Sans doute est-il trop tôt pour qu'il se prononce. Et ce ne sont pas les quelques vers qu'il a griffonnés jusqu'à maintenant qui pourraient constituer à ses yeux le moindre encouragement. Simplement, tout comme faire du cheval ou du bateau, courir les rues et les grèves avec ses amis, il aime aussi le tête-à-tête avec les livres où l'on oublie tout, où, par des mots bien ajustés, naissent des paysages, des personnages, une intrigue possible, aux limites de la vie, rompant les garde-fous d'une existence arraisonnée. Ah ! *Les Misérables*, *Les Travailleurs de la mer*[25], avec beaucoup de termes à reprendre, soit, des manœuvres mal dirigées... Mais quand même !.... et Balzac et ses *Contes drolatiques*[26] qu'il possède illustré par Gustave Doré, où le langage délicieusement médiéval brille comme une ferronnière ; chaque mot, rehaussé d'une orthographe étymologique, prend un autre aspect, se rajeunit au passé.

Parfois un singulier personnage que connaît Édouard débarque à Morlaix. Il s'assied à la table familiale, parle d'abondance. L'homme va sur ses cinquante ans. Il porte une barbe fournie, mal taillée ; un regard bleu, légèrement globuleux, éclaire son visage. Ses talents de romancier maritime lui ont fait rencontrer Édouard du temps où celui-ci résidait au Havre. Aucune certitude n'existe sur ce point. Mais il est presque sûr qu'il fréquenta les Corbière entre 1864 et l'année où il élut domicile pour une décennie dans la cité. Ce fut précisément durant cette période qu'il rencontra Tristan à plusieurs reprises. Gabriel de la Landelle[27], individu particulièrement disert, aime raconter ses histoires de mer, son tumultueux passé de marin et d'écrivain, en quoi il ne peut que s'entendre à merveille avec le romancier du *Négrier*. Pendant onze années, il a navigué en des voyages au long cours. Élève de la marine embarqué sur le vaisseau-école *L'Orion* mouillé en rade de Brest, il est allé, l'année suivante, à bord de la *Caroline*, jusqu'au Brésil, connu également d'Édouard, auteur, on s'en souvient, d'*Élégies brésiliennes*. De retour, La Landelle a poursuivi sa carrière en tant qu'enseigne de vaisseau sur l'*Alcibiade*. On le retrouve à Toulon en 1835 sur le *Fulton*, sur lequel il accomplit plusieurs voyages à Alger, puis sur l'*Oreste* qui le mène à Cadix. En 1835 il gagne La Martinique, mais le 24 septembre il démissionne de la marine. Il devait dès lors se consacrer à la littérature, avec une fougue d'inspiration peu commune qui, abordant tous les sujets, nous a valu une centaine de livres qu'il serait fastidieux d'énumérer, mais au nombre desquels plusieurs ont constitué un modèle pour Tristan, ébloui par un tel personnage, si proche de son père, mais engagé plus avant dans le monde de la littérature. Car chez La Landelle, l'invention se montre à toute heure, dans tous les genres, comme pour assouvir une recherche que rien, en réalité, ne peut satisfaire, sinon le livre suivant, autre élément d'un édifice idéal, comme le palais du facteur Cheval. Personnalité plus qu'attachante, ce polygraphe, qui, contrairement à Corbière père, a perpétuellement quelque chose à dire et dont la curiosité ne se rassasie pas ! La plus belle surprise que nous réservent les foucades multiples de cet insolite passant a trait à son engouement pour un mode de locomotion tout nouveau. « Plein air », comme dira Hugo à la fin de ses *Contemplations*. Il connaît alors Ponton d'Amécourt et surtout Félix Tournachon, autrement dit Nadar, autrement dit, si l'on suit bien chaque maillon de la chaîne, très vraisemblablement Baudelaire et Courbet. Par là serait peut-être résolue l'énigme d'une transmission des *Fleurs du mal* à Tristan, qui ne pouvait guère les tenir de son père ni des Puyo. Contentons-nous pour l'instant du nom murmuré et du scandale suscité par le livre.

À foison, en essaims, les titres de La Landelle laissent entrevoir des périls, des explorations, des abordages. La série des *Quarts de nuit*, *Les Aventures de Madurec*, *La Gorgone* en huit volumes, *Les Îles de glace* 4 vol. en 1850 (qui devance Jules Verne), *Les Coureurs d'aventure*, *Les Géants de la mer*, *La Vie du marin*, *Le Dernier des flibustiers* (1855), *Sans-Peur le Corsaire*, *La Frégate introuvable*, etc. etc... Tristan est tout à son affaire. Ces livres ont été écrits pour lui, croirait-on. Mieux. Avec ceux d'Édouard ils le forment une seconde fois, le mettent à la mer. Sans doute ne pourra-t-il jamais naviguer comme ces grands capitaines ou ces frères-la-côte. Mais il s'éprouve de la même race. Par quelques traits il s'y reconnaît. « Être ou ne pas être » ne formulant pas à ses yeux la vraie question (il est trop tôt ou trop tard pour le suicide), s'éveille en lui le fantôme d'un *devenir* face au présent ingrat. Édouard – c'est entendu –, quoiqu'il ait encore le pied marin et soit appelé à Brest pour donner son avis sur des constructions navales –, semble pour son fils un homme retiré des affaires, parmi lesquelles la littérature, cette autre forme d'exister. La Landelle, lui, intarissable parleur, ne cessera d'écrire, mourra la plume à la main. Avec lui le voyage au long cours continue, et les fortunes des bourlingueurs. Inépuisable comme la mer il se montre. Et, tout comme certaines pages d'Édouard, les siennes proposent à Tristan des amorces de poèmes, des germes de visions. Tristan feuillette, enthousiaste ou songeur, *Le Langage des marins*. Il murmure les chansons du *Gaillard d'avant*[28] et cherche à démarquer « Pare à virer », court tableau maritime. Pour sa part, La Landelle, qui en a tant vu, croit percevoir chez cet adolescent mal poussé une nature exceptionnelle dissimulée bon gré mal gré sous l'aspect d'un maigrichon au visage sans grâce-moue prononcée et regard interrogateur, où pointe, à des instants, une ironie. Lui qui sait tout faire, piloter un navire, épisser les cordes et former les nœuds de marine, mais aussi bien conter une histoire, narrer une intrigue, composer un poème, poser la plume pour le crayon et « croquer » un *paysage* ou un bancroche qui passe, se met à dessiner son étrange auditeur, à peine débutant sur la voie de poèmes maritimes encore rares et dont le vieux romancier prévoit la venue, les beautés futures, les cruautés qui ne demandent qu'à crier sous les rimes. Il en résulte une très insolite peinture, un portrait de Tristan[29] – oui, ce ne peut être que lui –, marqué dans le coin supérieur gauche « Bretagne, 1864 ». L'inscription paraît indubitable, si précoce qu'elle soit. Elle correspondrait avec l'un des premiers séjours de La Landelle à Morlaix. Nous étonne surtout, pour ne pas dire nous sidère, le visage de Tristan, la « gueule », où il apparaît déjà tel qu'en lui-même, disgrâcié à plaisir, coiffé du bonnet de forçat que l'on retrouve dans son célèbre autoportrait, les cheveux longs, les lèvres proéminentes, mais surtout le nez et le menton démesurément prolongés en flagelles d'enfer, profil qui s'apprête à perpétrer une scène d'exécration ou de possession. La Landelle, défiant tout réalisme, ne s'est pas contenté de cette charge inquiétante propre à faire avorter une femme enceinte ; il en a appliqué les contours sur un fond mouvementé où se distinguent des figures humaines en pleine métamorphose, hommes, femmes plus ou moins spectraux, insolites polymorphies auxquelles semble présider cette face de damné obstinée à accomplir jusqu'au bout sa tâche satanique. Le tout bouillonne dans une atmosphère de genèse microbienne. La Landelle nous a imposé là un Tristan plus vrai que nature, outré jusqu'à la monstruosité. Et la toile est de celle que l'on retourne contre la muraille, si l'on souhaite, pour continuer d'exister comme avant, se défaire d'un tenace cauchemar.

Outre cette fréquentation de choix, dont sut profiter Tristan, et les réunions familiales enjouées où les hommes au fumoir discutaient de l'avenir de la cité, tandis que les femmes au boudoir parlaient chiffons et ressassaient, au besoin, les ragots de la ville (il faut toutefois les mettre au-dessus d'une telle jacassante médiocrité), venait le moment où tous participaient à la réjouissance de la convivialité : heure de la soliste ou des choristes ou de la petite formation musicale. Moment où brille également peut-être Corbière, avec l'indulgence plénière du groupe, par la récitation d'un morceau bien acéré, où le jeune loup fait ses griffes.

Il est pareillement opportun de replacer l'adolescent que fut Tristan dans le milieu de ses camarades, ceux dont il avait toujours suivi le parcours, souvent indécis comme le sien, fils à papa tous plus ou moins voués à rentrer dans le rang, c'est-à-dire – notons-le sans hésitation, car bourgeoisie oblige – à prendre la suite des affaires paternelles, à en accroître la prospérité, à en profiter du mieux possible dans une lointaine province où le fisc, moins vétilleux qu'aujourd'hui, ne leur demandait pas compte de leurs bénéfices et de leurs profits. Les lettres de Tristan à Saint-Brieuc étaient émaillées de noms qui renvoyaient à ses anciens condisciples de chez Bourgeois. Durant chaque vacance scolaire il reprenait contact avec eux. Tristan n'est décidément pas un solitaire. Des amitiés l'entourent. Une sympathie. Et l'on est surpris, quand on se met à recenser le nombre de ceux à qui le reliait une relation amicale. Parmi tous, cependant, il est aisé de distinguer deux sujets de choix, avec lesquels il s'empressera de former un trio indestructible : Aimé Vacher et Ludovic Alexandre[30]. Des liens d'intérêt et de négoce rapprochaient déjà leurs familles qui occupaient le haut du pavé dans la société morlaisienne. S'il est une illustration patente de la connivence réunissant les membres d'une classe sociale, elle se lit bien dans le groupe de ces trois jeunes gens vite devenus inséparables : origines, communauté d'intérêts, que renforceront bientôt des liens matrimoniaux. Entre Ludovic, dit Ludo, Aimé et Tristan le pacte se conclut sans même qu'il soit nécessaire d'en exprimer les termes, ni les conditions. Le « parce que c'était lui, parce que c'était moi » de Montaigne et de La Boétie se vérifie presque naturellement. Et l'on doit constater, une fois encore, que, loin d'être l'isolé d'une communauté, il en propose comme l'une des figures obligées, parfaitement à sa place, (quoique bientôt marginale), déjà fixée d'avance, en dépit de sa crise d'originalité juvénile et de son quant-à-soi presque désobligeant. Les témoignages abondent, notamment sous la plume de Jean Vacher-Corbière. Ils montrent les jeunes gens faisant cause commune, partageant les mêmes distractions, se livrant aux mêmes plaisirs. Souvent ils vont par la ville et ses environs, à cheval, ou claquant du fouet, dans le relatif confort d'une charrette anglaise. Ils se retrouvent pour des battues de chasse dans les bois de leurs parents ou aïeux ou pour des parties de pêche dans la rade. Il est plus que certain aussi qu'ils suivent les jeunes filles dans les allées, les promenades, lancent des œillades à l'envi, engagent conversation en multipliant les calembours et les sous-entendus. Qu'ils aient fréquenté même quelques maisons de tolérance, on n'en écartera pas l'éventualité, comme dans les meilleures pages de L'Éducation sentimentale. À toute occasion ils s'adonnent à de solides agapes à l'Hôtel de Provence qui connaît bien l'intempérant trio et l'accueille avec tous les égards dus à des « fils à papa » avérés, qui ne sont fort heureusement pas des chevaliers de la bourse plate. De cette période ont subsisté plusieurs photos qui donnent sa pleine réalité à ce groupe de francs camarades[31]. Le trio a donc décidé de « poser » devant Gustave Croissant, 7 rue des Vieilles Murailles. D'excellents clichés portent sous nos yeux ces jeunes gandins un tantinet provocateurs, à propos desquels on se doit d'affirmer : « Il faut que jeunesse se passe ». Sur le premier (qui, pas plus que les autres, n'est daté) Ludo, à gauche, accoudé au dossier d'une chaise, est assis, l'une de ses jambes repliée sur le mollet de l'autre. Il est en bras de chemise et gilet, à la poche duquel pend la breloque de sa montre. Le long des deux jambes de son pantalon court un galon, ornement courant dans l'habillement masculin de l'époque. Ludovic, qui porte moustaches et fume une pipe droite, regarde l'opérateur en fronçant légèrement le sourcil. Une tradition familiale veut qu'il n'ait pas eu toujours bon caractère. « Cabochard », disaient certains. Sur le côté droit de la photo, Aimé Vacher, lui aussi accoudé sur une chaise placée comme celle de Ludovic, fume la cigarette ou le ninas. Son fin visage s'entoure d'un collier de barbe. Entre ces deux amis, Tristan, à terre, a volontairement – semble-t-il – adopté une posture d'odalisque. En pantalon clair et veste sombre, le col de la chemise ouvert, il tient entre les doigts de sa belle main effilée une cigarette ou un cigarillo (la Manufacture morlaisienne des tabacs en fabriquait par milliers chaque jour). La tête, aux cheveux longs[32], est rejetée en arrière, ce qui par contraste met en valeur l'arc de ses sourcils. L'oreille gauche apparaît bizarrement contrefaite. Le regard attentif distille une dose de dédain. On devine une moustache, une barbiche peu fournie. Deux chapeaux sont placés devant lui : un canotier classique à ruban noir, une autre coiffe presque informe.

Une deuxième photo propose une intéressante variante du groupe. Les trois sont assis de profil à califourchon sur leurs chaises, toutes orientées vers la gauche. Leur pose identique semble vouloir indiquer la parfaite entente du trio qui a mis tout son soin à composer cette apparition pour la postérité, tel un numéro de gymnastes. Ludovic, épais, têtu, tient sa pipe d'une main, qui repose sur le coude de son bras gauche. À ses pieds, le canotier. Au milieu, Tristan penche la tête à la renverse. On voit nettement les quelques poils qui frisottent à son menton, et sa chevelure fort longue, par laquelle, à l'évidence, il souhaitait se donner l'allure authentique des rapins de ce temps. Aux pieds de Corbière, on distingue un couvre-chef informe, peut-être un vieux chapeau de marin que, du reste, négligemment, il écrase du pied. La troisième photo, de loin la plus surprenante, présente les trois hommes de dos, selon un effet prémédité. Le cliché n'a pas été pris le même jour, ou bien les camarades ont choisi de changer d'habits. Tous trois sont vêtus de vestes et

coiffés de chapeaux d'allures différentes. Ils tiennent leurs para-
pluies ; deux sont repliés et encerclés d'un ruban ; celui de Corbière
(qui a bougé) est tout juste refermé. Ces personnages, à première vue
inidentifiables puisqu'on ne voit pas leurs visages, regardent, accroché au mur, un ensemble de photos encadrées qui consistent – semble-t-il – en vues de Morlaix. Le viaduc s'aperçoit sur l'une d'elles.
Encore faut-il y regarder de près. Par une savoureuse malice, les
compères ont décidé d'un commun accord de tourner le dos au photographe pour évaluer plus à loisir ses œuvres-façon originale
d'inverser la situation frontale de la pose. À leurs pieds, au premier
plan couché, une sorte d'épagneul renfrogné aux poils moutonnants,
le chien de Tristan.

Aimé Vacher et Ludovic Alexandre, ces très chers amis de Corbière, étaient tous deux fils de négociants. Un grand père Alexandre,
armateur et commerçant, jouissait dès la fin du XVIIIᵉ siècle d'une
belle fortune. Son fils avait ouvert une brasserie, la plus célèbre de la
ville. Sept enfants lui étaient nés, dont deux mourront en bas-âge.
Ludovic, du même âge que Corbière, n'allait pas poursuivre ses études, puisque, fort tôt, on le destinait à continuer l'affaire familiale
pour laquelle, associé à son frère Henri Charles, né en 1847 et resté
célibataire, il montrait les meilleures dispositions. Ses sœurs feront
de beaux mariages, Céline épousant Charles Homon et Anne-Marie
convolant le 23 juin 1866 avec le docteur Legris. Quant à l'aîné de la
famille, Victor Julien, né en 1838, il devait précisément se marier
avec Joséphine Vacher, l'une des sœurs d'Aimé, le 2 août 1870. On
sait peu de choses sur Ludovic, dont nul ne songerait à rappeler la
mémoire, s'il n'avait connu Corbière. Il fut sans aucun doute très
aimé de ce dernier, jusqu'à la dernière heure. Un exemplaire des
Amours jaunes lui est dédié[33]. Ludo, compagnon des frasques de Tristan, ne tardera pas à se marier, puisque, en 1868, il prendra pour
femme Amélie Michel, âgée de vingt-quatre ans. De l'avis de ses
actuels descendants il ne s'épuisa pas outre mesure à la tâche. La
brasserie prospérait d'elle-même, sans exiger de sa part ni de celle de
Julien, des compétences particulières. L'un et l'autre menèrent ce
qu'il est convenu d'appeler une belle vie. En dépit d'un emploi qui
ne le destinait pas à s'intéresser aux choses de l'esprit, Ludovic a
nourri – semble-t-il – une passion pour la littérature, ce qui explique
aussi ses rapports amicaux avec Tristan. Les jeunes gens échan-
geaient leurs livres et discutaient des célébrités du moment. Sans
doute étaient-ils abonnés à plusieurs revues comme *L'Artiste*, *La
Revue des Deux Mondes*, *La Vie parisienne*, voire à des périodiques

de vulgarisation scientifique ou contenant des récits de voyage. Un
arrière-cousin, Charles Alexandre, qui possédait une propriété à Ploujean, avait été le secrétaire de Lamartine vieillissant[34]. Il habitait
Mâcon et, en 1848, avait été élu député de la Saône-et-Loire. Ludovic
appréciait à ce point ses livres qu'il les fera relier et orner au dos de
son monogramme. En avril 1884, il procèdera à leur provisoire
recensement[35].

Aimé Vacher sera le deuxième compagnon de Tristan durant ses heures morlaisiennes. On a vu, par la correspondance du lycéen de Saint-
Brieuc, qu'il fit ses études à Paris. Une telle démarche prouve que l'on
nourrissait à son endroit des ambitions qu'il ne sut pas tenir. Le jeune
homme, supportant mal le régime de l'internat et n'obtenant guère les
résultats escomptés, était revenu dans sa ville natale pour y succéder à
son père, négociant aisé dont la fortune assurait l'avenir de son fils.
Aimé fréquentera assidûment les Corbière et bientôt éprouvera le sentiment le plus tendre pour Lucie qu'il épousera le 5 février 1870. La présence d'Aimé Vacher auprès de Tristan va de soi. Tant que Tristan
demeura à Morlaix, ils se virent quotidiennement. Aimé, dès 1870, fait
partie de la famille et c'est par lui, du reste, qu'elle s'est perpétuée
jusqu'à nous.

Un autre témoignage subsiste de ces ferventes amitiés de jeunesse :
un dessin récemment mis au jour[36] et qui contient aussi un long commentaire qui sera analysé au suivant chapitre. Mais il paraît opportun
dès maintenant d'en donner un premier aperçu. Intitulé « Le Nègle et
Cie », il représente au premier plan le dénommé Le Nègle sous son
aspect le plus repoussant de clochard morlaisien ou roscovite. En perspective et de dos, on distingue un amusant quatuor aisément identifiable, puisque, non seulement le crayon de Tristan en a fixé les
caractéristiques, mais qu'il a jugé bon de l'accompagner d'une petite
note concernant chacune de ces silhouettes. Il y a donc là, avançant vers
l'horizon et offrant au spectateur leurs différentes dégaines, de gauche à
droite, Laferrière, Vacher, Tristan et Ludo, autrement dit les deux fidèles de Corbière (auxquels s'ajoute ce Laferrière sur qui jusqu'à maintenant nous n'avons pas d'autres renseignements). Tristan les a décrits en
ces termes : « Laferrière, portant un cor de chasse, Vaché, tirant un petit
canon d'enfant et tenant dans la main droite un parapluie, moi, maigre,
coiffé d'un chapeau de rapin et le pantalon aux jambes tirebouchonnées,
Ludo avec pipe et ciré de pêcheur et s'appuyant sur une canne. » Les
camarades sont saisis sur le vif au cours d'une de leurs « virées », chacun croqué par la caricature, sans que l'on puisse très bien interpréter
les attributs dont ils sont pourvus. Le cor de chasse de Laferrière

indique-t-il ses passions cynégétiques ? Aimé traînant au bout d'une ficelle un canon d'enfant vient-il d'être père – ou fait-il son service à Conlie ? Ludo en tenue de pêcheur s'apprête-t-il sur son canot (prononcer à la bretonne en faisant sonner le t final) à relever des filets ou à poser des casiers ? Tristan lui-même se montre au naturel, c'est-à-dire avec tout l'artifice qu'il aime. Il a endossé l'habit du rapin et se signale au public, les possibles spectateurs de son dessin qu'il veut épater, par sa mise négligée.

Notes

1. Sur tous les débats concernant l'établissement de la ligne, voir de Gaëlle Clec'h, *La vie municipale à Morlaix à l'époque du Second Empire*, mémoire de maîtrise de l'Université de Brest, 1996.

2. Poème « Le Cygne » dans *Les Fleurs du mal*, qui a inspiré également le titre du livre de Julien Gracq sur Nantes, *La forme d'une ville*, J. Corti, 1985.

3. Henri du Cleuziou, *La France pittoresque et illustrée*, t. I, p. 32.

4. Marthe Le Clech, *Morlaix*, t. 1, chez l'auteur, 1988.

5. Alexandre Arnoux, *Une âme et pas de violon*, Albin Michel, 1929, p. 5.

6. Marthe Le Clech, *Morlaix*, t. I, p. 27-28 et le texte de Baudier, *Un dimanche à Morlaix, au moment de l'arrivée du bateau à vapeur « Le Morlaisien »* (poème), Morlaix, Guilmer, 1844.

7. Voir *Morlaix*, ouvr. cit., p. 33-34.

8. Vers de « Bohême de chic » dans *Les Amours jaunes*.

9. Voir « Litanie du sommeil » dans *Les Amours jaunes*.

10. Première édition du *Barzaz-Breiz* en deux tomes à Paris chez Delloye (1839) ; 2e éd. en 1845 ; 3e éd. en 1867.

11. Voir le numéro 8 de la revue *Skol Vreizh* « Pilhaouer et pillotou ».

12. Voir « À ma jument Souris » dans *Les Amours jaunes*.

13. Voir chapitre XV où Corbière s'attribue le nom de Mazeppa.

14. Voir par Édouard Corbière, « Les régates morlaisiennes », 1851-1852-1853 », articles publiés dans *L'Écho de Morlaix* et recueillis dans *Baies de Morlaix*, bulletin périodique, n° 3, hiver 1990.

15. Pierre Zaccone (né à Douai en 1817 – mort à Morlaix en 1895) avait débuté sa carrière d'auteur populaire sous les auspices d'Émile Souvestre. On le connaît surtout pour ses œuvres ayant pour cadre Paris, comme le *Nouveau Paris* (1856), *Les Mystères de Bicêtre* (1864), etc. Il connaissait assurément Louis Noir et chaque été passait ses vacances dans sa propriété de Locquénolé.

16. Voir *Morlaix*, t. I, p. 76-77.

17. Les grands classiques étrangers, à savoir Fenimore Cooper : *Le Corsaire rouge, Le Pilote, L'Écumeur des mers* ; Walter Scott : *Le Pirate*, et, parmi les Français, Eugène Sue, déjà cité, Louis-Ambroise Garneray, Augustin Jal : *Scènes de la vie maritime*, Gabriel de La Landelle, dont il sera parlé plus loin, Jules Lecomte : *L'Abordage, L'Île*

de la Tortue, Capitaine Sabord, Le Forban des Cyclades, La Femme-Pirate, Les Pontons anglais ou le Mort vivant ; les nouvelles et *La vie de Corsaire* de Louis Reybaud.

18. Dans la partie « Les Amours jaunes » des *Amours jaunes*.

19. Article repris dans *L'Art romantique*, 1868.

20. La reproduction de la page où Tristan marque son nom se voit n° 119, dans le catalogue d'Alde (2007) déjà signalé.

21. Voir de Marthe Le Clech, *Morlaix, L'imprimerie*, t. 4.

22. Dans les *Feuilles d'annonces de Morlaix*, on peut lire ainsi à la date du 11 mars 1848, signé « Henry Bocher » un poème adressé à Édouard Corbière : « Illustre romancier, toi qui nous fais sur l'onde/ Avec les matelots/ Visiter les confins de l'un et l'autre monde,/ En sillonnant les flots... »

23. Sur Émile Souvestre, voir le catalogue de l'exposition qui lui a été consacrée, *Émile Souvestre, 1806-1854, écrivain breton et saint-simonien*, revue *Skol Vreizh*, n° 59, 2006.

24. Sur H. Violeau, voir de Jean de Trigon, « Hippolyte Violeau, morlaisien d'adoption » dans *Portraits et médaillons morlaisiens*, Brest, Skridou Breizh, 1943, p. 39-56.

25. *Les Travailleurs de la mer*, A. Lacroix, Verboeckhoven et Cie, 3 vol., 1866.

26. Nous avons vu chez Mme June Vacher-Corbière un exemplaire des *Contes drolatiques* avec son paraphe tracé à l'envers. Il s'agissait de la septième édition de ce livre, illustrée de 425 dessins de Gustave Doré.

27. La Landelle est une grande figure méconnue de la littérature populaire. Malgré leur style négligé, ses livres mériteraient d'être réédités. Sur La Landelle, voir les excellentes pages que lui consacre Jean de Trigon dans *Poètes d'océan*, Émile Paul, 1958, p. 26-211. La Landelle, ami de Nadar, est mentionné par Jules Verne dans *Cinq semaines en ballon*. La lecture de la seule bibliographie recensée selon l'ordre alphabétique par Jean de Trigon dans son livre, p. 198-205, plonge dans un durable enchantement. J'y relève encore un *Alphabet phonétique universel* de 126 p. (Baillère, 1881), *Dans les airs. Histoire élémentaire de l'aéronautique* (1884) – et, plus encore (d'où vient le nom) *Aviation ou navigation aérienne*, 367 p. (1883).

28. *Le Gaillard d'avant. Chansons maritimes*, E. Dentu, 2ᵉ édition, 1865. Les chansons sont accompagnées de leur partition. Dans la première édition, *Poëmes et chants de marin* (Dentu, 1861) La Landelle précisait « J'ai donc attaché la plus grande importance à la publication simultanée des airs et des paroles de celles de mes chansons qui sont déjà populaires ou qui visent à le devenir. Mais, l'élision par trop complaisante des désinences muettes devant les consonnes, les contractions de syllabes et les nombreux escamotages dont usait encore Désaugiers, sont désormais proscrits ; l'hiatus n'est plus toléré, la rime suffisante est devenue de rigueur [...] » On verra que Corbière a parfois remis en cause de telles résolutions.

29. Cet impressionnant portrait de Tristan, dont on n'a jamais pu retrouver l'original, se trouve reproduit à la page 169 du livre de Trigon.

30. C'est surtout J. Vacher-Corbière qui a parlé d'Aimé et de Ludovic dans son *Portrait de famille*, p. 43-44.

31. Ces photos sont reproduites dans le catalogue de la vente Alde du 28 juin 2007, pièces 112, 113 et 114.

32. Il est possible aussi que par ses cheveux longs il ait voulu rappeler l'allure des Bretons de souche qui se présentaient ainsi à l'époque.

Les Vacher habitaient quai de Tréguier, son père demeurant Quai de Léon, comme les Corbière. La maison Alexandre, construite selon les plans d'Édouard Puyo, s'élevait aussi quai de Tréguier.

33. Voir chapitre XIV sur *Les Amours jaunes*.

34. Renseignement communiqué par M. Hubert Borgnis-Desbordes. Voir ses *Souvenirs sur Lamartine par son secrétaire intime*, Paris, Charpentier, 1844. Charles Alexandre est mort en 1890 à Charnay-lès Macon

35. Sur le contenu de « Mes livres », voir chapitre X.

36. Voir catalogue Alde, vente du 28 juin 2007, pièce 118, avec reproduction. Dessin au crayon, 24 × 32, collé sur un morceau de carton illustré.

VI

Roscoff, « vieux nid de corsaires »

Morlaix ne suffisait assurément pas pour Tristan. Il y était logé, nourri, blanchi, veillé, surveillé, dans l'ombre bienveillante d'une famille qui jusqu'à un certain point comprenait ses désirs et ses déceptions. Édouard, depuis qu'il a constaté la faiblesse de constitution de son fils, ratifiée en 1865 par la décision du conseil de révision[1], n'a plus l'ambition qu'il fasse carrière dans la marine – ce qu'il n'exprimera jamais clairement, mais que l'on doit estimer avoir été son plus légitime souhait. Faute de cette réussite, à quoi Tristan pourra-t-il être employé ? Quelle figure plus ou moins honorable présentera-t-il aux notables morlaisiens que les Corbière et les Puyo le plus communément fréquentaient ? Était-il même question que l'on attribuât un avenir à celui qui offrait si peu de garanties pour devenir un homme considéré et non pas un freluquet, un « fruit sec », un fils à papa ? Je devine de la part d'Aspasie sa mère un trésor de compassion compréhensible pour cet aîné qui a mal tourné et, de la part d'Édouard, une suffisante indulgence pour que Tristan ne se sente pas coupable d'exister.

On a tenté d'imaginer un certain nombre des occupations auxquelles il put se livrer en tout bien tout honneur, sans retirer de l'une d'elles autre chose que le plaisir, la jouissance immédiate. Longues étaient les journées, malgré le carillon des heures, les rites qui scandent la semaine et l'oxygénante ouverture des jours fériés. Tristan, qui ne trouve toujours pas son être ni son erre (son allure de navire !), n'a de cesse de repenser à lui-même, d'en affronter l'inconfortable mystère. Divers antidotes s'offrent à cet individu en forme de néant. Au « je pense donc je suis » d'un Descartes dont il ne fut certes pas l'assidu lecteur, se substitue, le cas échéant, et les jours où il sent respirer son génie, un « je rime, donc je vis[2] » tout aussi contestable, incapable de fournir la réponse avide que suscite son angoisse ontologique. Et comme il ne se sent pas être, faute d'être *quelque chose*, il va s'employer à forger de lui certaines identités, pour ne pas demeurer en reste, perpétuel échoué de la vie. Diverses solutions prennent forme devant son esprit toujours en quête. On en devine plusieurs qui s'esquissent, sans qu'il ait vraiment à cœur de passer un trait plus net sur ces trop vagues prototypes. Un poète sans doute, qui est façon de s'imposer aux autres à une époque ou cette fonction, moins négligée que de nos jours, jouissait d'une réputation prestigieuse, même si, dans ses marges, était apparue l'image pitoyable du *maudit*[3] et du famélique, crevant sur un grabat en ânonnant quelques dérisoires *novissima verba* ? À moins qu'exerçant un autre rayon de son talent il ne joue au peintre bohème, auréolé de ses rêves plus qu'entouré de ses tableaux, enragé velléitaire confondant projets et réalisations, reculant toujours l'acte décisif qui le ferait être ?

L'homme de marine aussi brille à ses yeux d'un prestige dont il mesure de suite le caractère fantomatique. Qu'il soit pêcheur, matelot, homme de vigie, gardien de phare, capitaine ou novice, ces figures qu'il connaît pour les croiser chaque jour, se colorent d'une aura légendaire, tout en gardant leur pleine substance de réalité tangible, loin des matelots d'opéra-comique et de ceux que magnifie, sans trop savoir qui ils sont, l'*Oceano Nox* du grand Victor.

Morlaix va donc devenir pour lui le lieu d'attache facultatif, celui où vivent les familles Corbière et Puyo et où il n'entend pas se dissoudre dans les bonnes manières d'une humanité routinière. Il a besoin d'un ailleurs pour trouver du nouveau, comme dit Baudelaire. Assurément il devine qu'étant donné sa mauvaise santé, il n'entreprendra pas de voyages au long cours. Il devra se contenter des côtes bretonnes et d'un monde maritime presque fonctionnalisé désormais, à l'abri de trop périlleuses aventures. Point de traite des Noirs ni de flibustes. Finie la chasse à l'Anglais. Passées de mode les fortunes des gentilshommes corsaires. S'il connaît toutes les plages alentour, les moindres bourgades aux clochers ajourés, ces « aïeules à la coiffe innombrable[4] », il montre un attachement plus particulier pour Roscoff où souvent viennent les Corbière durant la période des grandes vacances. Roscoff signifie pour lui l'endroit d'exil favorable face à un Morlaix trop policé où, à chaque tournant de rue, il retrouve avec irritation les mœurs bourgeoises, les manières, les apparences, les connaissances aussi, les amitiés même, qui le lassent à la longue par leur aspect de déjà-vu. Dans la cité léonarde, il tourne comme un écureuil dans sa cage, malgré les excentricités dont il sait orner le tout-venant du quotidien. Roscoff, petite localité, lui offre en revanche un semblant de liberté, une solitude peuplée d'oiseaux de plus ou moins bon augure, un « désert », comme on disait au Grand Siècle. Face aux maisons tassées sur elles-mêmes, ces vieilles veuves de granit, la mer s'étend à travers un dédale compliqué de récifs. On en perçoit immédiatement la fureur les jours de grand vent. Elle est presque à la porte, malgré la position des habitations qui presque toutes lui tournent le dos. C'est avec elle qu'il faut accorder ses journées. Sa présence incessamment renouvelée trempe les tempéraments, alimente les conversations (la pêche, les marées, les naufrages). Elle propose une vérité à laquelle on ne se dérobe pas et qui révèle à soi-même, pour peu que le regard une fois encore la saisisse, que l'on mesure d'où vient le vent et que l'on perçoive dans la couleur des vagues le temps des prochaines heures.

Quand il était à Brest, Édouard devait déjà venir dans ces lieux, et l'un de ses premiers livres, le plus renommé, son *Négrier*, en avait tracé une esquisse appréciable :

> « Le petit port de Roscoff [...] était le rendez-vous de tous les corsaires qui se réfugiaient dans le chenal de l'île de Batz, poursuivis par l'ennemi ou harassés par les tempêtes de l'hiver. Ce chenal d'une demi-lieue de longueur et de quelques brasses de profondeur en son milieu, n'est autre chose qu'un canal naturel qui, hérissé de rochers à chacune de ses extrémités, sépare de l'est à l'ouest l'île de Batz de Roscoff, son opposite sur la terre ferme. Les croiseurs anglais avaient soin de se tenir continuellement à vue de ce point commode de relâche en épiant la sortie des bricks, des cutters, des lougres et des goélettes, toujours prêts à quitter leur refuge, pour aller chercher fortune dans tous les coins et recoins de la Manche[5]. »

Il y décrivait aussi une « petite auberge que l'on nommait très hyperboliquement l'Hôtel Tirard ». Les héros de cette fiction, Ivon et Rosalie, y établissent un café pour lequel bien des noms sont proposés : *Les Trois Amis*, *Aux Corsairiens*, *La Belle Bretonne*, jusqu'à ce que soit adopté, nettement plus provocateur, *À l'Anglais sauté*. Un peintre-vitrier dépêché de Morlaix, à sept lieues de là, viendra tout spécialement barbouiller sur l'enseigne avec du « gros rouge brique et du vert choux » une « espèce de trois-mâts enflammé couvrant la mer de feu et de fumée et s'éparpillant en l'air entre les deux bouchons noirs qui étaient censés représenter les deux péniches dont il était accompagné », souvenir d'une victoire récente sur une embarcation anglaise.

Roscoff comptait alors 3 978 habitants[6], des pêcheurs pour la plupart auxquels s'ajoute une poignée d'agriculteurs. Le maire, nommé par décret impérial du juillet 1860, en était André de la Boissière. Roscoff, dès cette époque, en raison de la douceur de son climat (le courant du

Gulf Stream passait dans les parages) et de sa situation littorale, était considérée comme un endroit favorable pour certains malades qui souffraient de rhumatismes articulaires ou d'affections touchant les bronches. Aucun hôtel convenable n'était encore capable de les accueillir, et il faudra attendre l'inauguration de la voie de chemin de fer du Paris-Brest pour que les cures soient officiellement recommandées et donnent lieu à la mise en place d'une véritable station balnéaire. De Morlaix à Roscoff, cependant, aucune ligne ferroviaire ! On devait emprunter des routes difficiles, suivant la baie de Morlaix et sa côte dentelée. On ne mettait pas moins de trois heures de route. À ce régime furent soumis Corbière, ses amis et les peintres parisiens venus l'été dans cette localité retirée. La voiture publique[7], la malle-poste, partait trois fois par jour pour Saint-Pol-de-Léon, à 5 h 45 et 10 h 50 le matin, et à 10 h 50 le soir. De là M. Baude convoyait le voyageur à raison de 50 c ou de 3 fcs (pour une voiture particulière). Le trajet n'en finissait pas. Il passait par Saint-Martin dans le haut Morlaix, la Pennelé, la chapelle de la Madeleine, Penzé, longeait le château de Kerlaudy. Il était d'usage de s'arrêter à la maison du juge de paix Monsieur Deschamps pour admirer le figuier plus que centenaire de son jardin. Tel était l'itinéraire qu'on devait emprunter. Il est pensable aussi que Tristan, libre de tout bagage encombrant, soit venu à cheval de Morlaix ou qu'il ait pris la voiture de ses parents, achetée, comme on l'a vu, en 1859. Il disposait aussi vraisemblablement d'un autre moyen, la navigation, aussi rapide par les jours de beau temps et d'un agrément plus grand. Quel plaisir, en effet, que celui d'embarquer, quai de Léon, sous les fenêtres de la maison paternelle !

Les Corbière avaient l'habitude de passer quelques semaines de villégiature à Roscoff où Édouard avec Tristan faisaient plus volontiers du bateau. Lorsque Tristan arrêta ses études, il vint plus souvent à Roscoff et, sans abandonner tout à fait Morlaix, logea d'abord dans une maison face à la mer, rue du Quai, à l'actuel 31 rue Amiral Réveillère[8]. Il est malaisé de dater ces premiers séjours, aucun repère temporel n'existant vraiment, à l'exception d'une lettre, relativement tardive, écrite en 1870, le cachet de la poste faisant foi[9]. On pardonnera tant d'incertitudes qui, à ne pas être surmontées, risqueraient d'infirmer définitivement cet essai de biographie. Il convient donc, sur une durée de sept ans environ, de rebondir d'hypothèse en hypothèse pour édifier un semblant de chronologie ajustant les séjours probables de Tristan à Morlaix, ses séjours plus longs à Roscoff et la composition d'un certain nombre de ses poèmes ou dessins qui ne peuvent être datés que par conjectures.

Eu égard à son état nécessitant, comme on l'a souvent dit, un air vif et iodé, les parents Corbière n'hésitèrent pas à acquérir une maison sur la place de l'Église[10]. Les transactions se firent le 15 septembre 1864. Tristan n'avait pas encore vingt ans. La maison est vaste ; elle comporte à l'arrière un jardin avec quelques grands arbres. En se penchant on découvre la mer. Cette habitation appartenait à des nobles, les Kermerchou de Kerautem. Elle sera revendue un an après la mort de Tristan et de son père, le 15 novembre 1876, au ministère de l'Instruction publique en la personne du dénommé Henri Lacaze Duthiers, professeur à la Faculté des Lettres de Paris, membre de l'Institut et deviendra un laboratoire de zoologie expérimentale. De la littérature aux sciences le passage s'est fait tout naturellement, semble-t-il. Mais si l'on se plaît à penser que les demeures ont une âme, il ne faut certes pas croire que celle-là conserve celle du poète. Tout déplacement qui se voudrait pèlerinage dans ce genre de lieu rencontre invariablement la même désillusion, exception faite, il est vrai, pour la Hauteville-House de Hugo. Si l'intérieur, en vue d'être fonctionnel, est devenu méconnaissable, la façade, en revanche, aux vieilles pierres grises, aux moulures Renaissance, entre en résonance avec les images d'une Bretagne immémoriale, granit, hortensias et mousses, ici parfaitement en accord avec la place rectangulaire, bordée d'anciennes demeures et où s'élève à l'une de ses extrémités le bâtiment de l'église Notre-Dame de Croaz Batz. À l'opposé, une échappée sur le Vile ouvre sur la mer par un étroit passage[11] que dut emprunter plus d'une fois le poète. Entre ce qui reste et ce qui relève d'un passé irrécupérable, cet endroit signifie Tristan. Pourquoi celui-là plutôt qu'un autre ? En vertu de quoi naît l'écriture ? Et pourquoi la poésie ? Arrivé sur cette place où peu s'en faudrait pour qu'évoluent des personnages tout droit sortis du *Gaspard de la Nuit* d'Aloysius[12] Bertrand ou du *Capitaine Fracasse* de Gautier, on perçoit peut-être l'un des motifs, très allusif malgré tout, qui expliquerait la curieuse langue archaïque de Corbière en certains de ses poèmes, son médiévalisme latent. Ici un autre monde se lit en filigrane : bretteurs ferraillant et tire-laines, tandis que, franchie une simple rue où gire le vent, les corsaires sont au rendez-vous, les aubergistes borgnes et les pilleurs d'épaves.

À Roscoff, il va de soi, Tristan va consacrer un poème. Sur l'un de ses brouillons (ou l'une de ses premières versions) le titre est présenté écrit sur les cinq portées d'une gamme : « Berceuse en nord [*biffé*] ouest mineur » et sous-titré, d'une encre moins appuyée, « à Roscoff ». Le texte sera repris dans la partie « Gens de mer » des *Amours jaunes*. Je préfère ici le donner sous sa forme présumée la plus ancienne[13] :

« Trou de contrebandiers, vieux nid
de corsaires, dans la tourmente
Dors. Dors ton sommeil de granit
sur tes caves que la mer hante.

Dors à la mer. Dors à la brise,
ta tête dans la brume grise,
ton pié-marin dans les brisans.
Dors. Tu peux fermer ton œil borgne
ouvert sur le large, et qui lorgne
les Anglais depuis trois-cents ans.

Dors, vieille fille à matelots...
Ils n'écumeront plus, ces flots
qui te faisaient une ceinture
rouge de sang, rouge de vin,
rouge de fer. Dors – sur ton sein
l'or ne fondra plus en friture. »

Cette vision de Roscoff correspond éminemment au passé de ce petit port repère de corsaires toujours prêts à lutter contre l'ennemi héréditaire d'Outre-Manche. En cela Tristan ne fait que prolonger une tradition dont les hommes du lieu étaient les ardents dépositaires, ainsi qu'Édouard Corbière son père, attentif à rappeler cette période dans ses livres. C'est en 1865 que le romancier veillera à une réédition de ses *Pilotes de l'Iroise*, et nous sommes sûrs que le fils a suivi de près son travail, non pour rivaliser avec lui, mais pour s'en inspirer. La familiarité de Tristan avec le site, où il trouve en quelque sorte une seconde origine, non plus celle qui le relie au directeur de la Société maritime morlaisienne, mais celle qui l'unit aux corsaires, ou mieux aux pirates dont les aventures de mer l'ont bercé, se perçoit dans la somme de notations réalistes qui constellent sa « Berceuse ». Ainsi le détail noté des caves des maisons de granit, parfois envahies par les fortes marées et dans lesquelles, selon une tradition, des trésors de flibustiers auraient été enterrés. La cité côtière est vue cependant comme entrée désormais dans un long sommeil, après les heures fastes des grandes expéditions et courses à l'Anglais qui ne valent plus maintenant que comme de lointains souvenirs. Tristan constate le silence qui a succédé aux bamboulas et aux hourvaris de naguère. En hiver, quand les quelques estivants sont partis (les peintres et les touristes), il se retrouve isolé, ou presque, en dehors de « l'humaine piste », et pendant ses heures d'insomnie, il évoque avec une amère jouissance son lieu de retraite, vieille coque de navire échouée, vieille fille à matelots délaissée. Seule s'entend la corne de brume, à intervalles réguliers. Seul se distingue, dans la nuit ou le crachin, l'œil rouge du phare. Le passé revient, les nuits de bagarre et de carousse si bien décrites dans *Le Négrier*, quand se dépensaient à corps perdu l'or et l'argent des prises. L'univers d'autrefois tente d'apparaître à l'appel d'Édouard, de Scott, de Cooper et même de l'élégant Eugène Sue. Faudrait-il énoncer tous les noms de ces audacieux « lascars » et de tant de héros ? Rêvant ce monde évanoui d'affrontements et de flibuste, Tristan se contente d'édifier de nouveau le temps d'autrefois, sans regretter vraiment de ne pas y avoir vécu. Serait-il transporté par miracle dans ce passé, qu'il continuerait d'y être un indésirable, un individu trop faible pour qu'on l'accepte au milieu de ces fortes têtes, de ces forbans et de ces frères-la-côte. Il ne s'en applique pas moins à transfigurer ce qu'il a sous les yeux, et le brillant autrefois anime un instant les venelles qui toutes aboutissent au port dont la marée basse découvre la terre noire de l'estran.

La présence de Tristan à Roscoff fut constamment attestée par les témoins de l'époque et, il va de soi, par ses biographes. Il reste qu'il semble impossible de savoir combien de temps il s'établit là-bas. Procéda-t-il – ce qui est vraisemblable – par étapes, comme tendrait à le prouver l'indication d'un premier domicile face à la mer, rue du Quai ou Rue de la Perle ? Quoique ses parents aient fait l'achat en 1864 de la maison de la place de l'Église, ils vinrent avant cette date dans la localité, comme le montrent les lettres de Tristan lycéen évoquant avec joie des baignades aux environs. La distance entre Morlaix et Roscoff ne permettait pas de faire en une journée l'aller et le retour. Édouard Corbière, de longue date, était attaché au petit port riche d'une histoire que ses livres et sa conversation avaient su transmettre à son fils. L'état physique de Tristan ne présentant aucune amélioration, on avait décidé qu'il demeurerait le plus possible dans ce lieu favorable, réputé déjà pour la salubrité de son climat. Lui-même, bien qu'il aimât Morlaix, dut être enchanté à la perspective de profiter un peu seul, loin de Cagaille et du gros « monmon », de sa vie, si problématique qu'elle fût. L'argent ne lui manquait pas. À la moindre difficulté, il pouvait revenir à Morlaix. Quelques personnes amies de son père étaient prêtes à veiller sur lui, voire à le surveiller, comme le peintre Michel Bouquet proche d'Édouard et des Puyo, le Roscovite docteur Denis (Goulven) et Monsieur le maire. Au besoin, il pouvait prendre son bateau (conduit par un homme de confiance) pour rejoindre la cité léonoise. Édouard et Aspasie, sachant leur « fils de famille » peu doué pour les tâches ménagères, ne tarderont pas à affecter à son service une domestique[14]. Tristan a vécu là dans des conditions variables – l'été, où débarquaient des artistes dont il sera l'assidu compagnon, l'hiver, qui le mettait face à son oisiveté supposée et à la fréquentation réduite des Roscovites endurcis. Il est donc raisonnable de penser que, contrairement à l'opinion reçue, il ne passa pas des mois à Roscoff en tête-à-tête avec lui-même, mais qu'il y accomplit un certain nombre de séjours, *stages à néant*, à chaque fois achevés par un retour à Morlaix, pour « reprendre contact avec la civilisation » pourrait-on dire, les joies de la famille, le salon de Christine, les représentations chez Émilie Le Bris, les chaleureuses virées avec Aimé et Ludo. Si l'on est effaré par l'espèce de passage à vide que signifient des jours et des jours vécus à Roscoff, sans que la moindre occupation en dissipe la longueur, il faut non moins imaginer son activité possible, y compris lorsque celle-ci, prenant un aspect fantomatique, consistait en un farniente digne des lazzarone napolitains ou une rêverie tenace, donnant à l'enlisement du temps une saveur inédite, une inquiétante douceur.

Reconstituer son emploi du temps relèverait d'une gageure, d'autant plus qu'il pouvait se permettre de grandes irrégularités dans ce domaine, les levers tard après une nuit d'insomnie ou de lecture, les repas à l'auberge, en l'occurrence chez le fameux Le Gad[15] qu'il honorera plus d'une fois de sa venue, les longues après-midis en balade aux environs sur la fidèle jument Souris ou escorté du Terre-Neuve Pope, lequel l'accompagnait aussi dans la barque, le canot, le cotre, le voilier, à bord duquel il faisait des périples, allant jusqu'aux îles, en se donnant l'illusion du voyage et de la découverte. Qu'un Tristan solitaire ait subi la lenteur impitoyable de l'existence à Roscoff, on ne saurait en douter. Encore convient-il de le voir rarement livré à lui-même, même si cette situation revient le hanter, qu'elle est sa plaie et son couteau. Car il n'écarte pas le plaisir de la vie sociale ; au besoin il s'en étourdit. Il découvre toujours en l'autre le pitoyable frère, mais aussi l'être différent, l'incompréhensible semblable. D'où le Tristan qui fait le pitre pour les peintres ou grappille auprès d'eux les ficelles du métier, et d'autre part, l'individu irréductible, la « gueule », « fond troué d'arlequin[16] », mystère à ses propres yeux, patente inutilité en ce bas monde. Il faudrait alors, pour en parler, devenir soi-même contradictoire, effacer, puis faire revenir, comme se reforment inéluctablement la tendance, la pulsion. Trouver – puisque tacitement il l'exige – un nouveau mode d'expression qui n'aurait rien à voir avec les gueulées des frénétiques irradiés par Artaud. Le profond mouvement de jusant en vertu duquel une part de réel se retire, une autre avance encore. Ainsi, à plusieurs reprises, faut-il passer dans les rues et les venelles de Roscoff, comme ceux qui espèrent se pénétrer d'une ambiance et croient l'air et le vent restituables par la vertu des mots. Ou mieux poursuivré-je ma déambulation avec l'idée que je ne pourrais que placer l'un à côté de l'autre des éléments composites qui, selon les heures, prendront l'allure de reliques, de ruines ou de signes vivants.

Roscoff, face à la mer, vouée au commerce, était aussi le repaire de bâtiments armés pour la course. On appelait ainsi nombre de marins qui sous l'Ancien Régime ou l'Empire faisaient la chasse aux Anglais et arraisonnaient leurs navires. Des prises de toutes sortes, souvent opulentes, donnaient lieu à des ventes aux enchères qui longtemps assurèrent à la cité sa réputation et son ample richesse. Il n'en fut plus question après Napoléon Ier, une fois que la flotte française fut détruite. Le commerce compte alors sur les produits du terroir, les célèbres oignons des johnnies, les choux-fleurs et les artichauts. Mais Tristan, comme son père, résolument tourné vers la mer, ne s'entend qu'avec ceux qui partent au large et trouvent là leur vie.

Tout contre la maison place de l'Église, vaste, ancienne, d'apparence têtue, surmontée d'un fronton Renaissance, sera construite l'école communale – ce qui n'était peut-être pas du goût de Tristan réveillé par les jeux des écoliers et par leurs chamailleries. Plus loin, séparée par la largeur d'une venelle, la maison des Mironet, autrefois possédée par Louis Le Bars. Au sujet de la demeure roscovite de Corbière, les souvenirs des uns et des autres ne concordent guère. On a vu qu'elle fut achetée en 1864. Il est certain toutefois que les Corbière vinrent auparavant dans le petit port et que ce fut sous le même toit qu'ils logèrent par la suite durant la période des grandes vacances, même une fois que Tristan eut décidé de l'occuper à l'année. Une lettre tardive du maire Ludovic Le Dault[17], élu le 10 août 1873, et réélu le 23 janvier 1881, assure qu'« Édouard Corbière vint habiter Roscoff vers 1868 ». Ce « vers » laisse place à beaucoup d'incertitudes et, vu les documents à notre disposition, prouve une mémoire approximative. Nous sommes contraints, néanmoins, de prendre en compte ce genre de souvenirs auxquels se mêle souvent une part de vérité. Le Dault note, par exemple, que l'on savait Édouard Corbière arrivé dans la petite ville, car sa première visite était pour les bateaux que contenait le port. On imaginera que Tristan, bien avant la venue de ses parents, se promenait sur les mêmes lieux, attiré là par une égale curiosité. En Édouard il y avait, semble-t-il, le tempérament d'un philanthope, et Le Dault se plaît à signaler que les Roscovites regrettèrent longtemps ses trop courts séjours de 1868 à 1875, « Les malheureux regardent toujours en partant vers l'habitation aujourd'hui déserte. […] jamais la porte de cette maison ne leur fut fermée. » À l'énoncé de cette conduite charitable, on pense également à

Tristan qui, dans ses *Amours jaunes*, manifeste envers les misérables une attention pouvant aller jusqu'à la compassion. Quoique appartenant à une famille bourgeoise, Corbière, loin d'avoir du mépris pour les pauvres hères, se reconnaissait en eux. Tout naturellement il va aider le stropiat, accueillir le conteur ambulant, regarder de tous ses yeux tristes l'indigent bancroche ou fleurdelysé d'ulcères – comme il en a vu représentés dans le défilé des gueux tracé par Jacques Callot sur un album que possédait sans doute l'un de ses oncles[18]. Édouard lui-même, qui a touché de près la misère des esclaves aux colonies et qui a partagé l'existence sommaire des gabiers et des « premiers brins », ne dédaignait pas cette valetaille puante, criaillante, marmonnant ses *ave maria* et ses *oremus* sous le porche de l'église. La maison Corbière est presque la maison du bon Dieu. On n'en dit trop rien toutefois, quand le grand fils maigre y habite seul avec une domestique. Je le vois fort bien, cependant, cédant à des accès de miséricorde, recevoir pour une heure un mendiant au bissac vide, un cagou qui récite ses histoires et dont les pittoresques loques luisent au foyer, comme dans « Le Mendiant » des *Contemplations* de Victor Hugo[19]. Édouard le père s'est d'ailleurs promis d'améliorer le sort des Roscovites et, comme ceux-ci peinent pour chercher l'eau potable distante du centre de plus d'un kilomètre, il s'est employé à faire installer trois bornes-fontaines, pour que de tels trajets soient épargnés à la population, ces pêcheurs qu'il tutoie, ces femmes et ces enfants aux pauvres habits qu'il croise dans les rues. Sur chacune d'elles, encore de nos jours, se lisent les initiales de son nom. Il agira, en outre, pour que le port soit étendu à de nouveaux espaces facilitant l'abri des nombreux bateaux de pêche.

Au milieu de ces gens qu'il apprend peu à peu à connaître, Tristan occupe une position que rétrospectivement il est difficile de définir. Il est le fils, sans occupations spéciales, d'un père estimé, craint cependant, car nul n'ose se confier tout à trac à Monsieur Corbière, personnalité éminente, malgré sa petite taille, président de la Chambre de Commerce, Directeur de la Compagnie maritime. Édouard, conscient de ses qualités, de son honorabilité, ne manifeste aucune excessive familiarité envers les habitants du petit port, même s'il n'hésite pas à leur parler, à s'informer de leur condition et, d'un regard expert, estime les barques, suit les manœuvres, se plaît, à maintes reprises, à sortir en mer sur son voilier avec son fils à bord. Tristan, qui tient drôlement son corps, comme un perclus, fait contre mauvaise fortune bon cœur. Malgré ce sérieux handicap, qu'il vainc par son courage naturel que souligne sur ses lèvres un curieux sourire, il connaît la navigation, il sait tirer des bords, serrer les ris, étarquer les voiles, et, dès que l'on s'éloigne de la côte, il éprouve une forme de bonheur, une puissante liberté, comme si la mer lui donnait des ailes, épargnait à son corps les douleurs qui le nouent. Père et fils regardent l'horizon. L'un tient la barre, l'autre s'occupe aux garcettes ou aux lignes. Leur confrontation avec l'océan n'emprunte rien au lyrisme, celui d'un Ducasse, par exemple, embarqué sur un transatlantique. Ici chaque avancée du voilier épouse le dos des vagues et c'est de près, de tout près, qu'ils sentent le flot, le « poudrin » de l'écume.

Tristan à Roscoff, de plus en plus à Roscoff, se transforme, accède à un semblant d'identité. Et nous tenons précisément à cet instant où il se fait, quitte à se défaire, selon une insatisfaction permanente où il veut coûte que coûte se créer. Mais aucune date pour bien préciser ce baptême à l'eau de mer. Ou si l'une transparaît, le doute l'environne. Il n'est pas question de venir à bout de Corbière. Lui-même n'y est pas parvenu.

Le plus ancien texte daté de Tristan, où apparaisse clairement le ton qui sera celui des *Amours jaunes*, consiste en un long poème de 128 vers. Il figurait sur un manuscrit confié au docteur Bodros, qui l'assista sur son lit d'hôpital à Paris, et sur un album offert à Louis Noir, dont nous reparlerons. Outre l'intérêt qu'il présente en raison de sa facture très spéciale, il comporte une indication capitale, à savoir « Île de Batz – 1867 ». En-deçà de cette date, en effet, nous devons nous contenter, pour estimer l'évolution de la poésie de Corbière, de ce que nous avons dénommé, de façon justifiée, les « poèmes de jeunesse », un ensemble qui, malgré certaines étrangetés, interdit de voir en leur auteur un poète appelé à devenir célèbre. La pièce intitulée, soit « La Balancelle », soit « le Panayoti »[20], traduit, en revanche, une ambition et des préoccupations qui nous rapprochent du Tristan Corbière dont nous apprécions le génie. Assurément on peut considérer que Tristan a bien fait de ne pas l'intégrer dans son unique volume de vers, car l'effet obtenu dans ce poème par l'usage constant d'un langage mi-argotique, mi-patoisant, mi-maritime en évacue, à l'évidence, tout souci artistique au profit d'un vérisme du propos qui lui prête l'accent d'un rude et simple témoignage. Il est très remarquable, du moins, qu'il ait choisi cet angle d'attaque pour composer ses vers dans un style parlé, multipliant l'apocope, risquant l'hiatus, regorgeant d'incorrections, si bien que la langue académique est non seulement battue en brèche, mais que, d'une certaine manière, elle n'a plus de raison d'être, qu'elle se révèle impropre à exprimer ce que, à tout prix, et selon sa violente gaucherie, cherche à dire le quartier-maître Tremintin, pilote domicilié sur l'île de Batz. Il n'est pas dit que Corbière ait souhaité rédiger là un texte poétique. Je perçois plutôt le « Panayoti » comme un monologue inspiré par un canevas, un véritable tour de force *sui generis* (Baudelaire aimait ce mot) rédigé sans doute pour épater la galerie composée soit de l'assemblée familiale amusée par ce genre d'exercice (on se réjouira plus tard des « cuirs » du sapeur Camember), soit d'une troupe de joyeux drilles, camarades morlaisiens ou peintres de Paris toujours prêts à entendre les « dernières » de leur ami. Tristan s'est donc servi d'un épisode[21] tout droit extrait de la bibliothèque paternelle, à savoir du quatrième tome de l'*Histoire générale de la marine* due au Prince de Joinville. L'affaire remontait à la guerre contre les Turcs. Elle s'était déroulée dans la mer Égée. Vigny l'avait évoquée dans son *Journal d'un poète* ; mais, seulement quarante ans plus tard, un Corbière s'avisera de lui redonner vie, par la bouche, il est vrai, d'un Trémintin de Batz, ce qui nous ramène en terres connues, à quelques encablures de Roscoff. Que le Trémintin survivant d'une catastrophe héroïque, ait conté son épopée au jeune Tristan venu sur l'île, comme il lui arrivait souvent, relève d'une possibilité dont nul ne s'est avisé jusqu'à maintenant de scruter les chances d'être réelle. Toujours est-il que Corbière le fils s'est employé, comme un bon reporter, à capter ce discours en se jouant de ses imbroglios et de ses pataquès, avec une désinvolture qui fleure le talent le plus accompli. Sa mécanique du vers est au point, si parfaite, qu'enjambements et rejets se succèdent sans gêne et que les rimes les plus opportunes, les plus syncopées, s'accumulent, formant un défi. Le tout parle comme un personnage presque de comédie, à moins qu'il ne soit plus vrai que nature, ce Trémintin « cavalier de la religion d'honneur », comme il s'intitule.

« La Balancelle » commence par un véritable feu d'artifice verbal. Tristan semant sur sa chronique une traînée d'amorces ne fera pas mieux par la suite dans le domaine des formules violentes et pétaradantes.

> « Deux requins dans ton lit, un "garc" dans mon hamac !
> Tas d'sacrés chiens d'matlots, ouvrez-moi l'œil… cric crac ! »

Il y a là, concentrées, une bonne demi-douzaine de pages d'Édouard et du meilleur, quand, après avoir un peu trop lambiné à décrire des manœuvres, il démarre sec et entonne une histoire. Le vocabulaire est celui du marin, tout craché. Les mots grincent sur leurs terminaisons ou leurs racines, et le fameux « cric… crac… »[22] traditionnel des conteurs ouvre la voie à une narration peu ordinaire qui tangue bord sur bord. Tristan, peu préoccupé d'esthétique, va, de suite, très loin, outrepasse. Avec quelques fanfaronnades à l'appui. Une cargaison complète, les canons chargés jusqu'à la gueule. En pleine mateloterie, il tient sur

128 vers, réussit le récit d'abordage, met le feu aux mots. Il s'est emparé du meilleur des sujets possibles, en route vers sa légende, avec l'intempérance calculée d'un Céline. Car le langage et la poésie ont cette raison d'être : vaste expectoration, projection de vocables criés comme ça peut, en vers et contre tout, ainsi que le signale très bien le poète lui-même, ou le rhapsode, dont Tristan reprend ici l'emploi :

> « Pour lors donc, nous croisions sur la mer *archi-belle*
> Ousque l'temps est si beau et la mer est si belle
> Qu'on dirait qu'y en a pas, mais c'est infesté d'Turcs,
> D'archi-turcs qui vous cur'nt la carcass' : c'est leur truc. »

Le portrait des pirates occasionne une véritable aubaine pour le pilote Tremintin qui déploie crument l'étal de ses jurons :

> « [...] c'est pas un cuir chrétien.
> C'est comm'culots d'gargouss gréés en groins d'chiens
> Et pis des pistolets, plein l'vente d'leurs culottes
> Longs comm' canules à vach's... paraît qu'c'est leurs marottes ! »

Le moment où saute la Sainte-Barbe[23] mise à feu par le capitaine produit une apocalypse soudaine, corps éparpillés retombant en lambeaux. Tremintin projeté par l'explosion décrit, en fantastique témoin :

> « [...] Tout à coup l'commandant
> M'rase, au rasibus d'moi que j'en sentais le vent
> En l'air, en quat'morceaux sans compter l'uniforme. »

Le reste à l'avenant, et digne des pages en roulements de bombes de *Normance*[24].

Appeler le « Panayoti » un morceau de bravoure relève presque d'une tautologie ; car c'est de la vaillance de l'excellent Tremintin qu'il s'agit, formulée dans le langage typique des gens de mer. En réalité, ni La Landelle ni Édouard Corbière n'avaient eu l'audace de faire parler ainsi leurs équipages et si, sur ce point, Tristan pouvait s'autoriser d'un modèle, mieux vaut citer les très évidentes réussites, en ce domaine encore inexploré, d'Henry Monnier dans ses *Scènes populaires*[25], inaugurées dès 1830 et qui avaient connu un franc succès. L'auteur, excellent dessinateur, les avait également représentées. Ainsi se constituait une double expression sur laquelle on ne saurait trop insister, puisque Tristan, de son côté, n'a cessé d'accompagner ses lettres, puis ses poèmes, de croquis et de caricatures, sans donner la prééminence au texte. Monnier calque à merveille le parler des petites gens, notamment dans son *Roman chez la portière* où – pour ne citer qu'un exemple –

Madame Desjardins se répand en phrases filandreuses (à prononcer avec l'accent des faubourgs) :

> « Je leu z'y ai parlé, s'entend, sans leux z'y parler, c'est elles qui m'ont demandé si c'est qu'y avait pas de pompe dans la maison. Je crois pas, que je leu z'y ai *réponnu*, c'est ici tous des gens bien composés, y en a jamais évu d'aut's, y en aura jamais. »

Les Corbière père et fils se sont très certainement amusés de ces cuirs, et Tristan a surenchéri sur de tels procédés qui, dans la vie courante, revêtaient quelque actualité, dès qu'il tendait l'oreille et captait le langage environnant. Certes, chez un Tremintin, rien d'une concierge d'Eugène Sue et de ses ragots, mais l'expressivité toute crue qui renouvelle les éléments du réel, leur donne un éclat incongru (on le croit d'abord), alors que s'y fait jour une vérité renvoyant tout crument à la peu reluisante condition humaine. « La Balancelle » apparaît donc comme un texte d'exception. Il semble annoncer la série « Gens de mer » qui si durablement étonnera les lecteurs des *Amours jaunes*. Il reste que l'utilisation d'un pareil langage mal dégrossi sera abandonnée par lui au profit d'une expression tout aussi drue, mais plus apte à se couler dans l'alexandrin, dont la désarticulation excessive risquait à la longue de défaire tout le poème.

Le moindre intérêt du « Panayoti » (dit « Panier rôti » par le plaisant Tremintin) n'est pas la signature qu'il porte. Il est bien dit, en effet, que le récit fut « mis envers et contre tout par Édouard Tristan Corbière ». Pour la première fois se lit le nouveau prénom qu'Édouard le fils s'est choisi, sans doute pour qu'on le distingue aisément de son père. Il n'en conserve pas moins, pour l'instant, l'autre, qui leur est commun. Mais une désignation inédite lui échoit, de son propre gré. Une tradition désormais entérinée l'explique par la référence à la légende de Tristan et Iseut. Elle ne va pas de soi, cependant. Et mieux vaut reprendre toutes les informations la concernant pour tenter d'en discerner la véritable signification. René Martineau note qu'Édouard fils, quand on lui demandait pourquoi il s'était donné le prénom de Tristan, répondait : « Je l'ai pris à mon frère[26]. » Or on ne sache pas que le gros petit Edmond se soit jamais appelé Tristan. Martineau conclut donc avec bon sens que ce frère, plus réel que le vrai, aurait été celui de la légende. Rien de plus simple, en effet, que de penser que la référence à Tristan le Léonois ou le Léonard aurait permis à Édouard le fils de se doter d'une identité illustre, supplantant ainsi la trop prégnante parenté paternelle. Non que – comme nous l'avons vu – Édouard fils ait jamais eu à se plaindre de ce père attentif et parfois complice. Mais se donner comme ancêtre Tristan ou se le proposer comme lointain modèle colorait sa vie, ses raisons de vivre, d'une noblesse qui se perdait dans la nuit des temps et lui conférait un haut lignage littéraire, bien qu'il y manquât par excellence l'amante, brune ou blonde. Ce serait donc en songeant à ce seigneur énigmatique, blessé, éprouvé par la vie, atteint de mélancolie et surtout originaire du pays du Léon, qu'Édouard le fils se serait approprié les quelques syllabes désignant un personnage dont il admirait la tristesse, l'idéalisme, l'angoisse – héros d'une histoire d'amour fou à l'issue fatale. En 1867, toutefois, point d'amante nommable à son horizon, et trois ans d'attente seront nécessaires pour que le chevalier à la triste figure mâtiné d'histrion rencontre sa dame, théâtreuse et maîtresse d'un vicomte désœuvré. Édouard le fils n'a donc pas ajouté « Tristan » à son identité pour traduire un certain conflit avec un protecteur en titre, piètre roi Marc possesseur d'une Iseut italienne. Rodolphe de Battine, « Herminie » Cucchiani apparaîtront en leur temps. En 1867, il connaît, comme tout le monde, la légende de Tristan. Il vit sur les lieux mêmes où ce héros a vu le jour. Il est un homme du Léon. Quant à savoir s'il a eu vent du *Tristan et Iseut* de Wagner qui donnait une nouvelle actualité à la saga médiévale, il ne faut guère y croire. Certes, Bourdilliat avait publié dès 1861 *Quatre poèmes d'opéras traduits en prose française* qui, outre *Tristan et Isolde*, contenait *Le Vaisseau fantôme*, *Tannhäuser* et *Lohengrin*. Mais on imagine mal les Corbière ou la famille Puyo intéressés par les débats autour de Wagner, si mal accueilli, du reste, à Paris à cette époque. À supposer que fût venue sous les yeux de Tristan, par *La Revue européenne* ou *La Presse théâtrale et musicale*, l'étude de Baudelaire à ce propos[27], elle portait essentiellement sur *Tannhäuser*. Relativement à la légende de Tristan, il faut bien considérer qu'Édouard le fils n'a pu en être informé que par la tradition orale sur laquelle, malgré tout, ne subsistait en Bretagne que peu de témoignages. En effet, ce ne sera qu'en 1900 que Joseph Bédier publiera le *Roman de Tristan et Iseult*, d'après Béroul et Thomas, la version la plus courante que nous connaissons tous encore aujourd'hui. À l'époque où vécut Corbière, il n'en était pas encore question, et seul existait, en tant que livre, l'ensemble publié par les soins d'un érudit romantique, Francisque Michel, sous le titre *Tristan, recueil de ce qui reste des poèmes relatifs à ses aventures* (Techener, 1835-1839). Néanmoins, il n'est pas exclu qu'il en ait découvert un exemplaire dans la bibliothèque de son père.

Le choix du si beau nom de Tristan peut, en outre, avoir été déterminé par plusieurs coïncidences. Il est plus que vraisemblable, par exemple, que Tristan lut les poèmes de son homonyme du XVIIᵉ siècle, ce Tristan L'Hermite, dit Tristan, auteur des *Plaintes d'Acanthe* (1634), de nombreuses tragédies, dont *Marianne*, et surtout d'un roman autobiographique, *Le Page disgrâcié*, dont le titre semble illustrer à l'avance la laideur du poète des *Amours jaunes*, encore qu'il s'agisse bien davantage de l'état de disgrâce subi par un courtisan.

Revenons à la légende de Tristan. À être repensée, elle se résume à une situation particulière vécue par le héros. Celui-ci doit chercher une épouse pour son oncle Marc. Il découvre Iseut la blonde à laquelle un philtre, bu par mégarde, l'enchaînera à jamais d'un amour fou qui le mènera jusqu'à la mort. Une telle situation n'est certes pas étrangère à ce que put connaître Tristan, si l'on se souvient des nombreux oncles et tantes qui l'entourèrent. Il convient ici, encore une fois, de rappeler le second mariage d'Edmond Puyo avec Christine Millet, elle-même âgée de cinq ans de plus que Tristan. Je ne nie pas qu'il aurait fallu une certaine audace au poète pour décider, à partir de cet état de fait, de signaler par son changement de prénom la relation triangulaire rêvée, mais non consommée, qui l'unissait à Edmond et à Christine. En tous les cas, plutôt que de voir en Rodolphe de Battine (qui surviendra plus tard, en 1871) un oncle Marc de remplacement, il n'est pas tout à fait vain de considérer en Edmond un oncle véritable marié à une bien désirable tante, pour laquelle Tristan montrera toujours la plus grande affection. Précisons dès maintenant que nous en sommes réduits à des suppositions. Ne pas les faire conduirait à un aveuglement nuisible. Et si l'heure de Marcelle, dite Herminie, Cucchiani n'est pas venue, acceptons que celle de Christine s'affiche ici avec quelque avance sur le cadran, environnée d'incertitudes et chimérique à souhait !

Entre le moment où Tristan abandonna, forcé, ses études et la période de 1867, où la rédaction du « Panayoti » traduit la conscience d'un destin poétique (doublé, à l'évidence, d'un avenir de caricaturiste), Tristan, par résistance et réaction contre les malheurs de la vie, par choix, d'autre part, d'une conduite située à la marge du milieu ordinaire, a donc construit un personnage qui lui permettait, en quelque sorte, de se supporter, de passer avec lui une manière d'accord, à la faveur duquel il représenterait à ses yeux, comme à ceux des autres, *quelqu'un*, même si ce quelqu'un n'était pas loin d'une image, d'une charge outrée, d'une silhouette excessive ainsi reconnaissable, parce qu'elle jouait de caractéristiques extrêmes et de défauts accusés. Le tout constitue du *répondant*, se veut à la mesure de son désir d'être, bien qu'il ressemble comme deux gouttes d'eau au *fait-néant*. De chapitre en chapitre, des aspects de Corbière se rejoindront, se compléteront, sans procurer de lui autre chose qu'une charge. Aucune délicatesse donc, quoique l'on soupçonne, à chaque instant, sa sensibilité à fleur de peau. Corbière pousse le trait, souligne, accuse, s'accuse. Il est un peu plus que lui-même, dans l'émotion comme dans l'écriture, dans la narquoiserie, et, faute de porter sous notre regard toutes les nuances de son esprit, il s'adonne à une exagération constante, à la faveur de laquelle il se préserve. Quelque part aussi il s'effraie du peu qu'il renferme, de la pitoyable marionnette qu'il contient, de l'inconsistance de son bonhomme intérieur.

Daté de 1868 – en réalité de 1869 – (il a 24 ans), des vers établissent déjà le bilan de son existence prétendue. N'est-il pas trop jeune encore ? Mais Villon, en l'an trentième de son âge, grossoie son Testament, Rimbaud n'écrira plus guère, passés ses vingt ans, et Ducasse au même âge aura accompli ses *Chants de Maldoror*. Dans les 35 vers cités plus loin, il est permis de dire que Corbière revient suffisamment sur lui-même pour dire qu'il est *revenu de tout*. L'un des points de départ de sa poésie réside dans cette fin. Du genre : « au début il y avait la fin ». La fin doit être tenue pour le *milieu* même dans lequel il tente de vivre et non pour la ligne d'horizon qu'il atteindrait. De ce poème publié posthume en 1889[28], on ne connaît pas pour l'instant le manuscrit. À tort on a pensé qu'il coïncidait avec le fameux portrait sur panneau de bois souvent reproduit, mais qui montre des vers (un quatrain) qui n'ont rien à voir avec ce premier texte. L'intérêt que nous lui portons se rattache, une fois encore, outre son contenu, à sa datation. Assurément c'est le portrait et non le poème qui est censé être daté de 1869. Cependant nous passerons outre, tant il nous semble qu'à ce moment Tristan sait qui il est (selon sa propre déshérence) et souhaite offrir de lui une configuration à laquelle il va se tenir désormais, en proposant un commentaire plus ou moins *ne varietur* de sa personne.

> Jeune philosophe en dérive
> Revenu sans avoir été
> Cœur de poète mal planté :
> Pourquoi voulez-vous que je vive ?

> L'amour !.... je l'ai rêvé, mon cœur au grand ouvert
> Bat comme un volet en pantenne
> Habité par la froide haleine
> Des plus bizarres courants d'air :
> Qui voudrait s'y jeter ?.... pas moi, si j'étais ELLE !....
> Va te coucher mon cœur, et ne bat plus de l'aile.

> J'aurais voulu souffrir et mourir d'une femme
> M'ouvrir du haut en bas et lui donner en flamme
> Comme un punch, ce cœur-là, chaud sous le chaud soleil...

Alors, je chanterais (faux, comme de coutume)
Et j'irais me coucher seul dans la trouble brume
Éternité, néant, mort, sommeil ou réveil.

Ah ! si j'étais un peu compris ! si par pitié
Une femme pouvait me sourire à moitié,
Je lui dirais : oh viens, ange qui me consoles !....
... Et je la conduirais à l'hospice des folles.

On m'a manqué ma vie !.... une vie à peu près ;
Savez-vous ce que c'est : regardez cette tête.
Dépareillé partout, très bon, plus mauvais, très
Fou, ne me souffrant... Encor si j'étais bête !

La mort... ah oui, je sais : cette femme est bien froide,
Coquette dans la vie, après, sans passion.
Pour coucher avec elle, il faut être trop roide...
Et puis la mort n'est pas, c'est la négation.

Je voudrais être un point épousseté des masses,
Un point mort balayé dans la nuit des espaces,
            ... Et je ne le suis point !

Je voudrais être alors chien de fille publique,
Lécher un peu d'amour qui ne soit pas payé ;
Ou déesse à tous crins sur la côte d'Afrique,
Ou fou, mais réussi ; fou, mais pas à moitié. »

Vision de sa propre personne, non définitive, sans doute. Il y en aura beaucoup d'autres. Complémentaires. Contradictoires. À vau l'eau. Un portrait donnait à ce poème toute sa substance. Égaré depuis[29]. Ou que nous connaissons sous une autre forme, le fameux Corbière aux longues bottes et bonnet de forçat ? Arrivé à mi-poème, Tristan commente, sans faire saillir le mot de « laideur ».

L'obsession s'exprime à propos du ratage, mot sésame pour le comprendre. La responsabilité n'en remonte pas ostensiblement aux parents. Il l'attribue à l'anonyme « on » – qui rentre si bien dans l'ordre du destin. Mais il prend à témoin son lecteur, lequel est censé regarder simultanément le portrait en couleur. Cette tête, cette « gueule », étaient déjà celle qui provoquait ses vers de lycéen : « Aïe... aïe... aïe... Fallait pas qu'il y aille ». Tristan vit dans le superlatif, la contradiction, mêlant en lui bonté et noirceur, son énorme compassion et son sarcasme incorrigible. Le tout forme un composé inacceptable. « Dépareillé » : l'adjectif s'impose, qu'aucun autre écrivain n'avait jusqu'alors propulsé avec une telle force. Masochisme, innommé encore. Tristan s'enfonce dans l'innommable de son inconscient, armé, par-dessus le marché, d'une lucidité contondante. Car, comble de malchance, nul sommeil ne lui est permis, nulle anesthésie de son âme inquiète ! La bêtise (comme pour Monsieur Teste) n'est pas son fort.

Ce portrait-là sent sa jeunesse, et même son Musset, lu et relu par les adolescents, « l'apostrophe Rollaque[30] », comme dira Rimbaud à la même époque. Corbière, le mal fichu, comme les autres éprouve l'amour. Mais il ne sait pas encore exprimer ses sentiments ; il ironise à perte de vue, et l'aveu se profère, en désespoir de cause, dans un tutoiement douloureux qui fait « battre les ailes du cœur », comme dit le proverbe espagnol qu'il reprendra plus tard. Tout ce poème, du reste, est une réserve pour plus tard. Des vers entiers en seront repris dans d'autres textes, « Le Poète contumace », par exemple. À moins que ce dernier ne lui soit contemporain. À pareil âge on rémoule toujours une histoire de cœur. Corbière le forcené ne perd pas son temps à fabriquer une élégie. Il lui faut du brut, du physique. Tant qu'à offrir son cœur, on s'ouvre la poitrine, on l'extrait tout chaud palpitant. Précisément une anecdote le montre apportant tout saignant à sa tante Christine le cœur d'un mouton pris à l'étal d'un boucher[31]. De telles actions s'inventent-elles ? Trop atroces pour y croire, toutes droites issues d'un humour supérieur qui ne recule devant rien pour se faire entendre. Et que Christine en ait été la destinataire ne ferait que confirmer ces vers allusifs de la relation qu'il entretenait avec elle, tout prêt aux pires incongruités pour exprimer son amour impossible.

Il apparaît, bien sûr, en poète chanteur, mais là encore il ne saurait être à l'unisson, se soumettre à quelque harmonie. Telle sera, sans discontinuer, la qualité de ses vers. Incompris ? Le mot commençait à faire son chemin, sans qu'il y soit besoin de Mallarmé et de son hermétisme. Incompris, comme, dans « Les Vocations[32] » de Baudelaire, ceux que « les familles et la masse bourgeoise flétrissent généralement de l'épithète d'*original.* » Corbière n'écrit pas encore avec les cordes les plus tendues de son talent. Il lui arrive de s'abandonner, de réclamer une attention improbable. Immédiatement presque, il rengaine l'émotion trop voyante, fait le narquois, ose un jeu de mots refoulant toute larme complice. Le poème se poursuit, complet dans le désastre, touche la mort, autre femme (Villon le savait, et combien d'autres !) avec ces traits d'érotisme dont le macabre le plus noir aime à s'entourer. « Pour

coucher avec elle il faut être trop roide », manifester une forme d'érection dont lui, en passe d'impuissance, se sent bien incapable.

Après une concession au silence infini de Pascal, il se dessine de nouveau dans une attitude humiliée, se rend animal, en bichon de prostituée. Le motif sera développé dans le « Sonnet à Black, chien de femme
légère[33] », avec brio. Quant à la déesse africaine du vers pénultième, elle
prend une allure d'hommage à quelque Vénus hottentote digne du
Négrier. La conclusion est non seulement admirable, mais admirable-
ment corbiérienne dans le ton même de son style qui s'est trouvé –
indubitable –, dans le paradoxe qui perçoit une réussite enfin, quand on
touche le fond, quand l'humiliation ou la défaite sont assumées sans
équivoque. Car il est du destin de Tristan (« destin » figure le mot que
j'utilise faute de mieux) de ne pas être même capable de se rater dans
l'absolu, ni de remplir son rôle (faussement taillé sur mesure) comme le
meilleur des acteurs. Une souffrance passe toujours le bout de l'oreille.
Sous le masque en carton coule une larme vraie. Le comble du ratage
nourrit une scène supplémentaire.

« Pourquoi voulez-vous que je vive ? » Autrement dit, à quelle nécessité répond mon être sans avenir ? Angoisse ontologique ? L'adjectif,
quoique allant de soi, forcerait la note. Corbière, innocent de Kierkegaard
et de Sartre, a bien assez à faire avec lui pour ne pas chercher à s'élever
rationnellement jusqu'aux interrogations fondamentales. Il se contente
d'incarner un « jeune philosophe en dérive » et un « cœur de poète mal
planté », deux figures identitaires qui ne lui conviennent qu'à moitié
(sans cesse la portion congrue, la male part) puisqu'il semble connaître
plus la Sagesse des Nations que les grandes têtes pensantes de l'Europe
(Pascal excepté) et que, lyrique, certes, il file des vers détestables
d'assonances qui ricochent sur le tympan comme grêle de balles.

Vers le même temps et de la même trempe se lit un autre poème lui
aussi absent des *Amours jaunes* et qui ne se repère pas davantage sur
l'Album Louis Noir. Cette « Mort trop travaillée[34] » atteste le recul critique que très vite il parvient à établir avec lui-même, cette distance favorable, grâce à quoi il évite de souffrir, puisque, s'emparant d'un ensemble
de griefs, il les transforme par le jeu des mots et, pour ainsi dire, en
retourne la pointe. L'éventualité du suicide scrutée en pareil cas par Corbière ne doit pas nous surprendre. Elle ne mérite pas non plus qu'on
l'examine avec trop de gravité. Frappé de plein fouet par la crise d'originalité juvénile, il donne bien l'impression de l'avoir maîtrisée par sa poésie même. Il coupe court à toute éventuelle déploration. Constants feux
d'artifice et girandoles introduisent le rire, là où une forme de tristesse
aurait pu régner en maître. La possibilité du suicide a touché Tristan,

comme elle a touché Baudelaire ou Mallarmé. Il n'y a pas vu toutefois l'issue désirée. Cette « Mort trop travaillée » s'entoure d'une *pose* exceptionnelle, au cours de laquelle le postulant au suicide se mue en acteur et, par là, démystifie à l'avance son geste qui, du coup, prend l'allure d'une *citation*. Le règlement de comptes avec la vie s'accomplit selon une procédure quasi esthétique qui interdit le passage à l'acte (en apparence ardemment souhaité). Un Corbière longe le suicide, l'interroge, suspend son geste, y revient avec une curiosité maladive, mais s'arrange pour que la corde de la pendaison casse au dernier moment ou pour que la poudre soit mouillée. Incessamment expérimental quant au geste définitif, il le transforme en objet d'étude. L'inévitable suicide devant le miroir le conduit à un dédoublement où la facticité surgit. Il n'empêche que le geste est sans cesse réinterrogé, comme si de là pouvait émerger une vérité dont, au demeurant, il n'a pas forcément envie de connaître la teneur.

Digne de cette conscience ironique, la troisième personne parle, le « il », auquel il lui faut concéder beaucoup de lui-même, mais qui coïncide avec une création verbale, un personnage.

Le premier quatrain de ce poème prendra bientôt pour lui valeur de listel légendaire, de définition possible de sa personne. On le verra inscrit avec soin sur le plus illustre de ses autoportraits[35].

> « C'était à-peu-près un artiste,
> C'était un poète à-peu-près
> S'amusant à prendre le frais
> En dehors de l'humaine piste. »

Les « à-peu-près » de Corbière, auxquels il accorde deux traits d'union, exhibent tout ce qu'il y a d'inachevé, d'imparfait dans son individu. La part de l'identifiable se double d'un ubac où réside, perpétuel, le mystère de soi-même. Une configuration résulte cependant des deux premiers vers, qui ont la perfection d'une épitaphe. « Artiste » et « poète » se conjuguent et forment les deux têtes de ce Janus. C'est façon, à coup sûr, d'insister sur son double emploi, à la fois peintre (ce que signifie pleinement le mot « artiste ») et auteur de poèmes, cette alliance traduisant au mieux sa personnalité qui s'exprime autant par la couleur que par la phrase. Encore doit-on penser que dans l'un et l'autre exercice il se présente plutôt comme un amateur n'ayant pas tout à fait acquis la parfaite technique de l'homme du métier. Ce personnage incomplet ne prétend pas faire figure de génie. Il pose dans le type du marginal, du frontalier, se place par sa volonté propre hors du circuit des reconnaissances et des similitudes. Le même quatrain, légèrement modifié, valait suffisamment à ses yeux pour qu'il l'inscrivît, calligraphié, sur une toile entourée d'un cadre asymétrique, visiblement fabriqué et peint par lui. Il s'y est représenté sous forme de caricature.

> « ... Peut-être à peu-près un artiste,
> Peut-être un poète à peu-près
> S'amusant à prendre le frais
> Au large de l'humaine piste. »

En ce tableau d'une étrange facture[36] se remarque immédiatement sa manière si peu conventionnelle, qui ne se fie qu'à des tons sourds produisant par un entrelacs de veinules des reliefs qui, dans ce cas, s'opposent à la beauté des plis et du drappé classiques. Tristan a forcé le trait. On le voit assis dans une position incommode, puisqu'il repose à peine sur le sol convexe, semblable à la surface d'un globe, en y prenant appui de ses deux mains ouvertes. Ses jambes, étiques et cagneuses, aux cuisses nues, aux mollets enfoncés dans de hautes bottes noires tirebouchonnées, sont repliées. Une sorte de vareuse d'un rouge délavé laisse passer par le col ouvert son visage d'une puissante laideur, presque hardie, placé de profil et coiffé d'un bonnet de marin. Les cheveux longs retombent sur la nuque ; une mèche se rabat sur le front, que prolonge un nez considérable piqué d'une verrue. Par les narines, véritables naseaux, sort, s'échappant en plusieurs directions, la fumée du tabac qu'il absorbe par une très longue pipe dont le tuyau (excès phallique voulu) s'effile jusqu'au fourneau qui repose sur l'un de ses genoux. L'œil, légèrement bridé, que surmonte un épais sourcil, n'émet aucune expression sensible. Atone, il semble celui, toujours secret, d'un animal. Loin de se flatter, Tristan a voulu présenter de lui le pire, ou ce qui tendrait au pire. Il s'est déformé tel qu'il se voyait, rendant ainsi un hommage définitif à sa laideur et lui dressant pour la postérité une effigie. Insolite posture, à la limite de l'obscénité, qui évoque autant une position de défécation qu'une sorte d'érection désespérée, les deux bottes s'élevant offensivement comme deux hauts phallus noirs veinés.

D'autres représentations de Tristan existent, mais celle-là propose comme un archétype. Au-delà de toutes les images que nous avons de lui, ce tableau s'est imposé, malgré la déformation qui le caractérise. Il contient, du reste, son commentaire, non seulement par le quatrain cité, mais par des éléments clairement figurés sur les bords du cadre, comme pour indiquer les attributs du personnage. En haut, à gauche, une palette de peintre. C'est bien « l'artiste » qu'elle veut dire. Non loin, à l'intérieur de la toile même, puérilement dessinée sur la tête du poète, une grosse araignée et ses fils. Il n'est pas difficile de déduire que l'homme a une « araignée au plafond », (« Oh ! va, ne cherche plus l'étoile/Que tu voulais voir à mon front ;/ Une araignée a fait sa toile,/ Au même endroit – dans le plafond. »[37]). Toujours en haut, sur la partie droite, une lyre symbolise son activité poétique. Le cadre inférieur n'est pas moins fourni. De l'une des mains de l'homme représenté part une chaîne qui rejoint une ancre – comme s'il était attaché à la réalité. C'était, en outre, rappeler son activité de marin. Enfin, sur le bord inférieur droit, un blason rouge, surmonté d'un phylactère portant « VNE GVEVLE » (transcrit souvent, par erreur, « Vive Gueule »), « de gueule » renvoyant aussi à la couleur rouge de l'écu héraldique. Le tout se prolonge par une inscription dont les derniers mots sont illisibles : « La tête dans les cieux et les piés dans le plat, il laissait tomber en… »

Il est clair que Tristan a souhaité peindre « Une gueule », à savoir la sienne, selon tout ce que pouvait comporter de narcissisme paradoxal une telle opération, au cours de laquelle, avec une confondante habileté, il transformait ses abondants défauts physiques en une sorte d'emblème. Par ce moyen il se transfigurait et donnait à son être défaillant une dimension nouvelle, quasi légendaire, écartelée entre les symboles identitaires du peintre (artiste), du poète (lyrique) et du marin, individu pétunant, allusivement érotique, sur lequel l'araignée de la fantaisie ou du chagrin tend sa toile. D'ores et déjà il est cela qu'il vient de faire et de contrefaire, en produisant non pas son être intérieur, mais sa plus repoussante apparence qui suscite alors, selon la plus curieuse alchimie, une illicite attirance, une impayable séduction. Il n'est pas facile de s'arracher à la contemplation de cette caricature qui, pour un temps, nous méduse, nous interdit – comme nous fascinent la photo de Baudelaire faite par Nadar ou le portrait de Mallarmé peint par Manet. Par quelque côté, nous sommes invités à nous en tenir là et prêts à nous contenter de cette *version* de Tristan, comme si, sortie de lui-même, elle révélait son authenticité la plus profonde.

Notes

1. Conseil de révision de 1865. Archives du Finistère, à Quimper.

2. V. 69 du « Poète contumace » dans *Les Amours jaunes*.

3. Voir de Jean-Luc Steinmetz, « Du poète infortuné au poète maudit » dans *Signets*, José Corti, 1995 et le *Stello* de Vigny (1831) où Vigny observe la misère poétique sous trois régimes politiques différents et narre la vie de Gilbert, Chatterton et Chénier. L'expression « novissima verba » signifie les dernières paroles d'un mourant. Un célèbre poème de Lamartine portait ce titre. Sur cette situation du poète mourant, voir dans *Les Amours jaunes* « Un jeune qui s'en va ».

4. Titre d'un recueil de Saint-Pol Roux, *L'Ancienne à la coiffe innombrable*, Nantes, éditions du Fleuve, 1948.

5. *Le Négrier*, chapitre III, « Vie de Corsaire ».

6. Archives de Quimper, État-civil, Roscoff, recensement de 1866 décomposé comme suit : Roscoff, 999, éparse : 1778. Santec : 280, éparse : 921.

7. Voir le livre de Marthe Le Clech et F. Yven (ouvr. cit.) *La Métamorphose du cra-paud*, p. 36.

8. Voir les cartes anciennes de Roscoff (1797, 1847) actuellement aux archives de Quimper. Les principales rues étaient la rue du Cap, la rue de l'Église, la rue du Quai, la rue des Poissonniers, la rue du Quélen, dans la partie de Roscoff la rue du Chapeau rouge, la rue de la Rive, la rue des Perles (donnant sur l'île de Batz). Sur Roscoff, voir la monographie peu connue due à Monsieur Behr, agrégé de l'Université, Impr. Hamon, Morlaix, [s.d.] et *Histoire, patrimoine et promenades de Roscoff à l'île de Batz...*, par Françoise Porcher, Morlaix, impr. de Bretagne, 2009.

9. Voir chapitre XII.

10. Les divers recensements à Roscoff n'indiquent jamais le nom d'Édouard Corbière, ni celui de Tristan. Le jardin correspondait aux sections A 135, 136, 137, 138 et 138 bis du cadastre. Ces lieux appartiennent désormais à la Station biologique de l'Université de Paris.

Gustave d'Herbais, mort le 22 septembre 1877, propriétaire, à Roscoff, était marié à une demoiselle Kermerchou de Kerautem.

11. La petite cale du Vile, à sec à marée basse, donne sur le chenal de l'île de Batz. Tristan pouvait y amarrer une embarcation de faible tirant d'eau. Une célèbre gravure la représente dans *La Bretagne contemporaine*, 1865, p. 74.

12. L'unique livre d'A. Bertrand (1842) est le premier de langue française qui soit uniquement formé de poèmes en prose. Bertrand passe pour l'inventeur du genre. Plusieurs de ses parties se réfèrent au Moyen Âge et au XVIe siècle.

13. Il en existe une version en prose dont il est difficile de dire si elle fut la première. Dans celle-ci figure l'indication locale de Perharidy, à l'ouest du port et de la cale du Vile. Voir chapitre X. La version que nous donnons ici est celle en vers du ms. Martineau.

14. Comme le montre la lettre à Christine de novembre 1870 où se trouve nommée Marie Quément, qui était déjà attachée aux Corbière à Morlaix (voir p. 336).

15. Louis Le Gad, né à Saint-Pol de Léon le 12 octobre 1833, était, en 1866, marié à Marie Jézéquel dont il avait eu trois enfants, Louis, Joseph et Marise. Il tenait son auberge rue du Quai.

16. Vers provenant du quatrain dédicace des *Amours jaunes* sur l'exemplaire original donné à Aimé Vacher.

17. Lettres citées par M. R. Dirou dans son article « Édouard Corbière et la modernisation des ports de Morlaix et de Roscoff », *Les Cahiers de l'Iroise*, 1987, p. 215.

18. « cet album de Callot, par exemple, qu'il pouvait admirer chez l'oncle Edmond Puyo », J. Vacher-Corbière, *Portrait de famille* p. 49.

19. Livre cinquième « En marche », poème IX ;
« Sa bure où je voyais des constellations ».

20. Il existe de ce poème deux versions : l'une publiée sous le titre « La Balancelle » dans *France-Islam* de septembre 1923, d'après un manuscrit appartenant au docteur Bodros, et redonnée dans le *TC* de René Martineau, p. 115-118 ; l'autre sous le titre « Le Panayoti » dans l'Album Noir (voir chapitre X). « La Balancelle » est précédée de cet argument : « La balancelle *Le Panayoti* prise sur les forbans par la corvette *La Lam-*

proie et se rendant à Smyrne, commandée par le lieutenant Bisson avec un équipage français est assaillie dans l'archipel par une flotte de tartanes pirates et se fait sauter avec eux/ par/ Trémintin de l'île de Batz, quartier-maître et pilote à bord et pour ça cavalier de la religion d'honneur mis envers et contre tout, par Édouard Tristan Corbière ;/ (Île de Batz, 1867) ». La version de l'Album Noir est introduite par ces lignes entourées d'un dessin aux couleurs vives :

« Le Lieutenant-de-Vaisseau *Bisson* de la caravelle *la Lamproie* alors en croisière dans l'Archipel chargé de conduire à *Smyrne* la balancelle *Panayoti* prise sur les forbans, est assailli par des pirates grecs, et, après une résistance désespérée, se fait sauter avec son navire, le reste de son équipage et les pirogues qui l'avaient abordé. Le Quartier-Maître Trémintin fut seul retrouvé à peu près vivant parmi les débris, à la côte de l'île de *Paros*, et soigné à terre par un chirurgien de la *Lamproie*. Il fut ensuite rendu à ses foyers (île de Batz) où il mourut cinquante-ans après, à l'âge de 93 ans, à la suite d'une de ces lésions graves qui ne pardonnent pas – Avec lui s'est éteint le seul débris, fumant encore, du *Panayoti* et du brave *Bisson* auquel on a élevé une colonne commémorative dans le port de Lorient.

Raconté en histoire par le survécu et chevalier de la légion d'honneur Trémintin de l'île de Batz – et mis en vers et contre tout par Édouard Corbière fils poète de mer à Roscoff – 1867 – (avec prière d'avaler les lettres longues à la fin des mots, qui gêneraient la mesure des vers) ».

Nous n'avons pu consulter la première version. Il nous a donc été impossible de vérifier si elle est bien signée « Édouard Tristan Corbière ».

21. Cet épisode était célèbre. Il est conté dans l'*Histoire générale de la Marine* du Prince de Joinville, comprenant les naufrages célèbres, les voyages autour du monde, etc., Paris, Penaud frères, t. IV, p. 255-257. Vigny en parle dans son *Journal d'un poète* (année 1828) et Jules Verne dans *L'Archipel en feu* (1884), chapitre XIV : « Imiterait-il cet héroïque Bisson qui, dix mois auparavant, dans des conditions semblables, s'était fait sauter pour ne pas tomber entre les mains des Turcs ? » Voir aussi de Léon Durocher, « Le héros du Panayoti » dans *Le Fureteur breton*, t. VIII, n° 43, octobre-novembre 1912.

22. C'est par ces onomatopées que commencent d'habitude les récits que se font les marins sur le gaillard d'avant. Voir aussi le livre d'Édouard Corbière *Cric-Crac, roman maritime*, Librairie pour les cabinets de lecture, 1846, 3 vol.

23. Réserve de poudre sur un navire.

24. *Normance*, Gallimard, 1954.

25. *Scènes populaires*, 1830. D'autres tentatives de ce genre existent, chacune liée à un milieu social particulier et bien différente de l'argot que venait de célébrer Hugo dans ses *Misérables*. On en voit un bon exemple dans le pittoresque récit de l'épopée impériale fait par Goguelat dans *Le Médecin de campagne* de Balzac. Un autre se lit dans *Le Négrier* dans les propos du capitaine Le Bihan et du capitaine poletais (dieppois) chapitre IV.

26. R. Martineau, *TC*, p. 66. La légende orale était largement répandue et un livre comme *La Bretagne contemporaine* (1865) mentionne Tristan le Léonois. Écrivant à Léon Vanier, le second éditeur (posthume) des *Amours jaunes*, Aspasie Corbière expliquera tout simplement le choix de cet autre prénom en disant : « il lui fallait un nom plus excentrique comme lui-même ». (préface de L. Vanier aux *Amours jaunes*, 1891). Tristan pouvait connaître aussi l'île Tristan, au large de Douarnenez, à 400 m de la côte, en face de l'embouchure de la petite rivière, qui forme les ports de Pors Ru et de Pouldavid. À partir de 1368, le prieuré de Saint Tutuarn qui s'y trouvait sera mentionné « de

insula Tristani ». Voir H. Bourde de La Rogerie, *Bulletin de la Société archéologique du Finistère*, Quimper, 1905, p. 13.

27. « Richard Wagner et *Tannhaüser* à Paris » dans *La Revue européenne* du 1er avril 1861, puis dans *La Presse théâtrale et musicale* des 14 et 21 avril et 6 mai 1861. Repris dans *L'Art romantique*.

28. Poème publié dans *La Cravache parisienne*, n° 420, 9 mars 1889 sous le titre « Vers posthumes » avec la note suivante : « Nous devons à l'obligeance de l'éditeur Vanier la copie des vers suivants, absolument inédits, de Tristan Corbière », avec cette indication « Sous un portrait en couleur de Corbière par lui-même ». Vanier dans la deuxième édition, (1891) des *Amours jaunes* le donnera sous le titre « Sous un portrait de Corbière en couleurs fait par lui et daté 1868 ». Ce poème figure dans l'Album Noir retrouvé au printemps 2010 (voir chapitre X) et Vanier a sans doute eu communication de ce feuillet. En réalité, sur cette feuille, Corbière est représenté (est-ce par lui ?), un peu moins laid que d'habitude. Autour du médaillon, on peut lire « E.C. Philosophe-Épave 1869 » et l'épigraphe, écrite cette fois sur une ligne horizontale : « le *moi* humain est haïssable. Eh ! bien *moi*, je *me* hais ». On remarquera la date qui n'est pas 1868, mais « 1869 » et les initiales « E.C. » (Édouard Corbière). Sur la même page, au crayon, est inscrite l'« épitaphe/ pour/ Tristan Joachim-Édouard Corbière, philosophe-épave, mort-né ». Le prénom de Tristan est donc adopté.

29. À ce moment de la rédaction du livre, j'ignorais encore l'aspect de ce portrait très différent des portraits jusqu'alors connus de Tristan. Voir chapitre X, p. 288.

30. L'expression, de Rimbaud, dans sa lettre dite « du voyant » du 15 mai 1871, renvoie au poème *Rolla* d'Alfred de Musset, complaisant et sentimental.

31. Voir de R. Martineau *TC*, p. 49 : « Une autre parente, Mme Puyo, tante de Tristan, le devina, elle aussi, avec sa tendresse et sa soif d'aimer. Elle le lui fit entendre un jour chez elle et Tristan en proie à une émotion qu'il voulait cacher, sortit brusquement. Il revint, une heure après, et mettant sur une table, devant sa tante, un cœur de mouton saignant qu'il avait pris chez un boucher, il dit ces seuls mots : « Tiens, voilà mon cœur ! »

32. Poème en prose du *Spleen de Paris*, le trente et unième.

33. Poème de l'Album Louis Noir, qui apparaît dans *Les Amours jaunes* sous le titre « Sonnet à Sir Bob Chien de femme légère ».

34. Poème inédit appartenant aux dix poèmes manuscrits de l'ancienne collection R. Martineau dont nous avons eu la communication en 2009.

35. Il apparaît aussi dans « Le Poète contumace » des *Amours jaunes*, v. 39-42 sous cette forme :

> « Faisant, d'un à-peu-près d'artiste,
> Un philosophe d'à peu près,
> Râleur de soleil ou de frais,
> En dehors de l'humaine piste. »

36. Autoportrait, huile sur toile avec cadre asymétrique peint et sculpté par Corbière, 0,45 × 0,32. Collection June Vacher-Corbière.

37. « Le Poète contumace », v. 91-94.

VII

Les Peintres

Les longues journées de Tristan, soit à Morlaix, soit à Roscoff, restent à inventer. Mis à part un document que j'observerai et commenterai plus loin, on doit bien se contenter de suppositions dans lesquelles la plupart des biographes de Corbière se sont gardés de s'enliser. Une telle réserve ne convient pas cependant. Et tout prouve que mieux vaut s'aventurer dans une vision imaginaire que s'en tenir aux faits vrais. Ce Tristan possible, probable, que je ne vais cesser de configurer dans les pages qui suivent risque de correspondre à l'image que lui-même voulait montrer aux autres et même offrir à lui-même, visée interne ou projection extérieure d'une personnalité se cherchant toujours. Le résumé qu'il propose de lui combine l'artiste et le poète, deux mots qu'il prodigue dans son œuvre, comme s'ils étaient le mieux à même de le signifier. Il faut assurément leur ajouter d'autres modalités de son comportement ; le marin d'occasion, le voyageur par petites étapes d'une Bretagne où il se plaît à reconnaître les données de son tempérament dans le paysage comme dans ceux qui le peuplent.

Corbière artiste, voire artiste peintre (la fameuse palette du tableau écartelé), se conçoit par ce qu'il nous a laissé : croquis, dessins, caricatures, jamais – que l'on sache – une vue naturelle de ce pays du Léon qu'il aimait. Tout le monde peint dans la famille Puyo, mais apparemment aucun ne produit à ses yeux l'exemple qu'il voudrait suivre. Une fois encore, la place est prise. Et si son père est définitivement pour lui l'« auteur du *Négrier* », les oncles, Édouard l'architecte et Edmond le négociant ont des prétentions artistiques dont il ne saurait remettre en cause les résultats officiels[1]. Devant le parfait accomplissement de certaines de leurs toiles ou de plusieurs de leurs dessins, il n'a qu'à poser

le pinceau ou le crayon, à moins de choisir une voie parallèle, exigeant
moins de savoir-faire et plus de talent.

Le Musée de Morlaix, situé désormais place des Jacobins, sera créé
en 1887 par Edmond, douze ans après la mort de Tristan. Il contient,
bien entendu, des œuvres qui ont été réalisées dans l'intervalle, mais
également des pièces plus anciennes. Il reflète, du moins, à une époque
tardive, les goûts de celui qui l'inaugura. Ces goûts n'avaient guère
évolué depuis le moment où Edmond voyait encore fréquemment son
neveu, qu'il devait, malgré les attentions de Christine, tenir pour un
individu excentrique dont les velléités artistiques se réduisaient à peu de
choses. Edmond et Édouard, à voir la dizaine d'œuvres qu'ils nous ont
laissées, ont appris la technique de la peinture et du dessin. Ils se distinguent de simples amateurs. Mais ni les sujets qu'ils abordent ni leur
exécution ne permettent d'estimer leurs toiles selon les critères qui sont
les nôtres désormais. Aucune originalité ne se dégage de leurs tableaux.
Les motifs abordés reflètent avec une certaine prétention les cadres de
la vie quotidienne, les sites, ville ou campagne, plutôt que les êtres.
Aucun portrait, pour ce que l'on a retrouvé. Édouard et Edmond ont
laissé ce soin à des peintres spécialistes, comme Baader[2], plus habitué à
saisir la ressemblance. La manière des deux frères interdit, du reste, de
les distinguer nettement, même si l'on croit capter chez Édouard plus de
fantaisie, plus de couleurs. Leur signature identique « Ed. » tend à les
confondre. Il est certain, toutefois, qu'Édouard[3] exposa aux salons de
Paris et l'on doit présumer qu'à cette occasion il fréquenta les milieux
artistiques de la capitale. À plusieurs reprises il a représenté sur une
aquarelle son château de Keryvoas, depuis un endroit du parc. Sur la
pelouse, où s'élèvent quelques statues, passent des personnages que l'on
ne peut cependant identifier : une femme en robe blanche, des enfants.
C'est une heureuse journée d'été que n'éclaire pas encore la lumière
impressionniste. Ailleurs un dessin rehaussé de couleurs montre un
zouave en tenue éclatante. Ailleurs encore une vue sévère du Mont
Saint-Michel, l'entrée de ce lieu (devenu forteresse) gardée par un fac-
tionnaire en tenue, tandis qu'une étroite échappée livre un pan de paysage sableux, que seule la légende du tableau permet d'identifier.

D'Edmond l'on connaît surtout un tableau de grandes dimensions
(0,98 × 1,45) « Morlaix en 1815 – La Grande Place. Hôtel de Ville[4] »,
dont le titre et la date indiquent qu'il ne s'agit pas d'une chose vue
(Edmond n'était pas encore de ce monde). L'auteur a reproduit ici une
gravure ancienne et lui a donné certaines couleurs en répandant une
lumière suffisante pour égayer les rampes du quai, la place à peu près
vide et l'architecture des maisons, notamment les fameux bâtiments à

lance, sur la partie gauche du tableau. Il est visible qu'Edmond a reçu l'enseignement dispensé aux peintres académiques et qu'il sait résoudre les différents problèmes que pose la représentation exacte d'un lieu ou d'une scène. Il est non moins certain qu'en pareil cas il se révèle l'adepte de la peinture la plus traditionnelle. Du Romantisme, voire de l'école du plein air, il n'a rien retenu. Refus, désintérêt ou méconnaissance ? On constate ainsi l'utilité d'une peinture de cette sorte : conserver le souvenir typique, fixer le milieu habituel pour le redoubler efficacement et l'immortaliser. Des deux peintres familiaux trop peu d'œuvres subsistent pour que l'on puisse porter sur elles un jugement d'ensemble. On ne se trompera guère toutefois en considérant que nous avons affaire à des exécutants provinciaux (plus que régionaux ; ils ne semblent pas s'inspirer des « bretonneries »), pour lesquels cet art valait comme un appréciable violon d'Ingres ; il signifiait plus qu'un divertissement, comme en témoignent les envois annuels d'Édouard au Salon de Paris et l'atelier qu'Edmond se fit construire à Bagatelle[5]. Ce château, où il vint habiter à partir de 1866, comporte, en effet, des témoignages de son activité[6] et, plus particulièrement, un salon octogone où l'on voit des bateaux peints par Édouard, et, du même, une Pointe du Raz, fort différente de la vue classique du site, puisque le peintre, placé au niveau de la mer, montre un amas de rochers d'un beau coloris brun, et non pas, comme il est habituel, le phare et l'île de Sein à l'horizon. La même pièce contient un paysage dans le genre de Corot. Il est signé « M. Bouquet » et porte l'inscription « à mon ami, E. Puyo [*il faut croire qu'il s'adresse plutôt à Edmond, propriétaire des lieux*], 7 bre 1867 ».

De ceux qui fréquentèrent les Puyo et les Corbière, Michel Bouquet[7] fut sans conteste le plus connu, même si, à l'heure actuelle, son nom n'éveille plus d'attention que chez les spécialistes. Tristan fut entouré par ses œuvres. Une telle saturation ne paraît pas avoir eu sur lui l'effet le plus attendu. Pour son bien, à n'en pas douter. Car, une fois encore, il était mis en présence de la peinture la plus conventionnelle, la plus minutieuse, peu au fait de la lumière, de la vue d'ensemble et de l'impression. Michel Bouquet est un ancien, de la génération (ou presque) du père de Tristan. Né à Lorient en 1807, il avait développé toute une carrière avant de s'installer à Morlaix, puis à Roscoff. Ce fut lui, très vraisemblablement qui conseilla dans leurs premiers essais Édouard et Edmond. Les sujets qu'il traite le montrent habile paysagiste, conscient des recherches des pleinairistes, mais maniaquement à l'affût du détail – comme on en voyait à l'époque chez Meissonier, âprement critiqué par Baudelaire dans ses premiers salons. Il se piquait aussi de littérature. Amateur du pittoresque si prisé sous la Restauration et surtout sous le règne de Louis-Philippe, il appartient d'abord à ces illustrateurs de voyages (que remplaceront bientôt les photographes) qui, parcourant l'Europe, fournissaient aux lecteurs maintes vues de sites célèbres, qui avaient valeur d'information et proposaient un aliment à la rêverie. *L'Illustration* du 2 septembre 1848 avait montré quelques pages de son album « Moldo-Valaque », cependant que, le mois suivant, elle donnait à lire ses « Lettres sur l'Écosse ». La presse critique rend compte de ses travaux, dans le *Courrier du Havre* par exemple, du 5 décembre 1856, ce qui permet d'envisager la relation qu'il aurait eue avec Édouard Corbière père à ce moment-là. Tous les quinze jours la *Revue illustrée de Bretagne et d'Anjou* révèle, de mai à juillet, son œuvre, tout comme la *Revue de Bretagne et de Vendée*, qui régulièrement informe de ses réalisations. Lié aux Puyo chez lesquels il était reçu avec les égards qu'impliquait sa célébrité, il avait participé à l'ornement des différents châteaux de Kerozar, Keryvoas, Coat Congar et Bagatelle. Des spécialistes de la peinture bretonne ont imprudemment écrit que Tristan vers 1863-1869 prit l'initiative de réunir chez Le Gad, restaurateur de Roscoff déjà évoqué, quelques amis peintres, dont Gaston Lafenestre et Louis Noir, auxquels il aurait fait connaître Bouquet. À dire vrai, Bouquet était depuis longtemps le familier des Puyo et très certainement des Corbière. On imagine mal Tristan, alors âgé d'une vingtaine d'années (Bouquet en comptait soixante), prenant pareille initiative. Tout laisse penser plutôt que certains de ces peintres, dont plusieurs appartenaient à la génération de Tristan, vinrent à Roscoff pour de multiples raisons, y compris celle de rencontrer Bouquet qui, par ailleurs, avait pu leur vanter la beauté et la sauvagerie du site. L'inspiration qui conduisait son travail ne s'est pas portée sur l'horizon marin. Il s'est appliqué davantage à regarder des paysages de l'intérieur des terres, landes, sous-bois, clairières sous la lune, chaumières bretonnes délabrées. Il y fit preuve d'une exactitude un peu pointilleuse, à la limite du daguerréotype, mais non dénuée d'émotion. De beaux tableaux subsistent dont le charme désuet ne dépasse guère ceux d'une élégante carte postale. L'habileté l'emporte, une manière toute décorative, où la couleur ne trouve pas le moyen de s'exalter. Parfait artisan, Bouquet apparaît comme un artiste de bonne qualité, apte à enrichir de ses œuvres les murs d'une maison bourgeoise, voire d'un manoir. La nature, approchée par lui, se réserve sous le jour de la plus correcte apparence. De ses années de jeunesse il avait pu dire sans exagération : « J'ai visité presque toutes les capitales de l'Europe et ses villes les plus célèbres ; j'ai vu Naples au fond de sa baie d'azur ; Gênes, appuyée sur sa belle corniche ; Palerme endormie au pied de l'Etna ; Athènes au milieu des ruines ; Smyrne au milieu des fleurs, Cadix, Venise. Eh bien, toutes à l'exception de Constantinople dont la vue est sans rivale, le cèdent à la capitale de l'Écosse pour le pittoresque de l'ensemble et la fantaisie des détails.» Semblable appréciation dénotait de sa part un rien de romantisme aisément compréhensible. Qu'il se soit rendu en cette contrée scottienne avec Gavarni ne l'a pas transformé pour autant. Des centaines d'aquarelles, soit. Mais point la découverte qu'un être d'une autre trempe que la sienne aurait été capable d'y faire. La peinture de Bouquet connaîtra certes une évolution. Elle ne le mènera pas, cependant, aux confins d'une métamorphose de son art sous l'effet d'une lumière enfin assimilée et d'un emploi plus libre des couleurs selon toute la gamme du prisme. Car une autre technique le requiert, venue des anciens âges et de Bernard Palissy, la peinture sur émail stannifère vitrifiée au grand feu. Seul, à dire vrai, le support change. Les sujets qu'il choisit ne varient pas : paysages avec ou sans personnages et marines. Voici donc des pêcheurs de sardines sur les côtes de Bretagne, un soleil levant dans les brouillards. Philippe Burty, ami de Baudelaire et de Mallarmé, n'est pas tendre pour cette formule nouvelle et proclame toute la répugnance que lui inspirent ces faux tableaux. Sa critique, finement argumentée, ne supporte guère de réplique : « On dirait des aquarelles lavées dans un papier glaireux, les feuillages sont épais comme des murs, les terrains se fendillent ou n'ont point de consistance… La faïence se prête merveilleusement à la décoration large de touche, sobre de détails, énergique de tons ; nous souffrons toujours quand nous voyons qu'on cherche à la transformer en panneau. C'est mettre de la poudre de riz sur les joues empourprées d'une paysanne[8]. » Des remarques aussi judicieuses, trempées dans l'acide le plus corrosif, n'empêcheront pas Bouquet d'acquérir avec ce nouveau procédé une notoriété kitsch très enviée. Il n'est jusqu'à Eugénie de Montijo, l'impératrice, dont le goût, en matière d'esthétique, ne brillait que par ses défaillances, qui ne se soit entichée de ces charmantes horreurs, promues au rang d'œuvres d'art en vertu d'un sentiment dégradé. Que Tristan à leur vue ait manifesté quelque dégoût, on osera l'imaginer, sans qu'il ait montré à ce propos une hargne particulière, car il gardait en tête son admirable adage contre-poison : « L'art ne me connaît pas. Je ne connais pas l'art. » De l'irrécupérable Michel Bouquet, couvert d'éloges sans nul doute à Morlaix par toute la bourgeoisie éclairée, Tristan dut subir le voisinage, puisque, acquéreur en 1860 d'une demeure place de l'Église, le peintre y avait fait adjoindre un chalet, édifié selon les plans d'Édouard Puyo. Tristan n'avait donc qu'à traverser une dizaine de mètres pour se retrouver face à face avec ce sympathique scrogneugneu dont il n'estimait que médiocrement les innovations calamiteuses. Chance ou malchance, à portée de vue, le peintre ami de la famille pouvait jeter un regard sur le fils Corbière et juger au jour le jour son comportement. Du bonhomme Bouquet au large front hugolien, tel que le montrent les portraits faits par Thomas Couture ou Cermak[9], il n'est pas dit que Tristan ait eu à subir d'éventuelles remontrances. Après tout, Bouquet connaissait la conduite des artistes, avec son train de scandales obligés et de désillusions navrantes. On n'exclura pas de la part de Tristan quelques visites rendues à l'artiste émailleur, agrémentées de conversations plus ou moins piquantes où se dévidait la trame des souvenirs. Il est pensable que, témoignant de ces fréquentations aléatoires, demeure un pichet[10] sur lequel se voit une petite scène amusante digne d'un dessin d'enfant. À bord d'un *sabot*, un vrai sabot gréé d'un mât, un jeune homme fume la pipe avec insouciance (air obligé : « il était un petit navire... »). Le tout est légèrement coloré, et non signé. Une tradition l'attribue à Corbière qui l'aurait tourné et cuit au four de Bouquet, habitué aux manipulations pyrotechniques. Véritable ou controuvée, l'anecdote mérite d'être rapportée, et prouve de la part de Tristan une conduite plus sociable qu'on ne s'est plu à le dire. De Michel Bouquet, néanmoins, pas plus que des frères Puyo, il n'avait à attendre la moindre lumière. Leur haute conscience technique ne provoquait en lui aucune émotion. Plutôt une espèce d'écœurement devant tant d'heures perdues pour d'aussi piètres résultats.

De peintres, pour le meilleur et pour le pire, Tristan sera environné comme par une nuée de corbeaux. Toujours à Roscoff avait élu domicile un certain Iaroslav Cermak[11] d'origine tchèque. Il comptait quatorze ans de plus que Tristan, mais Corbière le sentait plus à sa portée, outre la curiosité bien naturelle qu'éveillait en lui cet étranger. Ils se croisaient dans les rues, se retrouvaient parfois chez Bouquet dont Cermak avait fait le portrait. Iaroslav avait suivi des études à l'Académie de Prague, sous la direction de Ruben. Cosmopolite, européen avant la lettre, il avait ensuite travaillé en Belgique, à Anvers, puis à Bruxelles dans l'atelier de Louis Gallais dont il avait adopté la manière. On ignore pourquoi dans les années suivantes il vint en Bretagne dans la région de Roscoff, sans doute avec d'autres peintres qui tenteront cette expédition, comme d'autres se retrouvaient à Douarnenez ou à Pont-Aven. Toujours est-il que séduit par le petit port il n'hésitera pas à s'y établir momentanément, quitte, bien sûr, à rejoindre l'hiver son atelier parisien. Le recensement de 1872 indique qu'il résidait au 13 rue du Quélen, avec sa femme (que nous verrons mentionnée dans une lettre de Tristan à

Christine en 1869) et un domestique étranger, Michel Gambiche, âgé de 45 ans. Les relations avec Tristan seront amicales, puisqu'en juillet 1870 il achètera au poète le cotre *Le Négrier*. Attaché à Roscoff, Cermak le sera suffisamment pour que le 13 décembre 1876 il achète à Claude Creignou un jardin rue du Cap pour la somme de 2 800 francs. De telles opérations sur un petit nombre d'années semblent prouver qu'il disposait régulièrement de certaines sommes d'argent, produit – on veut le croire – de la vente de ses œuvres.

Une autre personnalité de la peinture hantait à ses heures Roscoff. Il est possible même qu'il y ait attiré ces groupes dont nous avons déjà signalé l'existence. Jean-Louis Hamon[12] était né dans le Trégor à Saint-Loup de Plouha où il revenait régulièrement. Vu le voyage que Tristan en 1869 entreprendra à Capri pour le rejoindre, il est raisonnable de penser qu'une pleine entente existait entre les deux hommes. On voit mal, en effet, Hamon, difficile de caractère, s'embarrasser de ce néo-phyte, s'il n'avait éprouvé pour lui une forme vive de sympathie. Des relations avec Édouard Corbière sont, par ailleurs, imaginables, comme – il va de soi – avec Michel Bouquet, ce qui aurait facilité une rencon-tre, une amitié et, finalement, la réalisation du fameux voyage. La vie d'Hamon mérite d'être rappelée. Son père douanier le destinait à la prê-trise. Mais ses talents précoces lui avaient valu une pension de 400 francs allouée par le Département des Côte-du-Nord. Le jeune homme, sur les conseils d'Ingres, s'était inscrit à l'école des Beaux-Arts de Paris. Il avait fréquenté tour à tour l'atelier de Gleyre et celui de Delaroche, tous deux peintres « pompiers » de la plus belle huile. En 1848, grâce à Gleyre, il avait été recruté comme décorateur à la Manu-facture de Sèvres où il travaillera pendant quatre ans. À cette occasion il est possible qu'il ait rencontré Bouquet. Durant cette période Hamon allait mettre au point un style de peinture inspiré par la manière ingres-que : tons glacés, chairs lisses, à l'opposé du réalisme nouvel arrivant sur la scène des arts. Avec Gérôme, rencontré dans l'atelier de Gleyre, et Picot, il forme une sorte de groupe que Théophile Gautier dans son *Salon de 1848* dénommera les « Néo grecs » ou les « Pompéiens[13] ». C'est en effet la vue de quelques dessins d'après les fresques d'Hercu-lanum et de Pompéi qui inspirèrent sa manière. « Il lui sembla qu'il avait été l'un des artistes qui avaient décoré les murs d'Herculanum [...] et qu'il reprenait son labeur interrompu par l'éruption du Vésuve », dira de lui Alfred de Tanemain dans *L'Artiste* en 1860. À l'instar de son ami Gérôme qui alliait le goût du fini à celui de compositions vives, il allait brosser de vastes tableaux représentant moins des paysages ou des scènes anecdotiques que d'assez insolites compositions symboliques,

d'une interprétation parfois peu évidente. Il s'y mêlait assurément une
forme d'humour, à laquelle certains furent sensibles. Mais sa vogue
dure à peine une décennie. Les tableaux de cette période furent popula-
risés par la gravure et Tristan, quelques années plus tard, put en savourer tout l'esprit. En 1860, cependant, la renommée du peintre s'était
dégradée. Le public, un instant amusé ou séduit, ne se reconnaissait plus
dans ses œuvres – impressionnantes scènes qui laissent désarmé notre
actuel jugement. On imagine mal pourtant le succès qui accueillit sur le
moment *L'Escamoteur*, *La Comédie humaine*, *Ma sœur n'y est pas* ou
L'Amour aux bains de mer. Acquise par l'État en juillet 1852, *La Comédie humaine* sera exposée au Musée du Luxembourg en 1878, puis
transférée au Musée du Louvre en 1885. Depuis 1986, elle figure dans
les collections du Musée d'Orsay. Cette composition philosophique,
développée sur une longueur de 5 m 10 et qui rétrospectivement évoque
une fresque romaine, montre autour d'une scène de théâtre les plus célèbres
personnages de l'Histoire : littérateurs, philosophes, guerriers, Socrate,
Homère, Eschyle, Alexandre, César, Dante, Shakespeare, Molière. Un
groupe d'enfants assiste à la représentation du Guignol où Bacchus,
l'Amour et Minerve jouent les rôles de Polichinelle, du Diable et du
Commissaire. L'autre toile, *L'Escamoteur*, actuellement au Musée de
Nantes, en figure le pendant. Bien des personnages s'y voient, mais surtout
des nuées d'enfants plus ou moins fascinés par une sorte d'escamoteur-
bonimenteur, derrière lequel, accrochés à une vaste enseigne, pendent
des corps de rats. Sur l'enseigne, ces mots : « Mort aux rats et poudre à
gratter ». Hélas ! en 1860 de pareilles fantaisies n'intéressaient plus un
public désormais attiré par d'autres courants artistiques.

En 1863, Hamon quitte la France pour l'Italie et loge pendant un an
via du Monte d'Oro à Rome, puis 66 *via Babuino*. Il est soutenu alors
par un banquier genevois Walther Fol. Deux ans plus tard, il s'installe à
Capri où il établit son atelier dans un « édifice qu'habite le chanoine
Mongiardino ». Cependant son envoi au Salon de 1866 *Les Muses à
Pompéi* avait encore soulevé l'intérêt des visiteurs. En cette période
Hamon était revenu en Bretagne, à Douarnenez et à Roscoff. C'est
d'ailleurs de ce lieu qu'il envoie le 26 juillet 1867 une lettre au directeur de
la Galerie des Offices de Florence[14] qui lui avait commandé son portrait.

Complétant ces peintres si différents, mais qui se connaissaient, il
faut mentionner aussi une pléiade d'artistes venus là chaque été pour
profiter de la belle saison et reprendre au contact de la mer certains de
leurs motifs d'inspiration. La mode des scènes bretonnes remontait au
début du siècle. Les frères Leleux, par exemple, élèves de Célestin
Nanteuil, y excellaient. On ne les voit pas cependant appartenir au

groupe, à vrai dire très informel, qui de juin à septembre peuplait le vieux Roscoff de sa turbulente jeunesse. Les questions de générations comptent beaucoup, en l'occurrence, les conceptions diverses de la peinture (à supposer que ces artistes se soient embarrassés de théories), les ambitions personnelles aussi. Les biographes de Corbière alignent souvent les mêmes noms : Édouard Sain, Jean Benner, Lafenestre, Camille Dufour – auxquels s'ajoutent parfois Drouet, Besnard et l'insolite Louis Noir, le seul écrivain de la bande. On peut penser que les uns logeaient chez Le Gad, le restaurateur-hôtelier, que d'autres louaient des maisons pour l'été ou même étaient accueillis dans des propriétés avoisinantes. Il serait faux – à mon avis – de voir en eux de jeunes bohèmes et, s'ils avaient été formés aux farces d'atelier, la tradition ne retient de leur part aucun chahut particulier digne de rester dans les annales locales. Leur attribuer une liberté de comportement troublant les usages des Roscovites ne relèverait pas, toutefois, d'une audace excessive. Tristan a trouvé en eux un public tout à sa mesure, l'auditoire idéal pour entendre ses histoires déplacées, pour authentifier même sa présence en cette espèce de bout du monde – Corbière loustic et boute-en-train, pourvoyeur de bons mots et multipliant d'exécrables farces qui ne bouleversaient pas plus que cela l'ordre du monde, mais lui accordaient une raison d'être.

Édouard Sain[15], né à Cluny en 1830, avait reçu une éducation artistique complète à Valenciennes. En 1847 il avait fréquenté l'atelier de Picot, peintre d'histoire. Sain s'était ensuite écarté de tels sujets pour traiter préférablement des scènes anecdotiques dont l'une lui avait valu une certaine gloire au Salon de 1847, « *Les Petits Ramoneurs* », souvent reproduits. On avait admiré aussi son *Cabaret de Ramponneau sous Louis XV*. Libre néanmoins vis-à-vis d'une manière qu'il avait presque portée à la perfection, il s'était adonné à la peinture de paysages – ce qui l'avait conduit à quitter son atelier d'Écouen pour le Pays basque et la Bretagne, notamment la région de Roscoff. À partir de 1863 il était allé régulièrement en Italie. Découvrant Naples et Rome, il sera l'un des premiers Français à s'installer à Capri, à y monter son atelier, et c'est pour une scène « Fouilles à Pompéi-1865 » qu'il figurera au Musée du Luxembourg en 1874. Sur le fond du Vésuve à la double éminence, des femmes en costume local portant des paniers sur leurs têtes, où l'on devine entassés la terre et les débris provenant des fouilles, prennent la pose plus qu'elles ne manifestent le mouvement de leur action.

À côté de ces artistes talentueux, quoique, la plupart du temps, prisonniers de conventions académiques presque inconsciemment adoptées par eux, il est opportun de placer deux autres contemporains de Tristan,

Gaston Lafenestre et Camille Dufour. Sur ces comparses manquent les informations les plus élémentaires. L'un et l'autre appartenaient à un mouvement pictural bien distinct des « Capriotes », Hamon, Sain et Benner. Je les mentionne maintenant seulement parce qu'ils avaient à peu près le même âge que Tristan et que, par la suite, Dufour accueillera le poëte à Paris. La tendance de leurs œuvres s'apparente à celle de l'école dite de Barbizon, localité où habitaient des paysagistes imprégnés des idées de Corot, de sa manière, et de celle de Millet. S'ils n'obtinrent que des réussites mineures ils ne sont pas négligeables pour autant. Le meilleur des toiles de Bouquet, certains dessins ou aquarelles des Puyo se rapprochent parfois de leur art non dépourvu de fraîcheur, d'ampleur et d'évidence chromatique. Tristan, à les fréquenter, ne pouvait, en réalité, connaître une révélation. Il était confronté, du moins, à ce qu'il est permis de nommer « la bonne peinture », ni naïve, ni vétilleuse, qu'imposent la qualité de la composition et la justesse ou la juxtaposition des couleurs.

Gaston Lafenestre[16], parent du critique d'art Georges Lafenestre, avait vu le jour à Melun en 1840. Âgé d'un peu plus de vingt ans il était devenu le disciple le plus fidèle de Charles Jacque, célèbre – un peu trop, il est vrai – pour ses troupeaux de moutons. On était là dans la lignée de Millet, inimitable cependant. Depuis quelques années Lafenestre avait quitté sa maison du Belloy, près de Bois-le-Roi, en bordure de la forêt de Fontainebleau pour vivre à Roscoff. Les renseignements dont nous disposons à son sujet se bornent à cette information, sans que l'on puisse préciser la durée de son séjour. Était-ce dans l'intention de tenir compagnie à l'ami Corbière ou pour mieux se consacrer à son art, attesté, du reste, par son admission régulière au Salon annuel ? Parmi ses tableaux oubliés dans la pénombre des musées de province : innombrables processions ovines, étables que dore la lumière des foins, certains, à l'occasion de ventes, refont surface. Ainsi le 15 novembre 1988 à Stockolm, un « paysage côtier avec un personnage près d'une barque et une cité au loin », pochade de 13,5 × 26, pourrait bien avoir été réalisé sur le Vile de Roscoff.

Camille Dufour[17], comme Lafenestre, avait été l'élève de Jacque. Son style empruntait davantage à Corot. Le *Bénézit* signale avec éloge ses paysages de Normandie, de Bretagne et de Provence, ses « compositions sobres », pleines de luminosité, et remarque qu'il travailla auprès de Monet à Vétheuil, ce qui lui permit de peindre des impressions visuelles proches de l'*impressionnisme*. Voilà le grand mot attendu que Tristan ne connaîtra qu'à peine. Personne, du reste, autour de lui pour avoir été touché par les prémices de ce scandale. À considérer la période qui nous intéresse, on aurait bien du mal à y relever le vocable incriminé. Il n'empêche que se préparait cette forme de révolution artistique millésimée 1874 par les soins de Louis Leroy, critique du *Charivari*, devant l'« Impression. Soleil levant » de Monet. Une telle date nous fait parcourir quelques années supplémentaires au terme desquelles on retrouve tous les peintres énumérés précédemment, toujours aussi persuadés de détenir leur secret professionnel que peu convaincus par les formules inédites des Indépendants de la bande à Manet, à l'exception de Camille Dufour, dont on assure qu'il peignit près du maître de Vernon à une date où Tristan, du reste, avait déjà disparu de ce monde.

L'espèce de défilé auquel nous a contraint notre intention de montrer l'environnement de Corbière, si mal restitué jusqu'à maintenant, ne forme qu'une étoffe lâche dont il est malaisé de scruter les figures. Pas de point central (Hamon peut-être ?), d'ombilic nettement perceptible. Plutôt l'essaim de rencontres, le coup de dés des opportunités, et quelque fil d'Ariane embrouillé. Chacun semble en tenir une bribe. Imbroglio où l'on ne désespère pas de repérer, comme par inadvertance, un motif essentiel. À première vue tout vient de Roscoff, comme tout en part. Des peintres, parisiens pour la plupart, ont abandonné pour quelques mois leur atelier et fait de la petite cité leur lieu d'élection. Ils pouvaient se connaître auparavant, tout comme il est pensable que seul le port de Roscoff ait permis que soient réunis en un même endroit une part prépondérante de paysagistes qui avaient entendu les leçons du plein air. D'autres cependant, pratiquant une peinture plus traditionnelle, avaient eu les honneurs du Salon, puis étaient tombés en disgrâce. Pour la majorité de ces derniers, Capri était devenu le nouveau pôle de leur création. Même un Bouquet, plus âgé, y était allé. Il est vrai que dans sa jeunesse il avait parcouru de nombreuses régions de l'Europe. Le futur Impressionnisme n'est discernable chez aucun, bien qu'à quelques années de distance ils aient fréquenté les mêmes ateliers, comme celui de Gleyre. Pour passer à un autre ordre de réflexion, cependant fort proche, on signalera qu'Edmond Puyo, quand il constitua le premier Musée de Morlaix, n'y inclut aucun des peintres nouveaux (dont la valeur marchande était encore abordable à côté des « pompiers » du jour qui l'entraînaient dans des frais autrement plus dispendieux). Edmond n'est pas conscient des nouveautés qui occupent les cimaises. Qui pis est, on doit penser que, les connaissant, il les aurait strictement écartées de son lieu d'exposition privilégié. L'évolution d'un Cermak, d'un Sain, d'un Benner (pour ne pas parler de Jean-Louis Hamon) ne montre chez eux qu'un état de persistance, leur enfermement dans un art représentatif, où compte moins la couleur que la ligne et d'où toute surprise (à moins d'être compendieusement calculée) est bannie.

Avant sa venue à Paris Tristan – force est de le constater – n'a rien pu vivre d'autre. Les peintres débarquant à Roscoff allaient à la chasse au paysage, s'enchantaient de couchers de soleil accessibles, discutaient en jouant au rapin dans la salle inévitablement enfumée de chez Le Gad, attendaient « la dernière » de Tristan, parfois s'attendrissaient ou s'esclaffaient à la lecture de ses poèmes sentant le stout et le goudron. Au moment même où Degas, Manet, Renoir, Pissaro, agressaient les regards de leurs lumières crues, la plupart d'entre eux se contentaient de la platitude de leurs toiles sans pâte et vernissées, où tout pouvait se reconnaître comme sur un daguerréotype.

Je ne me serais pas attardé à ce point sur ces artistes disparates, pas même maudits ni méritant de l'être, si je n'avais perçu qu'ils formaient l'entourage de Corbière, l'un de ces environnements auquel il se força à consentir pour échapper aussi à une trop gratifiante solitude, qui l'érigeait en unique idole détestable pour lui-même. Une autre raison plus justifiée tient à l'activité artistique qu'il développa et dont on mesure encore mal l'importance. Si dessins, encres, lavis accompagnent parfois les œuvres des écrivains, une telle présence ne doit pas être considérée comme un mode annexe, secondaire. Cette autre forme d'inscription que celle du texte traduit, à son tour, les implications d'une personne à laquelle les mots parfois ne suffisent pas. Le recensement de ce que Tristan nous a laissé en l'occurrence manifeste sa fidélité à un double mode d'expression. La palette et la lyre encadrant son autoportrait grotesque sont bien complémentaires, même si elles ne laissent pas espérer la moindre complétude. Reste que Tristan n'a pas choisi objectivement la peinture pour exprimer ce qu'il pouvait être. Les petits croquis colorés qui ornaient ses lettres de lycéen, ses dessins, ses charges semblent correspondre aux matériaux qu'il dominait. La technique plus éprouvée de la peinture à l'huile, dont Edmond ou Édouard auraient pu lui transmettre les rudiments, ne paraît pas avoir été à sa disposition, même si deux surfaces de plus grande étendue ont recueilli ses essais dans ce genre – en l'occurrence, des panneaux de bois et une porte – supports qui interdisent la souplesse du geste (que favorise, en revanche, la toile tendue sur chassis, qui répond aux mouvements de la main et, pour ainsi dire, *renvoie* la couleur). Des conditions habituelles dévolues à ses proches quand ils s'adonnaient à l'illusion picturale, il a refusé l'imposant dispositif. Il recourt avec prédilection à des moyens d'enfant, l'aquarelle ou le tube de couleur pure écrasé, – d'où part un filet dont il cerne un personnage –, le rectangle de contreplaqué, le carton dur, à l'exclusion de toute joliesse comme de toute habileté, le découpage et le collage. Car un Tristan, pour ce que l'on en sait, ne choisit pas le paysage, ne s'alanguit pas dans une perspective heureuse, ni même n'amoncelle des flots turgescents. À bien scruter ce qu'il nous a laissé, il n'y a que des « gueules », la sienne d'abord, et celles de tous les autres, les pitoyables et les puants, les marmousets, les gobelins, les spélicans (nom des mendiants au Moyen Âge), les matelots plus vrais que nature, tanguant bord sur bord, et puis ce retour obsessionnel sur soi-même, comme la manivelle rémouleuse de l'orgue de Barbarie. Car l'on ne se débarrasse jamais de soi, pas plus qu'on n'est capable de refaire son visage. Tristan en fut donc réduit à fraterniser avec le menu fretin des prix de Rome (ou souhaitant l'être). Je ne doute pas que ceux-là, un peu détendus à Roscoff et cessant de se jouer la comédie des honneurs, profitaient de l'air du temps, sablaient le rhum à la vêprée, se tordaient sous les assauts sarcastiques de Tristan ou bien, emmenés par lui en des sabbats illusoires et phénoménaux, entonnaient comme il se doit la vieille chanson de corsaire : « Et merde pour le roi d'Angleterre/ Qui nous a déclaré la guerre ! ». À ce moment-là les moutons de Jacque s'échappaient de la bergerie sans crainte du loup ou se précipitaient à la mer avec un entrain digne de ceux de Panurge. Les beaux paysages au clair de lune s'illuminaient d'un drôle de rire de korrigans. Les maisons jaunes de Capri s'accolaient au granit des demeures du port tassées sur leurs caves à trésors. Et ceux qui passaient le long du café Le Gad entrevoyaient les merveilleuses lueurs du punch par les carreaux, les groupes se parlant, les retraités de marine goualant des refrains kimriques, les souvenirs prenant le large et menant leur tintouin au gré des petits verres d'alcool et des rubans de fumée issus de pipes ensorcelées.

Les relations qu'entretint Corbière avec ces peintres ne sauraient être déterminées avec exactitude. Toutes probables, elles ont suivi leur cours. Il fallait, d'emblée, souligner leur importance pour que, au fil de la narration, ils prennent figure d'intervenants, parfois occasionnels, à d'autres moments plus régulièrement familiers. Corbière en vint à les connaître par l'opportunité. Comme nous l'avons dit, il est possible que Michel Bouquet ait été la cheville ouvrière de la constitution d'un groupe informel. On n'ose cependant le placer en leader d'une camaraderie marginale pour laquelle il n'était point fait. À observer les quelques œuvres que certains des amis de Corbière ont laissées à Roscoff, il est permis de penser que Tristan fut en contact avec une pseudo bohème temporaire (la vie irrégulière des artistes) où lui-même ne tarda pas à figurer comme l'un de ses plus hardis ou de ses plus exorbitants représentants.

Vraisemblablement Tristan se mêle à ces groupes pour des raisons qui tiennent à ses propres dispositions pour peindre et surtout pour crayonner. Les témoignages de plus en plus nombreux de cette activité conseillent de voir en lui un artiste encore en gestation beaucoup plus qu'un poète, et c'est à ce titre qu'il nous faudra désormais le considérer, aux dépens même de sa création poétique qui ne témoigne d'abord que de l'une des faces de son talent, même s'il fit preuve à cette occasion d'une réelle maîtrise, d'un étonnant savoir-faire. Le Corbière peintre-dessinateur a pareillement de quoi nous surprendre. On doit regretter que dans ce domaine il ne nous ait laissé que quelques œuvres, difficilement datables, dont la seule énumération permet de voir l'importance. Un premier bilan (mis à part l'Album Noir dont il sera traité au chapitre X) n'aura d'autre ambition que de dresser un état des lieux indispensable, ce qui ne nous empêchera pas de revenir par la suite sur certaines de ces réalisations.

Très tôt, l'on constate le goût qu'a Tristan d'illustrer ses lettres de silhouettes significatives. Sa correspondance d'adolescent comporte ainsi de petites images auxquelles il ne convient pas d'accorder une attention excessive. On y détecte, du moins, le sens de la caricature, la tendance à l'interprétation farcesque des événements vécus. Ce goût pour le comique et l'excès, Corbière, très conscient de pareils effets, l'enrichira, le perfectionnera, au point que sa poésie mérite d'être considérée à la lumière de telles tendances. Accentuation du trait, grossissement du travers, perception du défaut typique – autant de caractéristiques qui de l'art du dessin à celui de la poésie sont transposables ; elles exigent un talent tout particulier, convaincu de la force du risible, et, par voie de conséquence, des multiples absurdités qu'il se doit de dénoncer.

La moquerie juvénile des « premiers vers » subsiste dans certaines pièces des *Amours jaunes*. Bien avant, toutefois, il apparaît que Tristan à maintes reprises s'est exercé par le vers et les couleurs à ce type de sarcasme au point d'y acquérir une maîtrise admirable, même si bien peu jusqu'à maintenant se sont penchés sur son œuvre graphique – celle-ci, du reste, étant rare et disséminée. Nul doute qu'après la période scolaire, Tristan, plutôt désœuvré, n'ait pris un considérable plaisir à « croquer » les êtres typiques qui l'entouraient. Le premier qui lui importe n'est autre – il va de soi – que lui-même, selon des portraits caricaturaux où il s'enlaidit à plaisir. On connaît donc « une gueule » déjà décrite par nous et, plus tard, plusieurs dessins faits à Capri sur l'album de l'hôtel Pagano, où il s'est inspiré du premier singulier prototype qu'il avait tracé et qui semblait le mieux correspondre à sa personne. À cela s'ajoute, coloré et signé « T E C » (autrement dit Tristan Édouard Corbière) un autoportrait en pied[18], où il s'est représenté de profil, coiffé d'un chapeau déformé, les cheveux mi-longs, le nez proéminent (toujours la gueule !), portant cravate blanche nouée, gilet rouge, paletot bleu, pantalon beige et chaussures claires, tenant une canne à pommeau légèrement recourbé. Derrière lui son barbet fidèle, auquel il avait attribué le nom de « Cook » (référence maritime au cuisinier du bord). L'animal plutôt risible est formé d'une suite de hachures verticales. C'est un anti-Milou par la couleur noire, mais il figure, bien entendu, le chien ami, plus que fidèle, libre au demeurant, puisqu'aucune laisse ne le relie à son maître, bonnasse promeneur roscovite. Corbière n'en a pas fini avec les chiens.

Ce dessin de l'homme au chien porte une légende. Elle a suffisamment déconcerté les amateurs. Or Tristan a placé là l'indubitable marque de son amour pour les mots et leurs rencontres insolites. « Cook », lit-on sous le barbet de Corbière. Quelques mots suivent, à charge pour le lecteur de les déchiffrer et, le cas échéant, d'en partager l'esprit : « Nosce te yrsum » (à restituer en « ipsum », très vraisemblablement) – ce qui donne un « cook nosce te ipsum », aisément interprétable comme une variante latine du célèbre « gnothi seauton » grec cité par Socrate, à savoir un « connaîs-toi toi-même » (cognosce te ipsum), par lequel le chien Cook serait censé communiquer une maxime de sagesse à son maître durant leur promenade. Ce carton inspiré envoyé à la fabrique Henriot servira à orner plusieurs assiettes du meilleur style quimpérois.

D'une période difficile à préciser ont été aussi exhumés récemment, et par une intéressante coïncidence, six dessins inconnus jusqu'alors[19]. Les sujets traités concernent les mêmes types de personnages déjà observés qui tout à la fois peuvent être interprétés comme appartenant au monde familier de Corbière et retracer ainsi des scènes vues ou valoir comme des illustrations de quelques-uns de ses poèmes. La plupart du temps, on est amené à penser qu'une même réalité perçue par lui a donné lieu à deux modes d'expression – graphique et littéraire – du reste complémentaires, de sorte que ou bien le dessin ou bien le poème appelle son correspondant et que les manières qui ont présidé à l'élaboration picturale, par exemple, vont se retrouver dans la pièce en vers, (ou vice versa) selon un déplacement des procédés, une transposition.

« Le marin au parapluie » est une gouache d'assez grande dimension (13,5 × 31) où l'art du coloriste se distingue avec précision. Elle témoigne de la mise au point d'un procédé désormais éprouvé, que l'on retrouve dans ses peintures (pour ce qui nous en reste). Le personnage forme un grotesque achevé, montrant un effrayant visage, dont la bouche grince de toutes ses dents. Une mèche épaisse se rabat sur son front. L'homme porte un ample chapeau de marin autour duquel voltigent en fines lanières deux rubans. Le col marin est fixé par un élégant cordonnet fort délicatement dessiné. La veste est indiquée par des linéaments bleus – fins coups de pinceaux qui en délimitent les contours. Ouverte, elle laisse voir une large chemise blanche fripée, dont les plis sont indiqués de façon très distincte. Le pantalon aux larges échancrures tirebouchonne – manière chère a Corbière, qui semble avoir voulu montrer ce genre d'habits au moment le plus marqué de leur usure, quand abondent les plis balafrant l'étoffe. Le travail du peintre s'oppose ostensiblement à l'uni, au sans tache. La pauvreté des hommes passe par ces multiples plis qui témoignent de leur activité ou de leur négligence et de la fatigue du vêtement. Parures additives de ce marin en goguette, orné de son mieux pour aller au bordel : un parapluie plus ou moins cassé, mais replié, qu'il tient de sa main gauche qui en empoigne fermement le manche, et une sorte de perroquet jaunâtre perché sur son épaule. Un quatrain légende le personnage :

> « N'y a pas faraud
> comme un matelot
> qu'a rincé sa gueule
> dans cinq ou six eaux. »

Le texte est fait pour être dit, même si les rimes sont approximatives. Il exprime le parler populaire pris sur le vif, dont procède l'esthétique de Corbière souhaitant dire vrai, sans ambages. La « gueule » retient Corbière. Elle consiste en fin de compte dans une sorte de dévoilement de l'innommable que chacun de nous porte et qui, un jour ou l'autre, doit se livrer à tous. Les quatre vers sont signés d'un « E. Corbière », qui pourrait prouver que le pseudonyme n'a pas encore été trouvé. Pourtant la gouache, d'une exécution remarquable, témoigne assez qu'elle n'a rien d'un coup d'essai.

Un autre dessin à l'encre de Chine, de grand format aussi, montre un joueur de clarinette avec son chien. La présentation du document assure qu'il s'agirait de Corbière lui-même (sans que la ressemblance soit évidente). Bien sûr, le personnage de profil est pourvu d'un solide appendice nasal. Mais cette particularité est un lieu commun de la caricature. Plus simplement nous avons affaire à un « pauvre ». Il s'en voyait à foison sur les foires de Morlaix. Plus tard, Corbière, lors d'une soirée à Paris chez le peintre Camille Dufour, choisira par bravade d'interpréter ce rôle[20]. Je discerne plutôt dans cette encre un individu marginal comme il se plaira toujours à en faire. L'homme est coiffé d'un large chapeau de coton déformé. Un ruban y retient une petite pipe. Le musicien est vêtu d'une blouse et d'un pantalon effiloché. Il est chaussé de gros sabots où il a glissé ses pieds nus. Un bâton est posé à terre, près du tronc coupé d'un arbre sur lequel il est assis. Les doigts dansent sur la clarinette ou le flageolet, instruments fréquents dans les bagads bretons de l'époque et qui servaient à accompagner les binious. Devant lui un chien tient dans sa gueule une sébille.

Dans le même groupe de représentations nouvellement découvertes est remonté d'un ensemble d'archives le portrait d'un mendiant ou d'une escarpe[21], dessin au crayon de 30,3 × 17,70. On y remarque encore une fois la pose de profil, la silhouette entière sur pied, ce qui permet d'en accuser les angles. L'individu représenté ou imaginé montre un visage déformé, taillardé, couturé. Il porte un bonnet marqué des initiales « T F » (travaux forcés) : une sorte d'évadé du bagne ou qui se targuerait de l'être, un inquiétant Vautrin plutôt qu'un Jean Valjean. Rien à attendre de celui-là qui de son bras mutilé serre contre son corps un bâton évidé en sa partie supérieure, où passe une ficelle. Arme innommable pour assassin ? L'énergumène est vêtu de loques qui pendillent. Le crayon plus d'une fois est revenu sur leurs plis pour en faire un tissu ignoble. Les jambes du pantalon élimé laissent nues les chevilles. Les pieds sont chaussés de sandales indescriptibles. Indescriptibles, en effet, tel est le mot qui convient le mieux (malgré les limites qu'il avoue) pour qualifier ces vagabonds corbiéresques, rebuts d'humanité, sans lesquels *l'humanité* précisément ne saurait se comprendre, ni Tristan lui-même exister en tant qu'homme. Le texte, qui accompagne l'image, la complète d'un étrange commentaire à l'usage de qui ? pour quel genre de lecteur et d'auditeur ?

> « Ayez pitié ! voyez, messieurs, mesdames,
> d'un junhomme de famille infligé d'un bras[22] !
> Voyez voyez :
> *chanté*
> quand de la nuit
> l'épais nuage
> si quelquefois j'ai parlé politique
> le plus souvent j'ai chanté mes amours
> *parlé*
> voyez Mrs mes dames
> *chanté*
> quand j'étais jeune fille
> et que j'étais gentille
> je parle de longtemps
> *parlé*
> voyez (etc...) »

Ce forçat cherchant l'apitoiement et quémandant de l'argent entonne – semble-t-il – quelques romances à la mode en vue d'une aumône substantielle. Mais l'attitude du représenté ne coïncide pas avec celle d'un chanteur des rues, et la légende (possible) apparaît ainsi en décalage par rapport à l'image. Les deux romances étaient encore à la mode. L'une provenait de l'opérette *L'Éclair* (1835) d'Halévy, l'autre reprenait le refrain d'une chanson de Bérat, « La Lisette de Béranger », bien connue du trio Ludo, Aimé, Tristan, puisque la bibliothèque de Ludovic Alexandre comportait les œuvres de ce chansonnier.

Un autre dessin[23] fait par le poète et finement tracé à l'encre, en multipliant les guillochures, représente un homme en uniforme militaire, haut képi et moustaches, s'appuyant sur le canon de son fusil. Sans doute un douanier. La silhouette, qui se détache sur la feuille blanche, échappe à tout environnement qui la rendrait plus significative. Elle est signée « Édouard Corbière ».

On compte encore, parmi ces récentes trouvailles, un savoureux dessin aquarellé[24] où deux personnages, adolescents plutôt qu'enfants, sont visibles l'un et l'autre de profil. Vêtus de vareuses rouges et coiffés de couvre-chefs peu caractérisables (l'un plutôt casquette, l'autre plutôt large béret applati), ils correspondent très certainement aux deux fils Chenantais que l'on imagine fort bien venus faire un tour à Roscoff, où leur père le docteur possédait une maison. Il s'agirait donc, en l'occurrence, de Jules (le futur « Pol Kalig ») et d'Edmond, dans les années 1869-1870, alors qu'ils étaient âgés respectivement de seize et de quinze ans. Les cousins de Tristan n'ont guère été flattés par son crayon satirique. Le plus petit, Edmond, montre un visage simiesque : nez écrasé, maxillaire supérieur proéminent. Quant à Jules, il annonce ce qu'il sera plus tard : un fin visage au nez chaussé de lunettes ou de lorgnons. Le jeune homme, qui deviendra le plus grand admirateur de Tristan Corbière, porte des bottes. Une bouteille ressort de sa poche, à moins qu'il n'ait en bandoulière une longue-vue. Parmi les œuvres de Corbière, celle-là qui représente des membres de sa famille, fait figure d'exception.

Des six dessins retrouvés il y a peu (auxquels s'ajoutent désormais ceux de l'ensemble de l'Album Noir), l'un reste[25] à analyser, car sur la feuille où il est tracé se lit un long texte, inconnu jusqu'à maintenant. Il convient de signaler, avant tout commentaire, que d'autres œuvres graphiques de Corbière peuvent être authentifiées (non sans de prudentes hésitations), à savoir trois peintures sur panneaux de bois qui auraient orné l'auberge Le Gad. Quant aux dessins que Tristan réalisa en Italie et à la première (et dernière) eau-forte qu'il grava pour son livre, il en sera parlé en temps voulu.

De tous les dessins de Corbière recensés et souvent commentés par lui, celui intitulé « Le Nègle et Cie » est, de loin, le plus surprenant et le plus instructif. De grand format (242 × 330 mm), il représente, selon l'attitude favorite choisie par Corbière, un pittoresque clochard hantant les quais de Roscoff ou ceux de Morlaix. La tête couverte d'un chapeau melon difforme, le visage bosselé, le nez aux narines poilues, la barbiche fourchue, l'air arrogant, ledit Le Nègle (ce nom ne semble pas la corruption d'un primitif « Le Nègre ») dresse une silhouette contrefaite enveloppée de vêtements en guenilles que terminent les jambes d'un pantalon en loques et des pieds chaussés d'énormes souliers, d'où ressort le gros orteil. Au loin, de dos, se voit, comme je l'ai signalé déjà, le quatuor amical de Laferrière, Vacher, Corbière et Ludo.

Tristan, par ce dessin, n'a pas voulu surpasser son art, faire un chef d'œuvre, produire son « bateau ivre » graphique. Mais il y a mis l'essentiel de son talent, et sa lettre-commentaire équivaut à un véritable « traité du style »

« Monsieur et cher confrère,

votre Le Nègle a été pour moi non seulement un doux souvenir, mais aussi une révélation. Vous êtes un artiste ! C'est à ce titre que je me permettrai de vous faire ici quelques observations plutôt du point de vue du modèle que du point de vue de l'art pur. Le Nègle est beau, mais pas assez frapouillard, bien modelé, mais il ne pue pas des pieds. Vous en avez fait un classique un académique lui le grand romantique, le poète cynique. Vous le faites sévère, lui qui ne voltige qu'entouré des jeux et des ris. Votre Le Nègle n'a pas bu, c'est ce que je lui reproche dans votre remarquable étude. Moi voici comment je comprends le Nègle, je vous soumets un simple croquis de mémoire qui cependant j'ose le dire sans modestie comme sans fatuité parlera plus à l'âme de ceux qui l'ont aimé ou apprécié, Vacher, Ludovic, vous-même, jeune maître, *moi*, tombeau des fleurs (encore un poète celui-là), Laferrière etc. etc. Et puis ce nez, ce nez qui est à lui seul un long poème, vous en faites presque un nez bourgeois, presque un nez humain. Sondez ce nez dans la nature, lisez-le, déchiffrez-le, décomposez-le, aimez-le, sentez-le et croquez-le, tirez-en la quintessence pour humecter votre pinceau, polissez-le sans cesse et le repolissez – alors vous ferez un chef d'œuvre, vous serez le Raphaël de maintenant. Rêvez à ce nez, rien qu'à le voir il faut que l'âme devine qu'il pue des pieds – faire une simple tête qui pue des pieds, voyez-vous, c'est le comble de l'art, du génie, de l'idéal et même du [illisible] c'est ce que je vous souhaite.

frère ès arts Corbière artiste. »

Le Nègle innommable, bien perceptible cependant (il pue des pieds), devient *le sujet* par excellence, l'archétype. Le soin que met Corbière à en saisir la quintessence, le choix que son « confrère » peintre a fait d'une telle figure indiquent assez la visée réaliste qui motiva leurs œuvres. Il en est résulté une sorte d'ultra-romantisme dans la manière (à l'opposé du lisse académique) servant à traduire la laideur et la difformité, à l'accentuer même jusqu'à la caricature, où se trouvent atteintes les limites de l'art. Il est certain que Tristan, s'estimant laid à plus ou moins juste titre, a décidé très tôt de jouer un prêté pour un rendu. La laideur forme son domaine privilégié, immense, intense, aux dimensions de la vie peuplée de grotesques, de contrefaits et de risibles horreurs. Sa démarche esthétique préfigure, avec quelque avance, celle de Rimbaud programmant son « encrapulement », ridiculisant ses « petites amoureuses », s'identifiant au « cœur du pitre », invoquant les « comprachicos » fabricateurs de monstres. La beauté physique de Rimbaud s'y perd, quitte à resurgir plus tard dans les splendeurs de ses « Illuminations ». Tristan, quant à lui, par ses dessins immondes et carnavalesques, dévoile et dénude son *dessein* qui consiste en un hommage continu rendu à la laideur, expérience qui, au même moment, tend à se concrétiser dans les recherches des réalistes – qu'ils soient peintres (la bande à Courbet), caricaturistes, polémistes politiques ou nouveaux romanciers. Mais il ne semble pas qu'il ait eu la moindre ambition concertée de décrire la société, d'en souligner les travers. Il ne s'embarrasse pas d'un message ni d'une morale (fût-elle inversée ou renversante) et il n'a pas encore le projet d'un livre. En revanche, il est animé par une parfaite lucidité stylistique. Dans sa lettre sur « Le Nègle », la suite des impératifs, qu'il accumule sous forme de conseils abondamment prodigués, équivaut à un art poétique concentré et drôle (à preuve, la référence à Boileau), où domine l'idée d'une transposition du modèle et la recherche d'une quintessence (le mot est utilisé), au terme d'une observation qui supposerait, qui sait ? de comprendre l'hiéroglyphe proposé par la nature ou le naturel. Corbière a la conscience d'un effort à faire pour exhumer le fondamental : « Il faut que l'âme devine qu'il pue des pieds. » L'effet artistique se concentre sur le déplaisir. Ce n'est pas pour rien qu'il déploie sa verve à détailler ce travail, sans pour autant employer les termes du métier, les références techniques. Résumons avec lui ce qu'est le comble de l'art : « Faire une simple tête qui pue des pieds » – en quoi se trouve illustrée une pensée carnavalesque, proposant l'inversion des valeurs traditionnelles et réhabilitant le bas-corporel de la basse-latinité et du Moyen Âge.

Pour compléter ce billet extraordinaire à un ami peintre, Tristan a dessiné et commenté en un coin de la feuille (partie droite supérieure) les pseudo-armoiries du Nègle :

> « sur champ de gueule mi-parti dégueulade
> un lutrin trouvé dans la merde
> le violon allégorique
> la bouteille. »

L'écu est soutenu par Laferrière et « tombeau des fleurs » au naturel. Cette façon d'emprunter à la science héraldique n'est pas unique chez Corbière, puisque lui-même y a recouru (y recourra ?) dans le tableau « Une gueule » et dans la transposition qu'il en fera sur l'exemplaire Vacher des *Amours jaunes*, en réinventant les termes décrivant le blason. Une telle opération évidemment parodique tendait à anoblir le plus risiblement possible un être des plus bas. Les signes de sa bassesse se transmuent en marques d'une aristocratie « frapouillarde », à l'instar de celles qui exerçaient leur pouvoir sur le royaume d'Argot et les terres de la Grande Truanderie, naguère célébrées dans certains chapitres de *Notre-Dame de Paris*. La gueule une fois encore l'emporte sur le visage et se débonde, selon le ricochet des paronomases, en « dégueulade » – le préfixe *dé* servant, par excellence, à défaire tout ce qui apparemment oppose ou impose son autorité frontale. De même s'exprimera-t-il par « déchant », comme s'il fallait que la substance du nom en majesté se décompose, s'anéantisse ou se néantise. Les attributs de Le Nègle symbolisent tour à tour son ivrognerie, ses prétentions de chantre du ruisseau ou de musicien d'un jour formant à plaisir des notes sur un crincrin démantibulé, frère de la vielle de Corbière. « Un vrai poète, celui-là », ose dire Tristan qui se reconnaît en lui, qui – mieux même – veut procéder de lui, de cette ivresse parfois allégée, escortée de « jeux et de ris », quand l'allégresse de la soûlerie entraîne au paradis. L'insupportable Nègle se révèle sans doute plus proche de lui que tous les faiseurs d'élégies polissées qu'il a pu frôler à Morlaix et qui se pressent à la Chambre de littérature, tous les Violeau, admis révérencieusement dans les salons de la cité léonise. Il n'empêche qu'il sait fort bien à quelle provocation il cède quand il vénère un tel condisciple. Célébration à rebours magnifiant l'exécration attendue. Au-delà de l'abjection plate et puante et sans remède existe ce naturel plus que nature, forçant toutes les sauvegardes du bon goût, faisant violence et renversant les garde-fous. Avec ces caricatures, Tristan s'est donné une escorte de choix, à l'image de Villon et de ses amis coquillards. Bande interlope qui, en réalité, ne fut jamais la sienne, excepté sur le papier ou bien à l'heure tardive de ses

volontés ivres, quand le monde se recompose sous la fumée d'un quin-
quet.

Je songe encore à ceux-là dont il eut peut-être l'usage au moment de
la rêverie, dans ses périodes d'oisiveté ou de longue interrogation sur
lui-même. Et j'entrouvre, à sa suite, des albums de caricatures que
« peut-être il ne vit jamais ». Car Tristan, dès l'adolescence, a trouvé,
dans leurs pages vraisemblablement feuilletées, une pâture intellectuelle
dont il est difficile toutefois de préciser les réels représentants. Toute la
tradition grotesque mérite d'être appelée à la rescousse, celle qu'avait
énumérée sans craindre la surenchère Hugo dans sa préface de *Crom-
well*. Et l'on n'a pas hésité à lui attribuer une connaissance de Callot le
graveur de Nancy, dont Aloysius Bertrand s'était inspiré pour plusieurs
poèmes en prose de son *Gaspard de la Nuit*. A-t-il compulsé les estampes du fantaisiste Lorrain chez l'un de ses oncles, Edmond, qui possédait – dit-on – un livre les reproduisant ? La référence se lit ouvertement
dans le premier poème des « Gens de mer »

> – « *Marin, je sens mon matelot*
> *Comme le bonhomme Callot*
> *Sentait son illustre bonhomme...* »

Le XIXe siècle fut certes celui de la caricature, fortement politique, la
plupart du temps – qu'elle s'exprime sous Louis-Philippe dans le journal homonyme ou dans *Le Charivari*, ou qu'elle acquière un droit de
cité souvent remis en cause durant le Second Empire où d'illustres
mécontents sauront lui donner une tournure où se concentrait leur génie.
Des noms viennent à l'esprit, Monnier, Daumier, Gavarni, que Tristan
n'ignorait pas, même s'il est peu certain qu'il les ait pris pour modèle.
D'Henry Monnier qu'Édouard avait connu du temps où il vivait à Paris
ou quand il dirigeait le *Journal du Havre*, Tristan parcourut à coup sûr
les ouvrages et rencontra quelques-uns des dessins avec légende où
l'auteur avait créé le type de Monsieur Prudhomme fier de sa bêtise
satisfaite. Il ne semble pas avoir emprunté à sa manière, trop sage pour
lui. Baudelaire – faut-il le rappeler – n'estimait que médiocrement le
personnage et l'écrivain : « Comédien, il était exact et froid ; écrivain,
vétilleux ; artiste, il avait trouvé le moyen de faire du chic d'après
nature. » On retiendra ce dernier mot de chic qui appartient aussi au
vocabulaire de Tristan et qui, chez lui, ne rencontre pas nécessairement
une acception dépréciative. La rapidité du trait élimine – il va de soi –
toute profondeur. Elle correspond cependant à une forme de réalité que
ne néglige pas Corbière – même s'il conseille davantage le travail en
vue d'extraire la quintessence. La question des divers niveaux auxquels

l'art peut prétendre est bien soulignée par Baudelaire[26] quand il estime que le type de Monsieur Prudhomme correspond à un pur décalque du réel (et non pas à une transposition) et qu'il l'assimile « au charme cruel et surprenant du daguerréotype ». Son jugement comporte en soi une condamnation évidente, ou la plus grande des réserves, lorsqu'il qualifie ces dessins de froids et durs et qu'il y voit « la froideur, la limpidité du miroir, d'un miroir qui ne pense pas et qui se contente de réfléchir les passants ».

Tout autre apparaît l'art de Daumier auquel on croira, non sans de bonnes raisons, que l'art de Corbière s'est référé. La notoriété du caricaturiste, en effet, était telle qu'elle atteignait les villes de province où l'on se régalait de ses lithographies politiques. Étaient-elles du goût de M. Corbière, citoyen correct du Second Empire, et de ses oncles Puyo qui ne firent jamais figure d'opposants au régime ? On pensera, du moins, qu'ils eurent l'occasion de lire, voire d'acheter les fascicules où Daumier publiait certaines de ses œuvres, et où se voyait selon un « dessin abondant et facile [...] tout ce qu'une grande ville contient de vivantes monstruosités. Tout ce qu'elle renferme de trésors effrayants, grotesques, sinistres et bouffons. » « C'est une improvisation suivie, et pourtant ce n'est jamais du *chic* », note Baudelaire, qui admire que « l'idée se dégage d'emblée. »

Notes

1. M. Patrick Jourdan, conservateur du Musée des Jacobins de Morlaix, nous a montré les collections groupant des peintures, dessins et aquarelles d'Edmond et d'Édouard Puyo.

2. De Louis Marie Baader (1828-1920), le Musée conserve un portrait d'Édouard Puyo huile (37,5 × 30) (INV n° 385), un portrait d'Edmond Puyo (55 × 44), (INV n° 376) et un autoportrait (daté 1887), 40 × 32 (INV n° 383).

3. D'Édouard Puyo, le Musée conserve un « Château de Kéryvoas » dédicacé « à ma chère Anne-E. Puyo », 24,5 × 32 (INV n° 2000. 9.1, une vue des environs du manoir de Kéryvoas » (aquarelle, gouache), 28,6 × 44,8 (INV n° 583), « Vue du manoir de Kéryvoas », aquarelle 38,8 × 56,5 (INV n° 582), un « Zouave en uniforme », 27 × 45,2 (INV n° 661), « Sidi Okba, mosquée arabe » 51,1 × 37,8 (INV n° 589), etc.

4. Exposée au Musée de Morlaix (Pondalez) (0,98 × 1,45 m). INV n° 364.

5. On voit encore cet atelier donnant sur le jardin du château de Bagatelle.

6. Je remercie Mme Armelle de Lafforest de m'en avoir permis la visite.

7. Michel Bouquet (1807-1890). Voir le catalogue de l'exposition *Michel Bouquet et les peintres de Keremma*, Musée de Morlaix, 8 avril-21 juin 1988. et l'article de Francis

F. Burch « Tristan Corbière and Michel Bouquet » dans *La Nouvelle Tour de feu*, n° sur Tristan Corbière, 1985, p. 83-90.

Voir catalogue cité, p. 7.

8. Article publié dans la *Gazette des Beaux-Arts*, 1865, n° 2.

9. Le portrait fait par Thomas Couture, 0,55 × 0,46, (vers 1840) fait partie de la collection du Musée de Morlaix (Inv. n° 427) ; celui dû à Cermak, daté 1869, 0,59 × 0,47, se voit au Musée de Lorient (Inv. n° 83).

10. Voir catalogue *Tristan Corbière*, 1995, p. 41. Hauteur 0,20, largeur, 0,14. Collection June Vacher-Corbière. Il est précisé que ce pichet aurait été réalisé par un ami potier à Roscoff. Bouquet disposait-il d'un four dans son domicile de Roscoff ? On doit penser plutôt qu'il aurait pu confier un tel travail à la fabrique Henriot de Quimper. Voir *infra* note 18.

11. Jaroslav Cermak, né à Prague en 1830, mort à Paris en 1878. On connaît de lui, exécutés à Roscoff la « Côte à Roscoff, 1870 » et la même année, « Nature morte aux poissons ». En 1872, il résidait rue du Quélen à Roscoff, au numéro 13, avec une « Autrichienne » probablement... belge, du nom de Gallait et Michel Garbiche, domestique étranger âgé de 45 ans. En 1873, il expose au salon « chasse et pêche, souvenir de Roscoff ». Le 13 décembre 1876, il achètera 2 800 F un jardin rue du Cap à Claude Creignou.

12. Sur Jean-Louis Hamon (1821-1874), voir le master écrit par Sébastien Quéquet, INHA, 2008 et l'article très complet du même : « Jean-Louis Hamon. Les néo-grecs et le goût pour l'antique dans les années 1850 » publié dans *48/14. La Revue du Musée d'Orsay*, n° 26, printemps 2008, p. 18-27.

13. Th. Gautier, *L'Artiste*, Salon de peinture, mai 1848.

14. Lettre de J.-L. Hamon écrite depuis Roscoff et datée du 26 juillet 1867, recueillie dans « Pièces relatives aux portraits du sculpteur Bouchardon, des peintres Antoine Fauvray et Louis Hamon », *Nouvelles Archives de l'art français*, 1876, p. 394-395 (par Eugène Muntz).

15. Sur Édouard Sain (1830-1910), voir l'opuscule de l'exposition réalisée au Musée barrois de Bar-Le-Duc (25 novembre 2009-10 janvier 2010) autour du tableau « La Famille », et la présentation de l'artiste par L. Roger-Milès dans le catalogue de vente après décès de l'atelier d'Édouard Sain à Drouot, le 10 décembre 1910.

16. Gaston Lafenestre (Melun, 1840-Barbizon, Chailly-en-Bière 1877) (L'Album Louis Noir (voir chapitre X) se donne comme réalisé par « Édouard Corbière » et « Gaston Lafenestre »). Voir site de la mairie de Chailly-en-Bière. Ses rapports avec Georges Lafenestre son oncle ou cousin sont attestés. Georges Lafenestre, né à Orléans en 1837, poète parnassien, critique d'art, deviendra conservateur des peintures et dessins du Musée du Louvre, professeur à l'École du Louvre et au Collège de France. Intime de Heredia, il fit partie du groupe des écrivains et artistes qui entourèrent le poète des *Trophées* à Douarnenez où il passa de nombreuses vacances.

17. Sur Camille Dufour, voir la notice trop brève du *Bénézit* t. III, p. 718 et quelques précisions dans Gérald Schurr, *Les Petits Maîtres de la peinture, 1820-1920, valeur de demain*, Les Éditions de l'Amateur, t. III, 1976.

18. Ce dessin, que l'on a longtemps cru tracé et aquarellé sur papier et qui figure dans le *TC* de René Martineau, puis, en couleurs, dans le catalogue *Tristan Corbière*, 1995, se trouve en réalité reproduit sur une assiette de Quimper, comme l'a montré pour la première fois le Corbière de Marthe Le Clech et François Yven (*La Métamorphose du crapaud*). Cette assiette existerait à plusieurs exemplaires et l'ornement de ses bords,

ainsi que l'inscription sur l'une d'elles : « Henriot-Quimper », tendraient à prouver qu'elle fut réalisée par cette célèbre fabrique de Quimper. Voir l'article de Benoît Houzé, « Tristan tous genres » dans *L'Œil bleu*, n° 11, juin 2010, p. 4-5.

19. Trois d'entre eux figurent sur le catalogue Alde, vente du 28 juin 2007 : pièce 116 : joueur de clarinette avec son chien ; 117 : marin en goguette ; 118 : « Le Nègle ».

20. Léon Durocher, « Tristan Corbière à Paris » dans *Le Fureteur breton*, t. VII, avril-mai 1912.

21. « Escarpe » désigne un malfrat, un voleur. Signé « Ed Corbière », ce dessin de la collection Jullien de Pommerol a été révélé et reproduit par Benoît Houzé dans son article « En profil laminé. Autour de trois dessins de Tristan Corbière », *Pleine Marge*, n° 49-50, octobre 2009, p. 67-76.

22. Voir dans « Matelots » des *Amours jaunes* :

> Et, sur les boulevards, le survivant chronique
> Du *Vengeur* vend l'onguent à tuer les rats morts.
> Le *Jûn' homme infligé d'un bras* – même en voyage –
> *Infortuné, chantant par suite de naufrage* ;

23. Dessin à la plume, 30,4 × 19,2 cm, signé Édouard Corbière et reproduit par B. Houzé, *Pleine Marge*, art. cit.

24. Dessin aquarellé, 24,3 × 17,5, reproduit par B. Houzé, même publication que le précédent.

25. « Le Nègle et Cie », dessin au crayon (24,2 × 32) collé sur un morceau de carton illustré. Il a donné lieu à un commentaire, p. 161 portant sur les autres personnages qu'on y voit (Laferrière, Vacher, moi, Ludo).

26. Baudelaire, « Quelques caricaturistes français », *Le Présent*, 1857 puis *L'Artiste*, 24 et 31 octobre 1858. Repris dans *Curiosités esthétiques*, Michel Lévy frères, 1868.

VIII

Armor

L'insaisissable temps de Corbière durant ces années 1863-1869 n'interdit pas – nous nous y sommes déjà risqué – d'émettre des conjectures. Elles n'ont guère de chance d'être vérifiées. Mais, pour autant que l'esprit critique les supervise, elles méritent d'être formulées.

Arraisonner Tristan à Roscoff, beaucoup de ceux qui dessinèrent sa vie n'hésitèrent pas à le faire, en lui concédant toutefois quelques sorties en mer plus caractérisées par leur audace que par leur vaste champ d'action. Le contact de Tristan avec l'élément marin n'a pas connu – semble-t-il – d'accalmie. Une vraie passion l'animait pour ces espaces libres, quoique hérissés d'écueils, cette vaste solitude soulevée de vagues. Corbière, néanmoins, ne se laisse jamais aller à quelque émotion tendre envers la mer, dont il préfère les violences, l'inhumanité foncière. Conduire une embarcation à travers les obstacles, la diriger vers le large, naviguer avec art, il ne souhaite rien de plus, et dans cette activité trouve une raison d'être. Quelques anecdotes rapportent sa témérité, la tentation qu'il éprouvait de sortir par gros temps, de frôler les rochers. Il est notoire que son premier canot – dont on ignore même le nom – fut, au bout de quelques mois, précipité par lui sur des récifs, non loin de la côte, pour que son père, voyant cette irrémédiable perte, lui achetât une embarcation plus grande, sans doute le fameux cotre *Le Négrier*. À bord, il se paie encore d'audaces inutiles, entraîne son second improvisé, « le père Bellec » dans des zones périlleuses pour se donner – semble-t-il – quelques sensations fortes[1].

> « [...] Le Breton ne veut ni se détourner, ni reculer.
> Ceux qui ont étudié comme moi ce genre de bravoure sont convaincus que les Bretons aiment le danger pour lui-même ; leur nature rêveuse, mélancolique, a besoin de secouer son éternelle sombreur.

J'ai à citer des exemples qui feront comprendre le courage breton.

Je choisis à dessein des hommes qui ne passent pas pour héroïques.

J'ai vu Corbières, par un temps épouvantable, s'en aller à l'Île de Sieck, sûr d'être en perdition, et comme on faisait observer à ce grand poète trop peu connu qu'il n'en reviendrait peut-être pas, il répondit sans pose, très sincèrement :

– Je veux chanter la mort en mer ; le naufrage, la tristesse consolante d'un beau trépas, en pleine démence des flots.

Comment exprimer ces sensations, si je ne les ai pas éprouvées.

Son canot sombra.

Il se sauva à la nage et nous revint meurtri, déchiqueté par les pointes des rocs.

Une autre fois, il fit un marché étonnant avec un jeune pêcheur.

– Guillaumic, tu ne vas donc pas à la pêche, aujourd'hui ?

– Pas possible, monsieur Corbières.

La mer est démontée.

On perdrait lignes et filets.

– Rien à faire alors ?

– Non, monsieur Corbières.

Lui, d'un grand geste :

– Tu vois l'Île de Tizi-Aouzon ?

– Pas beaucoup.

De temps en temps.

Entre deux coups de mer.

Ce que ça brise par là.

– Si un canot était drossé contre les rochers de l'Île, crois-tu que ceux qui le monteraient seraient en péril de male-mort ?

– Sûr, monsieur Corbières.

– Tu n'as ni femme ni enfants ; tu es orphelin et tu ne tiens à rien.

– C'est vrai, monsieur Corbières.

Je suis comme un bouchon de liège qui flotte sur l'eau.

Lui, tirant de sa poche un louis et le montrant entre le pouce et l'index.

– Veux-tu gagner un louis ?

Guillaumic, l'œil étincelant :

– Oui, monsieur Corbières.

– Il y a des petits verres dans un louis.

– Oh oui !

– Tu connais mon bateau.

Kérenfort ne veut plus le réparer.

Il est f...ichu.

– Sûr qu'il n'est plus bon à grand'chose.

– Je ne veux pas qu'il meure sous le marteau d'un charpentier.

Il a le droit de mourir en mer, en brave bateau qu'il a toujours été.

Monte avec moi.

Nous le jetterons sur les rochers de l'île et il sera brisé en mille pièces.

– Mais… nous… monsieur Corbières ?

Lui, froidement :

– Risque à courir.

Un louis… c'est quelque chose.

Guillaumic, riant :

– Et puis l'honneur de crever avec vous, si on en crève.

Ils y allèrent…

Le canot fut mis en miettes.

À marée basse, on alla les chercher sur l'île ; une lame monstrueuse les avait sauvés en les portant par-dessus les rocs, au centre de l'île.

Le lendemain, je ramassai une petite épave du canot poussée sur la plage.

Je la conserve comme une relique. […] »

La plupart de ceux qui ont parlé de Corbière considèrent comme allant de soi son expérience de la navigation. Elle était plus délicate que de nos jours, moins sécurisée ; des hommes talentueux l'exerçaient, habitués plus que nous aux manœuvres de la marine à voile, fût-ce à bord d'une embarcation de faible tonnage. Formé par son père, Tristan avait appris dès l'adolescence les techniques nécessaires et sa témérité souvent signalée prouve qu'il connaissait parfaitement le maniement des voiles. Encore dut-il être accompagné, la plupart du temps, d'un autre homme pour le seconder, un Bellec ou un François Coulloch, l'un du Léon, l'autre de Douarnenez, individus « taiseux », qui ne s'exprimèrent que tardivement à son propos pour répondre aux questions que leur posèrent des écrivains tels que Léon Durocher ou Charles Chassé[2]. Il n'y a donc que peu de choses à retenir de leurs parcimonieuses confidences. Des journées entières passées en mer. Des moments difficiles quand se lève un coup de vent ou que menace la tempête. Leurs souvenirs se réduisent parfois à quelques mots impuissants à décrire l'énormité de la mer, son calme, ses fureurs. Corbière lui-même, qui a vécu de multiples petites odyssées, n'a pas ressenti le besoin de les redire. Il ne s'est pas livré aux vastes descriptions d'un Hugo ou d'un J. Autran, dont il a souhaité se démarquer dans les termes – il faut bien le dire – d'un jugement souvent partial, revendiquant pour lui et quelques autres, dont son père, une authenticité au-dessus de tout soupçon. Or l'authenticité d'un Tristan apparaît, elle aussi, comme une fiction produisant des images gratifiantes de « matelots » face aux « marins », de « corsairiens » dont le corps mort coule à pic au fond de l'océan face à ceux dont le cadavre pourrira dans un champ de pommes de terre ou de navets. Orgueil de celui-là, que sa faible constitution empêcha de participer aux travaux du bord, aux longues entreprises de la marine militaire ou commerciale et qui dut se contenter de manœuvrer son cotre ou son sloop, assisté d'un homme de confiance parachevant les gestes qu'il tentait. Tenant la barre, serrant les drisses, amenant le perroquet, Corbière, qui ne veut pas *jouer* au marin et qui, bien entendu, préfère l'être, en rajoute, en remet, à terre comme à bord, se fabriquant ainsi une identité, celle d'un *dur* et d'un vrai, presque semblable à ces figures de héros anonymes silhouettées par son père l'auteur du *Négrier*.

Sa Bretagne sera donc celle de l'Armor, celle du littoral et des îles. *Les Amours jaunes* en offrent une image concentrée dans la section portant ce titre, qui ne contient que sept poèmes[3] dont l'un, le dernier, « La Pastorale de Conlie » change de lieu et se veut un témoignage historique. Les autres, qui tous sont précisés par un toponyme, nous promènent de Guérande, le texte initial, au Men-Arrez, pour le sixième. L'ensemble répond à une organisation qui n'a pas nécessairement de valeur démonstrative, esthétique encore moins, et si je prends soin de le considérer maintenant, c'est pour me fier à ces informations, trop souvent négligées, sous le prétexte qu'elles seraient plus fictives que réelles, fantaisistes, en un mot. À quoi mieux vaut répondre que Corbière s'applique à les donner moins pour signifier qu'il s'est rendu en de tels endroits que pour informer le lecteur occasionnel. On a coutume de souligner tout ce qu'ont d'invérifiable plusieurs indications comme le « Jérusalem » de « Bohème de chic ». Mais je m'engage, le moment venu, à en dévoiler l'opportunité toute teintée d'ironie. À dire vrai, la plupart des indications qu'il fournit correspondent moins à une forme d'esbrouffe, voire à un clin d'œil complice avec le lecteur qui ne serait pas dupe, qu'à divers trajets, notoirement identifiables. Outre ceux qui seront examinés dans plusieurs chapitres à venir, il paraît judicieux de tenir compte, plus que tout, de ceux qui touchent à la Bretagne. Si Corbière a d'abord vécu à Morlaix, s'il y est revenu quand il en avait le désir et si, par ailleurs, il a tendu à se fixer à Roscoff, il fut également un individu mobile, naviguant à sa guise et selon les possibilités qu'offrait l'embarcation dont il disposait alors, empruntant aussi, le cas échéant, différentes voies terrestres pour se rendre en certains lieux significatifs à ses yeux, en un mot pratiquant une forme de tourisme en vogue à l'époque, bien qu'il s'en distinguât en tant que Breton de souche, qui comprend sans doute de l'intérieur, par sympathie intime, ce que d'autres pouvaient voir superficiellement par curiosité, à l'affût d'un typique auquel la plupart du temps ils restaient étrangers. Les quelques remarques que je compte faire sur ce Tristan voyageur ne sont justifiées – on le voit – que par les noms de lieux qui accompagnent certains de ses poèmes. Le degré de probabilité qui permet d'assurer que ces lieux furent visités par lui va du plus fort coefficient au moindre – les sites proches de Roscoff se trouvant à sa portée, alors que Guérande ou Penmarch ne valent que comme indices d'une fréquentation imaginable. Une question se pose par voie de conséquence. Celle qui concerne une chronologie possible. Or les notations auxquelles consent Tristan ne comportent que rarement la précision d'un millésime. Seule la saison est indiquée. Il est donc difficile de dire avec certitude quand il fut présent dans telle ou telle localité. Le mieux consiste à imaginer, avec quelque chance d'approcher le vrai, qu'à plusieurs reprises il hanta les endroits dont il parle, autant porteurs d'une valeur symbolique à ses yeux que significatifs de son aventure personnelle. Une tendance de la critique incline à penser que ses plus anciens poèmes concerneraient l'Armor et les « Gens de mer ». Ils auraient été rédigés à un moment où il n'aurait pas encore connu Rodolphe de Battine et Herminie dont il fut vraisem-blablement l'amant. En effet, la vie de Tristan, pour ce que l'on en sait et pour ce que je tente d'en restituer, ignorait encore Paris qu'il n'avait fait que traverser ou dont il n'avait goûté que les fêtes et les charmes les plus superficiels. Il s'ensuit que jusqu'à l'heure de cette rencontre, en 1871, il avait surtout (sinon exclusivement) résidé en Bretagne d'une vie tantôt sédentaire, tantôt mobile, autour de Roscoff, le port d'attache qu'il avait élu, parce que, non loin du milieu familial, il lui assurait la meilleure indépendance, sans que celle-ci se renfermât dans la plus complète solitude, égayée qu'elle était par la société roscovite (cepen-dant critique à son égard) et les colonies temporaires de peintres au sein desquelles il avait pu se faire des amis.

Face à Roscoff le plus court périple le mène à l'île de Batz[4], pittores-que paysage situé à un quart d'heure du petit port. Elle faisait figure de site enchanteur, planté de tamaris, embaumé du fenouil marin. Une vieille chapelle dédiée à sainte Anne s'y élevait, à laquelle les quelque quarante habitants, pêcheurs et goémoniers, portaient leurs dévotions. Un phare, construit en 1836, répandait, la nuit, ses feux protecteurs. Tristan aimait à venir là, comme dans un refuge encore plus inaccessible que sa maison de la place de l'Église. Oiseau selon les jours désemparé ou bizarrement apprivoisable, il était connu des insulaires, intrigués certes par sa drôlerie, mais point hostiles à ce fils de bourgeois aux allures de bourlingueur étique. Corbière, venu là pour un après-midi, a parcouru plus d'une fois ces grèves et, partagé, avant de repartir, un quignon de pain et un kil de rouge avec Bellec, non loin du Toul-an-Infern, son gîte d'observation. Au crépuscule du soir il lui arriva même de décider de ne point rentrer à Roscoff et de rester jusqu'au matin tapi avec son second dans un creux de rocher, à seule fin d'inquiéter ceux de la côte là-bas, angoissés à l'idée de ne plus les voir revenir et pensant à quelque « perdition haute »[5]. Tristan sera coutumier de ces farces de mauvais goût où la mort, la parfaite vigilante, est envisageable et ne pardonne pas. L'épouse Bellec se morfondit sur la grève, épouvantée par la tempête en vue et persuadée du naufrage qui n'allait pas manquer de la rendre veuve. À l'aise sur l'île de Batz, Tristan en fera son quartier général, longue-vue en bandoulière et paperasses ou album à dessins dans un sac. J'invente – tout le monde l'a compris –, et que l'invention peut rejoindre une forme de vérité aussi nette que le Tristan du tableau asymétrique, artiste et poète à-peu-près. À l'une des figures de l'île de Batz il semble avoir voulu fort tôt rendre hommage, en minutant les paroles de Trémintin, le marin du *Panayoti* qui, sur l'ordre de son capitaine, avait osé faire sauter le navire. Il faut croire que la tradition de ce geste audacieux et quasi suicidaire s'était perpétuée dans les mémoires, puisque Anatole Le Braz en recueillit les traces[6] un soir de 1902 à Ouessant où se trouvaient des îliens de Batz. « Nous autres, voilà : nous avons Trémintin » auraient dit ces Léonois au cours d'une veillée. Et de raconter l'histoire de l'intrépide pilote en termes moins pittoresques que Corbière, mais complétés d'un épisode : la venue à Versailles, devant Louis-Philippe, de Trémintin et de sa femme Choik-Al-Lez, portant sa coiffe de fil de lin, son ample jupe de fête, son tablier garni de dentelles et son petit châle de mérinos noir brodé de fleurs de soie.

Si Tristan a cru bon devoir célébrer Batz une première fois à propos de Trémintin, il l'a fait encore en évoquant son chien Pope, « gentleman-dog from New-Land, mort d'une balle ». Ce n'était plus alors le barbet Cook qui l'accompagnait, mais ce beau Terre-Neuve (New-Land) aux pattes palmées que souvent les pêcheurs, encore de nos jours, emportent à bord de leur canot et qui, à l'instar du Saint-Bernard des Alpes, savent, au cas où l'embarcation chavire, sauver l'homme à la baille :

> « Toi ; ne pas suivre en domestique,
> Ni lécher en fille publique !
> – Maître-philosophe cynique : »

Pour écrire ainsi, Tristan connaissait peut-être déjà une « Marcelle ». Mais son amour pour les chiens, depuis les premiers roquets qui furent en sa possession, n'avait pas varié, et il se plaisait à voir en eux l'animal tout simplement, *l'autre de l'homme*, une forme d'altérité interrogeante qui, au besoin, peut porter conseil, comme Diogène, de la secte du chien, cynique par définition, (*Ne ton kuna*, dit le grec), levant haut la patte sur toutes les bornes, défiant le bon goût et les normes. De Pope, dont il est bon de rappeler un instant la vitalité rebelle, une image : Tristan sur la plage de Batz jouant avec lui, et le chien presque amical se coulant entre ses jambes ou l'agressant avec reconnaissance, puis courant sur la grève. Offrons-nous ce « moment à la Corbière » et, une dernière fois, plaçons une main bienveillante sur la tête ou le mufle du « gentleman-dog » qui n'a pas failli et fut quelques saisons le compagnon du poète.

Parfois l'expédition est plus lointaine. On se munit de vivres à bord et on se lance vers le grand large. La météo n'existe que de bouche à oreille. On observe avec soin l'annuaire des marées. Tristan étarque la voile, en droite ligne file vers les sept îles, en face de Perros-Guirec et de Ploumanach, là où des milliers d'oiseaux chaque année nidifient. Une neige mouvante, leurs vols et leurs cris. Non loin de Ploumanach, il atteint les Triagots et leur phare, moins haut que celui de Batz. L'amante a-t-elle déjà surgi dans le réel ? Y a-t-il une Marcelle ou une Herminie pour lui ? Toujours est-il qu'il en forme un poème : « Le Phare », phallus érigé, « Priape d'ouragan ». Rien de strictement reconnaissable. La description n'est pas son fort – et Tristan, même s'il se paie de mots, leur impose vite une dérive ou les projette en feux d'artifice. L'érection est imparable, selon ses micmacs sémantiques de maître-funambule procédant *in extremis* à un rétablissement mirifique, alors qu'une chute piteuse s'annonçait. Des Triagots on ne saurait dire si le cotre de Tristan les a frôlés. Sans doute ! Sinon pourquoi en propulser le nom en fin de poème, puisque nul, excepté quelque amateur voilier, ne serait capable de les identifier ? L'édifice pointe un symbole en plein ciel, que l'auteur malmène en le confrontant à La Fontaine : « Il se peut bien qu'il rompe, / Mais plie non », puis à Musset, nouvelle épreuve :

> « Sait-il son Musset : À la brune
> Il est jauni
> Et pose sombre pour la lune
> Comme un grand I. »

D'ores et déjà la stricte matière du réel fond à vue d'œil. Les mots sont là, et toute la poésie, – à propos de ce phare « diapason d'Eole », frappé par tous les vents, ouvert à toute métaphore. Tristan, qui en a tant vu, ne nous en servira pas d'autres. Le sien, qu'il édifie sur quinze strophes, suffit bien, « philosophe ou poète », pour qu'en naisse un archétype – avec moins de risques que chez Hugo, avec plus d'implication personnelle, tours et détours dans l'escalier où se poursuivent et se rencontrent à l'occasion l'amant de la cave et la femme de la lanterne – le

cylindre phallique contenant en lui les mille péripéties de l'amour perpétuel.

Il n'est pas certain qu'un jour Tristan ait envisagé de pousser
jusqu'aux îles Anglo-Normandes et Guernesey, où Victor Hugo, opposant majeur, résidait et quotidiennement de son habitacle embrassait du
regard l'océan. Édouard Corbière n'avait que peu apprécié les premiers
livres du jeune romantique. On ne sache pas qu'il se soit déjugé par la
suite. Tristan lui avait emboîté le pas, bien convaincu des nombreux
défauts de l'homme « Ceci tuera cela », allusion claire à l'une des parties de *Notre-Dame de Paris*. Reste que, comme tout lecteur, il n'avait
pu qu'admirer le génie de celui-là, rien n'étant plus irritant, il est vrai,
qu'un tel génie (« bête comme l'Himalaya », dira Leconte de Lisle). Que
Corbière ait envié les immenses capacités de Hugo ne coïncide pas avec
sa personnalité qui, tout orgueilleuse qu'elle fût, ressentait avec suffisamment de lucidité ses propres limites. L'ironie, en pareil cas, sup-
plante tout défi possible. Si un Isidore Ducasse n'a pas hésité à se
confronter à l'homme de Guernesey[7], un Corbière, en revanche, ne s'est
pas senti habilité à le faire. Sa conquête du réel ne passait pas nécessairement par la littérature, même si la littérature constituait pour lui un
territoire d'élection.

Outre la navigation longue et hasardeuse qui l'aurait mené à Saint-
Pierre Port, on l'imagine mal, à ce compte, désireux de rencontrer le
grand homme. Hugo, néanmoins, dans les années où Tristan exprimait
son talent maritime et en orchestrait les effets, d'une âpreté sans
pareille, venait de publier *Les Travailleurs de la mer*, capable de
dépeindre le grand mystère de l'océan. Tristan, tenant d'un réalisme
indissociable de ce qu'il estimait être la vérité, ne pouvait prétendre lutter contre une œuvre de toute évidence insurpassable. Ailleurs la leçon
de sarcasme que contient son poème « La Fin » est la lecture d'un texte[8]
sur lequel il prend appui de bout en bout. La parodie n'y suffit pas, ni
le congé donné un peu hautainement :

« O poète, gardez pour vous vos chants d'aveugle. »

Un peu plus tard, et pour d'autres raisons, moins locales, Rimbaud
entonnera son « Homme juste[9] », lui aussi réplique terme à terme à plusieurs poèmes du proscrit. La venue à Hauteville House ne s'imposait
donc pas. Mais *Les Travailleurs de la mer* se laisseront moins oublier
que *Les Amours jaunes* !

Si Tristan n'a vraisemblablement pas entrepris une aussi longue traversée du côté de ces îles encore sous la coupe de l'Anglais, il faut
croire, en revanche, qu'il emprunta, et plus d'une fois sans doute, le

courrier Morlaisien qui lui offrait tout le confort pour joindre Le Havre. Édouard Corbière comptait là-bas nombre d'amis susceptibles d'héberger son fils, et Tristan l'oisif avait toute raison de profiter du steam-boat pour gagner cette cité à maintes reprises évoquée dans les repas de famille. Lui, le rêveur maritime, l'aspirant aux aventures vécues par le Papa, avait ainsi l'occasion de voir autant qu'à Nantes et plus qu'à Morlaix les vaisseaux au long cours, les frégates, les goélettes, et de parcourir les quais où s'entassaient les denrées du Nouveau Monde. Témoin imaginable de son séjour là-bas, « Bambine », poème parlé[10], selon l'accent et portant l'indication finale « Havre-de-Grâce – La Hève. – Août. » Édouard Corbière avait bien connu ce personnage haut-en-couleur[11] qui, pendant un quart de siècle, avait commandé « La Normandie » accomplissant le trajet Le Havre-Rouen, aller-retour. Longtemps, jusqu'à l'arrivée du chemin de fer Paris-Le Havre en 1847, le steamer avait servi de bateau de plaisir, transportant Parisiens et Parisiennes venus là pour de courtes vacances. Tristan lui-même avait embarqué à son bord, comme un simple touriste. Mais, fort de son pied marin et de son habitude du large, il tenait à se démarquer de ces faibles carcasses vite en proie aux nausées dès qu'elles quittent « le plancher des vaches ». Le passager moqueur guette du coin de l'œil ses compagnons de voyage et rit des malaises qui leur lèvent le cœur. La compassion sera pour une autre fois ! Tristan bourgeoisophobe ne veut voir ses semblables que dans les « gens de mer ». Les autres sont des « terriens parvenus », où « t'es rien » s'entend trop bien pour qu'on le taise.

    « Et la *cargaison* rend des cris… rend tout ! rend l'âme » ;

Bambine profère des jurons, et Tristan engrange ses bons mots. « À terre… pas dégoûté ». Un autre touriste, Stendhal, écrira quelques lignes sur le capitaine !

De là, Havre ou Rouen, mais nul n'y a pensé (n'a osé le penser), pourquoi Tristan n'aurait-il pas pris le train pour Paris ? On objectera la tradition qui l'ancre à demeure à Roscoff et à Morlaix et réduit ses déplacements à quelques balades en mer. Sur dix ans, durant la décennie de ses vingt ans, faut-il vraiment l'assigner à son poste de poète solitaire et récalcitrant, alors que, rhumatismes ou pas, lignes ferroviaires ou non, s'offraient à lui encore tant de possibilités de voyages ? Les Bretons voulant le garder pour leur paroisse en font un fervent de leur territoire, et sans doute n'ont-ils pas tort, à condition de comprendre que Tristan, Breton dans une âme et un corps, fut un actif, se déplaça, profita de l'éprouvante oisiveté où il risquait de sombrer, pour se donner divers élans, se permettre maints envols au gré de ce qu'Antoine Blondin nommera « l'humeur vagabonde ». Ce n'est pas qu'il cherche à tout prix un autre lieu, un nouveau havre. Croyons plutôt que, faute de trouver le bon lieu, il en a parcouru bien d'autres, hésita à se fixer, testa quelques points de repère, puis s'en alla. Rien ne l'empêche donc de prendre l'express du Havre de 6 h 40 du matin (celui de *La Bête humaine*)[12] et de débarquer à Paris gare Saint-Lazare. Tout comme à partir de 1864-1865 il pourra monter à Morlaix dans le train qui file vers ce même Paris et descendre à Montparnasse. Qu'aurait-il fait là-bas ? Qui aurait-il vu, fréquenté ? Aucun poème pour en garder la trace interprétable. Mais aucun de ceux parlant de Paris ne portent de date. Avant, après Marcelle ? Avant, après 1871 ? On se contentera d'évoquer de telles possibilités avant de revenir aux navigations probables et aux parcours terrestres imaginables.

Cap à l'Ouest, maintenant, et guère loin de Roscoff. Il aborde, non sans difficultés, sur la presqu'île de Kerlouan, en pays pagan. Tous les Bretons connaissent ces lieux que la tradition ou la rumeur a rempli d'événements sinistres[13]. La côte dangereuse provoque maints naufrages, et l'on n'a pas tardé à attribuer aux pauvres habitants de ces rivages périlleux les pratiques les plus barbares pour attirer les navires sur les rochers du bord. Ainsi, de nuit, des vaches encornées de lanternes tromperaient les vigies des bateaux qui de loin les prennent pour les lumières des maisons littorales. Édouard Corbière lui-même a témoigné de ces pratiques dans son « Naufrage sur la côte de Plouguerneau »[14]. Plus d'une fois il en a fait le récit dans *Le Négrier, Les Aspirants de marine..* Tristan croit encore à ces comportements farouches – comme si les richesses du beau monde, en vertu d'une justice spéciale, devaient revenir aux misérables. On sait aujourd'hui que ceux de Kerlouan furent plutôt des pilleurs d'épaves profitant des débris que leur laissait la tempête, après le naufrage, et en faisant commerce. Un peu partout sur les côtes bretonnes, un tel usage fut constaté au point que l'État progressivement s'employa à y mettre le holà. Ceux d'Ouessant, comme ceux de Kerlouan, semblent s'y être acquis une réputation mémorable, parfois prise en bien par quelques esprits révoltés comme Corbière, partisan de ces pillages, de cœur avec ces tempéraments rebelles voulant ainsi redresser l'ordre du monde. Son « Naufrageur » était illustré d'un dessin qu'il n'est pas impossible de retrouver un jour[15]. Quant au poème, bien qu'il mêle habilement strophes de huit et de dix syllabes, ce qui crée un rythme particulièrement inhabituel, il fait preuve d'une maîtrise aussi grande que les longs poèmes, mais de nouveau Corbière y endosse une identité singulière : « *Oiseau* de malheur à *poil* roux » – ce qui rapproche des termes contraires ou opposés. Tel est bien le naufrageur, figure sauvage devant laquelle se produit une forme de miracle inverse – quand il voit la NOTRE-DAME DES BRISANS « Qui jetait à ses pauvres gens/ Un gros navire sur leur grève... » Tristan se place toujours du côté des pauvres, pactise avec eux – et cet homme, dont on verra qu'il ne comprit pas les émeutes de la Commune, exprime cependant sa révolte en mettant Dieu de son côté. La perdition des uns, celle d'un gros navire, profite aux autres, gueux qui sortent de leurs trous et s'emparent des opulentes cargaisons. Le cotre de Tristan se réjouit de ces actes funestes, et le naufrageur, à grands coups de gueule, devient celui qui commande aux éléments. Il s'accorde avec le ciel d'orage et conduit les vagues :

> « La mer moutonne !.... Ho, mon troupeau !
> – C'est moi le berger, sur le sable... »
> [...]
> « Votre écume à moi, *cavales d'Armor* !
> Et vos crins au vent !.... – Je ris comme un mort – »

Nous ne sommes pas si loin de V. Hugo, à bien y songer, à bien lire. Et néanmoins tout change. L'image, cette fois, ne se déplie pas selon toutes ses gammes. Tristan va au plus pressé, néglige l'ornement, court-circuite l'intelligence, fabrique de la magie. Il n'est pas toujours aussi abrupt. L'emphase qui pointe subit le rabaissement qu'il aime, en féroce désillusionné. Le mirobolant « berger des vagues » reste sur le sable, à sec, parfaite épave, comme on reste en rade. Près du banc des Kerlouans, le cotre frôle les hauts-fonds, risque de talonner, prend le large. Tristan n'a pas manqué d'éprouver le petit frisson que souffle la légende et se souvient, au passage, en rasant les roches, des *Pilotes de l'Iroise*.

Plus loin, c'est Brest, dont il n'a certes pas attendu la rencontre avec les Battine (en 1871) pour découvrir les étrangetés. Le grand port militaire où son père est né. L'ancêtre Alexis Corbière vécut là, déjà bon marin, après avoir quitté son Midi natal. Le train y accède maintenant (1865), à moins de prendre la diligence. Par voie de mer, la route est plus périlleuse. Le navigateur Tristan aurait pu s'y risquer pour faire là-bas une entrée plus digne de lui. Il situe là son « Novice en partance[16] », dans le célèbre quartier de Recouvrance. Encore une récitation, un monologue. Rien de plus « senti » que ces vers, sensitifs « pas mal », comme il est écrit, autrement dit, par euphémisme, « beaucoup ». Le personnage sort des livres. Édouard l'avait maintes fois mis en scène, après avoir été lui-même ce novice, rude et timide, passant un mois à terre avec sa promise et formant avec elle des projets. Dans *Le Banian*, dans *Les Trois pirates*, on en distingue de cette trempe, et parlant ce langage. Tristan, à l'aise dans les cafés de Recouvrance, l'a plus d'une fois entendu. Il en fut ébloui comme par un vrai poème, et ses vers lui rendent un hommage insolite. Il capte l'une de ces retrouvailles sur le vif qui défient, à coup sûr, toute littérature, lui tordent le cou, mieux que l'« Art poétique » de Verlaine :

> « Le temps était si beau, la mer était si belle...
> Qu'on dirait qu'y en avait pas.
> Je promenais, un coup encore, ma Donzelle,
> À terre, tous deux, sous mon bras. »

Corbière écrit. Ce n'est pas lui qui parle, mais l'autre, celui qu'il voudrait être et dont son corps mal fait ne produira pas même la caricature. Au milieu de tous les novices, gabiers, huniers, aspirants de marine, population grouillante, plus habituée aux gréements qu'à la terre ferme, il passe en homme différent, un fragile enviant les costauds et leurs aventures sentimentales, fasciné comme Loti par son frère Yves natif de Saint-Pol de Léon. À sa façon, mi-très savante, mi-de premier jet, il confectionne un tableau vivant sous l'enseigne maladroite

> « À la déçente des marins chez
> Marijane serre à boire & à manger
> couche à pieds et à cheval »

– de celles qui le réjouissaient déjà quand il était lycéen à Saint-Brieuc, lors d'une promenade en groupe, sur les bords du Légué. L'absence d'orthographe transforme les mots, les délivre. Ces trois lignes ouvrent un monde, celui qu'il faut construire à côté du nôtre, trop connu. Tristan refait ses classes à cette enseigne, en écorchant le français trop lisse qui convient mal à ces bouches arrosées d'alcool et mâchant leurs chiques. Il est un des leurs, par cette alchimie inversée qui transforme l'or en une espèce de boue fertile, un limon pour une nouvelle création.

Il s'en va du côté de Recouvrance, « dans quelque vieille rue sombre aux hautes maisons de granit ; tout à l'heure il montera dans une chambre humide qui sent l'égoût et le moisi de pauvre, où sur les meubles il y a des coquillages dans de la poussière et des bouteilles pêle-mêle avec des chinoiseries[17] ».

Je ne doute pas qu'il n'ait mené son âpre devoir d'exister jusqu'aux confins des trois pointes : celle du Nord d'abord, Le Conquet, d'où l'on embarque pour les îles de Molène et Ouessant et où s'élève une église en ruines, Saint-Matthieu, un peu cet « ancien vieux couvent » qu'il placera plus tard aux abords de Penmarch. Ouessant, Brest, Le Conquet, n'importe ! il voudra nous faire croire qu'il composa là l'un de ses meilleurs poèmes-manifestes, « Matelots », encore un hommage possible au père qui, malgré les apparences, ne se payait pas des grands mots de la littérature, mais dans cette même littérature, introduisit le goudron, le coaltar, l'eau-de-vie, le tafia, mieux que ne surent le faire dans leurs livres Cooper et Scott. L'île d'Ouessant se trouvait déjà décrite au début des *Pilotes de l'Iroise*. À Lampaul, non loin du flot qui bat de toutes parts (en avril, est-il précisé), il compose son poème, avec hargne, avec hauteur, contre, revendiquant pour lui-même d'être à son tour celui qui parle, celui qui rime au nom des matelots, sans frime, en toute vérité nue. Ceux qui le liront ne l'oublieront pas. Plus rien ne tient à côté de ces vers orgueilleux, tempêtueux à leur tour :

> « Vos marins de quinquets à l'Opéra... comique
> Sous un frac en bleu-ciel jurent "Mille sabords !"
> Et, sur les boulevards, le survivant chronique
> Du *Vengeur* vend l'onguent à tuer les rats morts. »

Sur les traces d'Édouard, il s'oppose à toutes représentations plus ou moins truquées du milieu des marins, et trouve presque à lui seul l'expression « marin d'opérette » – qu'il restreint ici à « l'Opéra – trois points – ... comique », comme s'il mettait hors de cause le grand Opéra, dont on peut se demander quelle fréquentation il en eut. L'évocation piquante de ces chanteurs se complète d'une note vestimentaire, le frac, habit mondain par excellence, ici de couleur marine, pour convenir à la fonction. La même image dégradée se voit dans le charlatan de boulevard qui, d'année en année, se dit, pour tromper les badauds, authentique rescapé d'un naufrage. En se donnant l'alibi d'Ouessant, preuve de son implication dans pareil poème, Tristan atteste sa singularité, sa différence. Sur une île battue des vents, il est le porte-parole (lui, le solitaire) d'une communauté encore ignorée : « On ne les connaît pas... »

Ouessant ! Peut-être ivre d'embruns et l'esprit ou l'oreille tout occupés par les longues veillées dans les « débits » de Lampaul a-t-il rédigé là-bas quelques alexandrins bien claudicants sur un coin de table, environné par la vapeur des pipes et les fumées du caboulot. On ignore sa façon de composer. Était-ce tout d'une traite, comme on « cracherait le morceau » ? Ou par bribes, rafistolées ensuite, et formant un drôle d'habit d'arlequin – celui-là même dont il a façonné son blason ?

Poursuivant plus au Sud ses randonnées, en diverses pointes où le conduit une patache ventée avec, auprès de lui, par hasard, « la sœur aux yeux de capucine » croisée plus tard par André Breton, il atterrit sur la presqu'île de Crozon, jette un regard sur les Tas de Pois, parcourt les champs de menhirs en haut de Camaret où ne se dressait pas encore le manoir de Cécilian habité par Saint-Pol Roux, arpente la plage du Toulinguet où passent en cortège les sabliers[18]. Doit-on l'entraîner vers toutes ces féeries, ces sauvageries, loin du Roscoff familier ? Autant de pages gratuites, décernées elles aussi aux « minutes heureuses[19] » qu'à sa manière il méritait de vivre.

Plus loin encore, vieux port bien déchu depuis sa splendeur du XVIIᵉ siècle, Penmarch, la pointe ou la tête de Marc, avec laquelle se mesure tacitement Tristan, dans les parages de la légende. Je gage qu'il y reviendra plusieurs fois, ayant trouvé là-bas son erre, son nid d'aigle, dans une inoubliable ruine échafaudée pour les oiseaux de nuit, ou de passage[20]. Il y conduira sa belle ou sa bête, et par l'imagination s'y établira pour un temps « poète contumace », avant d'ouvrir plus loin, tenancier déglingué, son « Casino des Trépassés ». Nous y retournerons aussi, au fil d'un autre chapitre, comme au courant d'une eau tumultueuse.

Voilà parcourue la Bretagne des côtes, accompagnée par la voix, souvent interrompue, des *Amours jaunes*, l'Armor bleu gris foncé ou gris ardoise. Périple incomplet. Ce qui se retient d'une lecture et qui valut jadis comme « poème vivant » coupé par la rafale, arrosé d'embruns, éprouvé sur le moment avec une intensité telle qu'il paraissait vain de la « verbaliser ». Ce qui n'empêchera pas la sensation brute de recourir par la suite aux vieilles images, à la substance des livres, tour à tour tyrannique et protectrice. Un probable Corbière est venu en ces lieux, à peine dégrossis par la légende, si objectivement énigmatiques (comme l'île Tristan en face de Douarnenez !) qu'ils réclament un supplément d'âme, un ajout de paroles, le commentaire poétique de leur brutalité.

Le plus surprenant texte de Tristan s'en élève, comme une vieille voix et sa rengaine. La « Rhapsode foraine et le pardon de Sainte-Anne » signifie Corbière, comme « Le Bateau ivre » Rimbaud. Qu'il ait eu conscience de chantourner là son chef d'œuvre, on le croira sans peine, à considérer le soin qu'il mit à ces cinquante strophes d'une pauvreté lumineuse, entraînées par un mouvement irrésistible qui, chaque fois, leur assure une marche de plus, une montée vers ce comble qu'est l'apparition même de la rhapsode avec son vieux sac de soldat. De tels détails ne s'inventent pas. Ils s'inventent même si peu que Tristan les a pris ailleurs, dans des pages méconnues du *Cric-crac* de Corbière père, « Voyage de trois jours dans le Finistère[21] » : « [...] sur le chemin qui me conduisait tout droit à Saint-Pol de Léon [...] j'ai rencontré [...] une femme colossale qui fumait de la petite sauge dans une patte de homard dont elle avait cassé la pointe pour faire une pipe. » Sans hésiter,

Édouard décide de lui offrir une assez belle pipe emplie de tabac ; la fumeuse, pour le remercier, fait alors le signe de la croix et, tandis qu'il la quitte, récite des *Pater* et des *Ave* pour le bénir. Tristan – dira-t-on – n'avait pas besoin d'une telle scène pour nous décrire son pardon. Mais l'éclairage final qu'il projette sur le personnage l'auréole d'une intensité mystique. Le type saisi par Édouard père, tout juste bon pour alimenter une anecdote, prend alors une proportion universelle que nul n'aurait osé lui accorder :

> « Son nom... ça se nomme Misère,
> Ça s'est trouvé là par hasard.
> Ça sera trouvé mort par terre...
> La même chose – quelque part. »

À quoi bon, dans ce cas, des rimes *riches* ? « Le Pardon de Sainte-Anne » a cette particularité qu'il exprime tout Corbière sans provenir entièrement de lui, car il résulte d'autres textes. Inscrit donc dans une ancienne tradition (en-deçà de la foi chrétienne), renouvelée, usagée, rapiécée, bricolée comme la série d'*ex votos* autour de la mère de Jésus. Histoire immémoriale, qui connut un regain au XIXe siècle, cet âge où se forme le témoignage sur les petites gens et le peuple. Le peintre Jules Breton magnifie le sujet dans un tableau d'imposantes dimensions, exposé au Salon en 1869, et qui accueillait naguère le visiteur de l'actuel Musée de Quimper. L'attendrissement nous saisit. Peu nous importe que cette peinture ne soit en l'occurrence qu'une réserve d'images passées, puisque – toute invention mise à part – elle nous touche autant que certaines toiles du Gauguin de Pont-Aven, dont l'extraordinaire « Lutte avec l'ange ». « 27 août, jour du Pardon », nous apprend Corbière qui, pour une fois, date la cérémonie, ce grand rassemblement avec ses gueux inénarrables :

> « Bénite est l'infertile plage
> Où, comme la mer, tout est nud.
> Sainte est la chapelle sauvage
> De Sainte-Anne-de-la-Palud
>
> De la bonne femme Sainte-Anne
> Grand'Tante du petit Jésus,
> En bois pourri dans sa soutane
> Riche... plus riche que Crésus. »

Les octosyllabes, empruntés à un autre « Pardon », rimé, lui, par Gabriel de La Landelle[22], déroulent comme une prière. Tristan est de tous temps[23] (comme il l'était en tous lieux). Ce 27 août pourra se répéter pendant des siècles. Les statues viennent du fond des âges, offrant leur richesse et leur pauvreté. Corbière se place sous cet angle, dans cette perspective. Le fils de bourgeois qu'il est doit avoir une fois encore revêtu sa vareuse de marin ; il a passé ses habits les plus simples, lui-même adorateur un instant naïf de ces rites et penché sur ces misères. Très proche de ces mendiants qu'il ressent comme des frères qui n'ont pas eu de chance. L'ensemble braille, criaille. Une grande fresque irrémédiable, quoique l'on ait fait tant de chemin pour trouver le remède précisément. Tristan donne à la tradition une voix qu'elle n'avait trouvée qu'à peine, lorsqu'il rémoule son « cantique spirituel », chœur séraphique et chant d'ivrogne ; il sait fort bien quelle figure ancestrale il régénère, sans concevoir qu'il donne ainsi à la poésie de son temps une « renaissance », quand il recourt aux mêmes refrains niais que Rimbaud nous confiant dans son « Alchimie du verbe » son mépris pour les célébrités modernes. Il transforme à son insu, presque par instinct. Mais il n'est jamais dupe d'une stupide innocence. Il a trop besoin de l'humour pour humainement exister. Psalmodiant sa litanie, il s'étourdit d'une poésie répétitive, suite d'équivalences comme dans les interminables litanies de la Vierge. *Ave maris stella*, *Turris eburnea*, etc., sans qu'il y ait de « comme », bien sûr. Sainte Anne signifie le refuge universel ; elle concentre en elle l'ensemble du monde, des espoirs, des souhaits. Un 27 août (d'autres 27 août ?), il assistera au pardon de Sainte-Anne au pied du Ménez-Hom, en Plonévez-Pórzay. Concédons-lui cette dévotion superstitieuse et précieuse. Son fonds est irrécusable. Quant à sa présence au placitre sacré, pourquoi ne pas lui laisser y faire une génuflexion comme les autres ? Il faut croire que la veille il est venu là lui aussi pour regarder l'incroyable. Non pour se repaître salement les yeux. Mais pour constater, et – je le répète – un brin comprendre et participer. Il y a là, pullulante, la foule des mendiants de la Bretagne entière, mêlant leurs hardes, exhibant leurs plaies, riant de leurs bouches édentées, s'enivrant de moques de cidre. L'assemblée autour d'un feu de famine, où l'on ronge les os, attire, poind le cœur. Aujourd'hui tous ces pauvres ont pris d'autres aspects qu'il n'est pas la peine de décrire. Leur vue soulève tour à tour répugnance et compassion. Chez Tristan – je le répète –, un rien de voyeurisme se satisfait au contact de ces êtres à la Callot, à la Brueghel. Une page de Hugo. Le royaume d'argot. Le roi de Thunes. À ceci près que nous sommes en Bretagne et que c'est la pauvreté bretonne exemplaire qui grouille sous ses yeux, le rachitique et l'ulcéreux, le visité de Gabriel idiot de naissance ou ceux qui portent des écrouelles comme des fleurs de lys :

« Ce n'est pas la cour des Miracles
Les trous sont vrais : Vide latus[24] ! »

Égrenant les quatrains, il énonce les maux terrestres, en versets vieux comme le monde, avec un langage d'autrefois, des bribes de Villon, des linéaments de latin d'église. Poésie de grand savoir et de monstrueuse innocence, cependant que se pressent devant lui ces corps marqués dans leurs chairs, ces immondices ambulantes au milieu desquelles il est prêt à se reconnaître, prêt à prendre place. Comme indéfectiblement marqué par Corbière, Anatole Le Braz à son tour décrira les gueux à qui, le samedi 26, veille du Pardon, la Palud appartient et où ils se comportent comme des rois impurs. « Cortège fantastique et macabre. Ils défilent en troupeau, pêle-mêle, célébrant de leurs gosiers avinés la louange de la Palude et les mérites de la bonne sainte, vraie grand-mère du sauveur [...] Plus d'un qui titube chante quand même, comme en rêve. Les femmes emportent dans leurs bras des nourrissons "sans père" [...] les aveugles vont de leur allure hésitante de somnambules, la face tournée vers le firmament [...] Des tronçons d'hommes branlent ainsi que des cloches entre des montants de béquilles. Un *innocent* ferme la marche, un grand corps à la face hébétée, qu'à sa robe grise, dans l'obscurité, on prendrait pour un moine. Sur son passage, les gens se découvrent et se signent[25] [...] » Ces lignes datent de 1894. Elles pourraient être contemporaines de Corbière. Bretagne éternelle ! Affirmons-le pour dire que, toujours à l'écart, toujours isolée, elle garde en elle quelque chose d'inassimilable comme la révolte et qui tient à son histoire, à son sol, dont aucune mondialisation ne parviendra à la déposséder.

« Mère taillée à coups de hache
Tout cœur de chêne dur et bon ;
Sous l'or de ta robe se cache
L'âme en pièce d'un franc-Breton ! »

Franc-Breton. Ainsi s'estime-t-il. Chouan, corsaire, naufrageur. Homme d'une société à part. Et simple admirateur des vieilles images. Sous-entendons ici un procès fait à l'intelligence surfaite au nom d'un instinct et d'un savoir-faire transmis, et du « sensitif » qu'il reconnaissait au « Novice en partance ».

Je n'ai que rarement cru à un Corbière religieux, celui qu'envisagèrent A. Sonnenfeld ou le père Burch[26]. Quand bien même il serait animé de la foi du charbonnier, il ne me conviendrait pas. Il existe cependant chez Tristan une connaissance du peuple qui l'entoure, de ces contrées, de ces façons d'être qui font de lui un comparse, préservé – il va de soi – de toute tentation sociologique –, ce qui le distingue bien d'un Cambry ou d'un Souvestre. La singularité des Bretons, si elle lui est perceptible (après tout, il ne parle pas leur langue), ne doit pas, dans son idée, donner lieu à une étude. Le régime du poème l'empêche de développer de telles observations où le pittoresque l'emporterait sur la compréhension. Et ce n'est jamais en termes de différences plus ou moins gratifiantes, de signes claniques ou ethniques qu'il raisonne. Il se tie à diverses intensités, en relève les marques qui toutes ont trait à une forme d'excès – passion, mort, hasard. Michelet, dans son *Tableau de la France* avait assombri à l'extrême ce *Finis Terrae* : « Là, la nature expire, l'humanité devient morne et froide. Nulle poésie [*j'ajoute ici, eu égard à Corbière, plusieurs points d'interrogation*], pas de religion. » Et comme ému par une obscure divination il en vient à dire : « même dans les moments de trêve, quand l'océan se tait, qui a parcouru cette côte funèbre sans dire ou sentir en soi : « Tristis usque ad mortem » ?

L'attendrissement se perçoit encore, selon une franche simplicité agressive dans « Saint Tupetu de Tu-Pe-tu », titre bizarre, dont le mystère n'est qu'à moitié résolu, quoique résonnent comme un accent de témoignage les deux premiers vers :

> « Il est, dans la vieille Armorique,
> Un saint – des saints le plus pointu. »

Et quelques détails laissent soupçonner une réalité locale : « Son petit clocheton de pierre [...] sa chapelle ouverte ». Tristan introduit le poème par une longue explication, digne, à quelques termes près, d'un dépliant touristique : « C'est au pays de Léon. – Est une petite chapelle à saint Tupetu (En breton : *D'un côté ou de l'autre*) ». Voilà qui devrait satisfaire le lecteur, mais non celui qui, comme nous, cherche à remettre ses pas dans ceux du poète. Car cette chapelle est si bien cachée ou si petite au pays du Léon que nul, par la suite (à dire vrai, bien après), n'est parvenu à la découvrir[27] – ce qui ne dénie pas sa réalité, mais lui assigne une existence problématique. Quoi qu'il en soit, Tristan l'a annexée à son territoire. Tu-Pe-Tu vaut comme un saint personnel prié dans un oratoire privé. C'est lui qu'il faut invoquer, assurément, pour que Tristan nous exauce ! L'appareil qui l'entoure ressemble à une roulette de la chance et ne fleure pas l'encens catholique. Allez savoir quelle divinité plus ancienne se dissimule sous Tu-Pe-Tu, « saint tout juste honnête/Petit Janus chair et poisson ! » La litanie tourne de plus belle, faisant se succéder le blanc au noir. Le destin resquille, entêté de prières clandestines. La poésie y gagne un tour de roue, encore un, et Corbière sourit du hasard qui roule bord sur bord la boule d'ivoire ou d'ébène. Tu-Pe-Tu a beau se traduire du breton : « d'un côté ou de l'autre », « Tu peux tout » s'y entend bien mieux. Mais qui peut tout en général ne peut rien en particulier. Tristan, puissant contradicteur, se gardera bien de conclure.

Le tour de Bretagne s'achève. Il n'est qu'un tour parmi d'autres. Cercle des cercles. Je me résignerai à le conclure aux environs de Saint-Thégonnec, en présumant que beaucoup d'autres itinéraires sont prévisibles. Je ne manquerai pas de les faire le moment venu. Car rien ne me déconseille d'aller à l'aventure, sinon le devoir qu'il y aurait à resserrer un peu le parcours de Tristan pour lui donner de l'allure, le diriger vers une destination, lui conférer un destin. Bien assez tôt un semblant de destin prendra forme pour lui pour que je ne songe pas encore à le placer sous ce joug. À Saint-Thégonnec (non loin de Morlaix) qu'entoure l'un des plus beaux enclos paroissiaux de Bretagne et où l'on admire toujours une « mise au tombeau » de l'exceptionnel Jacques Lespagnol, Corbière, en vadrouille, a-t-il remarqué parmi les statues du calvaire un mendiant assistant au supplice de Notre Seigneur ? Ne l'assujettissons pas trop à des choses vues. Toujours est-il que dans cette localité, et pas ailleurs, il pense, il a pensé (écrit) son « Riche en Bretagne », qu'il faut entendre par antiphrase, puisqu'il désigne ici un pauvre d'entre les pauvres. La tradition, encore en vigueur de son temps, voulait qu'à la grand'table de famille dans les fermes, voire dans les manoirs, une place fût réservée au pauvre arrivant là par hasard. Corbière, une fois encore, connaît les usages et, du plus profond de lui, les comprend. Ce pauvre qu'il aurait pu être, il en fait un heureux de ce monde « O fortunatos nimium », comme aurait dit Virgile : trop fortunés ! La fortune, en l'occurrence, ne se compte pas en écus. Elle est le juste hasard qui fait arriver au bon endroit et qui, aux hôtes attentifs, procure ce survenant de choix qui connaît des histoires, prédit le sort, au besoin arrange les mariages. « Pillawers », ces chiffonniers ambulants. Ou plus simplement « klaskerien ». Il s'en voyait encore, après la Deuxième Guerre mondiale. Puis l'habitude s'en perdit, les derniers mourant de leur belle mort sans descendance. Il n'est pas certain que Tristan en vit commensaux de la maison Bourboulon à Morlaix, ni même que les Puyo en leurs divers châteaux en aient accueillis. Mais ailleurs, à Roscoff, par exemple, il lui arriva d'en fréquenter et d'écouter leur langage. Comme pour la rhapsode foraine, il se montre attentif à leurs paroles dont il sait peut-être que, pour la dernière fois, elles passent vivantes d'un homme à l'autre, roulant dans leurs phrases les éléments du passé, les savoirs interlopes, les superstitions, les prévisions astrologiques qu'on déchiffre aussi dans l'*Almanach de Liège*. D'autres fois, c'est une chanson sans fin qui résonne, faisant vibrer une gorge dure, une *gwerz* du fond des

âges, ou de plus proches complaintes, du temps de la Révolution, des
Chouans, des Bonnets rouges, ou la tragique histoire d'un condamné à
mort. Le légendaire breton environne Tristan qui ne l'emploie qu'à bon
escient, à moins que comme dans sa « Nature morte » d'Armor il n'en
multiplie les signes néfastes à l'approche du trépas :

> « Un cri de bois. C'est *la brouette*
> *De la Mort*, le long du chemin... »

Pour lui-même il engrange des images. Il n'est ni Souvestre ni de la
Villemarqué. Il les intègre au poème. Il serait mal venu de les transformer en informations. Elles figurent là, naturelles, au même titre qu'un
animal ou une pierre. Il finit par être ce bon pauvre qu'il croise parfois
sur un chemin ou qui s'est assis non loin de lui sur un banc. Déférence
donc, et non point compassion, pour ce « marmiteux seigneur », dont
l'opulence tient dans sa tête et non dans ses poches : contes et chansons,
quitte à ce qu'on le trouve, le lendemain matin, au revers d'un fossé,
« plein comme Noé », ce qui rendra content le bon Dieu.

Au moment de réunir ses poèmes pour en faire la section « Armor »
des *Amours jaunes*, Tristan, qui ne s'impose aucune règle strictement
logique, placera en tête un « Paysage mauvais », fort excentrique par
rapport à son territoire habituel. La pièce est localisée « Guérande ».
Elle nous entraîne en Loire inférieure (équitablement appelée depuis
« Loire atlantique »). Pour entrer en Bretagne, loin du pays du Léon
infiniment plus tonique, il n'a rien trouvé de mieux qu'accrocher en
guise d'enseigne de contestable bienvenue cette description mal léchée.
Ainsi le voulut-il en poète amateur de laideurs. Mois d'avril, marais
salants sous la lune, herbe puante. Ce sonnet très irrégulier complote
une agression mot à mot méditée. Mais Tristan n'est peut-être pas
même coupable. Il fabrique cette petite horreur pour sa propre satisfaction, en réplique aux ingrats paluds de Guérande, dont il n'imagine
décidément pas les beautés, si bien captées par le Balzac du début de
Béatrix. Est-ce le souvenir d'une promenade en famille à partir de
Nantes, du temps où l'hébergeaient les Chenantais ? Ou bien d'autres
voyages le conduisirent-ils là pour éprouver pareille déception, infec-
tant la première page d'« Armor » et faisant de ce « Paysage mauvais »
un tableau maléfique suspendu à l'entrée ? Le lecteur, sans avertissement préalable, risque la peste et la fièvre. Sur le seuil Tristan
l'accueille à rebours avec ses exorcismes et l'œuvre des démons, « le
follet damné », la Lavandière qui étale le linge des trépassés, la lune
« soleil des loups ». Aux derniers instants du poème, les crapauds, animaux identificatoires pour lui, voire totems, chantent (la rime le veut

ainsi), mais salissent d'une colique contagieuse les champignons, leurs escabeaux.

Si dans « Amor il y a mort », dit la geste de Tristan, qu'y a-t-il dans « Armor », mer, ou « merdre », dira Jarry ? L'amateur de pittoresque n'y trouvera pas les beautés d'un soleil couchant sur les grèves ou d'un horizon infini, pas davantage les éblouissements de l'écume et les roulements de la tempête. Cette Bretagne-là ne vaut que comme repoussoir, dépliant anti-touristique, pacte définitif avec la sauvagerie (très travaillée par une efficace « sorcellerie évocatoire »). À peine est-elle compréhensible, et Tristan ne tente nullement de l'apprivoiser, mais la facture de ses vers, le coupant de son expression, l'air qui traverse sa trachée coïncident pour une fois, *pour cette fois*, avec les éléments bruts ou hardiment sculptés qui font la réalité armoricaine. Elle se dit là comme jamais.

Notes

1. Cette anecdote particulièrement attachée à Tristan était connue déjà de Verlaine qui signale sa témérité de navigateur. Elle avait donc été transmise dès les années 1880 à l'auteur des *Poètes maudits* par Pol Kalig, cousin de Tristan. On la retrouve inlassablement répétée par tous les biographes, notamment R. Martineau et Ch. Le Goffic.

Louis Noir, à qui sera donné l'album que nous observons au chapitre X, a produit une version romanesque de cet épisode dans son livre *Au pôle et autour du pôle*, Fayard, 1899 (que Sophie Grandjean des éditions Fayard m'a permis de localiser). Benoît Houzé a reproduit ces pages dans *L'Œil bleu*, n° 11, juin 2010, p. 17-19. Nous en redonnons ici l'essentiel.

2. Léon Vanier, préface à la réédition des *Amours jaunes*, 1891 ; Victor-Émile Michelet, notice sur Corbière dans *Portraits du prochain siècle*, Éd. Girard, 1894 ; Charles Chassé, « Tristan Corbière vu par ceux qui l'ont connu », *Le Bayou*, t. XII, n° 67, automne 1950.

3. Les poèmes de la section « Armor » comprennent « Paysage mauvais », « Nature morte », « Un riche en Bretagne », « Saint Tupetu – de Tu-pe-Tu », « La Rapsode foraine et le pardon de Sainte-Anne », « Cris d'aveugle », « La Pastorale de Conlie ».

4. Sur l'île de Batz, voir *Roscoff et l'île de Batz* de Louis Pagnerre, Éd. de la Découvrance, 1888, *Promenades dans le Finistère* d'A. Riou en 1878 et *L'Île de Batz et les îliens* par Cambry.

5. Anecdote rapportée par R. Martineau dans *TC*, 1925, p. 56.

6. Anatole Le Braz, *La Terre du passé*, partie « En Léon », chapitre II, livre recueilli dans Anatole Le Braz, *Magies de la Bretagne*, Robert Laffont, coll. « Bouquins », 1997, p. 1199.

7. Lettre d'Isidore Ducasse à Victor Hugo du 10 novembre 1868, dans Lautréamont, *Œuvres complètes*, Bibliothèque de la Pléiade, 2009, p. 302-303.

8. Le poème incriminé est *Oceano Nox* des *Contemplations* que suit de près Corbière dans le dernier poème « La Fin » de la section « Gens de mer » des *Amours jaunes*.

9. Voir d'Arthur Rimbaud le poème « L'Homme juste » stigmatisant trois poèmes de Hugo publiés en avril-mai 1871 dans *Le Rappel* ; « Un cri », « Les deux trophées », « Pas de représailles ».

10. Poème de la section « Gens de mer » des *Amours jaunes*.

11. Sur le capitaine Nicolas Brutus Bambine mort en 1863 et assurément connu d'Édouard Corbière, voir aussi de Stendhal les *Mémoires d'un touriste* (1838), Éd. Jean-Jacques Pauvert, 1955, p. 417-418. En 1841, Bambine à Cherbourg avait réceptionné les cendres de Napoléon qu'un navire anglais avait ramenées de Sainte-Hélène. Il devait les transférer jusqu'à Lyon. Édouard Corbière rendit compte de l'événement dans le *Journal du Havre*.

12. *La Bête humaine*, chapitre VII.

13. C'est ainsi que l'on peut lire sur une pierre commémorative à la pointe de Pontusval : « Chaque année de nombreux naufrages se produisaient. Aussi, dès 1865, les autorités demandèrent l'établissement d'un phare sur la pointe de Pontusval. Décidée fin 1867, l'édification du phare fut conduite avec des matériaux du pays, dans une grande célérité par une entreprise de Landerneau. Depuis le 15 septembre 1869, du haut de ses 18 m. d'une portée d'environ 10 miles, il remplit fidèlement sa mission. »

14. Dans *La Mer et les marins*, scènes maritimes, 1833.

15. Nous l'avons retrouvé depuis dans l'Album Louis Noir. Il figure un harponneur tenant en main sa foehne et guettant le large. Un personnage grotesque, une sorte de marmouset, est tapi dans les rochers près de lui. Le poème de l'Album Noir a pour titre « Barcarole des Kerlouans naufrageurs (saltins) ». Il apparaît dans *Les Amours jaunes*, section « Gens de mer », sous le titre « Le Naufrageur ».

16. « Le Novice en partance et sentimental », section « Gens de mer » des *Amours jaunes*.

17. Pierre Loti, *Mon frère Yves*, 1883, chapitre IV.

18. Saint-Pol Roux, « Les Sabliers » dans *La Rose et les épines du chemin*, Mercure de France, 1901.

19. Dans « Le Balcon », pièce XXXVI des *Fleurs du mal* (1861).

20. Assurément l'on a pu regretter de ne pas trouver à Penmarch un ancien vieux couvent, pas plus qu'il n'y a de château à Argol. À remarquer que dans le Finistère Nord existe, moins renommé, un autre Penmarch.

21. Dans *Cric-crac*, Librairie spéciale pour les cabinets de lecture, 1846, p. 75.

22. Voir de G. de La Landelle, *Le Gaillard d'avant. Chansons maritimes*, E. Dentu, 1865, le cantique « À sainte Anne » :

> « Bonne sainte Anne, grande sainte,
> Mère de la mère de Dieu,
> Au ciel vous écoutez la plainte
> Du pêcheur qui vous fait un vœu... »

23. Le langage aussi provient du passé et le montre. « Nud » comporte un *d* étymologique (du latin « nudus ») et la comparaison avec Crésus rappelle celles que fait, en gardant la consonance latine, Villon dans son *Testament*.

24. Autrement dit, en latin, « vois le côté », celui du Christ en croix, percé par la lance d'un soldat romain. L'allusion est claire aussi à saint Thomas qui, demeuré incrédule après la mort de Jésus, fut convaincu par celui-ci qui lui montra les plaies de ses mains et de son côté droit, après sa résurrection.

25. Anatole Le Braz, *Au pays des pardons*, 1894, repris dans *Magies de la Bretagne*, I, p. 1095. Le Braz écrit « Sainte-Anne de la palude ».

26. Voir d'A. Sonnenfeld, « Corbière, poète chrétien ? », *Les Cahiers de l'Iroise*, VII, n° 1, janvier-mars 1960. et Francis F. Burch, *L'Originalité des Amours jaunes et leur influence sur T.S. Eliot*, Nizet, 1970.

27. Anatole Le Braz, « Les Saints bretons », *Annales de Bretagne*, 1893-1894. Dans le premier chapitre, Le Braz parle du « vieux Petit saint », Saint Tu-pé-du, du sanctuaire d'Itron Varia'r Feunteuniou, dans la Montagne noire, mais il ne rapporte pas le rite décrit par Corbière (voir *Magies de la Bretagne*, I, p. 867 et s.)

Édouard Corbière
(autour de 1860).

Aspasie Corbière
et sa fille Lucie.

Tristan lycéen
à Nantes.
Photo F.T. Wolter.

«Qu'il est laid»,
photo Gustave Croissant,
Morlaix.

Vue de Morlaix,
dessin du *Magasin
pittoresque*, 1869.

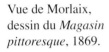

Christine Puyo, née Millet,
épouse d'Edmond Puyo.
Peinture. Coll. part.

Marie-Émilie Le Bris.

Édouard Puyo. Peinture
par Louis-Marie Baader
(Musée de Morlaix).

Ludovic Alexandre, Tristan Corbière
et Aimé Vacher, photo Gustave Croissant.

Tristan par La Landelle, Bretagne 1864.

Vue de Roscoff. La cale du Vil.
Gravure d'après une peinture de Félix Benoist, 1867.

Portrait (autoportrait ?) de Tristan,
album Louis Noir. Coll. Ian Johnso

Marin en goguette.
Gouache de Tristan.

Autoportrait,
tableau asymétrique
« Une Gvevle ». Cf. p. 186-187.

Un vieux marin à Roscoff.
Tableau de la collection
Myrtille Hugnet.

Corbière en pied.
Photo Le Coat.

Benner et Corbière,
peintre poète,
caricature par
J. Benner.

Caricature de Jean-Louis Hamon
par Tristan. Album de l'hôtel Pagano.

Corbière et Emiliella par J. Benner,
Le Fureteur breton.

Rodolphe de Battine.
Collection Mme Yves Reulier,
(communiqué par M. B. Houzé).

Corbière à Paris,
photo Le Gray.

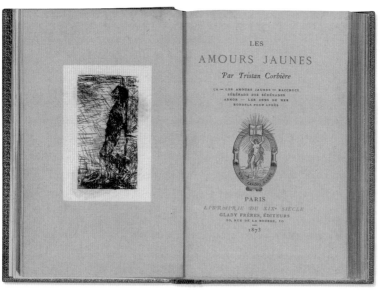

Les Amours jaunes,
livre et eau-forte.

POL KALIG

Jules Chenantais,
dit Pol Kalig.

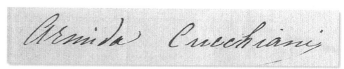

Signature d'Armida Cucchiani, dans la procuration donnée à J. Chapin
du 18 mai 1875 (Archives départementales de la Sarthe).

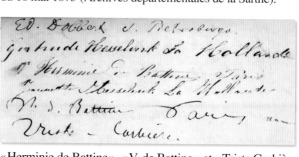

« Herminie de Battine », « V. de Battine » et « Triste Corbière ».
Registre de l'hôtel Pagano.

IX

Heures perdues

Malgré tout ce qui fut écrit auparavant, il faut bien concevoir que Tristan, la plupart du temps, se retrouve à Roscoff, plus par son choix que par nécessité. Prendre ses distances vis-à-vis de sa famille relevait d'une conduite que l'on pourrait qualifier de « survie », quoiqu'il ne fût sans doute pas question dans son esprit de couper les ponts avec un milieu qu'il ne détestait pas, mais qu'il voyait occupé dans un train d'activités que lui-même, pour sa propre gouverne, récusait, à moins qu'il ne jetât sur elles la plus amère des ironies. Compromis, cependant, Tristan l'était, puisque d'une part, sans emploi envisageable, il attendait de l'argent pour subsister, outre les indispensables marques d'affection auxquelles il n'était pas prêt à se dérober, d'autre part, il était – et comme par la force des choses – l'exception, l'insolite, dont l'existence posait problème, questionnait ceux-là même résignés à la constater, à en mesurer l'inanité.

À partir du moment où la maison de Roscoff est achetée, Tristan qui, auparavant, dans les jours froids où la famille avait quitté la localité, logeait rue du Quai, occupe tant bien que mal le lieu dont on lui laisse l'agrément. Il y avait sa chambre durant les mois d'été, quand le couple Corbière, « Cagaille » et « monmon » villégiaturaient dans ce petit port où Édouard avait ses habitudes, pêche et navigation de plaisance, souvent accompagné de son fils. Tristan s'y trouvait seul désormais, un peu désemparé sans doute, heureux amèrement d'être ainsi livré à lui-même. Qu'il ait modifié les lieux à sa guise durant de pareils séjours, nous devons le croire, bien qu'aucun témoignage ne soit venu en aide à ceux qui se plurent à imaginer sa vie durant ces périodes. On en retient toutefois une singularité que l'on n'est pas forcé d'admettre. Tristan, en effet, aurait fait amener dans l'une des grandes pièces du rez-de-chaussée son canot, qui, dès lors, lui aurait servi de lit et où chaque nuit il aurait dormi[1]. Si l'image est séduisante et si, vraisemblablement, elle émane d'une réalité probable, on doit néanmoins en évaluer la validité matérielle. À supposer élargies les embrasures des fenêtres et l'ouverture de la porte, il n'est pas évident d'introduire dans une maison une embarcation, même de petite taille, à moins de la reconstituer à l'intérieur, pièce à pièce, morceau par morceau. Il est possible que Tristan se soit employé à forger cette légende[2], coïncidant si bien avec sa tenue de marin traditionnelle, ou que, pour des nécessités tenant à ses crises de rhumatisme, il lui ait été recommandé de dormir sur une planche dure et non pas sur un épais matelas moelleux. Le jeu de mots : « matelots », « matelats », fait par Édouard son père[3] rend moins hasardeuse une pareille hypothèse. Je demeure persuadé, au demeurant, que même remise en cause l'image d'un Tristan dormant dans son bateau à domicile restera dans les esprits encore plus d'un siècle avant d'être définitivement abandonnée comme un oripeau inutile. Elle appartient à ces colifichets que l'on accroche facilement sur la défroque des poètes, maudits ou autres, pour qu'ils *répondent* mieux à cela que l'on attend d'eux. Copie conforme ! Loin de confiner une barque entre quatre murs pour s'en faire un semblant de berceau, Tristan fut sans doute un enragé marin d'occasion, privé à tout jamais des grandes manœuvres dans les hunes des imposants trois-mâts, goélettes et frégates qui jetaient l'ancre à l'entrée du port de Morlaix et que, surtout, il avait admirés au port militaire de Brest ou du Havre. Excellent navigateur, je n'en doute pas, tôt formé par les soins d'Édouard et remis aux soins d'un Bellec[4], au fait de ses bizarreries, et d'un compagnon à quatre pattes, un Cook ébouriffé craignant les paquets de mer, un Pope gentleman-dog Terre-Neuve habitué à sauver les hommes à la baille. Presque chaque jour, si le temps le permet, Tristan prend la mer : « Vire à déraper. Pare à hisser le foc devant et le tape-cul derrière, la barre un peu dessous [...] Tourne le foc au vent, borde le tape-cul à plat, la barre tout dessous. » Les termes sont précis. Il se réjouit de ce langage, adapté aux choses et générateur de mouvements impeccables. Justesse des mots, comme ceux qui font mouche dans la prose ou commandent l'évolution du poème. Gaspard Charles Bellec, premier maître de manœuvre en retraite, suit les ordres, fait un clin d'œil ou bougonne, passe sa chique sur sa joue gauche. L'ancre est levée, « dérapée ». On quitte le quai. Le vent noroît fait claquer la toile du cutter pourvu d'une voile de hune, d'une trinquette et d'une flèche en cul. L'embarcation se manie avec facilité ; elle file vite, coupe dans les vagues, d'où son nom. On s'éloigne de la terre. Pour aujourd'hui, un peu au large, où s'étale une « gorzenne », on va pêcher au fil le maquereau que le soir on fera griller dans l'âtre. Ou bien l'on gagne l'île de Batz, où Tristan a fait son repaire à la Crusoé et dont il connaît les moindres criques. Tristan est d'autant plus téméraire qu'il sait fort bien qu'il ne participera jamais à des croisières en haute mer. Mais il rêve d'un beau navire et déjà celui que son père a consenti à lui faire construire a fière allure : un cotre de fin gréement. Il l'a nommé *Le Négrier*. Un hommage à Édouard. De quelque côté que l'on se tourne, on ne saurait mieux dire ! C'est aussi, de son vivant, recevoir l'héritage. Le premier roman d'Édouard vogue sur la Manche, trace à travers les vagues. Le fils est à bord, tient la barre, embarqué tout naturellement. À ce familier des mots, celui-là : « le négrier », s'est imposé (qui ne formule qu'en apparence une répétition). Tristan acquitte sa dette envers ce père légèrement distant et foncièrement compréhensif, qui lui passe une partie de ses folies. Le capitaine au long cours qu'il aurait souhaité être se réduit au navigateur qu'il tente d'incarner, assisté d'un second, vieux retraité de la marine. L'odyssée s'arrêtera en vue des Triagots ; elle ne franchira pas la pointe de La Hague, ni, côté ouest, Le Conquet. *Le Négrier*, célèbre à Roscoff, résonne toutefois par son nom comme une aventure sous les Tropiques ou dans les dangereuses régions de l'Afrique, où les roitelets du Calbar vendent aux Blancs des esclaves. Exotisme à portée ?.... Aucun Roscovite ne semble avoir éprouvé la provocation que contenaient ces trois syllabes – *né-gri-er* – à une époque où l'esclavage était définitivement aboli.

Tracer l'éphéméride de la vie de Tristan à Roscoff, il n'y faut guère songer, d'autant plus que devraient être pris en compte ses retours à Morlaix et des voyages plus ou moins longs en Armorique. Quelques événements toutefois méritent d'être relatés, de peu d'envergure, il est vrai, bien qu'ils aient scandé le cours, présumé monotone, de cette vie.

Son installation dans la maison de la place de l'Église dut se faire progressivement après diverses tentatives, à la suite desquelles il s'aperçut qu'il lui était possible de vivre ainsi, à l'écart, loin de la ville et des quelques distractions qu'elle offrait. Il fallait, en effet, qu'il s'entendît avec certains Roscovites pour mener à bien ses longs jours d'exilé volontaire. L'auberge Le Gad, la maison Bouquet, les relations avec des marins et des pêcheurs le rattachent à une société pour laquelle, d'ailleurs, il manifeste plus d'ironie que de misanthropie. Quant à la façon dont fut accepté là-bas le fils de Monsieur Corbière, on ne se fera pas trop d'illusions sur ce point. Tristan n'éprouvait nul embarras à se mêler à la population locale – ce qui ne veut pas dire qu'il entretînt avec elle une relation d'aimable familiarité. En lui, notoirement contradictoire, persiste le sentiment d'une différence qui tient à sa laideur présumée, dont il finit par se faire une sorte de gloire, et à la certitude plus intime qu'il a de son inquiétante intelligence, de cette ironie presque sans limites qui détruit avec un malin plaisir tout ce qu'elle touche, y compris lui-même. Tristan n'est pas comme les autres. On le ressent comme tel, avec malaise plus qu'avec compréhension. Mais on n'ignore pas non plus qu'il est malade, fragile par certains côtés. Et l'on murmure aussi qu'il a raté ses études, faute tout simplement d'avoir pu les poursuivre. Il n'a rien pour valoir aux yeux des autres, hormis ses barbouillages de peintre entrevus par certains, son brin de crayon pour tracer des caricatures, ses curieux poèmes dans la langue des marins (une fantaisie) et son bon instinct de navigateur. Un peu mieux qu'un touriste, donc. « C'est plutôt un Anglais, un être », dit la rumeur dans « Le Poète contumace ». Anglais, Tristan ? Certes pas. L'ennemi héréditaire. Mais Mr Corbière junior, plutôt que de baragouiner le breton et de danser sur l'air d'*Ann hini goz*, s'exprime au besoin dans la langue de Shakespeare, appelle son chien Cook et lit des livres d'Outre-Manche.

En 1865, année où il est réformé, il n'est peut-être pas encore l'habitant de Roscoff. Il y passe quelques semaines en plus, en dehors de la saison. Un nouveau conseil municipal vient d'être élu les 22 et 23 juillet. Parmi ses membres, des Kerafors, Craignon, Bagot, Postic, Guivarc'h, Créach, Cabioch, Corre, etc. Le maire, Léopold Deschamps, sera nommé par décret. Il aura plus tard à répondre devant ses concitoyens des excentricités du fils de Monsieur Corbière bienfaiteur de la bourgade. Cette même année, ultime tribut à la littérature, Édouard publie une troisième édition de ses *Pilotes de l'Iroise*, introduite par une longue lettre-préface dédiée à Charles Levavasseur, armateur à Rouen, qui avait si efficacement aidé l'auteur dans un moment difficile de sa vie. Soyons assuré que Tristan lut le livre en redoublant d'attention. Je n'irai pas jusqu'à dire qu'il y vit un exemple ; mais plusieurs des poèmes qu'il écrivit alors (pour peu qu'on puisse restituer, avec quelque chance de vérité, leur chronologie) sont marqués par le parler des marins que présente Édouard dans cet ouvrage avec une authenticité qui continuera de lui attirer les foudres des critiques, protecteurs guindés du français classique. Tristan rejoint son père sur ce terrain, comme il baptise son cotre *Le Négrier*. Narguant la littérature, il sent s'éveiller en lui une autre forme d'expression que l'on se risquera de qualifier d'existentielle, à condition de l'innocenter de toute visée philosophique. Une fois encore, la sincérité prime, face à une joliesse, une élégance jugées par lui de mauvais aloi. D'où l'emploi, si besoin est, d'un vocabulaire technique, ou l'insertion de traits idiomatiques. On l'a vu, par une sorte de bravade ou de provocation, affirmer son avenir de poète dans une de ses lettres de lycéen. Je doute néanmoins que le Corbière des 20 ans se soit senti promis à un tel avenir. L'arrêt de ses études, son inaptitude au service militaire (le corps tenu pour nul et non avenu : « ce n'est pas un *homme* », comme on dit dans l'armée !) ont blessé son narcissisme en formation. Il ne lui reste que l'envers du décor et le futur d'un raté, auquel il ne peut prêter de véritable éclat que s'il l'exhibe avec une rare forfanterie.

De cette période où, de nouveau, se trouve placé sous ses yeux *Les Pilotes de l'Iroise*, je supposerais volontiers qu'il a extrait les éléments d'une poétique bizarre, à la fois instinctive et étudiée. Instinctive, car il n'a qu'à écouter autour de lui pour entendre les expressions des « gens de mer ». Étudiée, car la langue bretonne l'environne dans laquelle il ne pousse que de faibles reconnaissances et qui, de ce fait, lui interdit une réelle intimité avec les gens du peuple qui l'entourent. La dizaine de textes où Tristan fait preuve d'une extraordinaire aisance avec une *infra-langue* maritime entame, en réalité, un dialogue avec les romans paternels, truffés eux aussi de ces expressions à-peu-près, de ces formules « apocopées », plus typiques, en fait, que véritables. On l'a déjà remarqué, c'est par là qu'il choisit d'aborder la littérature, à l'endroit précisément où elle excède ses frontières – et l'on comprend ainsi l'influence (encore que d'autres mots conviendraient mieux) d'un La Landelle et d'un Édouard, alors que celles d'un Souvestre, voire d'un Brizeux sont tenues pour négligeables. Tristan le Roscovite, l'écumeur des mers raté, le propriétaire d'un chien Cook (« cognoscere te ipsum »), l'écuyer de la jument Souris est incapable (naturellement, c'est-à-dire en raison de ce qu'il est) d'écrire des textes incolores, inodores et sans saveur, comprimés sous la meule du classicisme, pas plus qu'il ne saurait fabriquer des sonnets comme des tabatières à musique (il en fera pourtant, tous libertins, il est vrai). Il débute, par conséquent, avec les monologues insensés des « gens de mer ». Avec eux, il écorche le français pour mieux faire comprendre ce qu'il doit dire. Et leur allure recouvre la sienne, les acteurs de grande aventure prennent la place qu'il leur ménage – sa place, donc, en substituts de sa personne, mal taillée, mal famée.

La troisième édition des *Pilotes de l'Iroise*, celle que Tristan dut emporter à Roscoff et feuilleter avec bonheur, sinon avec frénésie, nous donne encore une fois l'occasion de méditer sur sa possible bibliothèque – sujet d'ampleur variable, intraitable sans doute, qu'il convient d'aborder cependant, avec toutes les préventions jugées nécessaires, les visibles enthousiasmes aussi. Constituer cet ensemble de livres correspond à un exercice tentant, faute duquel on se condamnerait à mentionner de façon éparpillée un certain nombre d'influences. Aucun titre ne saurait être avancé qui ne figure dans les citations objectives faites par Tristan, ni dans certains passages de son œuvre objectivement démarqués d'un auteur. La *Bibliothèque de Tristan* n'est, par conséquent, qu'une construction imaginaire dont il reste souhaitable de flanquer l'édifice de sa personnalité. Les auteurs cités appartiennent à divers secteurs de la littérature, et la singularité de Corbière tend, au sein de cette récollection, à donner autant d'importance à des écrivains secondaires qu'aux grands génies de l'humanité. On a déjà signalé l'intérêt qu'il dut porter aux livres que possédait son père, écrivain relativement classique (hormis les traits nombreux de langage maritime), mais qui, du temps où il était journaliste, avait été en relation avec beaucoup d'auteurs contemporains, dont plusieurs marqués par le romantisme. Autant qu'à de tels livres, il faut porter attention à ceux que se prêtaient les trois amis du trio Ludo, Aimé, Tristan. Par chance, Ludovic Alexandre, en avril 1884, a établi un répertoire intitulé « Mes livres »[5]. Ce document doit être consulté sans idées préconçues et sa date de rédaction tardive, presque dix ans après la mort de Tristan, engage à estimer qu'une bonne partie des titres indiqués concerne des livres acquis depuis. Reste qu'un certain fonds signale assurément des lectures qu'il partagea avec son ami. Plusieurs d'entre elles ne permettent pas d'hésitation.

Avant de pénétrer dans cette bibliothèque ouverte par le hasard, je ne saurais trop redire la conscience très exacte que j'ai de proposer là un Tristan kaléidoscopique.

Ces soirées de Tristan au fort des mois noirs et plus noirs, novembre et décembre, ces périodes de terribles insomnies, ces nuits où la lampe éclairait sa lecture, non loin du foyer éteint, font partie intégrante de lui et de son œuvre.

Le « répertoire Ludovic » est bien fourni en classiques : Balzac, Boileau, Beaumarchais, Brillat-Savarin, Chénier, Corneille, Gautier, Hugo, La Fontaine, Lamartine, Mérimée, Michelet, Millevoye, Musset, Molière, Xavier de Maistre, Maupassant, Parny, Racine, Renan, Rousseau, Sand, Scribe, Scarron, Voltaire. Il faut remarquer qu'en certains cas sont indiquées des œuvres complètes, alors qu'en d'autres quelques volumes figurent seulement. Ainsi pour Hugo, dont Alexandre possède *Notre-Dame de Paris*, *Quatre-vingt-treize*, *Napoléon le Petit*, *Les Châtiments*, *Les Misérables*. À l'évidence Tristan disposa en outre d'autres œuvres, comme *Odes et Ballades*, *Les Orientales*, *Les Feuilles d'automne*, *Les Contemplations*, *Les Travailleurs de la mer*. Pour Balzac sont indiquées les œuvres en trois volumes, édition évidemment incomplète. On ignore ce que Tristan en connaissait, mais lui aussi possédait les *Contes drolatiques* illustrés par Gustave Doré, livre qu'il donnera par la suite à Aimé Vacher, avec sa signature paraphée à l'envers[6]. Une lettre à sa tante Christine se réfère de façon implicite au *Curé de village*[7]. Boileau appartient aux têtes de Turc du romantisme et des lycéens en cette deuxième moitié du siècle. Facile à parodier, tout comme Malherbe, il avait inspiré – on s'en souvient – l'« Ode au taf de Lamarre », œuvre inaugurale de Tristan. Au nombre des poètes, Lamartine, bien entendu, fournit une inévitable référence. Tristan s'en était amusé et, lecteur de *Graziella*, s'en amusera encore, lorsqu'il découvrira les rivages de Procida. On en dira autant de Musset, dont la sentimentalité avait fini par irriter tout un courant de la nouvelle poésie (que Tristan ignorait peut-être). Lui-même, aussi profondément mussetiste que Rimbaud et Ducasse, s'en montrera plutôt le continuateur amusé dans sa « Sérénade des sérénades », et je ne doute pas qu'il n'ait interprété de Musset comme de Scribe quelque proverbe dans le salon de sa tante Christine ou dans celui de sa tante Émilie. Plusieurs rimeurs de moindre envergure avaient su retenir Ludo qui, sans doute, leur accordait plus de génie que Tristan, attaché, quant à lui, à leur fin tragique présageant celle des poètes maudits, dont il sera l'un des premiers élus. Aux classiques définitifs, dignes du temple de Mémoire, la bibliothèque de Ludovic ajoute plusieurs étrangers : Aristophane, César, Milton, Le Tasse, Tacite, Thucydide et les *Mille-et-une nuits*, traduites par Galland. Point Byron, Dante ni Virgile, en quoi Tristan se montrera plus avisé. Byron le pied-bot, le « corsaire » et Mazeppa étaient dans sa nature, dans sa complexion, et Virgile planait sur sa mémoire par quelques vers des *Géorgiques* appris par cœur et imités dans de périlleux exercices de compositions en vers latins. Fidèle à la fibre paternelle qui avait traduit les *Elégies* de Tibulle, il lui préférait Juvénal. « Iracundia fit versus[8] » est un précepte à suivre, qu'il s'empressera de pratiquer. Tristan paraît très peu grec, en somme (il avait suffisamment montré sa médiocrité en cette matière pour qu'il ne s'y risquât pas ensuite, même par curiosité). Latin, assez peu, quoique fort en thème. Très « contes d'Espagne et d'Italie », en revanche, avec du panache, voire de la frime, une abondance criarde de couleur locale, et le parler « vache espagnole » ou lazzarone en diable (*Fra diavolo* !).

La « Bibliothèque Ludo » réserve une place aux contemporains, grands, moins grands, médiocres, mais pas de Flaubert, pas *L'Éducation sentimentale* dont j'aurais aimé que Tristan ait, au moins, feuilleté les pages, car je le vois « coller » un instant au personnage de Frédéric Moreau, spécialiste presque enjoué du ratage, encore qu'il lui manque tout l'excès de Tristan, plus enragé à se perdre et portant plus de génie.

Baudelaire apparaît dans ledit répertoire, le dernier dans la liste des B et écrit d'une autre encre (avec la faute d'orthographe habituelle : *eau* pour *au*) – ce qui semble prouver une acquisition tardive, mais conforme à l'édition de 1868 que Tristan, à coup sûr, posséda. Le nom de Baudelaire ne se lit-il pas dans « Un jeune qui s'en va » ?

Les goûts de Tristan ne coïncident pas nécessairement avec les nôtres, quand, rétrospectivement, nous pensons à cette période. Ceux qui s'imposent à lui et dont le public était alors entiché ont souvent subi depuis une désaffection cruelle de la part d'admirateurs qui, un instant, les portèrent aux nues. Pour un Corbière et un Ludovic, Alexandre Dumas fils et Murger sont des écrivains de premier ordre, des célébrités du jour, et il n'était guère possible pour ces néophytes de ne pas placer au plus haut *La Dame aux camélias* de l'un, de l'autre les *Scènes de la vie de Bohème*. Nous sommes dès lors dans la société du Second Empire avec ses demi-mondaines, ses gommeux, ses rapins et leurs odalisques. En les lisant, Corbière cède au vertige de l'identification, cueille une ou des anecdotes, trouve un ou des modèles. Dans le lointain Morlaix, lui et ses camarades jettent leur gourme, raillent le bourgeois et calquent plus ou moins leur conduite sur ces personnages qui les fascinent. Loin de Paris, exilés comme malgré eux, ils songent à des types de vie où le goût de l'art et les histoires d'amour se mêlent pour former un univers enfin vivable, à la hauteur de leurs désirs ou de leurs ambitions. Côte à côte, les plaisirs d'une existence de luxe, les femmes de théâtre et les difficiles années de vaches maigres avant d'atteindre la célébrité leur proposent des images plus ou moins viables, leur donnent une raison d'être. Et l'on verra Tristan se *murgeriser* progressivement, à un point tel que, même conscient du mythe en formation, il en devient partie prenante, s'intègre dans le tableau, s'ajoute aux « buveurs d'eau » et autres bohèmes, comme si réaliser une telle identification répondait à son vœu le plus cher et correspondait pour lui à la meilleure façon de s'accomplir. À regarder les photos du trio prises à Morlaix, à observer la caricature « Le Nègle », on doit estimer qu'ils eurent la vague tentation de construire un groupe informel, avec ses manières d'être, son idiome, ses références singulières. Mais les personnalités relativement effacées d'un Vacher ou d'un Ludo ne permirent pas que se constituât une telle phratrie, analogue à celle qui entoura Jacques Vaché à Nantes[9] ou au groupe formé par Rimbaud, Delahaye et Verlaine. Aucune tradition n'ayant porté jusqu'à nous les témoignages d'une complicité autre qu'amicale, force est de croire que Tristan poursuivit un rêve littéraire à côté, et que ses deux amis se bornèrent à le partager au cours de leurs discussions plus ou moins passionnées. Tristan compose des poèmes qu'il leur lit peut-être et dont ils se réjouissent. Mais eux-mêmes se bornent à être ses auditeurs, comme l'étaient ou comme le seraient les peintres à Roscoff. Signe d'un intérêt, toutefois, pour la Bohème réelle ou rêvée, la bibliothèque de Ludo contient les *Souvenirs de Schaunard*[10] par Alexandre Schanne, récit redonnant tout leur substrat de réalité aux *Scènes de la vie de Bohème*. Caractéristiques également d'un état d'esprit, des ouvrages comiques ou humoristiques. Il est plus que certain que Tristan lui-même en approvisionna sa propre « librairie » – qu'il s'agisse du très notoire Aristophane maître ès bouffonneries, de Molière, du théâtre de Scarron et, plus contemporains, d'Alphonse Karr et de Töpffer, voire de Champfleury auteur estimable d'une *Histoire de la caricature*. Dans un domaine contigu, Ludovic s'était procuré plusieurs livres de chansonniers, témoins de son goût personnel ou résultats des conseils prodigués par Tristan. Les œuvres de Béranger, de Bérat, de Désaugiers, de Nadaud se pressent sur ses rayons et nous ne doutons pas que Tristan n'en ait eu connaissance. Des chansons colportées par toute la France[11] et des airs d'opérettes étaient recueillis dans les livres des jeunes gens de ce temps. Elles se répandaient dans les provinces les plus reculées, heureuses ou mélancoliques. Et les groupes de bacheliers en goguette les entonnaient à l'envi, tout comme dans les réceptions des salons de province venait l'heure des romances dispensatrices d'émotions que l'on souhaitait innocentes. Tristan et ses amis ont toujours à la bouche un refrain plaisant ou de plus amères rengaines. Dans la composition même de ses vers comptent ces histoires, dont l'air entêtait plus que les paroles[12]. Lui-même se plaît à indiquer la chanson de référence pour dire – ou, du moins, pour fredonner – son texte. « À mon cotre Le Négrier » se murmure sur l'air de « Adieu, mon beau navire… ». « Au vieux Roscoff » est une berceuse ; « laisser-courre » se profère sur la musique d'Isaac Laquedem, le Juif errant. Corbière se sent emporté par un rythme plus scandé, plus « sabotté » que toutes les « voix intérieures » encensées. À d'autres instants, il se change en rhapsode et fraternise avec la vieille de Sainte-Anne la Palud. Ou bien il s'adjuge le rôle de chansonnier, paré des plumes satiriques, en bonhomme Béranger populaire.

De cette provende de livres, lesquels figuraient à Roscoff ? En avaient-ils emporté une pleine malle, à bord de la diligence qui venait de Morlaix ? Ou bien se contentait-il de quelques volumes, constamment feuilletés et repris avec frénésie ? Il a certes profité comme un autre de ces leçons de vie à travers des figures héroïques et des effets de style. Et pourtant, disciple d'aucun. Indépendant, malgré l'amitié. Tenu à l'écart ou s'y tenant. Finissant par croire que son relatif choix de solitude et d'ermitage (Tristan l'Hermite) résultait d'une exclusion préalable dont il aurait été la victime.

Je ne m'engagerai pas plus avant, cette fois, dans la bibliothèque de Tristan. Je vois trop bien tel livre qu'il laisse entrouvert ou qui se replie, lentement feuille sur feuille, après qu'il l'a consulté. Entre sa sensation de vivre (cet « à fleur de peau » qui, à tout instant, l'envahit), sa sensibilité ardente comme une plaie, et l'extrême lucidité douloureuse par laquelle il surveille tout ce qu'il écrit, le moindre mot échappé, Corbière avance, tente un poème, le ravage. Et toujours ce livre, son livre futur à portée de la main – qui contient une pensée ou un corps, mais insuffisant, insatisfaisant (en retrait de l'étonnant réel), fantoche et substitut. Et encore une fois le geste par lequel se déleste le cœur (ou ce qui en tient lieu), puisque le mot « cœur » est devenu suspect lui aussi, depuis que Musset, le frappant, croyait que là résidait le génie.

La maison place de l'Église, Tristan y prend ses aises, à ceci près qu'on le voit mal se pavaner sur un divan, lui qui – ainsi le veut la tradition que je soupçonne d'être fausse – s'endort sur le ber d'un canot placé au beau milieu d'une pièce. On ne recouvrira donc pas Tristan de chauds édredons. Mais on n'oubliera pas qu'à l'occasion une domestique déposait une lettre sur son oreiller.

Dès 1865 (il a 20 ans), il s'adonne à l'oisiveté comme on entre dans les ordres. Encore n'est-ce pas si simple à vivre, ces heures infinies, ce destin sans contours imaginables, et, en lui, l'évident excès d'un génie, aussi fort que le besoin d'amour. Avec les peintres il peut s'entendre une saison, soit – et même en apprendre un peu plus sur une technique qu'il souhaiterait tout entière vouée à une espèce de réalisme presque insupportable, à la Brueghel, à la Callot, bambochades roscovites dans le ton flamand, grandes dégueulades de la bière des brasseries morlaisiennes ou de l'hydromel chouchen, et trognes rouges taillées à la serpe, et toujours en un coin, un adulte qui chie ou un enfant qui pisse.

Le moment vient cependant où les peintres replient leur chevalet et regagnent leurs ateliers de Paris. Et l'on se retrouve avec soi, dans un inévitable face-à-face, même si l'on évite les pièges du miroir. Une jeune femme veille à son service. L'épouvantail Corbière n'échappera pas aussi facilement à l'honorabilité du père... Contamination de la bourgeoisie qu'il devine inévitable. Il ne lui suffit donc pas de se vêtir en pêcheur. On le croit *comme si*. Le fils Corbière se déguise. On lui pardonne de « faire peuple ». On le laisse faire. Il ne sera jamais comme nous. Lui-même se doute bien qu'aucune assimilation n'est possible, malgré sa bonne volonté. Ni pêcheur, ni caseyeur, ni matelot. Peut-être plaisancier, l'été, avec les autres. Et puis, poète-artiste. Il aime ces mots, faute d'avoir été tout le reste.

Marie Quément, recrutée par ses parents à Morlaix, assure maintenant son ménage et lui prépare ses repas, quand il ne les prend pas chez Le Gad. Elle n'a que 24 ans. Lui en compte trois de moins. Évidemment cette situation fera jaser. En attendant, et pour trois-quatre ans, ils vivent ainsi, distants et proches, sans que passent entre eux plus de paroles qu'il n'en faut. Le reste du temps, c'est la mer, la promenade sur la côte, les visites chez Bouquet (trop âgé pour qu'il le fréquente vraiment) ou chez Cermak, bon navigateur et peintre chevronné. Déjeuners et dîners chez Le Gad, en principe. Mais souvent, repas à « Tristan House », le soir, devant une flambée. Parfois, il retourne à Morlaix, il revoit les amis. La plupart cependant finissent leurs études, ne rentrent qu'aux vacances. Pour ce trajet une journée par diligence est nécessaire. Quant au trajet par mer, où souvent, malgré l'habileté de la manœuvre, on frôle les récifs, il n'y faut guère compter, surtout l'hiver.

Le 11 janvier, à l'âge de 76 ans, Jacques-Marie Le Bris décède. C'était le mari de tante Émilie, un peu trop contente d'elle-même et de son époux. Il y avait de quoi. Une grande réussite, ce château de Kerozar où se rendait parfois Tristan. Il vient aux obsèques. Le beau monde y assiste. Tristan appartient aux grandes familles. Après les congratulations et le traditionnel repas d'enterrement, il est temps de repartir. Peut-être sent-il monter en lui un poème ? Une esquisse au bout des doigts ? Et *Le Négrier* dont il faut assurer les amarres !…. La mort s'est doucement manifestée, invitée par un homme d'âge. Pour Jacques-Marie, Tristan n'avait que peu d'affection. Il appréciait toutefois la troupe de théâtre occasionnelle que Le Bris avait accueillie, voire montée dans ses murs. Tristan vient de revoir son père. Il lui a, qui sait ? communiqué des brouillons, quelques « poèmes parlés », des histoires de marine. La troisième édition des *Pilotes de l'Iroise* n'a pas été suivie de glorieux comptes rendus. Qui se souvient du roman maritime ? Édouard cependant a raconté ce qu'il voulait dire. L'intrigue tient. Il n'a pas à rougir de son style. Il aime que Tristan en relève certaines bizarreries de langage, les passages en italiques. Monsieur Édouard Corbière prend de plus en plus l'aspect d'un personnage officiel, entouré de l'estime de ses concitoyens (vieux style !). Il vient d'être élu vice-président de la Chambre de Commerce. Edmond Puyo y fait son entrée.

L'auteur du *Négrier*, très au fait du langage administratif, rédige, sans plus tarder, une « adresse de la chambre de Commerce de Morlaix à MM. les députés du corps législatif sur le projet de loi relatif à la marine marchande[13] ». Tristan admire. Il porte sa révolte ailleurs. Son père sait ce qu'il fait – et le fait bien. Il se penche même sur les destinées de Roscoff et croit aux vertus de l'instruction. On ouvre donc là-bas un cours du soir pour adultes, où Tristan n'a garde d'enseigner les rudiments de la prosodie !

L'année suivante (1867), on ignore toujours comment il passe le temps, comment il le « tue[14] ». À supposer qu'il écrive, on ne relève (encore est-ce avec hésitation) qu'un seul texte rédigé cette année-là sur lequel, avec quelque raison, nous nous sommes déjà attardé : « La Balancelle ». Assurément des dizaines d'autres furent composés. Qui ne valaient pas la peine. Et qui se retrouvèrent jetés au feu. À quoi bon, du reste, puisque Tristan n'a pas vraiment l'idée d'un livre. Griffonner, dessiner, fumer si furieusement qu'on imagine autour de lui les drape-ries d'une tabagie. Et les manœuvres sur *Le Négrier*, ses mains engour-dies par le froid. De 1867, on ignore tout, ou presque, hormi la sensationnelle narration du *Panayoti* et l'éloge du pilote Trementin gla-née dans un livre du comte de Joinville qui figurait, belle coïncidence, dans la bibliothèque de Ludo. En 1915 furent mis au jour quatre vers écrits à la même période et datés du 31 octobre – simple acrostiche[15] dont le sens, par sa pauvreté même, finit par être énigmatique :

> « Auprès d'AnnA vivre et mourir
> N'avoir de bieN qu'une seule chaumière
> N'avoir de soiN que de lui plaire
> Amour   voilÀ mon seul désir.
>
> (en regardant une modiste) »

Nous connaissons la difficulté qu'il y a à interpréter pareil poème dont l'allure d'impromptu fait l'économie des circonstances qui permet-traient de l'expliquer. On se consolera d'un tel inconvénient en conve-nant de la médiocrité du texte. Il n'est pas indifférent toutefois que Corbière se soit appliqué à le composer, selon un procédé qui rappelle ceux des grands rhétoriqueurs du Moyen Âge auxquels son art n'est pas étranger. Le contenu relève de la parodie, soulignant le naïf souhait d'« un cœur avec une chaumière » du « Poète contumace ». De cette Anna modiste nous ne connaissons rien (Baudelaire – on le sait – en avait loué une autre assurément plus cultivée, dans ses *Franciscae meae laudes* écrites en latin). Lire dans ces deux syllabes les premières amours de Tristan serait d'une témérité folle, d'autant plus que nous savons Corbière amateur de jeux de société et que l'acrostiche en ques-tion n'a sans doute pas plus de valeur qu'un divertissement de cet ordre. Si Anna ne trouve pas place dans le défilé des prénoms féminins que contient « Après la pluie »[16], elle n'en pose pas moins, à point voulu, la question d'un Tristan amoureux. Car enfin, celui qui s'estimera le « mal-aimé » et, pour ainsi dire, inaugurera cette expression, l'auteur réputé pour ses « amours jaunes » nous apparaît, d'abord, jusqu'en 1867 (peut-être sous l'effet d'une chronologie à tout prendre défectueuse) comme un poète peu préoccupé par le monde féminin. Il est vrai qu'il n'a que 22 ans et que les confidences amoureuses ne filtraient qu'à peine, à l'époque, une période toute de pudibonderie où le déniaisement était confié aux servantes, aux bonnes, à moins que l'on recourût aux bons offices – fréquents – des prostituées. Corbière a précocement manifesté sa liberté d'esprit, voire sa connaissance du sexe dans le poème concernant Danet. Il fut aussi le lecteur du *Négrier*, fertile en scènes d'orgie (rien à voir avec Sade, bien sûr !), où les marins en bordée sont décrits avides de belles femmes créoles ou métisses (un souvenir pour Édouard !). Il n'en demeure pas moins que, persuadé de sa laideur, il ne pouvait imaginer séduire une fille de bonne famille, handicapé qu'il se trouvait par son infirmité plus ou moins reconnue et sa faiblesse de constitution – comme l'avaient catalogué les autorités militaires. De charmantes jeunes personnes environnaient pourtant les jeunes gens des familles Puyo, Le Bris, Alexandre et Vacher. Si je vois mal Tristan faire le joli cœur, je ne l'imagine pas pour autant refuser le plaisir du bal, ni fuir misanthropiquement la société. Avec Aimé et Ludovic il se paie de belles parties de rire ; ils poursuivent – ce que j'admets sans difficulté – les « oaristys », comme nous en assure J.-Aimé Vacher-Corbière[17], confiant dans un mot qui ne dit plus rien à personne, mais qui servait à désigner de tendres idylles, comme il y en eut de tout temps. Petites-maîtresses. Le terme, délicieux, faisait frémir Baudelaire, d'indignation comme de plaisir. Les amis côtoient des tendrons, rencontrent, aux soirées, des filles à marier, lancent des œillades sur le champ de courses, tentent des farces le dimanche après vêpres. Les résultats sont minces, dans une provinciale ville de Bretagne en 1867, même pour un Apollon local – Tristan tenant plus de Vulcain le stropiat. Et l'on ne saurait si facilement dans la cité léonoise se rabattre sur des grisettes, comme les bienheureux étudiants de Paris. Vacher, lui, avait eu l'expérience de ces trottins, Alexandre aussi. Ces deux-là ne tarderont pas à se marier, laissant Tristan à son célibat qui ne le désespérait pas davantage. Seulement une amoureuse en titre ne lui aurait pas déplu. Avait-il trempé dans ce que l'on désignait par le nom lourd à entendre de « turpitudes » ? S'était-il égaré comme Frédéric Moreau à Sens dans une maison de tolérance[18] dont je suis bien convaincu que la cité léonoise était nantie comme d'un mal nécessaire, mieux, un lieu de rendez-vous que ne dédaignaient pas quelques notables ? Les femmes vénales étant un lieu commun de l'époque, je gage que Tristan s'abandonna aux bras de quelques-unes. Ses poèmes laissent peu de doute à ce sujet. L'expérience à Paris en fut – qui sait ? – plus tardive. Mais les rues de Repentance à Brest ou le quartier réservé du Havre offraient de plantureuses ressources pour l'amateur ou le collégien. Assez vite toutefois, Tristan, inapte à collectionner les amourettes et défiant envers les relations ancillaires, semble avoir adopté pour la galerie la franche rudesse des gens de mer : « Un curé dans ton lit, une fille dans mon hamac », la distinction se faisant ainsi entre le mariage légal (le lit) et les rencontres ès bordeaux[19]. Le Tristan morlaisien ou roscovite se carre dans une attitude. Pol Kalig le caractérisera par une expression qui depuis fit fortune : « un tendre comprimé »[20]. On ne doute pas, en effet, de la tendresse de Tristan, réclamant sans cesse une marque d'affection, même s'il joue le distant, le lointain, le « dédaigneux », comme dira de lui Verlaine. Mais l'amour demandé restant sans écho en dehors de la sphère familiale, il se comporte comme quelqu'un à qui importent peu les préludes affectifs. Il « pose » au matelot, tout en sachant qu'il ne sera jamais l'un des leurs. Et parmi ces poèmes ceux que l'on peut supposer être les premiers ne laissent place aux sentiments que selon des zones bien déterminées : l'amour porté à la « bonne femme de mère », la relation filiale contée dans la « Lettre du Mexique ». Corbière paraît se réserver pour plus tard la grande expérience d'une passion sur laquelle il pose à l'avance un regard soupçonneux (alors qu'elle le ravagera comme un autre, avec plus de violence, même). En ces années qui suivent ses vingt ans, il imagine plutôt, et par sens du typique, comme pour rejoindre une tradition toute imprégnée de vérité, le « Novice en partance et sentimental »[21], dont il nous restitue le brin de causette qu'il fait avec sa promise, avant de naviguer jusqu'à New York ou Noukahiva dans les Marquises. Doit-on lire du Tristan dans ce personnage mal dégrossi, qui livre à peine parole à son vague-à-l'âme :

> « Et j'étais sensitif pas mal. »

Même en ce cas, Tristan invente un amour de bric et de broc, un ajustement de fortune :

> « Mon nom mâle à son nom femelle se jumelle,
>   Bout-à-bout et par à peu-près :
> Moi je suis Jean-Marie et c'est Mary-Jane elle.
>   Elle ni moi *n'ons* fait exprès. »

D'ores et déjà on peut être assuré que, mal aimé des femmes en raison de son aspect peu engageant, de son allure bancroche, de son visage affublé d'un nez malséant, il en a pris son parti et feint de vaquer au large. Ce laissé pour compte qui joue à l'homme se compose une armature, rude écorce apparente où la première venue trouvera aisément la fissure qui mène jusqu'au cœur. Intensément fragile sous sa cuirasse de *dur* tanné, il ose à peine penser le jour où, dépouillant son aisance factice, il se livrera corps et âme à la passante.

Il lui fallait attendre et ressasser les vers accompagnant son portrait :

> « Ah si j'étais un peu compris ! Si par pitié
> Une femme pouvait me sourire à moitié,
> Je lui dirais : ah viens, ange qui me consoles !....
> … Et je la conduirais à l'hospice des folles. »

Comme à son habitude, le poète surmonte l'épreuve à grands renforts de points d'exclamation hérissés ou de points de suspension mitraillés. Quant à être compris, se donne-t-il le moyen de l'être ? L'incompris fait son apparition dans la littérature de l'époque. Lui en est un échantillon de la plus belle encre. Gageons que toute compréhension le mettrait mal à l'aise. On ne partage pas si facilement son génie.

À Roscoff, la vie se poursuit, sans destination préalable, au rythme de l'annuaire des marées. Quelques poèmes affleurent, rageusement griffés. C'est encore là, sur ces pages, que Tristan se sent le mieux exister, capable d'une sorte de création mal fichue, mais bien vivante, où les mots émettent leur lumière la plus crue et semblent répondre au réel avec quelque vérité. Non moindres les croquis aquarellés, les charges narguant avec tendresse ses voisins du port, ces gueules corsairiennes comme on n'en fait plus.

Dans la nuit du 22 janvier un grand événement éveille tout Roscoff[22]. Un bâtiment naufrage au large de l'île de Sieck, non loin de la plage de Santec. Un trois-mâts de Liverpool, le *Wilfred*, en provenance de Madras. Les pêcheurs de Batz peuvent sauver 27 hommes. Le 24, le *Wilfred* sombre corps et biens. Tristan ne consigne pas la catastrophe. Peut-être en cette période n'habite-t-il pas la maison de l'Église. Quelques mois plus tard, la cargaison du navire sera vendue en vente publique. Étalées, proies de l'encan, des richesses et des riens, les bijoux et les tissus des Indes. Sans compter les débris de l'embarcation : lisses, aussières, cuivres, restes de l'habitacle. De quoi orner un coin de la « Tristan House », comme au temps des naufrageurs, ou la cabine du *Négrier*.

Monsieur Corbière, génie protecteur de Roscoff, s'est employé à doter de fontaines publiques la localité, dépourvue jusqu'à maintenant de l'eau indispensable qu'il fallait chercher à plus d'un kilomètre. Deux fontaines sont édifiées, l'une sur le Quai, l'autre près de l'église. Marie Quément pourra blanchir sans trop de peine l'étrange Tristan son maître qui s'entête à se promener dans les rues vêtu de sa vareuse ou de son caban, chaussé d'énormes bottes qui lui donnent l'aspect d'un étique mousquetaire. Tel il n'a rien pour séduire les filles, et sa maigreur prononcée lui attire des sobriquets peu sympathiques, comme celui d'Ankou, image redoutée de la mort hantant de son squelette les bourgades et les landes.

Il se laisse porter au fil des heures, lit, fume sa démesurée pipe hollandaise d'artiste, barbouille, fait un tour chez Le Gad, « un petit verre d'eau de vie », prend les nouvelles du coin, retraité déjà, retiré plutôt, en avance sur sa mort de toute une vie qu'il n'a pas encore vécue, « pur à force d'avoir purgé tous les dégoûts », revenu de tout, par conséquent, et prêt à partir encore, à embarquer sur le cotre, à tendre la voile, à lever l'amarre, à toucher Batz l'après-midi, à suivre le mouvement du soleil qui réchauffe sur la roche ce malheureux lézard pelé.

De ceux qu'il fréquente hors saison, quand sont partis les peintres dont, chaque été, il s'improvise, avec plus ou moins de bonheur, le compagnon de route, on ne sait quels probables comparses retenir. Les fidèles seconds, à la mémoire rebelle, que présentent tous les biographes, le père Bellec ou le dénommé Coulloch originaire de Douarnenez ? Tristan avec eux entretient les relations que l'on a avec les hommes du métier. Ce sont d'experts manouvriers, souvent éberlués par ses imprudences. Il s'entend avec eux, respecte leurs silences, provoque parfois les mots d'usage ancien et quelques souvenirs, par rafales. Attablé au café Le Gad, quand les villégiatureurs ont repris le train pour Paris avec leurs bagages, leurs palettes et leurs costumes de bain, il laisse passer le temps. L'averse crible les pavés. Un maturin entre ; la clinquaille de la porte fait son bruit ferrugineux. Quelque part le balancier de l'horloge coupe et recoupe les minutes. Échange de phrases. Fumée des pipes. Et dire que des gens écrivent à Paris ou ailleurs ! Au même moment, Rimbaud boit au café Dutherme, Verlaine s'installe avec Valade au Café du Gaz. Les êtres sont là, à disposition, sans savoir leur destin. Ceux que touchera la renommée côtoient les moins que rien. Parfois les célébrités du jour éblouissent Tristan. Son père en parlait naguère : Monnier, Chateaubriand, mort depuis, Musset de même, comme Baudelaire. Jeunes ou vieux qui s'en vont. « Un jeune qui s'en va. » Il donnera ce titre à l'un de ses poèmes, en s'y mettant tout entier, avec ce rire en coin qui l'agace lui-même. Il aime aussi les petites gens, leurs fragiles mystères. Si pour lui le mendiant ou le pilhaouer posent un vrai problème d'existence (à quoi riment ces vies ?), il n'en est pas moins attentif à ceux-là qui accomplissent leurs tâches, parce qu'il le faut, au service d'un obscur devoir qu'il ne s'explique pas. Variété de ces êtres qui semblent avoir trouvé leur place ici-bas et dont le stupéfient – s'il y songe – les singularités. Étonnement ? Admiration ? Il ne parvient pas à qualifier le sentiment qui le saisit à leur approche. Dans ses longues balades à terre, longeant la côte où se brisent les paquets de mer qui éclaboussent jusque sur la hauteur, il rencontre presque quotidienne-ment le douanier[23], une manière de solitaire comme lui (comme l'étaient son naufrageur des Kerlouans ou son renégat). Le bonhomme a beau tenir sa fonction de l'État, c'est une figure spéciale. De sa pâte grotes-que, Tristan va extraire une sorte d'or imprévisible – ou peut-être un viatique, puisque tout un chacun souffre de la vie. Plus ! Il nous en offre une image définitivement commémorative, empaillée comme qui dirait au terme d'une opération taxydermique de haute prosodie, quelques mois plus tard, sur le mode pseudo-élégiaque, lorsque la fonction de « garde-côte » sera déclarée abolie[24]. Rien à voir, en ce cas, avec ses ter-restres homologues de Charleville, ceux qui disent « cré nom ! » ou « macache ! »[25]. Écoutons plutôt avec sollicitude :

> « Ange gardien culotté par les brises,
> Pénate des falaises grises,
> Vieux oiseau salé du bon Dieu
> Qui flânes dans la tempête,
> Sans auréole à la tête
> Sans aile à ton habit bleu !.... »

Voici décrit en plusieurs coups de plume guillochés le fonctionnaire tant de fois rencontré, devenu par la poésie un peu plus que lui-même, au fil d'équivalences où se perçoit l'attention bienveillante de l'auteur. Tristan se ménage des aubaines imprévues, le plus haut mâtiné de tri-vial, le spirituel « culotté » par l'usage, le petit dieu, le petit saint du lieu, qui recueille une adoration de misère – comme on gîte dans le rocher. Encore un être du manque, sans auréole et sans ailes, une idole tutélaire à portée qui n'accèdera que fort tard au paradis. Lancé, Corbière énonce une étrange déclaration d'amour. Assurément il peint du Courbet sur le vif (alors qu'il ignore sans doute l'artiste d'Ornans) quand il fait se ren-contrer le « bonjour » du bonhomme et le sien[26]. Court moment de reconnaissance sur les sentiers du littoral, les corbières, en dehors de l'humaine piste. La caricature peu à peu force les traits. Une voix de rogomme nous parvient, modelée par l'eau-de-vie et macérée au jus de chique. Tristan n'oublie pas le lieu d'observation où lui-même tant de fois s'est assis, contemplateur d'horizon. Un « petit corps de garde », une « vedette » pour solitaire, avec vue sur le monde sauvage, les écueils, les mouettes et les contrevenants. Un site de méditation sans en

avoir l'air où il a regardé, où il a pensé à la vie sans cause et sans suite.
Quant à l'autre, plus simple, du haut de cette guérite, il s'est contenté de
donner libre essor à ses chimères personnelles, qui ne volent pas très
haut : « des galons de brigadier ».

> « Puis un petit coup de blague
> Doux comme un demi-sommeil…
> Et puis bâiller à la vague,
> Philosopher au soleil… »

Le coup-de-blague est tout bonnement un trait de génie. Tristan res-
serre les mailles du vocabulaire, démontre par l'homonymie. La poche
à tabac, où le fumeur puise pour bourrer sa pipe, de littérale devient
métaphorique. Il s'y trouve des brins de bons mots pour se ragaillardir.
Très simplement Corbière passe d'une signification à l'autre, tout
comme il nous introduit à son étrange philosophie – exemple de sagesse
qui lézarde, toutes angoisses évacuées. Un peu plus loin, le langage
s'exalte, une idée en appelle une autre, les mots organisent une délectable panacée. Corbière sait orchestrer de pareils moments que d'autres
continuaient de décerner à l'inspiration – puisque l'on admettait encore
ce souffle d'En Haut ou l'horripilation du *furor* poétique. À dire vrai, il
raffole atteindre cette limite où les significations se superposant
concourent à une sorte d'éloge insolite, comme ceux du *Laus pediculis*
(le pou de Lautréamont) ou, plus honorable, du chanvre pantagruelien
chez Rabelais[27]. Le douanier, à peine perceptible dans sa cahute, devient
une totalité, la clef universelle. Tristan a besoin de tels maîtres *in partibus* – non de ceux au savoir reconnu et adulés par tous, mais des laissés
pour compte, des littoraux, des amphibies :

> « Tout se trouvait en toi, bonne femme cynique :
> Brantôme, Anacréon, Barême et le Portique ;
> Homère-troubadour, vieille Muse qui chique !
> Poète trop senti pour être poétique !….
> Tout : sorcier, sage-femme et briquet phosphorique,
> Rose-des-vents, sacré gui, lierre bachique,
> Thermomètre à l'alcool, coucou droit à musique,
> Oracle, écho, docteur, almanach, empirique,
> Curé voltairien, huître politique…
> […]
> Tu connaissais Phoebé, Phoebus et les marées
> Les amarres d'amour […] »

Le douanier est un « vrai poème » – comme l'on dit pour désigner une
chose extravagante. Un « bateau ivre », en somme. Il renferme en lui un

impressionnant bazar, à lui seul mine et gisement de connaissances controuvées, réceptacle des on-dit, des vagues superstitions et des savoirs populaires, paroles entrechoquées, racontards et sciences parallèles, mettant de la magie là où languit le quotidien. Tristan, bon public, s'étonne et, à son tour, produit de l'émerveillement. De ce douanier, auquel il prête la main le cas échéant pour parfaire ses écritures et procès-verbaux, il s'affuble en disciple traversant avec célérité des restes de sagesse admises en Occident, faisant s'entrechoquer les incompatibles. Anacréon, Barême, les histoires grivoises et les comptes d'apothicaire ou le montant des amendes pour ceux qu'il a saisis. Plus que de Hugo, de Lamartine ou de Musset, Corbière a tiré des propos du bonhomme une leçon farouche, contradictoire, des formules à la diable, des bribes de maximes et des contes à dormir debout. Sa poésie en procède, bien que savante, mixte, maniant le truisme et le démaillant, n'ayant nul égard pour la beauté.

Bellec, Coulloch, le gabelou Menut, Le Gad forment une fameuse escouade d'irréguliers sous la gouverne implicite du capitaine Corbière (Tristan), à l'enseigne de son pavillon qui bande à la gueule sur fond d'arlequin.

À Morlaix, Monsieur Corbière père vient d'être élu président de la Chambre de Commerce et ne méprise pas les honneurs. L'écrivain qu'il fut s'est endormi à l'ombre de tels lauriers administratifs. Quant aux espoirs qu'il met en Tristan poète, il ne faut pas trop y croire. Les « monologues maritimes » du susdit valent au récitant un succès d'estime devant une audience familiale acquise à sa cause – laquelle se réduit à une petite revendication d'exister en tant que divertisseur et quasi « fou » avec marotte pour l'heur de négociants vivant dans l'opulence. Cependant le drôle continue ses farces dans les rues de Roscoff, escorté d'un chien plus ou moins supportable, un barbet frisotté, un Terre-Neuve, maîtres cyniques ceux-là, par définition de la « secte » du Chien, comme Diogène. Le maire Léopold Deschamps s'impatiente parfois devant les agissements de ce « long flâneur, sec, pâle » et, pour mettre bon ordre au mouvement des roquets du port, décrète que l'on va établir une matrice de leurs rôles[28]. Ainsi enregistrés ils ne sauraient nuire. En outre, ces invétérés salisseurs de trottoirs devront être tenus en laisse. À quoi Tristan réplique par l'une de ses meilleures facéties, puisqu'il promène son Bob, son Pope ou son Tristan à l'aide d'une ficelle de plusieurs dizaines de mètres[29] permettant à l'animal de vastes pérégrinations loin de son maître et laissant à ras sol les sinuosités d'une corde dangereuse pour les passants qui risquent à chaque instant de s'y prendre les pieds. Comportement à la Corbière. Preuve manifeste d'humour devant laquelle se ratatinent les imbéciles et leurs raisons logiques.

Écoutons-le maintenant parler à son bâtard, comme Schopenhauer à son coker *Atman* (le principe de l'âme en sanskrit) qui le consolait de l'ingrate humanité.

Allons ! Tristan ! Bon chien sans race,
Croisé de guigne et de dégoût,
Donne ta chaîne et prends ma place :
J'aboierai contre les matous !

Sans rancune... contre les chattes !
– Face de femme... ongles de fer !
– À nous ! Madame ! – Eh, bas les pattes,
Cher Monsieur ! – Démon de l'enfer !

Nous sommes nés à même enseigne :
« Au Mois-noir », un jour d'ouragan...
– Plaignons ! Les Pauvres, qu'on les plaigne !
Plaindre le Pauvre est élégant...

– Comment dormir ? – Eh ! dans ta niche...
– Une niche pour chaque chien !
En Saint Joseph, mon pied-de-biche
Éloignera tous les mâtins !

– Mais, c'est très mal... Vous êtes homme ?
– Bah ! – Non ! – comme toi j'ai des poux !
Chien de bohème plus en somme
Chien par ma chienne que vous tous !

Un pas de côté, c'est la chute !
Respectez l'ordre des humains...
– Non ! j'ai déjà fait la culbute
Tiens ! prends ma patte avec ta main !

« Ah ! frappe-toi le cœur... » – Du vide...
Mon cœur est un tonneau percé,
Crevé... – Tonneau des Danaïdes
Pourri, même pas à brûler...

Allons, Tristan, donne ta chaîne...
– La chaîne, c'est la Liberté !
Lever la patte au pied d'un chêne :
Elle viendra me caresser...[30]

À l'égard de l'« Ankou » brillant par son esprit corrosif prononce-t-on le mot d'anarchiste ? L'heure n'y était pas encore, et Corbière, quand viendra la Commune, songera plutôt à mettre à exécution ses premiers exercices érotiques d'envergure.

Le 29 février 1868 – une date à retenir – meurt Lamartine, le grand poète national, assurément détrôné maintenant par l'exilé de Guernesey. Toute la France verse une larme sur l'illustre cygne, lui-même lacrymatoire[31], à bien croire l'insolent Tristan. Corbière n'en avait pas fini avec ce grand homme, l'une de ses durables hantises, l'exemple même d'une fausse poésie faisandée d'idéalisme. La nouvelle l'atteint peut-être sans qu'il en éprouve la moindre émotion, à l'heure même où le 4 mars avaient lieu les obsèques à Saint-Point.

Le printemps s'annonce, si délicieux en Bretagne, ajoncs et bruyères en fleurs. Les jours plus longs, où Tristan retrouve le douanier fécond en vagues tirades philosophiques (ah ! l'Empire ! l'avenir de l'Empire !), et ses amis les pêcheurs qui vont poser leurs casiers à homards et langoustes, leurs filets où se prennent bars, lieus et rougets. Quotidiennement il ramène sa pêche. Le soir il bavarde chez Le Gad, jusqu'à la fermeture, ou se promène vers le Vile, sous la lune – une manie un rien mélancolique. Puis il rentre, fume une nouvelle pipe, joue de la vielle, chante tard dans la nuit. Marie, qui couche à l'étage, est habituée à ses complaintes. Bientôt reviendront les peintres, surtout Jean-Louis Hamon, comme le lui a annoncé Michel Bouquet. Un voyage en Italie se prépare, dont il pourrait faire partie. Il n'ose y croire. Quitter la Bretagne ? Pourquoi pas, bien que l'attache à ce sol une fibre imaginaire. Quoi qu'il arrive il ne pourra se déprendre de cette mer, de ces landes, des maisons grises et d'une manière de pauvreté qui lui paraît vieille comme le monde, à l'origine du monde même, comme le granit des oratoires.

Sur le port, à l'arrivée de l'été, il lui semble remarquer un peu plus d'agitation que de coutume. Des touristes ou curistes plus nombreux. Et les artistes, habitués désormais, parmi lesquels il salue Lafenestre, Dufour et Louis Noir, de son vrai nom Louis Salmon, plus connu pour ses romans d'aventures. Tristan les prend à bord de son *Négrier*. Les soirées chez Le Gad s'achèvent tard. Dans sa tenue habituelle, il leur récite quelques poèmes bien « sentis ». Eux-mêmes racontent des histoires de Barbizon et de la forêt de Fontainebleau. Pourquoi le Roscovite ne les accompagnerait-il pas pour une saison ? Il peindrait. Mais le paysage n'est pas son fort. Alors, quelque trogne rustique à la Courbet, ces journaliers qui se font engager pour les moissons ? Il montrerait ses vers aussi, les proposerait aux revues. On parle beaucoup des Parnassiens, la nouvelle école de chez Alphonse Lemerre, passage Choiseul. Sans doute l'un des rapins du groupe a emporté quelques livres pour le Breton, le Léonois. Un Baudelaire ? Ce serait trop beau. Rien n'est impossible. Un Théodore de Banville, plutôt, ses *Odelettes* ou ses *Odes funambulesques*. *Les Amours jaunes*, quatre ans plus tard, seront publiés comme si Tristan n'avait rien lu de tout cela, comme s'il avait négligé cette corne d'abondance. Pas assez de goudron pour son goût. Pas assez de stout. Des idylles et des « minutes heureuses ». Une fantaisie qu'il ne comprend pas encore.

Chaque année apporte son lot de surprises. Cette fois, après le naufrage du *Wilfred*, les Roscovites sont mieux servis. On annonce, en effet, la venue d'Alexandre Dumas[32], le grand, le vrai, celui des *Trois Mousquetaires* lus dans toute la France et au-delà. Il est descendu à Morlaix à l'*Hôtel de Provence* où, malgré sa santé défaillante, il fait de folles dépenses en repas plantureux. L'homme est âgé, maintenant. Soixante-sept ans. Et malade. Ce qui ne l'empêche pas d'écrire encore, ni de voyager. Sur les conseils de ses médecins il fréquente les stations balnéaires, en espérant que l'air marin pourra rétablir sa santé. En 1867 il a séjourné deux mois à Trouville. L'année suivante, il s'est rendu au Havre avec la fantasque Nina de Callias pour une exposition dont il a rendu compte dans les colonnes du *Petit Journal*. Cette année, conseillé par le docteur Piotty, il a décidé de venir dans le Finistère pour y trouver « solitude, bon marché à vivre et tranquillité », comme il l'expliquera dans une lettre à Jules Janin placée en tête de son *Grand Dictionnaire de cuisine*[33].

À Morlaix il semblerait que Dumas se soit attendu à rencontrer Édouard Corbière. Les deux hommes, en effet, s'étaient connus autrefois, à Paris sans doute, au Havre plus certainement, quand Édouard tenait la barre du fameux *Journal du Havre* et assez régulièrement y publiait des écrivains maritimes. Dumas ne lui avait rien confié de ce genre, mais avait poussé dans ce domaine quelques reconnaissances talentueuses, comme son *Capitaine Pamphile*[34]. Édouard – il s'en souvenait – était un homme de bonne compagnie, dispensateur de nombre d'anecdotes et qui, le cas échéant, lui servirait de cicerone. Or il apprend que la famille Corbière est partie passer les vacances d'été à Roscoff. Sans plus s'attarder, il gagne cette localité avec toute sa smala portative : son secrétaire (Victor Leclerc ou Adolphe Goujon), sa cuisinière Marie et sa bonne Nathalie, deux femmes en tout dévouées dont il se partage les faveurs.

L'arrivée de l'auteur du *Comte de Monte-Cristo* à Roscoff fait sensation chez les habitants, plus accoutumés à des célébrités de seconde catégorie. Dumas et Édouard se retrouvent avec effusions. Alexandre sympathise avec Drouet et Bouquet. Tristan sans nul doute appartient au petit groupe de ceux qu'il fréquentera durant sa longue villégiature – de la fin juillet à septembre. On ignore, en revanche, si les Hamon, Dufour, Lafenestre devinrent ses familiers. Édouard, en l'occurrence, prouve son remarquable sens pratique lorsqu'il déniche pour le grand homme un logement tout à sa mesure – cinq chambres et une cuisine au premier étage dans une maison de la Rue de la Rive que loue Jean-Louis L'Hostis le boulanger. Dumas s'installe, reçoit si besoin est, rédige son fameux *Dictionnaire de cuisine* commencé depuis longtemps : plus de trois mille recettes dont on peut encore apprécier aujourd'hui l'excellence. À ce formidable mangeur il faut une alimentation conséquente et choisie. Insatisfait d'abord, il peste contre « les artichauts durs comme des boulets, les haricots verts pleins d'eau, l'absence complète de beurre frais », jusqu'au jour où ses nombreux admirateurs lui apportent, tout vifs sortis de leurs filets ou de leurs casiers, homards, maquereaux, raies, soles, aigrefins. La postière, lectrice de *Vingt ans après*, lui présente un bar magnifique. À ce compte sa vie prend une autre tournure, même si sa santé, peu ménagée par ces agapes, se détériore. Une bonne partie de la journée, il dicte son *Dictionnaire*, pour lequel il a passé un contrat avec Lemerre, l'éditeur des Parnassiens. Quant aux promenades sur le port, il n'y songe guère, empêché qu'il est par son obésité et son impotence. Avec un plaisir non dissimulé il accepte les invitations nombreuses de Bouquet, Drouet et Corbière. Ce dernier surtout aime à recevoir à sa table ce fabuleux commensal dont les souvenirs embrassent trente années tumultueuses : le romantisme, la Révolution de Juillet, les belles heures de navigation sur le *Speronare* et l'univers quasi inépuisable de ses fictions historiques. Tristan, maigre comme un fil, écoute le redondant personnage étonnamment sphérique. Il pense à l'autre, au fils, le créateur d'une *Dame aux camélias* dont les jeunes gens de l'époque évoquent le drame et convoitent la joliesse. Ce Dumas père, à dire vrai, n'est plus que l'ombre de lui-même, et les mots se pressent dans sa bouche qui ne les articule qu'avec peine. Tour à tour fasciné et déçu, Tristan constate la dégradation physique d'un grand écrivain. Secrètement il souhaite ne jamais devenir cet auguste déchet. Autant mourir jeune. Il n'envisage pas d'autre fin pour lui, loin d'une gloire empoisonnée qui, de toute façon, ne survient que lorsqu'il est trop tard. On n'assurera pas que pour le dessert il ait récité l'un de ses poèmes, qu'il déclamait, en revanche, sans se faire prier, chez Le Gad, le bon cabaretier.

Plutôt que de se repaître des interminables repas au cours desquels il est tenu d'*assister* à Dumas, tout en savourant un gibier fin fourni par le meilleur braconnier du canton, il profite une fois encore du *Négrier*, tire des bords, dépasse Batz, savoure la pleine mer. Près de lui, Ludo, venu pour les vacances, ou Aimé, ou Laferrière, eux aussi bons naviga- teurs sachant prendre la vague et le vent, rire à travers les embruns et se moquent de l'impayable Alexandre pachydermique, alors qu'eux- mêmes forment, pour une journée, des mousquetaires de la mer et – ce qu'ils proclament à cor et à cri – l'insolente jeunesse. *Le Négrier* cependant, l'autre moitié de Tristan, va être vendu. On ignore pour quelle raison. Le cotre tiendra jusqu'à la fin de l'été. Puis quelqu'un d'autre achètera le fringant navire – Cermak, en l'occurrence, qui s'est porté acquéreur. Édouard père voulait-il affirmer son autorité, sermon- ner à sa manière les espiègleries du fils ? On hésite à le charger d'une pareille intention. À preuve : d'autres embarcations remplaceront le cotre bien-aimé pour lequel Tristan montrera son regret, comme s'il perdait l'un de ses biens les plus intimes, une de ses propriétés les plus chères, à l'égal du chien Pope ou de la jument Souris. Le poème[35] trouve les accents que l'on aurait pour une maîtresse partie, en rappe- lant des moments de plaisir et d'étreinte. Le nouveau propriétaire se voit malmené (quoique non nommé), « pied plat », voire « noceur per- ruquier » (ce que n'était pas Cermak) emportant à son bord des dames vite sujettes au mal de mer :

> « Va sans moi, sans ton âme ;
> Et saille de l'avant !….
> Plus ne battra ma flamme
> Qui chicanait le vent. »

Tristan est environné de ses insignes comme un Chevalier à la Triste Figure. Et sa « flamme », autrement dit son drapeau, arbore vaillam- ment ses couleurs – cette façon de « chicaner le vent » citant une fois encore, et par cruelle ironie, *Le Négrier* paternel.

Notes

1. Voir le *TC*, 1925, de R. Martineau (p. 55) : « Il transporte son canot dans le salon et dans le canot il fait son lit. » et la préface de Charles Le Goffic pour la réédition des *Amours jaunes* (p. III) : « Tristan Corbière prenait possession du salon et y remisait son canot, dont il faisait son lit. » Signalons, au passage, qu'il existait alors des lits dits « bateaux ». J'en ai encore l'usage, si je le souhaite, dans ma maison normande. Mon grand-père qui ne le désignait pas autrement n'avait pas pour autant un « canot » dans sa chambre.

2. Par ailleurs, M. Alain Bodros, descendant du docteur Bodros, conserve un étrange lit bateau – sculpté selon l'idée de Tristan et l'on peut en voir la photo dans l'article « Tristan tous genres » de Benoît Houzé (*L'Œil bleu*, juin 2010, p. 6-7).

3. Voir *La Mer et les marins*, quatrième partie « Mœurs des gens de mer », chapitre X : « Mais à présent, il n'y a plus moyen, depuis qu'on nous donne des *matelas* pour des *matelots* [...] ».

4. Martineau (*TC*, p. 56) parle d'un vieux sous-officier retraité de la marine de guerre, le père Bellec ». On trouve à Roscoff, en 1872, habitant rue du Quai un Charles Bellec, marin retraité, âgé de 57 ans et, mort en 1888, un Gaspard Bellec, 1er maître de manœuvre en retraite qui, malgré le prénom différent, pourrait être le même que le précédent.

5. Ce répertoire m'a été communiqué par son descendant, M. Borgnis-Desbordes.

6. J'ai pu consulter ce livre chez Mme June Vacher-Corbière.

7. Voir la lettre à Christine de novembre 1870 (chapitre XII) où Tristan mentionne le personnage de Véronique Graslin.

8. « C'est la colère qui fait le vers. »

9. Voir *Jacques Vaché et le groupe de Nantes* par Michel Carassou, éd. Jean Michel Place, 1986.

10. Alexandre Schanne, *Souvenirs de Schaunard*, Charpentier, 1886.

11. « Discours sur la chanson en France de 1860 à 1914 : état des lieux d'une recherche », article d'Anna Auzeméry dans *Les Frontières improbables de la chanson*, Recherches valenciennoises, n° 8, PU de Valenciennes, 2001.

12. Voir le très stimulant mémoire de maîtrise (Université de Brest, 1973) de René Lavanan, « Tristan Corbière et la chanson populaire », 120 p.

13. Brochure publiée à Morlaix chez J. Haslé, en 1866.

14. Expression de Baudelaire dans son poème en prose « Le galant tireur », pièce XLIII du *Spleen de Paris* « [...] quelques balles pour *tuer* le Temps. Tuer ce monstre-là, n'est-ce pas l'occupation la plus ordinaire et la plus légitime de chacun ? »

15. Collection Bodros. Il est daté du 31 octobre 1867 et fut publié dans *Le Nouvel Avenir*, journal morlaisien, du 1er février 1915.

16. Poème « Après la pluie » dans la section des *Amours jaunes* portant ce titre. Y sont mentionnées, personnages célèbres de fictions ou clandestines rencontres, Zoé, Nadjedja, Jane, la marquise d'Amaëgui, Frétillon, dona Sabine, Aloïse et Juliette.

17. Voir Jean Vacher-Corbière, *Portrait de famille*, p. 43. Parlant du trio, il écrit : « Leurs marottes étaient la chasse, la pêche et les oaristys. » « Oaristys » désigne un entretien galant dans l'ancienne poésie grecque. On se souvient du vers des *Poèmes saturniens* (1866) de Verlaine « Ah ! Les oaristys ! Les premières maîtresses ! »

18. C'est l'escapade des jeunes Frédéric Moreau et Deslauriers « chez la Turque » évoquée à la fin du dernier chapitre de *L'Éducation sentimentale*.

19. Je parodie ici le style médiéval à la Villon. Comprendre « dans les bordeaux », soit, les bordels.

20. L'expression est citée p. XXI par Le Goffic dans sa préface pour *Les Amours jaunes*.

21. On lit aussi dans les *Poèmes et chants de marin* (1861) de La Landelle un poème intitulé « La Lettre du novice » :

     « L'encre au bec, farces dans le coin,

      Je file comme un côtre ;

> Plus de soin, je n'ai plus besoin
> De la plume d'un autre
> Pour vous envoyer gentiment
> Mon sentiment,
> À mon goût l'alignant en rang
> Sur papier blanc. »

22. Information donnée dans le livre TC, *La Métamorphose du crapaud*, p. 41.

23. Place de l'Église, je note dans le recensement de 1866, un Serré, chef-brigadier des douanes en retraite, âgé de 65 ans (dont le fils est recteur de Roscoff). Mais le douanier de Corbière n'est précisément pas encore brigadier. Habitant une maison de cette même place, je relève « Pierre Prujent, douanier, retraité, 52 ans ». Nommons encore un Menut, sous-brigadier des douanes, retraité, mort à 58 ans en 1872 et un Castel Jean, sous-brigadier des douanes, retraité, mort à 58 ans en 1874. Les préposés aux douanes, douaniers, brigadiers et sous-brigadiers abondent dans la localité.

24. « Le Douanier », tel qu'il est publié dans *Les Amours jaunes*, section « Gens de mer », est ainsi présenté :

> « élégie de corps-de-garde
> à la mémoire des douaniers
> gardes-côtes mis à la retraite
> le 30 novembre 1869 »

Il comporte 97 vers et s'accompagne de la précision « Roscoff – novembre ».

Pierre-Olivier Walzer dans son édition de Corbière de la Bibliothèque de la Pléiade signale deux autres versions : l'une, en pré-publication, et sous le titre, « Le Garde-côtes » dans *La Vie parisienne* du 23 août 1873 (voir chapitre XV) ; elle donne les strophes deux à neuf du poème publié, l'autre ayant appartenu au docteur Bodros (voir Pléiade, p. 1354-1355) et présentée auparavant par Ida Levi dans « New Light on Tristan Corbière », *French Studies*, juillet 1951. L'exemplaire personnel des *Amours jaunes* de Corbière porte aussi un certain nombre de corrections (voir Pléiade, p. 1355-1356). Enfin – et sans doute est-ce la version la plus ancienne – une partie de ce poème (début) figure dans l'Album Louis Noir (voir chapitre X) avec le titre « Le douanier de mer » et la précision « oraison funèbre élégico-corps de garde, sur la suppression d'une partie du personnel douanier ».

25. Voir le poème de Rimbaud « Les Douaniers » de 1871.

26. Voir le célèbre tableau de Gustave Courbet, « La Rencontre, ou Bonjour, M. Courbet », 129 × 149, exposé en 1855.

27. Lautréamont, chant II, strophe 9 ; Rabelais, *Tiers Livre*, chapitre XLIX et s.

28. Marthe Le Clech et François Yven dans leur livre *La Métamorphose du crapaud*, ouvr. cit., signale p. 42 un arrêté du 15 juillet 1858 qui interdisait la divagation des chiens sur la voie publique ; ils doivent être tenus en laisse et muselés. Le 21 février 1869 parmi les dépenses de la commune se lit une indemnité allouée au percepteur pour confection de la matrice du rôle des chiens.

29. Voir R. Martineau, *TC*, 1925, p. 52 : « Un édit municipal ayant prescrit que les chiens devaient être tenus en laisse, sans délimiter la longueur de la ficelle, Tristan-poète fit don à Tristan-chien d'une laisse de trente-cinq mètres de longueur [...] ».

30. Poème non repris dans *Les Amours jaunes* et publié par Micha Grin dans *Cahiers pour l'art*, n° 11, mars-avril 1950, p. 10-13. Micha Grin ne s'est pas servi de l'original, mais d'une copie du texte faite par un « amateur de Corbière ».

31. Dans « Un jeune qui s'en va », poème des *Amours jaunes*.

32. Voir de Daniel Zimmermann, *Alexandre Dumas le grand*, Phébus, 2002, p. 651-653, de Gabriel Ferry, *Les Dernières années d'Alexandre Dumas, 1864-1870*, Calmann-Lévy, 1883 et les articles de Charles Chassé, « Alexandre Dumas et la Bretagne », *Bretagne*, n° 137, juin 1936, et de G.M. Thomas, « Alexandre Dumas à Roscoff », *Cahiers de l'Iroise*, 1978, p. 59-62.

33. *Grand dictionnaire de la cuisine*, A. Lemerre, 1872.

34. *Le Capitaine Pamphile*, Dumont, 1839.

35. Poème « À mon cotre *Le Négrier* / Vendu sur l'air de « Adieu mon beau Navire !... », poème situé et daté *in fine* « Roscoff. – Août » On relève cette expression dans le chapitre II du *Négrier*, ligne précédant l'Histoire du Petit-Jacques : « Attention à gouverner en route, et ne nous amusons pas à chicaner le vent. »

L'air de « Adieu, mon beau navire » vient de l'opéra-comique de Hippolyte Monpou, *Les deux reines*, comme le rappellera Léon Durocher dans sa conférence sur Tristan prononcée le 1er octobre 1913, jour de l'inauguration du médaillon, Édouard et Tristan, sculpté par Bourdelle. *Devant Bourdelle*, Bibliothèque du *Fureteur breton*, 1913, p. 6.

X

L'Album Louis Noir

L'été de 1869 est vécu par Tristan selon un temps personnel qui reste à réinventer, avec le souhait secret que l'imagination rejoigne ce qui fut le train de sa vie ordinaire. Aux indices connus doit s'ajouter l'intuition. Nous en voudra-t-on de pénétrer une fois de plus dans le domaine du probable ?

Les agapes avec l'intempérant Alexandre Dumas prouvent assez qu'Édouard le père s'était établi pour la saison estivale à Roscoff avec – n'en doutons pas – son aimable Aspasie, la docile Lucie et le turbulent « Monmon ». Les cadets supportent les excentricités de leur grand frère sur lesquelles complaisamment les parents ferment les yeux. Il n'est pas dit, du reste, que Tristan se soit épanché en abondantes pitreries et – je ne cesserai de le répéter – Édouard, l'auteur du *Négrier*, était parfaitement à même de le comprendre et de voir en ce fils non pas un incurable rebelle, mais une personnalité insolite, comme il en avait tant rencontré au cours de sa vie d'aventurier. Que Tristan ait du mal à trouver sa voie, personne n'en disconvient autour de lui, et sans doute les oncles montrent à son égard quelque scepticisme mâtiné d'un discret apitoiement. Il n'en demeure pas moins qu'ils devaient reconnaître à ce bizarre énergumène une originalité face à laquelle ils ne se sentaient pas tenu de réagir par de morales réprobations.

Tristan continue de fréquenter le milieu artiste, aussi bien les Bouquet et Drouet que les Lafenestre et Dufour. Sont-ils tous au rendez-vous de l'été ? On ne saurait en avoir les preuves les plus convaincantes. On avancera, du moins, que, selon de fortes chances, ils étaient bien là, fidèles à leur poste de rapins, parcourant les landes, dessinant les chapelles ou, qui plus est, s'offrant quelque « morceau de mer » avec récifs et vagues, vols de mouettes et barques de pêcheur. Les discussions chez

Le Gad prolongent les journées d'étude sur le motif. Cédant à leurs habitudes invétérées, ils proposent à l'hôtelier d'orner quelques parois de son local, murs ou portes, de compositions de leur cru – comme ils en avaient l'habitude à l'auberge Ganne de Barbizon. Et Le Gad sans trop se faire prier, cède à leurs fantaisies. Il en résulte des figures typiques : marins en bordées et paysannes du coin, dont plusieurs panneaux reçoivent les silhouettes grotesques souvent parées de couleurs indigestes, à la hauteur de ces êtres de bambochades enveloppés par la fumée des pipes, environnés d'enfants et d'animaux de basse-cour. Par on ne sait quel miracle certaines de ces images sont parvenues jusqu'à nous. En l'absence de signature, il n'est pas toujours aisé de repérer la « griffe » de Corbière, tant ses compères fédéraient leur inspiration pour des représentations bachiques, où tout leur génie s'efforçait de répondre à la liesse du lieu.

Voici donc « une vieille dame à la quenouille »[1], huile sur bois de 160 × 47 que l'on pourrait attribuer à Tristan, un chien (87 × 48) qui revient à Lafenestre[2], ainsi qu'une huile, « Pépé et son caillou (bonne/bise)[3] », dédiée très précisément à son « ami Corbière » et datée de « juin 1869 ». De Tristan maintenant un fabuleux « Vieux marin » emplissant tout un panneau[4], qui fut peut-être celui d'une armoire et qui longtemps appartint à René Martineau, le premier biographe de Tristan, avant de passer dans la collection du surréaliste Georges Hugnet. On y retrouve bien la manière corbiéresque. Un homme épais est assis sur un escabeau. Il est vêtu d'un large pantalon et d'une ample chemise blanche aux manches bouffantes. Il est présenté sous son profil gauche. Barbe touffue retroussée au menton, nez camus à la Socrate ou à la Verlaine, œil où pointe la tache blanche de l'ivresse alcoolique qui rêve, galurin innommable. D'une main, il tient un verre effilé, de l'autre une longue pipe hollandaise, comme Tristan affectait d'en serrer à ses lèvres. La fumée du fourneau laisse échapper (prémonition des fiumetti des bandes dessinées) des volutes où les arabesques fuligineuses dessinent un visible « Corbière ». Le Corbière peintre s'est donc exprimé ainsi. Sur ce bois, à défaut d'orner de fresques durables des monuments immortels, il n'a pas dérogé aux sujets qu'il aimait, Téniers ou Van Ostaede à sa manière, peu désireux de pérenniser des scènes plus remarquables. Celles de l'ivresse et du dégueulis lui conviennent. Il leur donne son discret assentiment et ne répugne pas à les perpétuer, quitte à ce que l'on en fasse par la suite les parois d'un clapier pour lapins léonois.

De lui encore ne dénichera-t-on pas sur la porte d'accès à la cour du café de l'Hôtel de Bretagne (ancien relais de poste) à Plouaret une autre scène remarquable[5], où sont assemblés des buveurs, l'un affalé au sol, l'autre debout, dos tourné, vomissant tout son soûl, l'autre coiffé d'un haut-de-forme en accordéon et bâillant, tandis qu'à ses côtés une bonne femme à coiffe attend que l'on tire du vin ou du cidre d'un tonneau proche. Un verrat, au premier plan, prend, tout gras qu'il soit, proportion d'allégorie pour ces ripailles et soulographies. Le traitement des personnages échappe cependant au tracé plus subtil et plus ironique qui est coutumièrement celui de Tristan. Un soupçon de doute empêche que lui soit attribuée cette œuvre qui, si elle ne lui revient pas, émane cependant, selon toute vraisemblance, de son entourage. De même exécution encore, une grande huile sur bois (161 × 50), un « Jeune garçon à la pipe sur la plage », signée et portant la dédicace « à Mr H. Le Gad, amicalement[6] ». L'auteur de cette œuvre ne serait autre que Louis Noir, dont le nom, célèbre en son temps, ne dit plus rien à personne aujourd'hui, excepté à quelques rares amateurs. On ne le savait pas peintre, au demeurant, bien qu'il habitât, comme nous le verrons, à la lisière de la forêt de Fontainebleau… Si Louis Noir, pseudonyme de Louis Étienne Salmon[7], a quelque célébrité (fort réduite) de nos jours, c'est en raison d'une référence lisible dans l'œuvre de Lautréamont. En effet, la curieuse expression, le « corsaire aux cheveux d'or » qui qualifie le héros des *Chants de Maldoror*, a intrigué plus d'un commentateur jusqu'à ce que l'on découvre que l'un des romans de Louis Noir portait ce titre. Ce fut précisément durant la période qui va de décembre 1868 jusqu'au 19 mai 1869, que cette histoire avait paru une première fois dans *Le Conteur* au fil de livraisons régulières, et considérer que Tristan la lut ne relève pas d'une supposition extravagante, encore qu'un tel texte ne dût avoir aucune incidence sur ses poèmes. De toute façon, il est bien certain qu'il connut Louis Noir dans ces années, même si les témoignages manquent de précisions. Faute de détails concernant de plus près la vie du romancier, on ne repère pas avec exactitude les moments où il vint à Roscoff. Mais deux preuves irrécusables témoignent de sa présence en ces lieux : le panneau décrit plus haut et l'existence d'un document assurément des plus rares, concernant l'art et la manière de Tristan.

Venu à ce point de notre exposé biographique, il paraît opportun de parler, pour l'éventuelle surprise des lecteurs, de l'album Louis Noir. Les quelques éditeurs de Corbière ont, en effet, assez vite repéré les brouillons qui entouraient la réalité matérielle des *Amours jaunes*. La résurgence d'un ensemble de textes, pour la plupart inédits, mit à jour quelques doublets de certains poèmes du livre.

En 1912, lors du Festival Tristan Corbière à Morlaix, Charles Le Goffic lut des extraits d'un manuscrit qui lui avait été confié[8] et que, par la suite, en 1929, il mentionna, en précisant qu'il en avait eu la communication par un artiste distingué, Ernest Noir (en réalité Robert Noir), « fils du romancier Louis Noir, qui fut un des amis de Tristan à Roscoff et qui hérita d'un des précieux albums où le fantasque auteur des *Amours jaunes* jetait pêle-mêle des notes, des impressions et des croquis[9] ». Le Goffic se prit alors à regretter que Robert Noir fasse encore attendre pour que soient révélées les pièces « celées dans son précieux mais trop discret album ». Il ajoutait : « je suppose que cet album est le même que celui que j'ai eu naguère entre les mains et qui contenait un grand nombre de dessins aquarellés, plus, si j'ai bonne mémoire, les autographes de plusieurs poèmes des *Amours jaunes*. Je n'ai pu, en effet, que feuilleter ce précieux document ; il appartenait à la veuve du peintre Louis Noir et m'avait été communiqué par Pierre Stevens, en même temps que le manuscrit des *Bons Chiens* de Baudelaire. Mais Pierre Stevens, le fils de Joseph Stevens, périt peu après dans un accident de voiture, et Marcel Bouteron, son ami, à qui j'avais dû cette communication trop rapide, m'a déclaré avoir perdu toute trace du détenteur de l'album et, par conséquent, de la propriétaire de celui-ci. »

Il convenait – je pense – de rappeler ces antécédents pour justifier, à l'instant où nous sommes de ce parcours, la nécessité de le suspendre momentanément, pour céder place à une première description d'un tel document. Si je juge bon de procéder ainsi, c'est en raison de plusieurs éléments qui permettent de suggérer que les poèmes de l'Album Noir ont été composés durant une période antérieure au voyage de Tristan à Capri, c'est-à-dire avant décembre 1869. Une lettre adressée par Robert Noir en 1913 à Madame Levacher-Corbière atteste l'heureuse relation qui exista entre les deux hommes :

« Corbière et mon père s'étaient connus à Roscoff bien avant 1870. Ils se virent à Paris et ici-même, à Bois-le-Roi […] Jusqu'à la fin, ils restèrent liés par une vive et sincère amitié ; l'album est un témoignage de cette amitié, et mon père l'a religieusement conservé comme une touchante relique de son ami disparu, comme un souvenir aussi du Roscoff d'autrefois. Il y a là, à chaque page, de vieux marins, de pittoresques paysans et mendiants bretons, admirables de caractère et de vérité[10] […]. »

Comme l'indiquait déjà Le Goffic en 1929, l'album semblait avoir disparu. Or Micha Grin, l'un des biographes de Tristan, note : « Jusqu'en 1931, la trace de l'album se perd quand, subitement, on la retrouve chez une dame Mary[11]. » C'est visiblement chez cette dame que René Martineau, autre biographe de Tristan, en établit la description dont nous allons nous servir plus loin. Il n'empêche qu'à nouveau fut perdue la trace du volatil objet, et seules les recherches d'André Cariou, conservateur du Musée de Quimper (et auparavant du Musée de Morlaix) parvinrent à en déterminer le possesseur avant la fin de la Deuxième Guerre mondiale[12]. Précision qui prend toute sa valeur quand on sait que l'homme en question n'était autre que le grand résistant Jean Moulin, ancien sous-préfet de Châteaulin qui avait rassemblé autour de la mémoire de Corbière une imposante collection et illustré un certain nombre de ses poèmes. L'exécution de Jean Moulin en 1943 entraîna les procédures inhérentes à son héritage, lesquelles conduisirent sur de fausses pistes les quelques chercheurs qui s'en préoccupèrent. À l'heure où j'écris, le jeune universitaire Benoît Houzé et moi-même avons enfin réussi à localiser l'Album, ce qui ne signifie pas qu'il nous sera communiqué à coup sûr. De là le premier état de rédaction de ce chapitre, appelé – je l'espère – à connaître des modifications et surtout à recevoir d'estimables précisions.

Dans la structure d'attente à laquelle nous sommes astreints, je dois me résigner encore à me reporter à la description ancienne établie par Martineau. Le seul gain précis des investigations narrées plus haut se réduit présentement à l'assurance que ce manuscrit exceptionnel n'a pas été égaré. Reste que nous ne savons pas encore dans quel état il se trouve ni si, au fil des années, certaines pages n'en ont pas été détachées (en vue d'une vente par unité qui nous aurait échappé). Seul un examen de ce qui reste comparé à ce qui a été collationné précédemment permettra de vérifier l'exactitude de la description – délicate – vu la variété des pièces (graphiques et scripturales) contenues dans l'album. Le support lui-même n'a pas fait l'objet d'un examen précis. On en ignore le format, bien qu'en dernière minute un renseignement nous soit parvenu nous assurant qu'il était rectangulaire et relativement grand – cette information ne valant évidemment pas celle qui indiquerait des mesures quantifiables. En tout état de cause, il ne m'est pas possible de prolonger là mes supputations en recensant mélancoliquement les bonnes chances que je peux avoir de feuilleter dans quelques mois ledit album Noir, à la fois proche et hors de portée (je trace ces lignes le 2 janvier 2010). S'il existe bien, sur ce point, un suspense romanesque, il n'est pas en mon pouvoir de le résoudre. Que le lecteur sache, du moins, que dans le *work in progress* que je lui présente, la découverte présumée pointe à l'horizon.

À revenir à l'essentiel après nous être aventuré dans ces coulisses dont on conviendra sans peine qu'elles valaient la peine d'être visitées on remarquera que, même limitée à ce qu'elle est actuellement, la liste établie par Martineau conduit à considérer (à reconsidérer) le travail, la « forgerie » de Tristan. Il nous est donné enfin d'explorer le laboratoire ou mieux l'ouvroir du poète, dont rien ne laissait prévoir la nature si particulière.

1. Le douanier de mer (dessin aquarellé) 3 p. de vers ; sur l'envers du 3ᵉ feuillet du douanier : un sonnet à Black, chien de femme légère.

2. Ce qu'on appelle une vieille culotte de peau (un dessin, texte 1 p.).

3. Aquarelle, vague et voilier 1 p.

4. Histoire de l'apothicaire Dasset (vers écrits à l'envers pour être lus dans une glace), 1 p.

5. Vous qui ronflez auprès, 1 p.

6. Orientale : le bain de mer de Mᵐᵉ X, vers, 1 p.

7. Petite poésie en vers passionnés de 12 pieds sur un air sensitive et sur Rosalba la véritable pomme d'amour aussi [ainsi ?] que de virginité du débit de tabac de St-Pierre Quilbigens, I aquarelle.

8. Les gendarmes, dessin, 1 p.

9. Le pilote *Tanguy* (aquarelle). Le capitaine de la goëlette Anna Elisabeth de Carnavon (dessin, plume) les deux en 1 p.

10. Le capitaine *Goulven* de la Marie Gratis (dessin aquarelle), 1 p.

11. Mes vieux jumeaux (dessin aquarelle et vers), 1 p.

12. Noémie (aquarelle, mer et voilier), 1 p.

13. Mon colonel, tu dois être content ! (dessin). *Mathurin*, matelot gabier (dessin), les deux en 1 p.

14. Étude académique d'un notaire au bagne de Brest (dessin), 1 p.

15. Femme de l'île de Calo (aquarelle), 1 p.

16. (Illisible) de clarinette (dessin), un quatrain : « Je voudrais être aveugle », 1 p.

17. Barcarolle des Kerlouans (aquarelle), 1 p.

18. Pauvre à Plougerneau (aquarelle), 1 p.

19. Je vais faire un sonnet, des vers en uniformes, 1 p.

20. 3 aquarelles en 1 p.

21. Portrait de Corbière (aquarelle, vers et épitaphe), 1 p.

22. Un vieux soldat qui mendie son pain (plume), 1 p.

23. À mon Roscoff (aquarelle et prose), 1 p.

24. Le curé en barque (aquarelle et vers), 1 p.

25. Le Payanotti (aquarelle et vers), 2 p. Sur l'envers d'une page, 1 pièce de vers intitulée : Aquarelle – Le matin.

26. Il y a des femmes qui se vendent à un mari... (prose), 1 p.

À l'intérieur de la couverture de l'album, 1 pièce de vers intitulée : Journal de bord.

Je l'ai dit, aujourd'hui j'en suis réduit à me fier à une liste dont les
termes employés restent approximatifs, comme il est aisé de le deviner
à partir de certaines notations ambiguës. Toujours est-il que l'ensemble
de ces pages semble avoir été contenu dans une couverture à propos de
laquelle Martineau donne *in fine* un détail. À l'intérieur de celle-là, qu'il
faut imaginer de matière plus rigide que les feuillets, serait inscrite une
pièce en vers : « Journal de bord ». Ce titre aurait-il aussi une valeur
générique ? En réalité, la succession des pièces n'implique pas – comme
nous allons le montrer – une chronologie, ni un développement thématique. Mais – ce qui nous importe aussi – elle ne mentionne pas de poèmes d'inspiration italienne ou parisienne. Un tel constat laisse envisager
leur relative ancienneté et un choix de sujets qui, bien sûr, apparaît
comme réduit par rapport à ceux dont traitent *Les Amours jaunes*. Les
analogies avec les sections « Armor » et « Gens de mer » sont manifestes et semblent prouver très matériellement que la souche des *Amours
jaunes* prend racine dans cette période, où Tristan n'avait qu'une faible
expérience de la vie que l'on menait à Paris et ne connaissait pas encore
l'Italie. Il ne s'y repère pas non plus de poème d'amour, la rencontre
avec Herminie n'ayant pas eu lieu. Tous ces raisonnements doivent être
tenus dès maintenant, au risque d'anticiper sur le déroulement de la vie
de Tristan. L'existence de l'« Album Noir » force à penser ainsi. En
l'absence de toute datation rapportée par Martineau, il convient d'estimer que l'ensemble recueille des poèmes antérieurs à 1870, même si,
selon toute vraisemblance, il a pu être constitué sur cette frontière temporelle, voire achevé ultérieurement. L'intention qui anime Tristan, en
l'occurrence, n'est pas claire. S'il faut écarter l'hypothèse qu'implique-
rait la régularité d'un « journal de bord », il serait imprudent de voir là
un livre en formation, d'autant plus que dessins et poèmes se succèdent
(avec une majorité de représentations graphiques). On penchera plutôt
pour la constitution à usage intime (ou pour quelque proche, à titre de
remerciement) d'une œuvre rhapsodique, avec toute la variété qu'une
telle opération implique. Nous avons affaire à une sorte de carnet d'études, à ceci près que les poèmes ne sont vraisemblablement pas des
brouillons (Tristan les a recopiés) et que les dessins, aquarelles, etc.
furent, en revanche, exécutés sur le moment, quoique résultant peut-être
d'un canevas préalable. Palliant l'absence de datation qui embarrasse au
premier chef quiconque souhaite estimer cet ensemble, deux dates, du
moins, peuvent être avancées. Par une heureuse coïncidence, elles
concernent le premier poème et l'un des derniers. Du « douanier de
mer[13] », la version des *Amours jaunes* indique qu'il dut être composé
après le 30 novembre 1869 et du *Panayoti*[14] un brouillon intitulé « La

Balancelle » porte la date de 1867. Il s'ensuit que la plupart des poèmes présentés auraient été composés durant cette période. L'un d'entre eux appartient même visiblement aux poèmes de jeunesse. Je veux parler de l'« Histoire de l'apothicaire Danet[15] ».

Par ailleurs, deux remarques s'imposent, en priorité, lorsque l'on examine l'Album Noir : d'abord l'importance des graphismes présentés sous plusieurs formes : aquarelles, dessins, encres. Ainsi se trouve confirmé le talent de Tristan en ce domaine et l'intérêt que lui-même portait à cet exercice, artiste à-peu-près, à-peu-près poète ; ensuite une relative unité dans les sujets traités, la plupart concernant des gens de mer, auxquels s'ajoutent les personnages typiques qui peuplaient son univers, son monde breton. L'union des graphismes et des textes n'a rien de systématique, mais, à l'évidence, elle est complémentaire. Tantôt Tristan entreprend d'illustrer ce qu'il a écrit, d'en offrir une version visuelle. C'est le cas pour « Le Douanier », la « petite poésie en vers passionnés », « Les Vieux jumeaux », la « Barcarolle des Kerlouans », son « portrait », « À mon Roscoff », « Le Curé en barque » et le « Panayoti ». Tantôt il croque des grotesques analogues à ceux que nous avons déjà décrits quand nous avons observé une première fois ses talents de dessinateur. Même si, pour l'instant, je n'ai pas vu ces représentations, je ne doute pas qu'elles n'entrent dans le cadre de la caricature. Les seuls titres mentionnés par Martineau incitent à recréer trognes, faciès, sihouettes risibles, « charges », figures de la suffisance et de l'autorité ou formes effilochées, efflanquées de la misère, le « douanier », encore lui, « ange gardien culotté par les brises », le pilote Tanguy[16] tout droit sorti des *Pilotes de l'Iroise* de Corbière père, le capitaine de l'Anne Élisabeth de Carnavon ou de la Marie Gratis[17], un matelot gabier avec son sifflet en argent, mais également les militaires : « vieilles culottes de peau » ou « colonel », les gendarmes, le très rustique curé en barque et la énième version de Tristan par lui-même. Complètent ce défilé carnavalesque un joueur de clarinette[18], un pauvre de Plouguerneau, un vieux soldat mendiant et quelques figures moins attendues : une femme de l'île de Callot, dont je ne m'attends pas à ce qu'elle soit une beauté, plutôt une aïeule aux joues fendillées fumant sa pipe, un notaire au bagne de Brest, digne havre pour cette profession, à défaut d'un manoir hypothéqué. Le seul Album Noir laisse entrevoir un musée complet, une réserve fabuleuse, dessins, gouaches, par centaines, ardemment confectionnés par Tristan amoureux des plis et du détail et, comme il se plaisait à le dire, « sentant son bonhomme ». Le tout fut jeté, dispersé. Ce Callot local n'avait aucun titre pour passer à la postérité, et l'on tenait sa forme de génie pour une fantaisie dont on n'avait que faire. Au moment où j'écris, je me borne à rêver les images de l'Album se faisant face, accolées dans le secret du recueil refermé. Je conçois bien le bonheur qu'éprouva Tristan à configurer cette étrange galerie de mathurins, de ganaches et de marmiteux, tel un artisan inconnu d'art brut traçant des merveilles et saisissant ainsi le monde à sa façon, qui est une pensée, un style, un doigté, une teneur, un vibrato.

Outre les graphismes qui malheureusement n'ont pas donné lieu sous la plume de Martineau à quelques caractérisations plus approfondies, l'Album Louis Noir compte quinze pièces en vers et trois textes en prose. Il est difficile d'en évaluer la nature exacte et la longueur, à moins que le titre et la comparaison avec certaines pièces connues ne fournissent une indication sur ce point. Par chance, mais il n'y a vraisemblablement aucun hasard en la circonstance, neuf sur quinze des poèmes mentionnés nous sont connus, la plupart du temps par la version qui en existe dans *Les Amours jaunes*. La pièce « Le Douanier de mer », inaugurale à dessein, comme je le crois, s'étend sur trois pages (le terme de feuillet aurait assurément mieux convenu). On peut la supposer récente. Elle consiste en un curieux hommage rendu à ce personnage aimé de Tristan, l'un de ses interlocuteurs possibles quand, l'automne ou l'hiver, il parcourait les sentiers de la côte, les « corbières ». Le sonnet à Black, « chien de femme légère » deviendra dans les *Amours jaunes* le sonnet à sir Bob[19], « chien de femme légère, braque anglais pursang ». Le monosyllabe Black transformé en Bob n'a causé aucune difficulté au poète lorsqu'il a intégré ce mot à la place de l'autre. Je soulignai auparavant l'absence de la veine érotique dans l'Album Noir. Ce poème-là toutefois fait exception. On ignore l'identité de la « femme légère » impliquée, dont l'auteur souhaiterait être le chien familier. Une Anglaise, sans doute, comme tendrait à le faire croire la localisation finale portée sur le texte publié : « Britich Channel. – 15 may », dont j'ignore si elle se lit sur l'Album. Il est probable que Tristan au printemps s'est aventuré sur la Manche avec des passagers à bord de son *Négrier*. Il pouvait aussi ce jour-là, prendre, comme beaucoup d'autres, le *Morlaisien* pour se rendre au Havre ou en revenir, occasion d'une rencontre qu'il n'est pas prêt d'oublier. Un autre poème comique et antiphilistin prend place dans l'Album, que Martineau désigne par le vers initial qu'il convient de restituer ainsi :

« Vous qui ronflez auprès d'une épouse endormie »

Ce fragment, pas nécessairement identifiable tout d'abord, correspondrait en fait au début d'un très long poème, le plus long des *Amours jaunes* « Litanie du sommeil[20] », composé de trois parties et qui montre clairement que la partie centrale – la totalité de la « Litanie » proprement dite – est entourée par un prologue, les 14 vers de « Vous qui ronflez », et un épilogue, d'une longueur, à peu près égale, 16 vers, comparable par celui : « Toi qui souffles dessus une épouse enrayée » à l'hémistiche cité plus haut, la deuxième personne du singulier remplaçant la deuxième personne du pluriel plus distante et plus généralisante. Il n'est pas facile, en ce cas, de déterminer si prologue et épilogue furent composés indépendamment de la « Litanie ». Cette hypothèse reste plausible.

Il est plus délicat d'identifier le « petit poème en vers passionnés de 12 pieds, sur un air sensitive et sur Rosalba […] », d'autant plus que Martineau en offre une description erronée à plus d'un titre, puisque, recensant ce poème en alexandrins, il le décrit comme une « aquarelle » et que, présentant la qualité de la Rosalba, « pomme d'amour du débit de tabac de St Pierre Quilbignon », il donne une transcription fausse : « Quilbigens », de cette localité des environs de Brest. En vain, cherche-t-on dans *Les Amours jaunes* un tel titre, mais « Le Novice en partance et sentimental »[21] n'est pas sans évoquer un personnage identique, l'adjectif « sensitif », par exemple se retrouvant dans un vers : « Et j'étais sensitif pas mal », et l'épigraphe qui décrit une enseigne n'étant pas sans rapport avec le titre du poème de l'Album :

> « À la déçente des marins chez Marijane
> serre à boire & à manger
> couche à pieds et à cheval
> DÉBIT »

Dans ce dernier cas cependant, la promise est une Mary Jane, alors que dans le poème de l'Album il s'agit d'une Rosalba, prénom fortement connoté lui aussi. Faute d'avoir vu le texte, j'en suis réduit à ces conjectures.

Aucune hésitation, en revanche, n'est permise en ce qui concerne « Mes vieux jumeaux[22] » que l'on retrouve dans *Les Amours jaunes* et qui propose une image de la Bretagne fortement ancrée dans le souvenir de Tristan, à l'instar d'une chose vue. Il en va de même pour « la Barcarolle des Kerlouans » que Martineau a décrite comme une simple aquarelle, alors que, visiblement, un texte fait face à cette représentation, à moins qu'il ne se trouve sur la même page, en haut ou en bas.

On n'est pas moins surpris de trouver dans l'Album Louis Noir l'impertinent « Sonnet » qui, sous un titre identique, mais sous une autre forme, prend place dans *Les Amours jaunes*. Nous avons eu l'occasion de parler de ce poème qui, à prendre au sérieux l'indication finale :

« Maladetta », pourrait renvoyer à l'époque où Tristan vint avec sa mère à Bagnères-de-Luchon. Nous avons souligné toutefois l'étonnante maturité dont il aurait fait preuve en pareil cas, remarque insuffisante cependant pour douter qu'il se rapporte aux années de sa jeunesse.

Que dans le festival de l'Album la pièce mirobolante du portrait[23] brille de tous ses feux ne saurait nous interloquer outre mesure. Le narcissisme masochiste de Tristan s'y donne libre cours. Il ne sera pas dit un seul instant que le « jeune philosophe en dérive » néglige de s'exhiber. Tous les manques, tous les défauts, toutes les défections sont au rendez-vous, s'ajustent, se recousent et lui confectionnent un manteau d'arlequin à faire tourner de l'œil un caméléon. Nous en avions parlé avec quelque délectation. Nous y reviendrons encore. Au passage, retenons, comme rimant avec le sonnet à Black :

> « Je voudrais être alors chien de fille publique,
> Lécher un peu d'amour qui ne soit pas payé. »

Comme quoi l'Album Noir, même s'il ne constitue pas le germe d'un livre, miroite en lui-même et, composite, n'est point pour autant disparate. De multiples reflets scintillent dans cet habitacle. Si Tristan ne s'y retrouve pas tout entier, la plupart de ses virtuosités s'y expriment cependant. Nul autre que lui n'aurait été capable d'un tel assemblage.

Dernière des pièces qu'il est loisible de relire dans *Les Amours jaunes*, un poème étrangement intitulé « Aquarelle-le matin[24] » que Martineau caractérise comme « vers », ce qui prouve bien que nous n'avons pas affaire, comme on aurait pu le penser, à une représentation graphique. Ce texte correspond sans doute à la pièce dite « Aurora » de la section « Gens de mer » des *Amours jaunes* où, précisément, est nommé le brick *La Mary Gratis*, dont un dessin situé sur une page précédente avait figuré le capitaine, du nom de Goulven.

L'Album Louis Noir annonce donc certaines parties des *Amours jaunes*, bien que, selon toute évidence, rien d'un livre constitué n'y transparaisse. Pour l'heure Tristan n'a peut-être pas encore l'idée d'une quelconque publication. Il accumule des poèmes, plusieurs notations, des esquisses, en vue de rassembler cela plus tard. Au-delà d'une satisfaction immédiate encouragée par ses compagnons de l'été et par ses camarades morlaisiens : Ludo et Aimé, qui d'ores et déjà l'estiment génial, il nourrit le vague projet d'une récollection de ces textes, écrits la plupart par foucade, mais où, parti à la recherche de lui-même sous l'apparence des autres, il se sent de plus en plus exister, d'une étrange vie par délégation, dans l'incongrue perfection de l'œuvre d'art, si fruste soit-elle, ou si chantournée par l'ironie et le sarcasme. L'Album

Louis Noir qui, pour nous, fait figure d'exception, exprime, qui sait ?
son mode d'être, sa façon d'avancer, son allure, au sein d'une solitude
réelle et d'apparences plus ou moins trompeuses, plus ou moins flatteuses, essais de sociabilité légèrement gratifiants. On ressent là encore sa
difficulté de choisir, une fatale disparate qui rapproche, pour on ne sait
quel bazar, le pire, les déchets, et les traits de génie. À quoi bon, par
exemple, donner à Louis Noir l'« Histoire de l'apothicaire Danet »,
d'une scatologie à peine supportable ? Il n'empêche que Tristan collige
ce premier essai, dont la seule vertu tient au fumet de scandale. Provocation sans conséquences – semble-t-il – en vue d'un esclaffement célibataire partagé peut-être par une communauté, la famille Puyo, prête à
dérider un moment ses bouches en cul-de-poule. À ce compte la poésie
y perd – ce qui laisse froid un Tristan, peu enclin aux effets de manche
et notable adepte d'une narquoiserie qui n'épargne personne, lui encore
moins que les autres. J'augure également fort peu de respectabilité au
vu de l'« Orientale » programmant une Madame X prenant des bains de
mer. Il pouvait en admirer de telles sur les plages de Carantec, voire sur
le littoral de Roscoff. Elles y montraient à peine moins d'élégance que
sur la côte de Trouville fréquentée par les Goncourt. Une esquisse de
nudité ressortant d'un lourd costume de bain peu propice aux odalisques ? On regrettera toujours – même une fois l'Album découvert –
qu'aucune vignette corbiéresque n'ait accompagné pareille évocation.
Qu'en est-il encore de ce « curé en barque », cette fois-ci bel et bien
figuré en regard ? « Rien ne fiche malheur comme femme ou curé », lit-
on dans « Le Bossu Bitor ». Peu préoccupé des choses de l'au-delà,
anticlérical comme son père, que nous dit Tristan du fantoche ? Songe-
t-il au prêtre des *Pilotes de l'Iroise* ? « Le curé d'Ouessant était, au
reste, un excellent pasteur, jouant aux quilles avec ses paroissiens,
buvant avec eux et mieux qu'eux ; les battant quelquefois, mais les
aimant tous comme ses propres enfants[25]. », ces derniers mots ne man-
quant pas d'audace vu le personnage évoqué.

Tristan a jugé bon de refermer l'Album sur « Le Panayoti », pièce
virtuose dont n'a que faire la poésie, exemple de vitalité des mots au
mépris de toute euphonie, agencement de fortune des syllabes. L'explosion n'est pas loin !

Munis des semblants de précisions dispensés par Martineau, trois
proses encore excitent notre curiosité. Tristan n'est pas moins à l'aise
dans ce mode d'expression. Mais il aime trop le jeu des vocables entre
eux et leurs insolites rebondissements pour qu'il consente à s'enferrer
dans la prose du « papa » à laquelle il ne croit pas plus que ne l'exigent
la bienséance et la vénération filiale. La description de Martineau dere-

chef ne nous satisfait pas. Le voici par exemple employant le mot
« texte » pour ce titre « Ce qu'on appelle une vieille culotte de peau »,
d'ailleurs illustré – ce qui peut appeler une légende, à quoi correspondrait l'énigmatique « texte ». Les « culottes de peau », militaires bornés
et fiers de l'être, ne s'attendaient pas alors aux prestations plus ou
moins brillantes qu'on exigerait d'eux en 1870 ! Dans le même ordre
d'idée doit s'entendre peut-être le « Mon colonel, tu dois être content »
recensé par Martineau. D'ores et déjà Tristan le réformé montre un respect fort mitigé, pour ne pas dire un mépris conséquent, pour l'armée,
aux risques de déplaire à l'oncle Édouard qui, en son temps, avait « fait
le zouave » en Italie, dans les états du Pape. Quelle pouvait être encore
la prose (on la devine satirique) de « Il y a des femmes qui se vendent
à un mari » ? Réalisme ou vaudeville, Tristan connaissait déjà la chanson, et les beaux mariages de son père et de Jacques Le Bris, voire
d'Edmond, soulevaient en lui quelques questions, bien que ces couples
fussent heureux en apparence. Des hommes âgés accaparent des tendrons,
en étalant leur fortune. La France du Second Empire était coutumière du
fait et les caricatures d'un Daumier ou d'un Gavarni choquaient à peine
par l'interprétation qu'elles en donnaient.

Parmi les aquarelles énumérées par Martineau, il en est une que je
contemplerais avec plus de plaisir. Celle de « À mon Roscoff » comble-
rait mes vœux, enrichie de la prose qui la complète ou qu'elle illustre.
« Prose », en effet, note simplement notre principal informateur, alors
que *Les Amours jaunes* contiennent en vers un non moins célèbre « Au
vieux Roscoff », dépourvu du possessif affectif, quitte à ce que le
tutoiement s'engage plus loin dans le texte à l'égard de la cité corsaire.
Joyau de l'Album ? On ne saurait le dire. Mais énoncé prometteur,
quintessencié. Tristan ne pouvait faire don plus beau, plus vrai à Louis
Noir, si discret par la suite en ce qui concerne ce legs exceptionnel.
Mort en 1901 il n'a certes pas ignoré la renommée tardive qui échut au
fils Corbière. Sans doute lui en aurait-il fallu plus pour qu'il rappelât ses
liens avec ce bizarre personnage. Lui-même avait à poursuivre avec zèle
son œuvre de romancier populaire.

*

Le mercredi 5 mai 2010, Benoît Houzé et moi-même avons pris
l'Eurostar Gare du Nord. Les premières recherches lancées et réactivées
après des mois de silence (du moins, connaissions-nous la bonne
adresse) avaient enfin abouti et nous étions invités par le propriétaire de
l'album à nous rendre à Londres pour le consulter, car il se trouvait en

terre étrangère, à la suite de péripéties qui seront détaillées ailleurs. La veille, je m'étais souvenu de la journée d'été de l'an passé (2009) durant laquelle Benoît Houzé, venu me voir dans l'atelier de Clinchamps-sur-Orne, m'avait parlé de l'ensemble de ses travaux. Je lui avais dit alors à quel point me paraissait urgent de retrouver l'Album Noir. Demeuraient, a ce moment-là, tant d'incertitudes que, quelques mois plus tard, je commençai la biographie de Tristan, bien décidé à consacrer un chapitre au fameux album d'après la seule description fournie par Martineau.

Le trajet de Paris à Londres dure un peu plus de deux heures pendant lesquelles, bien éveillé et partageant avec Houzé mon enthousiasme, en le prolongeant de maintes supputations, il ne me fut pas donné de contempler le paysage, pressenti d'une neutralité désespérante. À peine si je me rappelai une première équipée londonnienne quand j'avais dix-neuf ans, la traversée à partir de Boulogne par gros temps, les soirées à la boîte de nuit française dénommée « La Poubelle », les parties de strip poker au 15, Leicester Square et les minuscules colombes, bijou en toc, oubliées par Rose Evans après qu'elle eut pour moi généreusement dégraffé son soutien-gorge.

Arrivés en gare de Saint-Pancrace, nous avons pris un de ces confortables taxis comme en réserve l'Angleterre pour arriver avec quelque avance devant le lieu (le Club) où devait se faire la consultation. Nos hôtes, d'un charme exquis et d'une confiance absolue, vinrent à l'heure du rendez-vous et nous introduisirent dans une vaste pièce donnant sur un parc où commençaient à luire les couleurs d'une matinée de printemps. Après les mots de bienvenue et les présentations d'usage, l'album nous apparut sous ses allures d'humble Graal tenu entre les mains de son bienheureux propriétaire, satisfait de le montrer enfin après plusieurs décennies d'occultation (lui-même n'ayant pas éprouvé le besoin de le communiquer à quiconque et se contentant de le savourer à ses heures). Il s'agissait donc bien d'un classeur noir de grandes dimensions et qui, ouvert, révélait un ensemble de feuillets libres (27 × 38 cm), trente en tout et pour tout, conservés en parfait état. Le terme de feuillet paraît le plus adéquat ici, il suppose un recto et un verso, soit deux pages. Mais l'ensemble n'était point paginé et la plupart du temps, les poèmes ou les graphismes occupaient le recto d'un feuillet. Tandis que Benoît Houzé les photographiait avec soin, je procédais à leur examen minutieux et relevais les variantes ou comblais des lacunes, en me servant d'un large cahier où j'avais préalablement tenté de reconstituer, d'après ce que nous en savions, l'Album Noir.

Très vite, s'imposa le constat que la description de Martineau était insuffisante, puisque le premier feuillet contenait une indication capitale négligée par lui. En effet, on peut y déchiffrer, mais tracé à l'envers, comme pour être lu dans une glace

« Édouard Corbière

Roscoff. »

~~Gaston Lafenestre~~

Gaston Lafenestre semble rayé, mais cette biffure pourrait aussi bien correspondre au soulignement, placé assez bas, de « Roscoff » en tant que titre. Lafenestre est écrit d'une encre plus sombre que les deux indications précédentes ; le libellé en est également inversé. L'Album Louis Noir, ainsi appelé du nom de son premier propriétaire, se présente donc comme un ensemble programmé indiquant « Roscoff » soit comme lieu d'inspiration, soit comme lieu de conception dudit objet, ces deux raisons pouvant se confondre. Ce qui surprend davantage tient à la présence, insoupçonnée jusqu'alors, de Lafenestre, dont on sait l'importance qu'il eut dans les dernières années de la vie de Tristan, mais que l'on ne s'attendait pas à voir collaborer avec lui de façon si évidente ; car c'est bien un travail fait en commun qu'il faut dès lors envisager, même s'il demeure malaisé – nous le verrons – de déterminer ce qui revient à l'un et à l'autre, surtout à l'*autre*, dirons-nous, à savoir Lafenestre, puisque pour ce qui regarde les textes (vers ou proses) nous sommes assurés qu'ils sont dus à Tristan, y compris plusieurs pensées éparses qui semblent bien relever de sa « philosophie » singulière. Les œuvres graphiques, en revanche, peuvent donner lieu à quelque doute, bien que, dans ce domaine aussi, nous soyons tentés d'attribuer la majeure partie des figures humaines (des grotesques) à Tristan, qui déploie, à cette occasion, un talent tout particulier et plutôt supérieur à celui que nous lui connaissions déjà. La tendance enlaidissante que manifestent ses poèmes se retrouvent dans ces représentations : grossissement du trait, accentuation des attitudes, aversion pour la ligne pure. Mais les figures de l'Album engagent également à considérer l'emploi qu'il fait des couleurs – gouache ou aquarelle, et nous n'avons sur ce point que bien peu de points de comparaisons.

Si l'on accorde à Tristan la majorité des visages de marins (surtout des « capitaines »), de militaires, voire de miséreux, il est malaisé de déterminer sa part dans les rares paysages de l'Album. Et c'est là où nous sommes tentés de repérer l'intervention de Lafenestre dont, par ailleurs, on doit regretter de ne pas connaître davantage les dessins ni les aquarelles. Il est difficile de *sentir* Tristan dans plusieurs représentations de bateaux au creux des vagues et dans la vue de Roscoff. Ces graphismes relèvent d'un savoir-faire propre à un peintre de métier. Je dirai aussi que certaines figures, parmi les plus remarquables, me paraissent un peu étrangères à sa manière, mais non pas à son état d'esprit. Autant dire que si Lafenestre a fait « Le Naufragour », la « femme de l'île de Calot » et le « pauvre à Plouguerneau », c'est en familier de Tristan, de ses lubies et de ses thèmes (« Le Naufrageur » illustre le poème attenant), mais avec l'aide d'une technique plus élaborée ou plus délicate. Je me fie surtout, en l'occurrence, à une gamme de teintes : des mauves, des roses, des bruns, des verts, auxquels Tristan ne nous avait pas habitué, et à quelque élégance du tracé qui ne coïncide pas avec son « esprit de charge ».

Considérons maintenant et pour un second tour de cartes (le bon, celui-là ! car il table sur la présence et non plus sur la supposition) le contenu de l'Album Noir.

« Le douanier de mer », qui occupe le deuxième et le troisième feuillet, sous-titré « Oraison funèbre élégico-corps de garde, sur la suppression d'une partie du personnel douanier », comporte soixante-six vers sur trois pages, en six ou sept parties, indiquées par une courte ligne de points de suspension. La pièce est introduite par quatre vers. Elle est flanquée de la silhouette découpée et coloriée d'un douanier : képi, courte pipe à la bouche, uniforme avec ceinturon, bancal (sorte d'épée au côté), présenté en pied sous son profil droit.

Au quatrième feuillet peut se lire, entièrement incliné sur la gauche, « Sonnet/à Black, chien de femme légère (braque pur-sang) ».

Sur le cinquième figurent avec pour titre « Ce qu'on appelle une vieille culotte de peau » les représentations conjointes d'un certain capitaine « Dangu » manchot et de son ordonnance brosseur « Lantimèche ». En deux colonnes sont alignés, mimant l'imprimé administratif, leurs états de service – questions officielles et réponses des intéressés. Toutes involontairement spirituelles, elles annoncent les plaisanteries, bientôt en vogue, des comiques troupiers. Ainsi, pour le capitaine, au nombre de ses blessures, sont portées « 8 dont 3 mortelles », et l'on apprend qu'il a été « cuit 2 fois en Égypte », « gelé deux fois en Russie, etc., qu'il assiste annuellement au banquet du 20 mars[26] et que sa religion est « impériale-tricolore/et absinthe ».

La belle image d'une goélette entre deux mouvements de vague se voit, finement aquarellée, au feuillet suivant.

Puis l'on découvre (feuillet sixième), calligraphiée à l'envers, pour être lu dans une glace, selon un procédé cher à Tristan, la peu ragoûtante « Histoire de l'apothicaire Danet »[27].

Le feuillet huitième ne contient que huit vers écrits sur la partie supérieure de la page. Ces huit alexandrins correspondent grosso modo (comme nous l'avions présumé) au début de la « Litanie du sommeil » des *Amours jaunes*, où ils comptent quatorze vers. Le deuxième vers donne

> « Épicier, savez-vous ce que c'est l'insomnie ? »

au lieu de :

> « *RUMINANT ! savez-vous ce soupir : l'INSOMNIE ?* » des *Amours jaunes*.

Ce poème paraît avoir été incomplètement recopié puisque le commencement du neuvième vers se limite à un « Mais » laissé sans suite.

Le neuvième feuillet présente une « Orientale », bien peu hugolienne, intitulée, en lettres capitales « LE BAIN DE MER DE MADAME X[xxx] (120 Kilog[s] sur l'air de Sara la baigneuse)[28] », onze strophes de sizains de 7 et 3 syllabes selon le schéma aab/ccb. La plantureuse « Madame Hix » se roule dans les vagues comme une baleine, au risque de provoquer par le mouvement de sa graisse abondante un véritable raz-de-marée. Après s'être baignée dans sa « soupe azurée », elle regagne le rivage « En se disant c'est assez ! » Ce remarquable exploit balnéaire est daté « Roscoff canicule 67 ».

De la même farine hilarante, une « Petite Pouësie en vers passionnés de 12 pieds sur un air « sensitive » et sur Rosalba/ La véritable pomme-d'amour ainsi que de virginité du débit de tabac de St Pierre-Quilbignon (Finistère) », vingt-deux alexandrins soigneusement numérotés sur la gauche, tandis qu'à chaque fin de vers un signe quasi hiéroglyphique, illustre ce que viennent d'énoncer les douze syllabes précédentes. Ainsi pour « ses deux seins », deux cercles avec leurs aréoles, pour « deux saphirs d'yeux » un œil, etc., etc. La Rosalba est largement figurée sur la partie droite de la page, encadrée comme un portrait officiel, les cheveux plats piqués d'une rose rouge, les yeux modestement baissés, le corsage bleu, la taille de guêpe. Plusieurs lignes concluent cette touchante incongruité :

> « 22 vers faits à St Pierre Guilbignon et remis au net par *Rosalba* personnellement et à l'orthographe pour le jour de sa fête le 15 juillette [*prononciation bretonne*] milhuitcent 67 et pour le bon motif, avec des gravures à la main et à l'encre au bout des vers de pouësie, pour l'intelligence de ceux qui n'ont pas l'habitude. »

Sur les feuillets qui suivent, on découvre différentes caricatures de marins : le « pilote Tanguy de l'île d'Ouessant – 38 ans de mer dont un coup de hache d'abordage dans l'œil » et, encadré d'une corde qui se termine par une ancre, le « capitaine de la goëlette-charbonnier Anna-Élisabeth-Cécily de Carnarvon », avec ce commentaire : « il ressemble à son bon gros navire, mêmes formes, mêmes allures, même roulis, même tangage, même marche et même solidité à la mer, presque même jeaugeage, seulement le capitaine a plus souvent son plein que le navire ; il a sa femme à bord pour lui faire du thé ; le mousse est son fils et fait la cuisine avec le chien Pope qui fait aussi le guet [ce *dernier mot, probable*] ». Le personnage, replet, coiffé d'un chapeau haut-de-forme de feutre taupé, semble être dépourvu de bras droit. Il est revêtu d'une salopette et campé dans de hautes et larges bottes. Un litre de rouge se voit entre ses jambes écartées.

C'est encore un type humain semblable que nous montre le treizième feuillet où nous attend, brandissant un parapluie (pébroque ou pépin), le « capitaine Goulven de la *Marie-Gratis* », « en bonne fortune et sortant de dîner de chez son armateur ». Il est précisé qu'il exerce sa fonction à Douarnenez. Le cadre factice où il se trouve dessiné et aquarellé porte en son coin supérieur gauche la représentation d'un crochet auquel sont suspendus un navire (visiblement la *Marie-Gratis*) et le canot « annexe » qui l'accompagne.

Le quatorzième feuillet contient le poème « Mes vieux jumeaux », publié dans *Les Amours jaunes* sous le titre « Frère et sœur jumeaux », six quatrains d'alexandrins en rimes croisées comportant de nombreuses variantes. Un dessin aquarellé sur la partie gauche les montre de face, le vieux portant un chapeau à larges bords, le nez chaussé d'énormes lunettes. Il tient à la main une canne. Sa sœur, mal fagottée, ayant au bras un cabas, se serre contre lui. Plus loin, un essai d'acrostiche, à partir des lettres du prénom NOEMI[29], est resté en suspens.

Sur le quinzième feuillet s'effile un voilier environné de vagues montueuses. Puis un feuillet complexe montre sur la partie gauche un soldat avec épaulette et sabre, tenant d'une main une petite chaise et faisant de l'autre une sorte de salut. Légende : « Mon colonel, tu dois être content. » Plus bas, dans un macaron collé sur la page, un visage rieur et malin nous accueille dont la légende nous informe qu'il s'agit du gabier Mathurin « sensitif et faraud, à preuve que quand les officiers muscadins veulent faire quelque chose [*sic*] avec les petites mateluches-Gabiers, ils sont obligés de lui emprunter son chapeau de cuir-bouilli [*un bousingot*] et sa culotte déferlée au-dessous du nombril. » Emblème de la sensibilité de ce jeune homosexuel devenu un modèle pour ses supérieurs hiérarchiques : un cœur percé d'une ancre de marine, qui jouxte son portrait. Quelques pensées corbiériennes complètent l'ensemble, bien dignes d'un Chamfort du Finistère : « En général ce qui manque à l'homme pour savoir bien mourir, c'est l'habitude. », forme de philosophie narquoise dont on savait Tristan abondamment pourvu.

Changeant apparemment de registre, le dix-septième feuillet montre un homme nu, le corps entièrement couvert de linéaments qui dessinent, comme en décalcomanie, les marques d'un habit. Une légende, verticalement inscrite, éclaire un peu cette énigme : « Étude académique [*c'est-à-dire "nu"*] d'un notaire au bagne de Brest tatoué en général de brigade ». On ignore quelle anecdote implique pareille précision. Assurément elle n'est pas en faveur des notaires.

Des êtres typiques qui les entouraient, Tristan ou Lafenestre ont cherché à donner leur version. Voici, en loques et le visage simiesque, les pieds dans d'énormes sabots garnis de paille, une misérable femme de l'île de Callot visible sur le trajet par mer qui va de Roscoff à Morlaix, et, encre ou dessin, un joueur de bombarde vêtu de hardes, le haut-de-forme en accordéon, ses doigts boulus appliqués sur le bois de l'instrument. Un clocher de village se distingue à l'horizon, presque un jouet contre l'une de ses jambes. Un quatrain réduit le rôle de cet aveugle à la mendicité d'amour. Rôle su par cœur, et que trop su, par un Corbière !

Parmi les plus surprenantes illustrations de l'Album, on admire un grand personnage fatidique, coiffé d'une sorte de calotte. Debout pieds nus sur un récif, il tend son bras gauche squelettique comme pour commander aux éléments Son bras droit tient une sorte de harpon. Un petit personnage, marmouset de mauvais augure dont on ne voit que la tête engoncée dans un ciret de marin, se terre contre ses jambes. À droite, sur la mer, plane une lumière d'orage, qu'aggrave un vol de goélands. Le poème, lisible à gauche de cette belle image, a pour titre exact « Barcarolle des Kerlouans naufrageurs (Saltins) » et comporte cinq strophes de six à douze syllabes, en tout 29 vers, où l'octosyllabe domine.

Un dessin aquarellé occupe le feuillet vingt-et-unième : un pauvre hère appuyé sur des béquilles, dont l'une forme un angle aigu avec son corps saisi dans le mouvement de la marche pénible pour un estropié de son genre. De son pantalon élimé et trop court sortent ses jambes nues. Ses pieds sont chaussés de gros sabots, tout semblables à ceux de l'îlienne de Callot. Légende : « Un pauvre à Plouguerneau ». Vient ensuite, le poème « Sonnet », scrupuleusement recopié, et tel que le donnera plus tard *La Cravache parisienne* du 19 mai 1888.

D'autres figures de marins, étonnamment burinées et qui furent à coup sûr découpées dans un album de croquis, puis collées, apparaissent, portraits en buste ou silhouettes en pied. Chacune est titrée et commentée : À gauche, « Yankee Nantucket »[30] est précisé : « Capitaine-Baleinier, ne désoule jamais à la mer et tient son équipage au bout de son revolver [...] capable d'un vol mais pas d'une indélicatesse, susceptible d'aimer une femme jusqu'à 500 guinées ou même tout un chargement d'huile. » La figure centrale, un marin à béret, vareuse et courtes bottes, dont le menton porte, effilée en diagonale comme une dague, une barbe pointue, est ainsi désigné : « matelot espagnol de la tartane *Todos los Santos* – se nourrit de cigarettes et de soleil, couche à l'abri de sa guitare et puis, le dimanche, un peu de couteau [...] » Enfin, sur la partie droite (et, du reste, ressemblant étrangement au « Capitaine Baleinier ») « Tanguy fils, aspirant-pilote, a le mal de mer quand par hasard il reste trois jours à terre. »

Mais l'un des feuillets les plus surprenants est celui qui comporte, inscrite au crayon dans le coin gauche, l'« Épitaphe pour Tristan/ Joachim-Édouard Corbière, /philosophe-Épave, mort-né »[31], soit 17 octosyllabes qui n'appartiennent pas tels quels aux *Amours jaunes*, mais seront publiés posthumes dans *La Plume* du 15 septembre 1891.

Au-dessus de ce poème, incliné sur la gauche, figure un médaillon factice où se trouve représenté Corbière. Portrait-charge en tous points exceptionnel, aquarellé et portant l'inscription circulaire : « E.C. PHILOSOPHE-ÉPAVE 1869 ». Quoique caricaturé, Corbière y est moins laid que d'habitude, comme s'il n'avait pas encore cédé à son goût masochiste de se montrer pire qu'il n'est. Des cheveux en bataille hérissés en tous sens surmontent son visage aux traits accusés : long nez, lèvre supérieure proéminente, menton fuyant, regard malcontent et froncement du front entre des sourcils drus. Une remarque, près du médaillon, a le ton d'un commentaire : « le *moi* humain est haïssable. Eh bien *moi* je *me* hais[32]. » À partir du médaillon et jusqu'au bas de la page, écrit à l'encre en diagonale, se lit un autre long poème, 36 vers hétérométriques que l'on ne trouve pas dans *Les Amours jaunes* et qui furent publiés pour la première fois dans *La Cravache parisienne* du 9 mars 1889[33] et repris dans l'édition Vanier de 1891. Une pensée se déchiffre sur la partie droite, si l'on tourne la feuille à l'envers. L'auteur déclare que « la haine déclarée contre soi-même est peut-être une nuance dans l'égoïsme » pour finalement remarquer : « Du reste ça sent la pose » et conclure : « ça m'est égal ».

Sans transition, mais il s'agit – rappelons-le – de feuillets libres – le vingt-cinquième feuillet offre, tracé à la plume par Corbière et nourri de ses guillochures habituelles, un « vieux soldat qui mendie son pain ». L'homme au crâne chauve fait penser au précédent « capitaine Dangu ». Il tient de sa main sa casquette retournée pour y recueillir une improbable aumône. Qui sait s'il ne fut pas amputé de son autre bras !

Au feuillet suivant, le vingt-sixième, je découvre enfin l'image tant espérée décrite ainsi par R. Martineau et Micha Grin : « À mon Roscoff (aquarelle et prose) ». Il s'agit là, en réalité, prise du large, d'une vue aquarellée du port d'où pointe le clocher de Croaz-Batz. Elle surmonte un authentique poème en prose – six paragraphes (ou versets) relancés à chaque fois par l'impératif « Dors », autre version du poème en vers. Corbière y évoque « la grande chandelle de l'île de Batz » et « le vieux *tousseux* » de Perharidy[34] à plat-ventre au soleil comme un « gros lézard invalide ».

Pour rester dans ces parages, mais en gagnant des zones plus lointaines, le feuillet suivant représente sur une barque à voile « Le St Gambar », un curé, un « recteur » plutôt, comme on dit en Bretagne, coiffé de son tricorne, gras, moustachu, serrant un parapluie contre sa soutane et supportant sur ses genoux, après une belle soulée, un dénommé Pilven abandonné sereinement à son ivresse paradisiaque. Les reproches du recteur fusent comme sur les bulles d'une BD : « Tu pues le trois-six[35] encor », et la réplique prévisible arrive : « Dam aussi, mon recteur, tout le monde n'a pas de sang de Jésus pour se souler proprement » – audacieuse interprétation du sacrement de l'eucharistie.

Le morceau le plus remarquable de l'Album, par son ornementation de tête, sa longueur et son style, se développe alors sur trois pages, et parfois deux colonnes. Ce fameux « Panayoti », qui a déjà fait l'objet d'un commentaire ici même au chapitre VI, montre d'abord trois vignettes bellement coloriées, sénestre, médiane et dextre. À gauche, une sorte de micro-tableau reproduisant de façon naïve et comique l'explosion du navire ; au centre, fidèlement dessinée et coloriée, la balancelle nommée *Panayoti*. À droite, trois pavillons en faisceau écartés mais reliés à leurs bases par une croix de la Légion d'honneur : le drapeau turc qui montre le croissant d'une lune sceptique, le drapeau français de la Marine royale de Guerre et le drapeau tricolore. Une longue introduction résume l'événement et précise « Raconté en histoire par le survécu et chevalier de la légion d'honneur Trémentin de l'île de Batz – et mis en vers et contre tout par Édouard Corbière fils poëte de mer à Roscoff – 1867 (avec prière d'avaler les lettres longues à la fin des mots, qui gêneraient la mesure) », en tout 139 alexandrins drument escagassés, administrant l'irréfutable preuve d'un inadmissible chef d'œuvre.

Au verso de l'une des pages contenant le « Panayoti » se lit un autre poème écrit en oblique (incliné vers la gauche) « Aquarelle, Le matin, effet de printemps. Appareillage de Corsaire. De la rade de Binic. »[36], 19 vers dont seize alexandrins, le poème se terminant par la matelote :

> « Roule ta bosse, tout est payé
> hiss' le grand foc ! ! ! »

La fin présumable de l'album montre sur une page une sorte de pensée, largement libellée, à mettre au compte de Corbière, où il prétend préférer la « cascade folle d'une passion » à un « amour stagnant » – ce que l'on comprend sans peine.

Enfin, sur le battant droit du classeur où sont recueillis les feuillets, se lit une sorte de poésie rudimentaire où domine l'octosyllabe. Elle est présentée comme le « 1er feuillet du journal de bord du capitaine Guiomard Théodore de la bisquine La Louisa de Morlaix ; vers copiés sur l'original relié en toile de 4 et goudronné sur tranche », prière propitiatoire à la Vierge Marie. L'auteur désire finir sa vie « dans les bras de son M.J. », une note précisant « Marie-Jeanne, ma légitime épouse ».

*

Il ne suffit pas de feuilleter l'Album Noir et de se persuader en le voyant que fut accomplie l'une des plus belles découvertes de manuscrits de poètes (après presque un siècle et demi de disparition). À mieux réfléchir sur ce « Roscoff » produit par Corbière avec un Lafenestre pour complice, on comprend que voulut être réalisée une œuvre privée dont l'intention n'était pas réellement de former un livre, mis à part le choix d'un sujet affiché en première page (lequel a pu être rédigé par la suite) et les indices d'une tendance dominante. Ni début ni fin véritable (les derniers feuillets ne sont pas conclusifs). Aucune progression perceptible entre le « Douanier » liminaire et le « Panayoti » presque terminal. Plusieurs textes occupent des versos. Le libellé des écritures est variable : moulure des lettres, emploi de l'encre ou du crayon. Beaucoup de textes sont illustrés : « le douanier », la « Rosalba », « Les vieux jumeaux », « le Naufrageur », l'« Épitaphe », « À mon Roscoff », « le curé en barque », « le Panayoti ». Mais les représentations graphiques indépendantes dépassent en nombre celles de ce type et, par ailleurs, quelques poèmes sont donnés sans image attenante : le « sonnet à Black », l'« Histoire de Danet », « Vous qui ronflez... », « Sonnet », « Aquarelle ». Un certain nombre de pensées enrichissent, en outre, ces pages, témoignant bien par là d'une disposition d'esprit du « philosophe-épave ».

Que l'Album ait répondu à un projet, nous en observons certes des preuves dans plusieurs images découpées qui proviennent, par conséquent, d'un autre support et qui ont été organisées (validées) par la suite. Il en va ainsi de certains types d'hommes de mer. Il n'est pas superflu – je pense – de noter, en outre, que l'album, offert à Louis Noir, qui y a porté son nom, montre sur le premier battant intérieur de la couverture ce distique écrit au crayon qui, comme la queue du scorpion attaqué, se retourne contre lui-même. « Mon cher, on m'a volé... – Que je plains ton malheur ! – Oui, mon cher, un album. – Que je plains le voleur ! »

Quant aux sujets traités, ils répondent en grande partie à ceux que pouvaient suggérer Roscoff et ses environs : le douanier, le bain de mer de Madame Hix durant la canicule, Saint-Pierre de Quilbignon, le notaire de Brest, la femme de l'île de Callot, le naufrageur des Kerlouans, le pauvre de Plouguerneau, le port de Roscoff lui-même, l'explosion du Panayoti contée par Tremintin de l'île de Batz et, plus loin, Binic du côté de Saint-Brieuc. L'ensemble annonce la séquence « Armor » des *Amours jaunes*. Il est complété par tout un personnel maritime, en images, cette fois, dont je ne doute pas qu'il n'ait correspondu à quelques faciès environnants, de ceux dont les quais de Morlaix ou de Roscoff ménageaient la rencontre : le pilote Tanguy de l'île d'Ouessant, le capitaine de la goélette-charbonnier Anna-Cécily de Carnarvon, le capitaine Yves-Marie Goulven de la *Marie-Gratis*, le matelot-gabier Mathurin, le capitaine-Waler, un Yankee de Nantucket, lieu familier de Poe et de Melville, le matelot de la tartane *Todos los santos*[37], Pilven, affalé sur les genoux du curé d'Ouessant au passage du Conquet, Théodore Guiomard, capitaine de la bisquine *la Louisa* à Morlaix. Ajoutons-y, pour faire mesure comble, des gendarmes et des « culottes de peau », personnages traditionnellement voués aux flèches satiriques.

Comme je l'avais supposé dans le premier volet de ce chapitre, quelques dates offrent d'estimables points de repère. Martineau dans sa description n'en donnait aucune, mais, par déduction, à la faveur de plusieurs poèmes inédits publiés après la première édition des *Amours jaunes* (poèmes dont on peut assurer maintenant qu'ils provenaient bien de l'Album Louis Noir compulsé entre 1884 et 1891), il était permis d'établir une datation probable, bien qu'elle demandât à être confirmée par la vue des manuscrits – ce qui est possible désormais. La première indication, inconnue jusque-là, est fournie par « Le bain de mer de Madame Hix » : « Roscoff, canicule 67 », la deuxième par la « pouësie » à Rosalba datée « 15 juillet 1867 », la troisième par le médaillon de l'autoportrait daté « 1869 » (et non 1868, comme le portaient les publications jusqu'alors), la quatrième par la date de composition du « Panayoti » : « 1867 ». 1867 domine, par conséquent, mais « 1869 » est inscrit sur l'autoportrait de Corbière – ce qui laisserait penser que l'Album fut constitué sur une période de trois ans, trop longue sans doute, si l'on imagine une création continue. Rien, en tous cas, sur l'Italie. Aucune allusion au désastre de l'Empire en 1870. Le capitaine « Dangu », ni son brosseur « Lantimèche » n'ont eu à « rempiler » ! 1869 chiffre donc la date ultime où fut composé l'Album. Par ailleurs, une autre version du « Douanier », celle des *Amours jaunes*, porte la précision de la date où furent mis à la retraite les douaniers gardes-côtes : le 30 novembre 1869, mais, à ce moment, Tristan s'apprêtait à partir pour l'Italie[38] et il est plus que probable qu'une telle précision fut ajoutée ultérieurement sur l'énoncé du poème déjà rédigé auparavant.

Une autre question mérite d'être examinée – celle qui concerne l'apparition du mot « Tristan ». La page titulaire de l'Album se contente, en effet, d'un « Édouard Corbière » qui semblerait attester que l'illustre prénom-surnom n'a pas encore été choisi ni adopté. D'autre part, le long poème « Le Panayoti » (de 1867) signale qu'il a été composé par « Édouard Corbière fils » et le médaillon du vingt-quatrième feuillet, où se voit le visage de Tristan, porte l'inscription « E.C. », autrement dit « Édouard Corbière ». Seule dans tout l'Album apparaît, sur cette même page, il est vrai, la mention « Épitaphe pour Tristan » (que suit « Joachim-Édouard Corbière »). La particularité de cette « Épitaphe » est d'avoir été écrite au crayon – ce qui pourrait indiquer qu'elle fut ajoutée ultérieurement. Cependant, comme nous l'avons dit au chapitre VI, il existe une version du « Panayoti », intitulée « La Balancelle », où se lit : « mis envers et contre tout par Édouard Tristan Corbière. (Île de Batz 1867) ». Une certitude, en tous les cas : Tristan, lorsqu'il débarquera à Capri fin décembre 1869, signera bien « Tristan Corbière » le registre de l'Hôtel Pagano.

Notes

1. Reproduite dans *Hommage à Corbière*, Musée de Morlaix, 24 mai-31 août 1975, p. 24, pièce n° 134. Collection Yven.

2. *Ibid.*, pièce n° 137, collection Yven.

3. *Ibid.*, Huile sur bois, 0,26 × 0,34. Collection Tréanton.

4. *Ibid.*, pièce n° 132. Seule une photographie en était présentée lors de cette exposition. Le tableau, de grande dimension, est maintenant la propriété de Mme Myrtille Hugnet, qui a bien voulu nous le montrer et en permettre la reproduction. Une première fois R. Martineau en avait donné la photographie dans son *TC*, 1925, entre les pages 80 et 81.

5. Cette scène de beuverie appartient à la collection Jean Fagnou. Jean Piriou a restitué l'histoire de sa transmission dans son livre « Si Plouaret m'était conté ». Elle se trouve reproduite dans le livre de Marthe Le Clech et François Yvon, p. 53.

6. Huile sur bois, 1,61 × 50, collection Yven, n° 136 de l'*Hommage à Corbière*.

7. Louis Noir (1837-1901). Après des études au séminaire de Verdun, Louis Noir, de son vrai nom Louis Étienne Salmon, arrive à Paris où il exerce plusieurs petits métiers. En 1854, il s'engage dans les Zouaves (campagnes de Crimée, d'Afrique, d'Italie qu'il relatera dans ses *Souvenirs d'un zouave* (1866). Il se marie, fait du journalisme et devient rédacteur en chef du *Peuple*. En 1862, sous le pseudonyme de Louis Noir, il commence à publier des romans : *Les Coupeurs de tête* (1862), *Les Aventures de Tête de pioche* (1865), *Jean Dogue* (1865), les différents volumes des *Souvenirs d'un zouave* (campagne d'Italie, campagne du Mexique, campagne de Crimée), *Le Pavé de Paris* (1868), *Le Lion du Soudan* (1869). Frère de Victor Noir tué par le prince Pierre Bonaparte, il interviendra activement dans les événements qui suivirent cette mort (voir chapitre XI). *Le Corsaire aux cheveux d'or*, expression que cite Lautréamont au chant VI des *Chants de Maldoror*, était le titre d'un de ses romans d'abord publié en revue avec le sous-titre « roman historique » dans *Le Conteur*, du 9 décembre 1868 au 19 mai 1869. La suite de la carrière de Louis Noir sera évoquée au chapitre XI de notre livre.

On ne sache pas que Louis Noir se soit adonné à la peinture, alors que son fils Robert (dit aussi Ernest) la pratiqua avec quelque succès.

8. Charles Le Goffic, « Tristan Corbière et le mouvement poétique contemporain », *Revue hebdomadaire*, 6 et 13 janvier 1912. Repris dans la préface des *Amours jaunes*, Messein, 1931.

9. Charles Le Goffic, *De quelques ombres*, « Un insurgé : Tristan Corbière », Paris, Lesage, 1929.

10. Voir Micha Grin, *Tristan Corbière, poète maudit*, Les éditions du Nant d'Enfer, s.d. (1971), p. 34.

11. Micha Grin, *ibid.* Cette liste a été reproduite par Pierre-Olivier Walzer dans « Autour du centenaire de Tristan Corbière », *Revue d'Histoire littéraire de la France*, n° 2, mars-avril 1976, p. 242-248. L'orthographe souvent fautive en a été respectée.

12. Sur Jean Moulin, voir notamment d'André Cariou *Jean Moulin en Bretagne. Le sous-préfet artiste et ses amis écrivains et peintres,* éd. Ouest-France, 2005 et Laure Moulin, *Jean Moulin*, les Presses de la Cité, 1969. Nouvelle édition : Éditions de Paris, Max Chaleil, 1999.

13. Sur le « Douanier », voir chapitre précédent, p. 258.

14. Sur le « Panayoti », voir chapitre VI, p. 175.

15. Voir chapitre X, p. 274. Martineau a écrit Dasset.

16. Le pilote Tanguy pourrait être le personnage qui apparaît au premier chapitre « Trouvailles en mer » des *Pilotes de l'Iroise* d'Édouard Corbière, troisième édition en 1865 (Le Havre, G. Cazavan et Cie).

17. La *Mary-Gratis* est le nom du brick dans « *Aurora*. Appareillage d'un brick corsaire » dans *Les Amours jaunes*, section « Gens de mer ».

18. Voir le joueur de clarinette dans l'album Alde, 2007, analysé chapitre VII, p. 206.

19. Voir le Sonnet à sir Bob dans la section « Les Amours jaunes » des *Amours jaunes*.

20. Dans la section « Raccrocs » des *Amours jaunes*.

21. Dans la section « Gens de mer » des *Amours jaunes*.

22. Voir dans *Les Amours jaunes*, section « Raccrocs », « Frères et sœurs jumeaux ». Dans les papiers Martineau figure une version du texte intitulée « Vieux frère et sœur jumeaux ».

23. Je me demandai alors s'il s'agissait d'un doublet du poème intitulé « Sous un portrait en couleur de Corbière par lui même », non recueilli dans *Les Amours jaunes* (voir chapitre VI, p. 175).

24. Une variante du poème « Aurora », de la section « Gens de mer » a été publiée dans l'édition Vanier de 1891 sous le titre « Aquarelle / Le matin. – Effet de printemps / Appareillage de corsaire. Dans la rade de Binic ».

25. Voir le deuxième chapitre des *Pilotes de l'Iroise*.

26. Banquet des soldats de l'Empire, célébrant l'anniversaire de la naissance (le 16 mars 1856) du fils de Napoléon III.

27. Voir le texte identique dans « Poésies de jeunesse », chapitre IV.

28. « Sara la baigneuse » est un poème des *Orientales* (1829) de Victor Hugo.

29. Voir l'acrostiche sur Anna, chapitre IX, p. 252.

30. Nantucket, dans le Massachusetts, était le grand port des baleiniers américains au XIXe siècle. L'Arthur Gordon Pym du roman homonyme de Poe (1838, traduit en 1858 par Baudelaire) en était originaire.

31. L'« Épitaphe » donnée dans *Les Amours jaunes*, qui compte 60 vers, est fort différente de ce poème qui n'en comporte que 17. On voit déjà cependant, dans ce premier texte, certaines rimes identiques comme « force » / « entorse », et plusieurs vers semblables comme « Mélange adultère de tout » et « Il mourut en s'attendant vivre/ Et vécut s'attendant mourir ». L'« Épitaphe » de l'Album sera reprise en annexe, dans l'édition Vanier (1891).

32. Charles Le Goffic dans *De quelques ombres*, Lesage, 1929, p. 33, signalait : « sur un album de vers inédits qu'on m'a communiqué, au-dessous de sa "charge" par lui-même, j'ai lu cette pensée affreuse et si profondément révélatrice ». Ces vers se retrouvent dans le poème « Paria » des *Amours jaunes* sous la forme : « – Le Moi humain est haïssable... / Je ne m'aime ni ne me hais ».

33. Sous le titre « Vers posthumes » et avec la note suivante : « Nous devons à l'obligeance de l'éditeur Vanier la copie des vers suivants, absolument inédits, de Tristan Corbière ». À la fin du poème se lisait cette indication : « (Sous un portrait en couleur de Corbière par lui-même. 1868) ».

34. C'est-à-dire un vieux canon rouillé, comme le montre la suite du texte. Le poème en vers dit plus directement : « Il dort ton bon canon de fer / À plat ventre aussi dans sa souille ». Perharidy est un lieu-dit à l'est de Roscoff.

35. Alcool de très forte teneur.

36. Il s'agit donc bien du poème « Aurora », comme je le supposai dans la première partie de cette étude. Le bateau y est appelé « la *Fille de joie* » ; il est nommé dans *Les Amours jaunes* « la *Mary-Gratis* ». L'Album Noir montre un portrait-charge d'Yves-Marie Goulven, le capitaine de ce navire.

37. *Todos los santos* (tous les saints) se lit dans « Le Renégat » des *Amours jaunes* où, du reste, il ne désigne pas un nom de navire. On doit penser au Bahia du Brésil, port dans la baie de Tous les Saints.

38. Cité par Charles Le Goffic dans « Tristan Corbière », *Nos poètes*, n° 6, 15 mars 1924, et repris dans *De quelques ombres*, Lesage, 1929, p. 33.

XI

Premier voyage à Capri

C'est décidé. Tristan va partir en Italie. À Capri, plus précisément, où l'attendent les peintres qui, depuis plusieurs années, se sont établis là-bas. Enfin quelque nouveauté dans cette vie malgré tout sédentaire, bien que vouée au grand large, ouverte à différents ailleurs autant qu'à des tempêtes imaginaires. Quand j'évoque une « décision », j'ignore, à dire vrai, de qui elle émana. On a longtemps cru qu'elle vint de Jean-Louis Hamon le peintre, que Tristan fréquentait occasionnellement lorsque celui-là séjournait à Roscoff, et l'on a pensé que le voyage se fit avec lui. Il n'en fut rien, toutefois.

Le 18 août 1869, en effet, de Douarnenez Hamon écrit à un ami : « Je pense que Jean et sa femme et moi ferons ensemble le voyage de Capri. Je compte partir vers le 20 octobre. Je suis là jusqu'au 1er octobre. Je me ferai chasser par le froid, afin de piocher raide, et j'aurais peu de jours à Paris. »[1] Il n'est pas alors question de Tristan, et Hamon semble avoir résolu de passer toutes ses vacances, plus de deux mois, à Douarnenez, en compagnie d'autres peintres, peut-être le groupe réuni autour d'Emmanuel Lansyer familier de Heredia. On a, du reste, négligé d'observer les relations existant entre les artistes habitués de Roscoff et ceux qui, plus nombreux, plus attestés, devenaient chaque année les estivants du Finistère Sud[2]. Or j'incline à penser que d'une région à l'autre ils circulèrent pour découvrir les beautés de la Bretagne dans toute leur variété. Malgré les communications malaisées (mais il existait un Brest-Quimper) ils n'hésitèrent pas à porter leurs chevalets d'une côte sur l'autre. En cet été 1869, cependant, Hamon ne paraît pas beaucoup penser à Tristan, et il est douteux qu'il ait poussé jusqu'à Roscoff. Comme il le dit alors dans son pittoresque langage d'artiste, il « pioche » ferme dans la baie de Douarnenez et très vraisemblablement explore la presqu'île de Crozon. Quant au voyage à Capri, où il a également un atelier, il compte le faire avec Jean (peut-être Jean Benner) qui était devenu le gendre du propriétaire du plus fameux hôtel de l'île, l'Hôtel Pagano. À quel titre Tristan cette année-là s'apprête-t-il à rejoindre le groupe des Français capriotes ? On avancera, en tout premier lieu, l'évidente amitié qui, de plus en plus, au fil des années, s'était établie entre eux. À Tristan tous ces artistes en villégiature reconnaissaient un talent peu commun, une appréciable dose d'originalité. Sa présence même était recherchée. On savait aussi sa santé défaillante, qui réclamait un climat plus chaud, malgré la douceur du pays de Léon. Non qu'il se soit jamais plaint devant eux. Mais à le voir souffrir à certaines heures, taraudé par une arthrose précoce, on songeait à quel point le soleil d'Italie lui serait favorable. Combien de fois Michel Bouquet, ami des Puyo, l'avait répété ! Qui sait si Édouard Corbière, à tous ces artistes qui, le temps d'une promenade en mer, lui vantaient les bienfaits d'un climat exceptionnel, ne suggéra pas qu'il serait bien d'accueillir son fils là-bas pour quelques mois ? Tristan s'est peut-être employé à se faire prendre en charge par ses camarades de l'été, lui qui, à leurs yeux, figurait une sorte de parfait Bohème un peu à l'étroit sur son rocher armoricain. Tristan à Capri ! Quelle surprise ! Quelle aubaine ! Il y ferait merveille, à moins que son humeur jamais prévisible ne se renfermât dans les sombres pensées qui parfois embrumaient sa cervelle.

À quel moment Tristan sut-il qu'il entreprendrait ce voyage ? On ne surprendra personne si, une fois encore, on avoue la parfaite ignorance où l'on est à ce sujet. Les mois d'été se succèdent. Les conversations vont bon train chez Le Gad. Au cours d'elles, il se borne à glisser quelques mots avertissant que bientôt il prendra le large à sa façon et qu'il accomplira – si Papa Corbière ne s'y oppose pas – le grand itinéraire italien, comme le moindre des peintres de ce temps, avide de découvrir, au moins une fois, la beauté éternelle. Diverses paroles l'encouragent. Et les promesses de paysage inouïs et de magnifiques architectures. Les Romantiques avaient beau répéter « Qui nous délivrera des Grecs et des Romains ? », il fallait aller y voir de plus près, ne serait-ce que pour fortifier le dénigrement que l'on portait sur pareilles choses.

En attendant, Tristan vend son cotre à Cermak[3]. Il n'en aura plus besoin pendant de longs mois. Une dernière balade lui fait rencontrer son douanier favori, un philosophe d'une autre trempe que les Descartes et Spinoza, un présocratique mal équarri dont les discussions à propos de la pluie et le beau temps ouvrent sur des abîmes d'absurdités joviales. Édouard n'est pas fâché d'offrir à son fils aussi étrange qu'affectueux (triste, bien sûr, comme son surnom l'indique, douloureux humoriste) une espèce de bonheur à sa mesure, auquel, du reste, d'autres l'ont préparé avec quelque emphase, l'oncle Édouard, par exemple, ancien zouave pontifical, et Bouquet, grand voyageur devant l'éternel, qui parcourut l'île de Tibère en son temps de pérégrinations et de périples. Nanti de beaux napoléons sonnants et trébuchants, suivi d'une malle où il n'a pas oublié de placer sa défroque habituelle de marin en rupture de cotre, le chapeau innommable, la vareuse ou le sarreau, les longues bottes, il embarque en gare de Morlaix. Sur le quai, Édouard se montre persuadé que les voyages forment la jeunesse, Aspasie n'est pas plus rassurée qu'il ne faut par ce départ du fils aventureux. Lucie envie le grand frère en partance. Edmond admire le halètement syncopé de la locomotive. Tristan n'est peut-être pas seul dans le compartiment. On l'imagine escorté de peintres amis fuyant la mauvaise saison pour « piocher » ferme dans leurs ateliers de Paris le tableau qui risque d'être accepté par le jury du prochain Salon. À comparer les dates on estimera toutefois qu'il était bien tard pour un tel départ en groupe. À Paris Tristan fait une halte à l'hôtel où d'habitude descendent les Puyo et la famille Corbière. Ce serait beaucoup affirmer que de dire qu'il y a ses habitudes. Mais, comme j'ai déjà eu l'occasion de le suggérer, il me paraît qu'il n'attendit pas ce moment pour connaître la capitale, ses restaurants, ses opéras et ses concerts, voire ses lieux de plaisir. Le lendemain, gare de Lyon, il prend le PLM, à la même époque fréquenté par le jeune Mallarmé ébloui de ses dernières soirées avec Mendès et les Parnassiens. Tristan descend jusqu'à Marseille. De là il embarquera pour Naples. La halte présumée à Marseille intrigue un instant les lecteurs attentifs que nous sommes, puisque l'une des pièces les plus hautes en couleur des *Amours jaunes*, « Le Bossu Bitor », porte la précision « Marseille. La Joliette ». Une nouvelle fois, on est amené à jeter un regard moins soupçonneux sur ces indications portées *in fine*, qui pourraient ne pas simplement relever d'une audace de *pose* ou de *chic*. Pas plus que l'illustre « Jérusalem », il n'y a lieu de contester le « Marseille » inscrit par Tristan. Et qu'un soir, en attendant son départ pour le lendemain, il se soit laissé aller à ses risques et périls à marcher dans les rues du quartier réservé ne nous surprendrait pas autrement. On objectera, toutefois, avec autant de raisons, qu'une telle randonnée interlope correspondait trop bien à ce qu'il voulait être pour qu'il l'accomplît réellement. Quelle que soit l'eau grasse qui lèche la coque des navires dans l'insolite poème, on pensera qu'il en vint à contempler cette eau-là, sur laquelle il n'était pas si incongru d'imaginer, flottant un matin, le corps d'un bossu suicidé par amour. Est-ce avec en poche les feuillets de cette histoire violente et crue qu'il prend pied sur le bateau qui deux jours plus tard va longer l'Italie ?

La mer est mauvaise, le bâtiment tangue. Un 22 décembre, voyant la côte gênoise et le port à travers le tumulte des vagues, Tristan ronge son frein et donne enfin de ses nouvelles[4], qui parviendront Dieu sait quand ? à ses chers parents, inquiets – pense-t-il – de son odyssée en cours.

« Gênes 22 décembre (1869)

> Mon cher papa et, de plus, ma chère maman, je ne dois pas vous dissimuler l'État de Gênes où je me trouve depuis deux jours en relâche avec le paquebot qui porte César et sa fortune. Je ne m'en plaindrais pas, au contraire, si j'avais pu descendre à terre, mais le mauvais temps qui fait fleurir l'oranger ne m'a pas encore permis de débarquer. Je m'embête donc naturellement, mais je m'amuse énormément à voir deux anglais, mes compagnons de traversée, s'embêter sept fois comme moi, ce qui fait 14 fois à eux deux – j'espère que nous pourrons reprendre la mer ce soir pour Livourne où nous faisons une escale de quelques heures puis pour Civita-Vecchia, puis enfin pour Naples, et Dieu sait quand, pour Capri. et je ne serai pas fâché d'arriver pour changer de chemise(s) – à propos de chemises, je vous dirai que je n'en ai pas encore compté une malgré le gros temps qui nous a favorisés. Je déjeune, je dîne, je dors, je fume, je pourrais même me soûler, vous voyez que ça va bien.
>
> Et vous ? ce voyage de Paris ? Maman, comment as-tu retrouvé papa ? Papa, comment as-tu retrouvé maman ?
>
> Mon argent va bien – je n'ai pas fait une seule fausse dépense depuis mon départ, mais j'en fais de vraies. Il faut bien manger à bord quand on n'a pas le mal de mer et c'est 8 F par jour. Décidément le mal de mer est plus raisonnable et économique et c'est un luxe que je me repasse en m'en dispensant. J'espère que vous ne me le reprocherez pas. Mon papier finit et le bateau roule. Assez écrit. ne vous attendez pas à une autre lettre d'ici Naples, c.a.d. 5 ou 6 jours. Adieu, je vous embrasse bien de tout cœur. Mille choses au Gendeurrr. Écrivez-moi toujours à Capri, hôtel Pagano. »

Le ton de l'épistolier, manifestement enjoué, porte les marques d'un certain bonheur. À quoi bon le charger d'une lourde mélancolie ? Le voyageur de 25 ans découvre un peu mieux le monde – même si très tôt il est « revenu de tout ». À bord, les occupations ordinaires se succèdent selon les adages les plus simples comme « qui dort dîne ». Avec un léger supplément de plaisir dans le soin qu'il met à fumer une pipe ou un cigare, voire à « se souler », état d'ivresse qu'il confesse à Édouard et Aspasie qui se scandalisent pour beaucoup plus que des frasques de ce genre, habitués qu'ils sont aux surenchères enragées de leur fils. Une pensée pour le couple parental livré à l'immensité de la capitale aboutit à quelques formulations délectables selon un implicite calcul des probabilités : « Maman, comment as-tu retrouvé papa ? Papa, comment as-tu retrouvé maman ? » Et d'aucuns ont dit, les sourcils froncés par l'examen psychanalytique, que Tristan fut un fils rebelle ! Taquin, oui, et dans les formes les plus éprouvées, celles qui, par exemple, lui font évaluer le mal de mer dans les termes d'une appréciable économie et citer au passage une vieille expression de marine dont bien peu se souviennent aujourd'hui : « compter ses chemises » pour dire « vomir pardessus bord ».[5]

La navigation se poursuit sans encombres, en passant par Livourne, Civita-Vecchia. À Naples les passagers descendent. Les bagages sont débarqués, les fameuses malles. Corbière arrive là-bas un 29 décembre. De la scène de genre il croquera le tableau quelques mois plus tard sur l'un des albums Pagano : les douaniers, inévitables et moins bienveillants que ceux qui gardent les sentiers de la côte armoricaine, mais surtout les seigneurs lazzarones qu'il croyait fraternels et qui se précipitent sur ses *impedimenta* comme des mouches à merde (Tristan ne risquera pas l'image !)[6].

À Naples il s'attarde peu. Le Vésuve veille, à portée, auquel il rendra visite un jour. Il entame donc la dernière partie de ce long parcours qui l'a mené de Morlaix en l'île de Tibère où tous l'attendent pour les fêtes du Nouvel an.

L'île se dégage des brumes légères de cet hiver 1869. Les hautes parois rocheuses. Le site célèbre depuis des siècles. Il n'a pas relu son Suétone, ni son Plutarque. À peine si l'accompagne, pour qu'il l'étrille plus à son aise, la *Graziella* de Lamartine mort depuis peu. Sur le tillac, les insulaires et les étrangers. On est loin du littoral breton et de ses coups de chien. Lorsque le bateau pénètre dans la Marina Grande, seul endroit de l'île abordable pour un bâtiment de fort tonnage, Tristan, pour qui la beauté dresse un piège perpétuel qu'il évite, ne s'attend guère à ce que quelqu'un l'accueille. Il dispose d'une adresse : l'hôtel Pagano, à quelques kilomètres du port. Il l'indique au conducteur de la calèche qui dessert les auberges où descendent les peintres de toutes nationalités, les estivants nombreux, Allemands, Anglais et Français (en nombre moindre). Les malles chargées, on emprunte les voies tortueuses qui accèdent, non loin de l'église San Stefano, à l'illustre édifice, ouvert depuis 1818, où sont venus villégiaturer quantité de voyageurs romantiques attirés par ce site exceptionnel. Sur un demi-siècle, l'endroit est devenu l'un des plus réputés de Capri. L'hôtel, tenu désormais par Michel Pagano, est recommandé dans tous les guides du moment[7]. Michel, homme cultivé, se plaît dans la compagnie des peintres, auxquels il loue souvent pour un mois des chambres au meilleur prix. Un climat de franche hospitalité règne et rassemble pour des repas pris en commun les locataires. Dès 1867, l'auberge est un lieu d'accueil et de réunion convoité. Elle contient une ample bibliothèque enrichie d'année en année par les clients. Du toit de l'édifice on jouit d'une vue grandiose sur une partie de l'île et sur la mer de Sorrente. Plusieurs y ont installé en plein air leur atelier provisoire. Une pergola fut construite, composée de simples colonnes blanches et d'un toit de fibres et de végétaux. Les fleurs des bougainvillées y prospèrent même l'hiver. Tristan admire leur pourpre, si différente de celle des maigres bruyères de son Armorique. Un palmier presque centenaire dresse en un coin comme un totem. Maxime du Camp, qui vint là en 1862, en dira la merveille coriace[8]. Qui plus est, Pagano, amateur d'art, a encouragé les artistes qu'il loge à orner les murs. Il en est résulté une multitude d'images, de scènes, un festival à domicile où s'irisent les couleurs, où se nuancent les teintes, toutes à la louange d'un bonheur idéal dont on espère avoir retrouvé la réalité. Les portes des chambres sont couvertes d'esquisses et d'huiles, souvent d'une inspiration heureuse[9]. Hamon et son camarade Édouard Sain y ont perpétué leur style pompéien, en peignant là des figures dignes d'enjoliver des villas antiques. Ailleurs, sur un panneau du salon, voici le même Hamon avec son chien. Dans l'escalier, les couloirs, les paliers, et la fameuse salle à manger on remarque des compositions de Jean-Jacques Henner, de John Singer Sargeant, de Benner, de Sain, communauté d'amis, bienheureuse hétairie. Les portes des chambres sont également agrémentées de sujets variés : une Diane chasseresse, un pêcheur, une jeune îlienne, des vues du golfe, une danse de tarentelle. Pagano se comporte avec ses hôtes en père à l'égard de fils plus ou moins prodigues ou respectueux. L'art s'exprime ici en toute liberté, comme un hommage naturel. Tristan, précédé d'une enviable réputation, est accueilli dans ces murs le dernier jour de l'an 1869. Non pas « Un jeune qui s'en va », mais « un jeune qui arrive » !, chaudement congratulé par des visages connus ou inconnus, sachant le Breton venu de son Ouest extrême pour savourer « le pays où fleurit l'oranger »[10]. Je ne le vois pas opposer une mine renfrognée à tant de bienveillance, doublée d'une reconnaissance évidente et discrète pour son œuvre en gestation, pour laquelle certains nourrissent les plus vifs espoirs. Ce néophyte, après tout, on le traite sur un pied d'égalité avec ceux qui exposent au Salon et qui ont reçu les honneurs académiques, alors qu'il n'a pour tout bagage que des esquisses et quelques méchants vers griffonnés à la hâte sur les pages d'un carnet.

Appelé à décliner son identité sur le registre de l'hôtel, l'arrivant marque un significatif

« pittore-poeta, etc. »

qu'il surmonte d'un « far niente » non moins remarquable[11]. On n'observera plus sous sa plume pareille définition, voulue officielle, de lui-même – où se lit, du reste, l'hybridité foncière qui le constitue, ou qu'il souhaiterait que l'on crût à le voir. Dans la hâte d'une fin d'année enjouée, il se donne cette double identité sociale, insuffisante néanmoins, puisqu'il la prolonge d'un « etc » facile à compléter. On y ajoutera donc, en aparté, pluriels revendiqués de sa personne, un « décourageux », un « paria », un « renégat », et tutti quanti (pour rester dans la note italienne). Peintre-poète avec le trait d'union, telle est bien l'effigie qu'il s'attribue, le pittoresque « pittore » venant en premier lieu, comme le maître de cette œuvre d'art ratée qu'il représente à ses yeux comme aux yeux de ceux qui compulseront le registre. Le tout est couronné, dans la plus pure veine italianisante, d'un « far niente », qui sonne mieux que « fainéant », et paraît positiver l'occupation vaine. Dans sa façon de peindre ou d'écrire des vers, Tristan prétend surtout « faire du néant », la paresse se confondant avec le génie, l'abstention égalant la plus belle réalisation et donnant sur le « sublime bête ».

Peintre, il est donc entouré de gens du métier, qui dégustent ses caricatures et pressentent sous cette apparence de fantoche un homme vrai martyrisé par une insatisfaction douloureuse, une exigence d'une rare sévérité.

Les divertissements, « la belle humour », commencent avec le début de l'année. Ils dureront trois mois et demi, sans discontinuer, pour ce qu'on en présume, d'après les quelques documents à notre disposition, et notamment ceux que fournit le journal de Benner. Benner[12] appartenait au groupe qui entourait le plus souvent le peintre Jean-Jacques Henner. S'il avait brillé au Salon de Paris en 1857, il avait surtout choisi de vivre dans l'heureuse ambiance de l'hôtel de Michel Pagano dont il avait épousé la fille Margherita. Son amitié avec Hamon explique le fait que ce dernier se soit fréquemment rendu à Capri, où il avait fini par trouver habitation et atelier. C'est dans un tel contexte qu'il faut placer la venue de Tristan, ardemment recommandé par Hamon.

Le 1er janvier 1870, Benner, passablement laconique, note sur son journal[13] :

« Nous faisons la connaissance d'un Monsieur Allemand et de sa femme, et de M. Corbière, breton. »

Cette notation ne signale aucune intimité antérieure avec ledit Corbière, qualifié, comme s'il s'agissait là de sa plus éminente caractéristique, de « breton ». Outre le « pittore » et le « poeta » je ne suis pas loin de penser que Tristan, sans perdre de temps, s'était affublé de sa tenue favorite, tel qu'on le voit sur les caricatures faites à l'époque. Indubitable Breton, par conséquent, avec un caban et des bottes qui le distinguent intentionnellement des pêcheurs capriotes. Entre Jean Benner et le poète d'Armorique pas barde pour un sou, une vive amitié prend naissance, attestée par nombre de « charges » où les deux hommes semblent rivaliser. Si l'on sait peu de choses sur les activités de Corbière en janvier : premiers contacts avec l'île, essais de poèmes, jubilatoire farniente, au mois de février, en revanche, le journal de Benner permet de reconstituer une partie de ses occupations. Le 5 avec Benner et Hamon, Tristan va en bateau jusqu'à Sorrente accompagner les Invalides à la chartreuse de cette île. De quoi constater que Sorrente est bien Sorrente – ce qui laisse Tristan remarquablement froid, vu le dégoût qu'il ne manque pas d'éprouver devant les naissantes entreprises touristiques. Le *toc* commence à prendre consistance, et le bagout vante le crâne de Tibère enfant déterré dans une ruine. Capri, du moins, offre de belles promenades où, loin de s'épancher en contemplations à la Hugo, il note d'un trait nerveux les comportements contemporains, sans plus se croire indemne de la bêtise universelle. Le 9 février, en compagnie d'Otto Lindt, un peintre allemand avec qui il s'entend plutôt bien, il se rend à la villa de Tibère – pour ce qu'il en reste. Pèlerinage obligé auquel le marquis de Sade aurait volontiers présidé, nu et bandant sous une précieuse chasuble[14]. Souvenir d'un endroit voué à des bacchanales, où Suétone dépensa son imagination d'historien persifleur. Tristan griffonne quelques lignes d'une clarté toute hermétique sur la « Note des Étrangers de l'Hôtel Pagano » :

> « Capri – feu vide – bouteille de feu Tibère qui voulait y jeter sa gourme et des astrologues à la mer pour faire des ronds dans l'eau.
> Aujourd'hui tout dégénère, impossible de trouver un astrologue dans le pays, ce qui prive le flâneur et l'amateur de couleur locale. On est réduit à jeter des cailloux. »

Retenons ce ton désabusé qui n'est pas pour nous surprendre. Le vide, bien sûr, répond aux illusions de fausse plénitude. Et la beauté de Capri sonne creux. L'écœurement, que provoque la vie, ne date pas d'aujourd'hui, témoins Tibère et ses turpitudes prétendues par lassitude du pouvoir. Un passage des *Histoires* de Tacite traîne-t-il dans la tête de Corbière, ou l'a-t-il consulté par ennui dans la bibliothèque de l'Hôtel

Pagano ? En trois lignes de réflexion, c'est le XIXe siècle qui s'effondre. Décadence ! Demeure une place pour le flâneur baudelairien ou pour l'amateur de couleur locale, l'éternel romantique auquel Tristan ménage un oratoire de sa façon.

13 février : une randonnée jusqu'aux Faraglioni, ces curieux îlots rocheux. Suivant le littoral, au bas des pentes couvertes d'herbes piquantes et de lambrusques, l'excursion se prolonge-t-elle jusqu'à la Punta Massulo près de laquelle la villa Malaparte[15] était encore à naître ? De toutes ces vues pittoresques et splendides est-il besoin de dire que Tristan ne retiendra rien. Superbe indifférence ? Pas même. Mais il ne « donne » pas dans le paysage, se contente de vivre à même, comme on se baigne dans l'eau du temps. Il ne prend pas le temps de se laisser ahurir, ou abrutir, par la beauté, décidément lointaine. Affaire des dieux dans leur empyrée ? Il ne projette pas si loin sa métaphysique par une hyperbole de pure perte. Un seul paysage dans l'œuvre imprimée. D'ailleurs « mauvais ». Où les crapauds ont la colique.

Une semaine plus tard, Benner, Hamon et Tristan entreprennent une plus lointaine expédition à dos d'âne caracolant parmi les rochers. On monte ainsi jusqu'au Castello Barbarossa et l'on aboutit à l'endroit où plus tard Axel Munthe élèvera la villa San Michele[16]. À Anacapri (le vieux Capri) on se restaure chez Massimino. De là, livré au courage des âniers, on descend jusqu'à la pointe Punta Carena et son phare. Retour dans la soirée. Pour un rhumatisant, un phtisique, que sais-je ? Tristan se comporte plutôt bien. Les virées en mer, les chevauchées, décidément ce corps malingre montre plus de résistance qu'on ne l'aurait cru.

L'ambiance à l'hôtel Pagano ne porte pas à la mélancolie. Les hôtes mènent leur vie de rapins sous le soleil de l'Italie, soleil d'hiver, il est vrai, et le regard complice de Michel dont ils partagent les repas. Quotidiennement se retrouvent Hamon fort buveur, Benner, tempérament heureux qui regorge de projets, Margherita sa femme, Caracciolo un Napolitain de noble origine, plein de gaieté et peintre à ses heures, mais aussi le Polonais Suchodolski[17] dit, par amusement, Sucre d'orge, et sans doute Édouard Sain et le sculpteur Drouet, un habitué de Roscoff. Mélange opportun de personnalités rares, auxquelles on ne concédera pourtant pas une once de génie. Plaisanteries et envolées théoriques alternent, propos vagabonds enjolivés de blagues. Sur le toit de la terrasse, malgré la température moins clémente, parle-t-on de l'avenir de la peinture ? Une gloire par intermittence toucha celui-là, se déroba à tel autre. Capri, refuge ensoleillé, miraculeux lieu d'exil, offre à l'avance un paradis à ceux auxquels (excepté Tristan) n'est pas même promise la consécration des maudits.

Le 1ᵉʳ mars une grande fête est donnée le soir. On organise un bal masqué enrichi des fantaisies d'usage en pareil cas. Benner dore le visage de Tristan qui prend ainsi l'allure d'un étrange dieu antique, Comus ou Crepitus. Tristan lui-même peint deux yeux sur le front de Hamon et sur celui de Lindt. Les verres de grappa et de vins du Vésuve aidant, la tarentelle atteint son comble et l'on brûle en grande pompe le mannequin carnaval. Corbière est à l'heure de ce qu'il aime. Le monde inverse. Les bonnes manières cul par dessus tête. Et l'impertinence sur un ton sec, qui n'admet pas la réplique des « philistins », comme les appelle Flaubert. D'ailleurs il n'y en a guère aux abords des turbulents compères entraînés par l'ivresse de Hamon et la tonicité de Benner. Une si délectable cohabitation a produit ses effets : encore quelques peintures et charges sur les murs et les trumeaux. Et des caricatures corsées sur l'album de l'hôtel. Tout ne se dissipera donc pas en fumée, en bons mots éphémères. Benner, merveilleusement entiché de Tristan, fait sur une des portes de l'hôtel un portrait en pied du poète face à une belle Capriote, Emiliella[18], dont il n'est pas dit que le représenté obtint les faveurs. Rendra-t-on plus explicite qu'il ne convient la légende inscrite en haut à gauche en petites capitales :

« BANCO SIGNOR ! »

À lire ces deux mots, il serait permis de croire qu'Emiliella souhaitait que fût doublée la mise. On doute néanmoins que Tristan se soit lancé dans une aventure érotique du genre « bis repetita placent diis », dont, par ailleurs, aucun de ceux qui l'entourèrent n'éprouvera le besoin de révéler l'existence. Doit-on croire, en pareil cas, à l'humeur farceuse de Benner ? Sur cette vaste représentation Corbière apparaît vêtu de ses hardes favorites : une vareuse de marin à haut col et larges manches, le pantalon étroitement serré qui montre davantage ses jambes de poulet étique, de hautes bottes à talon. Le personnage, coiffé – me semble-t-il – d'un chapeau de marin napolitain peut s'enorgueillir d'un nez respectable, d'une forte moustache gauloise et d'une chevelure abondante qui lui tombe sur les épaules. Mains dans les poches, comme souvent, il regarde sans aménité particulière une Emiliella point vilaine, plus petite que lui, en robe longue, au beau visage. Il signor Corbière s'apprête-t-il à faire les premiers pas ou bien hésite-t-il devant les propositions d'une aussi franche partenaire ? L'attitude qui est la sienne paraît correspondre à l'une de ses poses favorites, puisqu'on la retrouve sur l'une de ses photos et que c'est elle encore qu'il reproduira sur l'eau-forte accompagnant ses *Amours jaunes*. Assurément, dès 1870, il est tout à fait conscient de l'aspect sous lequel il se montre et qui, selon un paradoxe aisément compréhensible, porte sous notre regard une forme de naturel (rien d'apprêté dans sa mise, plutôt l'usagé du quotidien) et un artifice médité, une mise au point de son personnage dont, faute d'éprouver l'intériorité, il agence l'exhibition tapageuse. Tout cela néanmoins appartient au domaine de la caricature qui, à toute occasion, force le trait. Tristan, qu'obsède un douloureux narcissisme, enrichira encore l'album Pagano de deux autoportraits mémorables. L'un[19] le représente assis dans une attitude qui lui est habituelle, bottes aux pieds, chapeau coiffant une tête enlaidie à souhait, au pif protubérant et déformé, à la lèvre supérieure lippue, à la barbe inculte. Le tout est signé TRISTAN. « Ce crapaud-là, c'est moi. » notera l'un de ses poèmes. L'autoflagellateur ne pouvait faire pis : exécution en règle. Le second autoportrait[20] montre un individu plus héroïque – coquillard ami de Villon, ou pirate, ou renégat – Une belle tête, toujours de profil, avec chapeau où se plante une pipe. Les cheveux abondants. L'impériale, plus justement barbiche. Un bel œil vif, la narine ample, mais une allure de Cyrano prêt à dégainer pour défendre cette « péninsule » faciale. Figure en pied, campée sur la jambe droite, cependant que la gauche s'appuie d'un pied botté sur une sorte de pierre qui, tout compte fait, vaut plutôt comme un écu rayé d'une bande transversale où se lit « Une gueule ». Tristan dans cette pose n'en était pas à son coup d'essai et le tableau asymétrique, avec araignée au plafond, ne révélait pas autre chose qu'VNE GVEVLE » de ce genre, assez fière d'elle, pour l'ahurissement de ceux qui la voyaient. Un « NATSIRT » inverse scrupuleusement sa signature. Que vaut le reflet ? Toute reproduction ne demande-t-elle pas à être scrutée à l'endroit ? Regardez, par conséquent, l'autoportrait susdit dans une glace, et peut-être vous sera restitué son vrai modèle. Corbière en verve et, du reste, n'ayant rien d'autre à faire que rivaliser avec ses amis de céans, sans négliger de taquiner la Muse, lutine aussi le dessin. Hamon, enclin à ses libations d'homme déçu par la vie, mais enchanté de l'heure présente, lui fournit en sa propre personne le modèle rêvé[21]. De là à l'introniser évêque il n'y a qu'un pas, calotte en tête, un fumet d'anticléricalisme se répandant parmi ces Français peu confits en dévotions (Je m'aventure à le dire, mais n'en suis pas si sûr). Hamon encore, debout[22], mains dans les poches. Hamon toujours, pareillement debout, mains dans les poches aussi, une badine sous le bras, en gilet un tant soit peu dépareillé, chaussé de croquenots qui résistent aux rocailles de l'île. Crâne dégarni. Visage plutôt drôle avec d'abondantes rouflaquettes et moustaches sous un nez que l'on devine enluminé. Le bas du visage s'enfouit dans une barbe de pope qu'accentue encore la drôlerie du dessinateur. « Tristan pinxit » a noté Corbière en un coin, pour parodier l'usage des signatures académiques sur les tableaux du temps. Il ne se contente pas de se moquer sympathiquement de son meilleur commensal. Drouet le sculpteur, sans doute là lui aussi et venu par ses propres moyens de Roscoff, est pareillement l'objet des espiègleries de Tristan[23] qui, signant cette fois « Tristan pingebat 1870 », ne résiste pas à quelque bonne plaisanterie (mal interprétable de nos jours) en intitulant sa charge : « Drouet-de-L'huys – ou constipation opiniâtre ». On ne commentera pas outre mesure cette « constipation », peut-être attribuable à l'humeur un peu renfrognée dudit Drouet (lequel pouvait avoir mal assimilé la cuisine italienne !). Quant au « Drouet de L'Huys », par lequel sa personnalité se voyait supplantée, l'Histoire, la grande, nous apprend que tel fut le nom d'un officiel du temps, ministre des Affaires étrangères. Les jeux de mots de Tristan tissant des mailles proprement arachnéennes, on se gardera bien, cette fois, faute d'informations plus précises, de lancer plus loin le bouchon et de jouer plus librement sur « l'huis » de Drouet.

À Capri, où l'on « Grazielle » l'étrangère et l'étranger, la vie courante, libérée de soucis, à part cette maudite santé, aurait pu frôler le sublime. Tristan ne traîne pas dans ces zones-là, trop belles pour lui, hors de portée. Il ne désire pas davantage les atteindre. Il connaît ses moyens : limités, étonnamment personnels, drôles, désespérés, enfonçant le clou. Un jeu de tout instant où lui-même rend le son d'une corde de violon cassée. Savoureuse félicité, à petites doses, de ces journées ensoleillées passées sur la terrasse du Pagano ou à dos de mulet sur les sommets de l'île. Séances de peinture chez Hamon ou chez Sain, dont pas un tableau ne subsiste. Ou d'écriture, en rafales, même par ce beau temps. Il croise les belles insulaires comme tentera de les éterniser, gravissant les marches d'un escalier, Édouard Sain, pour la réjouissance du jury du Salon. La vie s'écoule, pas même dolente, avec les causeries le soir, qui vraisemblablement « ne riment à rien ». Parfois, distraction délicate, Carminiello vient donner ses leçons de guitare. Tristan lui préfère en imagination sa vielle laissée à Roscoff ou quelque bonne rengaine mélancolique ou claudicante, le *Ann hini goz* qu'il lui arrive de chanter pour l'ahurissement des Capriotes habitués aux romances napolitaines. Santa Lucia !

Pour ne pas être en reste, Jean Benner, à peu près maître en ces lieux, puisque gendre et, de plus, estimable artiste « pompéien », n'hésite pas à tracer son autoportrait tout de chic – le support le voulait ainsi – par longs traits verticaux qui font merveille quand il barre son front d'une herse de cheveux raides et prolonge son menton de poils rebelles. On le voit encore, figuré par son propre crayon, son visage doublant celui de Corbière[24]. Tristan, coiffé d'un haut bonnet de marin, dont le sommet s'affaisse légèrement, montre une expression concentrée qui doue sa laideur d'une insolite beauté. La finesse graphique de Benner dessine cils et sourcils, la fine moustache, les deux trois verrues ou points d'acné juvénile, la barbiche et le large mouvement des cheveux tombant sur les épaules. Les deux hommes regardent attentivement un objet que Benner n'a pas jugé bon de représenter. Sous son visage, la précision « peintre ». Sous celui de Corbière, la mention « poète ». La fonction hybride dont s'est doté Tristan sur le registre de l'hôtel Pagano, « pittore-poeta », est ici tacitement remise en cause. Pour un Benner le doute n'est pas permis, et les talents de dessinateur du nouvel arrivant ne sauraient l'emporter sur son art de faire des vers.

Le lendemain de la grande fête du 1er mars, carnavalesque à souhait, où l'on a bu et dansé plus que de raison, Tristan prend soin de recopier sur la Note des étrangers (les « forestiere » comme lui) deux de ses plus récents poèmes, tout frais émoulus de son pensoir. Aucune élégie, bien sûr. Ni ode. Ni harmonie. Ni contemplation. Le soleil italien, qui a mûri les oranges de la *Chanson de Mignon*, attire sous sa plume un sarcasme en cinq quatrains. Il le retravaillera maintes fois avant *Les Amours jaunes*. Mais le ton est déjà donné, et le goût – genre absinthe.

Vedere Napoli è (mori) ![25]

Italia salve ! (coupons dans l'Italie)
Ô caisse d'orangers ! (Goethe dit Citronniers)
Ô ! sur ton sein, l'artiste en tous genres oublie
De déclarer sa malle... Ah voici les douaniers !

Ô Dante Allighieri qu'ont-ils fait de ma malle ?
Raphaël ! ils m'ont fait mes cigares dedans.
Ô Mignon ! ils ont fait flotter mon linge sale
Pour le passer au bleu de l'éternel printemps !

Ah voici mes amis, les seigneurs lazzarones,
Riches d'un doux ventre au soleil
Vautrés dans un rayon, et leurs poux pour couronnes
Clyso-pompant l'azur qui bâille dans leur ciel.

Et leur far-niente... non ! c'est encore ma malle
Non, c'est mon sac-de-nuit, qu'à trente ils ont crevé
Ils grouillent là-dessus comme poux sur la gale,
Ils ne l'emportent pas... è pur se muove...

Ne les ruolze plus, va – Grand soleil stupide !
Tas de pâles voyous – ça cherche à se nourrir !
Ce n'est plus le lézard, c'est la sangsue à vide
Va poète ne pas voir Naples et dormir.

Il s'agit, n'en doutons pas, d'une esquisse où les traits d'esprit abondent, mal ordonnés, fusées apprivoisées par la suite. Tout mot surgi appelle sa contestation humoristique. À ce régime Corbière avance, avancera, par saccades, interruptions critiques du langage. Les orangers deviennent citronniers. Le « lasciate ogni speranza » de Dante à la porte des Enfers raille implicitement les douaniers et leur excès de zèle. Raphaël et Mignon, illustres références, sont revêtus de notations triviales : cigare et linge sale. Surtout Tristan ne résiste pas à l'évocation des lazzarones et convoite de leur ressembler, tout en sachant bien que sa prétendue paresse n'égalera jamais la leur.

Un autre feuillet porte un poème non moins délectable[26], encore cinq quatrains, « Le fils de Lamartine et de Graziella », une trouvaille absolue qui dépasse l'imagination :

Le fils de Lamartine et de Graziella

À l'île de Caprée où la mer de Sorrente
Roule un flot hexamètre où fleurit l'oranger,
Un naturel se fait une petite rente
En Graziellant l'étranger…

Et l'étrangère aussi, confite en Lamartine,
et qui vient égrainer chaque vers sur les lieux ;
Il leur sert son profil et c'est si bien sa mine
qu'on croirait qu'il va rendre un vers harmonieux.

C'est un rapin français qui lui trouva sa balle,
Aussitôt qu'il le vit il dit : tiens ! tiens voilà !
Je te baptise au nom de la couleur locale
Le fils de Lamartine et de Graziella !….

(Détail tout poétique et plein d'un doux mystère,
d'un platonique amour. Ô pur pur souvenir ! :
Il avait quarante ans lorsque mourut sa mère
à l'âge de quinze ans !…. c'est bien tôt pour nourrir)

Mais pourquoi revenir sur ces scènes passées
laissons le vent gémir et le flot murmurer
et l'étranger payer pour ses tristes pensées
Qu'il lui donne un sou pour pleurer !

TRISTAN
Capri : 2 marzo

Cette version, apparemment la première, indique « Caprée », comme lieu où s'exerce la petite industrie de l'expert filou. La supercherie naquit, en réalité, de l'imagination facétieuse d'un rapin français – nous raconte Corbière, qui semble, en l'occurrence, parler de l'un de ses compagnons de l'hôtel. La littérature insémine facilement la réalité. Leurs relations, de tous temps, furent de meilleur voisinage, et les personnages des fictions finissent par sortir tout vifs des livres. Qui, en 1857, n'a croisé Madame Bovary dans les rues de Rouen, près de la cathédrale ? À Capri, donc (que Corbière, soucieux des vraisemblances, transformera ultérieurement en « Procida ») il est permis, moyennant une petite obole, de toucher du doigt (« Vide latus ») le présumable rejeton de l'illustre poète (le « cygne de Saint-Point » qui venait de mourir) et de la jeune vierge déflorée par une opération qui ne devait rien au Saint-Esprit. En quelques hexamètres Tristan se montre à la hauteur de son génie. Beaucoup de mots à reprendre, certes. Une situation qui ne demandait qu'à être amplifiée. Le poète affirmera sa jonglerie, ne se contente pas de divertir et, par ses tours de passe-passe particuliers, sait confectionner un chef d'œuvre. Dans le genre sarcastique, je ne suis pas sûr, cependant, qu'il ait atteint, sur le sujet, les remarques – pourtant réservées à l'usage privé – rédigées par Flaubert dans l'une de ses lettres à Louise Colet en date du 24 avril 1852, cette même Louise Colet qui logera quelques jours à l'hôtel Pagano en 1866. Inutile de résister au plaisir d'en citer un long passage. Il est toujours bon de profiter d'une leçon de style :

« Causons un peu de *Graziella*. C'est un ouvrage médiocre, quoique la meilleure chose que Lamartine ait faite en prose. Il y a de jolis détails, le vieux pêcheur couché sur le dos avec les hirondelles qui rasent ses tempes, Graziella attachant son amulette au lit, travaillant au corail. Deux ou trois belles comparaisons de la nature, telles qu'un éclair par intervalles qui ressemble à un clignement d'œil : voilà à peu près tout. – Et d'abord, pour parler clair, la baise-t-il ou ne la baise-t-il pas ? Ce ne sont pas des êtres humains, mais des mannequins. – Que c'est beau ces histoires d'amour, où la chose principale est tellement entourée de mystère que

l'on ne sait à quoi s'en tenir ! l'union sexuelle étant reléguée systématiquement dans l'ombre, comme boire, manger, pisser, etc. ! Ce parti pris
m'agace. Voilà un gaillard qui vit continuellement avec une femme qui
l'aime et qu'il aime, et jamais un désir ! Pas un nuage impur ne vient obs-
curcir ce lac bleuâtre ! Ô hypocrite ! S'il avait raconté l'histoire vraie, que
c'eût été plus beau ! Mais la vérité demande des mâles plus velus que
M. de Lamartine[27] ».

Il va falloir partir cependant. Il n'était pas question pour Tristan de
s'installer en Italie. Il porte au cœur Roscoff, Morlaix, des horizons
plus drus, moins de douceur de vivre. La mer de Sorrente, plus tard
« incaguée[28] » par Rimbaud, ne respire pas comme celle qui bat le
rivage de Batz. Hamon doit rejoindre Sain à Rome, où chaque printemps il vend ses toiles aux touristes. Économie substantielle. En ces
temps, tous les chemins des peintres mènent à la Ville éternelle, surtout depuis que la Villa Borghèse y accueille les plus prometteurs (ou
réputés tels). Le 17 mars, Hamon et Tristan montent sur la barque
d'Antonio Scoppa, le portier et le passeur de l'hôtel Pagano, après
avoir prodigué leurs adieux à toute la famille réunie. Ils jurent de
revenir bientôt, mais Corbière prononce cet engagement avec incertitude, sans même imaginer qu'il reverra deux ans plus tard ceux qu'il
quitte maintenant. De la barque d'Antonio les deux amis passent sur
le vapeur *La Riposta* ancré au large. Capri s'éloigne et bientôt, après
avoir longé de petites îles, on voit monter à l'horizon le port de
Naples. Il n'est pas dit que cette fois Tristan en profita pour escalader
les pentes du Vésuve et se rendre à Pompéi, puisque, bientôt il gagne
Rome, comme semble l'annoncer un mot de Hamon envoyé de Naples
le 18 mars à Édouard Sain au Café Greco : « Nous allons arriver *avec
Corbière* lundi soir », Corbière étant souligné. Les Benner s'étaient
sans doute déplacés à Naples, puisque ce même vendredi 18 mars,
Benner note sur son carnet « Adieux à Hamon qui part pour Rome ».
Et, de fait, Hamon envoie le 1er avril 1870 un courrier à son ami
capriote : « Mon cher Benner, nous sommes arrivés enrhumés, Corbière et moi à Rome. Cela ne nous a pas empêché de rire un peu, ces
messieurs nous attendaient au chemin de fer. Nous n'avons pas eu le
moindre désagrément avec la Douane, ce dont j'étais content, j'ai
pensé à vous en toussant et en crachant pendant la nuit, j'ai pensé que
vous aviez avec Madame Benner attrapé un refroidissement en revenant de notre excursion [...] » À cette épître est joint un mot de Sain
signalant à Benner qu'il a bien reçu sa lettre au Café Greco. Si, du 17
au 18 mars jusqu'au 31, il n'est pas facile de reconstituer au plus près
les déplacements de Hamon, de Tristan et de Benner[29], on peut affir-

mer du moins sans risque d'erreurs que Tristan, en cette fin de mois, quelles qu'aient été ses pérégrinations antérieures, se trouve bien dans la capitale de l'Italie et que le milieu qu'il fréquente est, comme à l'habitude, celui des peintres qui, pour quelques mois ou quelques années, se sont faits romains pour étudier les grands maître de la Renaissance, renouveler leur inspiration ou s'adonner au bienheureux farniente qu'ils déguisent aisément sous l'alibi de vastes projets aussi fumeux qu'irréalisables. Artistes et peintres – en majorité des Allemands – se réunissent et pérorent au Café Greco[30] qui sert, en outre, de poste restante pour beaucoup qui, voyageurs d'un jour, dépourvus d'adresse fixe, indiquent ainsi le lieu où les joindre. Non loin de là logent Hamon et Sain au 66 *Via Babuino* (la rue du Babouin), 2ᵉ escalier, primo piano (premier étage). Il est probable que Tristan partagea leur logis, quoique les précisions qu'il donnera dans sa lettre à tante Émilie laissent entendre un local plus somptueux. À quoi s'occupe-t-il ? Et, du reste, lui faut-il une occupation ? Flâneur, il se perd parmi les passants. A-t-il relégué dans ses malles sa tenue maritime qui risquerait d'entraîner à sa suite un déplaisant cortège non de paparazzi, mais d'enfants criant à la chienlit ? Anonyme, Tristan, on veut le croire. À pied, de place en place. Château Saint-Ange, les rives du Tibre, la place Saint-Pierre par dérision. Ou bien au gré des vetturi et des curricoli. Pifferare – poète *in partibus*, observant les us et coutumes, sans souci pourtant de rapporter des notes de voyage. Comme il a du temps devant lui et qu'il vient de recevoir une longue lettre de sa tante Émilie, alors qu'aucun courrier de ses parents ne lui est parvenu, il se lance dans la rédaction d'une abondante épître[31], par chance conservée dans les archives (peu nombreuses) de la famille. Tristan est au mieux de sa forme et suppose que la destinataire le lira avec autant d'esprit qu'il va en manifester pour l'écrire. Échange de bons procédés entre gens de culture égale. Les sœurs d'Aspasie avaient reçu – on peut en être convaincu – l'éducation la meilleure pour des jeunes filles de ce temps, intelligences déliées, point bégueules (Aspasie des trois semble la plus timide) et capables de comprendre cet original de Tristan aux allures faussement rudimentaires, bel aubier sous l'écorce.

S.P.Q.R.

PIVS IX. PONT. MAX.

MDCCLXIV

Carîma estimatîma & graciôsima sora

J'ai bien reçu une charmante lettre de Paris, tu le sais bien, puisqu'elle est de toi. Elle ne m'a été remise qu'hier parce que l'autre jour c'était fête à l'heure du courrier. Car ici c'est fête toutes les 3 minutes entre les repas. Ça arrive comme un nuage et il faut que tout se ferme pour se rouvrir quand la fête est passée. Les boutiques, les décrotteurs, les restaurants. Ainsi hier je me suis trouvé pris par une fête et renfermé jusqu'à l'*Angélus*, dans une *Latrina publica* où j'étais en train de *modeler pour Niewkerke*, il m'a fallu bon gré mal gré en l'honneur de je ne sais quel martyr de quatrième classe passer la fête là, rêvant aux *parfums de Rome*, ah, que j'aime mieux *les odeurs de Paris*, l'odeur de cette bonne soupe à laquelle tu me convies pour mon retour. Oui, la soupe est la patrie !

Quant à l'autre invitation à la valse pour le 23, je la trouve moins bien tournée vu le p'ti *Ugèneaumaître* que tu m'ombrechinoises se disloquant à la sueur de ma sœur qui est la sœur de ma sueur et pressant Jehanne la blonde indignée, comme un vieux satyre en terre rouge non cuite violant une jeune nymphe. Ça c'est raide, il n'y a pas comme ces tortillards-là pour être raides. Enfin moi je refuse, je reste encore un peu ici *ballare la tarentella*. Pour ce qui est de l'opérette peut-être me serai-je décidé à un déplacement si tu m'avais offert un engagement avantageux dans ta troupe. création d'un rôle de *Pifferare en temps de mal'aria – Lazzarone muet – bravo sans pain –* ou simple *canaille à caractère*. J'ai déjà obtenu certains succès d'estime dans ces tons-là. Eh bien, et lui, *Don Fernando*, c'est donc en remontant vers le Nord qu'il se laisse dégeler sous une pluie de fleurs… Et il n'a pas dit zut ! ?…. Comme on a raison de dire que les voyages forment la jeunesse… nous sommes tous charmants in partibus. Ah tu veux des tableaux O ma tante, des Raphaël ignorés. En effet ici on a beaucoup de tableaux pour rien, et rien hélas pour beaucoup de tableaux, des mauvaises copies dans les 7 francs 50 c – et dans les 1 000 f, de bonnes copies, ce qui est bon prix. Aimez-vous les mosaïques, on en a mis partout, et il y a même, dit-on, des vraies personnes qui en achètent. Enfin on n'est pas parfait. Ça vaut encore mieux que de tuer son père. En fait de bibelots ils font assez bien l'antiquité dans deux ou trois fabriques. Oh j'ai vu un type de marchand, tu sais, un pur chef d'œuvre comme Dieu seul peut en faire. Je n'essayerai pas de t'en faire une description, j'ai essayé d'en faire une copie, mais un croquis ne parle pas. J'ai voulu acheter l'original tout cru, j'aurais fait des folies sur mes économies, mais il a mal pris la chose. Il n'a pas voulu malgré les instances de sa femme qui ne demandait qu'à s'arranger. Autre curiosité – le pape. Je l'ai vu, j'aurais pu le toucher et lui donner ma main à embrasser. Nous nous sommes retrouvés là par hasard aux thermes de Dioclétien où l'on a fait une exposition des pompes du culte. J'y ai surtout admiré deux sacrés canons en bronze d'un calibre vénérable offerts par souscription pour soutenir le Saint-Siège. – Un marchand de Bordeaux a aussi une vitrine de VINS DE CHOIX pour messes – après ça tirons le rideau. C'est donc là que j'ai vu le pape, pas dans une vitrine ; il marchait tout seul et regardait lui-même à côté de deux cardinaux. Voilà tout. J'ai poliment tiré mon chapeau, mais il n'a pas eu l'air de me connaître, ni moi non plus. Alors j'ai vu les quelques-âmes qui se trouvaient sur son passage, piquer des têtes et verser d'abondantes larmes (Il paraît que c'est le chic) et baiser avec rage tout ce qu'elles pouvaient attraper au vol. Du reste, sa sainteté se laissait faire avec une adorable infaillibilité, et ce sourire de chic que lui ont appris des portraits répandus dans le commerce à 7 f 50 c. – Enfin le pape ressemble à tous les papes et un peu à Jeanny Kerbriant. J'ai immédiatement télégraphié cette dernière remarque à Morlaix pour l'Édification, la plus grande gloire et le salut de maman Puyo.

Continuons les bibelots. Camées antiques, très cher, modernes, pas cher. Médailles antiques – assez rare, mais trouvable. Ça fait des bracelets de style, monté en or ou argent. J'en ai fait faire un comme ça pour une sœur à moi – 150 f et par protection encore – monté en argent. Et voilà. Que veut ma cousine aux rayons d'or.

> Pour un regard pour un sourire d'elle
> pour un cheveu ?

Veut-elle une gondole de Venise avec le gondolier et la lagune avec, pendant que nous y sommes ? Veut-elle la bague empoisonnée des Borgia pour valser avec le ptit Ugène ? Veut-elle des indulgences assorties pour la ville, la campagne ou le voyage ? Veut-elle un évêque du Groënland ou de Tombouctou ? Ça se trouve, on ne sait qu'en faire. Enfin qu'elle parle et toi aussi. L'argent n'est plus pour moi d'aucun poids dans la balance et l'or n'est absolument plus qu'une chimère. Je vis à l'*œil* – avec 500 f de déficit et l'avenir… l'avenir.

J'ai, en attendant, mon logement pour rien dans un palazzo et quelquefois un équipage avec livrée bleue ou grise suivant le temps. Ça ne s'explique pas, c'est un miracle et je laisse opérer. Il faut pourtant que ça finisse et je pars de Rome *Dimanche prochain*, jour de Pâques, pour être seul dans le train. Pour Florence où j'irai demander à *Viquetore* ses commissions pour le père Homon. Je ne regrette pas d'avoir vu Rome, parce que j'aurais toujours regretté de ne l'avoir pas vue. C'est un grand et beau musée avec un joli plafond. Mais je n'ai rien senti là. Pas moyen d'éprouver une impression vierge devant ces *colonnes*, ah oui, ces *colonnes* déflorées par les abat-jour et les devant de cheminées qui fleurissent chez madame Pesse. Ce colysée importé en transparent Rue St Melaine par le comte Ange de Guernizac (il Cavaliero Angelo de Guern'isaaco). Assez, n'est-ce pas ? Voilà une lettre trop longue. Tant pis ! J'en demande pardon à ton lorgnon.

Amitiés à tous, à la cousine aux rayons d'or aux yeux de miel etc. à *sir Georges esquire*, à Fernand, pour l'exportation, et à toi ma chère tante.

J'ignorerais encore, sans toi, que les Edmond ont fait mettre un couvert de plus au banquet de la vie pour Emma, puisqu'Emma il y a. Ma famille ne m'écrit mot, la présente me trouve de même et je ne réponds rien avec beaucoup d'exactitude. C'est une correspondance que le vicaire de la police aura bien du mal à intercepter. Enfin tu me dis que la famiglia va benè – Eh bien, Benè. »

Pas un paragraphe de ce petit chef d'œuvre épistolaire qui n'éclaire à point venu et quelque peu rétrospectivement la vie de Corbière. Tristan se montre particulièrement réceptif aux nouvelles familiales qui lui sont apportées. Aucune rébellion n'est discernable dans ces lignes enjouées. À moins de lui soupçonner une hypocrisie monstrueuse, on doit plutôt constater sa parfaite insertion dans les familles des oncles et tantes. Émilie, selon toute vraisemblance de passage à Paris, ville à partir de laquelle les communications sont assurées (on en admire la rapidité, en l'occurrence), lui a écrit pour lui apprendre la toute récente naissance d'Emma, fille d'Edmond Puyo et de Christine. Pour Emma, désormais, la table est servie « au banquet de la vie ». Tristan se risque à perpétuer cette vieille métaphore, en se souvenant du très célèbre vers de Mille-voye en son « Poète mourant »

« Au banquet de la vie infortuné convive ».

Il salue les enfants d'Émilie, Georges le cadet, âgé de treize ans, Jeanne, âgée de seize ans, et son presque contemporain Fernand, qu'il nomme plaisamment Fernando et qui voyage à cette époque hors de France – comme lui. Il manifeste surtout un spécial intérêt où se mêle peut-être un brin d'amour pour Jehanne (en souvenir du « Jehanne la bonne Lorraine » de Villon !), la blonde cousine « aux rayons d'or », aux yeux de miel, pour laquelle il est prêt à entonner le « Guitare » de Victor Hugo mis en musique par H. Monpou, l'un de ses airs favoris :

« Pour un regard, pour un sourire d'elle
Pour un cheveu »

La lettre nous apprend, en effet, le genre de festivités que la pétulante Émilie perpétue, malgré le décès de son mari survenu en 1866. Le château de Kerozar accueille entre ses murs une petite troupe, assurément inspirée par ses hôtes. Un prospectus[32] – ancien, il est vrai – imprimé par Quellen, y annonçait la représentation d'*Oscar ou le mari qui trompe sa femme* de Scribe et Duveyrier et de *Midi à quatorze heures* de Théodore Barrière. Tout prouve qu'en 1870 Émilie n'a pas renoncé à ces divertissements très culturels qui doivent réjouir les familles Puyo, Corbière et consorts – lesquelles, au besoin, n'hésitent pas à se mêler à la troupe des acteurs patentés. Cette fois, il s'agira d'interpréter une opérette. On ne sait laquelle, ni quel rôle Émilie comptait attribuer à son grand diable de neveu. Tristan, pour sa part, connaît par cœur ceux qui lui ont valu le succès sur des scènes rien moins que théâtrales. Ces pittoresques individus, il s'est plu à les incarner à maintes reprises, les alter ego de sa défection intime, ceux qu'il nomme les « canailles à caractère », soulignés à cru d'un trait caricatural, ou mieux encore, puisqu'il traîne ses cuissardes de matelot en Italie, les *pifferari*, les *lazzarones*, les *bravos*, tous rôles éprouvés imbus de couleur locale : musiciens ambulants vêtus de hardes multicolores qui font les mendiants et posent parfois dans les ateliers, en académies peu académiques, fainéants qui placent leur semblant de sieste contre un mur et ôtent juste à temps leurs jambes allongées quand passe un calessino, assassins sur commande attendant la pratique. Tristan a définitivement choisi son camp. Mais, comme il l'avoue lui-même en toute ingénuité, il s'agit, en fin de compte, d'une *figuration* où le trivial rejoint le sublime, à l'enseigne de Callot et des poètes crottés du XVIe siècle.

L'auteur de la lettre, tout pénétré de l'ambiance romaine, n'oublie pas de donner de ses nouvelles. Nous n'avons droit, bien sûr, qu'aux plus malséantes – les paysages à la Corot et les élégies façon Lamartine n'étant pas de son ressort, incapacité constitutionnelle, pourrait-on dire, lui-même n'ayant pas d'exercice à se donner de ce côté-là. Au risque de choquer tante Émilie, ne précise-t-il pas qu'à la suite d'une célébration en l'honneur d'un saint de quatrième classe, il est resté enfermé dans des latrines publiques où – nécessité oblige – il était entré pour « modeler pour Niewkerke » ! La spirituelle Émilie, loin d'être offusquée comme on aurait pu s'y attendre, comprendra fort bien l'allusion, en habituée du langage des vaudevilles que n'épargne pas la scatologie. Le commentateur italien du passage s'est étonné[33], peu au fait qu'il était de l'argot du temps où « couler un bronze » (Niewerkerke était un sculpteur officiel et célèbre) désigne l'opération excrétive que l'on devine.

Tristan commence par ce coup d'éclat, sans présumer le moindrement qu'il pourrait irriter sa lectrice. On appréciera la liberté d'esprit de ces bourgeois éclairés qui l'entourèrent, amateurs de pièces légères et d'opérettes, et fort au courant d'un vocabulaire d'une truculente trivialité – ce qui n'empêche pas Tristan, pour relever le tout, de citer l'un des penseurs du jour, l'archicatholique ultramontain Louis Veuillot, auteur des *Parfums de Rome* qui vantaient la foi triomphatrice d'un monde moderne dégradé et disaient leur admiration pour la société papale, et des *Odeurs de Paris*, dénonçant les nauséabonds relents de l'athéisme et du libéralisme. Tristan ne renchérit pas sur tant de lectures[34] qu'il utilise pour les besoins de la cause. Mais il laisse entendre à leur propos une étroite connivence avec la destinataire, informée, comme lui, de tels ouvrages de pensée.

Pour évoquer son séjour dans l'illustre cité, il en détache deux anecdotes bien significatives de l'espèce de dandysme distant par lequel s'exprime sa façon d'être. Tant qu'à jouer les touristes (et le tourisme commençait à faire rage), il traite par l'ironie la recherche aux antiquités, toutes confectionnées *hic et nunc* par des ateliers *ad hoc*, si bien que l'objet par excellence qui le retient n'est autre que le marchand lui-même, malheureusement pas à vendre, même en y mettant le prix ! Devine-t-il la déception de tante Émilie ? Mais il se voit mal revenant d'Italie avec des souvenirs et des cadeaux pleins ses malles, « Raphaëls » de manufacture et colifichets bénis par un subalterne du Vatican. Le bon fils n'en rapportera pas moins quelque souvenir à Aspasie (Édouard, quant à lui, n'en a que faire) et grand mère Puyo ne sera pas en peine de confire sa dévotion avec quelques bouts de cierges et grains d'encens effleurés par Sa Sainteté.

L'entrevue avec le pape Pie IX, l'homme de l'infaillibilité pontificale et du concile de Vatican I, s'imposait. Le hasard ménage bien les choses, et c'est lors d'une très officielle Exposition des pompes du culte aux thermes de Dioclétien que ledit Saint Père et le dénommé Édouard Tristan Corbière se croisent sans pour autant se reconnaître. Une rencontre autre qu'aléatoire ne s'imposait pas. Passons – ce que fait Tristan, peu touché par ce miracle un peu court. Aux thermes de Dioclétien, il a pu admirer, entre autres objets précieux et inutiles, des canons en fonte dont – me semble-t-il – il s'amuse à détourner l'usage militaire pour en suggérer un autre, en jouant sur le double sens du mot : un canon désignant aussi un petit verre. Qu'il ait tourné autour de ce sens ou l'ait mis en réserve, il ne s'en livre pas moins ensuite aux habituelles plaisanteries sur le vin de messe, jusqu'à nommer un hypothétique commerçant de Bordeaux fournisseur attitré du Saint Siège. Tristan tient son motif, sur lequel en expert il serait prêt à broder *ad libitum*. L'en-tête de sa lettre, mimant les inscriptions monumentales, annonçait suffisamment la couleur. Lire donc pour SPQR « Senatus Populusque Romanus » ; interpréter « PONT-MAX. », comme « pontifex maximus » et s'étonner un instant du millésime 1764 (et non 1870), le temps qu'un érudit professeur italien[35] nous informe que précisément cette date reproduit celle d'une épigraphe commandée en son temps par Clément XIII. Tante Émilie n'y verra que du feu, et Tristan se réjouit pour lui seul de cette quasi citation incongrue qu'il calligraphie en tête de son épître.

Tous comptes faits, une fois la lettre lue, nous n'en savons pas beaucoup plus sur sa vie ordinaire, qui semble lui procurer toutes les satisfactions qu'il est en mesure d'en attendre. Un hébergement à *l'œil* (l'expression populaire était à la mode, déjà) dans un palazzino. Le 66, rue du Babouin ? Peut-être en rajoute-t-il, avec ce zeste de fanfaronnade qui lui sert de viatique. Ainsi le veut l'appréciable entraide des peintres. Quant à son émotion possible devant les beautés antiques, elle se réduit à peu de choses. Rome faite pour les visites et le bavardage des cicerones. Musées, plafonds. Foin de l'authentique qu'il espère en tout. « Je n'ai rien senti là ». Un geste obligé suit, qui frappe à l'endroit du cœur. Il n'est pas difficile de le comprendre : il suffit que, sans détours, sans circonlocutions, une impression l'atteigne, monte en lui. Abrupte transmission de ce qui émane des êtres et des choses. Et non, quoique l'on pourrait s'y méprendre, « Ah ! frappe-toi le cœur. C'est là qu'est le génie. » de Musset. Plutôt : ce qui frappe le cœur produira le génie.

Tristan cachète sa lettre, rit de son abondance et l'adresse au bon entendeur. Puis, une fois encore, erre dans les rues de Rome, en compagnie d'un nouveau comparse de 63 ans, l'étrange et confus Paul Chenavard[36]. Pour celui-là la carrière est faite, bel et bien ratée, avec de belles aurores, des illuminations et de pénibles ténèbres. En 1870, qui le connaît encore ?, lui qui vécut ses heures de gloire, du temps où il fréquentait la Bohème du Doyenné ? Ami de Gautier, de Nerval, il apparaît dans *Aurélia*, seulement désigné par son prénom. Tous avaient cru en lui, au cours de « conversations éblouissantes » qu'il prodiguait devant un auditoire momentanément séduit, lors des après-midis ou des soirées qui les réunissaient au Divan Le Peletier. Delacroix le tenait pour un ami très cher, inventif et velléitaire. Il avait composé en grisaille les trente cartons d'une suite dont les fresques auraient dû recouvrir les murs du Panthéon. Imagination puissante se croyant capable de retracer ainsi l'histoire de l'humanité, les idées quarantehuitardes l'avaient porté au pinacle, quand beaucoup s'illusionnaient sur la palingénésie sociale. À deux ans de distance, les frères Goncourt l'avaient rencontré à Rome et caractérisé en quelques aspects exacts : « une belle tête de philosophe antique emprunte de la tristesse des vieux artistes aux ambitions écroulées. Une voix éteinte, strangulée comme par l'extinction d'une parole usée et répandue depuis 40 ans. Un grand causeur […] remuant les idées par le haut[37] […]. » Chenavard s'entrevoyait devant une table boiteuse du café Greco. Edmond de Goncourt, toujours curieux des êtres, avait souhaité mieux connaître le personnage : « Il dit qu'il a l'habitude de sortir à 4 heures et me donne rendez-vous pour une de ses promenades péripatéticiennes à la Poussin, à travers la vieille Rome. » Lancé sur ses marottes, le vieux peintre expose alors ses « théories de découragement – et d'écrasement de l'art sous son passé »[38]. Loin d'avoir abdiqué il songe encore à être le rénovateur contemporain.

Il n'est pas douteux que Chenavard, trop heureux de converser avec un jeune interlocuteur, n'ait imposé à Tristan légèrement sceptique le développement de ses idées transcendantes. Il se comportait d'autant plus vraisemblablement de cette façon que venait d'être révélé dans *L'Art romantique* de Baudelaire un long article « L'Art philosophique »[39] qui le concernait en partie. Baudelaire ne flattait guère cet ancien ami : « Le cerveau de M. Chenavard ressemble à la ville de Lyon [*dont le peintre était originaire*] il est brumeux, fuligineux, hérissé de pointes comme la ville de clochers et de fourneaux. Dans ce cerveau les choses ne se mirent pas clairement, elles ne se réfléchissent qu'à travers un milieu de vapeurs. »

Tristan est surpris par ces discours. Il n'y consent guère mais voit jusqu'où peut s'égarer une pensée spéculative à l'excès. Faute de répliquer il écoute – et peut-être découvre les pages de Baudelaire dont il n'est pas dit que jusqu'à maintenant il ait parcouru l'œuvre. Rien qui le prouve, en tout cas. Dans les poèmes de l'*Album Noir*, très estompée semble l'influence. Baudelaire ne *pose* pas dans les types d'excentricité chers à Tristan. Bottes et caban de pêcheur, non. Plutôt le frac, même élimé, et la chemise blanche. Plutôt la tête nue que le béret ou le galurin. Et l'argot parcimonieusement employé, quand il « tue le temps », voit dans une femme un « cheval de race » ou interroge les « mirettes » de l'aimée. Qu'importe, du reste, une influence plus appuyée, plus indubitable. Chenavard s'est trouvé sur le chemin de Tristan, et Tristan a su par lui qui était Baudelaire, qui était Nerval. Qu'il en ait tiré le moindre profit, il ne semble pas. La lucide conscience d'une communauté d'artistes éclairée par le Guignon, comme par une lanterne à gros numéro ? Il ne se sentait pourtant pas vraiment de leur troupe, se voulait plus inassimilable et joueur, nourrissait d'une hargne anti-littéraire son dégoût, malgré ses immersions réitérées dans le monde de l'art, comme on s'adonne de nouveau à une drogue que l'on ne tarde pas, sitôt la dose prise, à mépriser. Chenavard arpente les venelles, traverse les ponts, rêve devant les colonnes du Forum. Tristan marche à côté de lui, refusant d'être bercé par ses rêveries rares et s'inquiétant peu de l'avenir de l'humanité qu'il sait en état de putrescence.

Dans une lettre de Hamon à Benner postée le 1er avril 1870[40], un mot additif de Chenavard annonçait : « Nous partons ensemble le dimanche de Pâques. » Ce « nous » pouvait désigner lui, Corbière et Hamon, mais nous avons vu Corbière, dans sa lettre à Émilie, énoncer son intention de partir de Rome seul. À nous en tenir à cette information, nous devons penser qu'il rejoignit alors ses deux autres compagnons à Florence. Là-bas, ce fut sans nul doute l'occasion pour lui de voir accroché dans la galerie des Offices l'autoportrait commandé à Hamon l'an passé[41] et qui montrait de celui-ci le visage volontaire, le regard inquiet, le nez droit, et, d'un beau roux quasi flavescent, les favoris et la barbe en tablier de sapeur. L'allure n'a rien à voir avec celle d'un bohème. On n'y perçoit pas davantage l'alcoolisme qui le tyrannisait et qui quatre ans plus tard causera sa mort. Cette toile admise dans une grande galerie contemporaine était une marque de reconnaissance, tardive, il est vrai, et en terre étrangère, à un moment où, en France, sa renommée s'était estompée. « Une belle chose », affirme Hamon à qui veut l'entendre. Et Tristan, docile, en convient, bien qu'il préfère l'expressivité outrée des caricatures et de plus franches couleurs. De la Renaissance italienne il dut estimer qu'il serait inepte de vouloir rivaliser avec elle. Que signifie, du reste, de nos jours, une telle pureté, la transparence des Raphaël et des Botticelli dans un monde où commence à triompher l'industrie ? Mais pas davantage il ne s'apitoie sur les ravages du progrès.

De Gênes, quelques semaines plus tard, Hamon, dans son style hésitant, envoie une lettre[42] à son cher Benner (de cheval) – plaisanterie obligée dont ne se lassaient pas les affidés du groupe capriote :

« J'ai reçu votre lettre à Rome, vous me dites que votre sœur est contente de son éventail, et que tout le monde est content. Je ne vous ai pas écrit de Rome, je n'ai pas eu un instant à moi la dernière journée avant mon départ vous savez que j'ai été malade à Rome tout le temps excepté 3 jours avant de partir. C'était la grippe ou la coqueluche. Nous avons tous été malades et avec de la fièvre. Foutu climat de Rome, quand il n'y fait pas beau.

J'y ai fait peu d'affaires, je ne comptais sur rien, j'ai emporté pour 1 400 fr. de commandes de choses avancées à finir, je suis content. Sain pioche à Rome à son tableau, il se dispose à aller bientôt à Capri. Je suis avec Corbière et Chenavard à Gênes. Nous attendons ce soir pour partir par la corniche [...] Jugez si je suis content de faire le voyage avec Chenavard et d'avoir passé un jour à Florence à voir la belle chose sans fatigue. Chenavard vous dit bonjour et Corbière de cheval [...]

Alors le tableau va bien. Piochez, mon cher, piochez-le, ne vous pressez pas. Dites-vous, en vous-même, voici mon chef d'œuvre. Il faut mettre tout ce que vous pouvez là-dessus. Gare à la raideur et à l'air de monument de la photographie. C'est la mort. Nous allons partir ce soir pour St raphaël. Il n'y a rien à voir à Gênes. Nous y avons vu quelque Van Dyck ce matin. Mille amitiés à Madame Benner, à Manfred [...] Nous avons depuis 5 jours un temps admirable, mon rhume est à peu près fini ; j'ai encore toussé cette nuit pourtant. Allez, à revoir.

Écrivez-moi à St Raphaël (dépt du Var) chez Mᵣ Hardon, villa des Bruyères.

Je vous serre la main, votre ami

L. Hamon. »

On observera que le rapport entre Hamon et Benner n'allait pas
jusqu'au tutoiement. Mais un certain état d'esprit les rapprochait et les
préoccupations inhérentes à leur métier – les ventes de tableaux aux
riches touristes, auxquels souvent tous deux servaient des « vues de
Capri », des scènes typiques dont les étrangers raffolaient. Toute une
clientèle d'Anglais achète avidement ces souvenirs qui préfiguraient,
pour le pire, la mécanique reproduction chromo. La première moitié
du siècle avait déjà vu des « Paul et Virginie » en dessus de pendule,
et l'« Angélus » de Millet était accueilli, à l'égal du bon pauvre, dans
la moindre chaumière. Un Benner, un Hamon, un Sain gardent néanmoins quelque illusion en ce qui concerne leur art et, loin d'utiliser
des photos, comme Courbet ou Delacroix, voient dans le daguerréotype également honni de Baudelaire l'ennemi ou le repoussoir, ce qui
précisément fige tout mouvement (le temps de pose dépassait le quart
d'heure), alors que la peinture reproductrice sait conserver une fraîcheur, une spontanéité, l'élan d'un geste. À voir cependant les
tableaux d'un Édouard Sain, on est bien convaincu que la raideur de la
pose, loin d'être éliminée, prend ici des proportions alarmantes et monumentales. Passons sur les conseils d'Hamon, et ne remettons pas trop en
cause son bon aloi, les grandes règles qu'il prône et qui consistent à piocher et piocher encore. « Polissez-le sans cesse et le repolissez », disait
de son côté Boileau...

À Gênes, que cette fois visite Corbière, alors qu'il n'avait pu y descendre lors de son voyage aller, le gros temps contraignant le bateau à
rester au large, s'est-il livré à ses excentricités ordinaires, en dépit de
ses deux mentors occasionnels veillant sur le « pittore-poète » ? On a
longtemps considéré les indications placées à la fin de « Libertà » :
« Cellule 4 bis – Genova-la-Superbe » comme pure fantaisie. Si Tristan
ne fut pas emprisonné là (comme plus tard Apollinaire à la Santé), il
est évident, néanmoins, qu'il connut cette ville. Je ne vois, du reste,
aucun inconvénient à lui faire subir pareille détention à la suite d'une
conduite plus ou moins répréhensible – le fruit du larcin étant bien
tangible de nos jours, puisque je l'ai touché de mes propres mains
chez Mme June Vacher-Corbière. Nul n'ignore les méfaits des biographes décousant et recousant des fils ténus pour en faire leur tapisserie.
Pour m'être laissé aller un moment à de tels rapiéçages, je n'en appel-
lerai pas moins sur eux le discernement convenable. De cette haute
mitre d'évêque ornée de superbes cabochons[43] (puisqu'il s'agit de ça),
il faut certes faire quelque chose, et nous savons que Tristan ne la
laissa pas inemployée. Nous sommes pareillement assurés qu'il la rap-

porta d'Italie. Quant à inventer la circonstance dans laquelle il se la procura, le champ s'ouvre libre – à parcourir sans ivresse excessive, tout juste le bonheur de l'improvisation. Ou cette mitre fut achetée par des espèces sonnantes et trébuchantes, en bons carlins ou lires, ou elle fut dérobée à la tête d'une auguste statue, comme il s'en voit, abondamment adorées, dans les églises italiennes et ailleurs. Le vol est un acte – puni ou non. Autre est la captivité, pour des raisons multiples : ivresse, tapage nocturne, les motifs le plus souvent incriminés en pareil cas. Les soulographies de Tristan, quoique jamais attestées, sont imaginables et correspondent au personnage, doté cependant d'une réserve. Je retiens, quoi qu'il en soit, la spirituelle trouvaille à laquelle il nous convie, – cette geôle gênoise enrichie sur son fronton du paradoxal « Libertà ». De tels détails ne s'inventent pas, encore que l'inscription soit inidentifiable de nos jours, l'édifice n'étant plus situable. Douze strophes[44] en résultèrent couronnées par le « Lasciate ogni... » de Dante. Tristan s'adresse à la prison comme à une femme qui le découvrirait à lui-même et le dépouillerait des vaines défroques de la vie sociale. Leçon érémitique à tout prendre, où il accomplit, victime du châtiment, un vœu de pauvreté.

> Comme la Vénus nue,
> D'un bain de lait de chaux
> Tu sors, blanche Inconnue,
> Fille des noirs cachots
> Où l'on pleure, d'usage...
> – Moi : jamais n'ai chanté
> Que pour toi, dans ta cage,
> Cage de la gaité ! »

Qu'elle aît été vécue ou non, l'ascèse en toute légèreté, en tout allégement, est philosophiquement éprouvée, bouleversant les concepts : « Quatre murs ! – Liberté ! » Et Corbière, qui plus d'une fois souhaitera, par métaphore, se débarrasser de la vie, pose ici avec sérénité le manteau et le fardeau :

> « Ha ! l'Espérance folle
> – Ce crampon – est au clou.
> L'existence qui colle
> Est collée à l'écrou.
> Le souvenir qui hante
> À l'huys est resté ; »

Une de ses plus belles réussites, en somme, et selon les entrelacs d'un art consommé où, point trop heurté ni brutalisé, le langage produit un chant. L'octave (appelez-la huitain, si vous préférez) s'achève régulièrement sur une rime en – té (hantée !) où la Liberté (le titre) y trouve son compte : exact ! À supposer qu'une pareille histoire échut à Tristan dans Gênes la Sublime, Hamon, discret, ne s'en fit pas le rapporteur et Chenavard, habitué aux chahuts bousingos, n'en soufflera mot.

Le trio quitte Gênes, par le train sans doute, atterrit à Toulon ou Marseille, gagne le petit village de Saint-Raphaël encore ignoré des estivants germanopratins. Hamon y est hébergé – atelier compris – villa des Bruyères, chez Mr Hardon près de qui les années suivantes il fera construire une maison dont la mort, survenue trop vite, l'empêchera de profiter[45]. Tristan et Chenavard sont encore du voyage et, durant ce mois de mai 1870, goûtent des douceurs de la Côte. Ils séjournent là peu de temps, avant de reprendre le train, Tristan, à coup sûr, pour Paris, Chenavard l'accompagnant sans doute. Avec l'impénitent théoricien il a tellement trouvé à qui parler qu'il ne souffle plus mot, lassé à l'idée de contredire. Je ne sais quels bons tours il se plut à jouer au brave Paul pour qui il dut se prendre d'une franche amitié. Sur le chemin du retour, il fait une pose obligatoire à Paris, visite le cousin Georges, et, plus que séduit, se procure (s'il ne l'avait fait déjà) un Baudelaire. Les *Œuvres complètes* publiées par Michel Lévy sont dans toutes les bonnes librairies. Imaginons, par conséquent, un Paris-Morlaix, quatorze bonnes heures, pour dévorer *Les Fleurs du mal*, poison tutélaire auquel, selon lui, il manque cependant quelque chose : à côté du musc trop répandu, un fumet de boucanerie et des paquets de mer moins reluisants que les flots médités du *Voyage*, qu'encombre à son sens un gâchis d'intellectualité – mais il faut retenir :

« Ô Mort, vieux capitaine, il est temps, levons l'ancre. »

Notes

1. Lettre citée par Léon Durocher dans son article « Corbière à Capri », *Le Fureteur Breton*, t. VII, juin-juillet 1912. Nous sommes entrés en relation avec M. Jean-François Benner, descendant de Jean Benner (1836-1909) et de Many Benner (1873-1965), fils de Jean Benner et ancien conservateur du Musée Henner à Paris. Il a mis à notre disposition des éléments de correspondance, ceux que Durocher et, plus tard, le professeur italien Pasquale Amiel Jannini ont consultés. Certains, vus par ces deux chercheurs, n'ont pu être retrouvés par moi en 2010.

2. Sur les peintres de Douarnenez, voir Virginie Dumont-Breton, « L'Hôtel Vedeler à Douarnenez » dans *Les Maisons que j'ai connues*, t. II « Nos amis les artistes », Plon, 1927, p. 11-126. Et Denise Delouche, « Emmanuel Lansyer (1835-1893) et la Bretagne », *Arts de l'Ouest*, t. II, 1983, p. 5-26.

3. Comme l'atteste la lettre de Jean-Louis Hamon à Sain et à Benner alors à Capri, datée du 10 juillet 1870 et envoyée de Douarnenez. Elle est citée intégralement dans le livre de P.A. Jannini, *Un altro Corbière*, Rome, Bulzoni, 1977, p. 190-191.

4. Autographe inédit, collection particulière, pièce n° 145 du catalogue *Hommage à Corbière* (1975). Lettre reproduite en fac-similé.

5. Voir dans le roman de Jules Verne *Clovis Dardentor* (1896), deuxième chapitre : « est-ce donc que son estomac éprouvait des subversions regrettables, ou pour employer une locution de l'argot des marins – est-ce qu'il s'occupait de compter ses chemises ? »

6. Voir *infra* p. 307, le premier état du poème « Veder Napoli poi mori », donné dans l'album des voyageurs de l'Hôtel Pagano.

7. Sur l'hôtel Pagano et son histoire voir le livre d'Ewa Kawamura *Alberghi storici dell'isola di Capri*, La Conchiglia, 2005.

8. Maxime Du Camp, « Capri », *Revue des Deux Mondes*, octobre 1862.

9. Voir de Emile Louis Victor De Laveleye (1822-1892) le témoignage recueilli dans *Almanacco Caprese*, n° 6, Capri, 1993, p. 8.

10. « Chanson de Mignon » au début du troisième livre des *Années d'apprentissage de Wilhelm Meister* de Goethe.

11. Registre de l'hôtel et des personnes logées à l'hôtel Pagano, désormais conservés au Centre Ignazio Cerio de Capri. La feuille où Tristan a écrit son nom et sa fonction se trouve reproduite dans le livre de P.A. Jannini, *Un altro Corbière*, ouvr. cit., fig. 12.

12. Sur Jean Benner, né à Mulhouse en 1836, mort à Paris en 1909, voir *Artistes peintres alsaciens de jadis et de naguère* (1880-1982) par François Lotz, et la maîtrise de Catherine Galliath (Faculté d'Histoire de l'art de Strasbourg), *Jean et Emmanuel Benner, peintres jumeaux, deux vies, deux œuvres*.

13. Le journal de Benner, sorte d'éphéméride écrite sur des feuilles de petit format, est cité par L. Durocher dans son « Corbière à Capri » (voir ici même, n. 1). Durocher a pu le compulser chez Many Benner. Il semble que Jannini ait pu le voir aussi. Mais les descendants actuels des Benner ne l'ont pas retrouvé dans leurs papiers de famille. Je recopie donc les citations données par Durocher.

14. Voir de Sade l'*Histoire de Juliette*, fin de la troisième partie.

15. C'est la villa que l'on voit dans le film *Le Mépris* de Jean-Luc Godard.

16. Voir d'Axel Munthe, *Le Livre de San Michele* (1929).

17. Zdilaw Suchodolski (1835-1908), peintre polonais, fut célèbre pour ses tableaux traitant de sujets historiques. Il a longtemps vécu en Italie, à Florence, Rome, Naples et Capri.

18. Reproduction dans l'article de L. Durocher de 1912 « Corbière à Capri », p. 132 et dans le *catalogue Tristan Corbière*, Musée de Morlaix, 1995, p. 18. À propos de ce panneau, E. Cerio note dans son livre *L'Ora di Capri*, Capri, Insula, 1950, p. 305 (je traduis) : « Il fut détruit un beau portrait de Tristan Corbière peint par Jean Benner représentant le poète les mains enfoncées dans les poches de sa vareuse bretonne, avec un chapeau de bateleur et d'énormes bottes, en conversation avec Emiliella, la belle jeune fille capriote devenue depuis princesse. »

19. Voir album (47 x 31) relié en toile. Sur la couverture est écrit « Caricatures ». L'intérieur est constitué de feuilles de carton 44 x 30 sur lesquelles sont collées diverses

charges. Pour ce portrait, (17 x 12), voir sa reproduction dans *Un altro Corbière* de Jannini. Une autre reproduction moins précise, car il s'agit d'un calque, se trouve dans le livre de Martineau, *TC* (1925), p. 47.

20. Cette attitude a tout de suite permis à Camille Dufour d'identifier Corbière quand Léon Durocher lui a montré la photo de Tristan faite à Morlaix chez J.F. Le Coat, 7, rue des Vieilles Murailles, (5,5 x 9 cm, format carte de visite), figurant, reproduite en pièce 111, dans le catalogue de la vente Alde de 2007 où elle est indiquée à tort comme faite chez Gustave Croissant – la photo ayant été rognée à l'endroit où elle porte cette indication, nettement visible, en revanche, dans le livre de Jannini (fig. 1).

21. Sur ces diverses charges dues à Corbière, voir *Album de Caricatures* et les reproductions dans *Un altro Corbière* de Jannini : Hamon en prélat (17 x 12, non signé) et Hamon portant un bâton sous le bras (22 x 14, signé).

22. *Ibid.*

23. Drouet (22 x 14, non signé). Reproduction dans *Un altro Corbière* fig. 8. Drouet, comme on le verra, fréquentait aussi Roscoff.

24. Charge faite par Jean Benner, *Album de Caricatures*, reproduction dans *Un altro Corbière* et dans le livre de Martineau, *TC*, 1925, p. 54 d'après un calque. Le calque laisse apparaître sur le coin inférieur gauche l'indication de date « 70/71 ».

25. Poème figurant sur la « Nota dei/Forestieri » de l'hôtel Pagano. C'est visiblement le premier état du poème qui dans *Les Amours jaunes* (section « Raccrocs ») sera donné sous le titre « Veder Napoli poi mori ». On en connaît trois autres versions : celle qui appartient aux papiers Martineau et qui fut publiée par lui dès son premier essai sur Corbière en 1904, puis p. 121 de son *TC* (1925) et la prépublication dans *La Vie parisienne* du 24 mai 1873. Enfin Jean de Trigon dans son *Tristan Corbière*, plaquette publiée à Paris, au Cercle du Livre, en 1950, donne, p. 90, un autre état du poème avec fac-similé, le titre étant « Vedere Napoli e morire ! ».

26. Poème reproduit dans *Un altro Corbière* de Jannini (fig. 15), orné en bas, à gauche d'un portrait de marin portant une casquette et fumant la pipe. Ce poème a été publié dans la section « Raccrocs » des *Amours jaunes*, en 1873. Tristan sur son exemplaire personnel y a apporté un certain nombre de modifications. Il avait été donné en prépublication dans *La Vie parisienne* du 27 septembre 1873.

27. Voir lettre de Flaubert à Louise Colet dans *Correspondance*, choix de lettres, Gallimard, Folio, 1998, p. 169 et s.

28. Autant dire « couverte de merde ». Le mot apparaît dans un poème de Rimbaud « Ce qu'on dit au Poète à propos de fleurs », dédié à Théodore de Banville.

29. Sur cette période, voir de P.A. Jannini, « Voyage en Italie » dans *La Nouvelle Tour de feu*, numéro consacré à Corbière, n° 11-12-13, 1985, p. 30. Nous avons consulté cette dernière lettre chez les Benner. Mais pour la mi-mars, il nous a fallu nous contenter, tout comme Jannini, des renseignements trop restreints fournis par L. Durocher dans son article « Corbière à Capri », *Le Fureteur breton*, ouvr. cit., p. 173-174.

30. Voir H. Kestern, *Poeti al caffè*, Milan, Bompiani, 1961, p. 278.

31. Lettre publiée en fac-similé sur six pages dans *Hommage à Corbière*, Musée de Morlaix, 1975.

32. Voir de Marthe Le Clech. *Morlaix*, t. 4, *L'imprimerie*, p. 91, la reproduction d'un prospectus du théâtre de Kerozar (14 x 20 cm) pour une annonce de deux représentations le 1er août 1859 dans le manoir de Jacques-Marie Le Bris et de son épouse Marie-Émilie Puyo.

33. Voir P. A. Jannini, article cité plus haut, note p. 40.

34. *Les Parfums de Rome* (1862) ; *Les Odeurs de Paris* (1866). Opportunément, Jannini signale (article cité, p. 40) que L. Veuillot se trouvait à Rome où moment où Corbière y vint et qu'il y resta toute la durée du concile. Il soutenait alors dans des articles envoyés à *L'Univers* le dogme de l'infaillibilité pontificale contre le groupe français des « inopportunistes » conduit par Mgr Dupanloup.

35. Voir Jannini, art. cit. Cette inscription a été vue par Corbière au-dessus du portail d'entrée du palais construit dans les thermes de Dioclétien, à côté de l'église Sainte-Marie-des-Anges où avait été organisée l'exposition dont il est question.

36. Sur Paul Chenavard, voir le catalogue réalisé au Musée des Beaux-Arts de Lyon, 8 juin-27 août 2000.

37. *Journal* des Goncourt, année 1867 (25 avril).

38. *Ibid.*

39. Cet article, non publié du vivant de Baudelaire et trouvé dans ses papiers après sa mort, avait pris place dans l'ensemble *L'Art romantique*, Michel Lévy frères, 1868, publié par les soins d'Asselineau et Banville.

40. Lettre datée du 31 mars 1870 (papiers de la famille Benner). Il y est mentionné un certain Cacchiani : « Domenico Cacchiani vous salue ».

41. Voir sa lettre du 24 janvier 1869 à Jean Benner à qui il avait envoyé le tableau : « J'ai fini mon portrait [...] donc, sitôt que vous aurez le tableau, vous serez bien aimable de le faire photographier par un bon photographe. Commandez-moi 20 épreuves. Veuillez vite faire tout cela et porter au Musée les portraits [...] Il est utile que ce soit accroché le plus tôt possible à cause des amateurs [...] si ma place est à côté de M. Ingres, jugez quel honneur [...] » Voir le master de Sébastien Quéquet sur Jean-Louis Hamon, INHA, p. 213-216 et l'article de Léon Durocher, « Hamon au Musée des Offices », *Le Fureteur breton*, décembre 1912-janvier 1913, p. 41-44. Le tableau daté « Capri, 1869 » est reproduit (sans couleurs) dans le catalogue *Tristan Corbière*, Musée de Morlaix, 1995, p. 18.

42. Lettre à Jean Benner, Gênes, 20 avril 1870. Papiers Benner. Albert-Louis Hardon (1819-1883), mentionné à la fin de la lettre, était architecte. Il peignait également. Invité par J.-L. Hamon, il était venu à plusieurs reprises à Capri.

43. Voir sa reproduction dans le catalogue Corbière, 1995, p. 60. Elle a nourri maintes anecdotes, dont celle-ci, presque inaugurale dans le *TC* de Martineau (p. 55) : « Revenu à Morlaix, il pousse un jour l'audace jusqu'à se vêtir d'une soutane d'évêque qu'il apporta d'Italie et à se coiffer d'une mître. Placé sur le balcon de la demeure paternelle, il envoie aux passants des bénédictions équivoques. »

44. Voir le poème « Libertà » publié dans *Les Amours jaunes*, section « Raccrocs ». Le mot « Libertà » porte un astérisque développé en note comme suit : « Ce mot se lit au fronton de la prison de Gênes (?) [*sic*, avec le point d'interrogation] ». Quant au titre, il est souscrit de ces deux lignes « À la cellule IV bis/(prison royale de Gênes) ». La fin du poème porte l'indication « Cellule 4 *bis*. – Genova-la-Superba ». Ma narration développe une possible arrestation – il va s'en dire –, vraisemblable autant que contestable.

45. Lettre de Hamon à Benner postée à Saint-Raphaël le 3 mai 1870 (papiers Benner) : « [...] venez et vous verrez les décorations que je fais ici, ce ne sera pas mal. Venez et vous verrez aussi ma propriété. Je suis propriétaire ! j'ai acquis un terrain avec un petit port de mer, des rochers, des arbres, un torrent et Hardon se charge de me faire bâtir une maison et un atelier ; ce sera magnifique [...] »

XII

L'Histoire. La lettre à Christine

À Morlaix Tristan raconte son histoire, ses aventures, ce grand voyage financé par le père. Quel souvenir en garde-t-il ? Capri, Rome, les peintres, le vrai Vésuve moins ressemblant que l'autre, celui qu'il a vu peint sur l'abat-jour de l'une de ses tantes. Une curiosité bien légitime rassemble les familles autour de l'escogriffe qui prodigue des images saintes ou de faux antiques précautionneusement ramenés de son périple, se réservant la mitre, que l'on admire, pour un usage plus blasphématoire sur lequel on n'en finira pas de jaser. Tante Émilie, tante Christine, Édouard, Edmond pressent de questions ce taciturne ou ce bavard selon ses heures. Émilie, par la lettre romaine, a savouré à l'avance les probables récits du « touriste », narquois, comme il se doit, à l'endroit de l'Église, ce que ne goûte qu'à moitié, pour ne pas dire nullement, l'oncle Édouard lecteur de *L'Univers* de Veuillot. Tristan retrouve avec plaisir les parents toujours attentifs pour sa santé. On le voit presque rétabli par son séjour sous le soleil méditerranéen et débordant de projets, assez vagues, du reste : peinture, dessin ou littérature. Certes, il a vu des hommes remarquables, pas assez toutefois pour lui ouvrir des portes devant lesquelles, au demeurant, il ne se fait pas un devoir d'attendre en éventuel solliciteur.

Côté distractions, Morlaix – il le constate avec plaisir – demeure une ville agréable, malgré les ragots de province et les têtes typiques, à tous les tournants de rue rencontrées. Mais il s'amuse aux petites opérettes que met en scène tante Émilie, qui ne manque pas d'humour ; il aime fréquenter les mardis de Christine, malgré les vieux birbes qui hantent à l'occasion son salon. Et puis il se confie, comme un homme revenu de loin (en réalité, « revenu de tout »), à Ludo et à l'inséparable Aimé Vacher. Leurs rapports ont changé, néanmoins, par la force des choses.

Ludovic s'est marié en 1868. Aimé vient d'épouser sa sœur Lucie au visage rond, aux yeux rieurs en amande. Ils ont prêté serment à la mairie de Morlaix le 5 février, alors que Tristan marchait dans les ruelles d'Anacapri. On l'invite parfois dans la famille du « gendre », mais comme sa maigreur fait craindre la phtisie et qu'il ne contredit pas de pareils bruits, on veille à ne pas mêler son couvert avec celui des autres.

Durant sa longue absence, ces quatre mois et demi – comme le temps passe ! –, beaucoup d'événements sont survenus. Non des meilleurs. Corbière a-t-il la tête politique ? Certes moins qu'un Rimbaud lecteur de *La Lanterne* de Rochefort ou même qu'un Mallarmé, fonctionnaire assermenté au régime. Il est, à coup sûr, entouré de gens qui, discutant ferme sur l'avenir de la cité, honorent avec une rare conscience leur responsabilité d'édiles. Tous se plient avec plus ou moins de bonne grâce aux lois de l'Empire, souvent critiqué pour son autoritarisme excessif. Par un curieux hasard, l'un des amis de Corbière, Louis Noir, dont il fut parlé dans un précédent chapitre, le possesseur du fameux album, était passé sur le devant de la scène en janvier 1870. Il n'est pas dit qu'à ce moment Corbière ni ses commensaux capriotes aient eu vent de l'affaire, qui défraya pourtant la chronique. Victor, en effet, le frère de Louis, avait été tué par Pierre Bonaparte, cousin germain de Napoléon III[1], l'une des hantises de l'Empereur inquiet de ses agissements et de sa violence. Une polémique s'étant engagée dans *L'Avenir de la Corse* entre ce personnage et Paschal Grousset, rédacteur correspondant à Paris de *La Revanche de Bastia*, Grousset[2] avait décidé de provoquer en duel le prince et lui avait envoyé deux témoins, Ulrich de Fonvielle et Victor Noir, âgé de vingt ans, qui devait se marier deux jours plus tard. Pierre Bonaparte, sous le coup d'une colère folle, avait tué ce dernier d'un coup de pistolet tiré à bout portant. L'écho de cette mort, qu'il faut bien appeler un meurtre, fut immense, et tous les républicains s'étaient employés à faire du jour de l'enterrement une manifestation monstre pour accuser l'injuste intransigeance du régime impérial. Louis Noir, à cette occasion, avait, dans divers journaux, pris la défense de son malheureux frère, et sa notoriété s'en était accrue. Il s'était porté partie civile dans le procès intenté contre l'assassin et avait reçu l'appui de tous les opposants. Dès lors il était devenu rédacteur en chef du *Peuple*, feuille littéraire attachée à *La Marseillaise*, où son frère Victor avait rempli la fonction d'échotier. Tristan apprit sans doute cette nouvelle avec quelque stupeur et par une autre bouche que celle du principal intéressé qui, cette année-là, ne vint pas à Roscoff. De telles manifestations montraient suffisamment la fragilité du Second Empire. Napoléon III avait décidé de donner plus de liberté apparente aux citoyens devenus critiques à son égard. L'Empire avait affiché des velléités libérales. Un plébiscite, en mai 1870, portait encore la couleur d'un succès : 7 360 000 oui, 1 500 000 non, 1 894 000 abstentions ; les résultats de Morlaix ne le reflétaient qu'imparfaitement : 2 255 oui, 1 421 non, 57 abstentions. Tristan – gageons-le – lorsqu'il en fut informé plus tard, ne s'en alarma pas outre-mesure. Y prêta-t-il même la moindre attention ? Il mettait plus de soin à veiller à la dernière phase de construction de son nouveau bateau, un yacht conçu d'après les plans de son père.

À Roscoff les peintres sont revenus et divers estivants, chacun fidèle à son rôle. Les Corbière occupent la grande maison de la place de l'Église et Tristan se réfugie dans le jardin pour finir quelque poème à l'ombre du figuier. Plus souvent encore il part en mer, son irrésistible passion, peut-être même à bord de l'ancien cotre qu'il a dû vendre l'an passé. Cermac lui confie la barre. On double l'île de Batz. Certains jours on pousse jusqu'aux Triagots ou, côté babord, jusqu'aux Ker-louans.

Une fausse insouciance règne. Remonté de Saint-Raphaël, Hamon est revenu dans son Plouha natal, et le voici maintenant arpentant les ruel-les du port en songeant au lointain Capri. Une lettre à Benner « (de che-val) » décrit la situation[3], évoque des figures connues, le petit monde roscovite : « Nous sommes ici très bien mais très bien chez Le Gad, il n'y a personne dans les autres hôtels, et voici la liste des habitants de l'hôtel : Bellot, moi, ma sœur, Bénard l'architecte qui a été à Rome, Naples, etc et que Sain connaît, il viendra peut-être à Capri cet hiver. Drouet le frère de Drouet, il sera à Capri en octobre pour y passer l'hiver. Nous voilà tous. Ce n'est pas bruyant. Drouet, le seul des Drouets, est allé passer 15 jours à Brignogan, il va revenir, Bellot est ici depuis dix jours, Corbière est à Roscoff ; dans ce moment il est à Morlaix aux courses, il s'est fait faire ici un bateau très joli ; il sèche, on l'a doré hier, on le baptisera peut-être Fox, peut-être Robino, peut-être autrement [...] Cermac est ici, il a 2 ou 3 bateaux très beaux, dont un grand, c'est le cotre de Corbière qu'il a acheté l'année dernière.

Nous piochons bien.

Bouquet arrive en compagnie du fils du général de Montebello.

Madame d'Herboin a restauré son château. Floïd [*sic*] pêche toujours à mort. Les jeunes gens de Saint-Pol-de-Léon viennent de temps en temps. On a moins souvent l'occasion de voir le bon Coatgourden : il cultive des légumes, il gagne de l'argent, mais il vieillit. Le dimanche suivant il y aura le pardon de sainte Barbe ; nous allons rire et voir les paysans se flanquer des coups, enfin c'est rigolo. »

Hamon – on le regrette – n'est pas un épistolier. Il donne vie cependant – avec toutes les maladresses possibles – à une réalité qui fut celle de tous ces fervents de Roscoff qui, se trouvant là mieux qu'ailleurs, avaient fini par former une communauté extensible : rapins et pêcheurs, jeunes excursionnistes des environs, paysans et hommes de la côte, retraités de la marine et gabelous Le fils de Monsieur Corbière fait partie du paysage sous son allure d'Ankou presque familière, comme il y a l'idiot du village, le maire et le curé. Pour l'heure à Morlaix, il assiste aux courses dans la tribune avec Aspasie, Édouard et le jeune couple Vacher. À l'hippodrome de Langolvas se presse la meilleure société morlaisienne ; les mises volent haut, les chevaux luttent d'émulation, tandis que la jument Souris au dehors attend son maître. Le soir, il y aura bal, feux d'artifice. Presque un 14 juillet, lequel est sagement proscrit par l'Empire.

Plus on avance dans l'été, plus on assiste à l'inconduite des vacanciers. Excité par ses souvenirs d'Italie où chaque jour c'était fête, Tristan, s'il faut en croire la tradition, aurait monté un fameux spectacle en totale complicité avec Le Gad[4], esprit libre s'il en fut. On dispose donc plusieurs fusils et autres armes à feu additionnés de pétards et de fulminants aux croisées de la maison Corbière (il faut croire, en la circonstance que les parents étaient restés à Morlaix) et le long du mur du jardin. Les fidèles sortant de la messe durent alors subir les claquements d'une formidable salve à blanc activée par les deux hommes, peut-être assistés d'une escouade aussi rigolarde qu'eux-mêmes. Les consciencieux mémorialistes du fait ne donnent pas plus de détails sur l'inoffensive pétarade. On ignorera par conséquent les rôles majeurs mis en œuvre. J'en accepte avec bonhomie la mémoire à l'idée qu'il n'y a pas de fumée sans feu et qu'un tel acte subversif valait bien comme symbole ou métonymie d'une machine infernale attendue. Ironique, le chevauchement des dates officielles interdit de plus précis recoupements. Jugeons-en plutôt. Un arrêté de la mairie de Roscoff, en date du 14 juillet, interdit Art. 1 de tirer des coups de fusils ou de pistolets dans les rues, places, routes et chemins de terre de toute nature dans toute l'étendue de la commune à l'occasion des noces, ou pour toute autre cause de réjouissances ou de plaisir. Art. 2 Défense est également faite de tirer dans toute l'étendue de la commune des pétards ou des fusils. » Qu'on se le tienne pour dit ! Ce qui ne dut pas empêcher un peu d'agitation quand même lors de la belle procession de sainte Barbe, le lundi de la dernière semaine de juillet, à laquelle assistaient côte à côte bonnes âmes et facétieux compères, au nombre de qui compter Tristan ne relèverait pas d'une arithmétique fantaisiste. Mécréant ou non, il ressent au plus profond de lui ces solennités vieillottes, l'intime compassion qui réunit les hommes les jours de grand pardon, et, sans se perdre dans d'équivoques transcendances, il voit la procession s'étirer jusqu'à la chapelle, puis revenir à l'église de Coat Batz dont le clocher scande une partie de sa vie de goéland pilleur d'épaves.

Viendra-t-il à bout du temps, de lui-même ? Encore une silhouette famélique tracée sur une nappe de chez Le Gad, encore un hexamètre dit alexandrin pour se moquer du monde et, par priorité, de lui-même. Bientôt le nouveau yacht prendra la mer, et tous les amis seront là pour le lancement. Coatgourden le douanier, reconverti dans la culture d'artichauts, Floïd, le mordu de la pêche, Hamon, un peu plus « perdu » que de coutume, étirant en mèches sa barbe en éventail, jusqu'à Papa Corbière qui pourrait y aller de son speach. Avant qu'elle ne prenne le flot, on baptise l'élégante embarcation. Ce ne sera donc ni Fox, ni Robino (noms de chiens), mais un « Redan » – assure la rumeur – qui ne s'impose pas, sauf à Corbière évidemment mû par des raisons secrètes dont on ignore le bien fondé. « Redan », qu'est-ce à dire ? Un angle saillant dans l'architecture des fortifications ? Tristan disciple de Vauban ? J'en doute. Plutôt cette définition dans le domaine des constructions navales : « Se dit des entailles faites en sens opposé de deux pièces qu'on veut rendre solidaires l'une de l'autre. » Manière de tête-bêche, donc. Encastrement et ajointement. Qui voudrait y entendre davantage en viendrait vite à la conjonction amoureuse. Je n'équivoquerai pas plus sur le Tristan de l'époque, si bien défini par lui-même :

> « Et ma moitié : c'est une femme…
> Une femme que je n'ai pas[5]. »

Et comme si décidément il devait toujours se retourner sur lui-même comme un requin dans la vague, placer en miroir un moi qui n'arrête pas de se défaire, n'a-t-on pas dit qu'il traça à rebours sur la coque ces cinq lettres énigmatiques (non loin d'une injure à la Cambronne !) pour en faire un « Nader » de signification nulle où, cependant, s'entend un « Nada » à la Goya, dont tout mène à penser qu'il fut un adepte inconditionnel ? « Vogue, mon beau navire », à défaut du *Négrier*, voici *Redan* ou *Nader*[6], à l'image de la sémantique de Corbière qui souvent surprend, au revers de la phrase, par un mot dévié, déplacé. Boustrophédon et palindrome. Encore conseillera-t-on de le lire ainsi à l'occasion, et pour la plus grande gloire de Wolfson et de ses langues perturbées[7]. Le yacht, de belle mâture, portera plus tard à son bord l'équipage recensé dans *L'Américaine*. Pour l'instant, on se contentera de passagers occasionnels, ou passagères, avec un Ankou pour timonnier, ou le Hollandais volant.

Une semaine encore, et il ne s'agit plus tant de tirer des bords, ni de fendre les flots. Des nouvelles toutes fraîches arrivent par le télégraphe. Et les journaux étalent l'incroyable, pourtant savamment manœuvré par Bismarck, en dépit de tous les atermoiements possibles ; la France du Second Empire déclare la guerre à la Prusse !

On avait suivi depuis quelque temps les difficiles relations de l'Empire avec la Prusse, à la suite de la candidature au trône d'Espagne du prince Leopold de Hohenzollern, habile suggestion de Bismarck qui faillit toutefois ne pas provoquer l'incident diplomatique tant souhaité par le chancelier. Napoléon III ne voyait pas l'intérêt d'une guerre, toujours coûteuse en hommes et peu prometteuse dans ses résultats, sinon pour afficher sa prédominance en Europe, ce dont il n'avait pas réellement besoin. La Prusse étant prête à retirer cette candidature, il n'y avait plus rien à craindre de ce côté-là. Mais l'opinion revancharde ne souhaitait que réanimer une vieille inimitié quasi séculaire. Certains voulaient donc que Guillaume s'engageât plus loin dans son renoncement. C'était alors manifester un comble d'exigences que celui-là, non sans raisons, finit par trouver injurieuses. De ses dernières réticences, les conseillers de Napoléon III s'étaient hâtés de tirer un prétexte. Au cours d'une réunion à Saint-Cloud, on avait fait le point sur l'armée prête à l'offensive. Lebœuf, ministre de la Guerre, avait assuré avec une belle confiance : « Quand la guerre devrait durer un an, il ne manquera pas un bouton de guêtre. », paroles malheureuses que l'on ne se fera pas faute de citer les mois suivants. Quant à Émile Ollivier, conscient de sa responsabilité engagée, n'avait-il pas affirmé au sujet de la guerre à venir : « nous l'acceptons d'un cœur léger. » ?

Toutes ces informations qui faisaient pénétrer comme malgré eux les hommes dans la grande Histoire, les Morlaisiens les apprennent avec stupeur. Beaucoup, cédant à un élan de patriotisme immodéré, crient le fanfaron « À Berlin ! À Berlin ! », sans douter d'une victoire éclair sur l'ennemi héréditaire. De telles manifestations d'enthousiasme étaient néanmoins tempérées à la pensée des jeunes recrues qui allaient devoir partir, pour ne plus revenir peut-être. Corbière, du moins, réformé définitif, échappait à la levée en masse. Même dans ce lointain département, tous sont à l'écoute des nouvelles transmises par le télégraphe, rapportées dans les journaux et répercutées sur place par *L'Écho de Morlaix*[8]. Les premiers engagements militaires ont lieu. Combats lointains, mais climat de menace qui enveloppe unanimement la France. Une première victoire, de faibles ressources, celle de Sarrebruck, rassure les optimistes.

Notre armée l'emportera sans grandes pertes. Or, deux jours plus tard, la défaite de Wissembourg laisse mal augurer de la suite des opérations. En effet, l'armée ennemie progresse et triomphe à Froschwiller, puis à Forbach. Le 12 août, la loi rétablit la garde-nationale, service que devaient assurer tous les hommes célibataires âgés de 25 à 30 ans en cas de nécessité. Ils recevaient une solde et un armement par l'intermédiaire des mairies. Moyennant quoi ils étaient tenus de faire l'exercice chaque jour et de s'entraîner au maniement des armes.

Hamon, qui est encore à Roscoff, envoie une lettre[9] à ses amis le 16 août :

« Mes chers Benner Sain Sucre Murphy, tous de cheval

j'ai reçu votre lettre, j'y réponds de suite. Voilà du gâchis depuis que je vous ai écrit, je reçois des lettres de Paris, on n'y fait plus rien que demander des armes, chanter la marseillaise, crier, etc. Autant vous dire que Paris n'est pas tenable pour la vie, comme nous ; les autres sont ravis de l'ivresse, de l'agitation […] aussi je ne m'empresse pas d'aller à Paris, faire quoi ? et bien d'autres voudraient être ici, ma foi, ici nous travaillons […] je vais avoir fini mon travail projeté, ce sera prêt à la fin du mois, peut-être vais-je rester encore et avancer ce que G (…) m'a proposé […] de quoi recevoir de l'argent s'il est possible avant de partir pour Capri […] Enfin je voudrais être arrivé à Capri, je vous assure, et être calme et loin de tout cela, il y a une grande irritation partout […] On rage ici, le père Corbière rage […] enfin ce matin une nouvelle bonne, on a repoussé la Prusse au-delà de la Moselle […] quand j'aurais mis les pieds à Capri, je vous assure que je ne reviendrai en France que quand il y aura une solution à la guerre qui est l'une des plus terribles qu'il y ait eu, ça peut se compliquer ; enfin à Capri vous voilà un petit noyau où on peut causer un peu. Ici à Roscoff il y a peu de monde. Nous sommes tous bien chez Legat [sic] c'est le pâtissier que Sain connaît […] Drouet est toujours je pense à Brignogan à 8 lieues d'ici et tout seul, il peint […] peut-être a-t-il été appelé par la mobile, son frère est parti il y a 15 jours, il est capitaine […] je viens de voir dans le journal. On demande des armes dans la Moselle […] »

Le 20 août, 2 500 jeunes de l'arrondissement de Morlaix sont appelés à faire partie de la garde mobile et sont logés dans trois casernes où, regroupés, ils dorment la nuit sur des tas de foin. Cette garde mobile, créée en 1868, devait constituer la réserve de l'armée active. Elle était soumise à des semaines d'instruction d'une quinzaine de jours chaque année.

La poussée de l'armée prussienne se développe sur une zone de plus en plus large. L'armement de l'ennemi est supérieur au nôtre. Ses chefs se montrent plus expérimentés. Il est clair que l'on va vers une catastrophe, la « débâcle », dira Zola, pour décrire cette période qui marque la fin d'un règne. Des manœuvres maladroites et sans coordination aboutissent au désastre de Sedan. Le 4 septembre, Napoléon III étant désavoué, la Troisième République est proclamée, sur fond de défaite et de dégoût. Il est question de résister encore cependant et, sous la présidence du général Trochu, se met en place un Gouvernement de Défense nationale, alors que les Prussiens, continuant leur avancée, menacent Paris. Le même jour, par une involontaire ironie, le nouveau conseil municipal de Roscoff[10] entrant en activité prête serment à l'Empereur, sans savoir encore qu'il vient d'être déposé.

Ainsi, il avait suffi de deux mois à peine pour que le pouvoir impérial, que l'on croyait solidement établi sur ses bases, s'effondrât. L'Histoire plus d'une fois réserve de telles surprises : un mur de Berlin qui tombe, l'URSS qui disparaît, cependant que tout aussi régulièrement renaissent les avatars de l'autorité, les tyrannies, avec leur cortège de promesses et de parjures. Autant sous la plume de Rimbaud étaient lisibles ses opinions à l'égard des événements où il n'a de cesse de s'impliquer, autant de Corbière nous ne savons encore rien. Absence de documents, même si dans une autre circonstance, à propos du camp de Conlie, il s'exprimera enfin. Opposé à Napoléon III, je ne le vois guère, ni Ludo, ni Aimé, issus de familles qui avaient prospéré sous l'Empire. Commerçants, négociants, armateurs, hommes qui collaborent par leur activité à l'intense progrès économique de ce temps. Bourgeoisie éclairée dont n'importe quel régime moderne a besoin et qui, selon le plus stable équilibre, y trouve sa raison d'être. La chute de l'Empire laisse la parole à des hommes qu'ils regardent avec méfiance, les républicains d'autrefois, les émeutiers de 1848, les Rochefort, Arago, Gambetta, Jules Ferry. Mais un Breton, le général Trochu, les tient sous sa coupe – on l'espère, du moins. Vis-à-vis du contestataire majeur de l'Empire, Victor Hugo en son île, le fondateur du *Rappel* qui, depuis la Belgique, organise une résistance, voire encourage la rébellion, on voit que Tristan ne manifesta aucune sympathie. Tout comme son père, il ne reconnaît pas la pensée critique de l'auteur des *Châtiments* et dans « Un jeune qui s'en va », aux allures de crypto-manifeste, il n'évoque l'attitude de l'homme de *La Légende des siècles* qu'avec une franche ironie que d'aucuns jugeraient inacceptable :

> « – Hugo : l'Homme apocalyptique,
> L'Homme-Ceci-tûra-cela,

> Meurt, gardenational épique ;
> Il n'en reste qu'un – celui-là ! – »[11]

Dès le 7 septembre, 1 800 jeunes gens de Morlaix étaient partis afin de prendre part à la défense de la capitale. Malgré l'apport de ces troupes nouvelles venues de toute la France, les Prussiens encerclent Paris. La cité subit un siège qui va durer quatre mois. Les derniers trains en partent le 19 septembre. La situation est désespérée, pour ne pas dire sans remède, malgré Gambetta actif et volontaire. Une liste des mobilisables est établie dans chaque commune. Elle concerne les hommes âgés de 20 à 40 ans, célibataires ou veufs sans enfants. Les amis de Tristan : Alexandre, Aimé Vacher, Laferrière ne sont pas appelés, mais Vacher, soulevé d'un élan de patriotisme, va bientôt se porter volontaire malgré Lucie qui attend un enfant.

Chaque jour apporte son lot de nouvelles inquiétantes et, qui pis est, contradictoires. On n'ose imaginer la France soumise à la Prusse et l'avenir d'humiliations qui en résulterait. Fort d'une énergie qui défie les obstacles, Gambetta, le 7 octobre, prend la voie des airs et quitte Paris à bord du ballon l'*Armand-Barbès* afin d'organiser la résistance en province, depuis la ville de Tours. Il est particulièrement attentif à l'armée de la Loire commandée par Chanzy.

Le lendemain même, à Morlaix, se forme un corps francs de volontaires que rejoint Aimé Vacher[12]. Ceux-là sont prêts, plus que les autres, à défendre le territoire au risque de leur vie. La famille Puyo ne reste pas inactive. Édouard, qui connaît le métier des armes, et fut naguère zouave pontifical, est nommé par décision ministérielle capitaine de la garde nationale de la cité. Il s'occupe, en outre, du service des ambulances. C'est à ce moment que l'on décide de créer une armée de Bretagne regroupant les hommes de tous les départements de l'Ouest pour venir en aide à l'armée de la Loire, partiellement décimée. À leur tête est nommé Émile de Kératry, ancien préfet de police de Paris. Il est chargé d'établir un « camp de regroupement » non loin du Mans, à Conlie. Le *Journal de Morlaix* en date du 29 octobre signale son entrée en fonction, deux jours après la capitulation de Bazaine à Metz. Quels que soient les mouvements des troupes dans l'hexagone, ce qui retient l'attention des Morlaisiens concerne avant tout les Bretons bientôt rassemblés à Conlie. On les sait sans équipement véritable. Aucun bâtiment n'est prêt pour accueillir ces troupes, animées pourtant d'un réel enthousiasme qu'exprime leur slogan : « Dieu et la Patrie » qui n'est pas sans alarmer les anti-cléricaux d'un gouvernement en pleine déroute.

Dans ce climat d'incertitude et d'agitations souvent aveugles où parle l'énergie du désespoir, Tristan ne sait que faire. Il ressent plus encore que de coutume son inutilité flagrante. Excédé peut-être par l'attitude des civils forts en gueule et en prédictions de tous genres (ce « patrouillotisme » au même moment nargué par Rimbaud dans ses Ardennes), il a rejoint momentanément Roscoff et la maison de la place. Les Parisiens ne sont plus là. Quelques « embusqués » attendent des jours meilleurs. Lui-même, l'exempté, vaque aux yeux de tous à de vagues occupations, tandis que d'autres, comme son beau-frère, se sont engagés. C'est peu de dire qu'il ronge son frein, quand il suit le chemin des douaniers environné des mouettes « rieuses » ou qu'il embarque sur son « Redan ». À côté de l'hésitante et presque navrante histoire de la naissante Troisième République continuent les autres histoires, individuelles, privées, secrètes. De son provisoire ermitage il envoie des lettres. Certains jours il en reçoit. Comme pour satisfaire à point tout l'intérêt que nous lui portons, une, une seule, pour toute cette période et quasiment jusqu'en 1875, l'année de sa mort, subsiste[13], dont on ignore, du reste, pourquoi elle refit surface si tard (1994). Telle qu'elle se présente, elle offre le plus important document sur sa vie à Roscoff, le seul indubitable. Il va sans dire que, bien avant de la reproduire en son lieu et place, j'en ai tenu compte dans l'organisation de mon récit biographique. Révélatrice, informative, elle contient toutefois bien des passages obscurs, nombre d'allusions qu'il est impossible, en l'état actuel de nos connaissances, d'éclairer davantage.

Au crayon au dos de l'enveloppe : « prière à ma Ste mère de/ nous envoyer de l'argent… pour la *cuisine* / plus le sou ni de/ vivres »

13 novembre 1870

Roscoffian Tristan-house

Samedi soir

Dear lady mes yeux se sont ouverts ce matin aux doux rayons de votre lettre que l'aurore aux doigts de rose, née Marie Quément, avait déposée sur mon oreiller –

Eh bien, je l'espérais sans trop m'y attendre, je me voyais, pas tout à fait effacé, mais un peu en *marge* de votre pensée… Et vous m'avez écrit, ma petite tante. Je suis allé en mer et je vous ai emportée sur mon cœur dans la poche de mes cigares hélas, et je vous relis ce soir légèrement culottée par le tabac humide et salé. Il est minuit j'ai fumé, j'ai joué de la vielle, j'ai rêvé et je vous écrirai pour me reposer, jusqu'à ce que ma chandelle soit morte et que je n'aye [*sic*] plus de feu.

D'abord, merci d'avoir mis mes mardis au clou du souvenir, comme des ex-voto, plutôt que de les livrer aux appétits grossiers de l'étranger –… ce n'est peut-être pas vrai – alors merci d'avoir menti. C'est Fautrel qui me porte ombrage, je soupçonne cet honnête Uhlan d'y avoir donné avec vous quelques coups de canif (je veux dire de fourchette) – comme dans la complainte de la belle et tendre Imogine…

> Un mois s'est à peine écoulé,
> Qu'un Fautrel, près de la *machine-
> à-coudre*, s'était faufilé
> Dans mes doux mardis de Christine.
> Comme un gros chat il ronronnait
> En berçant Emma qu'il enchante,
> La machine l'accompagnait,
> Vélocipède de ma tante *(bis)*.

Ici je suis heureux d'envoyer une approbation lointaine à la machine-à-coudre patriotique, mitrailleuse des sédentaires. *Celle* de Madame Diraison, machine à coudre aussi, a été heureusement cousue par l'opérateur, grâce au curé qui a déclaré *l'état-de-siège*, selon les *Canons*. Maintenant Elle fait merveille, elle va pouvoir incessamment cacheter et timbrer elle[-]même en *paix*.

Nôtre [*sic*] Bouquet[,], à qui ses vertus civiques et militaires ont valu le glorieux surnom de *Trochu de la place*, tient bon dans sa citadelle de faïence. Il fait même des *sorties* plus ou moins heureuses, dans la conversation. Je le ravitaille tant que je veux, sans compter les requisitions [*sic*]. Il prend les mesures les plus énergiques depuis le jour où j'ai *ouvert le feu* hors de ma cheminée ; en voyant la fumée il avait même ordonné la levée en masse de Véronique et d'une baratte d'eau, pour *se* préserver.

L'amour sacré de la patrie a effacé *pour lui* le ridicule collé à sa qualité de *Transfuge de Paris*, et lui a refait une Virginité de Garde-national.

Conscrit volontaire dans l'arrière-banc d'huîtres de la *landsturn* [sic] roscovite, il en suit *in petto* tous les exercices. On le voit tous les matins au saut du lit, manœuvrer au son du tambour, à vingt pas derrière *sa* compagnie [,] emboîtant le pas et échangeant des plans stratégiques avec le gendarme de la marine, un amateur aussi. De sorte qu'il a un faux-air tout à fait vrai d'un vieil espion qu'on mène fusiller. Enfin le triste four de la France a opéré chez cette vieille guitare, une espère de cuisson morale. Je le savais très *rat* et ras encor, mais je ne me serais jamais douté qu'il tint à son territoire et à *Schelestadt* au point d'en refuser un dîner chez Mme Galais.

Il lui est venu aussi deux manies assez innocentes il est vrai : celle de coucher en joue avec sa canne, par derrière chaque figure inconnue qu'il rencontre, comme espions ou pouvant l'être, l'autre manie c'est de vouloir avec rage que tout ce qu'il reçoit de n'importe où soit arrivé par ballon.

hier c'était une lettre de son neveu du Hâvre [*sic*], par ballon. J'ai timide-
ment avancé un doute sur l'aérostabilité de cette lettre et alors il s'est mis
en l'air, mais tout-à[-]fait : « – Et je vous dis, moi, que cette lettre m'est
venue par ballon ! quel intérêt avait-elle à ne pas venir par ballon ? – Par-
bleu par la voie de Serquigny – Serquigny vous-même ! – Vous en êtes
un autre ! – Mon cher Édouard il est triste à votre âge d'être sceptique
jusqu'à l'absurde. – Mon cher Bouquet, il est absurde de ne plus croire
aux chemins de fer jusqu'au scepticisme –. Oui mais vous ne m'empêche-
rez pas de croire aux ballons. – Non, mais je ne vous donne pas deux
mois [pour] pour croire au trône et à l'autel, et trois mois au plus pour
légitimer devant Monsieur *Bonnet*, les liens qui vous unissent à Véronique !…. etc. Sans le docteur Denis qui a jeté un peu de laudanum dans la
discussion, *Des troubles profonds éclataient à Roscoff.* (officiel)
Enfin le vieux Bouquet a senti l'aiguillon, Il brûle pour cette batarde [*sic*]
prostituée que les Garnationals appellent Patrie, et qui se nommait *France*
en géographie, d'une ardeur d'autant plus fidèle qu'elle est toute platonique. Il pourrait sans se faire tort en revendre à ceux qui sont partis de
Morlaix, Francs-tireurs sans le savoir ou à peu près comme notre gendre
et ami. Vous avez raison, ce n'est pas gai – être parqué pas très loin de
chez soi, coucher à la vilaine étoile, suer des pieds dans la boue, souffrir
d'une manière assez terne, peut-être mourir par raccroc dans un fossé
avec le parfait sentiment de son inutilité et être porté sur un bulletin de la
patrie reconnaissante sous la rubrique : *pertes presqu'insignifiante* [sic].
Oraison funèbre des dupes qui *coupent* dans le *devoir* et qui s'imaginent
que la *patrie* est autre chose que l'horizon de leurs yeux et la semelle de
leurs bottes. Et pourtant, j'aurais voulu partir aussi, non pour ce *patriotisme* qui est pour moi un mot abstrait, mais pour montrer à cette gueuse
de vie qui tient si peu à moi, comme je tiens peu à elle. Mais il faut marcher avant de se battre, et, si j'ai du *héros* [dans] là, (sans me flatter) je
n'ai pas du facteur rural dans les jambes. Mon plus amer regret est encor
d'avoir laissé *le gendre* aller seul, car je l'aime c'est une de mes rares inclinations (côté des hommes). Lucie, me dites-vous, s'est montrée Spartiate.
Ça ne m'étonne pas, elle est bien trempée, un peu sèche comme tout ce
qui est trempé – femme ou lame –… Et vous aussi, ma petite tante, ce qui
vaut mieux que d'être détrempée, comme le jeune Totor-Apollo dans ses
larmes, le vieux Ludo dans son jus, ou le nul Fernand Le Bris dans la
bière, à propos, que devient-il, ce franc-soutireur en chambre ?
ah, une assez bonne chose : Ma cohabitation avec la blonde Marie a fait
l'autre jour le tour du doué (endroit où on lave le linge sale). Elle est
revenue entièrement lavée de larmes me dire qu'elle avait été *retournée
sur le jeu* par les bonnes langues par rapport à moi. Ce qui lui a donné
surtout une *ventrée de cœur* gros, c'est que le curé, un homme *comifaut*,
cependant, l'avait un jour traitée de *Célibataire*, non seulement elle, mais
moi – Le monde sont si méchant – Et elle ajoute : comme si nous étions

capables d'une chose pareille – halte-là, c'est qu'elle est capable, en coupant court au bruit de nos *relations intestines*, de me faire passer pour impuissant, afin de constater sa virginité dont je me soucie peu – plus *aristo* que ça, merci !

Suite

C'est à mon tour de me trouver insulté et calomnié ! Enfin, je lui ai simplement promis de l'épouser le jour de l'hymen Bouqueto-Veronical. *Nonobstant* je crois qu'elle a envie de regagner Morlaix – Le monde d'ici sont si méchant ! – Moi je reste encore ici, j'ai une raison ou une déraison pour ça (ne pas lire Diraison) alors j'irai manger à l'hôtel et fraterniser un peu avec les émigrés de Paris et Verdun qui m'ont du reste déjà fait des avances qui m'ont fait reculer. Tous vieux, et pas belles !

Dans votre lettre, pas un mot de Monsieur Millet. Peut-être est-ce parce que vous vous efforcez d'oublier ce qu'il est là-bas – mais on peut se souvenir de ce qu'il était et je m'en souviens – on peut espérer aussi n'est-ce pas ?

Sympathique mention à cette baronne pleine-de-grâce qui m'a appelé *animal* ! Elle a une manière de dire – animal – qui ne veut pas dire bête. Du reste, vous, vous aimez les bêtes, et trop heureux, allez, d'être de celles que vous embrassez : les lions, les chiens, les phoques qui disent papa et maman, les chats maigres oh je vous embrasse – dites-donc, je ne vous invite pas à venir un beau matin passer une soirée d'hyver [*sic*] dans le salon que j'incendie, mais j'implore une tempête qui vous chasse, corps-et-biens dans mon port de refuge où vous trouverez toujours une ancre qui vous attend, l'ancre de l'Espérance – (ça, ça sent un peu la poësie, mais que faire tout seul à moins d'être poète)

– adieu, ma chandelle est morte, je n'ai plus de feu – Bonsoir – il est déjà demain matin –

Yours
Édouard

Cette lettre exceptionnelle se présente sous l'aspect de trois feuillets pliés en deux, qui forment ainsi douze pages, dont onze écrites. Elles ont été repliées pour être introduites dans une enveloppe, dont le cachet porte la date du 13 novembre 1870. Cette date justifie le ton employé par Tristan. Jouant le jeu d'une allusion constante à la situation de la France à cette époque, il construit des phrases à double entente dont la destinataire est tout à fait capable d'apprécier l'esprit. Étant donnée la connivence qui rapproche ici la tante et le neveu, un certain nombre de références très précises nous échappent et risquent encore d'échapper à ceux qui, plus zélés que nous, poursuivront plus loin l'enquête. Le ton se réclame ouvertement d'un certain dandysme quand,

par pure affectation de snobisme, mais sans aucune fatuité, Tristan utilise la langue anglaise pour désigner sa lectrice « Dear lady », le lieu
d'où il écrit, une mirobolante « Roscoffian Tristan-house », demeure de
pirate à sa mesure, et clôt son courrier par la formule affective « Yours
Édouard » : « Ton Édouard », celui qui est en confiance avec toi et qui
n'en habite pas moins la « maison de Tristan », son double. Empressé à
répondre à sa correspondante, il se plaît à montrer le trajet qu'a suivi la
lettre de Christine. Venue se poser sur son oreiller comme un rêve réalisé au réveil, il l'a transportée ensuite, à l'image d'un précieux gage,
dans sa vareuse de matelot gagnant la haute mer. La courrière ne fut
autre qu'une jeune domestique, Marie Quément, alors âgée de vingt-
huit ans[14], qui pour l'occasion fit office momentanément de divinité
homérique selon le plus pur style Offenbach. On ignorait jusqu'alors la
présence de cette jeune femme, la blonde Marie, dont l'érudition locale
a cru retrouver la trace. Engagée dès 1866 par les Corbière, elle fut
affectée au service de la maison de Roscoff, donc à celui de Tristan, qui,
de plus en plus, y séjourna. C'est dire que, sans vivre comme un prince,
il passait là des jours tranquilles (hormi le malêtre inévitable), méthodi-
quement secondé par une servante qui assurait divers travaux, blanchis-
sait son linge et préparait ses repas. Condition idéale dans une certaine
mesure pour ce fils de famille livré aux angoisses ontologiques et au
concubinat avec les Muses. Tristan n'a pas à se plaindre d'une situation
qui n'a rien de précaire et qui lui laisse tout son temps – lequel il faut
« tuer », selon Baudelaire, ce qui n'est pas une mince affaire. Marie
Quément fut-elle une acorte domestique, couchant sagement dans sa
chambre de bonne ? Nous devons le croire, en dépit des méchantes langues : « le monde est si méchant », attachées à lui accorder les mérites
supplémentaires de maîtresse-servante. Elle ni Tristan n'auraient point
dû s'en étonner. Mais le désir ne portant pas l'un vers l'autre, chacun
pouvait s'irriter de telles suppositions malséantes. Marie tient à sa virginité, appréciable capital corporel dont un futur saurait bientôt apprécier
l'intégrité. Tristan, pour sa part, souhaite qu'on le tienne pour un
homme, un vrai, qu'aucune femme ne saurait laisser indifférent. D'où la
belle revendication de puissance (physique) qu'il profère. Les Roscovites
mâles affichent leur virilité. Le phare bande à bloc, et Tristan le démuni
n'en est pas moins un porteur de phallus estimable. L'épistolier, selon
son habitude, n'épargne pas à sa destinataire les on-dit graveleux. C'est
façon de lui faire la cour, en l'informant des *relations intestines* (pour
intimes) qui le relient à l'effarouchée Marie, sainte-n'y touche peut-être,
à l'occasion.

Dès les premières lignes, la lettre à Christine prend l'allure d'une « Lettre à Élise ». Beaucoup d'affection rapproche ceux-là, et d'abord le souvenir des fameux mardis[15], dont Tristan s'arroge la rituelle célébration. Les archives de la principale intéressée apprennent, en effet, que les Puyo aimaient à se recevoir entre eux et joignaient volontiers à leur groupe quelques personnalités, supportables ou passablement illustres. On a vu que l'intarissable Gabriel de La Landelle les honora de sa présence. Au cours de ces mardis que l'on n'hésitera pas à résumer par l'expression quelque peu malveillante de « thé et petits fours », Tristan apparaissait en Chevalier à la triste figure ou en brave jeune homme acnéique récitant ses vers pleins d'esprit et sentant le radoub. Ces mardis de Christine, par un malicieux coup de force, il se les approprie dans sa lettre et veille jalousement sur leur mémoire. D'où sa crise de jalousie, presque obligée, envers le dénommé Théophile Édouard Abel Fautrel, successivement capitaine sur *Le Morlaisien*, *Le Finistère* et *Le Morlaix*, une créature d'Édouard. « Restons entre jeunes », semble dire Tristan (Fautrel a 53 ans) et rembarrons cet obséquieux bonhomme qui, à sa manière, fait sa cour à l'hôtesse. Comme nous sommes en période belliqueuse, Fautrel devient l'étranger, le uhland, convoitant un territoire réservé, celui sur lequel règne Christine, penchée sur sa nouvelle machine à coudre qui, à ce compte, pourrait se muer en mitrailleuse contre l'adversaire, tandis que l'indésirable sigisbée enjôle la petite Emma, née le 30 mars de la même année. Sur l'air de la complainte d'Imogine, extraite des *Chansons nationales et populaires de France*[16], à laquelle il confère des paroles nouvelles, Tristan clôt ce tableau sans trop laisser filtrer la mélancolie qui le saisit à l'évocation de pareils souvenirs.

Il en vient à parler de sa vie de Roscovite et de l'une de ses durables hantises, le renommé Michel Bouquet, figure du lieu, quoique « transfuge de Paris » depuis les années 1860, quand il avait décidé d'habiter, soit Morlaix soit Roscoff et d'y installer l'un de ses ateliers. Tristan aurait pu s'entendre avec le personnage, ami de ses parents et du clan Puyo ; mais sa trop grande proximité (la maison du peintre fait face à celle d'Édouard sur la place de l'Église) et son caractère empêchent toute relation suivie, d'autant plus que Corbière ne doit pas apprécier ses œuvres et que la nouvelle situation politique a fait de ce voisin intempestif un patriote accompli, renchérissant sur les ordres du gouvernement de Défense nationale et d'autant plus prêt à briller dans les exercices quotidiens de la garde de Roscoff (où son âge lui interdit de figurer) qu'il devine fort bien que jamais il n'aura affaire à un ennemi en chair et en os. Les lignes que lui consacre Tristan appartiennent au meilleur Corbière. À chaque instant, la fantaisie de la fiction affleure, transfigure en savoureux grotesque l'incomparable Bouquet, le « Tro-chu de la place ». L'écriture relaie la caricature. Les petites scènes se multiplient comme dans le castelet d'un montreur de marionnettes : comportement de vieil espion ; succulent dialogue supputant les bien-faits de l'aéropostale qui dépêcherait au sieur Bouquet son courrier par ballon, alors que ses lettres tout bonnement lui parviennent par voie ferroviaire, *via* Serquigny. Les phrases frappent au défaut de l'armure : « le triste four de la France [*chute de Sedan, fin de l'Empire, trahison de Bazaine*] a opéré chez cette vieille guitare, une espèce de « cuisson morale. » Ces derniers mots se goûtent à leur juste saveur, quand on se souvient que Bouquet lui-même fait chauffer son four de céramiste ! Tristan, dans le privé, ourdit un persiflage qui provoquera – il le sait – le sourire de Christine. Plus qu'à Marie Quément et à ses commères, il s'attaque au couple Bouquet-Véronique, sans doute plus uni dans le secret de l'alcôve que celui qu'il risquait de former hypothétiquement avec Marie. Comme Christine a des lettres et qu'après tout on parle entre gens cultivés, il évoque de Balzac *Le Médecin de campagne*, roman notoirement réactionnaire, et entraîne dans le tourniquet des homonymies la Véronique de Bouquet et celle de l'illustre romancier.

Tristan, moqueur et désarmé, n'oublie pas, malgré tout, l'essentiel, le côté dramatique de l'époque, à quoi à moitié démuni il ne parvient à opposer qu'une ironie de dernière heure. Devant les parades qu'effec-tuent régulièrement les gardes-nationaux « planqués », il n'ignore pas ceux qui viennent de quitter leurs foyers pour des combats incertains. Christine, quant à elle, déplore l'engagement comme volontaire d'Aimé le jeune marié. Tristan pèse ce que valent les mots « patrie », « cou-rage », « héroïsme ». Une fois encore, les circonstances le forcent à esti-mer la validité du langage face au mutisme des faits bruts. Une grande distance l'éloigne de tout – que seul pourrait réduire l'amour (qu'il ne connaît pas). Tendresse de Corbière. On le dira. Lui-même s'en défie. Mais au revers d'une phrase il se confie : « Car je l'aime [*il est question d'Aimé*] ; c'est une de mes rares inclinations (côté des hommes) ». Nous sommes alors tout près de Tristan, quand il évoque de nouveau les mal-heureux francs-tireurs envoyés à Conlie, parqués, réduits à coucher « à la mauvaise étoile », et quand il dit – comment ne pas le croire ? – regretter de ne pas avoir pu s'engager dans leur troupe. L'aveu s'exprime, hautement désespéré : « pour montrer à cette gueuse de vie qui tient si peu à moi, comme je tiens peu à elle. » Oui. Le débat s'est ainsi engagé dès sa naissance : une espèce de narquoiserie, ou pis, d'hostilité, que la vie montre envers lui. Corbière victime désignée. Et sachant répliquer par son impertinence, puis par son détachement. Un

corps accompagne cet esprit en marge et plombe les mots qu'il prononce. Exempté. Réformé. Moins qu'un *homme*, et pourtant – ainsi
qu'il le rappelle – pas impuissant. Disjoint de lui-même. « Il faut marcher avant de se battre, et si j'ai du *héros* là, sans me flatter, je n'ai pas
du facteur rural dans les jambes. » À sa faiblesse physique, il a raison
d'opposer son héroïsme de l'intérieur. À ce titre nous le considérons
encore, sans doute un peu plus que s'il s'était mué en simple chair à
canon. Animé par un principe de dépassement qui n'est pas de l'ordre
d'une beauté artistique à conquérir – seulement d'une vérité à toucher,
quand l'homme presque défait de lui-même se regarde et pèse sa tare
d'exister. Héros, Tristan, comme son nom de légende l'indique. Un
exemple de ratage. Un interrogateur foncier troué de paradoxes, frère
d'Hamlet, auquel pourtant pas une fois il n'a fait signe.

Retour sur l'heure actuelle. De nouveau Roscoff, son monde qui vaut
bien Elsseneur. Quelles perspectives s'ouvrent à lui ? Les continuelles
sorties en mer pour tout quitter, larguer les amarres, se vouer aux
manœuvres, se perdre dans le vent, affiner sa conscience, la rendre
aiguë comme lame, avec à bord un chien qui répond au nom de Tristan,
un mousse innommé, un second innommable. Irritée par les racontards,
et peut-être inquiète à la longue de ce maître très bizarre qui, la nuit,
chante des retrouanges, joue de la vielle ou écrit des lignes asymétri-
ques, où elle discerne un brin de sorcellerie et d'abracadabras, Marie
Quément pourrait bien prendre ses cliques et ses claques et regagner des
lieux moins envoûtés. En ce cas Tristan prendrait ses repas à l'hôtel
chez l'illustre Le Gad.

En ce novembre, des inquiets sont venus de Paris, de Verdun même,
nous dit-il, fuyant les républicains aux trognes d'émeutiers qui veulent
régler leurs comptes à la bourgeoisie. D'autres, proches de la frontière,
quittent l'Alsace et la Lorraine promises à l'annexion. Tristan en
rajoute-t-il ? Je ne pense pas et crois trop bien que tous ceux-là sauvent
leur peau et, pour cela, ont choisi la Bretagne extrême. Il faut imaginer
qu'auprès d'eux l'« Ankou » Corbière, le galérien grimé ou le pêcheur
aux cuissardes, jouit d'une petite estime. On chérit cet échalas un peu
dérangé, original forçant le trait et la note. Alors – comme il le rapporte
lui-même – on lui « fait des avances », et je le vois flatté de l'étrange
séduction qu'il exerce autant que – de suite – se rebellant contre, en
vertu d'un principe défensif qui l'empêche d'accepter d'autrui toute
marque un peu vive de reconnaissance. Le jugement sans appel qu'il
consigne à leur endroit reflète assurément l'intransigeance propre à sa jeunesse : « Tous vieux, et pas belles. », formulation ramassée qui décrit bien
ces réfugiés de chez Le Gad, où il aurait aimé découvrir une jolie femme

aux allures libres. Le temps, pour une fois pitoyable, saura bientôt lui offrir cette exaltante présence. Pour l'heure, tout à lui-même (le sujet en vaut la peine), il ressasse le dernier mot de la baronne Millet, née Malouët, la mère de Christine, proféré à son égard : « Ah ! l'animal ! » (*animal* souligné). « Ah ! l'animal » dit-on, en effet, pour désigner quelqu'un dont on n'use trop de plaindre, mais dont la conduite ne surprend pas toujours en bien – comme d'un chat volant une part de viande. Tristan a donc très bien compris la nuance. Rien d'une bête. N'empêche !

La déclaration à Christine ne tarde pas à s'énoncer, le point faible que toute sa lettre, depuis le début, souhaitait atteindre : être le chien, le chat (très maigre) qu'elle flatterait. Le « sonnet à sir Bob » avait déjà procédé – ou procèdera – à pareille métamorphose. Quel homme, à cet âge, n'a eu en tête une Circé qui le réduirait à l'aimer à quatre pattes ? À peine si Tristan transige. Il devient à vue d'œil cet *animal* que Rimbaud, oui, Rimbaud, mettra en scène dans les mues de ses « Métamorphoses[17] ». À qui croirait que Tristan ne fut pas amoureux de Christine, je conseille de relire l'avant-dernier paragraphe de son épistole, où se déploie son rêve en quelques mots : une soirée d'hiver devant un feu splendide, avec elle bien sûr. Ou mieux, au terme d'une traversée tumultueuse, la caravelle-Christine qui jetterait l'ancre à Roscoff, vieux nid de corsaires et renommé port de refuge pour lui. Cohabitation souhaitée ? Tristan n'en dira pas plus. Car Christine sait lire entre les lignes. Elle comprendra – c'est sûr –, quand elle recevra ce mot au retour de la sainte messe basse du matin qu'elle va entendre à Morlaix ou dans la chapelle de Bagatelle.

Après lui avoir parlé de si près, Tristan se retire en Pierrot de la côte. La chandelle est réellement morte, ayant goutté toutes ses larmes d'huile. Les derniers tisons s'éteignent. Il fait froid dans le grand salon. Il n'a plus qu'à se coucher aux premières lueurs de l'aube, après avoir signé « Yours Édouard », en attendant une autre charmante missive, par ces temps de guerre et de désolation.

Dans la France occupée, où l'on attise encore les quelques foyers de résistance, il en est réduit comme les autres à s'informer par la lecture des journaux locaux, principalement *L'Écho de Morlaix*. Au camp de Conlie[18], d'où parviennent épisodiquement des nouvelles alarmantes, se retrouvent les mobilisés des départements de la Bretagne et du Maine, les corps-francs de l'Ouest, quelques milliers d'hommes de l'infanterie de ligne, quelques escadrons de cavalerie, quelques marins, etc. Le contingent des Bretons mobilisables devait compter dans les 80 000 hommes. Kératry en personne avait parcouru la Bretagne pour recruter des volontaires. Dès le 10 novembre, trois jours avant la lettre de Tristan, une armée de 20 000 hommes s'était installée tant bien que mal dans ce site mal choisi ; les terres, récemment labourées, étaient détrempées par d'abondantes pluies. Les arrivants vivaient dans des conditions misérables. Aucun baraquement n'avait été construit ; il leur fallait donc camper sous des tentes. Mal vêtus, équipés d'un armement dépassé (les surplus de l'armée américaine de la Guerre de Sécession qui devaient les fournir n'arrivant toujours pas), dépourvus d'instructeurs, sans ravitaillement, ces soldats erraient, livrés à eux-mêmes, oisifs, découragés. Ceux-là, qu'animait une réelle volonté de se battre, se sentaient oubliés, méprisés. Alors que l'on comptait tout d'abord sur leur aide, on craignait maintenant cette armée de fidèles catholiques, et l'on se souvenait bien mal à propos des chouanneries du temps de la Révolution. Peu à peu, cependant, la honte de ce « Kerfank », ce village de boue et de fange, comme disaient les recrues de l'Armorique, fera scandale. Gambetta accuse d'impéritie Kératry qui, désavoué par la totalité du gouvernement, est remplacé par le général Marivault. Il faudra attendre encore un mois, toutefois, pour que des mesures soient prises. Marivault, arrivé sur le terrain, ordonne un premier repli à Rennes des 15 000 hommes les plus faibles du camp bourbeux sur lesquels maintenant tombe la neige et que déciment la variole et le typhus. On s'entêtera néanmoins à envoyer au combat les plus valides qui, malgré leur vaillance et leur entêtement, ne pourront s'opposer aux Prussiens, lors de la bataille du Mans, le 11 janvier 1871. Bientôt le camp est abandonné, et l'armée de Bretagne définitivement dissoute le 7 mars. Quelques jours auparavant, comble d'humiliation, Guillaume avait été proclamé empereur d'Allemagne dans la Galerie des Glaces à Versailles. La signature de l'armistice allait suivre de peu, et les élections législatives de la nouvelle Assemblée nationale que formera une majorité de conservateurs, pacifistes et monarchistes.

En cette « année terrible » où l'on désespère de l'avenir de la France autant livrée à un gouvernement défaillant (l'Assemblée nationale va bientôt se replier sur Bordeaux) qu'à un ennemi de la plus raide intransigeance, les naissances et les morts des civils marquent encore le cours de la vie ordinaire. Le 8 février, Jane-Marie-Lucile, la fille d'Aimé Vacher et de Lucie Corbière, voit le jour. Tristan, pour l'occasion, se déplace à Morlaix, après avoir envoyé ses « félicitations au gendre » et dit qu'il se sent l'âme d'un « tonton gâteau[19] ». C'est alors qu'il apprend dans tous ses détails l'ahurissante réalité du « Kerfank ». Au récit d'Aimé, sa constante compassion pour la misère ordinaire, où il ne songeait peut-être pas à voir les effets de l'injustice sociale, se mue en une violente accusation. Tristan – à ce que l'on sache – ne s'est jamais préoccupé de politique. Mais il trouve de suite, ou presque (il reviendra sur ce texte à plusieurs reprises), le ton qui convient pour dire l'absurdité du camp de Conlie et la révolte qui ne peut qu'en résulter. Son art se perçoit en toute clarté dans ces strophes inspirées des *Iambes* de Chénier et d'Auguste Barbier. Le style oral, déclamé sans être déclamatoire, au-delà des lignes écrites, résonne en nous. Un soir de novembre 2009, « mois-noir », où sur la route de Morlaix je m'étais arrêté dans la maison du poète Yvon Le Men[20], celui-ci, habitué depuis son adolescence à réciter devant un vaste public ses poèmes révolutionnaires, se mit à dire les premiers vers de la « Pastorale » de Corbière. Depuis longtemps il ne les avait récités, mais le texte lui revenait au fur et à mesure, chaque mot appelant l'autre par sa justesse et sa justice. Ne parlons pas de chef d'œuvre, en l'occurrence. Ce serait trop, ou trop peu dire. Le lecteur m'en voudra-t-il de replacer intégralement sous ses yeux cet éreintant poème[21] dont on ne se lasse pas, parce que la force militaire, quelle qu'elle soit, offensive ou libératrice, tue toujours des hommes ? Mais pire fut le camp de Conlie, où des jeunes, inemployés, espéraient un combat douteux et n'avaient pas même droit à l'affrontement pour mourir d'une mort qui vaille quelque chose.

LA PASTORALE DE CONLIE
PAR UN MOBILISÉ DU MORBIHAN

Moral jeunes troupes excellent
(OFF.)

Qui nous avait levés dans le *Mois-noir* – Novembre –
   Et parqués comme des troupeaux
Pour laisser dans la boue, au *Mois-plus-noir* – Décembre –
   Des peaux de mouton et nos peaux !

Qui nous a lâchés là : vides, sans espérance,
   Sans un levain de désespoir !
Nous entre-regardant, comme cherchant la France...
   Comiques, fesant peur à voir !

– Soldats tant qu'on voudra !... soldat est donc un être
   Fait pour perdre le goût du pain ?...
Nous allions mendier ; on nous envoyait paître :
   Et... nous paissions à la fin !

– S'il vous plaît : Quelque chose à mettre dans nos bouches ?...
      – Héros et bêtes à moitié ! –
... Ou quelque chose là : du cœur ou des cartouches :
      – On nous a laissé la pitié !

L'aumône : on nous la fit – Qu'elle leur soit rendue
    À ces bienheureux uhlans soûls,
Qui venaient nous jeter une balle perdue...
    Et pour rire !... comme des sous.

On eût dit un radeau de naufragés. – Misère –
    Nous crevions devant l'horizon.
Nos yeux troubles restaient tendus vers une terre...
    Un cri nous montait : Trahison !

– Trahison !... c'est la guerre ! On trouve à qui l'on crie !...
    – Nous : pas besoin... – Pourquoi trahis ?...
J'en ai vu parmi nous, sur la Terre-Patrie,
    Se mourir du mal-du-pays.

– Oh, qu'elle s'en allait morne, la douce vie !...
    Soupir qui sentait le remord
De ne pouvoir serrer sur sa lèvre une hostie,
    Entre ses dents la mâle-mort !...

– Un grand enfant nous vint, aidé par deux gendarmes,
    – Celui-là ne comprenait pas –
Tout barbouillé de vin, de sueur et de larmes
    Avec un *biniou* sous son bras.

Il s'assit dans la neige en disant : Ça m'amuse
    De jouer mes airs ; laissez-moi. –
Et, le surlendemain, avec sa cornemuse,
    Nous l'avons enterré. – Pourquoi ?...

Pourquoi ? Dites-leur donc ! Vous du Quatre-Septembre !
    À ces vingt mille croupissants !...
Citoyens décréteurs de victoires en chambre,
    Tyrans forains impuissants !

– La parole est à vous – la parole est légère !...
    La Honte est fille... Elle passa –
Ceux dont les pieds verdis sortent à fleur de terre
    Se taisent... – Trop vert pour vous, ça !

– Ha ! Bordeaux, n'est-ce pas, c'est une riche ville...
    Encore en France, n'est-ce pas ?...

Elle avait chaud partout votre garde mobile,
    Sous les balcons marquant le pas !

La résurrection de nos boutons de guêtres
    Est loin pour vous faire songer ;
Et, vos noms, je les vois collés partout, ô Maîtres !...
    – La honte ne sait plus ronger. –

– Nos chefs... ils fesaient bien de se trouver malades !
    Armés en faux-turcs-espagnols,
On en vit quelques-uns essayer des parades
    Avec la troupe des Guignols.

– *Le moral : excellent.* – Ces Rois avaient des reines.
    Parmi leurs sacs-de-nuit de cour...
À la botte vernie il faut robes à traînes ;
    La vaillance est sœur de l'amour.

– Assez ! – Plus n'en fallait de fanfare guerrière
    À nous, brutes gardes-moutons,
Nous : ceux-là qui restaient simples, à leur manière,
    Soldats, catholiques, bretons...

À ceux-là qui tombaient bayant à la bataille,
    Ramas de vermine sans nom,
Espérant le premier qui vint crier : Canaille !
    Au canon, la chair à canon !...

– Allons donc : l'abattoir ! – Bestiaux galeux qu'on rosse,
    On nous fournit aux Prussiens ;
Et, nous voyant rouler-plat sous les coups de crosse,
    Des Français aboyaient : Bons chiens !

Hallali ! ramenés ! – Les perdus... Dieu les compte, –
    Abreuvés de banals dédains ;
Poussés, traînant au pied la savate et la honte,
    Cracher sur nos foyers éteints.

– Va ! toi qui n'es pas bue, ô fosse de Conlie !
    De nos jeunes sangs appauvris
Qu'en voyant regermer tes blés gras, on oublie
    Nos os qui végétaient, pourris,

La chair plaquée après nos blouses en guenille
– Fumier tout seul rassemblé...
– Ne mangez pas ce pain, mères et jeunes filles !
L'*ergot* de mort est dans le blé.

(1870.)

Ajoutons, bien que la mesure soit comble, quelques paragraphes de Léon Bloy[22] :

« On voyait des êtres jeunes et robustes, les plus intelligents peut-être, dont on eût pu faire des soldats, s'arrêter privés d'énergie, enfoncés dans la boue jusqu'aux genoux, jusqu'au ventre, et pleurer de désespoir.

Il faut l'avoir connu ce supplice de ne jamais pouvoir *se coucher* ! Car cette foule condamnée à mort, – pour quel crime, grand Dieu ! – vit recommencer la chose qui n'a pas de nom […] et qui n'était encore arrivée qu'une seule fois, celle du célèbre naufrage de la *Méduse*. Une masse d'hommes forcés d'agoniser pendant des semaines, DEBOUT, les jambes dans l'eau.

[…] Plus on crevait, plus la boue montait. Si, du moins, c'eut été de la bonne boue, de la saine argile délayée sous des météores implacables ! Mais comment oser dire ce qu'était, en réalité, cette sauce excrémentielle où les varioleux et les typhiques marinaient dans les déjections d'une multitude !

Même après vingt ans, ces choses doivent être dites […] »

Et cent-vingt ans plus tard, à la relecture à haute voix de Corbière, opposant majeur, quoique d'aucun parti, sinon de celui des hommes avec leur petit baluchon d'existence rapiécé, ces choses-là doivent encore être répétées, odieusement contemporaines. Les têtes de l'hydre repoussent toujours.

Notes

1. Sur l'affaire Victor Noir voir Pierre Larousse, *Grand Dictionnaire universel du XIXᵉ siècle* (réédition Slatkine, 1982), Tome XI (deuxième partie), p. 1054.

2. Paschal Grousset (Bastia 1844-1909) proche de Rochefort, occupera des fonctions durant la Commune de Paris. Il sera déporté en Nouvelle-Calédonie après sa condamnation par le nouveau gouvernement de la Troisième République et il s'en évadera en 1874. Il vivra ensuite en France et aux États-Unis, puis, revenu définitivement en France, écrira des romans sous pseudonyme, notamment celui d'André Laurie. Il écrira avec Jules Verne *L'Épave du Cynthia* et fournira à celui-ci le matériel de deux romans que Verne publiera sous son propre nom : *L'Étoile du Sud* (1884) et *Les Cinq Cent Millions de la Bégum* (1878), d'après *L'Héritage Langévol* de Laurie.

3. Lettre de quatre pages (21 x 13) datée du 10 juillet 1870 que Jannini a consultée, mais que l'on ne retrouve plus depuis dans les papiers Benner. Nous la redonnons telle qu'il l'a retranscrite dans son *Un altro Corbière*, p. 190-191, en corrigeant au besoin d'évidentes erreurs de retranscription. La lettre porte cet en-tête :

HÔTEL ET CAFÉ DES BAINS DE MER
Table d'hôte
Billard. Pâtisserie
HENRI LE GAD
À ROSCOFF

Elle a été adressée à Monsieur / Sain et Benner peintres / pour remettre à Mr Fox / hôtel Pagano / île de Capri / par Naples », avec la précision, au début de la lettre : « à monsieur fox, chien / à l'hôtel Pagano », les premières lignes de ce courrier lui étant consacrées.

4. Cet événement semble avoir durablement marqué les esprits et figure au nombre des farces les plus réussies de Tristan. R. Martineau le relate ainsi dans son *TC*, p. 48 : « Les deux hommes [*Le Gad et Tristan*] voulant un jour protester contre la croyance passagère à la fin du monde qui réunissait à l'église de Roscoff les paroissiens apeurés, organisèrent une éclatante farce. Ouvrant toutes les fenêtres de la maison Corbière, ils les garnirent de fusils, de pistolets, d'espingoles, bourrèrent le tout ; puis au moment où les chants religieux commencèrent, une effroyable détonation éclata. Tous les fidèles sortirent de l'église épouvantés et virent Corbière saluant gravement en assurant qu'il n'y avait aucun mal. » Jean Vacher-Corbière donne cette autre version de l'événement (*Portrait de famille*, p. 16) : « Un bel après-midi du 15 août, avec la complicité du camarade Le Gad, l'hôtelier [...] Tristan arma les fenêtres de sa maison de flingots bien chargés. Au moment où, de l'église voisine, sortait la procession traditionnelle, la pétarade éclata et les fidèles en émoi virent apparaître derrière leur machine infernale les deux artilleurs d'occasion ; l'un d'eux, Tristan, était coiffé d'une mitre d'évêque rapportée par lui d'Italie. »

5. Vers du poème « Paria », section « Raccrocs » des *Amours jaunes*.

6. Ce nom est donné par Victor-Émile Michelet dans sa note sur Corbière dans *Portraits du prochain siècle*, E. Girard, 1894, p. 22-23 : « [...] la vie libre à bord du *Redan*, – nom que le capricieux propriétaire avait écrit Nader à l'arrière du yacht [...] » Indication aussi donnée par R. Martineau, *TC*, p. 64.

7. Wolfson, *Le Schizo et les langues*, Éd. Gallimard.

8. Sur Morlaix en 1870 et les diverses mesures prises, voir de Marthe Le Clech et François Yven, *La Métamorphose du crapaud*, p. 28-30 (éphéméride) et le livre de François de Beaulieu et Alain Goutal, *Une histoire de Morlaix*, Éd. Jeune Chambre économique, 1988.

9. Lettre postée de Roscoff, le 16 août 1870. Papiers Benner. Elle ne se trouve pas citée dans l'ouvrage de Jannini et nous en donnons ici pour la première fois des extraits.

10. Voir *La Métamorphose du crapaud*, p. 44. Parmi les membres du conseil municipal figurent le docteur Denis, ami du père de Tristan, et Louis Le Gad, frère d'Henri Le Gad.

11. Il est fort possible que le texte ait été écrit avant 1870. La formule « Ceci-tûra-cela » reprend le titre du deuxième chapitre du cinquième livre de *Notre-Dame de Paris*, autrement dit « l'imprimerie l'emportera sur l'architecture ». Mais c'était aussi le titre d'un des chapitres du livre de Louis Veuillot, *Les Odeurs de Paris*, dédié à Victor Hugo (Palmé, 1867, p. 391-393). « Gardenational » dans l'original est imprimé, à dessein,

semble-t-il, sans trait d'union. Le dernier vers renvoie au vers du poème « Ultima verba » (*Les Châtiments,* septième partie, XIV) : « Et s'il n'en reste qu'un, je serai celui-là ! »

12. Voir *La Métamorphose du crapaud,* p. 18.

13. Trois feuilles pliées en deux, soit douze pages de 20,6 x 13,2. Elles ont été de nouveau pliées pour être glissées dans une enveloppe de format 7,2 x 11. Cette lettre incomplètement publiée dans *La Métamorphose du crapaud* (1995, p. 55), a été donnée intégralement par Benoît Houzé et présentée par lui dans *Histoires littéraires*, n° 33, janvier-mars 2008.

14. Fort de cette information, nous avons déjà mentionné Marie Quément. Un François Quément, aubergiste, 34 ans, était installé place de l'Église à Roscoff, en 1872.

15. En 2009, ces mardis m'ont été confirmés par Mme Armelle de Lafforest qui prépare un ouvrage sur sa famille, descendants et descendantes d'Edmond et de Christine Puyo. Les papiers familiaux en font foi.

16. Benoît Houzé apporte cette précision dans l'article précédemment cité.

17. Premier titre, biffé, du poème en prose des *Illuminations* intitulé « Bottom ». Rimbaud s'y montre tour à tour comme un oiseau gris bleu, un ours chagrin et un âne brandissant son grief.

18. Sur le camp de Conlie voir *L'Étrange aventure de l'armée de Bretagne. Le drame du camp de Conlie et du Mans* par Camille Le Mercier d'Erm, Éd. à l'enseigne de l'Hermine, 1937, et le *Rapport fait à l'Assemblée nationale sur le camp de Conlie et l'armée de Bretagne* par Arthur de la Borderie, Plon, 1874. Sur la « pastorale » de Tristan, voir de Louis Calendini, « La Pastorale de Conlie », *Société d'histoire, des lettres et des arts de La Flèche*, t. IV, juin-décembre 1904, l'article de Léon Durocher, « La Conlie de Corbière » dans *La Pensée bretonne*, 15 juillet et 15 août 1917 et l'article contestable de Jean Marmier, « La Pastorale de Conlie. Tristan Corbière et la guerre de 1870 » dans les *Annales de Bretagne et des pays de Loire*, n° 2/3, juin-septembre 1970, tome LXXVII.

19. Citation de Jean Vacher-Corbière dans *Portrait de famille*, p. 40 : « Bravo, ma chère Lucie... Je me sens l'âme d'un tonton gâteau... Félicitations au gendre. »

20. Yvon Le Men, l'un des poètes de la Bretagne actuelle, l'héritier de Guillevic et de Xavier Grall. J'ai eu le plaisir de préfacer la réédition de ses poèmes de jeunesse *Vingt ans* aux éditions de La Passe du vent, 2009.

21. Nous donnons ici la version du poème tel qu'il parut dans *Les Amours jaunes* et non celle qui fut publiée dans *La Vie parisienne* du 24 mai 1873 « dédié à Maître Gambetta », et comportant deux quatrains d'introduction supplémentaires adressés à l'homme d'État. Jean Moulin, sous le pseudonyme de Romanin, en a donné une interprétation graphique particulièrement troublante et prémonitoire des camps de la mort dans un ensemble reprenant les poèmes de la section « Armor » : *Armor*, Paris, René Helleu, 1935, In-f° de 60 p., comprenant 8 eaux-fortes.

22. Léon Bloy, *Sueur de sang* (1870-1871), E. Dentu, 1893. (XIV – « La Boue »). Ce texte est dédié à Remy de Gourmont.

XIII

Rodolphe de Battine et « Herminie »

On se demande quand finiront les mauvais jours. La France humiliée. Les Prussiens défilant dans Paris et provoquant la colère de ceux qui n'admettent pas une aussi navrante défaite. Les cinq millions d'indemnité à verser, la perte de l'Alsace et de la Lorraine, l'occupation des sols par les régiments ennemis. Brusquement à Paris, poussés par l'émeute populaire, l'extrême-gauche prend le pouvoir face à l'Assemblée nationale réunie à Versailles et réduite à l'impuissance. Le 28 mars 1871 la Commune est proclamée.

Quel avenir prévoient les Morlaisiens ? Je ne peux penser Tristan à l'écart de telles préoccupations. Suffisamment son dégoût s'était exprimé dans sa « Pastorale de Conlie », peut-être encore inachevée, pour qu'on ne le soupçonnât pas d'une hautaine indifférence. Mais il n'a cure d'être aux premières loges, laisse les uns et les autres pérorer, les familles approuver ou s'indigner, surtout devant la montée des Rouges, prélude vraisemblable à un total bouleversement de la société. À Roscoff, il continue de sortir en mer, comme si de rien n'était. Les marées n'obéissent qu'au mouvement naturel de la lune. Les amers ne bougent guère de leur place habituelle, les repères des balises et les truies à éviter jalonnent le périple quotidien d'un *Redan*, d'un *Tristan* ou de toute autre embarcation. Chez Le Gad les discussions concernent évidemment moins la pêche que la pusillanimité du gouvernement et l'audace des Communards. Certains regrettent l'apparente stabilité du régime de naguère ; d'autres espèrent en une République enfin établie sur des bases solides. Tous redoutent la furie des insurgés, leur va-tout suicidaire. Tristan vient prendre ses repas. On regarde du coin de l'œil cette curieuse silhouette, le fils de Monsieur Corbière, protégé, bien sûr, et qui n'a pas bougé pendant que d'autres payaient de leur vie.

Le Tristan de l'époque commence – qui sait ? – à organiser ses poèmes avec l'idée encore imprécise d'en former le fameux livre des
débuts. Il n'y croit qu'à moitié cependant et se retrouve mal dans le
fatras dont il dispose : pièces anciennes et récentes, raccrocs (raclu-
res ?). Il n'empêche que chaque jour son plaisir est grand de chercher la
rime, d'attraper l'image inédite et de donner, de sa large écriture maladroite, sa version des choses avec ses corrections acharnées pour capter
jusque dans le moindre mot l'étincelle qui pourrait l'illuminer – coup
d'éclat d'une pierre à fusil. Chaussé de ses hautes bottes, il franchit la
porte vitrée de l'estaminet, regarde les gueules. Il repère les nouveaux
arrivants, tous ceux qui maintenant fuient les fureurs prolétariennes,
tous ces bourgeois honnis des Vallès et des Rochefort. Le printemps
apporte sa douceur sur Roscoff. Tristan encore une fois éprouve son
incurable solitude, en dépit de quelques visites bien venues, celles de
Ludo, d'Aimé, du jeune Chenantais.

Un jour, achevant son repas sans vis-à-vis, sinon son rêve, il a remarqué dans la salle un couple peu commun, d'une attirante élégance. Lui,
svelte et grave, mais ne dédaignant pas la plaisanterie, elle d'une beauté
qui le retient, en Vénus vénale visiblement. Le couple se retire. Tristan
n'ose les aborder, mande après leur départ le très cher Le Gad et lui
montre son empressement à vouloir les connaître[1]. Il souhaite même que
l'aubergiste le présente, malgré la clandestinité dans laquelle ils souhai-
tent maintenir leur séjour. Comme Le Gad témoigne de quelque réticence, Tristan s'irrite, menace de casser verres et couverts. Le Gad lui
promet donc de satisfaire à sa demande dès le lendemain.

Les deux convives occupent leur table habituelle. Le zélé restaurateur, avec un brin de confusion, leur annonce qu'il va leur présenter
« Édouard Corbière, dit Tristan », qui réside à Roscoff, fait du bateau,
écrit des poèmes. Entrée en matière parfaite, quoique légèrement imper-
tinente. Ils n'ont pas été sans remarquer l'étrange personnage, cette
curiosité locale ambulante, trop laid pour être vrai, s'affichant comme
matelot et portant à fleur de peau son emploi d'excentrique. Tristan sur
les pas de Le Gad se présente et sans doute prend place à leur table.
Ainsi se constitue le trio ou triangle, dont chacun sent déjà qu'il va
jouer son rôle dans une pièce à improviser, où des classiques échanges
amoureux tout reste à réinventer, selon les règles imprévues qui s'imposent en pareil cas. Lui, c'est le vicomte Rodolphe de Colomb de Battine,
fils unique, issu d'une famille de très ancienne noblesse qui remonte au
XIVe siècle[2]. Il vit de ses rentes, de ses terres. Les Battine possèdent
au Mans un magnifique hôtel particulier, superbement orné, qu'ils ont
fait construire vers 1850, rue de la Grimace. Le père, sans doute finan-

cier, a le titre de comte. Il va fréquemment, ainsi que son fils, au château des Aiguebelles, lieu de naissance de Rodolphe, à quelques
quarante kilomètres du Mans. Il loue à des métayers de nombreuses
fermes. Par son mariage il a fait alliance avec une famille non moins
fortunée, les Stellaye de Baigneux de Courcival. Engagé mobile dans le
33ᵉ bataillon de la Sarthe, Rodolphe a été blessé à la main droite à la
bataille de Coulmier, en novembre de l'an passé. Sa conduite valeureuse
lui a valu d'être décoré de la Légion d'honneur. Les biographes en titre,
qui ne se sont guère aventurés loin dans leurs investigations, prétendent
qu'il est venu se soigner à Roscoff pour jouir du climat salutaire du petit
port. Mais il n'apparaît là que bien tardivement, six mois après sa blessure. Venir à Roscoff n'allait pas de soi, malgré l'établissement de la
ligne de chemin de fer jusqu'à Morlaix. 14 heures de train, à supposer
que l'on partît de Paris. Mais Paris allait subir, depuis novembre trois
mois de siège. Pas davantage on ne sait quelles accointances il avait
avec cette localité bretonne, connue certes pour son air salutaire et le
pittoresque de son littoral. Il n'est pas non plus indifférent de noter que
les Battine possédaient une maison à Douarnenez[3]. Il est possible, par
conséquent, que depuis ce port Rodolphe ait gagné Roscoff, incité à agir
ainsi par certains peintres de ses amis ou d'autres connaissances familières du pays du Léon.

Rodolphe n'est pas venu seul. Sur celle qui l'accompagne, les plus
élémentaires renseignements font défaut – ce qui, bien entendu, signifie
beaucoup quant à son origine et sa destinée. Une fois qu'on aura dit
qu'elle se nomme Armida Julia Josephina, dite « Herminie »,
Cucchiani[4], on doit se laisser porter par le flux et le reflux des hypothèses comme si tout avait été fait pour dissimuler de plus amples précisions, la date et le lieu de sa naissance par exemple. J. Vacher-Corbière
(après 1884, année de la mort d'Aspasie Corbière, Lucie demeurant avec
son mari Aimé Vacher la seule descendante directe témoin de Tristan) a
laissé entendre que « ce n'était pas le genre de femme que l'on pouvait
fréquenter[5] ». La correspondance entre Herminie et Corbière aurait donc
été détruite sans le moindre regret, puisque l'on considérait qu'elle
n'aurait su contenir que des informations préjudiciables à l'honorabilité
morale de Tristan. Il faut se contenter des on-dit d'une tradition déjà
vieille, au point que les quelques renseignements glanés se contredisent
souvent d'un informateur à l'autre. Aujourd'hui, 14 février 2010, avant
de me lancer sans grand espoir dans des recherches plus approfondies,
j'ai décidé dans un premier temps de me contenter d'un faisceau de
rumeurs éminemment contradictoires. De celle que nous appellerons
plus volontiers « Herminie » – ce qui semble avoir correspondu à son

nom de scène, pour ne pas dire son nom de guerre – nous feindrons, en l'absence de toute photo ou représentation de cet ordre, d'admettre la beauté. Les principaux témoins, d'une fiabilité fragile, s'accordent sur ce point, ce qui est la moindre des choses. Quant à savoir, par exemple, quelle fut la couleur de ses cheveux, il n'y faut pas compter. René Martineau, dont le père fréquenta les Battine, assura d'abord (1904) qu'elle était brune[6], puis revint sur cette affirmation et la décrivit en 1923 « forte, yeux bleus, chevelure blonde ». Entre-temps était survenu, en 1910, le témoignage du peintre Camille Dufour : « Une blonde superbe[7] » – aurait-il dit. Cette blondeur pourrait coïncider avec le titre *Les Amours jaunes*, assurément riche de plus d'un sens. La blondeur convient certes moins au type italien (encore que le blond vénitien !) qu'implique le patronyme de Cucchiani. C'est, en effet, à une Italienne que font penser les prénoms de cette femme. Qu'elle ait conservé sa nationalité, et l'on comprendrait ce qui rend plus ardues les recherches à son endroit. Le voyage qu'elle accomplira avec Rodolphe et Tristan l'année suivante à Capri laisserait-il entrevoir un retour possible au pays des origines ? Réduit à de pures conjectures, on doit se contenter de rassembler des informations hasardeuses qui, placées l'une à côté de l'autre, finissent par acquérir une cohérence dont il convient toutefois de se défier. La relation de Rodolphe et d'Herminie, non scellée par un mariage en règle, leur concubinage autrement dit, entrait – on ne l'a que trop répété – dans le schéma courant, au point d'être un poncif, du fils de famille, aristocrate de préférence, entretenant une maîtresse pour laquelle il va peu à peu se ruiner. *Nana*, le livre de Zola, enregistre cette réalité typique du Second Empire que la Troisième République ne manquera pas de perpétuer pour la plus éclatante réussite des unes et la plus pitoyable déconfiture des autres. Cette Armida Cucchiani, dite « Herminie », présente tous les symptômes requis pour que l'on diagnostique un « collage », si fréquent dans cette période de cocottes et de cocodès, de gommeux et de « petits crevés », tout un monde superfétatoire et cultivé, dilapidant en diverses fêtes l'argent considérable amassé par leurs aïeux ou que leurs parents immédiats s'employaient à faire prospérer. De Battine, fils unique, pouvait ainsi dépenser à tort et à travers – ce que sa passion des courses et du jeu facilitait outre mesure. Une élégante jeune maîtresse complétait, en ce cas, le tableau d'un désastre prévisible se donnant longtemps l'apparence de fastes inépuisables.

Ces propos, que j'assume pleinement, relèvent, bien entendu, de la fiction, comme les personnages de certains romans frôlent la vérité au point parfois de se confondre avec elle. Sautant le pas, Martineau, qui sur ce point en connaissait plus que Le Gad, attribue à ladite Cucchiani une fonction d'actrice dans un théâtre de seconde catégorie. Est-il besoin de dire qu'aucune recherche dans les archives n'a permis d'identifier l'insaisissable théâtreuse, dont le rôle, comme ceux de Nana, se bornait peut-être à dévoiler un peu plus de nudité qu'en admettait la censure de l'époque. Belle actrice italienne en mal de protecteur. Pourvue de charmes que l'on imagine éloquents, il ne lui fallut pas attendre longtemps pour que Rodolphe, habitué du monde galant, se la réserve pour sa seule délectation. Une fois encore j'interprète ainsi de rares indices, en m'appliquant à mettre en œuvre le moins d'imagination possible.

Tel est donc le couple probable que Tristan, séduit, s'apprête à fréquenter, cependant qu'Herminie et Rodolphe éprouvent assez soudainement pour lui ce genre d'intérêt qui ne tarde pas à se transformer en curiosité passionnée, en incroyable complicité allant jusqu'au pacte et jusqu'au serment. Dans un Roscoff printanier où Rodolphe aspire à renaître loin des tumultes de la Commune qu'il ne parvient pas toutefois à chasser aussi aisément de son esprit (nouvelles inquiétantes, rouge-sang de la guerre civile), une relation très particulière tente de se nouer au gré des penchants et des sympathies de chacun. Improvisons encore : à côté des quelques peintres qui l'environnent, *pompiers* de la plus belle pompe à incendie, Tristan leur apparaît comme une personnalité hors du commun, par son physique, élégante catastrophe proche d'un certain dandysme, style garde-côte hamlétien ou corsaire à la Byron mâtiné d'Eugène Sue, par son langage perlé de trouvailles incessantes, par ses dessins où le grotesque atteint une espèce de repoussant sublime, par ses poèmes enfin où les artistes en souffrance que sont ses interlocuteurs admirent l'originalité la plus drue, nourrie de doubles sens et de mots d'auteur, pétris d'une sensibilité flagellante, à laquelle ne serait comparable que l'« Heautontimorouménos » de Baudelaire.

Le 28 mai résonne la fin de la Commune, une indescriptible tuerie qui, même atténuée comme les ondes d'un lointain séisme, doit faire frémir les Morlaisiens et les Roscovites. La plupart toutefois sont soulagés d'apprendre l'écrasement des émeutiers. Que valent ceux qui furent mitraillés si l'on pense à la bienheureuse sécurité reconquise ! Tout revient dans l'ordre. Et l'on peut se demander si Tristan, comme ses nouveaux amis, n'en fut pas rassuré. Les Rouges au pouvoir, Battine avait tout à y perdre. Et ses richesses de rentier profiteraient aux ouvriers vandales. Dès cette époque, Tristan, pour épater la galerie, doit avoir crayonné sur de larges feuilles des caricatures de Communards. Il réussit singulièrement ces charges épouvantables[8]. Voici les types du « Peuple souverain » : un « chargé d'ambassade de la République rouge

de Cayenne », accrédité près de la « Cour des Miracles de Paris » et un
« fluctuat nec mergitur » montrant l'ivrognerie des voyous d'extrême
gauche. Seul un rire en coin peut réagir devant pareilles figures où toute
l'ambiguïté de Tristan risque de se faire jour. Car enfin, cette crapule,
dans laquelle Rimbaud avait trouvés l'un des modèles de son écriture,
Tristan, quant à lui, en propose une vision aggravée, sans réaliser qu'il
donne ainsi de nouveaux arguments à ceux qui appellent à la déporta-
tion de ces Communards ou à leur captivité dans les pontons. Et l'on se
souvient, par contraste, de son intérêt pour les misérables, les mendiants, les gueux de toutes sortes, au sein desquel il n'aurait pas hésité
à se glisser, autre marmiteux ou lazzarone, autre silhouette à la Callot ou
à la Gustave Doré, celui des *Contes drolatiques*. Mais il faut se rendre
à l'évidence. Comme aux propos de Flaubert ou de Mallarmé sur les
meneurs. Et c'est en vain que l'on voudrait l'enrôler sous les drapeaux
de la révolte sociale, lui qui, éternel solitaire, le prend de haut avec les
autres, ceux du nouveau pouvoir :

> « Qu'ils se payent des républiques,
> Hommes libres ! – carcan au cou –
> Qu'ils peuplent leurs nids domestiques !….
> – Moi je suis le maigre coucou
> […]
> Que me chante leur Liberté,
> À moi ? toujours seul, toujours libre[9] »

*

Que n'a-t-on pas dit à propos de la relation unissant Rodolphe,
Herminie et Tristan. La légende est désormais si bien ancrée, les preuves (contestables) si constamment répétées que tenir un autre raisonnement semble relever de prime abord d'une plaisanterie provocatrice ou
d'une ignorance crasse. Cette construction demeure fragile cependant.
Mais comme personne depuis Martineau, donc depuis cent ans, ne s'est
avisé de remettre en cause une vérité aussi vacillante, la vision que l'on
a de Tristan, et principalement de sa vie, s'en trouve durablement alté-
rée. D'Herminie (nous lui conserverons son nom de scène[10]) nous ne
connaissons pas le comportement, ou si peu. Le Gad n'a dit que peu de
choses à son sujet : « On organisa une excursion. Bientôt ce furent des
promenades en mer et ils ne se quittèrent plus[11]. » De ce genre d'excursions Tristan, semble-t-il, était coutumier et l'évocation de son cotre *Le
Négrier*, en principe vendu avant sa rencontre avec les Battine, laisse

clairement entendre que des passagères venaient à son bord – drague
classique des jeunes plaisanciers, de son temps comme de nos jours :

> « Et, tous les crins au vent, nos chaloupeuses !
>   Ces vierges à sabords !
>   Te patinant dans nos courses mousseuses !….
>   Ah ! c'étaient les bons bords[12] !…. »

Le Roscovite d'adoption n'a donc pas attendu ce mois d'avril ou de
mai 1871 pour embarquer sur son *Redan* de jolies filles et pour leur
faire goûter la poudre des embruns. Et l'« Américaine » de sa dernière
nouvelle de 1874 ne correspond pas nécessairement à l'Herminie rencontrée trois ans avant. Que l'on ait surnommé celle-ci « l'Américaine »
précisément me paraît plutôt traduire une confusion dans les souvenirs,
au point que l'on a jugé bon d'attribuer après coup ce surnom à celle
que l'on savait pourtant d'origine italienne. Loin de moi l'intention de
contredire ceux qui affirmèrent que Tristan, à maintes reprises, emmena
avec lui le couple. Mais je suis incapable d'accorder à Herminie une
conduite spéciale. Tout ce que je pense conclut à une complicité inespé-
rée rapprochant le comte, sa maîtresse et Tristan, et je la vois venir
autant de Rodolphe que de sa compagne. Quant à la dédicace, deux ans
plus tard, des *Amours jaunes* à une « Marcelle », j'en examinerai, le
moment venu, la teneur et le sens. Dès maintenant j'émets les plus grandes réserves quant à l'assimilation de l'énigmatique Marcelle à Herminie,
que je persisterai donc à nommer ainsi, contrairement à la plupart des
commentateurs empressés d'entériner au plus vite une identification
entre toutes incertaine. Je crois, en revanche, que Tristan se mit à fréquenter quotidiennement le couple et qu'il se livra, en l'occurrence, à
quelques effets de surenchère, à quoi il était habitué, en raison de sa
présumée laideur qui le forçait à un comportement ombrageux ou excessif, selon ses humeurs. Je suis persuadé que bientôt Herminie et Rodolphe
furent surpris par ses talents de dessinateur et de poète. Tristan était parfaitement conscient de ses dons. En dépit de son orgueil et de sa
superbe, il se plaisait à en entendre l'éloge, mais seuls certains peintres
saisonniers et quelques membres de sa famille, comme son père,
s'étaient risqués à les formuler, sans pour autant le prendre vraiment au
sérieux ni lui laisser entrevoir une possible carrière en ce domaine.

Après son retour d'Italie, Tristan avait eu suffisamment de contacts
avec les Benner, Sain, Hamon et Chenavard pour s'être rendu compte
qu'il était temps pour lui de se manifester. Je l'ai montré songeant à
publier un livre, bien que rien n'en filtre dans sa lettre à Christine. À
considérer la date où commencèrent à être imprimés *Les Amours jaunes*,

soit en mai 1873, on s'aperçoit que le temps fut bref durant lequel il en élabora la composition, en complétant la somme déjà existante par de nombreux poèmes. Ceux de l'album Noir étaient caractéristiques tant par la forme que par les sujets abordés : tous maritimes et bretons. Pour la connaissance que nous en avons, il ne s'y trouve aucun poème d'amour. Il apparaît donc que l'inspiration amoureuse, et notamment celle de la partie intitulée « Les Amours jaunes », ne s'est manifestée qu'ensuite, une fois Tristan revenu de Capri. C'est selon toute vraisemblance une telle dominante nouvelle qui, demandant à recevoir une explication, conduisit à voir dans le rapport de Tristan avec Herminie une relation de cette nature et, en l'absence de tout autre repérage, on aurait tort d'en écarter l'hypothèse. Aucune autre liaison, en effet, ne peut être signalée dans sa vie, bien que l'absence de noms énonçables ne signifie pas une disette totale en ce domaine – compagne ou maîtresse, sans parler du recours à la prostitution dont nous reparlerons. La phrase dédaigneuse : « Mon amour à moi n'aime pas qu'on l'aime » demeure aussi ambiguë que « L'art ne me connaît pas, je ne connais pas l'art. » Il est certain qu'à éprouver le handicap de sa prétendue laideur, Tristan a développé une attitude provocatrice – alliance d'un violent désir sexuel et d'une profonde misogynie, qui lui fait distinguer les êtres de prostitution satisfaisant les plus immédiats désirs physiques de ce qu'il nomme, avec une faute de genre symptomatique, « L'Éternel Madame », qui renvoie à un « Éternel Féminin » soupçonnable de n'exister que pour l'Éternel Jocrisse. Il est malaisé de déterminer quelles expériences ont motivé la section « Les Amours jaunes » de son unique livre, alors que pendant longtemps s'était imposé à lui le thème breton et maritime. Ces « Amours jaunes », donc fausses, comme le rire ainsi qualifié, ne lui ont paru nécessaires qu'*in extremis*, à la faveur d'une ou de plusieurs rencontres. Il est ainsi permis d'avancer que le Tristan de l'époque a pris une conscience plus aiguë de l'amour, ou de ce qu'était pour lui l'amour. En tout état de cause, il faut imaginer une femme à l'origine de ce sentiment repensé par lui. Du livre de ses poèmes d'une part, de la suite de ses déplacements de l'autre, on peut déduire qu'Herminie exerça sur lui une certaine influence. À part la Marie Quément servante de la maison de la Place de l'Église, avec laquelle il ne saurait y avoir eu de relations intimes (« intestines » disait-elle) et le milieu familial, non négligeable, il est vrai, des tantes (Christine a une place évidente dans son cœur), on ne signalerait que des passades auxquelles il serait mal venu de donner le nom de liaisons. Je n'y ajouterai que par scrupule quelques Capriotes et peut-être une Emiliella, dont il conteste le « Banco », et une « Pudentiane » romaine, sainte-n'y touche de 40 ans, l'âge que devaient avoir les bonnes de curé, selon l'Église !

La récollection est mince. Elle ne reflète qu'imparfaitement le réel. Faute de plus, nous en revenons à Herminie, l'infigurable réponse *in absentia*, fort bien appropriée pour satisfaire la curiosité du chercheur.

Nous sommes suffisamment au fait des contradictions qui actionnent la pensée de Corbière et de l'aversion qu'il éprouva envers lui-même pour comprendre sa conduite, telle que la redisent certains de ses vers, reflets entachés de tous les truquages auxquels s'adonne en pareil cas le manipulateur. Il faut, par conséquent, se contenter de ce qu'il affiche de lui (nous sommes forcés de l'admettre) et appliquer sur tout document un regard critique, gage d'une vérité approximative. On aimerait certes entraîner Tristan dans une aventure marine où, dérobant pour un instant à Rodolphe sa maîtresse, il aurait avec elle filé un amour océanique, au tangage des vagues, dans la « boîte à deux » dont rêve le pilotin de « Steam-boat ». Ce pilotin, alias Corbière, alias Pâris (celui d'Homère), se réjouit d'avoir laissé sur le rivage un Ménélas digne de *La Belle Hélène* d'Offenbach[13] dont Tristan connaissait paroles et musique. Dans les faits, qui n'ont pas toujours force de loi, on doutera que Rodolphe ait laissé aux mains de son nouvel ami une Herminie plutôt volage. On ne s'interdira pas de croire, en revanche, que Corbière eut droit à certaines privautés. Je présume, néanmoins, qu'il les pressentit plus qu'il ne les obtint, et j'imagine les virevoltes d'un flirt, passablement insupportable, d'ailleurs, pour l'escogriffe avide de montrer sa virilité à la Vénus surgie à son horizon.

« De l'amour, – mais pire étalon ».

Qu'un tel comportement ait eu lieu à l'égard d'Herminie ou que celle-ci par sa présence lui ait donné le signal tant attendu d'une manifestation de sa libido, Tristan, comme tout un chacun (et plus que d'autres, sans doute) est confronté aux choses de l'amour, autrement plus compliquées par leurs courants et leurs récifs que celles de la mer. Des unes aux autres le vocabulaire file, ajuste son gréement, accorde ses équivalences. Tristan passe d'Armor à Amor, en attendant la réponse, en écho fatal, inscrite dans le *Tristan* de Béroul : « Car dans amor il y a mort ». L'essentiel se dira dans une suite, non clairement délimitée, des *Amours jaunes*, six poèmes : « Femme », « Duel aux camélias », « Fleur d'art », « Pauvre garçon », « Déclin », « Bonsoir[14] ». On ne m'en voudra pas de partir de ces textes, faute de disposer d'un autre matériau interprétable. Je m'en sers non pas pour configurer un Tristan Corbière *ne varietur*, mais pour le reconstituer tel qu'il fut, dans le chassé-croisé d'un échange où, tour à tour, il donne parole à une femme (reste à déterminer laquelle) et à sa victime.

Quatre textes sont simplement signés***, ce qui n'est pas refus discret, mais façon de proclamer l'énigme. Par deux fois celle qui est censée s'exprimer est appelée « *La Bête féroce* ». Son propos concerne un « Lui » hautement pourvu d'une majuscule. Pour ce « Lui », presque contre son gré, elle éprouve une irrésistible attraction. On ne prétendra pas qu'Herminie fut celle-là, bien que rien n'empêche de le croire et que beaucoup d'éléments même engagent à oser un tel rapprochement. Je préfère toutefois me borner à dire que Tristan se plaisait à considérer ainsi la situation et se voulait *choisi*, plutôt que de multiplier les avances et tendre les pièges de la galanterie.

« Femme » produit l'exact poème de la parole de l'autre où tout entier l'auteur se reflète, selon la propre image qu'il projette de lui-même. Tel il a construit son rêve, selon l'espoir que l'inacceptable serait enfin accepté, mieux, idolatré ! Il se décrit donc, une fois encore, mais par le truchement d'une voix féminine : être faussé, mal aimé, mal souffert. Sa laideur est sacralisée, strictement compensée par la beauté qui s'offre à lui, dans le rapprochement d'une peau de soie et d'un cuir lépreux. Fort d'un psychologisme d'une douloureuse acuité, il trame les entrelacs de la répulsion et de l'attirance :

> « Est-ce donc lui que j'aime ! – eh non ! c'est son mystère »
> Celui que peut-être Il n'a pas. »

Faut-il entendre là des répliques d'Herminie, voire, vraisemblablement, son penchant pour le pire ? Tristan, bien sûr, ne peut rêver mieux que cette union des contraires. Il invente un cruel marivaudage, sa conduite de fuite, ses airs de dédain, le genre animal ombrageux qui lui va comme un gant, quand il s'applique à « poser au fatal » et charge ses lèvres d'un pli moqueur. Entreprise de séduction par la négative, puisqu'à jouer le bellâtre il serait tout à fait ridicule. La femme cependant (Herminie ? Une autre ? Le prototype espéré ?) subit l'emprise de ce personnage à tout prendre byronnien « dont la triste image est debout sur ma couche » (retenir ici le « triste » de Tristan), ce « songe-creux et malsain », repoussant, mais qui attire. Du fond de l'incommunicable (son exemplaire solitude), sa force d'attraction agit, inversant en bien la laideur et l'insuffisance.

Autre succédané d'un univers carnavalesque – la lamentable histoire se dévide dans les cinq poèmes suivants, dont la continuité ne relève pas de l'évidence. Quelques indices ici ou là. Des résonances. Des répétitions. Tristan fabrique un « Duel aux camélias ». Le titre à l'époque ren-

voie au milieu social observé par Alexandre Dumas fils. Nul n'échappe
au roman célèbre. Que Corbière se soit battu en duel pour l'une ou pour
l'autre, devons-nous aller jusque là ? Il n'en récusait pas l'usage, du
moins, et, maniant le sarcasme tragique, se voyait bien orné à la boutonnière (double sens du mot) d'une « fleur de sang ». « Bien touché ». Qui
le nierait ? Il y a là encore du cœur de mouton offert à Christine,
superbe triomphe du littéral.

> « Si tu n'étais fausse eh tu serais vraie ?….
> L'amour est un duel […] »

Peu (les bonnes âmes mises à part) entreprendront de contredire
pareille assertion. À ce compte, Tristan croise le fer pour une héroïne au
nom variable et qui, plus que celui d'Herminie tiré du *Roland furieux*,
mérite celui de Bradamante. Les modèles défilent, multiples. Il n'y a
qu'à choisir. À travers leur variété ils se ressemblent. De toute façon,
l'homme sera perdant. Pensons aux dames dans le plein exercice de leur
fonction : Marguerite de Valois en sa Tour de Nesle, Héloïse castratrice
malgré elle. Tristan en oublie plus d'une : le plateau est encombré. Lui-
même n'a-t-il pas disposé de quelques échantillons remarquables ?
L'Italienne ! Revenons-y, debout sur le pont, arrosée d'écume (Rodolphe
et Tristan admirent l'Idole qui « pose » vers eux, comme si de rien
n'était) ou courant parmi les ruines et les champs de menhirs qui
dominent le Toulinguet ou montant plus tard les ruelles qui escaladent
Montmartre où l'on va construire le Sacré-Cœur. Tristan pense à son
livre et à l'étrange destinée des poètes que l'on ne dit pas encore « maudits ». Des années après sa rencontre avec Tristan – du moins, il l'imagine –, Herminie songera encore avec désinvolture au maigre rimeur
pour lequel elle éprouvait un je ne sais quoi :

> « Quel instrument rétif à jouer qu'un poète !….
> J'en ai joué !…. »

Tristan aura aimé être la dupe de ce jeu, le chien, la bête de cirque.
« C'était du reste un garçon drôle. » Le poème a pour titre « Pauvre garçon » et ne distille qu'une pitié parcimonieuse après décès. Car à de tels
individus seule une mort précoce est promise, selon divers moyens,
naturels ou artificiels : de chic, de boire, de phtisie – « ou de Moi ! »,
ultime résultat supputé par une qui ne manque pas de présomption. *La*
Cucchiani, comme certains l'appelaient, serait décédée concierge dans
la loge d'une ruelle donnant rue Clignancourt[15] ! Il n'est pas dit que
Tristan alla jusqu'à mourir pour elle. L'imagination des romanciers
fabrique de telles réussites. En l'occurrence, les voies de sortie furent

plus obscures – ce qui ne change rien au scénario imaginé, dont l'intrigue principale demeure indestructible.

Amoureux berné, amant victime, Tristan parvient dans ses vers à
retourner la situation, triomphe – comme triomphe souvent l'humour,
qui ne cesse de souffrir derrière ses bons mots. Pas de déplorations élégiaques de sa part. Mais de ces sarcasmes que l'on n'est pas près
d'oublier. Ainsi forme-t-il de son plein gré les linéaments d'une pseudo-
carrière poétique qu'il constitue de toutes pièces, avant même de l'avoir
commencée. Un succès possible pointerait-il à l'horizon, il s'en fait lui-
même le contempteur et le nomme sans faillir « Déclin », car tel serait
le paradoxal déclin qui pourrait lui échoir, une *réussite* qui l'empêcherait d'être lui, le contraindrait à rejeter l'authentique Corbière :

> « Son cœur a pris du vers et dit bonjour en prose
> Il est coté fort cher [...]
> Vous le reconnaîtrez fini, banal, célèbre…
> Vous le reconnaîtrez, alors, cet inconnu… »

La renommée marque l'achèvement, le sacrifice des beautés d'autrefois. Celui qui a rempli sa destinée ne saurait être qualifié autrement que
de « fini ». Tristan laisse passer une telle vision dans son imagination,
prêt à défaire ce que, par ailleurs, il convoite : une espèce de gloire insolente et frustrante tout à la fois. À l'avance il la piétine, comme l'éventuelle conquête amoureuse, « l'imbécile caillette » séduite par le miroir
aux alouettes d'un individu devenu célèbre, alors qu'elle le négligeait
aux heures de bohème où il « dardait sa fièvre ». Tristan ravage tout à
l'avance, y compris l'incertaine renommée qu'il n'obtiendra jamais, la
femme qu'il « aimait tant » et dans le jeu de laquelle il fut pris un instant. Sans tarder, elle devient pièce de son jeu destructeur auquel rien
n'échappe, pas même lui. Et de celle qui le dominait il se plaît maintenant à être le dompteur, assénant des coups d'étrivière sur sa croupe. La
« douce amie » mérite ce traitement de badinerie et de cravache :

> « Porte-beau ta tête altière,
> Laisse mes doigts dans ta crinière…
> J'aime voir ton beau col ployer !….
> Demain : je te donne un collier. »

le fameux collier de chienne, que les amants du Second Empire
offraient à leurs maîtresses pour un érotique asservissement. Tristan le
laid du Léonois consent à toutes ces démarches, tombe dans tous ces
pièges et se redresse, tient à son tour la bête féroce. Dans un tel duel,
l'amour que l'on croyait porté à son paroxysme, se dissipe dans une

trop précise stratégie où les adversaires mutuellement se blessent. Devinons simplement qu'il y mit trop de cœur pour en ressortir indemne et que ses poses ont fini par défaire ses chances de vivre un véritable amour, faute d'une espèce d'innocence, qu'il cherche si désespérément qu'elle ne peut être qu'illusion. Qu'Herminie ou toute autre lui accorde ses faveurs, il est incapable de voir en elle une conduite non préméditée, un élan spontané. Et de même il ne se donne pas tel quel, pas plus qu'il ne s'accepte. Il est l'inacceptable, souffrant de la distance qu'il impose à ses moindres gestes, attitude surdéterminée du dandy.

*

Le séjour des Battine se prolonge jusqu'à l'automne 1871, puisque Martineau indique leur retour à Paris en octobre de cette année-là[16]. Il est vrai que la situation politique demeurait préoccupante, malgré les élections législatives de juin et la présidence attribuée à Thiers. La majorité de la Chambre était constituée de royalistes qui espéraient le rétablissement d'une monarchie libérale. Dès juin 1871, Edmond Puyo avait été élu maire de Morlaix. Lui, son frère Édouard et Édouard Corbière étaient désormais au courant, sinon à l'initiative de tous les projets concernant la cité.

Ce fut peut-être sur les instances de Rodolphe que Tristan se décida à quitter Morlaix pour Paris. On peut imaginer le vicomte exposant à son jeune ami à quel point sa venue dans la capitale serait utile pour que l'on reconnût enfin ses dons peu ordinaires. Rien n'empêche de penser même que Rodolphe ait pris à cœur d'être pour ainsi dire son imprésario. Battine connaissait le beau monde, qui n'est pas forcément celui où l'on écrit le mieux et qui trop souvent se contente d'un vernis de culture. Mais parmi ceux qu'il fréquentait devaient compter un certain nombre de littérateurs de seconde zone. Aux yeux de Tristan qui, cette fois, ne demande qu'à se laisser séduire, d'autant plus qu'Herminie l'encourage à agir ainsi, la conquête de Lutèce qui, dès cette époque, avait l'allure d'un poncif, valait comme une tentation à laquelle résister ne s'imposait pas, sauf à chérir la nostalgie de ses espaces bretons et le regret de l'insurpassable amante, la mer, dont il ne refusa jamais l'emphatique étreinte. Et puis lourde pesait sur lui l'impression de tourner en rond à Roscoff, à Morlaix. Les châteaux Puyo offraient bien leurs distractions occasionnelles, les soirées d'opérettes interprétées par des amateurs, les mardis de Christine. Mais pour un Tristan – il le sait mieux depuis son voyage en Italie –, la patrie (mot dont on a rebattu les oreilles des citoyens, avec, au besoin, des roulements de tambour) est en tout endroit du monde, même si, comme le dira plus tard Saint-Pol Roux, « Bretagne est univers[17] ». Par-dessus tout, il y a son livre en gestation, dont il commence à concevoir l'architecture et qui, dernière chance, produirait une image de son génie. Fort d'un tel volume, lui-même prendrait – qui sait ? – consistance, bien qu'il se défiât du milieu des littérateurs, trop artificiels, pas assez « sentis », tout prêts à montrer des marins d'Opéra Comique et à *fluer* des vers scandés de belles mesures. À ces rêves s'ajoutaient les vagues promesses d'Herminie, une issue aux velléités d'un amour déjà dépareillé, dont il ne savait que faire.

D'abondantes discussions durent résonner au 38, Quai de Léon, mais je ne pense pas que Tristan ait eu besoin de hausser le ton pour se faire entendre. On savait son mauvais état de santé, certes. Mais le voir à demeure à Roscoff, isolé comme un lépreux, ou, qui pis est, se livrant à des farces de loustic immature ne satisfaisait guère Édouard ni Aspasie qui, bien sûr, avaient remisé tous leurs espoirs concernant ce fils aîné, intelligence vive, prometteuse, enfermée dans un corps défectueux, comme le mauvais résultat d'une union mal assortie. Bien qu'il fût choyé, entouré, on concevait la misère morale, l'étroitesse de cette existence. L'oiseau, vilain canard, doit prendre son vol. Le voyage à Capri a créé un précédent favorable. D'un Tristan qu'attendre maintenant ? Épuisées ses rages de navigateur de courte envergure, il dessine, crayonne, colorie, invente des caricatures dignes d'être appréciées des messieurs de Paris. Et ses vers d'une tournure si inattendue et hautement estimés par La Landelle, mériteraient l'impression. Édouard, l'auteur du *Négrier*, n'a nulle raison de dissuader son fils de tenter sa chance avec son maigre bagage de peintre-poète. On lui trouvera donc un hâvre dans la capitale, un lieu où il puisse travailler ou… rêver. La décision est prise pour le plus grand bonheur de Tristan qui n'eut sans doute pas à forcer des parents rebelles, inquiets à l'idée de sa future perdition. Un matin de novembre il quitte donc Morlaix, sans trop craindre, là-bas, l'échouage le plus pitoyable. À son arrivée, quelques-uns veilleront sur lui, l'accueilleront du mieux possible. Dans sa malle, son invariable tenue de marin qui, pour le scandale, peut toujours servir, outre le plaisir qu'il a d'endosser cette vareuse ou de glisser ses jambes d'échalas dans des cuissardes. Dans sa valise, ses précieux albums, poèmes et dessins tête-bêche, et le fameux manuscrit à compléter, pour lui donner figure humaine.

Connaître ses domiciles parisiens relèverait d'une filature épuisante. On se contentera pour cette fois d'une poignée d'informations à peine consenties par le peintre Camille Dufour, l'un de ceux qu'il fréquenta durant cette période. Dufour, Lafenestre forment, en effet les noms le plus souvent prononcés quand on évoque ses dernières années. Ils tendent à montrer que l'ambition de Tristan concernait les deux domaines de la peinture et de la littérature, alliance ou alliage sans lequel il paraît difficile de repenser sa vie, la malchance (ou l'ignorance) voulant que dans l'un et l'autre cas il n'ait été en contact qu'avec des individus secondaires, d'un talent certain, mais inefficace, voués à un oubli que l'on estimera mérité. C'est dans ces marges qu'agit Tristan, qu'il évolue et même qu'il prend ses aises, embarrassé qu'il serait par des êtres de plus grande renommée. La fameuse montée à Paris prend ici l'allure d'un déplacement qui, loin d'assurer une promotion, ne favorise que l'accès plus ou moins obligé à la Bohème. Je ne perçois pas Tristan comme nourrissant d'autres espoirs, et, tant qu'à épuiser son temps de vie, autant faire cet effort aux allures d'initiation pressentie malheureuse :

> « Il vint aussi là – fourmilière,
> Bazar où rien n'est en pierre,
> Où le soleil manque de ton. »

Sa démarche se confond donc avec celle de beaucoup d'autres. Elle se conçoit comme immédiatement parodique, selon ce mouvement réflexif qui l'entraîne à se voir dans sa glace, quitte à doublement accuser sa laideur. Ce qu'il tente en 1872 est « aussi », est « comme », à l'image de Murger son maître à penser sans pensée. Il ne lui restera pour devenir un jour visible que d'être celui qui accentue le trait, souligne, s'exprime par fusées d'italiques (attention : citation), se vit entre guillemets, maître d'un jeu où gagner c'est perdre, où l'on remporte la partie avec plus ou moins de gueule et de ton. Tristan se trouve donc là. Il débarque. Comme Rimbaud en septembre 1871, à quelques mois près. Mais il n'y a pas de Verlaine, ni de Charles Cros sur le quai. Comme Mallarmé en 1872. Mais il ne fréquente pas les Parnassiens. Il apparaît aux Parisiens, strictement anonyme. L'événement est englouti dans le brouhaha familier des foules et des fiacres. Herminie, Rodolphe lui ont certes promis leur aide. Le spirituel pique-assiette égaiera leurs soirées. Plutôt heureux de produire un tel spécimen, ils le promèneront sur les boulevards, dans les théâtres et les cafés. Non moins fidèles, non moins émoustillés à la perspective du Breton débarquant gare Montparnasse, Lafenestre et Dufour qui, à cette occasion, durent entrer en relation avec les Battine, collusion inévitable. Ceux-là le mèneront hors de Paris, dans leur repaire de la forêt de Fontainebleau, où Tristan appréciera sur place la rusticité des habitants et la « patte » des peintres.

Premier domicile connu : un sixième cité Gaillard dans le haut de la rue Blanche, une chambre et un atelier[18]. L'atelier prouve qu'il vint là en tant que peintre, bien que l'on n'ait jamais entrevu son attirail de rapin. Il le posait sur une table, rêvait devant la toile vide – à en croire Lafenestre bientôt hébergé par lui. Ce fut ce même Lafenestre qui, aux dires de Dufour son confrère, lui aurait trouvé ce premier logement. Tristan ne quittera plus le quartier, mais changera de domicile. Il était à quelques encablures (pour parler marin) du 14 boulevard de Clichy, que louaient Rodolphe et Herminie. Lui-même s'établira bientôt au 10, rue Frochot, non loin de la place Pigalle[19]. Que croire à la description de Martineau élaborée en 1903 : « Installé plus que médiocrement dans une petite chambre de la rue Montmartre, où, dit-on, il ne possédait pour tout meuble qu'un coffre à bois sur lequel il dormait tout habillé, il commença cette existence de bohème noctambule qui devait le tuer. Il dormait le jour, déjeunait à minuit, traînant dans les cafés plus ou moins littéraires. » On devine trop bien dans ces lignes une sorte de copie conforme d'une image préfabriquée de Tristan : le coffre prend le relais du bateau dans la salle à manger de Roscoff ! Mais on ressent aussi l'espèce de complaisance que Tristan aurait pu montrer à se comporter en bohème, comme pour justifier une telle identité et « passer pour[20] ». Dufour, qu'une existence bourgeoise rancit, par la suite, s'est visiblement amusé à contredire Martineau, le commissaire de service, en s'arrogeant à son tour le rôle de témoin privilégié quasi unique. Léon Durocher, son interlocuteur, enregistre sans sourciller. Il en subsiste une version du Corbière parisien à laquelle, pour l'instant, je m'en voudrais d'apporter la moindre retouche. Le temps viendra de remodeler ces premières formulations, au fur et à mesure qu'en sera mise à l'épreuve la validité :

« Je vous assure qu'il ne couchait ni sur un coffre à bois, ni tout habillé » se rebiffe Dufour. « Tristan déjeûnait à des heures bourgeoises, tantôt à la Brasserie Fontaine avec moi, tantôt chez lui, où il hébergeait le peintre Gaston Lafenestre, par qui je l'ai connu [...] Le soir il dînait généralement chez le comte de B *** , avec qui il s'était lié quand celui-ci alla soigner sur les rivages de la Manche une blessure reçue en 70.

[...] Noctambule ? Non.

Nous fréquentions un concert de la rue Rochechouart qui avait succédé au Café du Caprice (près de la place Cadet). Vers minuit, parfois une choucroute, à l'angle du Boulevard et du Faubourg Montmartre.

[...] les *cafés littéraires* ! Corbière n'en fréquentait aucun [...] À Paris, le perpétuel contradicteur ne voyait guère que le cousin Le Bris (de Coat-Congar), Degesne, peintre de chiens, Lafenestre peintre de moutons,

Dufour, et De B ***, qui le laissait pousser les billes à sa guise […] Des allures de *bohême*, au moins ? Eh ! bien ! non. La Muse parisienne avait civilisé le Roscovite, rendu le loup de mer correct, élégant[21]. »

Le tableau est ainsi brossé, chargé de précisions surprenantes, comme pour mieux nous montrer combien peu nous connaissions « notre » Corbière. Il faut en prendre et en laisser. En prendre d'abord, puisque nous est si bien restituée une journée de Tristan. Ce n'est pas dire que nous sommes davantage informés de ses préoccupations artistiques. Nous suivons, du moins, un jeune Morlaisien dans la capitale, fréquentant régulièrement un petit monde où (en cela il ne paraît pas changer ses habitudes) ne figurent pas d'écrivains. Insolite isolement, sur ce point, de celui qui, pourtant, à considérer les dates avec soin, mettait presque la dernière main à son livre – à moins qu'il ne se soit décidé encore plus tard et qu'un contact prolongé avec Paris n'ait provoqué en lui un afflux de thèmes nouveaux, un regain d'inspiration. Dufour dépeint une forme de vie relativement régulière, lui-même n'étant pas là à tout instant pour observer le comportement de Tristan, souvent livré à lui-même, mais ne refusant pas la société, ni le confort bourgeois (quitte à le narguer avec éclat), ni les estimables subsides venant de Morlaix. « Madame Corbière [*Aspasie*] lui envoyait environ 300 f. par mois », précise Dufour. Il va de soi qu'un Édouard Corbière ne souhaitait pas que son fils, jouant par trop à la Bohème, crevât de faim à la fin de chaque terme, et qu'il avait quelque confiance soit dans l'ouvrage projeté, soit dans les essais picturaux ou les « charges » que Tristan s'était engagé à soumettre aux journaux dans l'espoir de devenir l'un des caricaturistes du jour.

On comprendra que tout ce que je profile ou projette résulte d'une spéculation intellectuelle et sensible où l'intuition se borne à suggérer des possibles. Il faut repenser Tristan dans ce qui allait devenir son quartier, périmètre parisien alors peuplé d'artistes. Que ce choix ait résulté de la proximité avec l'appartement des Battine, il convient de voir là une heureuse coïncidence puisque, de ce fait, Corbière se retrouvait aussi dans le milieu des peintres et non moins près de la célèbre Butte Montmartre, sur laquelle allaient commencer les travaux pour construire le Sacré-Cœur, en expiation des récents malheurs de la France. Entre la barrière de Clichy, la place Blanche, la place Pigalle et Rochechouart, il vit, jour après jour, devient familier de la grande ville, entend peu à peu l'argot des souteneurs, fréquente les filles. Il apparaît dans les lieux qu'au même moment hantent les futurs « impressionnistes », dont on peut regretter qu'il n'entretint aucune relation avec eux. Toutes les rencontres en ce domaine sont envisageables cependant.

Mais entre les conversations sans lendemain, les discussions occasionnelles et les réalités d'une solide amitié, la différence est sans commune mesure. Dans les biographies de tant de peintres notoires jamais ne se glisse le nom de Tristan, inconnu, du reste, à cette époque. Il est peu probable, toutefois, qu'il n'ait pas pris place, à plusieurs reprises, au café de *La Nouvelle Athènes* où régnait Marcelin Desboutin, un bohème ami de Manet (qui l'a représenté sur un tableau célèbre[22]), de Degas et de bien d'autres. Il n'y a certes aucun hasard si Aspasie avance le nom de celui-là, à côté de ceux de Jean-Louis Hamon et de Besnard, moins attendu. La personnalité de Desboutin avait de quoi enchanter Corbière, séduit, n'en doutons pas, par l'aspect du personnage précisément décrit par Georges Lafenestre, parent du Gaston Lafenestre qui semble avoir été quelque temps le compagnon de Tristan. Il le montre « vigoureux, basané, haut en couleur, un peu traînant dans sa marche, toujours coiffé d'un feutre noir et mou qui s'agitait de travers sur sa tignasse énorme, toison ébouriffée de boucles noires et frisantes », une sorte de « brigand romantique » ou de « condottiere en disponibilité ». On ignore si, par un mouvement de sympathie, il prit en charge quelque peu le Morlaisien nouveau venu. À ce compte il ne l'aida qu'épisodiquement, l'introduisant auprès des autres, dont les récentes théories ne convenaient que médiocrement à ce rapin en mal de peindre la moindre toile qu'il pourrait soumettre à l'appréciation d'autrui. Corbière mesure trop bien ses limites, à côté des ambitions de ses rêves. Dans son atelier le chevalet soutient une toile qui demeure vierge – comme il aime la femme qui n'existe pas. Ce n'est pas qu'il se confine dans cet idéal inaccessible, puisque lui-même, sans attendre, se moque d'une telle espérance, d'une aussi fragile utopie.

Battine s'inquiète-t-il de son poulain sauvage, auquel d'ailleurs il n'a vraisemblablement pas promis monts et merveilles ? Juste cette fréquentation quotidienne, cette amitié, cette société. Tristan a-t-il emmené dans son sixième une infidèle Herminie pour laquelle il rejoue passionnément son rôle, un peu démodé, soit, depuis Murger, en suggérant qu'elle incarne en retour la Frisette-grisette de Béranger, une lorette de Gavarni, cependant que lui-même correspondrait, trait pour trait, au « rapin farouche / Pur Rembrandt sans retouche » ? En imagination il confectionne un scénario extravagant et poétique[23] où le rapt de l'héroïne s'accomplirait avec brio – soit qu'il enlève « Marquise » (Herminie était vicomtesse) à bord de son fiacre-corsaire, en combinant ainsi sa récente urbanité avec ses manières de bourlingueur, soit qu'il la mène en son Quartier-dolent « (entendre la cité Gaillard, refuge d'artistes en tous genres et préfiguration d'un illustre Bateau-Lavoir) et lui

fasse gravir les six étages obligés pour accéder à son « grenier poétique » / « Où gîte le classique printemps ». Une fois encore on aura
perçu quel détournement j'opère à partir de l'un de ses textes, en faisant
semblant de croire qu'il reflète (mais pourquoi pas ?) une situation
vécue. Corbière, qui se réclame du « senti », revendique la plupart du
temps une telle démarche qu'il métamorphose ensuite à l'aide des aléas
de la fiction.

Pauvre hère ou gandin de la dernière pluie, je l'accompagne rue Fontaine, rue de la Tour des Dames, rue Bréda, rue de La Rochefoucauld,
imaginant ses haltes, ses observations sous un porche par temps
d'averse comme dans le *Facino Cane* de Balzac[24]. Le voici qui sort de
son antre à moitié confortable, le rez-de-chaussée du 10 rue Frochot où
il laisse en souffrance devant son chevalet Gaston Lafenestre, son colo-
cataire. Va-t-il emprunter la rue de Laval (plus tard rue Victor-Massé)
et passer devant le 12, où rien ne dit encore que sera inauguré en 1881
le café-concert du *Chat noir* tenu par le bon cabaretier Rodolphe
Salis[25] ? Le temps viendra où ses poèmes y seront récités, avec accom-
pagnement ou non, quand Léon Durocher en assurera la mémoire.
Devine-t-on ce que réserve l'avenir ? Avec le présent nous avons trop à
faire ! Deux ans plus tard, pour quelques mois, Edgar Degas louera au 4
de la même rue un logis sans comparaison avec les dimensions étroites
du repaire de Corbière[26]. Loyer de 21 000 francs pour les pièces de
l'appartement, de 1 200 francs pour l'atelier. Degas, aux nombreux
domiciles, a toujours séjourné dans ce IXe arrondissement. Au cours de
ses randonnées, Tristan le croise. Le contraire serait surprenant. Très
souvent il franchit les 200 mètres qui le séparent de la place Pigalle,
construite sur l'emplacement de l'ancienne barrière Montmartre, du
temps où le mur des Fermiers généraux encerclait Paris. Il fait le tour du
bassin que rendent célèbre son exiguïté et les « petites femmes » qui
l'environnent, de chair vraie sous les jupons froufroutants. Il accomplit
ainsi une promenade vaguement hygiénique, dont la salubrité douteuse
n'équivaut pas au grand bol d'air ingurgité sur le chemin des douaniers
à Roscoff. Il descend souvent la rue de La Rochefoucauld, jusqu'à
l'église de la Trinité achevée de construire quatre ans avant la fin de
l'Empire. Michel Bouquet y gardait son atelier au 56. Au 66, personne
n'ignore que, dans un bel hôtel, réside l'illustre exilé de retour en
France, Hugo, l'homme ceci-tuera-cela. Tristan ne lui portera pas ses
hommages (d'ailleurs mitigés), dont l'autre n'aurait eu que faire. Encore
une rencontre manquée ! Hugo a bien assez de ses thuriféraires, outre les
Parnassiens, que Tristan, jusqu'à nouvel ordre, semble avoir méconnus
pareillement, tout comme les impressionnistes à venir. Un tel manque

d'intérêt nous attriste, mais s'explique par sa lointaine provenance, son peu de fréquentations dans les milieux dont on parle, sa superbe, son arrogance, la croyance exclusive qu'il avait en lui-même et les perpétuels doutes qu'il s'infligeait. Assez régulièrement il déjeune dans des établissements *ad hoc*, où se pressent les rapins et les filles, à moins qu'il ne chérisse d'autres limonadiers mieux famés, quand il arbore son frac et son haut-de-forme. À midi on le voit attablé avec Dufour, qui, à ses heures, « pioche » son prochain paysage à moutons. Tristan, quant à lui, griffonne sur un papier à sa portée quelque grotesque du jour, dont nous n'avons plus la moindre trace. Autant supposer ces représentations spontanées auxquelles, de retour chez lui, il ajoutera des linéaments de gouache ou des taches d'aquarelle. Dufour lui conseille de venir à Barbizon. Une expédition courante dans ces hauts lieux de la peinture, où Millet continue de régner en maître. Mais Tristan revient toujours à la magie de Paris, décor de toc et de stuc, où chacun s'adonne à sa prestidigitation personnelle. Puis tout un après-midi, comme il n'a rien à faire, sinon terminer un poème mort-né, il parcourt les rues, déplace sa silhouette étrange, mate les promeneuses. Rue des Martyrs qui monte à Montmartre (Mons martyrorum) où pullulent les cabarets, il ressent plus qu'ailleurs, malgré les immondices un peu partout entassées, l'« Odor della féminita », en Don juan novice. À son tour, juste revers des choses, de faire le trottoir et de guetter « la passante ». Sans doute connaît-il celle de Baudelaire, puisqu'un de ses poèmes par une majuscule lui rend hommage[27]. Mais quelle dégradation lui impose-t-il de suite ! Point de conclusion ni de « main fastueuse », du genre

« Ô toi que j'eusse aimée, ô toi qui le savais ! »,

mais de la part de celle qui survient, balayant de sa robe l'asphalte, un simple acte de pitié envers lui, une charité dont on ne se remet pas

« ... Mais Elle
Me regarda tout bas, souriant en dessous,
Et... me tendant la main, et... m'a donné deux sous. »

La Rue des Martyrs porte bien son nom. Corbière, par discrétion, par rire, n'ajoute rien à cette souffrance bien réelle. Il fut ce promeneur en quête, allant au-devant d'une déconvenue programmée. De ce petit désespoir il prélève juste ce qu'il faut pour quelques vers intitulés « Bonne fortune et fortune », la deuxième « fortune » étant l'action du sort inévitablement contraire, malgré les possibles béatitudes du hasard.

Les rues sont des êtres. Tristan les ressent comme telles avec leurs figurants, promeneuses, indifférents, visages neutres ou farcesques. Il pourrait être un témoin naturaliste de petits faits vrais, un narrateur d'anecdotes comme dans *Le Spleen de Paris*. Il se contente de quelques poèmes en plus, ajoute au livre en cours trop marqué par les types de la vieille Bretagne, alors que sous ses yeux se déroulent les spectacles criards et la misère ordinaire. Ainsi les mystères de la prostitution environnante, quand Herminie refuse de satisfaire ses foucades. Elle fleurit, aussi nombreuse que sous l'Empire, privée ou publique, ambulante ou tenant pignon sur rue, avec ses maisons de tolérance et ses spécimens de toutes sortes : la grasse, la maigre, la moricaude, la Juive, la novice. L'argent de M. Corbière se dépense généreusement pour des marmites et des pierreuses. Le quartier de la rue Bréda (en attendant de devenir la rue Henri-Monnier) fournit un éventaire opulent de femmes perdues d'une attirance certaine. Peu leur importe (si la passe est payée argent comptant) le cuir lépreux de Tristan qui, du reste, revêt son aspect d'homme « comifaut » (aurait dit Marie Quément), relevé du dandysme au goût du jour. « Après la pluie » retrace par le menu, et selon les « petites secousses » de l'amour vénal une rencontre galante de ce printemps 1872, où la femme, dès le premier abord, est estimée selon sa réelle valeur relative : « un grain » – de beauté, de folie, d'orage ou de serein. Le dialogue s'engage, comme capté par un micro – et l'aspect se dessine, dont il aurait pu faire un croquis, mais il laisse ce soin à Forain, à Gavarni, à Willette ou à Caran d'Ache. « Une cocotte ». La femme convoitée se réduit à cette silhouette artificielle, et l'entrée en matière obligée inverse le « tu viens, chéri » par un « Quel est ton nom ? » prononcé par le client Corbière et enrichi d'une kyrielle digne de la *Ballade des dames du temps jadis* : Anne, Zoé, Nadjejda, Jane, Fretillon, dona Sabine, Aloïse (ou Héloïse), Juliette. Toute la littérature y passe, comme défilent les demoiselles du bordel, à Paris comme à Avignon. Elles surgissent de Shakespeare, de Hugo ou de Béranger ; elles s'équivalent dans le dol et la duperie, l'échange vénal, pour aboutir, craché par le dindon de cette farce, à

« Un rond d'or sur l'édredon ».

Tristan, pas plus que ses pairs, connus ou inconnus, n'aura fui ces avanies. Il s'y est même complu, à défaut d'une qui l'aurait aimé pour l'étrange personnage qu'il est, à distance de lui-même, en état de désaccord et de conflit perpétuel, inapaisé.

Bien d'autres traînent dans ses poèmes parisiens, sur les pentes de Montmartre ou à la limite des fortifs, « créatures » qui arborent le mystère de la femme dans leur port de tête et leurs regards arrogants. Elles forment les innombrables roses d'amour dont avec une espèce de

délectation malsaine il perçoit la fausseté, « épine-postiche »,
« papillon-coquelicot », « Vénus-Coton », « Rose-mousseux », où le
trait d'union féconde l'hybride. Il dévide un autre genre de litanie (c'est
son mode : la rengaine obsessionnelle) qui s'enivre de l'énumération
saturante, équivalences jusqu'à l'écœurement, jusqu'à la preuve par
accumulation que rien ne sera ôté, que le mystère demeurera complet,
faute d'avoir la moindre profondeur. L'absence de profondeur devient
le vertige des surfaces.

Longues journées sans but. Le travail est remis au lendemain. Une
forme de paresse élit domicile, aussi méprisable que voluptueuse, avec
la sensation de s'enfoncer progressivement (la barque prend eau) tandis
qu'alentour une vie populeuse multiplie ses élans, ses tours, assure avec
insouciance sa décadence, son va-tout. Plus d'une fois Corbière tente
des sorties, sur la Butte ou dans la proche banlieue. Ira-t-on jusqu'au
déjeuner sur l'herbe, au canotage à Asnières, à la Grenouillère où se
réunissent les peintres de demain ? Gravie la Butte, il découvre là-haut
une vie de village, les abreuvoirs, des vaches et des chèvres, non loin du
labeur des carriers qui construisent la basilique, et l'activité tictaquante
des moulins. Avec ou sans Battine, avec ou sans Dufour, il s'engage
dans le maquis, passe auprès du Château des Brouillards[28] qu'habitent
des bandes de prétendus artistes, bâcleurs de croûtes désespérantes et
brailleurs de monologues que ne déclamera jamais M. Coquelin. Il
s'assied au *Cabaret des assassins* et regarde la longue fresque d'André
Gill qui relate l'homicide commis par Troppman. Un autre jour et par
fiacre il gagne la banlieue : Bougival ou Saint Cloud (un an après, il ne
se souviendra plus de quel lieu, au juste). C'est toujours le même personnel qui peuple ces diverses scènes.

« Idylle coupée » et « Déjeuner de soleil[29] » se suivent presque, et des
mots semblables s'y remarquent, appartenant à l'argot, comme « brinde-
zingue » ou « persil ». « Idylle coupée » des « grâces matinales » sortant
du violon et petits coupés des mondains qui font étal de leur équipage.
Esquisses qui, manifestant moins d'ambition qu'une étude sociologique,
y gagnent en vérité. L'exceptionnel réalisme de Corbière sonde toutes
les apparences – et les prostituées de tous genres défilent sous ses yeux :
grande duchesses (fausses) ou cocottes qu'il aime voir et entendre, car
elles sont aussi bien une attitude : la buveuse d'absinthe peinte par
Degas, qu'un langage, nourri d'idiotismes (comme naguère la langue
des marins) : le mannezingue, le Polyte devenu « dos bleu », etc. Corbière avance dans le tableau, y trouve sa place, invente, face aux autorités de l'art, le poète charogne et le peintre chiffonnier. Tous deux se
complètent, traduisent à leur manière le pittore-poeta inscrit sur le regis-

tre de l'hôtel Pagano. Les mêmes sujets les retiennent, non loin de l'excrément et du déchet, dans les significatives *excentricités* de la grande ville, tout près du boulevard extérieur et du cimetière Nord. Le poète piéton de Paris commence à hanter ces grandes nécropoles comme si, placé à la lisière il pouvait mieux comprendre et cerner l'immense cité. Une enseigne affiche textuellement : « AU BON RETOUR DU CHAMP DU NORD », comme le « ON EST MIEUX ICI QU'EN FACE » de la rue de la Santé. Tristan a-t-il lu « Le Tir et le cimetière[30] » de Baudelaire et sa publicité « À LA VUE DU CIME-TIÈRE. Estaminet » ? Les fonctions typiques du monde moderne, croquemorts et chiffonniers, sont au rendez-vous, presque démonstratives. Corbière, quant à lui, se soucie peu de la modernité, puisqu'il en fait pleinement partie, qu'il évolue en elle, parfait contemporain. Mais il encadre l'instant, comme vu par la devanture d'un marchand de vin :

> « Un grand pendard, cocasse, triste,
> Jouissait de tout ça, comme moi,
> Point ne lui demandais pourquoi…
> Du reste, une gueule d'artiste. »

On ne saurait s'approcher davantage de Tristan. Le « comme moi » engage à l'identification totale, au reflet le plus net, authentifié par un « triste » qui ne trompe pas. Le Tristan parisien est ainsi restitué, selon la constante autocritique dont il est capable. Le poème vaut comme un manifeste intime, auquel le biographe ne peut que se référer. Une fois encore il marque ce moment où l'écrivain en acte construit sa légende et où il n'est pas audacieux de penser que celle-ci a tendance à déteindre sur sa vie ordinaire, selon un mouvement de réciprocité transformant le fictif en « à vivre ».

Tristan connaît les peintres, les réputés, les académiques, gloires du Salon ou valeurs oubliées, comme Hamon et Bouquet, et les nouveaux qui font scandale, Manet et son *Déjeuner sur l'herbe*, Courbet et son *Enterrement à Ornans*. Mais, au nom d'un plus grand réalisme, il semble dédaigner ces derniers et les traite d'« essayeurs de sauces », d'« empâteurs d'emplâtres ». Il les timbre d'un qualificatif : « Rembranesques ! Raphaéliques ! », comme il y avait l'inévitable tandem antagoniste Ingres et Delacroix. Ces noms en vogue apparaissent, quitte à ce qu'il les confonde (à dessein) avec les curiosités du jour, un Ducornet manchot qui peignait avec ses pieds et un certain Galimard (avec un seul l) prénommé Nicolas-Auguste, ingresque invétéré. On devine alors ce qu'il leur reproche : un comble de savoir-faire, une absence d'authenticité, encore des ficelles et du *chic*, face à quoi lui-même s'avoue impuissant, remettant sans cesse la toile à plus tard, puisque ce n'est jamais ça. Le « ça » de Tristan a l'intensité de celui de Zola. Il désigne une totalité inatteignable, seule saisissable par le *senti*. Son peintre et son poète fouillent dans l'ordure : « C'est le fond qui manque le moins » « C'est toujours un fond chaud qui fume. » Quant à qualifier ce qu'il faudrait saisir ou ce qui, tout simplement, s'étend là pour le regard, avide ou curieux, Tristan ne trouve que « ces choses » ou, mot d'argot par excellence renvoyant au commerce de la femme, « le Persil ». Acte de pure contemplation, voyeurisme en pleine rue d'une scène que d'autres transposeront avec effet, il se dessine, par ces mots, comme il exécutera son eau-forte :

> « On se colle comme une fresque
> Enrayonnée au pied d'un mur. »

Et de cette contemplation fort peu hugolienne émane un bonheur rare, que recueillent les pauvres dont, comme souvent, il se sent étonnamment proche – ces gueux lancés comme les dés dans la vie. Bonheur de soleil gris, de l'anonyme en « savates et chapeau grotesque », « La Muse malade s'étire… / Il semble que l'huissier sursoit… » Des deux, poète et peintre qui le forment, Tristan, pour finir son poème, va procéder à la séparation radicale – espèce de fable à méditer. Tout à la contemplation de lui-même dans cet autre qu'il aurait pu être, « silhouette ravagée », il procède à son exécution. Les risques de la grande ville surgissent sous la forme d'un omnibus à chevaux qui écrase son alter ego « dessinant des yeux une fille ».

En des lieux plus distingués, mais qui font un ironique pendant au Cimetière du Nord, Corbière prend le frais, un matin de 1er mai (sans doute en 1872) au Bois de Boulogne. Je ne suis pas persuadé que Battine ait eu son attelage, mais rien n'interdit de le penser. D'un œil aigu et d'un ton sarcastique, Corbière observe ces aristocrates faisant assaut de bonnes manières. Légitimistes et orléanistes espéraient un retour de la monarchie, et la noblesse évoluait encore avec une ostentation somptuaire. Les demi-mondaines se dotaient de noms à rallonge. Herminie, du moins, concubine de Rodolphe, ne s'était pas affublée d'une particule imaginaire. Les Colomb de Battine avaient de qui tenir. « […] j'ai vu les *Chère Madame* » assure Tristan, regard contondant, oreille en coin, saisissant comme Balzac un langage. Les répliques s'entrecroisent, argent et sexualité, la vente des actions de Memphis et le duc un tel rencontrant Bibi ou la « Belle-Impure », comme pavane la Belle Otero. Gommeux, dames au camélia, maris jaunes de teint qui font la fête, sportmen à cheval et rêveurs à pied. Puis ce trumeau mythologique arrangé au goût IIIᵉ République débutante : une Diane, sur les pas de laquelle caracolent son « Tigre », c'est-à-dire son domestique attitré portant ses armes, et les vieux beaux, qui furent « Lions » du temps des Dumarsay et des Rastignac de la *Comédie humaine.* Ainsi va la vie de Corbière, suburbaine ou dandy. Les types du jour se promènent dans la rue, tangibles et qu'il faudrait « croquer » en caricaturiste émérite.

Peut-être court-il les journaux, emportant dans un carton ses charges de Communards. Mais on a plutôt tendance à les oublier, ceux-là, prisonniers dans les pontons, déportés en Nouvelle-Calédonie ou vivant en exil à Londres, comme Rimbaud et Verlaine. Ces trognes n'intéressent plus personne, à l'exception de quelques rares amateurs. Et le réalisme d'un Manet, d'un Courbet ne se confond pas avec l'inspiration du peintre-chiffonnier. Les riches heures de la prostitution sont restituées par Gavarni ou Guys. Forain dessine les « collages ». Plus tard Raffaelli portraiturera les « types de Paris ».

« Un jour il s'adressa sans le savoir, à un journal révolutionnaire, où on l'accueillit fort mal. Tristan riposta :

« Ah ! vous en êtes. Je vais vous faire aussi³¹... » Le même Dufour nous apprend, le plus laconiquement, que Tristan, « un jour, cessa de dessiner ». Mais rien ne force à le croire. Ses dessins faisant défaut, on est conduit à ce genre de conclusion. Mais l'écriture, elle, ne renonce pas à décrire – et cela, d'une façon elliptique, en accusant la grotesquerie, comme si, dans ses vers, il n'avait pas renoncé à son art satirique de la pointe.

Les soirées passées régulièrement avec les Battine témoignent de son excellente entente avec le couple. Troisième s'ajoutant à un duo plutôt bien assorti en apparence, mais qui avait besoin, le temps s'écoulant, de quelques variations piquantes, Tristan remplit un office presque obligé que les deux autres entretiennent avec soin, en provoquant par là dans leur entourage une curiosité jalouse. Les on-dit qui environnent Battine ne l'atteignent qu'à demi. Quant à partager Herminie, je ne le vois pas s'y résoudre si facilement, mais je pressens qu'il se plut à entretenir le malentendu et qu'il se réjouissait de l'adoration probable que le Morlaisien portait à son Italienne, devenue plus ou moins égérie d'un rhapsode breton. Je donnerais, non pas un jour de mon existence, mais le contrat qui me lie à mon éditeur, pour « halluciner » une soirée entre eux. J'y perçois la conduite contradictoire de Tristan, fidèle à son Mécène, rancuneux à l'égard de la vicomtesse, éblouissant ou sombre selon les jours, jouant au fatal, posant à l'incompris, tirant ses feux d'artifice en vers et en prose quand l'alcool le chavire, merveilleux convive répondant à souhait au futur « étonnez-moi » de Diaguilew à Cocteau³². On l'aura deviné, je *psychologise*. Sans honte, ma foi ! À Tristan, je ne refuse pas une âme (une lame, une flamme, une femme, au besoin). Et j'invente avec une jouissance (qui manque souvent aux biographes bon teint, sérieux, soupçonneux et patentés), des humeurs, des drôleries, des tristesses, des phases dépressives et des extases gratifiantes. C'est façon, par extension délirante, de mieux toucher la cible.

Vers les 18 heures, Tristan ôte la vareuse de marin dont le plus souvent il est vêtu dans son atelier. En cet attirail il écrit ses poèmes, même ceux de Paris, où il s'embarque comme pour les autres. Depuis son arrivée, il s'est civilisé, ce boucanier à la manque, ce pirate en alibi. Mise correcte, frac, col et cravate, gants jaunes, escarpins (les bottes attendront en un coin le moment de ses virées). Voyez donc un Corbière à peu près présentable, barbe soigneusement taillée, moustache soignée, chevelure abondante, mais ordonnée, que tente de séparer une raie au milieu (pour imiter Battine !). Tristan, qui a la passion de voir son visage, le besoin maladif de vérifier à tout prix ce qu'il estime être sa laideur (son bien entre tous, qui lui fait tant de mal) s'en remet, le cas échéant, à l'art de la photographie pour constater son être – ce qui, bien entendu, ne lui renvoie qu'une apparence supplémentaire. Les quelques témoins sont unanimes. Corbière le négligé, le semblant de gueux, arrivé à Paris, tourne au dandy. Il ne s'agit pas d'un revirement, certes. Les photos avec Aimé et Ludo annonçaient déjà de sa part une telle disposition. Un nouveau choix de déguisement ? Ainsi tient-il à honorer Rodolphe et Herminie. Se faire une tête, après la gueule de son blason. Changer momentanément de peau. Le lézard pèle. Le vieux serpent mue, sans pour autant se délivrer de son poison. Il prend donc la pose au 35 Bd des Capucines dans le magasin de l'ancienne maison G. Le Gray et Cie, Fontaine successeur[33]. Il en résulte le portrait qui illustrera les *Poètes maudits* de Verlaine. À cet éminent artisan s'adressaient les familles Puyo et Corbière lorsqu'elles venaient à Paris. Le Corbière des derniers temps offre un aspect moins sauvage. Il est vrai que la caricature ne s'en mêle pas, comme sur le tableau asymétrique, et que le désir de séduire inspire la nouvelle présentation de l'artiste, ni chien, ni crapaud, ni cheval fou, ni turbulent naufrageur, mais individu aimable que l'on croise aux dîners, aux soirées et qui paraît au théâtre. Car il est à peu près certain que Tristan, Rodolphe et Herminie se rendent ensemble aux concerts, voire aux cafés-concerts qui battent leur plein après les restrictions de l'« année terrible », et même si un courant de pensée approuvé par beaucoup se fait fort de rétablir « l'ordre moral ». Les Battine ne manquent pas la dernière opérette, Tristan les accompagne, s'amuse aux couplets d'Offenbach, aux opéras-bouffes de Lecocq et d'Hervé. Il n'est pas rare, en ce cas, qu'après pareil divertissement, ils soupent tous les trois sur les grands boulevards et que l'Aï pétille généreusement dans leurs coupes. Au cours de ces soirées ils élaborent un grand projet dont on peut penser que Tristan, mis en confiance, suggéra les prémisses.

La surprise fut grande, en effet, quand un universitaire italien, P.-A. Jannini, examinant avec soin la Note des étrangers de l'Hôtel Pagano à Capri, rencontra les noms suivants, inscrits aux alentours du 15 mai 1872 :

> Gertrude Hesselink La Hollande
>
> Mme Herminie de Battine Paris
> Jeannette Hesselink La Hollande
> V. de Battine Paris
> Triste Corbière
> M. von Kendell Berlin

Preuve[34] était donnée de la venue du trio dans ce même hôtel où Tristan lui-même avait séjourné au début de l'année 1870. Cette découverte, relativement tardive, quoiqu'elle date maintenant d'un quart de siècle, n'a pas été réellement exploitée. En l'absence de tout autre document, il convient de l'enrichir avec prudence des hypothèses qu'elle ne manque pas de susciter. Trois types de démarches sont envisageables. Ou bien, indépendamment de Corbière, Rodolphe et Herminie s'étaient déjà rendus en Italie, mais point sans doute dans l'hôtel Pagano où des traces antérieures de leur présence n'apparaissent pas. L'origine napolitaine d'Herminie, indiquée sans plus par Martineau, aurait motivé un pareil voyage. Ou bien le vicomte en eut l'idée. Ou bien Tristan lui-même, fort de son expérience passée à Capri et des connaissances qu'il avait là-bas, aurait convaincu sans grand effort le couple de tenter cette aventure au « pays où fleurit l'oranger » cher à Armida Cucchiani. Si leur présence sur les lieux est indubitable, il reste malaisé de déterminer l'emploi du temps de leurs journées de touristes. Payant argent comptant, ils n'étaient pas en peine de multiplier les excursions dans l'île. Et les soirées avec les peintres que Corbière retrouvait avec joie donnaient à leur séjour l'agrément et l'éclat d'une fête perpétuelle. Un tel voyage, à mon avis, ne pouvait avoir pour seule destination Capri où cependant Tristan, plus qu'ailleurs, avait ses aises, presque ses habitudes. Il y a de fortes chances pour que Benner ait été là à ce moment. Battine dut se montrer flatté de l'accueil qui lui fut réservé, dans un milieu artiste dont il appréciait la conduite indépendante. Assurément, nous ignorons tout du mode de déplacement qu'avaient choisi Tristan et ses amis. Sans doute le plus évident, qui comporte toutefois deux possibilités, à partir de Marseille ou, plus loin, de Nice : la voie ferroviaire ou la voie maritime. J'opterais pour cette dernière, et pour Naples en tant que port d'arrivée. J'y ajouterais volontiers un parcours dans la ville et la visite quasi inévitable de ses environs : le Vésuve et Pompéi, déjà vus par Corbière deux ans auparavant. Si les Dattine signent le registre des voyageurs le 15 mai à Capri, ils ont pu s'arrêter dans la cité parthénopéenne une semaine auparavant – ce qui ne suffit pas encore pour justifier l'indication « Mergelina – Venerdi, aprile 15. » souscrivant le très curieux « Soneto a Napoli » de Corbière, carnavalesquement dédié « All'sole, all' luna, all' sabato, all'canonica e tutti quanti[35] ». Sommes-nous en 1870 ou en 1872 ? Tristan, en pleine euphorie poétique, a fabriqué ce poème étrange par sa forme (les quatrains ne sont que des vers en rimes plates regroupés par quatre) et surtout son langage, mêlant dans la véritable ébriété d'un danseur de carnaval, italien et français, au rythme d'une tarentelle endiablée :

> « Lucia, Maz'Aniello,
> Santa-Pia, Diavolo,
> – CON PULCINELLA. – »

Le couple ne manque pas d'aller en veturini jusqu'aux fouilles de Pompéi figurées un an plus tard sur un tableau d'Édouard Sain exposé au Musée du Luxembourg. Si l'on veut ajuster de parfaites coïncidences, on imaginera Tristan, très au fait des nouvelles écrites par Théophile Gautier, évoquant, ou mieux rejouant sur les gradins du petit théâtre l'apparition d'une Romaine aux cheveux noirs (hélas, la blondeur manque, en l'occurrence) « Arria Marcella[36] ». De la Marcelle énigmatique des *Amours jaunes*, je n'ai pas saisi d'autres occurrences – ce qui témoigne de mon ignorance et complète la culture limitée de mes prédécesseurs dans ce domaine. J'y reviendrai, mais tiens à poser ce jalon pompéien, plus par amusement, du reste, que par conviction érudite.

L'Italie de Corbière nous réserve encore une autre surprise, le poème « À l'Etna », qui apparaît comme une réplique méditée du « Vésuve et Cie », composé, comme j'incline à le croire, lors du premier voyage. L'indication finale de lieu et de temps imprimée dans *Les Amours jaunes* porte « Pompéi, aprile ». Une prépublication dans *La Vie parisienne* notera « 7 septembre 1873 ». Pour l'heure, nous sommes au printemps 1872. Les deux dates imprimées sont fausses, devons-nous penser, mais d'une approximation troublante. Corbière ne nous égare jamais tout à fait. De ces précisions il fait des repères extensibles. Le truquage n'est pas le mensonge. « L'Etna », dont nous parlons maintenant, exige certes de poursuivre le voyage commencé et, par exemple – ce qu'un riche touriste ne se refuse pas – de s'embarquer à Naples pour Palerme. Pour découvrir l'Etna, cependant, Palerme, trop occidental ne suffit pas. Messine serait conseillable et, de là, la vieille cité de Catane proche du volcan et régulièrement menacée par ses laves. « À l'Etna » appartient-il aux « choses vues » ? On y chercherait en vain une notation pittoresque précise. Tristan en fait un pendant du Vésuve, dont il s'est suffisamment moqué. L'Etna, hanté par Vénus et Vulcain, le dieu des cocus, trouve un autre emploi sous sa plume, féconde en allusions peu ragoûtantes. Dans le bouillonnement volcanique, il ne voit que hoquets de malade. Une fois encore, l'identification avec lui s'impose, selon l'égocentrisme le plus masochiste : « Tu ris jaune et tousses ». Aggravant son cas, il conclut : « Nous sommes frères par Vénus », au point qu'aux alentours de cette maladie certains ont cru deviner une syphilis contractée, sorte de petit cadeau que son expérience des bordels aurait pu lui réserver en toute générosité. Je n'affligerai pourtant pas sa carcasse d'un supplément de maux. Il était assez bien pourvu sous cette enseigne. Contrefait, étique, rhumatisant, phtisique, nous n'avons que l'embarras du choix. De quoi se récrier « c'est trop pour un seul homme ! ». Avec ses tares et son « vieil amour malsain », Tristan n'en continue pas moins son chemin de vie, attaché aux Battine, comme ils l'étaient à lui.

Le voyage en Italie fut une pleine réussite sous l'auspice du peintre fainéant, grand ordonnateur d'un quotidien où il faut « tuer le temps » de la meilleure façon. On aurait aimé, bien sûr, suivre les touristes dans tout leur voyage. Trois lignes sur la « Note des étrangers » ont fait prendre conscience tardivement aux biographes d'un Tristan revenu à Capri en belle compagnie. Trois autres lignes découvertes ailleurs, en Espagne, par exemple, permettraient, qui sait ? de révéler une autre odyssée ignorée jusque-là. Si je suggère un tel excursus, c'est bien parce que les multiples précisions qui constellent *Les Amours jaunes* stimulent l'imagination. Méthode peu recommandable – convenons-en – que celle qui s'adonne à la rêverie et répand les hypothèses au petit bonheur. Le parcours que j'ai suivi jusque-là et qui, dans une certaine mesure, tire à sa fin, a confirmé que ces mentions locales, parfois additionnées de dates, ne sont pas vraiment hasardeuses et que de toutes il faut tenir compte, non sans les estimer éventuelles, obéissant à des déplacements ou des détournements significatifs. En cours d'organisation, *Les Amours jaunes* ont reçu, de sa part, des additions surdéterminantes. Celles concernant l'Espagne demandent à être observées un instant, puisque l'on ne saurait hâtivement taxer Corbière de ruse et de roublardise. Pourquoi, en ce cas,

parsemer son livre de toponymes espagnols invérifiables, mais propres
à éveiller la curiosité ? Donner de lui l'image d'un bourlingueur
légitimerait-il pareil procédé ? Il y a que, mises bout à bout, corrélées,
ces indications paraissent tracer un itinéraire et qu'il serait mal venu
d'en négliger les données. Une lecture attentive le dessine, bien qu'il
échappe le plus souvent aux lecteurs. Trois poèmes sont donc concer-
nés : « Steam-boat », qu'il situe *in fine* « 10' long. O. – 40' lat. N », la
série « Sérénade des sérénades » localisée « Cadix-mai », « Le Réné-
gat » portant la seule précision « Baléares ». Libre à nous d'y ajouter un
très « couleur locale » « Hidalgo », caractérisé comme « Cosas de
Espana » (Choses d'Espagne) et « Décourageux », arborant l'indication
terminale très vague « Méditerranée ».

Sans méconnaître les signalisations de ce type qui prospéraient sous
la plume des Romantiques eu égard à cette « terre des passions », tradition que recueille Corbière et dont il assure avec brio le détournement,
il laisse envisager un périple passant au large de Lisbonne (le point fait
dans « Steam-Boat »), atteignant Cadix, puis, après avoir franchi le
détroit de Gibraltar, filant vers les Baléares[37]. Mais le trajet est long et
doit se poursuivre loin des côtes, pour toucher enfin la Sicile (Palerme)
et peut-être remonter jusqu'à Naples. Tant qu'à englober les poèmes
espagnols, il est nécessaire de reconstruire un tel itinéraire qui, on le
voit, gagnerait ainsi l'Italie par le Sud, après avoir suivi le littoral hispa-
nique. Expédition relativement considérable qui supposerait une embarcation de moyen tonnage et un équipage expérimenté. À pousser plus
loin les conjectures en ce domaine, il faut reconnaître à Battine une fortune conséquente et surtout la volonté d'accomplir un tel périple. Je ne
me hasarderai pas davantage dans cette rêverie séduisante où Tristan
nous entraîne selon quelques raisons – non seulement poétiques – dont
l'opportunité nous échappe cependant.

Toujours est-il qu'après le séjour italien les inséparables ne s'attarde-
ront pas à Paris. Chacun s'empresse à nouveau de faire ses malles, fan-
freluches et tenues de plage pour les Battine, pour Tristan *impedimenta*
divers fourrés négligemment dans ses hautes bottes porte-valises. Le
trio se rejoint gare Montparnasse. La destination à en croire quelques
rares informateurs n'aurait pas été cette fois Roscoff, pour lequel
Tristan, à des heures, éprouve le mal du pays, mais un plus surprenant
Douarnenez connu de Rodolphe, qui y possédait une maison[38]. Ils
n'hésitent donc pas à y entraîner leur fidèle pique-assiette et chevalier
servant. Sur cet épisode armoricain, nous n'avons pas le plus petit renseignement, mis à part le fait qu'ils vinrent là, au mois de juin, pendant
une quinzaine de jours. 10 heures de train jusqu'à Lorient. Puis dili-

gence jusqu'à Quimper et coucou de Douarnenez[39]. Face à la mer
d'Iroise, je n'imagine pas Tristan dépaysé le moins du monde, bien que
ce ne fût pas tout à fait celle à laquelle il était habitué. D'elle se dégage
une puissante sauvagerie qui brusquement lui fait retrouver ses poèmes
d'antan, ses matelots et douaniers, chemins côtiers, littoral hérissé
d'écueils, genêts, ajoncs et bruyères. Ils parcourent en cariole la
presqu'île de Crozon, gagnent la pointe du Raz et la baie des Trépassés,
suivent la baie d'Audierne, atteignent la pointe de Penmar'ch où quelques mois plus tard Tristan situera l'un de ses plus beaux poèmes :

> « Sur la côte d'Armor. – Un ancien vieux couvent,
> Les vents se croyaient là dans un moulin-à-vent […] »

Quelques-uns s'employèrent à identifier l'édifice. Travail inutile,
mais point méprisable. Auprès du village d'Argol il arrive ainsi que l'on
s'inquiète de son château ! Vérité d'une ruine où s'engouffre l'imagination. Tristan, sans faillir, nous incite à partager le réalisme du rêve.
Arpentant les rues de Douarnenez, il ne manque pas de croiser quelques
artistes en titre, déjà familiers des lieux. À partir de 1863, en effet,
Emmanuel Lansyer y faisait de fréquents séjours, conquis par les paysages marins alentour. Cette année-là, au Salon des Refusés, on avait
remarqué son « Poste au bord de la mer : paysage, effet du matin ». Ami
du premier ciseleur de sonnets de son temps (appellation qui aurait fait
frémir José-Maria de Heredia, ainsi désigné), il l'avait convaincu de
prendre ses vacances dans ces lieux de grand air, nature primitive et forces naturelles qui convenaient au poète cubain. Une pléiade d'artistes,
sensibles aux beautés de l'Armorique redécouvertes, revenaient désormais avec lui[40]. Parmi ses familiers comptaient le jeune poète brestois
F. Plessis, Sully Prudhomme et, plus encore, quoique moins connu,
Georges Lafenestre que passionnait l'histoire de l'art et avec lequel
Heredia avait fait le voyage en Italie. Ce Lafenestre – il convient de le
rappeler – était parent de Gaston Lafenestre avec lequel vécut Tristan à
Paris et qui l'avait fréquenté à Roscoff. Si les Battine, avant d'avoir rencontré Tristan, villégiaturaient déjà à Douarnenez il est bien possible
qu'ils aient été en relation dès cette époque avec certains membres du
groupe réunis autour de Heredia. La plupart prenaient pension à l'Hôtel
du Commerce, dont le propriétaire, un Norvégien nommé Georges
Vedeler, accueillait volontiers les artistes, se payant, le cas échéant, de
leurs toiles. De son côté, Heredia, durant ses étés à Douarnenez, allait
parfois dans le Nord du Finistère. Une fois il était resté quelque temps
au manoir de Suziniou près de Morlaix[41]. Il est d'autant plus probable
que Tristan rencontra Georges Lafenestre et s'entretint avec lui que le

même personnage comptait parmi les proches de Marcelin Desboutin, l'un des piliers de *La Nouvelle Athènes*. Ces recoupements, qui laisseraient entendre une possible complicité intellectuelle, s'avèrent toutefois sans incidences repérables. Une quelconque relation entre Heredia et Tristan n'avait pas de réelle raison d'exister – mise à part une conduite de politesse obligée. L'esthétique de l'un différait en tout point de celle de l'autre. Le fini des sonnets de Heredia s'opposait implicitement au relâché apparent de ceux composés par Tristan, irréguliers et libertins, peu préoccupés de beauté et de perfection, rythme syncopé et non pas musicalité, déstabilisation constante. À l'avance en l'honneur d'Heredia (ou plutôt pour son déshonneur) n'avait-il pas rédigé « I sonnet/ avec la manière de s'en servir[42] ».

> « – Je pose 4 et 4 = 8 ! Alors je procède,
> En posant 3 et 3 ! […] »

Son séjour à Douarnenez ne s'épuisa donc pas en audition d'interminables soirées poétiques. Corbière, toute discrétion à cet endroit, s'inquiétait peu de ces Parnassiens réputés, auxquels il ne songea pas à présenter ses vers. Il est amusant toutefois de voir si proches ces poètes incapables de se reconnaître, la bienveillance d'Heredia n'ayant que faire, au fond, du dédaigneux escogriffe. Rodolphe et Herminie n'en attendaient pas moins de leur poulain rétif, pourvu que Tristan ne renonçât pas à son projet de livre et qu'il les accompagnât dans leurs balades, y compris, le 27 août, à l'admirable pardon de Sainte-Anne la Palud. Avec lui ils passent le meilleur de leur temps. Ils goûtent *leur* Corbière comme une lampée de chouchen. L'indésirable en tous genres est devenu, à la vie, à la mort, celui qu'ils désirent. Peu leur importe qu'il ne fasse pas d'avances au groupe des entêtés sonnetistes et qu'il demeure en retrait par rapport à des peintres qui ont le *chic*, mais non pas le génie. Ils l'aiment comme ça, brut et sarcastique, heurtant violemment l'ordre du réel, en rébellion permanente, décourageux, renégat, fils légendaire d'un vieux *saltin* et d'une vieille *morgate*[43].

Pour une raison ou pour une autre, sans doute l'habitude qu'ils avaient contractée de passer là-bas ce moment de vacances, les Battine, après être rentrés à Paris, se rendent dans l'hôtel des parents du comte au Mans, puis dans le domaine des Aiguebelles[44], un manoir proche entouré d'un parc et comportant écuries, orangerie, etc, tout un ensemble de fermes et de bois où, l'automne, avaient lieu de grandes chasses qui réunissaient l'aristocratie du Maine. Rodolphe était né sur ces terres et tous les habitants de Coulongé le connaissaient presque familièrement. Durant la guerre de 1870, son père, maire de la localité, avait doté l'église d'un vitrail consacré à saint Hubert, qui s'y voit encore. J'ignore quelles pouvaient être les occupations des Battine dans leur campagne. Je suppose Rodolphe attentif à ce domaine qui devait lui échoir. Quant à Herminie, la confiner dans des opérations de parfaite maîtresse de maison serait trop en désaccord avec le caractère que la renommée (mauvaise conseillère, soit) lui a prêté. On ne date la venue de Tristan en ces lieux que de l'année suivante. Il a pu les connaître dès 1872, étant donné la familiarité qui le rapprochait désormais de ses chers Battine. Mais peut-être Rodolphe observa-t-il une certaine période d'attente avant que son insolite ami ne vienne défrayer la chronique des sourcilleux naturels de Coulongé, peu friands d'excentricités, celtiques de surcroît.

Dire quelle fut la conduite de Corbière durant cette période risquerait de relever de la plus haute affabulation. Je le crois revenir à Roscoff et à Morlaix, se retremper dans le milieu familial avec lequel il n'avait jamais rompu et reprendre contact tant avec ses fidèles d'autrefois qu'avec les peintres de nouveau à Roscoff ou aux environs, les Lafenestre, Dufour et Louis Noir. Hamon, souffrant d'hydropisie, pour ne pas dire menacé d'alcoolisme, était le plus souvent à Capri ou à Rome pour vendre ses tableaux ou encore à Saint-Raphaël où il engageait des travaux au terme desquels il aurait sa villa (qu'il n'habitera jamais).

Tristan avance dans la mise au point de son livre, pour lequel il compte utiliser une partie de l'album Noir. Il disposait aussi d'autres poèmes, d'une inspiration différente, et il ne sait encore comment en constituer l'ensemble désiré. Ce qu'il imagine, en tout cas, correspond à un livre, un vrai, où seront lisibles les éléments de sa personnalité, pré-sentés en *membra disjecta*. Travail assidu, par conséquent, pour ce paresseux haut de gamme. Opportunément interrompu par des balades en mer.

Assez tôt cependant, et vraisemblablement pour la première fois, il éprouve le besoin de retourner à Paris. Herminie doit y être pour quel-que chose. Le raisonnement le plus simple conclurait à l'importance qu'elle a prise dans sa vie, et la lettre du « Poète contumace », compo-sée pourtant en plein hiver, donne suffisamment de poids à cette hypo-thèse. Je suis donc tout prêt à reconnaître l'influence qu'elle exerça sur Tristan, qui lui est d'autant plus attaché qu'elle n'a pas assouvi son désir ou que lui-même fit preuve, en ce domaine, d'une maladresse bien explicable par son trop grand empressement, qui ajourne les prélu-des si nécessaires en pareil cas. Au 10 rue Frochot, il retrouve son ate-lier, ses habitudes, son ennui. En attendant le retour des Battine, il songe à compléter le manuscrit en formation, pour lequel il n'imagine pas encore un éditeur, bien qu'il les connaisse tous de nom : le prestigieux Lacroix, le curieux Lemerre chez qui publie Banville, et Michel Lévy où sortent les œuvres complètes de Baudelaire. Une nouvelle fois il s'applique à faire le point sur sa vie qui file trop vite. Bientôt trente ans. Une santé peu solide. Un vague-à-l'âme qu'il maquille en ironie. Une très grande solitude, malgré les amitiés de comptoir et les sympathies qui l'entourent, à Paris comme à Bois-le-Roi, à *La Nouvelle Athènes*, à la brasserie Fontaine comme aux caboulots des bords de Seine. Au mois d'octobre, alors que Rodolphe qui ne manquerait pour rien au monde pareille distraction féodale, chasse sur ses terres, Tristan, non sans songer au seigneur des Aiguebelles, rime sa « Bohème de chic » poème identitaire s'il en fut, 17 quatrains d'hexasyllabes malicieusement précisés « Jérusalem » – ce qui fit couler beaucoup d'encre et féconda bien des sottises. Le Gad, que l'on tient pour un témoin fiable, dit fort sérieusement : « Il a fait son voyage en Palestine en 1870, au plus tard à la fin de 1869 » et produit comme détail probant : « La date était portée sur un large chapeau gris qu'il portait et auquel il tenait beaucoup, car ce chapeau lui avait servi pour demander l'aumône en Italie[45]. » Nous reviendrons sur cette dernière anecdote, mais nous mettrons sans hésiter la « croisade » à Jérusalem au compte de l'expédition à Capri. Jérusalem, en effet, et notamment en argot – parler pour lequel Tristan montrait les meilleures dispositions – signifiait « la rue de Jérusalem » qui, commençant quai des Orfèvres, se terminait en cul-de-sac. On désignait ainsi la Préfecture de Police de Paris[46]. On pourrait encore douter de cette interprétation si, précisément, la pièce d'introduction des *Amours jaunes* n'était localisée, en toutes lettres, à cet endroit. De là à en déduire que Tristan eut affaire à une telle institution, il n'y a qu'un pas que je ne manquerai pas de faire, d'autant plus qu'en sa « Bohème de chic » je relève ces quatre vers :

> « Quand sans tambour ni flûte,
> Un servile estaffier
> Au violon me culbute,
> Je me sens libre et fier... »

Je ne m'étendrai pas outre mesure sur les divers emprisonnements de Tristan, fictifs ou réels. La « mise au violon » était plus fréquente que de nos jours. Depuis la Commune, tout comportement excentrique inquiétait plus que de raison. Toute bamboche nocturne fortement alcoolisée prenait le chemin du poste. Tristan passe une nuit entre quatre murs avec les « dos », les « michés » et les « marmites ». Il n'est pas besoin de trop d'imagination pour le placer en pareille situation – qu'il avait soigneusement évitée à Morlaix (les édiles Puyo et Corbière veillant à écarter tout scandale). Depuis Silvio Pellico, le poète en prison a bonne presse. Nerval y fut conduit plutôt deux fois qu'une, en 1831 et 1832, et Pétrus Borel, pour ne pas avoir accompli son service de garde-national. Apollinaire relaiera Tristan : « Non je ne me sens plus là / Moi-même / Je suis le quinze de la / Onzième[47]. »

Dans cette « Bohème de chic », Tristan encore une fois fixe son personnage. Il en tire une nouvelle photo, pendant de celles qui existaient déjà et répliques d'autres poètes crottés, du passé et du présent – l'individu en haillons, le chapeau percé, la pose aux devantures « roide comme un pendu », la vie qui pleut sur celui qui attend et jusqu'à l'impertinence à la Cambronne :

> « Je lève haut la cuisse
> Aux bornes que je voi :
> Potence, pavé, suisse,
> Fille, priape ou roi. »

Le dédain souverain l'emporte sur toute affection, et le mépris des autorités diverses ou de tout ce qui pourrait assujettir : pouvoir féminin (Idéal féminin) ou phallique, la virilité des gaupes. Portrait achevé. Il y en aura d'autres. Complété *in extremis* par une image peu traditionnelle de la Muse en « Chair-de-poule » qu'il bat quand bon lui semble, comme un marle donne des « pains » à sa gigolette.

Les Battine étaient peut-être de retour quand, suite à une récente virée en banlieue, il compose, presque comme une chanson, un poème à titre d'enseigne :

> « À la mémoire de Zulma
> vierge-folle hors barrière
> et d'un louis. »

Tout un programme. Si l'on n'en était convaincu déjà, on doit maintenant se rendre à l'évidence. Tristan, faute d'une Herminie strictement attachée à sa personne, frotte son cuir lépreux aux chairs plus ou moins fraîches de la prostitution. À l'évidence, ce poème est une fable qui demande à être lue avec précaution et l'engagement avec Zulma (de « Bougival, 8 mai » ou de « Saint-Cloud-Novembre ») n'offre aucune garantie de vérité. Le ton, qui ne trompe pas, décèle malgré tout une habitude de ces vierges folles, vierges à vie, malgré les avatars subis. Que Zulma, qui n'est pas spécialement un prénom de ces dames (voir la Zulma Carraud de Balzac) ait été « colonelle à la Commune », voilà qui pimente le poème d'une allusion historique bien significative pour

Corbière, avare, en principe, de ce genre de précisions. De colonelles communardes, il ne dut pas beaucoup y en avoir, même parmi les soi-disantes pétroleuses ou dans les rangs des utopiques « Amazones de la Seine ». Corbière façonne une image dont augmenter les caricatures de son « Peuple de Paris » – comme Rimbaud esquissant sa « Jeanne Marie ».

Sa vie a repris avec le couple et tous les autres ; les occasionnels interlocuteurs des cafés et des restaurants et les comparses débarqués de leur campagne ou de leur banlieue. Jour après jour, il écrit. Il corrige beaucoup (ses brouillons en témoignent, peut-être à l'extrême), forçant la note comme l'incorrigible caricaturiste qu'il est. Il ne résiste pas au semi-calembour, il frôle le bon mot gratifiant, de pure forme. Mainte-nant qu'il sait qu'il peut faire un livre, que les Battine l'encouragent, voire le commanditent et que « Papa – pou, mais honnête » pense qu'on doit donner sa chance à ce fils prodigue, il s'aperçoit que de tous ces papiers accumulés, bien peu de choses reste qui vaille à ses yeux. Il sou-haite tellement ne pas rater son entrée qu'il ne peut que s'enferrer dans ce ratage – à peu près son unique sujet, à dire vrai.

Vient la Noël 1872. À Morlaix en famille ? À Paris avec les Battine ? Ailleurs ? Sûrement pas seul, sûrement pas comme dans son « Poète contumace » à Penmarch', daté « jour de Noël » précisément, et sans plus. Encore un autre lui, calque de sa silhouette et double de sa situa-tion désabusée :

> « [...] un long flâneur, sec, pâle,
> Un ermite-amateur chassé par la rafale...
> Il avait trop aimé les beaux pays malsains.
> Condamné des huissiers comme des médecins
> Il avait posé là [...] »

Un Tristan est toujours à la pose, pour lui comme pour les autres, étu-diant beaucoup son négligé, sa nonchalance, aiguisant le bec de son pro-fil. Son poète, épave et squatter, n'en a plus pour longtemps à vivre. Objet d'une double condamnation : judiciaire (il est habitué aux démé-nagements à la cloche de bois) et médicale. C'est dire que le mal est sans remède. Il est possible que, dans ce moment, il pressente le temps qui lui est imparti. D'où sa conduite d'urgence, et la nécessité de publier un livre-malgré-tout. Le réfugié de la pointe de Penmar'ch trouve encore le moyen de griffonner une lettre à sa Muse. On y reconnaît étrangement les conditions de vie énoncées dans la lettre à Christine, de novembre 1870. Presque des citations, comme « ma chandelle est morte et je n'ai plus de feu », et l'instrument de musique familier qui, plus

qu'une lyre, est une vielle. Une folle tendresse passe dans ce Corbière
de loin qui, au rationnel « je pense donc je suis », substitue un plus spirituel « Je rime, donc je vis » (auquel je souscris sans la moindre réticence !).

Parfois Tristan tutoie ses biens de poète et d'artiste, ceux dont il
entourait allégoriquement son portrait à l'huile : palette et lyre et l'ancre
de marin au pied. En janvier 1873 – indication contestable, mais pas
entièrement fausse – il compose « La Pipe au [*et non pas "du"*] poète ».
Le premier vers rétablit la construction correcte : « Je suis la Pipe d'un
poète ». Sans doute avait-il lu « La Pipe » de Baudelaire – qui n'est pas
la meilleure pièce des *Fleurs du mal*. L'objet en lui-même complète la
panoplie de l'artiste. Il en faut de toute taille et de tout volume-comme
du sexe masculin. Le Temps fume son houka. Le rapin tette sa Gambier.
Il ne serait pas lui si sa bouche ne se parait de pareil ustensile. Le lecteur, déçu en l'occurrence, ne découvre pas le petit chef d'œuvre espéré.
La compétition avec Baudelaire n'aboutit qu'à un match nul, légèrement en faveur de Tristan qui, dans cette façon de fumer, entrevoit un
moyen d'endormir la *Bête* – notion insolite qu'il met en valeur et qu'il
hérite, selon toute vraisemblance, de Xavier de Maistre (le *Voyage
autour de ma chambre* avait place dans sa bibliothèque[48]).

En cet hiver parisien 1872-1873, ses visites aux Battine sont constantes. Rodolphe, quand il ne joue pas son argent aux courses, au whist ou
au pharaon, aux risques d'y perdre sa fortune, mène une vie mondaine
dont on ignore malheureusement les modalités. Tristan fait partie de ses
sorties. Présentable bohème qui n'hésite pas pour la circonstance à se
coiffer d'un haut-de-forme, il donne son avis sur les arts de ce temps,
écouté de près par Rodolphe qu'enchante ce convive et ce comparse,
fêtard mélancolique que rongent aussi des crises de misanthropie. Le
caractère changeant de Tristan pose une énigme presque séduisante.
Renfermé à de certaines heures, il se claquemure au 10 rue Frochot que
Lafenestre n'occupe que durant les séances de travail. Confronté à la
toile vierge, il la retourne contre la muraille et lui préfère la page blanche sur laquelle il lui arrive d'écrire de sa haute écriture mal formée.
D'autres occupations, sans valeur apparente, meublent ses journées, où
le spleen risque de s'installer à demeure. La fabrication de colifichets ou
mieux, la confection de navires en modèle réduit, que lui apprit le docteur Chenantais, de ces bateaux qu'on glisse dans des bouteilles, mais
qui n'ont rien de messages lancés à la mer[49].

Parmi les distractions les mieux venues comptent l'opéra, l'opérette,
le théâtre. Les Battine en raffolent. L'emploi naguère d'Herminie au
sein d'une troupe qui demeure vague et controversé expliquerait leur

goût pour ce monde du spectacle. Le 22 février 1873, dans la loge du vicomte, aux Folies-dramatiques, Tristan assiste à la première en France de *La Fille de Madame Angot*[50], une opérette de Charles Lecocq, sur un livret de Clairville. L'œuvre avait remporté un franc succès lors de sa création à Bruxelles l'an passé. Et désormais certaines partitions restaient dans la tête de tous les spectateurs – comme la valse « Tournez, tournez » (qui semble avoir inspiré les « Chevaux de bois » de Verlaine), le chœur « Quand on conspire » et surtout l'air taquin « Très jolie, peu polie ». À l'entracte, Tristan, présenté par Rodolphe, s'entretient un instant avec Henry Monnier, venu là, malgré son mauvais état de santé. Le créateur de Joseph Prudhomme, personnage qui lui colle à la peau sans qu'il veuille vraiment se débarrasser de cette encombrante défroque, lui assure d'un ton de suffisante fatuité : « J'ai bien connu votre père. » Depuis son installation à Paris, combien de fois Tristan, énonçant son nom, a entendu cette réplique qui le met à la traîne du Papa, alors que lui-même tente de se faire un prénom ! Monnier avec le temps était devenu une institution. Tristan le voit tel qu'il est, prisonnier de son *bonhomme*. Leçon en acte, sous ses yeux. Lui-même sera-t-il pour une improbable postérité un échalas grotesque, un marin velléitaire, pauvre hère repu chaque soir chez un bienveillant protecteur en tant qu'excentrique de service ?

La connaissance qu'il avait à Morlaix des œuvres musicales de son temps peut surprendre, car il était éloigné des lieux de représentation qui leur étaient réservés. La possibilité d'opérettes jouées en privé, avec les faibles moyens que l'on imagine, et un orchestre réduit, mérite d'être envisagée. On l'a vu évoquée quand il répondait à une lettre de sa tante Émilie qui comptait lui donner un rôle dans un spectacle de ce genre. Nombre de ses poèmes se plaisent à citer des rengaines en vogue qui durent être interprétées, soit au cours de réunions familiales, soit publiquement. La culture « opéradique » (pour citer un adjectif qui revient aux Goncourt) était plus grande à cette époque que de nos jours. Les genres de l'opérette et de l'opéra-bouffe donnaient lieu à de véritables chefs d'œuvre. *Les Amours jaunes* furent composées dans ce contexte. Ensemble parlé et, par conséquent, auditif, elles se développent sur un fond musical qui va des chansons de Béranger aux grands classiques comme *La Dame blanche* ou *La Belle Hélène*. C'est très certainement à ce dernier opéra-bouffe, représenté en 1864, que songe Tristan, dans son poème « Steam-boat » quand il évoque Ménélas attendant sur le rivage celle qui lui fut dérobée. Ailleurs, au détour d'une strophe, il ne manque pas de rappeler *La Grande Duchesse de Gérolstein* d'Offenbach. Les poèmes qu'il écrivit en Italie ou sur l'Italie prouvent sa culture en ce domaine. Les références, que contient « Con Pulcinella », supposent l'expérience d'un mélomane averti : *Fra Diavolo* d'Auber, *Lucia di Lammermoor* et *Pia dei Tolomei* de Donizetti, ce même Donizetti également sollicité pour son *Elixir d'amour*, opéra datant de 1832 et qui donne son titre à l'une des « sérénades ». La même section des *Amours jaunes* comporte une évidente démarcation de la « Chanson de Magali » de la *Mireille* de Gounod, représentée le 11 mars 1863 au Théâtre lyrique de Paris. Qui plus est, Tristan, peu avant de visiter la cité ensevelie, a-t-il entendu, pour son déplaisir ! *Le Dernier jour de Pompéi*, piètre opéra de Victorin de Joncières, dont on ne pouvait attendre qu'un four ? Je vois, en revanche, une partie de son œuvre plutôt inspirée (air à chanter, s'entend) des soirées chantantes auxquelles conviaient les Puyo, témoin l'épigraphe d'« Aurora » extraite d'une opérette de François Bazin *Le Voyage en Chine* ou tel air issu de *La Dame blanche*, grand succès romantique, aux effets inusables, de Giacomo Meyerbeer. Autant d'œuvres couronnées par la renommée que je me suis borné à citer dans une rétrospective rapide, dont tout un chacun fredonnait les succès, nullement fixés encore sur la galette noire du microsillon. Un Tristan, un Rodolphe, sensibles au divertissement, à la bonne humeur assaisonnée de rosseries, de parodies et de satires, se soumettaient certes moins volontiers à l'épreuve du bel canto dramatique. Mais ils ne pouvaient oublier leurs doubles aux tragiques destinées, ni le Rodolphe de la *Vie de Bohème*, ni le Tristan de Wagner. Et l'ultime nouvelle, « L'Américaine », qui se souvient au besoin de *Zampa, ou la Fiancée de marine*, opéra-comique dû à Hérold, nommera aussi, sans plus s'y attarder, *Le Voltigeur hollandais*, croisé un jour de tempête, autant dire le fameux *Vaisseau fantôme* de Wagner, encore appelé *Le Hollandais volant*. Si Tristan n'a pas entendu les fragments qui en avaient été interprétés en 1861 à Paris et qui avaient donné lieu à un violent chahut organisé par les membres germanophobes du Jockey-Club, il avait pu, du moins, lire par la suite l'article de Baudelaire à ce sujet, plus tard publié dans *L'Art romantique*, ou les *Quatre poèmes d'opéra traduits en prose française* édités la même année chez Bourdilliat. Qu'aucune Iseut, blonde ou brune, n'apparaisse dans *ses Amours jaunes* conseille, bien entendu de mettre à distance une influence quelconque émanant du maître de la Tétralogie.

*

Au cours de ce mois de février 1873, il faut croire que Tristan se hâte d'achever son livre en cours. Qu'il ait, d'ores et déjà, pris certains contacts, dont nous reparlerons plus à loisir, paraît évident. Son intention n'étant pas de présenter un manuscrit recevable, le cas échéant, par un grand éditeur, il a choisi de se faire imprimer à ses frais (ceux de son père ? ceux des Battine ?). Aucune démarche littéraire éminemment repérable. Aucune recommandation particulière. À supposer qu'il y en ait eu, elles restent suffisamment discretes. Seul indice qui vaille que l'on s'en empare et qu'on l'observe de près : sa relation avec une revue honorable et d'assez large diffusion, *La Vie parisienne*. Dès le 25 mai 1873, en effet, y seront révélés « La Pastorale de Conlie » et « Veder Napoli poi mori », deux poèmes qui offraient un échantillon de son talent et qui, chacun dans leur genre, témoignaient d'une originalité certaine.

En quelques mois, Corbière s'applique donc à enrichir un manuscrit que, en aucun cas, il ne veut comparable à un pur et simple recueil. De là le soin particulier qu'il met à le compléter, par deux séries notamment : « Sérénade des sérénades » et, impressionnante clausule finale, « Rondels pour après ». De janvier au printemps, il vit en état d'urgence, doublement peut-être, puisque d'une part il a pris toute disposition pour que son livre sorte aux environs de l'été, et que, dorénavant, il éprouve plus offensive l'inquiétante dégradation physique qui ne lui permet pas d'espérer un avenir prolongé. La conscience qu'il a d'une fin prématurée se renforce, après des années d'ajournement comme par miracle. Aussi le poème « Un jeune qui s'en va », après son « Poète contumace », résonne comme une confession, qu'allège son humour habituel, jouant plus que jamais des images de la mort, faisant tintinnabuler les os du squelette. Entre « mourir » et « vivre » (« mourir » est l'épigraphe choisie), la pièce, de 26 quatrains, est composée, ménageant un sas d'un bord à l'autre. – mourir, ne pas mourir. Le refus de la fin produit une rémission imaginaire. Cet indéterminé « jeune qui s'en va », comment n'y pas retrouver Tristan et tout son bagage, son bout de crayon (appelé ici une « lyre »), sa pipe turque, dite « chibouque » et, toute proche, inachevée comme de juste, l'esquisse d'une femme ? Plus que jamais parvenu à une extrémité dont, malgré tout, il n'imagine pas qu'elle annonce le terme de sa vie, il ressent la plus fatale lucidité et comment la légende va se superposer à sa présence réelle ou s'y ajouter comme une dorure écaillée. Succédané. Exemplaire qui complète la somme des invendus, le « bouillon ». Ici voisinent les meilleurs et les pires, tous emportés par un vent de déroute universelle.

> « À moi le pompon d'immortelle
> Des grands poètes que j'ai lus ! »

Une forme de litanie se déroule comme les cartons perforés d'un orgue de Barbarie. Les plus célèbres rejoignent les plus ignorés. Le *Rolla* de Musset (comme chez Rimbaud et Ducasse) remporte la palme, premier nommé sur la liste des incurables. Le Musset déchu, bien entendu, ramassé ivre, la tête dans le ruisseau, comme l'avait décrit Louis Veuillot dans *L'Événement*[51]. Mais il est d'autres morts, plus inéluctables. Ceux qui finirent à l'hôpital : Murger, obsédant modèle, dont Tristan ne peut deviner qu'en absolu disciple il le suivra jusqu'à la mort, ou presque, en cette Maison Dubois où commencera son agonie ; Baudelaire, énoncé sans plus, mais le nom s'impose, malgré la faute d'orthographe : « Beaudelaire » ! À ce moment, Tristan sait tout, ou presque, de celui qui, avant lui, avait écrit « L'Homme et la Mer ». Il n'ignore donc rien des dernières années en Belgique, de l'aphasie et de l'enterrement un 2 septembre, le corbillard suivi d'une cinquantaine de personnes[52]. À coup sûr, il se donne des lettres de noblesse et, par quelques côtés, en remet, quitte à rameuter ceux qui de leur vol d'aigle ont surplombé sa goualante de goéland, le Lamartine « Lacrymatoire d'abonnés » (« Cigogne-Larmoyante », dit Ducasse dans ses *Poésies* I). La bibliothèque bourlingue, capitaines au long cours, corsaires ou simples matelots. Voici maintenant l'escouade des poètes-misères : Gilbert, « phtisique en paraphrase » (entendre ici la célèbre *Ode imitée de plusieurs psaumes* qui traînait dans toutes les anthologies scolaires) et Chénier, cygne sous le couteau du boucher aux heures de la Terreur. En son tourniquet d'infortunes, il enrôle quelques figures de choix : Hégésippe Moreau, « créateur de l'art-hôpital », un « demeuré spécial » écharpé par Baudelaire qui ne supportait pas que l'on fît boutique de la misère poétique et que l'on jouât, là où d'autres (Nerval) avaient vécu[53]. *Myosotis* ou pas (le seul recueil de Moreau), Tristan se désolidarise de ce phtisique patenté au nom d'une originalité plus drue, la sienne, en plein vent. De plus obscurs compères sont appelés à la rescousse, Escousse (pour la rime !...), exemple d'un suicide qui avait bouleversé le milieu romantique. Celui-là et Le Bras, son ami, s'étaient asphyxiés en s'exposant aux vapeurs toxiques émanant d'un réchaud à charbon. Béranger, Chaudesaigues, Arago et Kermel leur avaient consacré chansons, nouvelles et poèmes. Lacenaire, quant à lui, avait emprunté un moyen plus radical pour terminer sa vie : la tête dans la lunette de la guillotine avec Samson (le bourreau) comme éditeur ! Pour ne pas être en reste de ces admirations romantiques à rebrousse-poil, Tristan leur ajoute le « gentleman-vampire », Byron, dont il n'est pas sans envier le « noble rire de lépreux ». Ce pied-bot donjuanesque lui laissait quelque espoir de séduire, en dépit de tous ses handicaps. Quasiment sans en avoir l'air, Tristan, au moment de s'en aller, nous aura promené dans sa bibliothèque de dernière heure, bien nourrie des livres en vogue additionnés de quelques raretés, l'*underground* du temps, les irréguliers de sa trempe. Et si ni Pétrus Borel, ni Aloysius Bertrand ne figurent dans son martyrologe, soyons sûrs qu'ils avaient leur place sur ses rayonnages, sa table de chevet ou ses draps en désordre.

Il y a, désormais, la proximité du livre – qui vaut presque l'étreinte d'une femme, une autre chance de naître, s'il en est encore temps. Un dernier poème est tracé, comme on brosse une toile. Significativement daté du 30 avril 1873, fut-il conçu au dernier instant ? Quinze jours plus tard on imprimera les premiers placards du volume[54]. Le 30 avril est une date pour les peintres inquiets de leurs envois au Salon. Selon l'avis du jury, ou l'on se réjouira d'un semblant de récompense, même si l'on est placé en hirondelle dans une salle où triomphent d'éprouvantes manivelles bitumineuses, ou bien il faudra tout recommencer, jusqu'à l'année prochaine où l'on sera soumis au même jugement impérieux. Certes il est possible de se replier sur le Salon des Refusés concédé naguère par Napoléon III aux malchanceux. Un an plus tard en 1874, (un an seulement), les Indépendants se feront une place dans l'atelier photographique de Nadar boulevard des Capucines.

Scène de genre ahanée en vers[55] : dans la montueuse rue Notre-Dame de Lorette jusqu'au quartier Pigalle et le bas de Montmartre, Tristan pousse à la roue. Des Champs Élysées à la Bohème. Simple trajet en ligne droite avec l'équipement du guignon. Ça se dit comme un monologue. On l'applaudirait au *Chat noir*, si *Le Chat noir* existait. Une perfection sous le débraillé. Et cette sensibilité à fleur de peau qui n'a rien du sentimentalisme « flué » par Musset dans ses *Nuits*. Une Muse « Chair-de-Poule », comme le dit si bien l'auteur.

> « Corbillard dur à fendre l'âme.
> Vers en bas l'attire un aimant ;
> Et du piteux enterrement
> Rit la Lorette notre dame… »

Les lorettes, autour de l'église d'où vient leur nom, vendaient leurs charmes. Au peintre recalé elles n'adressent pas même un regard de pitié. Ce tableau de l'échec est strictement agencé, comme un prélude au naufrage de son futur livre, même si Tristan ne s'en doute qu'à moitié. Avec son sûr instinct de la perte, il ne peut que viser juste, à l'endroit où tout se défait. Net apparaît le pressentiment qu'il a qu'une telle déconfiture accomplit un *sacre à rebours*. Bien plus. Le modèle est évangélique et calque une montée au Calvaire. On n'est pas près de savoir si la toile trimballée dans la charrette était une toile de Tristan le refusé. Plutôt l'attribuer à Dufour, lequel avec un peu de patience et quelque soumission aux règles, obtiendra les honneurs du Salon trois ans plus tard. Quant à Corbière il se contente d'être le comparse de la triste équipée, sans avoir peiné sur un hypothétique tableau, qui aurait dépassé les dimensions de son atelier exigu. Avec sympathie, il est d'accord avec l'autre et termine sur un bon mot dont on ne rit qu'à moitié :

> « – Parmi les martyrs ça te range ;
> C'est prononcé comme l'arrêt
> De Rafaël, peintre au nom d'ange,
> Par le peintre au nom de… courbet ! »

Peintre ou poète martyr, on le croira plus qu'il ne pense, lui, appelé à devenir le prototype des maudits, en dépit du long cortège de ses prédécesseurs depuis Villon. Supplice travaillé, consenti. Chaque tendon saille à point. On adopte la pose du gueux sublime, supercherie de haut vol, à deux doigts d'une sincérité renversante. Corbière pour ce poème, le dernier composé s'il faut en croire la date, prend position vis-à-vis de ses contemporains, méprise et dédaigne, réactionnaire à l'égard d'un Courbet qui, bien évidemment, en 1873 n'avait plus aucun pouvoir officiel (il payait littéralement la colonne Vendôme (sa reconstruction) et peignait ses derniers tableaux en Suisse[56]). Peu importe, au demeurant, si Corbière rend « courbet » minuscule. Une déception cependant nous saisit quand, serpent satirique, il siffle à propos du même et de Manet les vers de son « Idylle coupée » :

> « … Ils donnent des noms de fabrique
> À la pochade du bon Dieu ! »

Si la « fabrique » du réalisme[57] a fait bondir Baudelaire, qui fut un temps l'ami de Courbet, ce mot, qu'il faut croire, n'en décrit pas moins la poésie de Tristan lui-même et sa façon de dire les choses quotidiennes en travaillant leurs contours et les mots qui s'y appliquent.

Le manuscrit est achevé, ou presque. Tristan craint les repentirs. Et les manques. Après tout, et s'il faut en finir, autant finir en beauté (en parfaite laideur) et présenter de soi l'équivalent offensif, l'humeur acide, la peau grêlée, les saccades d'inquiétants pizzicati, l'âme du violon en lame plus qu'en larmes, la vie grinçante, le ton de fausset et le glas catatonique.

Notes

1. Il existe deux récits fondateurs concernant cette rencontre, celui de R. Martineau, *TC*, 1925, p. 58-59 : « [...] Tristan, le soir de leur arrivée [...] crayonna sur la nappe, les caricatures des nouveaux-venus. Le lendemain, il parut de bonne heure à la pension. L'hôtelier venait de préparer les petits déjeûners.

« Le Gad, cria impérativement Corbière, dites-moi le nom des personnes arrivées hier !
– Mais, M. Corbière, fit l'autre, attendez, la discrétion m'oblige à ne pas le révéler encore... »

Tristan saisit un coin de la nappe et la table était chargée de vaisselle : « Le nom, tout de suite ! !... »

Le Gad savait son terrible ami capable de lui démolir en une seconde son précieux mobilier, il murmura le nom de Battine et ajouta quelques renseignements supplémentaires. Tristan s'installa aussitôt devant un café au lait et lorsque les nouveaux pensionnaires se présentèrent, il prit le ton d'un ami de longue date. »

L'autre récit est rapporté par Charles Chassé dans « Tristan Corbière vu par ceux qui l'ont connu », *Le Bayou*, XII, 20ᵉ année, n° 67, automne 1950, où, interrogé par lui. Le Gad lui aurait répondu :

« Je me souviens très bien du jour où Tristan vit pour la première fois Mme de Battine, qui était d'ailleurs la plus belle femme que j'aie jamais contemplée. Il la regarda entrer avec M. de Battine, puis, comme un fou, il vint vers moi : Le Gad, me dit-il, je veux la connaître. Comment s'appelle-t-elle ? – Je vous le dirai tout à l'heure, ne me dérangez pas... Vous voyez bien que j'ai le dîner à servir. – Non, c'est tout de suite qu'il me faut son nom. Je lui répondis de me laisser tranquille, alors, violemment, il prit la soupière toute pleine [...] et il la jeta à terre. Je savais qu'il ne fallait pas trop le contrarier et je lui donnai mon livre où leurs noms étaient inscrits. « – Je veux connaître cette femme, me dit-il. Et comme je le regardais : – Oui, je sais, reprit-il, vous me trouvez laid ; mais je veux la connaître et j'arriverai à me faire aimer d'elle. Et en effet il y arriva. »

2. Sur la famille Battine, je renvoie à l'état très complet des recherches faites par Laurent Manoury, recherches exposées dans son *Histoire de l'Hôtel de Battine, situé 13 rue Gougeard au Mans »*, 2007. 60 p + 40 p, AD (de la Sarthe) 1972, Bib aa 2777.

3. La mention de la maison de Douarnenez apparaît sur le détail de l'héritage de Josephina Cucchiani, déclarée légataire universelle, après la mort de Rodolphe en 1875.

4. Sur « Herminie », prénom sous laquelle nous la désignerons plutôt que « Marcelle » qui n'apparaît nulle part dans son identité, on ne sait que fort peu de choses, puisque l'on ignore encore ses lieux et dates de naissance et de mort, malgré les quelques documents officiels où son nom apparaît. R. Martineau la définit très succinctement (*TC*, p. 58) : « une Italienne rencontrée dans les coulisses d'un petit théâtre des Boulevard ». A. Sonnenfeld précise sans preuves particulières, « des Variétés ».

5. Note de Micha Grin dans son livre *Tristan Corbière poète maudit*, éditions du Nant d'Enfer, Evian, 1971, p. 36, n. 4. Lettre de Mme Le Vacher à R. Martineau : « De mon temps, Monsieur, les jeunes filles ne connaissaient pas Mme de Battine. »

6. « Marcelle était très brune et ne s'appelait pas Marcelle. » (1904)

7. Voir Léon Durocher, « Tristan Corbière à Paris », art. cit., p. 130, n. 3.

8. On connaît surtout « Le Peuple souverain », reproduit dans *Hommage à Corbière*, 1995, planche VI, de grandes dimensions et que j'ai pu voir chez Mme June Vacher-Corbière, Albert Sonnenfeld dans *L'Œuvre poétique de Tristan Corbière*, p. 42-43, décrit aussi « un portrait inédit de rebelle » couronné par la devise « Fluctuat nec mergitur », dont il nous dit, p. 43, n. 1, qu'il appartient à H. Matarasso (en 1960).

9. Vers du poème « Paria » dans la section « Raccrocs » des *Amours jaunes*.

10. L'identification d'Herminie avec « Marcelle » n'a jamais posé problème – semble-t-il – aux biographes antérieurs, ni aux commentateurs. Elle est admise dans les histoires littéraires et les dictionnaires à l'article « Corbière ».

11. Voir R. Martineau, *TC*, 1925, p. 59.

12. Dans « À mon cotre Le Négrier / vendu sur l'air de / « Adieu, mon beau navire ! »... section « Gens de mer » des *Amours jaunes*. Le poème porte l'indication finale « Roscoff-Août ».

13. *La Belle Hélène* d'Offenbach, opéra-bouffe en trois actes de Meilhac et Halévy, a été joué en 1864. Les noms de Pâris et Ménélas apparaissent dans le poème.

14. Suite hypothétique parfaitement lisible et détachable dont je justifie le bien-fondé par la suite. Elle se trouve dans la section homonyme des *Amours jaunes*.

15. « L'imprimeur Bernouard […] avait su que la Cuchiani avait été concierge d'un immeuble sis dans une ruelle donnant sur la rue Conlemcourt [*sic*]. Lorsqu'il s'y rendit, elle était morte entre-temps aux environs de 1901-1902 » (Micha Grin, *Tristan Corbière*, *op. cit.*, p. 36).

16. R. Martineau, *TC*, 1925, p. 63 : « Lorsqu'au mois d'octobre 1871, après six mois de cette vie, les Battine quittèrent Roscoff pour rejoindre Paris, Tristan se trouva fort désemparé. »

17. Titre du livre de Saint-Pol-Roux publié en 1941 chez André Broulet à Brest.

18. Voir l'article de Léon Durocher, « Tristan Corbière à Paris ».

19. Sur le cadastre de 1876 de la Ville de Paris, l'immeuble situé dans le quartier de Saint-Georges, est décrit comme suit : « Bat. 5, rue, 2 logements au rez-de-chaussée élevé de 4 étages, 2 appartements par étage excepté au 3e étage qui comporte un seul appartement et un atelier d'artiste. Dans la cour, un petit bâtiment élevé d'un étage ; 2 logements au rez-de-chaussée, 1 au 1er, le reste pour les dépendances.

20. R. Martineau, *TC*, 1904, Mercure de France, p. 72.

21. Répliques de Camille Dufour aux affirmations de R. Martineau dans Léon Durocher, « Tristan Corbière à Paris », p. 130.

22. Voir de Manet *L'Artiste*. Portrait de Marcelin Desboutin, 192 × 128, 1875, Museu de Arte de Sao Paulo.

23. Poème « Gente dame » dans la section homonyme des *Amours jaunes*.

24. En 1844, nouvelle des *Scènes de la vie parisienne*, tome X de *La Comédie humaine*, Furne.

25. Voir Léon Durocher, « Corbière au Chat noir », *Marches de Provence*, août-septembre 1912, et l'anthologie des *Poètes du Chat noir* composée par André Velter, Gallimard, Coll. *Poésie/ Gallimard*, 1996.

26. Voir *Degas* par Henri Loyrette, Fayard, 1991, chapitre VII et n. 45. Voir Archives de Paris, cadastre de 1862, D i p 4. Benner fréquentera Degas et les papiers Benner contiennent une lettre à lui adressée par Degas. Le 4 rue Frochot était l'ancien logis d'Adèle Sabatier, sœur de la « Présidente » de Baudelaire.

27. Poème « Bonne fortune et fortune » dans la section homonyme des *Amours jaunes* : « – Elle qui ? – La Passante ! Elle, avec son ombrelle ! »

28. Titre d'un roman de Roland Dorgelès, Albin Michel, 1932.

29. « Idylle coupée », avec, en tête, l'indication « Avril », est suivi du « Convoi du pauvre » (« 30 avril 1873 ») et de « Déjeuner de soleil », situé et daté en tête « Bois de Boulogne, 1ᵉʳ mai » (section « Raccrocs » des *Amours jaunes*).

30. Poème en prose du *Spleen de Paris*, publié sous le titre *Petits poèmes en prose* dans les *Œuvres complètes*, M. Lévy, 1868.

31. Propos de Camille Dufour devant Léon Durocher (« Tristan Corbière à Paris », art. cit., p. 132). « Se contenta de dessiner (un peu), son crayon balayant des rectangles de papier où grimaçaient des figures de communards qu'il essayait de placer dans les journaux. »

32. Voir *Album Cocteau* par Pierre Bergé, Bibliothèque de la Pléiade, 2006, p. 65.

33. Voir photographie retouchée, dans son cadre de velours rouge et de laiton, 0,13 × 0,10, coll. Tréanton, Tristan Corbière, Musée de Morlaix, 1995 et photographie originale, reproduite planche II dans *Hommage à Corbière*, 1975, collection June Vacher-Corbière, chez qui nous l'avons regardée. Nous avons vu chez Madame Armelle de Lafforest une photo de Christine et d'Edmond Puyo faite à la même adresse.

34. Voir la reproduction de cette feuille dans le livre de Jannini, *Un altro Corbière* fig. 16. Si l'écriture d'Herminie est appliquée, celles de Battine et de Corbière sont précipitées. Corbière écrit bien « Triste Corbière ».

35. « Soneto a Napoli », dans la section « Raccrocs ». À la fin du poème figure l'indication : « Mergelina-Venerdi, aprile 15 ». Sonnet tout en rimes masculines.

36. « Arria Marcella. Souvenir de Pompéi ». Cette nouvelle fut publiée pour la première fois dans la *Revue de Paris* du 1ᵉʳ mars 1852. Elle a été recueillie dans les *Romans et contes*, Charpentier, 1863.

37. C'est le trajet qu'accomplira Jules Verne à bord du *Saint-Michel III* en 1878 et surtout en 1884, où, il est vrai, il passe aussi par l'Algérie et la Tunisie.

38. Voir R. Martineau, *TC*, 1925, p. 73 : « Marcelle eut pitié de lui et obtint du comte qu'on irait pour une quinzaine de jours à Douarnenez [...] Le voyage en Bretagne se prolongea jusqu'au mois d'août. » Quand il écrivit ces lignes, Martineau ignorait le second voyage de Tristan à Capri, avec les Battine. Voir, datée du 18 mai 1875, la procuration donnée par Mademoiselle Cucchiani à Mᵉ Chapin pour vendre ses biens dont la liste porte en sa fin « la maison avec son jardin située à Douarnenez » (Archives départementales de la Sarthe).

39. Détails donnés d'après le livre de Virginie Dumont-Breton, *Les Maisons que j'ai connues*, t. II. Nos amis les artistes, « L'Hôtel Vedeler à Douarnenez », Plon, 1927, p. 11-126.

40. Voir de Yann Mortelette, « Les Poètes du Parnasse et la Bretagne » I et II dans *Hopala*, Brest, n° 32 et 33, 2009-2010. Une section des *Trophées* de J.-M. de Heredia a pour titre « La Mer de Bretagne » et comporte dix sonnets, parmi lesquels « Maris stella » où se lisent ces vers :

« Les femmes, à genoux sur le roc de la cale,

Regardent l'océan blanchir l'île de Batz. »

C'est durant cette période que le jeune Louis Verbrugghe (voir chapitre XV) fit vraisemblablement la connaissance de Tristan.

41. Indication fournie par Yann Mortelette. En 1872, Heredia ne vient pas à Douarnenez où se trouve, en revanche, E. Lansyer en juillet-septembre. Heredia y séjourna en 1873, du 15 juillet au 22 octobre en compagnie de Lansyer et de Jules Breton. En mai-octobre 1874, Lansyer sera à Douarnenez et à Morlaix et passera le mois d'août à Belle-

Isle. Par ces dates, on s'aperçoit que Tristan ne put connaître Heredia en Bretagne ni en 1872 ni en 1874, lui-même étant vraisemblablement resté à Paris en 1873.

42. Ce poème se trouve inscrit sur l'Album Louis Noir. Il est donc d'après nos conjectures antérieur à 1870. Une indication finale « Pic de la Maladetta » tendrait même à le situer dans une époque nettement antérieure (voir chapitre III, p. 114). Il est néanmoins très symptomatique que Louis Verbrugghe dans un sonnet « À Tristan Corbiè-res » [sic] de son recueil Coups de bâton, rédige ainsi le dernier vers :

« X étant l'inconnu, X = 0. »

43. Voir le poème « Le Naufrageur » des Amours jaunes.

44. Un acte de vente du 29 avril 1876 décrit très précisément le château des Aigue-belles avec ses servitudes, sol, cour et avenues, d'une superficie de trente sept ares, le jardin anglais de 5 ha 96 a, la serre, un autre jardin anglais d'1 ha 38 a, un verger, un potager, plusieurs garennes, une vigne d'1 ha 66 a, l'emplacement des anciens bâtiments de la ferme, etc. à quoi s'ajoutent la ferme des Aiguebelles, la ferme de la Guittière, la closerie du Pavillon, la closerie du Grand Couvent, l'ensemble des « contenances » indi-quées donnant un total de 67 ha 57 ares.

45. De son côté, Aimé Vacher assure dans une lettre adressée à René Martineau, le 30 septembre 1903 : « Oui T. C. a fait un voyage en Palestine. À quelle date, je n'en vois plus trace. » Cité dans le livre de Michel Dansel, Tristan Corbière – Thématique de l'inspiration, L'Âge d'homme, 1985, p. 260.

46. Michel Dansel reprenant dans son Tristan Corbière, p. 107, les remarques de Pascal Pia dans son article sur Corbière « La poésie en 1873 », Carrefour, 17 avril 1975, insiste à juste titre sur le sens de « Jérusalem » à l'époque dans les milieux populaires : « [...] il y avait autrefois une rue de Jérusalem qui commençait quai des Orfèvres, aux ex-numéros 24-26 et finissait rue de Nazareth. Là se trouvait le dépôt de la Préfecture de Police, prison temporaire, appelée communément « violon ».

47. Voir le poème « Cour de prison » des Odelettes de Gérard de Nerval, le poème « Fantaisie » des Rhapsodies de Pétrus Borel et le deuxième poème de la section « À la Santé » du recueil Alcools de Guillaume Apollinaire.

48. Le chapitre VI de l'ouvrage de X. de Maistre expose une théorie psychologique, le « système de l'âme et de la bête », c'est-à-dire de la dualité qui se partage tout homme. J. Vacher-Corbière signale dans son Portrait de famille, p. 44 : « Je garde de lui une édition illustrée de Xavier de Maistre [...] ».

49. Voir Portrait de famille, p. 49 : « De son cousin Chenantais, il avait appris l'art de tailler et de gréer des modèles de navires. Une fois achevés, ils s'échouaient dans l'oubli. » Voir aussi R. Martineau, TC, 1925, p. 70 : « [...] Tristan construisait des navires miniatu-res, les sculptait, les gréait avec un art exquis, puis les détruisait à coups de botte. »

50. R. Martineau, TC, p. 74 : « Rodolphe conduit ses amis au théâtre et à la première de La Fille de Mme Angot (février 1873), on vit Tristan en frac dans la loge du comte causant avec Marcelle qui le présenta à Henry Monnier. »

51. Voir l'article de Louis Veuillot, « Un trait d'Alfred de Musset », dans L'Univers du 25 mai 1868.

52. D'après Charles Asselineau (voir le Baudelaire de Claude Pichois, Fayard, 1996, p. 597). Peut-être Manet a-t-il voulu restituer l'événement dans son tableau L'Enterre-ment (Metropolitan Museum), vraisemblablement peint en 1869-1870.

53. Voir l'article de Baudelaire sur Hégésippe Moreau publié dans L'Art romantique (1868).

54. Voir dépôt légal, Archives nationales F 18 III 137. Nos recherches ont vérifié les documents présentés une première fois par Jean-Louis Debauve dans son article « Autour de la publication des *Amours jaunes* » dans *La Nouvelle Tour de Feu*, numéros 11-12-13 consacrés à Corbière, 1985, p. 58.

55. Plusieurs scènes montrant le retour du peintre refusé se lisent dans des romans de l'époque, notamment dans *Manette Salomon* (1867) des frères Goncourt et dans *L'Œuvre* de Zola (1886).

56. Courbet s'exile en Suisse en juillet 1873. Voir le *Courbet* de Robert Fernier, La Bibliothèque des arts, 1969.

57. À l'Exposition universelle de 1855, Courbet avait présenté dans un pavillon personnel portant ces mots : « DU RÉALISME » quarante de ses toiles, dont le fameux *Atelier du peintre*, où figurait Baudelaire.

XIV

Les Amours jaunes

Même pour un Corbière, distant de lui-même, ironique et sceptique, le moment venu de la publication s'impose comme une heure de vérité. Procéder à sa propre naissance, devenir l'enfant de ses œuvres ! Nul écrivain qui n'entrevoie l'autorité de tels poncifs. En vertu de quelle nécessité en vient-il à donner son « monstre de livre » ? Une sorte de maturation secrète ? L'incitation de son entourage ? La volonté de faire ses preuves en dépit de tous ses doutes ? L'hameçon de la gloire ferrant ce hareng maigrelet, en attendant qu'il se balance sec, sec, sec, sur un mur ? Il paraît vain de chercher à reconstituer les démarches auxquelles il se livra pour avoir enfin quelque réalité aux yeux d'un hypothétique public. Aucun effort, semble-t-il, envers des éditeurs en vogue. Il s'adresse sur la place de Paris aux peu célèbres frères Glady[1] qui avaient ouvert leur Librairie, 10 rue de la Bourse à l'automne 1871 (ils en avaient déclaré l'ouverture le 17 septembre). Sur le Bottin, leur boutique se présentait ainsi :

« Librairie du XIXᵉ siècle Glady frères. Dépôt central de tous les éditeurs – Tous les ouvrages indistinctement sont vendus avec une remise de 10 % minimum. Grand choix de beaux livres d'étrennes. Avis aux amateurs de : envoi franco de port ».

Peu de temps après ils allaient se lancer dans l'édition, continuant ainsi ce qu'avaient fait leurs ancêtres, Eugène et Victor, à Villeneuve-sur-Lot depuis 1836, où l'on relève surtout à leur actif des ouvrages de piété. Albéric et Louis (souvent orthographié à l'ancienne « Louys »), quoique collaborant à la même entreprise, ont des spécialités bien distinctes, le premier écrivant également des romans, alors que le second s'occupe plus spécialement d'édition. Albéric, stimulé par une Muse libertine, ne tardera pas à écrire un *Jouir*, dédié à son frère et publié en

1875, et récidivera l'année suivante avec un *Mâle et femelle*, au titre risqué, très Camille Lemonnier, qui vaudra au duo fraternel une condamnation en bonne et due forme prononcée le 13 mai 1876, chacun étant condamné à un mois de prison et à une amende de 500 fcs. Les beaux jours de la maison Glady prenaient fin, si jamais beaux jours il y eut. Dès lors, ils partirent en Angleterre où ils poursuivirent par trois ouvrages la collection classique « Galaup de Chasteuil ». De Louys on connaît, par la suite, un orgueilleux communiqué[2] envoyé sous forme de circulaire à plusieurs personnes et qui s'adressait en tout premier lieu au nouveau Président de la République, Mac Mahon :

> « Rougissant d'appartenir à l'espèce humaine et à la variété française en particulier, je viens vous prévenir, Monsieur le Président, que ne pouvant abdiquer cette foutue qualité d'homme, que prônent à l'envi les fourbes et les sots... que, pour leur malheur et le nôtre, nous donnent nos parents, ce qui prouve, hélas ! toute leur insouciance... toute leur inconscience ! je renonce, d'ores et déjà, à la citoyenneté franque.
>
> Sur ce, j'ai l'honneur, monsieur le Président, de vous présenter mes salutations.
>
> Louys GLADY, ancien éditeur. »

Ce billet, aux allures de factum, témoigne de quelque originalité et d'une hauteur singulière se faisant honneur de ce que d'autres auraient considéré comme une déchéance. Albéric, auteur de romans fleurant le scandale, n'avait rien à envier à son rebelle de frère. Corbière, par choix ou par hasard, confia son manuscrit à ces apparents réfractaires, dont on exagérerait cependant à dire qu'ils furent des éditeurs de *curiosa*, aucun bouquin de ce genre ne figurant dans leur catalogue (du reste réduit à 26 titres, de 1872 à 1914). En 1872, la Librairie du XIXᵉ siècle n'avait réalisé que cinq ouvrages, dont quatre consistaient plutôt en brochures, un *Canal de Suez. Les promesses de M. Lesseps*, anonyme de 16 p., un *Travail & Capital, l'internationalisme et le christianisme* dû à un certain abbé X, des *Réflexions sur le paupérisme*, plaquette d'un dénommé J. Vaillant, bien dans l'air du temps, mais le sujet avait été passablement défloré par Napoléon III lui-même. Le best-seller des Glady pouvait se lire sous la forme d'un opuscule au titre prometteur, le *Premier livre du jeune républicain*, concocté par Albert Caise. Deux autres tirages en mars et en juillet 1872 lui avaient assuré un semblant de célébrité. Fort d'un tel résultat, le même Caisse avait donné, toujours chez les Glady, un livre plus conséquent de 148 pages, *La Vérité sur les gardes mobiles de la Seine et les combats du Bourget*. On était encore aux lendemains de la Commune, et bien des esprits continuaient de s'interroger sur le comportement des deux camps à cette époque. En déduire un quelconque engagement de leur part serait hasardeux. Bien plutôt on notera que, par un de leurs ancêtres, Galaup de Chasteuil, ils étaient rattachés à la noblesse languedocienne. Loin d'ignorer cette ascendance, ils en adopteront le blason en 1875 pour leur collection dite « Galaup de Chasteuil », inaugurée l'année suivante par un premier titre, *Manon Lescaut*, préfacé par Alexandre Dumas fils et richement illustré d'eaux-fortes dues à Flameng.

L'année 1873, où furent édités *Les Amours jaunes*, trois autres publications seulement paraissent à leur enseigne, un volume de vers in-16 de P. Darasse, *Laeta Moesta*, une brochure de 16 pages rédigée par Juliette Lormeau : *Apaisement : Réponse à M. Victor Hugo sur sa pièce en vers : « libération du territoire »*, et de Jacques Normand, *L'Émigrant alsacien*, récit de 15 p. *Laeta Moesta* pouvait référer au « Moesta et errabunda » de Baudelaire (auquel répondra bientôt le *Laeti et errabundi* de Verlaine). Darasse, homonyme du banquier d'Isidore Ducasse, l'auteur des *Chants de Maldoror* mort depuis trois ans, ne montrait que des ambitions modérées dans le domaine poétique et s'appliquait surtout, en vers négligés, à rappeler des soirées d'étudiants au Quartier-Latin.

Quand Tristan apporte son futur livre aux Glady, il ne peut donc nourrir beaucoup d'illusions en ce qui concerne sa réussite. Il remplit là, selon moi, un obscur devoir. Il s'acquitte vis-à-vis d'une postérité dont il ne sait pas même qu'elle l'entendra. Le volume néanmoins est réalisé avec le plus grand soin, bien que l'on puisse regretter une ignorance de l'orthographe de la part des protes qui s'en chargèrent, aggravée encore par les exigences singulières de Tristan : nombreux mots écrits à l'ancienne ou avec des traits d'union inhabituels, ponctuation expressive surmultipliée criblant les fins de vers de points d'exclamation ou de suspension. Un examen, même superficiel du volume, prouve que Tristan n'en a pas relu les épreuves ou que, les relisant, il le fit sans y mettre toute l'attention requise. Plusieurs dizaines de fautes manifestes n'ont pas été corrigées, bien qu'elles sautent aux yeux d'un lecteur même peu exercé. On imagine sans peine un Corbière irrité contre lui-même, quand il découvrit dans son « Steam-boat » « à une vassagère » pour « à une passagère » ! Je suis moins sûr, en revanche, qu'il ait repéré, même après coup, le désastreux « Beaudelaire » d'« Un jeune qui s'en va ».

Objectivement, le volume très soigné se présente sous la forme d'un In-18 de 345 pages, comportant, pour les exemplaires sur Hollande, une couverture en parchemin classique imprimée en rouge (la partie du titre

« AMOURS JAUNES ») et noir. Le nom de l'auteur est ainsi annoncé en italiques

« PAR TRISTAN CORBIÈRE ».

Suit, sous la forme d'un pavé typographique inégal, l'annonce de l'ensemble des parties, où l'on remarque que « Sérénade des sérénades » et « Raccrocs » sont intervertis par rapport à leur ordre d'apparition dans le volume.

ÇA – LES AMOURS JAUNES – RACCROCS
SÉRÉNADE DES SÉRÉNADES
ARMOR – LES GENS DE MER
RONDELS POUR APRÈS.

Immédiatement en-dessous et centrale est dessinée une vignette allégorique, de facture assez grossière, qui n'a été utilisée qu'à cette occasion dans les publications Glady. On y voit une femme nue à l'abondante chevelure dans un ovale orné de trois doubles volutes. Debout, seulement recouverte d'un voile qui passe sur sa hanche gauche et cache le bas de son ventre, elle foule au pied un glaive brisé et tient de ses bras levés un livre ouvert portant l'inscription FIAT LUX (Que la lumière soit). De ce livre émane un rayonnement intense comme celui qui parfois entoure le triangle divin. On pourrait y voir aussi une référence maçonnique. La devise « NON GLADIO GLADY » inscrite dans la partie inférieure de l'ovale peut être lue relativement à ce FIAT LUX. « Non par le glaive Glady », autrement dit, les Glady font jaillir la vérité (Fiat lux) non par le glaive (celui que brise la femme de la vignette), mais par les livres qu'ils éditent.

Le lieu et la raison de la maison d'édition apparaissent ensuite : « PARIS / LIBRAIRIE DU XIXᵉ SIÈCLE [imprimé en rouge] / GLADY FRÈRES-ÉDITEURS / 10 RUE DE LA BOURSE 10 / 1873 »

Au verso du faux titre, il est précisé : « *Tiré à 481 sur Hollande, / 9 sur Jonquille* » / Numérotés et paraphés par l'éditeur : / N° / Imprimerie Alcan-Lévy, 61, rue de La Fayette. » Le registre du dépôt légal signale que l'édition a été commencée le 17 mai 1873 par l'imprimeur Alcan-Lévy. Sous le n° 390 est alors déclaré un volume de format in-18, de 7 feuilles, tirés à 500 ex. Le colophon des *Amours jaunes* porte : « Fin d'imprimer par Alcan-Lévy, le huit août mil huit cent soixante-treize ». Une seconde déclaration au dépôt légal précise, au numéro 5814 : « Tristan Corbière, *Les Amours jaunes*, un volume in-18, 345 p. »

Ces précisions de date demandent à être confrontées à celles que Tristan a éprouvé le besoin d'indiquer dans son livre même, durant le mois de mai 1873, où il semble que le manuscrit ait été prêt pour l'imprimeur. Ainsi doit-on noter un « 30 avril 1873 » pour « Le Convoi du pauvre » et un « 20 mai 1873 » pour « Ça ». J'ai maintes fois insisté sur la valeur de ces indications que je ne me résous pas à considérer comme trompeuses. En ce qui regarde « Le Convoi du pauvre » datant, avec vraisemblance, le jour d'un refus prononcé par le jury du Salon annuel (soit la veille de l'ouverture, qui avait lieu le 1er ou le 2 mai), Tristan, Morlaisien ou Roscovite auparavant, n'a pu constater les effets immédiats d'un tel refus (le triste retour du tableau indésirable) qu'en 1872 ou 1873. Rappelons, cependant, que le 15 mai 1872 il signe le registre de l'Hôtel Pagano. Quant à l'autre date, celle du 20 mai 1873, « Préfecture de Police », qui précise le poème « Ça », elle s'inscrit, bien entendu, dans la tradition du « poète au violon » (souvenons-nous du « Jérusalem » de « Bohème de chic »), mais elle est loin de paraître impossible. « Ça », qui inaugure le livre, ou presque, a pu être composé au dernier moment, alors qu'était en cours l'impression des premières feuilles. Beaucoup d'éléments postulent en faveur de la rédaction tardive de ces deux poèmes. Il en va de même pour la réalisation de l'étonnant frontispice. En effet, une lettre de Tristan à Camille Dufour[3], l'un de ses amis peintres, s'informe seulement le 11 juillet des moyens pour l'exécuter :

« Dufour et non moins cher Camille

La présente est à seule fin de vous le faire savoir. On m'a commandé une *eau forte* pour mes *Œuvres*, et j'en veux faire une très forte, moi ! na ! Seulement : moi je ne sais pas le *métier* de la chose. Connaissez-vous quelqu'un qui puisse m'indiquer par quel bout on prend *une pointe* avec la manière de s'en servir. Ce ne sera pas long. Je suis très intelligent et désire que la présente vous trouve de même. Si vous venez dans l'ex-capitale un de ces jours, nous en causerons-prévenez-moi. Je vous paye un bock de tout cœur. »

En vérité, s'il faut en croire les dates signalées plus haut et la fin du tirage le 8 août, il ne lui restait guère de temps. Il y parviendra cependant, conseillé par on ne sait qui. Le plus étonnant demeure qu'entouré de peintres et de familiers de l'estampe, il ait éprouvé le besoin de recourir aux relations d'un Dufour pour apprendre les rudiments de cet art. On en déduit son isolement au sein d'un milieu qu'il fréquentait plus ou moins chaque jour, mais auquel – orgueil ou timidité – il ne songeait pas à demander conseils. Pour ne citer que Marcelin Desboutin, nombreux étaient à Paris même et dans son quartier de Pigalle les aqua-fortistes prêts à lui venir en aide. Le frontispice qu'il finira par graver offre l'aspect d'un insolite chef d'œuvre. Hapax. Unique en son genre. Il fait regretter que rien ne l'ait suivi ni confirmé. On exagérerait toutefois en parlant d'un coup de maître. Mais, fort de son expérience du dessin et de la caricature, Tristan atteint aussitôt une sorte d'imperfection envoûtante. Les maladresses implicites sont à porter à son actif. La vivacité, la morsure, l'agression de la *pointe* ont concouru à former de lui cette image, cet aspect *ne varietur* qui, s'accordant si bien avec l'œuvre, n'en apparaît pas comme le complément, mais comme le moyeu, l'ombilic d'où les poèmes émanent, d'où s'envolent leurs phylactères. Cette eau-forte, dans la mesure où les incisions, accumulées en certains endroits, provoquent un brouillage, voire un brouillamini, voulu ou involontaire, a donné lieu à diverses descriptions. J'en rapporterai celle que donne Édouard Graham dans *Passages d'encre*, ouvrage-catalogue concernant la bibliothèque du collectionneur suisse Jean Bonna.

> « De profil, une [*la*] silhouette malingre porte une tignasse rebelle et les mains aux poches. Les yeux noirs, presque caves, fixent un horizon hachuré. Au premier plan s'esquisse un galurin retourné et peut-être une ancre qui rive le poète au sol [...] Le traitement imprécis de l'image tend à favoriser les interprétations voyageuses[4] ».

Le descripteur, par ce dernier adjectif, s'est refusé à utiliser un « baladeuses » plus trivial et plus explicite. De fait, Tristan a tracé là une silhouette qui veut lui ressembler : cheveux longs, nez proéminent, barbiche. Le personnage debout, les mains dans les poches, une jambe verticale, l'autre légèrement repliée, mais touchant du pied le sol, est appuyé contre une ligne si nettement marquée de haut en bas qu'on a pu la prendre pour un mât. Le pan qu'elle détermine sur la droite, lequel est empli d'un brouillamini inégal, forme ainsi une sorte de mur ou de muraille qu'une abondance de guillochures ne remplit pas entièrement. D'où l'hésitation à l'interpréter comme un volume compact. L'attitude de Tristan – admettons qu'il s'agisse bien de lui (les chances de se tromper étant minces) – reprend une de ses postures favorites, celle que l'on remarque sur la photo au béret de marin et celle qu'il montre sur la caricature faite par Benner à l'Hôtel Pagano[5]. Il est malaisé de voir quels habits le revêtent, un sarrau, vraisemblablement, et un pantalon serré, qui accuse la maigreur de ses jambes. Il apparaît sur un fond de traits courts, serrés et inclinés par lesquels de toute évidence Tristan a voulu représenter une forte averse qui le crible – ce qui explique son aspect détrempé. Les cheveux à leur tour ruissellent. La pluie dégoutte du nez de ce pauvre hère, stoïque néanmoins dans cette situation incommode. À ses pieds, quelques objets peuvent avoir valeur d'emblème : un chapeau (le sien) retourné comme pour recevoir l'argent que l'on accorde aux mendiants, et une ancre à laquelle semble enchaînée sa jambe droite. Le portrait à l'huile comportait pareils détails. L'ancre elle-même semble plus ou moins reliée à un cylindre, bitte d'amarrage, voire poubelle ? Tirée en bistre, la gravure fut imprimée, pour les exemplaires de Hollande, sur un vergé plus blanc que les feuilles du livre. Elle forme à coup sûr son indispensable illustration et renvoie à toutes les épreuves narcissiques que Tristan a souhaité présenter de sa personne. Si elle s'inspire d'une photographie, procédé courant à l'époque, elle pourrait aussi avoir trouvé sa source dans un dessin de Morel-Fatio, gravé sur bois par Rulhière et figurant au premier tome de *La France maritime*[6], dont Édouard Corbière avait assuré la direction. On y voit un matelot « adossé à un mur, près de ses avirons, voile serrée et gouvernail. Un gros bonnet de laine, une culotte de grosse toile, une grosse chemise de laine tricotée [...] rayée en travers de bandes rouges. Voilà l'ajustement de ce vieux matelot qui a été mousse sous l'Empire, novice sous la Restauration, quartier-maître à présent par défaut d'éducation, de première éducation, chose rare chez les matelots de ce temps-là. »

Les 345 pages des *Amours jaunes* avaient de quoi satisfaire Tristan. Chaque poème y commence en belle page. Des bandeaux et vignettes ornent les textes. Dans « Litanie du sommeil », chaque groupe de vers débute par une lettrine.

À première vue, la surabondance de la ponctuation surprend. En réalité elle témoigne du caractère oral de ces textes faits pour être dits à haute voix, surtout ceux de « Gens de mer », rythmés par l'apocope et la tmèse. Les italiques aussi parcourent la surface imprimée de frissons ou de lignes de tension où tressaille l'humour. Le *trait d'unionisme* prolifère, créateur de véritables néologismes par coalescence de mots connus. Corbière en abuse comme d'une drogue. Il reprend ainsi à son compte tout le vocabulaire, y ménage des alliances imprévues, autre façon plus décisive de traiter l'image selon l'audace hugolienne du « pâtre-promontoire ». Distribuant très librement les accents circonflexes, comme autant de mouettes sur les lettres, il évolue au sein d'une orthographe personnelle, souvent soucieuse d'archaïsmes (c'est son côté corsaire ou Villon). La fin du volume contient une page d'*errata* réduits à deux corrections. Une bonne douzaine d'autres auraient mérité d'y figurer, qui lui échappèrent peut-être.

Du « monstre livre », on n'a pas fini d'évaluer le titre. *Les Amours jaunes* semble avoir été trouvé sur le tard. L'indication concernant le début de l'impression du livre l'ignore. Comme *Les Fleurs du mal* de Baudelaire, ce titre renvoie d'abord à l'une des sections du volume. À en juger par le contenu de celui-là, elle n'a pas vraiment de valeur unitaire, et les parties « Armor » et « Gens de mer » n'y sont évidemment pas impliquées. Corbière a donc souhaité mettre l'accent sur l'un des aspects de son livre, celui en vertu duquel il a décidé de le faire. Il entend y montrer, voire y exhiber, l'amour d'un mal-aimé (l'expression est de lui) en butte aux tromperies de l'autre féminin. Non pas amour fleur bleue par conséquent. Mais amour subissant la cruauté de la partenaire, faux amour, comme le rire jaune n'en est pas un vrai et réprime une amère désillusion. Je n'ai jamais rien entendu d'autre dans ces mots, auxquels furent attribués bien des significations obtuses[7]. L'humour ne se contente-t-il pas d'une équivoque simple ? La multiplier reviendrait à l'annuler. Que ce jaune renvoie à celui des cocus, je n'en disconviendrai pas, puisque j'ai déjà parlé de duperie. Qu'il concerne une femme blonde me paraît plus problématique. Par sa singularité offensive, Tristan entrait en littérature, peintre-poète, coloriste – non à la façon des *Voyelles* de Rimbaud, mais par suractivation d'une expression courante, procédé qui imprègne tous ses poèmes. « Amoureux jaune ». Et perdant. Menu fretin, friture « en sa sauce jaune / De chic et de mépris[8] ».

La composition du volume fut assidûment méditée. Ouverture. Finale. Corbière refusait de livrer au public un recueil regroupant des textes hétéroclites. Il fallait donner l'impression d'un livre aussi construit que *Les Fleurs du mal* ou *Les Contemplations*. Le soin qu'il apporte à cette construction l'entraîne à travailler l'entrée et la sortie de l'édifice. Il s'y applique si intensément qu'il le déséquilibre. Plusieurs porches sont donc élevés, si bien que l'auteur, se plaçant en miroir et faisant miroiter ses reflets, ne sait plus très bien quelle véritable image offrir de lui.

La constitution des *Amours jaunes* engage à imaginer les étapes successives qui présidèrent à sa composition. Ces étapes, à se fier à un ensemble de textes antérieurs disséminés ou incomplets, ne peuvent être restituées avec exactitude. Une nouvelle fois, il faut se risquer dans le domaine des spéculations. Il en va ainsi bien souvent pour les « poètes maudits » inventoriés par Verlaine, et nous sommes certes plus avancé en ce qui concerne le livre de Corbière que pour ce qui regarde les *Illuminations* de Rimbaud ou l'*Igitur* de Mallarmé. Selon toute vraisemblance, un ensemble existait déjà que reflète, avec bien des lacunes, ce que j'ai appelé l'Album Louis Noir. Il contient des poèmes sur la Bretagne et sur les marins. Judicieusement Corbière en a formé deux sections « Armor » et « Gens de mer », répondant strictement par leur titre à leur contenu. On a déjà examiné les pièces qu'elles regroupent. Il a doté chacune, en outre, d'un poème introductif et d'un poème conclusif. Liminaire d'« Armor », « Paysage mauvais » consiste en une impression générale, quoique localisée à Guérande. Ce paysage, tout à l'opposé des belles toiles de ses amis peintres et d'Emmanuel Lansyer, émet une tonalité de maléfice. Une telle vision semble répondre, en l'aggravant, au « Paysage triste » de Verlaine dans ses *Poèmes saturniens*. « Armor » se clôt sur la répulsive « Pastorale de Conlie », conférant brusquement à cette Bretagne immémoriale son poids de navrante actualité.

Pour la partie « Gens de mer », où se trouve malmené le français classique avec une particulière frénésie, Tristan a jugé bon de rédiger un autre poème liminaire, qui, imprimé en italique, affiche une sorte de manifeste en trois strophes, au nom d'un *nouveau réalisme* (bien qu'il se moque de Courbet) qui justifierait l'apparente grossièreté de cette écriture sentant le suif et le goudron :

> *« Point n'ai fait un tas d'océans*
> *Comme les Messieurs d'Orléans,*
> *Ulysses à vapeur en quête…*
> *Ni l'Archipel en capitan ;*
> *Ni le Transatlantique autant*
> *Qu'une chanteuse d'opérette. »*

Tristan se tient à la limite de l'art. Il se distingue des faiseurs, écrivains sur commande, comme certains auteurs de romans maritimes ou librettistes d'opérettes. Ni poète d'*Oceano Nox* à la manière de Victor Hugo, ni fournisseur-promoteur d'aventures pour la littérature « industrielle », ni fabricant de livrets portant sur les planches des scènes de mer. Pense-t-il au prince de Joinville, chez qui il avait puisé l'anecdote du *Panayoti*, du reste écartée des *Amours jaunes*, et qui se déroulait dans l'Archipel de la mer Égée ? Songe-t-il aux représentations adaptant les romans de marine ? Toujours est-il qu'il paraît fidèle aux remarques de son père publiées en 1837 dans le troisième tome de *La France maritime* sous le titre « Des emprunts libres faits à notre époque à la littérature maritime » :

« Le Grand-Opéra, le Théâtre-Français, l'Opéra-Comique, le Vaudeville et le Cirque-Olympique ont recruté depuis plus de deux ans plus de marins que n'aurait pu le faire, dans le même espace de temps, l'inscription des classes maritimes […] le théâtre […] admettant pour satisfaire le goût et l'engouement du public, tous les pirates, les négriers, les enseignes de vaisseau, les aspirants, les maîtres d'équipage et les mousses, que les littérateurs parisiens empruntaient discrètement à ces romans de mer, dont l'odeur salée (ou saline ?) suffisait seule, disaient-ils, pour leur donner la nausée […] »

Tristan sur ce point, revendique l'authenticité et sa particulière apti-
tude à dire dans les termes qui conviennent une réalité que peu connaissent et que son père a su exprimer le plus fidèlement, sans inutiles
fioritures. Lui-même prend soin par la suite, troquant un art pour un
autre, de se référer à Jacques Callot, celui que Hugo appelait le
« Michel Ange burlesque », ce graveur des *Gueux*, et des *Désastres de
la guerre*. Comme Tristan nous le dit : « Marin, je sens mon matelot /
Comme le bonhomme Callot / Sentait son illustre bonhomme… » Pratique de l'exagération, soit. Mais le trait renforcé produit la ligne vraie.

Tels furent, à mon avis, les deux premiers ensembles dont il disposa
pour élaborer son livre. Il aurait pu enrichir cette inspiration bretonne
bien enracinée en lui et à laquelle il ne renoncera pas, puisque les dernières proses qu'il publiera s'y réfèrent encore. Mais tout en éprouvant
le besoin d'en conserver par devers soi d'autres échantillons, il avait été
conduit, par sa vie même, à développer son sens de la poésie sur
d'autres voies. Il est clair, contrairement à ce que certains, par souci
d'unité, ont pu prétendre[9], qu'une inspiration parisienne a succédé aux
premiers motifs qui avaient nourri son écriture. Ce deuxième courant
traduit sa relation avec un nouvel espace, la grande ville, et une aventure personnelle, la rencontre, malheureuse, d'une ou de plusieurs femmes (absentes dans « Armor » et « Gens de mer »). La coïncidence entre
ces deux thèmes sans être étroite, n'en est pas moins fréquente, selon, il
est vrai, diverses modalités. Ainsi Tristan lui-même a-t-il ressenti le
besoin de distinguer « Les Amours jaunes » proprement dites, « Sérénade des sérénades » et « Raccrocs ». Dans ce trio, le deuxième ensemble reste celui qui pose le moins de problèmes, puisqu'il consiste en un
brillant exercice de style placé sous l'enseigne de Musset[10], l'auteur de
« chansons » souvent désinvoltes dont Tristan appréciait l'ironique légèreté. « Sérénade des sérénades », comme le « Cantique des cantiques »,
a-t-on dit aussi avec quelque raison ! Quatorze poèmes, autant chantés
que récités, d'un pauvre hère qui attend sous les fenêtres d'une belle
cruelle, au risque de se faire rabrouer ou de recevoir, comme dans « La
Sérénade »[11] d'Aloysius Bertrand, une « rosée que ne distillent pas les
étoiles ». Doit-on mettre en regard l'eau-forte calamiteuse placée en tête
du livre ? Tout se passe ici en Espagne, « terre des passions ». Vue la
probable nationalité d'Herminie, on eût préféré l'Italie. N'importe ! Il
faut se contenter de la localisation indiquée, « Cadix », et de tous les
hispanismes provoqués ou invoqués, dont l'époque n'était pas chiche. À
preuve les tableaux de Manet admirateur féru de Velasquez, en attendant, deux ans plus tard, la *Carmen* de Bizet. Tenant son thème, Tristan
fait preuve d'un talent aux mille facettes, endosse avec brio tous les

rôles : haut cavalier, capucin et troubadour, bachelier de Salamanque, sale gitan vagabond qui « chatouille le jambon » (la guitare), Pur-Don-Juan-du-Commandeur, voire chien-loup, mais non castré :

> « Abélard n'est pas mon maître,
> Alcibiade non plus[12]. »

Toutes les espagnolades sont de la partie. Tristan est autant à l'aise sous ces défroques illustres que lorsqu'il revêtait un caban de marin breton. Il reste à la porte, exclus, en dehors, indésirable. « Je suis si laid ». Cette impressionnante sérénade témoigne d'un sang-froid peu commun à l'endroit de ses émotions, qui n'en sont pas moins vives en aparté. Quant à la senora plutôt diabolique dont il quémande l'amour, je répéterai volontiers que je n'ose l'identifier à la trop évidente Herminie. En toute femme – telle est le genre de fatalité qui le point –, Tristan retrouve une situation identique. Affirmer qu'il s'y complaît ne serait excessif que si les occurrences n'en étaient pas si nombreuses. Supérieur exercice de style donc que ces quatorze poèmes !

À côté de cette série manifeste amplifiant avec un amusement malheureux une donnée première, celle de l'amour jaune, Tristan avait donc à portée de main plusieurs liasses, qu'il hésitait à ranger selon un ordre précis : poèmes d'amour, impressions de voyage (« Souvenirs », lirons-nous dans *La Vie parisienne*), découverte de Paris et de sa banlieue et reliquats de textes écrits en Bretagne. Un choix se dessine en fin de compte, aboutissant à deux sections, celle des « Amours jaunes » proprement dites et celle de « Raccrocs ». Il est certain que, par son titre même, cette dernière tend à recueillir un matériau plutôt disparate, difficile à organiser. « Raccrocs » est un terme corbiérien. Il se relève, par exemple, crayonné, sur un fragment inédit[13] :

> « Et je puis, par raccroc, qui sait, être un génie »

Le procédé consiste ici à réunir des textes sans grand rapport entre eux, à tisser en quelque sorte une rhapsodie. Il coïncide avec le blason que Tristan s'est inventé, bandant à la gueule sur fond d'arlequin. Le composite appartient à sa personne et à son œuvre. On compte donc beaucoup de « raccrocs », vingt-et-un en tout, ce qui ne gêne qu'à moitié le lecteur, puisque, à l'intérieur de ce pseudo-ensemble, on observe vite certains regroupements possibles, soit, après un « laisser-courre » (sonnerie de chasse comme il avait pu en entendre dans les bois des Aiguebelles ou à Fontainebleau), cinq poèmes-dédicaces : « À ma jument Souris », « À la douce amie », « À mon chien Pope », « À un Juvénal de lait », « À une demoiselle », puis quatre poèmes, dont deux

seulement montrent des liens entre eux : « Rapsodie du sourd » et
« Litanie du sommeil ». Suivent deux poèmes parisiens, six poèmes ita-
liens et deux poèmes à panache : « Hidalgo » et « Paria ». L'orgueilleux
« Paria », qui clôt la section, s'achève par la mort prévue :

> « Puisque ma patrie est en terre
> Mon os ira bien là tout seul… »

Dans ces « raccrocs » qui jouent de toutes les gammes dont Corbière
se montre le virtuose, certains poèmes datent d'une période ancienne,
comme « À mon chien Pope » (Tristan est alors à Roscoff), « Frères et
sœurs jumeaux » et une partie de « Litanie du sommeil » (que l'on
déchiffre sur l'album Noir). Le « laisser-courre » initial transforme
néanmoins ce bazar poétique en une suite de legs, avec, en échange, le
néant :

> « Laissé, blasé, passé,
> Rien ne m'a rien laissé ».

À bien la lire, la section « Les Amours jaunes » proprement dite ne
s'impose pas davantage par sa cohérence. Presque tous les textes, il est
vrai, parlent de « L'Éternel Madame ». Mais cette femme n'est, de pièce
en pièce, ni tout à fait la même, ni tout à fait une autre (pour citer le
vers de Verlaine). De « Zulma » à « Gente dame » s'observent bien des
différences. D'une cocotte ou d'une passante d'occasion à la maîtresse
lointaine, les images varient, chiffonnant toute sincérité possible. Occurrences multipliées pour un cœur d'artichaut : femme légère ou passagère d'un steamboat, Vénus pudique ou vendeuse d'amour. Parfois les
rôles s'intervertissent. Tristan, par prescience ou sympathie, s'immisce
dans la pensée de celle qui le fait souffrir. La section s'achève sur « Le
Poète contumace », longue somme, totalité, où l'on voit l'ermite-
amateur revenu de tout et niché dans une ruine de Penmarc'h. La vie
parisienne et les amours qu'elle promettait y sont repensées en perspective, lardées de jeux de mots qui les mettent à mal. Tristan trace le scénario parfait, le *happy end* controversé avec lettre dans le poème, qu'il
déchire à la fin (qui est aussi la fin de la section « Les Amours jaunes »). Avec elle il avait commencé au plus haut, mettant en avant les
preuves de son génie friable. Rien de marin ni d'armoricain (hors le dernier texte) dans cette première donne. Paris plutôt et ses trottoirs,
excepté le « sonnet à Sir Bob », (localisé « Britich Channel »), « Steam-
boat » et l'ultime « Poète contumace ». Des poèmes de virtuose. Une
fantaisie digne des *Odes funambulesques* de Banville, en moins mondaine toutefois. L'effet recherché ne se produit que dans la distance.

L'humour chavire chaque mot. Le vocabulaire est la proie d'un irritant vertige. Les sentiments déstabilisés basculent dans l'inanité. Ces « Amours jaunes » lancent leurs pointes de feu. Tristan, qui n'en ressort pas indemne, nous contamine tous.

Ainsi rassemblés, de bric et de broc, mais avec certains principes de continuité, des corridors de coïncidences, « Les Amours jaunes », « Sérénade des sérénades », « Raccrocs », « Armor », « Gens de mer » seraient parvenus à forger le livre attendu. Tristan cependant, devant cette construction disparate, s'éprouve insatisfait. De là les compléments qu'il lui ajoute, dans les derniers mois sans doute, pour donner une allure à cet édifice branlant. Dès lors, cédant à une volonté démonstrative à l'extrême, autre face de son exhibitionnisme cathartique, il en remet, selon une espèce d'ébriété autocritique à la limite de la destruction. Le livre étant ce qu'il est, c'est-à-dire un assemblage après tout maladroit, une boîte à malice conséquente, il veut en ménager l'entrée, introniser le lecteur et même, comme il l'avait souhaité sans s'y résoudre à temps, dégoiser la parade avant que l'on pénètre dans la baraque en toile pour observer tout à loisir le monstre.

Le dispositif du préambule, compliqué comme à plaisir, consiste en une première dédicace générale, suivie d'une deuxième accompagnée d'un poème : « Le Poète et la Cigale » et d'une section intitulée « Ça », où se distinguent le poème homonyme et la suite « Paris », enfin d'une « Épitaphe ». Cet art d'entrer en matière, par sa richesse même, prouve une hésitation entre les procédures à adopter. Il est à peu près certain que Tristan a rédigé cet ensemble composite au moment où s'achevaient ses *Amours jaunes* et où il considéra comme opportun de leur donner comme fin les « Rondels pour après ».

La dédicace générale « À l'auteur du *Négrier* » témoigne d'une reconnaissance envers Édouard. Ce dernier avait sans doute financé l'impression de grande qualité du volume. J'ai suffisamment dit que ce père, loin de s'opposer à la vocation de son fils, sut, avec le temps, la favoriser. Le bonheur d'écrire s'impose chez certains êtres avec assez de force pour qu'ils reconnaissent quel impérieux désir il exprime. Je reste donc persuadé qu'Édouard le ressentit chez ce fils raté, dont la seule qualité se manifestait par la conception de quelques poèmes. Que Tristan ait désigné Édouard comme avant tout « l'auteur du *Négrier* » signale d'une part l'ascendance paternelle admise et répercutée, de l'autre, l'intérêt qu'il avait pris à ce curieux roman maritime nourri d'autobiographie. Il est permis de penser que, tout à la louange de son géniteur capable de telles œuvres, il ne s'interrogea pas sur le mot même de « Négrier », alors que les conditions de l'esclavage avaient été suffisamment dénoncées en 1848, année durant laquelle il avait été officiellement aboli. La dédicace principale apparaît donc comme un hommage rendu moins à l'auteur de ses jours qu'à l'auteur d'un livre qu'il admirait encore. La partie « Gens de mer » entrait en résonance avec cette œuvre et Tristan ne souhaitait pas qu'une telle filiation toute littéraire fut passée sous silence. Au contraire, il la mettait en vedette.

Très vite, toutefois, et en belle page, il éprouve le besoin de nommer un autre personnage dont, à vrai dire, et une fois encore, nous ne savons rien. La petite fable « Le Poète et la cigale » détournant le célèbre « La Cigale et la fourmi » de La Fontaine sera de nouveau utilisée pour clôre le volume, en inversant les termes du titre[14]. Les deux textes, l'un initial, l'autre final, significativement imprimés en italiques, se correspondent. Composés après coup, ils encadrent la totalité des pièces du livre et les placent sous l'enseigne d'une femme familièrement nommée. À maintes reprises on s'est demandé à qui renvoyait ce prénom. Le choix étant réduit, on convint qu'il désignait l'inévitable « Herminie » Cucchiani, facile réponse pour une énigme plus obscure. Car il ne va pas de soi de passer d'une Armida Josephina Herminie au prénom de « Marcelle » plutôt usité à l'époque dans les milieux populaire. Très tôt, néanmoins, et selon une tradition vite entérinée, on a prétendu que ladite Marcelle devait être conçue comme la féminisation de « Marc », lequel aurait désigné le roi Marc de la légende, dont Tristan son neveu devint le rival. (Pourtant, la femme trouvée par Tristan pour son oncle veuf, pour qu'il en fasse sa nouvelle épouse, se nommait – nul ne l'ignore – Iseut). Une telle légende avait connu un surcroît de renommée dans les années 1860, Wagner venant de composer son opéra *Tristan et Isolde*. En supposant que le trio Rodolphe, Herminie, Tristan ait montré quelque analogie avec l'histoire immémoriale, on n'a pas hésité à faire d'Herminie l'Iseut probable d'un Tristan avéré comme tel, ce qui, par une série d'ajustements progressifs, aboutissait à une hypothétique Marcelle, femme du roi Marc (?), en l'occurrence le vicomte Rodolphe de Battine. Il faudrait admettre, en outre, que Tristan, afin d'éviter l'emploi du trop évident prénom d'Iseut, lui aurait substitué celui de Marcelle pour les raisons alambiquées que l'on a exposées plus haut. Il est difficile toutefois de contrer une opinion si profondément ancrée, un « on dit » tenace qui, maintenant, remonte à plus d'un siècle et que les amateurs de Corbière n'ont jamais éprouvé le besoin de réellement remettre en cause. Avant de laisser perplexe une nouvelle fois le lecteur, je noterai seulement trois remarques. Si Marcelle doit dépendre d'un Marc quelconque (oncle – on le sait – du Tristan légendaire), l'homologie biographique conseillerait plutôt de tourner les regards du côté de Christine, la plus jeune des tantes de Tristan, celle à qui, selon une autre rumeur, il aurait apporté un cœur saignant sous l'espèce de celui d'un mouton fraîchement égorgé. L'oncle Marc, en ce cas, recouvrirait un oncle Edmond, mari de la jeune femme à qui Tristan porta ce sanglant hommage. Je livre cette observation pour ce qu'elle vaut sans me réjouir de trop belles coïncidences, dont d'autres feraient leurs délices. Si, par ailleurs, je considère le lieu d'adoption d'Herminie, liée à Rodolphe et très vraisemblablement reçue dans l'hôtel familial du Mans comme dans la propriété des Aiguebelles, je suis forcé de voir en elle une « mancelle ». De l'adjectif toponymique au prénom, il y a, bien entendu, une distance que d'aucuns estimeront infranchissable, et je ne suis pas loin de leur donner raison, tout en affirmant que la Marcelle du roi Marc ne me satisfait pas davantage. En dernier lieu, je n'écarterai pas tout à fait une implicite référence aux *Scènes de la vie de Bohème* de Murger où se voit l'amitié de Rodolphe le poète et de Marcel le peintre. Un Rodolphe dans la vie de Tristan, il y en avait un désormais en la personne du comte de Battine. De là à faire d'Herminie un Marcel féminisé relève d'une fantaisie excusable et qui n'est pas moins inventive que les deux autres hypothèses évoquées.

Quoi qu'il en soit de Marcelle, c'est sous son égide que nous sommes invités à passer le seuil des *Amours jaunes*, par un mur « si troué que pour entrer dedans on n'aurait su trouver l'entrée[15] ».

Trouver le ton, donner le *la* reste un exercice délicat. Pourquoi (par quelle discrétion ?) Tristan a-t-il emprunté d'abord la voie de la fable – l'une des plus connues du bon La Fontaine ? Allégeance de familiarité ? Scène symbolique liminaire ? Marcelle sera la marraine de l'entreprise poétique jusqu'à la dernière page, celle qui accepte que, pour voir le jour, on se réclame d'elle. Elle forme à l'évidence la rime en *elle* cherchée, l'indispensable complément. La démarche a lieu *in extremis*, quand une partie du livre est déjà sous presse :

> « Un poète ayant rimé
> IMPRIMÉ »

Cette protectrice de dernière heure a-t-elle quelque substance ? D'elle Tristan veut bien avouer qu'elle est blonde, ce qui correspondrait – disent certains – à la couleur des cheveux d'Herminie, laquelle était à Paris sa « voisine » (le 14 boulevard de Clichy étant proche du 10, rue Frochot). La fable mise en place par Tristan perturbe une trop simple analogie entre un poète-cigale et une fourmi peu prêteuse, car c'est à la cigale-Marcelle que lui poète aurait affaire. Point de fourmi dans ce cas. Le poète reste poète (bien qu'on ait tendance à voir en lui une imprévoyante cigale) et la cigale Marcelle devient ici une « chanteuse » qui généreusement prête son nom. Veut-il signifier par là qu'elle était artiste, elle aussi ?

> « Nuit et jour, à tout venant,
> Rimez mon nom ... Qu'il vous plaise ! »

Ce nom, répondant, jusqu'à nouvel ordre, à celui de « Marcelle », je ne vois pas Corbière en avoir usé plus que de raison. Il en fut même peu prodigue. Mais, sans doute, lui fallait-il établir au début de son livre cette fausse relation d'amour courtois, en se proclamant le féal de celle-là, quitte à ce que « Sérénade des sérénades » mène jusqu'à l'absurde une telle fidélité.

Aux belles heures du romantisme, il était d'usage que l'on s'interrogeât dans un liminaire plus ou moins abondant sur l'œuvre qu'on allait livrer au public. Tristan ne déroge pas à cette tradition. Mais il la pousse à bout, la caricature. Il en fait le procès-verbal, résultat d'un interrogatoire passé à la Préfecture de Police de Paris. Le sympathique douanier du littoral roscovite a changé de visage. « Vous n'avez rien à déclarer ? ». « Et ça ? » demande l'argousin de service ou mieux, le commissaire. Le démonstratif impersonnel s'apprêtait à entrer dans la littérature sous la plume de Zola, affectant ses débuts de volume d'un « C'était » inépuisable. Le « ça » de Corbière s'impose non moins. Nullement freudien, encore que... Le sujet indescriptible, dont il convient cependant de rendre compte, en obéissant à la vague injonction de Shakespeare (plus connu pour son « to be or not to be »), un « What ? » de mise en demeure. Engagé à annoncer la marchandise, l'auteur-fournisseur-bonimenteur répond à toute suggestion, combine par une espèce de ventriloquie baroque questions et réponses. J'en compte vingt-deux, qui vont de la caractéristique de l'œuvre présentée à ses diverses qualités probables. Les désignations déferlent par vagues, attirant chaque fois une réponse négative, qui défait la substance du mot avancé :

> « Des essais ? – Allons donc je n'ai pas essayé !
> Étude ? – Fainéant je n'ai jamais pillé.
> Volume ? – Trop broché pour être relié...
> De la copie ? – Hélas non, ce n'est pas payé ! »

L'espèce de litanie-déception se poursuit : poème ? livre ? papier ? Album ? Bouts-rimés ? Ouvrage ? Chanson ? Passe-temps ? Vers ? Tristan se veut indéfinissable, envers (soignez le jeu de mots) et contre tout. À ce compte, *Les Amours jaunes* prennent l'allure d'un livre critique, « sans exemple dans le monde[16] », comme les *Confessions* de Rousseau.

En réalité (et au moment du bilan, daté « 20 mai 1873 ») Tristan le sait plus que tout autre, incroyable mélange où tout de lui est passé au crible, sans beaucoup d'égard pour son lecteur. Livre de sable ? Marchandise interlope ? Produit de contrebande ? Pour une fois, en ce siècle, l'auteur ne se réclame d'aucune école, ne suit l'étrave d'aucun mouvement. Il agit en état d'autonomie à peu près complète, écriture hauturière avec pour seuls repères la versification (plus respectueuse qu'on ne pense des règles) et les formes avérées, qu'il chahute à bon escient – sonnets cul par dessus tête, chansons à la Musset, funambulisme à la Banville, virtuosités des *Orientales* de Victor Hugo et de ballades désorientées – le tout s'achevant sur des rondels, forme presque oubliée. Quelques appréciations pour soi-même et sans crier au manifeste : « C'est décousu », « ce n'est pas joli », « c'est heurté », « c'est à peine français » « ce n'est pas spécialement jeune » (avec l'âge on guérit de ce vice !). Autant de caractéristiques, qui donnent à voir, bannissent l'esthétique, à moins de miser sur une forme de laideur, outre le vocabulaire ordinaire. La conclusion souvent citée place de son propre chef Tristan hors circuit :

« L'Art ne me connaît pas. Je ne connais pas l'Art. »

Peu lui pardonneront une telle profession de foi qui le range délibérément au nombre des exclus. Ce n'est assurément pas par simple chic qu'il a posé au paria. L'équivoque demeure cependant, qui, immanquablement, récupère ce frontalier, cet *heimatlos*. Je n'assurerais pas que Tristan ait soupçonné son très grand art. Mais je sais que la formule finale de « ça » produit par vœu d'ignorance un éclat de subtilité.

Presque sans crier gare, la sous-section « Paris » (formée de huit poèmes, huit sonnets d'octosyllabes) résume à sa façon les quelques mois passés dans la capitale. Occasion de dresser le bilan d'une vie qui se sent guettée par la mort. À bon escient Corbière évite, ou presque, la première personne prête aux épanchements lacrymatoires. Il se confie à une troisième plus objective, puis en vient au tutoiement dont on perçoit l'origine dans son for-intérieur. Ce « Paris » étant suivi d'une « Épitaphe », il serait permis de dire que le livre s'achève là. Mais à Tristan – nous ne l'ignorons pas – il convient plusieurs fois de finir. Le ressassement avant le grand saut est de mise.

Sur ce porche du livre sont peintes les fresques de l'existence courante. La vie parisienne : on ne saurait mieux dire. Tristan fait visiter son passé récent, concourt à sa biographie (vieux rêve de ceux qu'armaient des pseudonymes pour faire mourir leur *autre* plus à l'aise : le Champavert de Borel, le Delorme de Sainte-Beuve). Quant à s'inventer une identité, il s'en fabrique une sur mesures, à seule fin d'étonner et de tremper dans l'hybride :

> « Batard de Créole et Breton
> Il vivait aussi là – fourmilière »

Cette bâtardise est toute problématique. Issu du Brestois Édouard et de la Morlaisienne Aspasie, Tristan, pervers généticien, ajoute un zeste de négritude, peut-être en toute connaissance de cause, en songeant à son demi-frère Xavier-Édouard Sasias. À l'heure de la sincérité éditoriale, il procède à son altération avec un visible dégoût pour la grand'ville assimilée par lui à un décor de théâtre. Il n'empêche qu'il fut un poète de Paris autant que de Bretagne et que la seconde édition prévue de son livre envisagera de renforcer cette veine urbaine[17].

Le « dépliant » « Paris » suit, plus ou moins en détail, l'inévitable conquête de la gloire. – qu'il ne prend qu'avec des pincettes, parcours obligé d'un Lucien de Rubempré qui sur son chemin n'aurait rencontré qu'un Battine. Prélude au livre donc, qui commence vraiment avec « *Les Amours jaunes* », mais que précède cette suite en huit tableautins, montrant les efforts du poète roulant sa pierre de Sisyphe ou exposant noblement son foie de Prométhée enchaîné sur un Caucase en carton. Avant de pénétrer dans le volume (et cependant nous y sommes déjà), Tristan propose ce tour dans les coulisses, inventorie l'envers du décor, où végètent « les fruits secs », premier titre – on s'en souvient – de *L'Éducation sentimentale* de Flaubert[18]. L'inévitable clausule de la série laisse le choix entre deux modes d'effacement – le suicide « drôle de pistolet fini » ou boire « la coupe de la vie » (d'autres avaient déjà montré « l'infortuné convive[19] »).

Tristan veut-il trop bien faire, en complétant son liminaire. Ou bien, d'entrée de jeu, cherche-t-il à gâter ces premiers effets, par ostentation excessive, foncier choix du déséquilibre ? « Ça » posait la question :

> « Mais est-ce du huron, du Gagne ou du Musset ? »

L'inquiétante réponse se profile. Du Gagne[20], plutôt, cet hyperexcentrique qui de ses opuscules illisibles alimenta la population parisienne pendant plusieurs décennies.

L'interminable épigraphe de l'« Épitaphe » est donnée comme extraite de la « Sagesse des nations » – ce qu'à Dieu ne plaise ! Elle permute jusqu'au vertige les mots « commencement » et « fin » pour conclure : « Égale une épitaphe égale une préface et réciproquement ». Comme cette pièce est la dernière de « Ça », section composée à la hâte pour commencer en finissant, il paraît évident que Tristan s'est parfaitement rendu compte des anomalies affectant la composition de son livre. Il lui est trop tard pour reculer cependant. Peu lui importe, en somme, de mourir plusieurs fois, si délectable se révèle cette mise en bière ou cette momification ou ce nécrologe à castagnettes. L'« Épitaphe » témoigne donc d'une de ses prestidigitations favorites. Il est passé maître en l'exercice de l'autoportrait pseudo-encomiastique[21], sa manière « héautontimorouménos ». L'esprit fait craquer chaque vers. « Explosion. » Et mise au point en expert navigateur. Depuis longtemps déjà il a parachevé cette pièce d'apparat, trop brillante presque, histrionesque à souhait. De quoi décrire la marchandise, inscrire le listel *garanti par*. La personne de Tristan se donne sur trois modes :

> « Poète, en dépit de ses vers ;
> Artiste sans art, – à l'envers,
> Philosophe, – à tort à travers. »

Le mot d'esprit envahit le paysage-visage. Chaque terme a son double. Chaque proposition enjôle son contraire. La négation pointe, ébranlant l'arrogante certitude. Tristan se réalise et se dessine, avec de multiples retouches, « homme approximatif[22] », coloriste enragé, incompris notoire, flâneur, épave. Autant le « Ça » du livre cherchait en vain une définition tenable de son grimoire, autant l'Épitaphe en décline de multiples, équivalant cependant à un véritable brevet de néant. Corbière « vaut rien », vaurien qu'il ne fut pas même, et « fait néant », au plus creux de son vide existentiel.

> « Trop réussi, – comme raté »

Le grand mot est lâché, indéfiniment conclusif et qui, malgré tout, ne s'arrête pas là. Pendant dix ans, de 1863 à 1873, il l'aura incarné, de la fin hâtée de ses études à la sortie des *Amours jaunes*, sous des aspects variés, à l'aise dans ce malaise, reconnaissable à son déficit, identifiable à sa perte. En dix pages le lecteur atteint l'« Épitaphe ». À quoi bon aller plus loin ! Cette précipitation vers l'inscription finale provoque dans une certaine mesure le suicide du livre lui-même. L'auteur arlequin se fait précocement disparaître. La suite vient en surplus, vaut comme le reste quasi testamentaire de ce corps mort.

Tellement attaché à son livre duquel toutefois il n'attend rien, Tristan à l'autre extrémité du volume a encore orchestré une image de sa fin, ses cinq « Rondels pour après », introduits par un « Sonnet posthume[23] ». Nous sommes en pleine disparition exhibée. Il savoure cette mise au tombeau personnelle, comme un curieux testament adressé

à lui-même. Le ciel-du-livre s'est assombri, d'où pendent les dais funèbres de bandeaux typographiques spécialement choisis par lui. Dès ce
moment, je dirai – à la différence de ses biographes qui n'y voient que
du *feu* – qu'il sait qu'il va mourir. Les « rondels » forment un requiem.
Ou moins solennellement une berceuse. Un recueillement, voire une
douceur, mais sertie d'abîme. Les mots ne viennent pas du dessous de
l'humus ; ils partent du cercueil et le cercueil est un berceau.

*

L'eau-forte est tirée, le livre est achevé. Il sort dans une période peu
favorable, celle des vacances. Thiers a démissionné. Un nouveau président dirige la France, Mac-Mahon. Qui se préoccupe de littérature ?
Certains, ni moins ni plus. Rimbaud, dans la ferme de Roche, met la
dernière main à *Une Saison en enfer*. Verlaine accomplit sa peine dans
la prison de Mons et se convertit. Mallarmé passe l'été à Douarnenez,
puis près du Conquet. Ces « horribles travailleurs » ignorent Tristan
Corbière, dont le nom cependant – on verra dans quelles circonstances
– leur viendra sous les yeux, sans qu'ils éprouvent le besoin de se procurer son volume. Corbière, en dépit des nombreuses fautes qui dépa-
rent son livre, en est satisfait. Mais, sitôt lu, il s'empressera de le
compléter. Pour l'instant il se plie aux nécessités du service de presse et
des dédicaces. Celles des exemplaires jonquille (10) ont été retrouvées
pour la plupart. Il pense évidemment à Édouard son père qu'il gratifie
d'un « à l'auteur de l'auteur de ce livre[24] ». La cascade des compléments de noms rétablit la filiation sous le jour de l'écriture. Naissance.
« Éditeur » ne vient-il pas d'un « edere » latin signifiant « mettre au
jour » ? Tout comme « l'auteur de mes jours » désigne emphatiquement
le père. La connivence d'Édouard et de Tristan n'a de cesse, authenti-
fiée par le livre même.
Puis ce sont les amis d'adolescence, les anciens membres du trio,
Ludovic et Vacher. Ludovic n'a droit qu'à un exemplaire sur
Hollande[25], avec la mention autographe : « Sympathiquehommage/ à ma
vieille [...]/ Ludo/ Tristan ». Un fragment en a été déchiré, la famille
craignant sans doute que ne subsistent les marques d'une trop grande
complicité entre les deux compères. Aimé, pour sa part, se voit doté
d'un exemplaire jonquille[26]. La dédicace imprimée porte « Exemplaire
du gendre », et non pas « de mon gendre », comme on l'a dit imprudemment, en s'empressant de normaliser la formule souhaitée par Tristan
qui, par une attention toute spéciale, a orné l'une des premières pages
d'une exceptionnelle aquarelle où se voit le visage qu'il avait tracé de

lui sur le tableau asymétrique déjà décrit auparavant. Une inscription en phylactères la complète :

> « MON. BLASON. PAS. BEGVEVLE
> EST. COME. MOY. FAQVIN.
> Nous. bandons. à La gueule.
> Fond. Troué. d'arlequin »

Les lettres des deux premiers vers (qui citent un quatrain de « Bohème de chic ») sont libellées en caractères romains majuscules, le V valant le U, et l'orthographe se veut médiévale, pour coïncider avec l'héraldique ancienne : « comme » est écrit « come » et « moi » « moy ». En outre, l'image est ornée dans le coin supérieur droit d'un blason qui correspond au quatrain cité. Une bande rouge le traverse en diagonale et le fond (terme héraldique) montre des couleurs variées : l'arlequin annoncé transcrit bien le tempérament contradictoire de Corbière et le caractère composite de son livre.

Le Gad, de Roscoff, l'hôte combien de fois sollicité et apprécié pour sa coupable indulgence, obtient également un exemplaire[27] sur lequel l'auteur a plaisamment calligraphié ce distique bien mérité :

> « Nous sommes tous les deux deux fiers empoisonneurs.
> À vous les estomacs, Le Gad, à moi les cœurs ! »

Si l'allusion classique au cuisinier gâte-sauce du *Repas ridicule* de Boileau ne surprend guère, on peut s'interroger, en revanche, sur le rôle revendiqué par Tristan d'empoisonneur des cœurs, lui que l'on pensait plutôt « ferreur de cigales ». Savoureuse fanfaronnade d'un Don Juan *in partibus* qui ne dut exercer sa venimeuse industrie que sur une poignée de malheureuses, au nombre desquelles compter Herminie paraîtrait téméraire. « Empoisonner », en ce cas, signifierait moins « triompher perfidement par le poison » que « lasser par sa présence », « se montrer indésirable ».

Une autre dédicace, tardivement signalée, revêt une importance toute particulière, puisque Tristan l'a adressée à Rodolphe[28]. Elle prouve la meilleure entente entre les deux hommes, aucunement assombrie par les nuages d'une relation à trois mal supportée :

> « À toi mon Battinet
> Ce fier bouquin qui n'est
> Que notre essence vraie
> Libre de toute ivraie…
> Sois Tristan comme moi,
> De tout sans nul émoi…

        Et si l'Éden te mate
        Lève dessus la patte... »

Le diminutif employé traduit une entière familiarité, doublée d'une réelle sympathie. Battinet... bassinet... plaisir hypochoristique à moins que Rodolphe ne lui ait parlé de son ancêtre François de Colomb, sieur de Batinets de la Coste-Saint-André dont le blason figurait n° 273 dans l'Armorial d'Hozier de 1697 (Dauphiné) ? Corbière ne tarde pas à énoncer la profonde idée qu'il a de son « bouquin » où – prétend-il – se lit notre « essence ». Le mot, dans ce cas, prend une valeur quasi philosophique inattendue. *Les Amours jaunes*, soit un « ecce homo », où il serait permis à tout un chacun de trouver ce qu'il en est de l'homme. Quant à l'absence d'ivraie en ces pages, je n'en crois rien. Plus d'une mauvaise herbe y pousse, y compris l'ergot de seigle de Conlie. La recommandation finale vaut qu'on s'y arrête pour mieux entendre le prénom de Tristan. Oui, « Tristan », autant dire triste « de tout » – et selon un scepticisme qui défie toute déploration. Quant au mystérieux Éden qui pourrait nous maîtriser (nous mâter) ou nous observer comme un voyeur (nous mater), le meilleur conseil à suivre est de pisser dessus. Dédain envers l'adversité qui reprend de « Bohème de chic » ce quatrain cynique :

        « Je lève haut la cuisse
        Aux bornes que je voi :
        Potence, pavé, suisse,
        Fille, priape ou roi ! »

Après avoir fait le tour de ses proches, il est vraisemblable que Tristan a complété ses envois en adressant quelques exemplaires aux oncles et tantes, parmi lesquels, entre tous, le docteur Chenantais et, malgré certains passages graveleux, Christine pas bégueule et tante Émilie. Restait à dédicacer, corvée ennuyeuse, mais nécessaire, un service de presse qui, à en juger par les résultats obtenus, fut plus efficace qu'on n'aurait pu s'y attendre.

Dire que Tristan se montra négligent, en l'occurrence, serait erroné. Il a rempli sa tâche d'écrivain en quête de comptes rendus avec le zèle qu'on espérait[29], envoyant ainsi un exemplaire à l'inévitable Francisque Sarcey[30], l'« oncle », comme on le surnommait, qui, à dire vrai, s'occupait davantage de la chronique dramatique, un autre à H. de Villemessant qui dirigeait *Le Figaro*, un troisième à Albert de La Salle, un autre encore à un certain Saint Léger (à peu de choses près, le patronyme de Saint-John Perse !) Ces deux derniers destinataires prouvent assez qu'il voyait large et ne se portait pas obligatoirement vers ceux qui auraient pu l'aider le plus. Albert de La Salle était surtout connu pour un curieux ouvrage, *L'Hôtel des Haricots, maison d'arrêt de la garde nationale* (Dentu, 1864) qui informait sur la vie dans cette illustre prison où passèrent bien des romantiques. Corbière avait peut-être goûté de son discutable confort, après avoir fait un tour à « Jérusalem ». S'il envoyait son livre en cette année 1873 audit de La Salle, c'était néanmoins sans doute plus au mélomane qu'il s'adressait, tenant une critique musicale, à pareille date, dans *Le Monde illustré* et qui comptait à son actif un curieux *Dictionnaire de la musique appliquée à l'amour*[31], peut-être une connaissance de Battine, en tout cas un assidu collaborateur de *La Vie parisienne* dont Tristan se ménageait ainsi l'amitié, en comptant sur son entregent dans les milieux éditoriaux. De La Salle, quatre ans plus tard, publiera un volumineux *Mémorial du Théâtre-lyrique*, catalogue raisonné des 182 opéras qui y avaient été représentés, avec des notes biographiques et bibliographiques. Herminie avait-elle figuré dans les chœurs ?

L'autre dédicataire, cité plus haut, est encore moins mémorable. Tristan, du moins, ne se montrait pas rancunier à son égard en apposant cette dédicace :

« À Mr Saint-Léger, une de ses victimes, Tristan Corbière. Août 73[32] »

À peine l'érudition la plus tatillonne repère-t-elle un Adolphe Saint-Léger, auteur d'échos et de nouvelles à la main, et qui avait tenu dans l'hebdomadaire *Diogène* (entre septembre et novembre 1861) une rubrique intitulée « Fond du tonneau ». Guère plus brillante la réputation d'un autre Saint-Léger, éditeur du *Rideau*, « journal de la ville et des théâtres », où étaient rédigées de brèves biographies d'actrices (1874 et 1875).

Au nombre des quelques dédicaces retrouvées, celle qui concerne un poète secondaire, ami de Baudelaire, n'est pas la moins surprenante :

« Au poète Gustave Mathieu, un autre. Tristan Corbière, Paris, 10 août[33] ». Tristan nous a habitué à de telles surprises qui brusquement ouvrent sur des mondes collatéraux, dont nous ignorions la proximité. Certes, la signature complète « Tristan Corbière » témoigne d'une amitié distante. Gustave Mathieu comptait alors 65 ans. Il allait mourir quatre ans plus tard. En cette même année 1873, l'éditeur Pessin de Lyon s'apprêtait à publier son dernier recueil, *Parfums, chants et couleurs*, au titre étonnamment baudelairien. De lui, comme d'Albert de La Salle et de Saint-Léger, on peut se demander comment Tristan en vint à le fréquenter. En dehors des rencontres de hasard souvent invoquées en pareil cas, on notera sa qualité de chansonnier et son passé de marin (il avait fait plusieurs fois le tour du monde). On remarquera qu'il habitait alors Bois-le-Roi, cette même localité où résidait Louis Noir. Camille

Dufour, quant à lui, avait une maison à Brolles, un village proche. Le moment venu, il sera parlé de cette probable communauté en lisière de la forêt de Fontainebleau chère aux peintres.

Les Amours jaunes matérialisaient pour Tristan ce qu'il avait pensé, aimé, souffert pendant une décennie. Elles représentaient bien réellement un livre-homme, trouvant son origine dans les bonheurs et les malencontres d'une existence. De plus en plus des interprétations récentes y voient un lieu d'expériences formelles[34] et s'entendent à faire primer la lettre sur le corps et la sensation. Entre ceux qui se réclament des tropes et ceux qui se prévalent des tripes, le débat reste ouvert, dont on envisage mal le dénouement. Tristan, à n'en pas douter, perclus d'amertume et saturé d'humour, a tiré d'un travail prosodique et syllabique une jouissance évidente, substituant aux plaisirs charnels ceux, intellectuels et spirituels, qui, en dernière instance, ne se révèlent pas moindres, bien au contraire. Le livre idéal qu'il n'a su faire continuera toutefois de briller à son horizon, « Fiat lux » d'un nouveau genre orchestrant des raccrocs.

En attendant il guette, plus qu'il ne dédaigne, les quelques comptes rendus qui témoigneraient de la façon dont il fut entendu. Car au plus méprisé comme au plus méprisant ce verdict importe, qui le chasse ou l'accepte dans le milieu littéraire, autour duquel je vois Tristan rôder, comme en quête d'une pâture et d'une gloire incertaine. Deux mois s'écoulent avant que paraisse, non signé, sous la rubrique « Mouvements littéraires », un premier texte, dans la *Renaissance littéraire et artistique* du samedi 26 octobre (n° 38).

« Des idées baroques, *étrangement* sceptiques rendues dans une forme saccadée, nerveuse, blême et surtout irrégulière ; çà et là quelques beaux vers et quelques conceptions très larges, comme *Décourageux, le Renégat* ; souvent de l'humour et une façon propre de voir les choses : telle est l'œuvre de M. Tristan Corbière.

Les Amours jaunes est donc un livre *sui generis*, bien qu'on puisse, au besoin, y trouver l'exagération du scepticisme de Byron et de Musset et une affectation d'étrangeté particulière à certains poètes américains.

Ce qui est incontestablement propre à cette œuvre, c'est le mélange d'un réalisme qui ne recule devant aucun sujet, aucune expression, avec un dandysme recherché. L'auteur, d'ailleurs, nous apprend que

"… Il avait lâché la vie avec les gants…
L'autre n'est pas même à prendre avec des pincettes
Je cherche au mannequin de nouvelles toilettes."

Quelles sont ces toilettes ! quelle est cette nouvelle vie ? L'eau-forte qui est en tête du volume – au cas où elle serait le portrait de l'auteur – nous en donnerait une idée : Un homme grand, sec, déguenillé, ébouriffé, etc., est adossé contre un vieux mur lépreux ; la pluie le trempe jusqu'aux os, la rafale le secoue comme un vieux lambeau !…. Évidemment la situation est désagréable ; aussi voit-il les choses sous un aspect sombre et anguleux, ses pensers sont chargés d'ennuis, de haine, de mépris pour tout ce qui l'entoure, la mer et les marins trouvent seuls grâce devant lui. La terre lui est odieuse, il repart sans cesse pour de nouveaux rivages !…. M. Corbière est donc – à en croire la date de ses vers – un voyageur forcené. Aussi, et d'autant plus qu'il se place lui-même en dehors de tout milieu social, nous apparaît-il comme un de ces hardis aventuriers de la mer égarés dans une société moderne.

Il y a du forban dans ses idées audacieuses, dans ses haines sociales, dans ses conceptions largement bohêmes qui feraient devenir fous les placides bourgeois. L'amour de la mer est d'ailleurs immense chez lui, et c'est elle qui lui inspire ses meilleurs vers. Ceux qui ont pour titre *La Fin* sont très beaux.

…

> « – Sombrer, sondez ce mot. Votre *mort* est bien pâle
> Et pas grand'chose à bord sous la lourde rafale
> Pas grand'chose devant le grand sourire amer
> Du matelot qui lutte. – Allons donc ! de la place,
> Vieux fantôme éventé, la mort change de face :
> La mer !
>
> Noyés ? Eh ! allons donc ! Les noyés sont d'eau douce,
> Coulés ! corps et biens ! et jusqu'au tout petit mousse,
> Le défi dans les yeux, dans les dents le juron,
> À l'écume crachant une chique râlée,
> Buvant sans haut-le-cœur *la grand'tasse salée*
> Comme ils ont bu leur *boujaron*.

Voilà, certes, une vision superbe de la mort, et il est très regrettable qu'au lieu de rester sur les sommets élevés de la poésie, l'auteur retombe trop souvent dans la charge et la cocasserie.

Il faut d'effroyables douleurs intimes pour travestir ainsi un poète ; aussi laisse-t-il parfois percer un sentiment profond de tristesse :

> "Mon cœur fait de l'esprit – le sot – pour se leurrer,
> Viens pleurer si mes vers ont pu te faire rire."
>
> …
>
> "Oh ! ne va plus chercher l'étoile
> Que tu voulais voir à mon front
> Une araignée a fait sa toile
> Au même endroit dans le plafond."

Il est bien entendu que nous considérons ces deux derniers vers comme
une pure calomnie.

Les pièces qui nous ont paru les plus remarquables sont, outre celles dont
nous avons déjà parlé, *la Rapsode foraine*, qui est un excellent *Callot, le
Sonnet à Sir Bob, l'Hidalgo, Litanie du sommeil, Un riche en Bretagne,
Matelots*, etc.

Somme toute, M. Corbière est

> "Poète en dépit de ses vers."

Nous ne voulons pas, en effet, qualifier sa forme, qui est digne des poètes
burlesques antérieurs à Coquillart ; toutes les règles de la poésie, la rime,
le rythme sont trop souvent mis de côté. Si l'auteur les considère comme
des entraves inutiles, pourquoi n'a-t-il pas écrit en prose ? Pourquoi bâtir
sur le sable un édifice que sa bizarrerie aurait rendu remarquable ?

Et maintenant un mot pour finir. Jouant un rôle peut-être naïf, nous avons
pris le livre tel qu'il est, et nous l'avons jugé d'après ce principe : *l'œuvre, c'est l'homme* ; si nous nous étions trompé, ce dont nous serions
très heureux… pour l'auteur, si ce livre – pour me servir d'une expression
d'atelier – était *fait de chic*, question de forme à part, ce serait un véritable tour de force. »

La chance a voulu pour Corbière que le premier article le concernant
témoignât d'une réelle qualité critique. L'essentiel est dit que l'on
retrouvera sous d'autres enseignes, mais rarement avec une telle lucidité. *La Renaissance littéraire et artistique*, journal hebdomadaire[35] de
8 pages, avait vu le jour le 22 avril 1872. Elle durera jusqu'au 3 mai
1874. Une première page traitait des « Choses de la semaine », puis une
section, longtemps rédigée par Saint-Saëns, était consacrée à la musique. Une autre portait sur la littérature étrangère, notamment en Angleterre et aux États-Unis. Philippe Burty éclairait le lecteur sur le
japonisme. Une page comportait toujours en un coin quelque poème.
Dans ces colonnes avaient figuré « Romances sans paroles » et « Ariette »
de Verlaine, « Les Corbeaux » de Rimbaud, les traductions des poèmes
de Poe par Mallarmé[36]. Le comité de rédaction comportait la plupart de
ceux qui avaient posé pour le fameux tableau de Fantin-Latour « Coin
de table » que rend à tout jamais précieux la présence de Rimbaud et de
Verlaine. Se voyaient là Aicard, d'Hervilly, Pelletan, Valade. Émile
Blémont dirigeait la *Renaissance* où s'exprimait le meilleur de la poésie
contemporaine. Corbière, inconnu de tous, avait donc retenu l'attention
par son seul volume, dont le recenseur avait de suite perçu l'originalité :
humour (peu fréquent à l'époque chez les poètes, et plus répandu chez
les librettistes ou les caricaturistes), façon personnelle de voir les choses
(ce qu'exprime si bien l'expression « *sui generis* » chère à Baudelaire),

dandysme. D'entrée de jeu, une trouvaille sémantique plaçait *Les Amours jaunes* sous le signe de la « forme blême » – formule frappante, comme l'« Impressionnisme » de Leroy devant le tableau de Monet, encore qu'elle se ressentît du Verlaine poète « saturnien ». Alors que certains se refusent à attribuer à É. Blémont ces réflexions pertinentes, je n'hésite pas à les lui rendre, d'autant plus qu'il remarque chez Corbière une « affectation d'étrangeté propre à certains poètes américains ». Or Blémont dans la *Renaissance* consacrait de nombreux articles aux poètes du Nouveau Monde : Whitmann et Longfellow, par exemple – en attendant que, plus tard, précisément, – chemin parcouru à rebours – un Ezra Pound s'intéresse à Tristan. Que Blémont n'ait pas fréquenté Corbière, ses quelques notations essayant de deviner la vie de celui-là tendent à le prouver. Après avoir décrit d'intéressante façon l'eau-forte liminaire, il voit en celui-là un marin de la plus belle eau, voire un aventurier, impressionné qu'il est par certains poèmes de roulis et de tangage. Mais il n'exclut pas de la part du poète l'éventualité d'un tour de force (un tour de farce !) obtenu par le *chic*. Tristan récoltait ainsi ce qu'il avait semé, à force d'avoir insisté sur la pose et l'apparence. Si l'œuvre, c'est l'homme, formule de Buffon rabâchée par tous, il se pourrait aussi qu'elle ne fût que masque, « fond troué d'arlequin ».

Malgré ces réserves, sévèrement aggravées par une critique de la forme du vers, que Blémont replaçait dans une veine burlesque qui remonterait à Coquillart[37], Tristan pouvait se montrer satisfait d'une lecture aussi perspicace.

Un autre article[38], publié, cette fois, dans le prestigieux *Artiste*, moins prisé, il est vrai, qu'à l'époque romantique, avait de quoi le réjouir, en dépit de quelques désaccords aussi prévisibles que giboulées en mars. Le texte, bien que non signé, en était attribuable à un certain « M. De Vaucelle », qui n'a pas laissé de souvenir impérissable dans l'histoire des Lettres. Collaborateur régulier de la revue, il avait commis plusieurs recueils comme *Inspiration champêtre* (1861) et *Cimes et vallons* (1865). On avait tendance à classer cet adepte de Musset dans un vague mouvement « fantaisiste » qui n'annonçait guère celui, bien authentifié celui-là, que lanceraient Francis Carco et Tristan Derême, à la suite de Paul-Jean Toulet leur inspirateur.

« […]
C'est M. de Vaucelle qui nous dira en quelques mots son opinion sur les *Amours jaunes*. Un livre étrange de poèmes étranges, par un peintre étrange. Voilà des débuts que j'aime, parce qu'ils indiquent un esprit qui a horreur du convenu !

S'il est un livre qui sort des sentiers battus, c'est celui-là. C'est de l'originalité à outrance : de l'originalité portée à son maximum d'intensité. Originalité qui ne s'arrête ni devant l'étrange, ni devant le bizarre, ni devant l'impossible... L'auteur est un véritable risque-tout. Et cependant, sous cette étrangeté forcée, sous cette bizarrerie voulue, abracadabrante, qui ne recule devant rien, on sent qu'il y a quelque chose de fort qui vous saisit et s'impose ; cela n'est certes pas l'œuvre du premier venu. L'homme qui ne craint pas d'oser de telles audaces est à coup sûr un tempérament et peut-être un caractère. – Mais vous me demanderez sans doute : ce livre, est-ce un bon livre ? Non, ce n'est ni un bon livre, ni un livre bon ; c'est plutôt un mauvais livre qu'un livre mauvais. Mais certainement cela n'est point médiocre, tout y est marqué au cachet d'une puissante individualité. Cependant nous ne conseillerons à personne de le prendre pour modèle. Mais le voulût-on, qu'on n'y réussirait guère, et il serait plus facile de pasticher ses défauts que ses qualités et ceux qui voudront le lire sont assurés qu'ils y trouveront de tout, plutôt que des récits vertueux et des histoires édifiantes ; la mère fera bien d'en défendre la lecture à sa fille. M. Tristan Corbière est, si nous ne nous trompons, un ancien marin auquel les propos salés du gaillard d'avant sont plus familiers que les Maximes des saints. C'est un homme qui paraît bien connaître les choses de la vie actuelle, pour l'avoir pratiquée dans tout ce qu'elle a d'excessif et d'aventureux ; il en parle à l'occasion la langue panachée, et son style fourmille d'allusions dont la compréhension n'est pas à la portée de tout le monde. Pour notre compte, nous l'avouons très humblement, nos yeux ont lu plus d'un passage qui n'a rien dit à notre intelligence. Cela tient peut-être aussi à la diction très elliptique de l'auteur, qui veut que tout le monde ait autant d'esprit que lui et le comprenne à demi-mot. Mais cela n'est point aisé ! À ce jeu, les plus fines réticences, les malices les plus acérées d'intention risquent fort de passer inaperçues du plus grand nombre des lecteurs.

Nonobstant tous ces défauts et peut-être même à cause de ces défauts, le livre de M. Tristan Corbière n'en est pas moins un livre infiniment curieux ; ce n'est pourtant point qu'il se recommande comme une œuvre d'art hors ligne. Ses vers, faits avec une entière indépendance des règles de la versification, sont souvent rimés pour l'amour de Dieu, et l'auteur ne se gêne pas au besoin pour allonger ou raccourcir les mots à sa fantaisie, suivant qu'il faut à son vers une syllabe de plus ou de moins, ce qui fait que le vers traité de cette façon peut bien avoir la mesure pour l'auteur, mais il ne l'a pas pour le lecteur exigeant qui voudrait bien avoir son compte ou rien que son compte de syllabes. Mais l'auteur se soucie bien de cela ; il en prend à son aise, avec la prosodie comme avec toute chose. Si les règles contrarient son inspiration ou sa fantaisie, ma foi, tant pis, il fera plier les règles ou sautera par dessus. La liberté de son allure et de sa phrase veut avant tout être sauvegardée, le reste s'arrangera comme il pourra.

Par ce temps de routine et de servilisme littéraire qui nous fait nous courber sous le convenu de toute sorte, ce superbe dédain des conventions acceptées n'est pas une des moindres originalités du livre de M. Tristan Corbière ; livre où la franchise est poussée jusqu'à la rudesse, et où l'auteur rit de tout avec une âpreté de verve que Rabelais n'a pas dépassée. Il rit, mais d'un rire mélancolique sous lequel on sent qu'il y a des larmes refoulées. Ayant beaucoup vu et peut-être beaucoup souffert, il envisage les choses de la vie par le côté plaisant ou même grotesque, de peur de les prendre trop au tragique.

M. Tristan Corbière, qui, croyons-nous, est Breton et a été marin, ne nous montre pas la Bretagne sous un jour attrayant. Peut-être n'est-il que vrai ? Peut-être n'a-t-il vu ou voulu voir qu'un des aspects multiples de cette terre encore un peu primitive ? Mais celui qu'il nous montre est d'un réalisme tel que celui de Courbet et de Manet lui-même ne sont auprès de lui que de la peinture de boudoir. Pour ce qui est des gens de mer, auxquels il a consacré une des divisions de son livre, ce sont de rudes gars dans la mâture comme dans les tableaux de M. Tristan Corbière, mais ils ne pourront accuser l'auteur des *Amours jaunes* de les avoir flattés. Il en aurait plutôt aiguisé les angles et exagéré les aspérités.

Voilà une œuvre violente, excessive, *énorme* (e normis), mais marquée au cachet de la force et d'une puissante originalité ; en somme, c'est un livre. »

Vaucelle se plaît à louer l'originalité du volume, tout en reconnaissant son outrance et son côté « abracadabrant » (« abracadabrantesque » apparaissait dans un poème du Rimbaud de l'époque, inédit, bien entendu). Ses renseignements sur Corbière témoignent d'une information précaire, à la suite de quoi l'auteur des *Amours jaunes* est considéré comme Breton (ce qui n'avait rien de divinatoire), peintre (sans impliquer nécessairement la pratique artistique du tableau) et, selon toute vraisemblance, « ancien marin », formé aux propos du « gaillard d'avant » (un titre de La Landelle). La sincérité du critique le conduit à dire que ce n'est sans doute pas l'œuvre du premier venu. Le livre regorge d'esprit, un esprit dont il n'est pas toujours aisé de comprendre les sous-entendus. Passant outre les « approximations volontaires » qui rendent si particulière la prosodie de Tristan, Vaucelle loue sa liberté d'allure, sa franchise, sans soupçonner là, au contraire de Blémont, une quelconque simulation. Avec un beau sens de la nuance, il en apprécie le « rire mélancolique », comme si Héraclite pouvait sympathiser avec Démocrite !, et devine fort bien que le grotesque y recouvre un tragique foncier. La pointe poussée contre Manet et Courbet, dont on a vu

Corbière se railler, postule une autre forme de réalisme, plus vrai, en somme, et, comme le dit l'article (sans recourir à Flaubert), *énorme*.

Logé à cette enseigne, Tristan ne pouvait se croire tout à fait incompris. Ses inventions hors littérature avaient interloqué une poignée de lecteurs. Hors norme il se retrouvait. Inclassable et seul, dans cette solitude que, selon un mouvement perpétuel d'orgueil et de dédain, il réclamait à cor et à cri, sans renoncer quelque part à être aimé – ne serait-ce que pour sa laideur et son incongruité.

Au même moment, une autre critique publiée en Belgique[39] dans *L'Art universel* du 1ᵉʳ novembre et signée d'un certain « E.V. » (qu'il paraît aventureux d'identifier au jeune Émile Verhaeren) ne l'épargnait guère. Le critique se demandait d'abord qui était cet étonnant Corbière et passait sous silence les pièces bretonnes. D'emblée, après avoir souligné l'originalité du volume, il s'intéressait à sa prosodie dont, loin de dénoncer les irrégularités, il appréciait les audaces – l'auteur se souciant peu de la richesse ou de la pauvreté des rimes et ne proscrivant pas l'hiatus, comme il était de règle. Mais il reprochait à Tristan une expression souvent confuse, en se réclamant implicitement des pires préceptes de Boileau : « Seul est poète qui sait exprimer bien ce qu'il pense. » Il n'hésitait pas alors à vanter « le langage de nos pères » capable de montrer, dans toutes leurs nuances, des scènes même abjectes. Après s'être livré à l'inévitable comparaison avec le Baudelaire de *La Charogne* considéré comme un chef d'œuvre – autre poncif de ces années 1870 où *Les Fleurs du mal* sortaient du purgatoire –, il accusait la littérature charnier de Corbière (le terme remontait aux heures frénétiques de 1830). L'intrigant « E.V. » admettait toutefois que « la haine contre les règles établies » ait conduit Corbière à rencontrer quelques beautés nouvelles. Sa conclusion pouvait surprendre, tant elle paraissait loin des intentions du poète, peu préoccupé par des querelles d'école :

> « À mon sens le livre des *Amours jaunes* est un plaidoyer contre les exagérations de l'école moderne. Tous les vices des poètes français d'aujourd'hui, esprit de mots, bizarreries grammaticales, néologismes malgré tout, versification fantaisiste, rime faisant naître l'idée, paradoxes, et que sais-je ? nous sont montrés, non pas à la loupe, mais au telescope. Ne serait-ce pas un avertissement, et ne serais-je loin de la vérité en voyant dans le livre de M. Corbière une dispute littéraire. »

Corbière, devant ce propos de *L'Art universel*, était bien obligé de reconnaître l'effet artistique de son livre. Alors qu'il voulait « exprimer un tempérament » (ce que plus tard dira Zola du naturalisme), il se trouvait pris en ôtage par ces messieurs de la critique, des autorités moindres certes que le Janin de naguère et le Barbey d'Aurevilly de maintenant, mais qui, chacun pour sa part, prétendaient régenter l'accès au Parnasse. *Gradus ad Parnassum.* Tristan connaissait le trajet. Il n'était plus un « Juvénal de lait », ni ne se laissait prendre au piège des mécaniques perfections de la forme, comme sa « Demoiselle au piano[40] ». Sa satisfaction maintenant égalait son dégoût. *Les Amours jaunes* à ses yeux valaient comme l'inévitable acte de naissance vraie, ontogenèse, quitte à engendrer un faux « bâtard de Créole et breton », un fils de saltin et de morgate. Il se devait donc, nourrisson d'une Muse plutôt mal embouchée, d'entrer dans la carrière ou mieux, selon la décision de sa volonté anguleuse, de « faire semblant ».

Notes

1. Sur les frères Glady, Jean-Louis Debauve a mené une première recherche (voir « Autour de la publication des *Amours jaunes* », art. cit., p. 55-69) largement complétée par les travaux de Laurent Manoury, qui compte rassembler ces informations dans une étude pour le *Bulletin du Bibliophile*.

Louis, de son vrai prénom Jean-Étienne-Marie est né à Villeneuve-sur-Lot le 3 janvier 1846. Sa mort supposée est signalée dans *Le Gaulois* du 4 août 1896. Albéric est né dans la même localité le 25 janvier 1848. On ignore la date de sa mort, survenue nécessairement après 1914, année de publication de son dernier livre, *Le Bréviaire d'un sceptique*, à la Librairie du XIXᵉ siècle.

Je me permets avec l'accord de L. Manoury, de donner ici la liste complète des ouvrages qu'ils publièrent, celle indiquée par J.-L. Debauve n'étant qu'approximative.

1872 – les quatre livres indiqués dans mon texte et deux brochures : *L'Amérique, 1ᵉʳ série, Le Salvador*, par Louis Blairet et *Le Pérou et la Société générale pour favoriser le développement du commerce et de l'industrie en France*, brochure sans nom d'auteur.

1873 : les ouvrages mentionnés dans le chapitre XIV.

1874 : *Nature et loi, esquisses dramatiques* (1ᵉʳᵉ série) de P. Darasse, 158 p. et une épreuve du livre qui rentre dans le cadre des curiosa, *Mémoires d'une demoiselle de bonne famille* par Ernest Feydeau (mort en 1873) et que Louis Glady fera vraisemblablement imprimer à Londres en 1877 sous la raison « Williams ». Le livre aura un avenir dans l'ordre des *curiosa*. Il sera notamment réédité en 1910 à la Bibliothèque des curieux sous le titre *Souvenirs d'une cocodette*, préfacé par Guillaume Apollinaire.

1875 : deux éditions de *Manon Lescaut* avec une notice bibliographique par Anatole de Montaiglon, 372 p., deux recueils de Maurice Montégut ; *La Bohème sentimentale*, in-12 de 176 p. et *Le Roman tragique. Première partie, le duc Pascal*, in-8, à 350 exemplaires ; *La Conquête de l'air* par A. Brown, in-12 de 452 p. comportant des illustrations hors textes, *L'Avare* de Molière mis en vers par Allart de Brienne et le recueil de Louis Verbrugghe, *Coups de bâton*, où Corbière est mentionné. *Les Salles d'armes de Paris* par Albert de Saint-Albin, In-8, 201 p.

1876 : *Mâle et femelle* d'Albéric Glady, 299 p. (l'ouvrage sera condamné) et l'*Imitation de Jésus-Christ*, traduction de Michel de Marillac, avec une préface de Louis Veuillot, au lieu d'Alexandre Dumas fils qui devait la faire. Gustave Moreau a été contacté par les Glady pour l'orner de gravures, mais il n'a pas donné suite à cette demande.

Passé à Londres, le seul Louis continuera de publier des livres au 128 Warwick Street : en 1878, une nouvelle édition de *Manon Lescaut*, préfacée par Alexandre Dumas fils, tirée à 333 exemplaires, comme, du reste, les deux autres livres qu'il publiera ensuite dans la même collection, l'un en 1878, également préfacé par Alexandre Dumas fils, le *Daphnis et Chloé* de Longus, traduit par Amyot, XXIV + 150 p. et, en 1880, *Réflexions ou sentences et maximes morales* de La Rochefoucauld, XX+ 111 p.

Albéric continuera d'écrire et publiera à la Société libre d'édition des Gens de Lettres *Monsieur de Vimeurs* (1879) chez Gilliet à Bruxelles et *Automne fleuri*, comédie (1898), *Le médaillon de Thalie*, pièce en 4 actes (1901) et, en 1914, *Le Bréviaire d'un sceptique, Fils de ses Œuvres*, comédie (Librairie du XX\u1d49 siècle).

2. Lettre dans l'*Intermédiaire des chercheurs et des curieux*, p. 156, n° du 10 mars 1891.

3. Autographe inconnu. L'original de cette lettre a été publié en fac-similé à Genève, dans la revue *Labyrinthe*, n° 15, décembre 1945, p. 9. Figure sur la même page le fac-similé de l'enveloppe qui la contenait avec l'adresse suivante :

Monsieur Dufour/ camille et propriétaire/ à Brolles/ par Bois-Le Roi/ (Seine et Marne) », tampon du 11 juillet 1873.

4. Voir Édouard Graham, *Passages d'encre. Échanges littéraires dans la bibliothèque Jean Bonna*, préface de Gérard Macé, Gallimard, 2008, p. 273.

5. Voir chapitre XI, p. 305 et la photo chez Le Coat à Morlaix.

6. Voir sa reproduction dans *Tristan Corbière*, Musée de Morlaix 1995, p. 21. et la description qu'en fait Jean Berthou dans le même catalogue, p. 37.

7. Voir Fabienne Le Chanu, même catalogue, p. 23 : « *Les Amours jaunes*, c'est d'abord la pigmentation particulière aux amours défuntes [...] », A. Sonnenfeld, *L'Œuvre poétique de Tristan Corbière*, PUF, 1960, p. 48, le rattachant au jaune de Judas et à sa trahison, Pour Marshall Lindsay (*Le Temps jaune*, essais sur Corbière, University of California Press, 1972, p. 63) « La notion du jaune correspond chez lui à une expérience profonde : c'est justement la conscience du refus des choses de répondre aux exigences du désir. » Hugues Laroche le relie à la femme, à la prostitution, à la trahison et à la syphilis (*Tristan Corbière ou les voix de la corbière*, PU de Vincennes, coll. L'Imaginaire du texte, 1997, p. 12 et s.)

8. Poème « Bohême de chic », section « Les Amours jaunes ».

9. Notamment dans le livre de Pascal Rannou, *De Corbière à Tristan. Les Amours jaunes : une quête de l'identité*, Champion, 2006. Ainsi se poursuit une longue tradition qui commence tout naturellement avec Kalig et Trézenik, continue avec Léon Durocher et Le Goffic pour aboutir à Henri Thomas ou à Emmanuel Tugny.

10. Voir dans les *Premières Poésies* d'Alfred de Musset la partie intitulée « Chansons à mettre en musique et fragments » qui contient « L'Andalouse », « Le Lever », « Madrid », « Madame la marquise », la « Ballade à la Lune », etc. Sur les rapports de Musset et de la chanson, voir la biographie de Musset par Frank Lestringant, Flammarion, 2002.

11. Poème en prose dans le *Gaspard de la Nuit* d'A. Bertrand (1842), dans la partie « Le Vieux Paris ».

12. Alcibiade, rapporte Plutarque dans ses *Vies parallèles*, avait fait couper la queue des chiens d'Athènes, par dandysme.

13. Vers provenant des manuscrits de R. Martineau, qu'il a révélés dans sa première biographie (1904, p. 98) et dont nous avons pu compulser les originaux. Voir B. de la Pléiade, p. 886.

14. Une version autographe de ce dernier poème, 2 p. in-folio, est reproduite dans *Cent précieux autographes*, Paris-Drouot, vente du 25 avril 1997, n° 47.

15. Vers du « Poète contumace » des *Amours jaunes*.

16. Voir le début des *Confessions*. On peut penser aussi à la préface des *Rhapsodies* (1831) de Pétrus Borel, qui vint peut-être sous les yeux de Tristan : « Ceux qui liront mon livre me connaîtront : peut-être est-il au-dessous de moi, mais il est bien moi ; je ne l'ai pas fait pour le faire, je n'ai rien déguisé [...] ».

17. Voir chapitre XV.

18. Voir préface par Pierre-Marc de Biasi pour l'édition au Livre de Poche de *L'Éducation sentimentale* (2002, p. 14) : « Avant de publier, l'écrivain, pendant un moment, avait songé à un autre titre – *Les Fruits secs* – mais, semble-t-il, sans beaucoup y croire. »

19. Gilbert (1751-1780), « Ode imitée de plusieurs psaumes faite par Gilbert huit jours avant sa mort » (« Le Poète malheureux »).

20. Paulin Gagne (1808-1876) revendiquait son excentricité. Il était l'auteur de très nombreux ouvrages d'une extrême bizarrerie, comme *La Sataniade du spiri-satanisme, archi-drame spiriticide en cinq éclats infernaux* (1864-1865). En 1870, Isidore Ducasse l'avait cité dans ses *Poésies*.

21. Soit, l'éloge paradoxal où se trouvent loués les travers et les monstruosités.

22. Titre d'un livre de poème de Tristan Tzara (1931).

23. Voir l'étude de Giuseppe Bernardelli, *Orientamenti per l'interpretazione di un testo corbieriano*, Studi Francesi, 1997, n° 121, p. 69-82.

24. Voir R. Martineau, *TC*, 1925, p. 77, avec cette seule indication « Son père fut le premier servi avec cette dédicace :

À l'auteur de l'auteur de ce livre. »

Aucun exemplaire portant cette dédicace n'a été retrouvé. Mais on a toujours cité, sans plus de preuves, Martineau. J.-L. Debauve (art. cit.) signale au n° 489 du catalogue 55 de la librairie Lardanchet, p. 61, un exemplaire qui pourrait y correspondre.

25. Cet exemplaire se trouve à la Bibliothèque de Morlaix, Fonds Tristan Corbière.

26. J'ai compulsé cet exemplaire chez Mme June Vacher-Corbière. Martineau a innové l'erreur d'une dédicace « de mon gendre » (voir *TC*, 1925, p. 77), toujours répétée depuis, jusqu'aux remarques de Benoît Houzé la rectifiant. La reproduction de ce dessin aquarellé se voit en quatrième de couverture du catalogue *Tristan Corbière*, Musée des Jacobins, 1995.

27. Dédicace indiquée par R. Martineau, *TC*, 1925, p. 77. Micha Grin, dans son *Tristan Corbière, poète maudit*, p. 43, la fait précéder de cette adresse « À mon confrère Orsini », non vérifiable, l'exemplaire dédié à Le Gad n'étant pas localisable actuellement.

28. Voir cette dédicace inédite citée par Michel Dansel dans « Un enfant du Léon : Tristan Corbière (1845-1875) » dans le collectif *Tristan Corbière en 1995*, Bibliothèque municipale de Morlaix, 1996, p. 12.

29. Sur les autres dédicaces, voir l'article de Jean-Louis Debauve « Autour de la publication des *Amours jaunes* » dans *La Nouvelle Tour de feu*, n° 11-12-13 consacré à Tristan Corbière, 1985, p. 60-64.

30. Vente Le Petit de 1917, n° 724, avec la seule dédicace « À monsieur Francisque Sarcey / l'auteur / Tristan Corbière » (voir art. de J.-L. Debauve, p. 61).

31. Albert de la Salle (né au Mans en 1833, mort à Paris le 24 avril 1886) avait donné en 1866 et 1867 dans une suite de numéros de *La Vie parisienne* l'essentiel de cet ouvrage. Son exemplaire dédicacé des *Amours jaunes* fait désormais partie de la collection Jean Bonna (voir sa description dans la notice faite par Édouard Graham, *Passages d'encre*, ouvr. cit., p. 274-276).

32. Voir la reproduction de cette dédicace dans *Passages d'encre*, ouvr. cit., p. 271.

33. Numéro 51 d'une vente du 15 mai 1968 ; l'exemplaire comprenait « une seconde épreuve sur chine du frontispice de Corbière », précise Jean-Louis Debauve dans « Autour de la publication des *Amours jaunes* » art. cit., p. 69, n. 19 (voir aussi p. 63). Le chapitre XV parle plus abondamment de Gustave Mathieu.

34. Voir, par exemple, de Jean-Marie Gleize, « Le lyrisme à la question » dans *Poésie et figuration*, Éd. du Seuil, 1983, p. 104-125.

35. Je remercie Michael Pakenham pour les précisions fournies à ce sujet.

36. Verlaine y avait publié « Romances sans paroles » (« C'est l'extase langoureuse ») le 18 mai 1872 et « Ariette » (« Le piano que baise une main frêle ») le 29 juin de la même année. Le 14 septembre 1872, on pouvait y lire « Les Corbeaux » de Rimbaud, et Mallarmé y avait donné certaines de ses traductions des poèmes de Poe, le 29 juin, le 20 juillet, le 17 août et les 5 et 19 octobre 1872.

37. Guillaume Coquillart (1421-1510), chanoine métropolitain et officiel de Reims, auteur de poèmes satiriques souvent licencieux qui le firent surnommer le Compositeur gaillard. La meilleure édition de ses œuvres avait été publiée à Reims en 1845 par les soins de Tarbé.

38. Article signalé par Pascal Pia dans son article « La poésie en 1873 », *Carrefour*, 17 avril 1975. Sur Alphonse de Vaucelle, voir Luc Badesco, *La Génération poétique de 1860. La jeunesse des deux rives*, Nizet, 1971, t. II, p. 1341 et 1343.

39. Article critique découvert par J.-L. Debauve, art. cit., p. 66-67 et reproduit intégralement dans *La Nouvelle Tour de feu*, numéro T. Corbière, p. 72-76. L'hypothèse selon laquelle cet article serait attribuable au jeune Verhaeren a été soutenue par Franck Stückemann dans son article « Tristan Corbière et la "Jeune Belgique" ou le mystérieux auteur de la première critique des *"Amours jaunes"* » dans *Tristan Corbière en 1995*, Bibliothèque municipale de Morlaix, 1996, p. 122-129.

40. « À une demoiselle. / Pour Piano et Chant », section « Raccrocs » des *Amours jaunes*.

XV

La Vie parisienne. La mort

Il revient au biographe de connaître le moment où va s'effacer celui dont jusque-là il suivit la ligne de vie. Il est souvent surpris alors de ne pas détecter chez son personnage principal le moindre pressentiment. Il n'en fut pas de même pour Tristan. Je le crois conscient d'être déjà cerné par une emprise funèbre quand sont publiées ses *Amours jaunes*, où les « Rondels pour après » paraissent suffisamment significatifs pour qu'on ne s'empresse pas de les mettre au compte d'une simple recherche formelle. Longtemps, il a joué avec sa mort considérée encore par lui comme lointaine. Il en a fait son hochet, son crâne de Yorick. Mais, en cette année 1873, il la voit se rapprocher avec insolence, la Muse camarade et camarde, et son corps, qu'il laisse souvent à la traîne, a dû se rappeler à lui (outre les impérieux élans de la libido insatisfaite) par des élancements, des douleurs, les *maux* de chair et d'os qui succèdent avec tant d'impertinence aux *mots* d'esprit. Je n'irai pas jusqu'à dire que pointe à son horizon la question « Comment finir ? » – le suicide, par exemple, ayant tant de fois été scruté par lui qu'il en était devenu une parodie, un oripeau. J'affirmerai, cependant, que désormais, ayant franchi un cap qui ne trompe pas, il sait composer avec sa mort, la promener chaque jour, chaque jour lui faire sa part.

L'heure était pourtant favorable pour acquérir un semblant de gloire, ne pas coïncider aussi facilement avec l'image du raté qu'il avait savamment projetée dans son livre. Si l'on a parlé de l'insuccès des *Amours jaunes*, que dire, en général, de l'immense surdité qui accueille la plupart du temps un premier livre ? Les articles de *La Renaissance littéraire et artistique* et de *L'Artiste* laissaient augurer un semblant de reconnaissance dont on voit mal au nom de quel dédain supérieur il aurait négligé de profiter. En publiant chez les frères Glady, sans doute n'avait-il pas frappé à la meilleure des portes, à moins que d'autres, plus glorieuses, ne lui aient été fermées. Mais les comptes rendus de Blémont et de M. de Vaucelle l'incitaient à tenter sa chance avec une certaine obstination. Si le contact avec les grands Parnassiens n'existait pas, en revanche sa relation avec ceux qui allaient prendre le relais de ce même Parnasse, « enseigne un peu rouillée[1] », les Valade, Mérat, d'Hervilly, et, non loin de ceux-là, même s'ils étaient exilés, Verlaine et Rimbaud, était envisageable. Tristan, néanmoins, a choisi de rencontrer un autre milieu, celui de *La Vie parisienne*[2] – et, en ce sens, il ne s'égarait pas tout à fait. En Paul Chenavard il avait déjà connu quelqu'un qui avait fréquenté Baudelaire, et vif était le souvenir qu'il en conservait. Le génial et fumeux peintre lyonnais lui avait sans doute parlé de ses nombreux amis parisiens, au nombre desquels le fantaisiste Gustave Mathieu. Plus important que ce dernier apparaît Louis Marcelin, de son vrai nom Émile Planat, dessinateur et caricaturiste qui, en 1862, avait fondé un périodique, *La Vie parisienne*, où régnait l'humour et où Hippolyte Taine avait donné son célèbre *Thomas Graindorge*. En 1864, Baudelaire y avait publié le chapitre XI de « Le Peintre de la vie moderne » et deux de ses poèmes en prose, « Les Yeux des pauvres » et « Les Projets ». Il souhaitait y présenter une partie de son futur *Spleen de Paris*[3]. Les Goncourt ont décrit Marcelin avec le ton sarcastique qui est le leur dans une page de leur journal : « un beau jeune homme, au gilet en cœur, à la chemise en échelle, au revers d'habit noir en velours et décoré d'un camélia blanc, et odorant de senteurs qui puent : un mélange bâtard d'un jeune député du centre sous Louis-Philippe et d'un gardien de Napoléon III [...] Je le trouve agaçant à l'image de son journal. C'est le Parisien des opinions chic, l'amateur à fleur de peau, un ami de Worth citant Henri Heine [...][4] »

L'aubaine est précieuse pour Corbière d'avoir retenu l'attention de ce personnage qu'il dut rencontrer au cours de soirées où le conduisit Battine (les réceptions chic de Paris) ou bien auquel, comme tant d'autres, il a présenté certaines bonnes feuilles de son recueil, ses *Amours jaunes* alors sous presse. Une collaboration durable s'engagera, qui, se prolongeant jusqu'en 1874, sera malheureusement interrompue par la mort. Les premiers poèmes qu'il confiera à la revue, sans être annoncés comme extraits des *Amours jaunes*, contribueront cependant à « lancer » le livre auprès d'un public de lecteurs nombreux et fidèles. Marcelin, séduit par ces textes que recommandait leur incomparable originalité, fait confiance à Tristan. On imagine sans peine, grâce à Edmond de Goncourt encore une fois, l'ambiance de l'un de ses premiers entretiens au siège du journal[5] : « J'ai franchi un escalier tout faux de bitume de Giorgions, cuits au four. Puis j'ai été admis dans le sanctuaire où le beau Marcelin, dans un vestinquin clair s'enlevait sur l'ombre d'un Crayer douteux. Ce bureau de LA VIE PARISIENNE a le clair-obscur de l'appartement d'une vieille femme galante retirée du commerce des tableaux, un appartement où rutilent les chaleurs de faux chefs d'œuvre [...] ».

Du 25 mai au 13 octobre, Tristan collabore à six reprises au journal, auquel il confie exclusivement des poèmes. Le 25 mai une belle place est réservée à « La Pastorale de Conlie » et à « Veder Napoli poi morir[6] ». En l'occurrence, il se paie le luxe de publier des versions différentes de ces mêmes poèmes contenus dans *Les Amours jaunes* bientôt livrés au lecteur. « La Pastorale de Conlie » notamment comporte une ironique dédicace : « dédié à Maître Gambetta », le « Maître » rappelant la fonction du personnage, avocat républicain de gauche qui avait engagé la France dans un combat de résistance à outrance dont l'armée de la Loire, entre autres, et les Bretons parqués à Conlie avaient pâti sévèrement. La version de *La Vie parisienne* est introduite par deux quatrains fort explicites, qui n'apparaîtront pas (prudence minimale ou dépolitisation) dans le livre final. Ces huit vers et maintes autres corrections montrent à quel point Tristan ne cessait de modifier ses poèmes.

Le « Veder Napoli poi morir » propose, quant à lui, une version écourtée du poème du livre, dont ne sont gardés que cinq quatrains. Dans ces deux prestations inaugurales faut-il deviner un hommage à Rodolphe et à Herminie : d'une part la région du Mans et les combats auxquels Rodolphe avait participé, d'autre part l'Italie d'Armida ?

Le 25 août, avec quelques strophes du « Garde-côtes[7] » (intitulé « Le Douanier » dans *Les Amours jaunes*), Tristan remémore sa terre natale qu'il honorera encore le 20 septembre de ses inquiétants « Cris d'aveugle », précisés « souvenir de Bretagne ». Entre-temps, le 13 septembre, il avait donné à voir sur « Un cabaret de matelots (fragment[8]) », une description entre Téniers et Lautrec, extraite de son « Bossu Bitor ». Au-dessous du titre, une vignette montrait quelques trognes de mathurins. Sur une bandelette pouvait se lire « Eau salée ». À la fin du poème, une autre vignette représentait un intérieur de cabaret plein de gars de la marine buvant et chantant. Le même numéro contenait, pour faire pendant au poème de Corbière, celui d'un certain « Dick » annoncé par une banderole portant « Eau douce ».

Les Amours jaunes occupaient déjà la devanture de quelques librairies, notamment au 10, rue de la Bourse, quand paraît dans *La Vie parisienne* un autre ensemble dit « Souvenirs de voyage (Italie) » qui pouvait se rattacher au premier comme au second séjour que Tristan avait fait à Capri. On a vu que sur le « carnet des voyageurs de l'hôtel Pagano » il avait recopié une mouture, encore maladroite, de « Le Fils de Lamartine et de Graziella », réussite à l'usage du touriste naïf. Fidèle au nouveau texte donné dans *Les Amours jaunes*, il se contente cette fois d'en recopier les cinq premières strophes. Il les fait suivre de « Vésuves et Cie », sans modification aucune, excepté celle de la date qui passe de la simple mention italienne « aprile » à un très précis « 7 septembre 1873 ». À considérer cette date, qu'accompagne la localisation « Pompéï », on inventerait aisément un nouveau périple à Capri cette année-là. Le tout est illustré de représentations comiques dignes des textes. À gauche, partie supérieure : sur fond de Vésuve, une jeune Italienne et un jeune poète romantique touchant d'une énorme lyre ; partie inférieure : deux jeunes femmes admirent un jeune Napolitain avantageux. Le volcan n'a pas bougé ! Des messieurs anglais contemplent la scène. À droite (correspondant à « Vésuve et Cie »), partie supérieure : un enfant qui regarde sur un ample abat-jour le Vésuve en éruption ; partie inférieure : un groupe de touristes, deux campés sur le bord du cratère. Un écriteau indique « s'adresser au concierge pour voir l'intérieur du cratère. Petite éruption 3 francs ! »

Le 15 octobre, enfin, le journal de Marcelin accueille de lui un simple sonnet « À une Demoiselle (pour piano et chant[9]) », petit manifeste en faveur du *senti* face au *chic* des automates.

L'ensemble des textes ainsi publiés ne mettait point particulièrement en valeur l'inspiration bretonne. Tristan lui-même n'y tenait peut-être pas. Était révélée, à petites doses, la variété de son talent, et moins le typique armoricain que le sarcastique à tous crins. La plupart de ces prestations étaient signées « TRISTAN », le nom de « Corbière » n'ayant plus de raison d'être en ces lieux. Marcelin, connaisseur de la littérature antérieure, avait conseillé, qui sait ? à son auteur de se dépouiller d'un patronyme trop encombrant.

Autour de Corbière, ses amis se réjouissent et font l'éloge du bouquin, malgré les fautes qui le chagrinent. Tristan semble moins désemparé qu'à son ordinaire. Pure façade ? Il reprend de plus belle, mais avec plus de confiance, ses soirées avec les Battine, assiste parfois à des réceptions quelque peu insolites comme celles qui ont lieu autour du schah de Perse, en visite officielle à Paris du 9 au 19 juillet. La lettre à Dufour, où il s'enquérait d'un bon aquafortiste pour le guider, se terminait, en effet, par ce curieux post-scriptum :

« N° 4 – Jean Gougeon [*sic*] – minuit – sandwich et Lamoury violoncelliste du schah de Perse, Soulognes et autres têtes couronnées[10]. »

Tristan ne refusait donc pas de se montrer en public. Il n'était pas le
« lépreux » de son livre. Sur cette venue du Persan coururent à l'époque
bien des anecdotes. À petit événement, grosse publicité. En visite chez
le Marcelin de *La Vie parisienne*, le 12 juin, Edmond de Goncourt avait
été le témoin d'une petite scène cocasse qu'il n'hésitera pas à relater :
avisant Charles Monselet qui se trouvait dans son bureau, le beau
Marcelin lui aurait donné, en phrases à la Napoléon, l'esprit d'un article
sur le schah de Perse, ce même souverain pour lequel le famélique
Cabaner, un Zutiste du temps de Rimbaud, venait de composer une
marche dont la musique valait certes mieux que les paroles[11] :

> « Vive le Shah de Perse !
> Vive Nasser Eddin !
> Que la gloire le berce
> Dans l'éternel jardin. »

On ignore si Tristan entonna avec cœur ces vers de mirliton, et si
Dufour se déplaça ce soir-là rue Jean-Goujon.

À considérer les amitiés qui entouraient le vielleux de Roscoff, on
doit tenir pour très vraisemblables les visites qu'il put faire à certains.
Parmi ceux-là comptèrent assurément les peintres dont on ne dira jamais
assez qu'ils constituèrent pour lui le milieu d'élection quasi nourricier.
J'ai déjà dit mon regret de ne pas l'avoir vu fréquenter les futurs
impressionnistes, hommes du jour et plutôt du lendemain. Corbière n'a
pas su les voir. Un tel aveuglement appartient à l'ironie des choses, aux
ruses du réel. Pourquoi Mallarmé, lors d'un dîner des Vilains Bonshommes, aurait-il reconnu en Rimbaud un génie ? Pourquoi Rimbaud aurait-
il admiré Manet ? Tristan passe à côté (physiquement) de Degas et de
bien d'autres. En revanche, il aime, de cœur plus que de pensée, un
Dufour, un Lafenestre, un Louis Noir, les disciples attardés de Jacque,
comme il s'est plu à fréquenter Benner (de cheval !) et Jean-Louis
Hamon. On ne se trompera donc guère si, certains jours, on lui fait traverser Paris en omnibus pour rejoindre la gare de Lyon et de là prendre
le train pour Fontainebleau où l'attendent ses amis de là-bas : Louis
Noir, Gustave Mathieu, Camille Dufour. Ils vivent là, en bordure de la
forêt, à Bois-le-Roy ou à Brolles, profitent d'une nature dont les charmes ne s'épuisaient pas encore, et travaillent ferme, qui à leurs toiles,
qui à leurs romans, qui à leurs poèmes et parfois ils entonnent une célèbre chanson du temps :

> « Une auberge à la lisière
> De la forêt d'Fontainebleau
> Où s'en vont boire de l'eau

> Les peintres à la rivière.
> Quand on voit quell' barbe y-z'ont
> On dit qu'ils sont d'Barbizon
>
> C'est l'auberge du père Ganne
> On y voit de beaux panneaux
> Peints par des peintres pas no-
> vices et qui n'sont pas des ânes.
> Les peintres de Barbizon
> Peignent comme des bisons. »

Martineau, premier biographe de Corbière, et tous les autres à sa suite, ne semblent pas avoir soupçonné de tels épisodes. Un Corbière au vert. Entreprenant, comme tous les artistes de son époque, une petite équipée loin de Paris, près de la Marne ou de la Seine, et transformé – on veut le croire – tout un après-midi en marin d'eau douce. Vignette espérée, sans préjuger de sa réalité. Escapades comme on en voit dans *L'Œuvre* de Zola ou la *Manette Salomon* des Goncourt. Louis Noir, au premier chapitre d'*En route pour le pôle*, l'un de ses innombrables romans, a décrit la petite localité (qu'il déguise sous un autre nom) :

« Senoncourt ! Le plus joli bourg de la très grande banlieue de Paris. Trois hameaux. L'un au bord de la Seine ; les deux autres sur un des plus beaux plateaux du Gâtinais. Deux châteaux. Villas nombreuses ! Maisonnettes parisiennes, les unes très réussies comme celle du père Touard, d'autres abominablement construites par des prétentieux voulant trancher de l'architecte ; peu nombreux ceux-là. Mais l'ensemble est charmant. À cinq cents mètres la forêt, dans un arc de cercle immense, encadre les trois hameaux. La Seine forme la corde de l'arc et baigne la base d'une colline en dos de chameaux que couronnent les villages de Claire-Fontaine [*Fontaine-le-Port*], de Tivry [*Livry-sur-Seine*] et de Chartrettes. Au loin, Melun. À mi-chemin, le fameux pavillon de Roquebrune, le plus beau de France et de Navarre. Et tout près, Fontainebleau, son palais et son parc. Mais parc plus immense, plus splendide, la forêt où l'on peut marcher pendant sept heures en ligne droite, sous les arbres […][12] »

Ladite Nature n'est pas la passion de Tristan qui ne la supporte qu'océanique et soulevée de vagues à perte de vue. En cela il ressemble à Baudelaire qui, pour l'*Hommage à Denecourt*, le grognard de Napoléon inventeur de Fontainebleau, n'avait rien trouvé de mieux que de composer quatre poèmes urbains deux en vers et deux en prose[13]. Mais, à coup sûr, il apprécie Louis Noir[14], tout comme celui-ci estime l'hôte de chez Le Gad, du temps où ils barbouillaient meu-

bles et portes de l'établissement roscovite. À cette époque il est hors
de doute que Tristan lui a déjà offert le fameux album. Noir a vécu
tant d'aventures, en réalité comme en esprit, qu'il n'arrête plus
d'écrire, emporté au fil des pages. Il lui faudra jusqu'à la fin de sa vie
ses cinq-cents lignes par jour – comme le café pour Balzac et le
whisky pour Hemingway. Inlassable conteur d'histoires aux quatre
coins du monde. Un Jules Verne qui n'aurait pas soigné son style, ni
trouvé sa méthode, mais capable, avant le créateur du capitaine
Nemo, d'*Un hivernage dans les glaces*. Entre Tristan, le forban raté
de pure imagination, et cet aventurier à demeure, il existe une de ces
ententes que l'on envie. Cinq ans auparavant (un lustre !), Isidore
Ducasse avait surnommé le héros de ses *Chants de Maldoror* « le
corsaire aux cheveux d'or[15] », assurant par là une postérité au
dénommé Louis Salmon. Au printemps 1871, quand mourait la Commune, Noir s'était établi avec sa femme à Bois-le-Roi : une maison
simple, à côté du manège Parrot. La façade donnait sur l'actuelle rue
de la République. Un vaste jardin, en lisière de la forêt l'entourait.
Eugénie, devait avoir aussi quelque sympathie pour l'étrange Tristan
qui jouait au Bohème. Robert le fils admirait les croquis que de chic
traçait sur un bout de table leur hôte insolite. Devenu peintre, il prendra pour modèles, comme l'aurait fait Tristan, des charbonniers, des
bûcherons, des braconniers, voire les maraudeurs qui traînaient alentour.

À Bois-le-Roi vivait également les dernières heures de sa vie le chansonnier Gustave Mathieu d'inspiration bachique, pour lequel Baudelaire
avait eu un faible (comme pour Pierre Dupont). Depuis, Mathieu, déser-
tant quelque peu les sociétés chantantes, se livrait à une poésie plus
ambitieuse. Tout en feuilletant *Les Amours jaunes* de Tristan, il montre
au jeune poète de trente ans (ce débutant de fin du monde) son volume
Parfums, chansons et couleurs[16] assurément faits pour se répondre.

À Brolles, non loin, Tristan retrouve aussi Dufour et regarde les toiles
entassées dans l'atelier. Comme à Gaston Lafenestre dans son propre
havre de la rue Frochot il peut dire des fameux moutons à la Jacque qui
encombrent un paysage appliqué : « Vous les faites moins bien que
Jacque, qui les fait moins bien que Troyon, qui les faisait moins bien
que la nature. On ne doit pas peindre *ce qu'on voit* ; il faut peindre uniquement *ce qu'on n'a jamais vu et qu'on ne verra jamais*. Ainsi on ne
relève que de soi, et personne ne peut vous critiquer[17]. » Le moins qu'on
puisse dire est que ces propos rapportés coïncident bien peu avec ce
que Tristan a eu l'audace de faire. Chez lui, nulle tendance à montrer
ce qu'on ne verra jamais et qui relèverait à l'avance d'une sorte de

surréalisme ou d'une résolution digne de Klee : « Peindre, parce qu'il y a de l'invisible ». Au contraire, ses portraits révèlent une fibre réaliste, et Corbière rêve peu – alors qu'il hallucine les mots. Dufour a-t-il bien retenu les quelques remarques de Tristan, qui vécut l'abstention de son art en vertu d'une timidité toute à la mesure de son insuffisance ? Les heures de Bois-le-Roi et de Drolles devaient s'effacer comme les autres. Et l'album Louis Noir suivant sa destinée après la mort de Robert, la mémoire de Tristan ne subsisterait plus dans les têtes que par morceaux, sous forme rhapsodique.

Tout passionné qu'il fût par les devoirs de l'amitié, les sorties avec les Battine, le nouveau milieu de *La Vie parisienne* qui lui assurait non pas l'indépendance financière, mais une forme de reconnaissance réduite aux sept lettres de son prénom (sa véritable propriété identitaire), Tristan par-dessus tout s'empresse de lire et de relire son livre dont les défauts ne lui échappent nullement, pas moins que ne le séduisent, d'une dangereuse ivresse, la qualité drue de ses poèmes, leur originalité criante ou crissante, à la limite du désagrément, leur hautain dégoût. Sur son Hollande[18], que plus tard feront relier ses parents, mais qui porte les traces d'un feuilletement continu et d'un usage constant, il ne tarde pas à corriger plusieurs passages, à copier de nouveaux poèmes, tous parisiens, et à concevoir pour ses « Rondels pour après » une autre présentation qui en accentuerait le caractère funèbre. Apparaît plus que jamais un Corbière critique de lui-même. L'idée du livre-homme trouve sa justification dans cet exemplaire complété. Par là on conçoit aisément son souhait d'un second tirage – ce à quoi les frères Glady avaient déjà procédé pour d'autres volumes. Dans son intention comptait peut-être l'idée de conquérir un nouveau public. À moins que, obéissant à une démarche franchement égocentrique, il n'ait eu le dessein d'obtenir enfin, au terme d'efforts réitérés et d'une particulière vigilance, le livre reliquaire ou testamentaire contenant son essence, sa quintessence, pièce en sept actes dont le dernier se passe à l'avance sous terre, quand les fleurs du tombeau foisonnent plein le rire terreux.

Suivre page à page ses corrections, c'est pénétrer plus avant dans sa pensée, coopérer presque à son œuvre.

Sur la première page figure une liste indiquant différentes sortes de Bohèmes. Nous l'examinerons plus à loisir par la suite, car elle semble appartenir à certaines notes que Corbière a portées sur son exemplaire, sans avoir toutefois l'intention de les intégrer à une nouvelle édition.

En place du faux-titre, se lit également un fragment de nouvelle « L'atelier », dans la gamme des écrits de Murger, sa référence majeure, par fascination pour une certaine image de l'artiste.

Plus en accord avec *Les Amours jaunes*, on relève surtout, face à la dédicace imprimée : « à l'auteur du Négrier », quelques lignes délectables intitulées « Parade », avec la précision, entre parenthèses, « oubliée », qui laisse entendre qu'il avait composé ce petit texte pour qu'il fût placé en tête des *Amours jaunes*, déjà surabondamment flanquées de pièces liminaires :

> PARADE (oubliée)
>
> Place S.V.P. Provinciaux
> de Paris & Parisiens de
> Carcassonne !
> Et toi, va mon Livre –
> Qu'une femme te corne,
> Qu'un fesse-cahier te
> fesse, qu'un malade
> te sourie !
> Reste pire –
> tes moyens te le permettent[a].
> Dis à ceux
> du métier que tu es un
> *monstre d'artiste...*
> Pour les autres : 7 f. 50.
> Va mon livre & ne
> me reviens plus.

Une telle présentation concédait au monde forain. Elle recourait à un mode populaire de publicité fort peu littéraire et risquait de faire de l'auteur un bateleur, un bonimenteur, un marchand d'orvietan empressé de vendre sa marchandise et ses drogues. Le public est interpellé, formé d'un auditoire hybride. Corbière lui-même n'est-il pas un arlequin ? L'encouragement adressé à son livre mime certaines déclarations fracassantes d'auteurs secondaires, petits romantiques notamment, croyant ou feignant de croire que leur première publication va bouleverser l'ordre du monde. On pense aussi, en passant, à la préface d'Aloysius Bertrand pour son *Gaspard de la Nuit* récusant les belles théories littéraires et invoquant Polichinelle et le théâtre de Séraphin. Tristan, avec une salubre audace, se réfère hautement au pire et non pas au meilleur. Il échappe ainsi à toutes catégories, se veut « *monstre d'artiste* » – tout comme il avait dédié à Marcelle son « monstre de livre ». Il justifie ainsi toute parade débitée sur le seuil de la baraque en toile pour vanter l'exception visible à l'intérieur. Tératologies sémantiques et prosodiques sont annoncées après un roulement de caisse : « Allez la musique[19] ! », comme disait Isidore Ducasse dans ses *Poésies*.

De la p. 33 à la p. 35, Corbière a soigneusement recopié en face du « Sonnet à Sir Bob », le sonnet, prolongé par un alexandrin, intitulé « Paris diurne » (un premier titre indiquait « Mirliton de midi »). Plusieurs pages des *Amours jaunes* contiennent, du reste, des ébauches de certains de ces vers. En face de « Steam-boat », il a aussi recopié « Paris nocturne ». Il est évident que ces deux textes forment un diptyque et il paraît non moins probable qu'il s'est donné comme référence « le Crépuscule du matin » et « le Crépuscule du soir » de Baudelaire. Mais Corbière aimait ces compositions sur deux volets, comme le montrent, par exemple, « À l'Éternel Madame » et « Féminin singulier » ou « À ma jument Souris » et « À la douce amie ».

PARIS DIURNE

Vois au cieux le grand rond de cuivre rouge luire,
Immense casserole où le Bon Dieu fait cuire
La manne, l'arlequin, l'éternel plat du jour.
C'est trempé de sueur et c'est poivré d'amour.

Les Laridons en cercle attendent près du four,
On entend vaguement la chair rance bruire,
Et les soiffards aussi sont là, tendant leur buire ;
Le marmiteux grelotte en attendant son tour.

Tu crois que le soleil frit donc pour tout le monde
Ces gras graillons grouillants qu'un torrent d'or inonde ?
Non, le bouillon de chien tombe sur nous du ciel.

Eux sont sous le rayon et nous sous la gouttière
À nous le pot-au-noir qui froidit sans lumière...
Notre substance à nous, c'est notre poche à fiel.

Ma foi j'aime autant ça que d'être dans le miel.

PARIS NOCTURNE

Ce n'est pas une ville, c'est un monde.

– C'est la mer : – calme plat – et la grande marée,
Avec un grondement lointain, s'est retirée.
Le flot va revenir, se roulant dans son bruit –
– Entendez-vous gratter les crabes de la nuit...

– C'est le Styx asséché ; Le chiffonnier Diogène,
Sa lanterne à la main, s'en vient errer sans gêne.
Le long du ruisseau noir, les poëtes pervers
Pêchent ; leur crâne creux leur sert de boîte à vers.

– C'est le champ : Pour glaner les impures charpies
S'abat le vol tournant des hideuses harpies.
Le lapin de gouttière, à l'affût des rongeurs,
Fuit les fils de Bondy, nocturnes vendangeurs.

– C'est la mort : La police gît – En haut, l'amour
Fait la sieste en têtant la viande d'un bras lourd,
Où le baiser éteint laisse sa plaque rouge...
L'heure est seule – Écoutez :... pas un rêve ne bouge

– C'est la vie : Écoutez : la source vive chante
L'éternelle chanson, sur la tête gluante
D'un dieu marin tirant ses membres nus et verts
Sur le lit de la morgue... Et les yeux grand'ouverts !

Nouvelles visions de Paris où le lecteur le plus souvent est pris à témoin. La chaleur du soleil fait cuire tout un monde dans une poêle que tient le Bon Dieu – plus suspect, à vrai dire, et plus anthropophage que le Créateur de Lautréamont. La panade universelle se prépare, chacun ayant prétendument sa part de soleil. À l'instigation de Tristan, la Sagesse des nations se transforme, qui nous dote d'un « soleil fait pour tout le monde ». Mais quelques-uns ne partagent pas l'ignoble festin de « gras graillons » et, comme le pauvre hère de l'eau-forte, attendent « sous la gouttière ». « Notre substance à nous [*à savoir ce qui nous permet de subsister*], c'est notre poche-à-fiel ». Elle contient suffisamment d'amertume pour que l'on s'en nourrisse jusqu'à l'heure dernière. Le dernier vers isolé, qui revient à un « moi » fort de sa présence, résonne comme une bravade inutile :

« Ma foi, j'aime autant ça que d'être dans le miel. »

Complétant pareillement le « Paris » du volume, « Paris nocturne » fait remonter à la surface l'immondice et le déchet. « C'est un monde » affirme l'épigraphe. Mais ce monde se démultiplie jusqu'à devenir tout et n'importe quoi, selon la formule déjà expérimentée dans la « Litanie du sommeil ». Dérive inentravable des équivalences. Crue des métaphores sans « comme ». C'est la mer, c'est le Styx, c'est le champ, c'est la mort, c'est la vie. Paris n'est pas l'insignifiance, mais l'expansion des contraires et la validation de toute image. Bien entendu, l'humanité défaite chère à Corbière prend sa revanche, règne. De la fange et des égouts sortent des crabes abjects – comme dans *Les Séquestrés d'Altona*[20] de Sartre. Une engeance inquiétante occupe les trottoirs : l'inévitable chiffonnier, les poètes pervers à l'affût des images les plus sombres. Les « vers » en ce cas grouillent dans la pourriture pour nourrir, au besoin, un dodécasyllabe. Les rôdeurs traquent les chats qu'ils revendront demain aux gargottes des Halles. La police n'accomplit plus ses rondes et l'amour se repose des combats érotiques. La seule vie perceptible est celle d'une fontaine qui coule à la Morgue près du cadavre d'un noyé récemment repêché. Tristan, plus Parisien que Breton, projette son ultime vision d'une capitale où les hommes apparaissent comme des morts en sursis. Impersonnalité de ces lieux et de ces êtres voués à une sorte d'opération sacrificielle. Il y a loin de Lutèce à Roscoff.

Les pages suivantes, 38 et 40, sont enrichies de deux autres poèmes, « Petit coucher » et un sonnet sans titre. Malgré leur place incongrue dans *Les Amours jaunes*, qui profite des espaces libres et des pages blanches, il est facile de les rattacher aux séries déjà existantes : « Petit coucher » l'inspiration des « Rondels pour après ». Le locuteur tutoie celui à qui il s'adresse, comme tous les poèmes de cette série, et chacun ressent l'apaisement qu'appellent ces vers quasi désespérés. Sous l'invocation de la « Muse camarde », quelques moments d'amour sont évoqués – et le résultat catastrophique de ce passager bonheur.

« Ton drap connaît ta plaie, et ton mouchoir ta bile. »

Le mal qui, de plus en plus, torture Tristan, il faut penser que certains de ses vers y répondent, loin de toute provocation et de toute mise en scène. Avant la tombée du rideau on répète la scène finale et le « petit coucher », bien humble et bien ignoré, à côté du « grand lever » matinal et royal. Corbière se donne le luxe de convoquer la clandestinité :

« Le plaisir te fut dur, mais le mal est facile
    Laisse-le venir à son jour.

À la Muse camarde on ne fait plus d'idylle ;
  On s'en va sans l'Ange – à son tour –

Ton drap connaît ta plaie, et ton mouchoir ta bile ;
  Chante, mais ne fais pas le four
D'aller sur le trottoir quêter dans ta sébile,
  Un sou de dégoût ou d'amour.

Tu vas dormir : voici le somme qui délie ;
La Mort patiente joue avec ton agonie,
Comme un chat maigre et la souris.

Sa patte de velours te pelotte et te lance.
Le paroxysme encor est une jouissance :
Tords ta bouche, écume… et souris. »

Capital aussi apparaît le sonnet sans titre inscrit en surplus sur la p. 40 où pourrait s'exprimer enfin, libéré de tout scrupule moral, l'amour qu'il aurait éprouvé pour Herminie :

« Moi ton amour ? – Jamais ? – Je fesais du théâtre
Et pris sous le *manteau d'Arlequin*, par hasard
Le sourire écaillé qui lézardait ton plâtre
La goutte de sueur que buvait ton bon fard.

Ma langue s'empâtait à cette bouillie âcre
En riant nous avons partagé le charbon
Qui donnait à tes yeux leur faux reflet de nacre,
à tes cils albinos le piquant du chardon.

Comme ton havanais, sur ta lèvre vermeille,
J'ai léché bêtement la pommade groseille
Mais ta bouche qui rit n'a pas saigné… jamais.

L'amende est de cent sous pour un baiser en scène…
Refais ton tatouage, ô Jézabel hautaine,
Je te le dis sans fard, c'est le fard que j'aimais. »

La question se pose, en effet, après lecture, de la situation réelle de ce poème. Les renseignements concernant Herminie l'ont toujours dite actrice dans un petit théâtre. Aucun document, par ailleurs, n'a validé pareille affirmation que nous persisterons à considérer comme vraisemblable, tant quiconque écrivit sur Corbière s'en est contenté, sans la remettre en cause. Dans une telle configuration, cependant, nous savons que Corbière s'est plu à *jouer* sa vie, qu'il l'a constamment théâtralisée avec soin, sa lettre à Émilie révélant à quel point il était conscient de ses rôles. D'un autre côté, sa poésie, brillante de sincérité et posant à l'authentique, s'est évertuée à manifester le théâtre du monde, thème cher aux moralistes et aux satiriques. La femme dont parle le sonnet, et qui vraisemblablement est la même que celle qui domine dans *Les Amours jaunes*, nous est surtout montrée comme enveloppée de nombreux artifices, auxquels il s'est laissé prendre. Attitude banale et relations faussées qui se concluent sur un paradoxe. Le fard est préféré à la peau réelle. Mallarmé ne dira pas mieux, mais l'exprimera avec plus de bonheur, dans « Le Pitre châtié[21] ».

Cinq nouveaux poèmes, tel est l'apport de Corbière à ses *Amours jaunes* de 1873, auxquels il conviendrait peut-être d'ajouter une courte pièce, peu déchiffrable parfois, un « Pierrot pendu » formé de cinq quatrains numérotés et qui, renchérissant sur les pantomimes du célèbre Deburau, exploitent une veine macabre déjà explorée par Gautier et Champfleury. Il va de soi que Tristan arlequin endosse sans effort pareille défroque. Encore une manière d'en finir, non loin d'une Colombine sur laquelle il est plus difficile qu'on ne croit de mettre un nom :

PIERROT PENDU

I

La femme est une pilule
Que tu ne sais plus dorer
Ta lyre, outil ridicule
[....................]

II

C'est fini la comédie,
À la Morgue les Amours !
Arrêtons sur la my-die
La patraque de nos jours.

III

À la maîtresse chérie
De ton chanvre laisse un bout.
Elle fut la galerie
Qui l'admira malgré tout.

IV

Va, ça lui portera veine
– Ce dernier nœud de licol
Pour toucher dans la quinzaine
Un vrai monsieur en faux-col.

Ainsi lestées d'une cargaison nouvelle *Les Amours jaunes* pouvaient prétendre à une seconde édition. Le peu de succès obtenu par la première n'avait rien à voir avec l'apparence matérielle appréciée de tous du volume, et je ne vois pas Édouard Corbière retenant les cordons de la bourse pour différer *sine die* une nouvelle impression de l'œuvre filiale. Tristan, confiant dans cet avenir, révise l'ensemble des poèmes, transforme dans « Femme » « une nuit blanche… un jour sali » en « une nuit blanche… un drap sali », propose une refonte du « Fils de Lamartine et de Graziella », indique des variantes au « Douanier », modifie dans « Cris d'aveugle » « Colombes de la mort » en « noirs poulets de la mort ». Travail plus remarquable, il colle méticuleusement autour du texte imprimé des « Rondels pour après » une sorte de cadre en papier jaune comportant des motifs décoratifs et symboliques[22]. Il architecture ainsi un cénotaphe ; à l'avance il recueille son corps. Sur la page du « Sonnet posthume », une inscription au crayon rouge « caract. goth. » semble indiquer qu'il souhaitait que fût imprimé en gothiques-Moyen Âge (funéraires et tumulaires comme sur les anciennes tombes des cimetières) cette dernière partie de son livre. Si, dans l'édition originale, les « Rondels pour après » se succédaient sans espace blanc intermédiaire, contrairement aux autres poèmes du recueil, et différaient déjà par le bandeau initial et le cul-de-lampe final, Corbière, maintenant, envisage une présentation très singulière empruntée aux faire-parts dessinés par Duronchail pour la fonderie Deberny et Peignot, qui fournissait en caractères les frères Glady pour certains de leurs ouvrages. Le « Sonnet posthume », notamment, est entièrement encadré par de telles représentations : en frontispice, un crâne aux dents grimaçantes, reposant sur un livre à moitié couvert d'un voile et entouré de faux. Deux cariatides, femmes voilées portant une urne funéraire, le soutiennent. Le bandeau du bas contient des gouttes lacrymales. Les cinq autres poèmes montrent un bandeau-frontispice et un cul-de-lampe arborant aussi des symboles funèbres. « Mâle-fleurette », qui conclut, comporte dans le bandeau une série de sabliers ailés. La dernière vignette, en bas de page, représente un hibou ou une chouette. Cette profusion de gravures macabres (on en retrouve, d'une inspiration semblable, dans les bois gravés par Jarry pour ses *Minutes de sable mémorial*) revêt l'allure de ces draperies mortuaires qui, lors des obsèques, ornent l'entrée de la maison du mort[23]. Je n'hésite pas à penser que, loin de toute exhibition douteuse, Tristan a devancé ainsi son inhumation, dans le seul véritable espace qui lui convenait, celui de son livre.

Il s'en fallait pourtant de quelques mois pour que tout vienne à sa fin aussi rapidement. Une année encore, 1874, un peu plus même, était le sursis dont il allait profiter à sa manière, perdant son temps (ce qui est façon de le gagner), tournant des vers dans sa tête, buvant l'absinthe, courant quelques filles délurées, malgré sa mauvaise santé, ses jambes défaillantes, se laissant bercer à des heures par une Cucchiani aussi fantomatique pour lui que pour nous. Souvent un visiteur arrive dans l'atelier. Lafenestre s'y évertue à des paysages qui verdoient. Tristan n'a plus même le courage – ou l'intérêt – de peindre. Le matériel attend : chevalet, palette, toiles invariablement retournées contre le mur. Et s'il griffonne, comme sur ses *Amours jaunes*, des bonshommes, c'est pour le plaisir de suivre une ligne, autre serpent d'Éden.

Les soirées marquent les moments d'une possible fête, lorsqu'il rejoint les Battine, mange peu, boit davantage, parle ou se tait à sa guise. Dehors passent les fiacres, sous les réverbères de Paris. La pluie mouille les pavés comme nulle part ailleurs. Les tempêtes de Roscoff s'effacent, sauf quand, au cours de soirées organisées par ses amis les peintres, revêtu d'oripeaux de marine, cuissardes aux jambes, il chante en breton une vieille chanson dont il ne connaît pas même le sens. Dufour a le souvenir d'une nuit où, posant au mendiant, Tristan, alors que les invités bavardaient, lampaient leur verre ou bourraient leur pipe, aurait murmuré d'une voix lamentable, et presque jusqu'à l'aube, le *Ann hini goz*[24] ! À d'autres moments il s'improvise metteur en scène de raouts plutôt plébéiens. Comme on avait besoin d'un lampadaire, il en confectionne un avec deux épées croisées soutenant des pommes de terre où il plante des bougies.

Liberté de ses 29 ans ! « L'Art est long et le Temps est court ». A-t-il besoin de se répéter le vers du *Guignon* de Baudelaire[25] ? Plutôt rappeler ses propres poèmes en si bonne entente avec l'Ankou. Avec Dufour encore, il engloutit une choucroute dans une brasserie, à l'angle du Boulevard et du Faubourg Montmartre.

Trébuchant, les deux hommes remontent au 10 rue Frochot. Tristan permute les adresses des boîtes aux lettres. Parfois aussi il tagge au charbon de bois son listel ironique « TRISTE en tous lieux[26] », certificat d'ubiquité pour son humeur morose que relève brusquement l'humour pas rose du tout, noir déjà, de la plus belle encre.

J'hésite à voir en Battine un fêtard invétéré. Je me trompe peut-être. Pour avoir estimé Tristan comme il le fit, et jusqu'à la fin, il devait porter en lui une bonne dose de mélancolie, un fort poison qui s'élançait dans ses veines et sur lequel la bonne joie du bon vivant n'avait pas de prise. Afin d'user le temps, il l'épuise, dangereusement joue au casino, engage des sommes, perd. Des dettes s'accumulent qu'il parvient encore et toujours à éponger. On connaît peu cet aspect du talent existentiel du sieur Rodolphe de Battine. Fut-il flambeur, éblouissant suffisamment Herminie et grillant son argent comme son cigare, sous le regard admiratif d'un Tristan amateur de périls et de naufrages ? Régulièrement les deux hommes jouent au billard[27]. Leçon de géométrie à trois boules. Je ne les exempte pas d'« une journée aux courses », lorgnette en main, eux-mêmes lorgnés par un Degas non loin de là. La vie serait agréable ; ils se disent qu'elle l'est, font profession de s'en persuader, jusqu'à ce qu'elle s'effrite aux heures avancées de la nuit, quand rien ne compte plus.

Il est temps de partir au Mans, puis aux Aiguebelles. Le père est en mauvaise santé[28], comme eux, qui ont devancé largement sa vieillesse, mais mourront sans cheveux blancs (ils n'ont pas besoin de cette sagesse). Tristan, l'éternel troisième, répond à sa fonction profondément admise d'écornifleur – indispensable, comme les bons mots qu'il sème ou les traits sarcastiques qu'il décoche. Il découvre enfin la propriété mancelle (à moins qu'il n'y soit venu l'an passé). Un vaste domaine avec parc, étangs, statues. La demeure elle-même fut construite sur les ruines d'anciens bâtiments monastiques. Le père de Rodolphe l'a entretenue avec soin, tout en y apportant la modernisation souhaitable. Dans le vallon s'écoulent jusqu'au Loir les eaux de la Fontaine Saint-Hubert. C'est un lieu de repos, l'une des nombreuses habitations des très riches Battine, leur préférée. On ignore la société provinciale – aristocrates et professions libérales – qu'ils fréquentaient pendant leurs vacances. Avec Tristan, mal en point, ils ne vont rester que quelques semaines, servis par une domesticité obséquieuse qui les laisse à eux-mêmes, à leur prodigieux ennui, seulement adouci l'hiver par les chasses à courre traditionnelles. Dans la chambre du comte, Tristan toute une journée s'adonne à sa passion héraldique et dessine sur le mur une sorte de diptyque en couleurs. D'un côté le blason de la noble famille des Battine : « coupé de gueule et de sable à une fasce d'or brochant sur le tout chargé de trois colombes d'azur, becquées de gueule », de l'autre celui qu'il s'était composé sur le tableau asymétrique et qu'il avait repris sur l'exemplaire des *Amours jaunes* offert à Aimé Vacher. Il ne néglige pas de reporter les devises de l'un et de l'autre : « En Fedelta, finira la vita » et « Nous bandons à la gueule/fond troué d'arlequin » (de « Bohème de chic »), scellant ainsi une amitié, une fidélité où l'adultère même, à supposer qu'il existât, s'adultérait[29]. Dans sa chambre Tristan dispose de tout son temps pour revoir ses *Amours jaunes* et, qui sait ? songer à la suite. Peut-être de la prose, comme en réclame Marcelin. Il tourne autour des mêmes idées. Il repasse Murger dans sa tête. Indémodables, les *Scènes de la vie de Bohème* qu'il vient de savourer au naturel pendant deux ans, protégé malgré tout par le numéraire paternel et les dispendieux dîners avec les Battine. Reprenant pour la vingtième fois ses *Amours jaunes* écornés, il relit le semblant de programme qu'il avait inscrit sur la première page[30] :

> « Sainte Bohème ayez pitié de nous.
> Bohème de M. Prudhomme le Dimanche – petite Bohème
> id. de Monsieur son fils (qui fait) le lundi – grande Bohème
> Le même avec 60 fr. de dettes – Bohème dorée
> colique de peintre – Bohème Murger
> Vous, Madame – Bohème galante
> Bohème moi-même – triste Bohème
>   (l'étudiant qui)
> apprenti notaire qui a une pipe – Bohème de chic
> un bock au Procope » – Bohème politique
> rêve du fort en thème – Bohème légère
> dernière Bohème »

Le mot Bohème est, en effet, ce qui vient à l'esprit quand on pense à Corbière. Il s'impose par l'image que lui-même s'est appliqué à donner de lui – qu'elle soit contenue dans ses textes ou visible dans ses dessins. La projection la plus exacte de ce qu'il souhaitait montrer au regard de l'autre. Sa défroque préférée. Son déguisement le plus adéquat. Que « Bohème » ressemble à « poème » établit, en outre, une connivence naturelle, dont il dut se réjouir. Il n'est donc pas surprenant que, parvenu à ce bout de course, mais sans présumer de sa fin, il ait scruté ce mot, comme dans sa cellule l'ermite contemple le « memento mori » d'un crâne. La *murgérisation* de Tristan remontait à sa jeunesse. La blessure s'avérait incurable, par laquelle savamment il s'était mis au ban de la vie. Dans son Finistère éloigné il avait contracté ce mal en forme d'utopie qui le faisait rêver à des cénacles, à des soirées embrouillées par la fumée des pipes, quand les têtes se mettent au diapason de l'impossible idéal. Et dans son Morlaix lointain il avait improvisé des scènes d'amitié, voire d'orgie – façon de s'opposer aux inconsistants bonheurs de l'existence calfeutrée. Tristan ne s'est jamais vraiment guéri de la Bohème, parce qu'il n'a pu la vivre à temps. Il lui a fallu la reconstituer de bric et de broc avec les moyens limités d'un jeune homme de province. Les parties avec Ludo et Aimé Vacher ne répondaient guère à ses espérances subversives. Ses escapades à Roscoff, les excentricités dont il régalait au besoin les naturels du lieu ne représentaient que de piètres écarts de conduite, s'il les comparait en imagination avec le comportement de ses idoles.

Le Corbière de 1874, qui s'est mêlé à la vie parisienne et n'ignore ni ses plaisirs, ni ses servitudes, repense maintenant à ce qui fut pour toute une génération une sorte de style de vie où plus d'un laissa des plumes, perdit son âme. L'*ora pro nobis*, l'*éléison*, prennent maintenant l'allure d'un bilan, et miment le trait sous l'addition d'une existence. Sainte Bohème ! L'expression résonne comme pour répondre au poème de Banville dans ses *Odes funambulesques* :

> « Avec nous l'on chante et l'on aime,
> Nous sommes frères des oiseaux,
> Croissez, grands lys, chantez, ruisseaux,
> Et vive la Sainte Bohème ! »

Il n'est pas sûr que Tristan ait cru avec ferveur à cette Bohème heureuse, lumineuse, où une jeunesse sans le sou profite malgré tout de l'arrivée du printemps. Et les « Bohèmes » qu'il décline ensuite expriment le moment critique où ne s'offrent plus que les images de la parodie et de la dégradation. Il est trop tard désormais – et quoi qu'il en ait – pour retrouver les heures de Murger. Floué par des chromos conventionnels, chacun façonne à sa convenance une image de la libre conduite et de l'insouciance : Monsieur Prudhomme, le calme et nul héros d'Henry Monnier, comme monsieur son fils, se livre à de « petites » orgies. Les hommes se donnent une allure spéciale, le carnaval infiltre le temps ordinaire. Tristan n'est-il pas le premier à convier au spectacle de lui-même, au point de ne plus offrir qu'un leurre, un admirable épouvantail répertorié au registre des farces et attrapes ? La Bohème s'exhibe de toutes parts. Elle n'est plus cette zone privilégiée, où quelques-uns se cantonnaient pour rire abondamment du bourgeois. Même celle de Murger est réduite à une « colique de peintre », un accès périodique, où le rapin rejoue brillamment son rôle, pantalon en tirebouchon et pipe fichée dans le chapeau de feutre. Tristan, revenu de tout, parcourt toute la carte, ne laisse rien survivre des espérances d'autrefois. Simplement, avec quelque nostalgie, il énumère dans ces catégories un « Vous Madame » (la « Madame » des *Amours jaunes*), à laquelle il décerne une « Bohème galante[31] » (titre d'un ouvrage récent de Nerval), cependant qu'à lui-même il attribue un (ou une) « triste Bohème », en accord avec son prénom attitré. La suite ne correspond à aucune hiérarchisation repérable. Assurément on pense encore à lui lorsqu'il énonce un « Bohème de chic » (le titre de l'un de ses poèmes) face à une catégorie sociale devant laquelle, du reste, il hésite : « étudiant » (biffé) ? « apprenti notaire qui a une pipe » ? On n'identifie que trop de tels amateurs aux jeunes gens jetant leur gourme au Quartier Latin, étudiants en droit comme Baudelaire et tant d'autres, qui n'assistent que deux mois à des cours qu'ils déserteront bientôt, Léon de Flaubert hantant les bals masqués et les grisettes[32]. Corbière n'en est pas à une banalité près. Les dessins de Gavarni lui donnaient raison à l'avance. De même, par expérience, il avait pu fréquenter juste par curiosité la « Bohème politique », républicaine, comme il se doit, qui pérorait dans les cafés et tenait audience au Procope où trônait Gambetta. Tous rêvent d'une vie de désordre, d'intense liberté, se résolvant un jour dans la « dernière Bohème », purement imaginaire, chérie sans espoir par d'anciens forts en thèmes consumant désormais leur existence dans un inutile confort de nantis. Mirage des hommes arrivés, une fois qu'il est trop tard. Touchant son heure, chacun s'aperçoit du temps perdu.

Lors d'une nuit aux Aiguebelles, quand, dans le silence du parc ne s'entend plus que le cri des effraies, laissons Tristan méditer sur sa liste, bilan moqueur comme une somme de pharmacopées, saintes Bohèmes. Il n'a su mieux faire qu'agir en parodiste. Un Tristan perçoit ces choses-là mieux que tout autre, en « peigneur de comètes » et « ferreur de cigales ». Existe-t-il encore une issue possible ? Sa bohème tourne en rond, répétition et solution finale. L'originalité même se banalise à grands pas. M. Prudhomme donne le ton et les « fruits secs » de Flaubert courent les lorettes.

Parfois des noms se rappellent à sa mémoire. Le 8 mars meurt à Nantes Edmond, l'un des fils du docteur Chenantais, chez qui il avait été hébergé. Tristan se déplace pour les obsèques et revoit Jules-Édouard, dit plus tard « Pol Kalig », avec lequel il parle du volume nouveau des *Amours jaunes*.

Début mai 1874, Tristan, Rodolphe et Herminie se rendent avec curiosité à l'ouverture du Salon. On retrouve là, dans la salle comme sur les cimaises, quelques amis, ceux qu'ont admis les membres du Jury et les autres, dont certains cependant auront leur chance pour l'autre Salon, celui des Refusés. Les plus académiques figurent déjà dans la nouvelle salle du Musée du Luxembourg[33]. On y voit l'immense et incompréhensible *Divina Tragoedia* de Chenavard, un paysage de Lansyer « La Lande de Kerlouarneck », les inévitables troupeaux de Jacque et, daté de 1865, *Les Fouilles de Pompéi* d'Édouard Sain. Sinon, d'éprouvantes « manivelles », dont les grandioses *Romains de la décadence* de Thomas Couture qui, naguère, avait fait le portrait de Michel Bouquet, des labours de Rosa Bonheur, *L'incendie du Kent*, une fuligineuse marine de Gudin, bien connu de l'« auteur du *Négrier* », la très glabre, mais impérieuse *Vérité* peinte par Jules Lefèvre, *L'Orphée* de Gustave Moreau, qui met dans tout ce fatras une note d'étrangeté, comme le théâtral *Les Océanides au pied du roc de Prométhée* de Lehmann. On peut, à l'occasion, se détendre de tant de scènes dramatiques et mythologiques, en s'arrêtant devant les paysagistes, tous fervents hôtes de Barbizon, Corot en tête et Daubigny et, de moindre envergure, Louis Français. Jean-Louis Henner touche par son originalité méconnue de nos jours, pour son *Idylle*, *Le Bon Samaritain* et surtout sa *Chaste Suzanne*, d'un charme inexpliqué. Il y a beau temps, néanmoins, que Tristan a déposé toute illusion concernant la peinture et que « l'artiste à peu près » est devenu l'« artiste sans œuvre » attestant par sa seule présence ce qu'il cherche et ne peut trouver.

Surgie de quelques restes (paperasses et photos), une carte d'identité, que l'on ne saurait dater, produit au jour un de ses possibles avatars. Sur le petit rectangle de format carte de visite[34] se voit imprimé

MAZZZEPPA CORBIÈRE

et en bas, à droite, écrit à l'encre :

> « Il court. Il vole. Il tombe
> et se relève roi. »

Quelques-uns ont voulu voir dans la curieuse orthographe Mazzzeppa une italianisation du nom, qui, dans la langue de Dante, porte effectivement 2 z. Encore ces deux z n'y suffisent-ils pas à son gré, puisque un troisième les complète. Remarquons là, du moins, un dispositif inventant de nouveau un prénom remplaçant le trop courant Édouard. Autre personnage de légende, celui-là, et plus spectaculaire encore que Tristan le Léonois. Mazeppa avait une histoire bien connue de Corbière et de ses contemporains. Plusieurs l'avaient lue dans l'une des nombreuses traductions de Byron. La plupart se souvenaient aussi du poème de Victor Hugo recueilli dans *Les Orientales*. La carte de Corbière en cite, du reste, les deux derniers vers. Tristan de Morlaix a saisi l'occasion de faire de lui un héros – ce qui ne lui ressemble qu'envisagé sous le jour du paradoxe. Et pourquoi celui-là parmi tant d'autres, « proie du génie, ardent coursier », comme le Mazeppa d'Ukraine enchaîné sur un cheval fou lancé au galop à travers une plaine infinie – tel que l'avait montré Louis Boulanger sur une gravure célèbre ? Tristan emporté par le génie ? Une telle emphase ne lui convenait guère, même pour rire. À moins d'une exaltation soudaine qui le fasse aller jusqu'au bout de la blague et, par un 3 fois Z et 2 fois P, le propulse, enfin triomphant de toute chute, et le transfigure. Telle était la carte qu'il aurait pu échanger avec un contradicteur quelconque, avant un duel pour de beaux yeux, le « duel aux camélias ». L'objet demeure, mince relique à faire rêver.

« Les morts vont vite » disait Burger. Autre banalité. Tristan n'est qu'à moitié surpris lorsqu'il apprend celle de Jean-Louis Hamon, à Saint-Raphaël[35]. Il dut en être affecté. Hamon l'avait entraîné loin des pistes bretonnes, dans une Italie de chromo, où le soleil apportait parfois un semblant de bonheur. Presque oublié, il s'était endormi, victime d'une hydropisie aggravée par l'alcool.

Pour Tristan, il est temps de partir pour Roscoff, non sans s'accorder une halte préalable dans la maison familiale. Il retrouve les amis, les oncles et les tantes en leurs châteaux ou leurs manoirs. Il est, dorénavant, *l'auteur des Amours jaunes*, un vrai beau livre comme on en publie à Paris. Fallait-il lui passer toutes ses fantaisies ? Le bon à rien vaut, du moins, par ces quelques pages dont on retient avec indulgence « Armor » et « Gens de mer ». Il y a bien là aussi une histoire d'amour, peu explicite, à dire vrai, et qui laisse supposer une gourgandine telle qu'il pouvait en approcher, moyennant monnaie. Guère de bons sentiments. Du sarcasme et de l'ironie, comme on en attend d'un malade de la vie, bien que – aux dires de Chenantais –, Tristan soit, au fond, un « tendre comprimé ».

À Roscoff, le couple et le poète retrouvent Le Gad, dont l'établissement prospère, simple et de bon ton, avec juste ce qu'il faut de couleur locale : tabagie et propos d'ivrognes, pour que l'on se sente dans un bout du monde si bien dénommé « Finistère ». Tristan, qui habite la maison de la place, éprouve plus sévèrement l'affaiblissement de son corps. Il résiste cependant à ces défaillances physiques, sort en mer, s'épuise aux manœuvres, tremble de fièvre sur le pont, mais n'en dit pas plus et mâchonne le tuyau de sa pipe. Ankou, plus qu'il n'est permis, surtout depuis qu'avec un évident plaisir il a réintégré sa tenue de louvoyeur, de marin suifé et calfaté. Quelle est alors son embarcation ? Un *Nader* ? Un *Tristan* ? Les rôles maritimes n'existent plus, qui permettraient d'en savoir davantage. Au cours des mois d'hiver, le bateau au mouillage a été confié à un Roscovite émérite. Ou bien Cermak l'accueille une dernière fois à bord de l'ancien *Négrier* ? On voit mal un Corbière sans son voilier, son yacht ou son cotre. Les expéditions en mer l'emmènent peut-être plus loin qu'on ne pense – sans compter les bateaux de louage, d'un port à l'autre, du Havre à Roscoff, de Roscoff à Brest, de Brest à Douarnenez. De multiples itinéraires sont possibles, avec des hommes d'équipage évidemment aguerris. J'imagine de beaux périples pour cet été, dont Rodolphe et Tristan sentent peut-être qu'il est le dernier. Des heures et des jours passés en mer, à regarder la surface mouvementée de l'eau, à s'entendre avec les vagues et les courants, à suivre le soleil, à effeuiller la rose des vents. Hors poème. Hors peinture. Avec les quelques paroles du bord. Et les pensées qui filent sans rien dire : un nouveau livre, la vie à Paris, les ratages de l'amour, l'avenir sans avenir, ou tout bonnement le présent, l'embarcation qui trace, une voile qui claque au vent, une drisse à serrer et, là-bas, la vapeur d'un steam-boat à l'horizon.

Cette fois encore, les Battine et Tristan descendent jusqu'à Douarnenez où ils retrouvent une colonie d'artistes avec lesquels ils ont – je suppose – quelques relations. La plupart habitaient pour toute une saison l'Hôtel du Commerce, rue Jean-Bart. En 1874, Heredia ne vint pas, mais on doit penser que quelques autres habitués ne manquèrent pas au rendez-vous. Dans leur nombre, je n'aurais pas compté le très oublié Louis Verbrugghe si, l'année suivante, son premier recueil de poésies, *Coups de bâton*[36] (titre qui annonce fort mal un contenu nanti cependant de quelques satires) n'avait été publié par les frères Glady. Une telle coïncidence ne tirerait pas à conséquence si *Coups de bâton* précisément ne portait les traces d'une amitié avec les Battine et avec Tristan. Une suite « Bretagne » y est, en effet, dédiée « à monsieur le comte et madame la comtesse de B. », l'abréviation étant facile à identifier désormais. Quelques lignes en donnent, de suite, la raison : « Permettez-moi d'acquitter par l'hommage de ces deux études bretonnes, la charmante dette d'hospitalité que j'ai contractée à Douarnenez. » En déduire que Verbrugghe fut reçu par le couple en sa propriété littorale ne demande pas beaucoup d'imagination ! Les deux poésies dédaignées consistent en de piètres bluettes : « Le Pardon », celui de Sainte-Anne la Palud (inexistant, il va sans dire – comparé à « La Rhapsode foraine »), et « Une mort », précisés « Carnac, 1874 ». Une des dernières satires du livre, un très ennuyeux « Adultères », est localisée « Roscoff, 1874 ». Tristan, pour sa part, se voyait gratifié d'un « À Tristan Corbières », généreusement pourvu d'un s, un sonnet sceptique dont le dernier vers :

« X étant l'inconnu, X = 0 »

paraît un faible écho de

« – Je pose 4 et 4 = 8 ! Alors je procède
En posant 3 et 3 ! […] »

de l'inénarrable « I Sonnet, avec la manière de s'en servir ». Mais un autre poème, de loin le meilleur, « Suicide », placé à la fin du volume et daté « Février 1875 » (on savait alors Tristant mourant) sentait son Corbière, comme si Verbrugghe avait lu par-dessus l'épaule de l'invité des Battine l'« Épitaphe », par exemple, et plus encore les vers écrits sous l'autoportrait de l'Album Noir.

Fils d'un consul général de Belgique à La Havane, ce qui expliquerait ses relations avec Heredia, Louis Verbrugghe, au fond peu doué pour les lettres et davantage tenté ensuite par l'aventure des explorateurs, a laissé dans la mémoire de la fille du peintre Jules Breton le souvenir d'un jeune homme « extrêmement beau, d'une beauté brune aux proportions antiques. Il n'en tirait aucune vanité. » Parisien débarqué de Lutèce, il s'émerveillait d'un rien, tombait en arrêt devant les plus communes des plantes sauvages. Il adorait Ronsard et composait des rondeaux d'amoureux. Un Anti-Corbière, en somme ? Je ne les vois pourtant que trop bien commensaux des Battine, l'Adonis et le Vulcain, rencontrés un été pour satisfaire aux lois aveugles du hasard.

C'est vraisemblablement durant cette période que Tristan, Rodolphe et Herminie explorent les environs, et assistent une nouvelle fois au pèlerinage de Sainte-Anne-de-la-Palud, non loin de la pointe de Tréfeuntec. À l'opposite, ils gagnent la pointe du Van et la pointe du Raz, arpentent la vaste baie des Trépassés. Ou bien, joignant Quimper, se rendent à Pont l'Abbé, puis à Penmarch où s'élève le phare d'Eckmühl. En plein pays bigouden. Les mots sonnent par hoquets de langue pauvre. Toul Infern, Poul Dahut, Stang-an-Ankou. Chaque localité traversée décline son nom de pierre, de rugueux menhir : Notre-Dame de Tronoën, Plouvet, Pouldreuzic, Languidou, Tréguenec. La Bretagne revient en Tristan après les journées à Paris de flâneries, de fainéantise et de doutes. L'humanité obstinée sous la rafale. Le granit sous la pluie. Le paysage mauvais. S'opposant aux élégances des villes, aux conforts obligés, à l'hypocrite politesse, une espèce de barbarie. De quoi faire frémir les modernes. Une vérité abrupte. C'est elle que Gauguin, quelques années plus tard, ressaisira à Pont-Aven.

Il faudra tous les efforts de Rodolphe, toute la séduction enjôleuse d'Herminie pour l'arracher à ce vieil ensorcellement et pour lui faire réintégrer son atelier du 10 rue Frochot, où il a l'impression de « frire » dans la grande ville, d'être accommodé au goût du jour pour de vagues lecteurs qui attendent de lui un pittoresque superficiel. Lui-même se tient sur cette périlleuse frontière – et toute son expérience vraie de l'Armorique primitive risque de se transformer en « impressions de voyage ». À moins de recourir encore et toujours aux subsides paternels il devra donner de la copie et, payé à tant la ligne, un peu plus que des vers. D'où, sans compter sa conviction personnelle, la décision qu'il prend de recourir à la prose, première compromission devant laquelle il ne recule pas. Avant donc le début de septembre 1874, il écrit un premier texte d'envergure, « Casino des Trépassés[37] », titre bien choisi, aux allures de conte fantastique. Il n'en est rien cependant. Le site lui-même existe, battu des vents, imbu et transi de légendes. Là s'étendait la ville d'Ys, la cité du roi Gralon recouverte par les flots. Mais Corbière se soucie peu de ressusciter cette histoire. Il fait de l'endroit son lieu, son domaine, où l'imagination l'emporte sur le réel, fût-il folklorique. Existe-t-il véritablement un cloître, un village abandonné érodé par les tempêtes, une tour vide qu'en poétique squatter il aurait non seulement occupée, mais transformée en centre d'accueil pour les « décourageux » de son espèce ? Rêveur éveillé, il invente à tous vents. Les lignes filent de ses doigts, presque automatiques. Il en rajoute, comme toujours, dans l'extrême richesse de sa pauvreté. Il fabrique un comble d'indigence. Le « Casino des Trépassés », la maison-casino où Battine ne pourra jouer que sa vie, ouvre ses portes sans portes à tous les rejetés du monde, à condition qu'ils soient des artistes en route vers leur infini et se distinguent des « terriens » accomplis, renfermés sur leur lopin cultivable. Rejointoyant « l'ancien vieux couvent » de son « Poète contumace », il écrit, en l'occurrence, sa plus belle prose, sans être porté par le rythme pourtant si efficace du vers. Il construit par accumulation. Mais ce qui s'ajoute est traversé de vide. Et son pittoresque n'a rien du magasin d'antiquaire de *La Peau de chagrin*. Plutôt, par son incongruité à l'avance décadente et marqué du sceau de la pauvreté, annonce-t-il la thébaïde, quant à elle confinée et luxueuse, de Des Esseintes, à Fontenay-aux-roses.

Je n'hésite guère à redonner dans leur intégralité ces pages d'exception, puisque, mû par une intention évidemment testamentaire, Tristan y a dessiné son territoire, rassemblant dans ce site conventuel tous les éléments qui lui tiennent à cœur, des clous de la Passion à l'oubliette aérienne capitonnée de fleurettes Pompadour, jusqu'à instaurer un ordre de coreligionnaires corbiéresques succédant aux anciens Templiers et revendiquant de vivre « en dehors de l'humaine course ».

CASINO DES TRÉPASSÉS

Un pays, – non, ce sont des côtes brisées de la dure Bretagne : *Penmarc'h*, *Toul-Infern*, *Poul-Dahut*, *Stang-an-Ankou*… Des noms barbares hurlés par les rafales, roulés sous les lames sourdes, cassés dans les brisants et perdus en chair de poule sur les marais… Des noms qui ont des voix.

Là, sous le ciel neutre, la tourmente est chez elle : le calme est un deuil. Là, c'est l'étang plombé qui gît sur la cité d'Ys, la Sodome noyée.

Là, c'est la *Baie-des-Trépassés* où, des profondeurs, reviennent les os des naufragés frapper aux portes des cabanes pour quêter un linceul ;

et le *Raz-de-Sein*, couturé de courants que *jamais homme n'a passé sans peur ou mal*.

Là naissent et meurent des êtres couleur de roc, patients comme des éternels, rendant par hoquets une langue pauvre, presque éteinte, qui ne sait rire ni pleurer…

C'est là que j'invente un casino.

CASINO DES TRÉPASSÉS

(STATION D'HIVERNAGE)
À LA BONNE DESCENTE DES DÉCOURAGEUX
À PIED ET À CHEVAL.

C'est un ancien clocher, debout et décorné. Sa flèche est à ses pieds – tombée. Des masures à coups de ruines flanquées en tas contre lui, avec un mouvement ivrogne, à l'abri du flot qui monte et du souffle qui rase.

Ah ! c'est que c'est une bonne tour, solide aux cloches comme aux couleuvrines, solide au temps ; un vieux nid des templiers, bons travailleurs en Dieu, ceux-là ! sacrés piliers de temple et de corps de garde. On sent encore en entrant cette indéfinissable odeur de pierre bénite qui ne s'en va jamais.

L'intérieur est un puits carré, quatre murs nus. À mi-hauteur, une entaille en ogive longue et profonde donne une raie de lumière. La brise bourdonne là-haut comme une mouche emprisonnée. De loin en loin, sur les parois, montent de petits jours noirs : c'est l'escalier dans l'épaisseur des murailles ; sur les haltes, sont ménagées des logettes, avec un œil en meurtrière ouvert sur l'horizon. C'est là que gîteront nos hôtes.

Système cellulaire : douze pieds carrés, murs blanchis à la chaux, hauteur d'appui en châtaignier d'un beau brun ; autour, des clous-de-la-Passion pour clouer les vêtements ; une couchette de nonne, une auge de pierre pour les ablutions, une longue-vue, espingole chargée de chevrotines pour les canards ou les *philistins*. Voilà.

En bas, dans la nef dallée de pierres tombales, la cuisine : cuisine à tout faire. – On entre à cheval. – Four d'alchimiste ; cheminée grande comme une chaumine pour coucher les mâtures de navires (car – Dieu aidant – la grève vaut une forêt en coupe réglée ; des landiers d'enfer pour flamber le goëmon.

Sous le manteau, des escabelles pour le bonhomme Homère, le docteur Faust, le curé Rabelais, Jean Bart, saint Antoine, Job le lépreux et autres anciens vivants ; un trou pour les grillons, s'ils veulent. Une torche en veille piquée près la crémaillère ; partout des crampons pour accrocher le sabot aux allumettes, la boîte au sel, les andouilles, le rameau bénit, les bottes suiffées, un fer à cheval qui porte bonheur.

Contre le mur culotté, les armes et harnais de chasse, de pêche et de gueule : canardiers, harpons, filets, vaisselle d'étain, cuivres, fanaux. À la porte, le billot des exécutions ; au centre, un vrai *dolmen* pour la ripaille, entouré de fauteuils roides charpentés comme des bois de justice. Aux poutres du plafond sont hissées des herses pour les grandes natures mortes. Au coin, dans le clair-obscur, un coucou droit dans un bon cercueil de chêne, sonnant le glas des heures. Tout plein le vaste bénitier, une famille de chats électriques ; dessous, un gras roquet de tourne-broche rognonne, et, clopin-clopant, de-ci de-là, des canards drôles.

En haut, à une simple élévation de cathédrale, au niveau de la fenêtre géante, nous ferons l'unique étage, plate-forme en charpente en manière de *chambre des cloches*. On y montera par l'escalier en boyau ou par des haubans de vaisseau garnis d'enfléchures avec une grande hune pour palier. C'est l'atelier. – *Studio di farniente*.

Le jour est manœuvré à volonté par le rideau d'un théâtre en faillite. Au milieu, table monumentale jonchée de papiers ; dessous, des peaux de phoques. Alentour, divans perses. Aux murs, tentures d'arlequin, tapisseries, cuirs coloriés, voiles tannées, pavillons, guenilles sordides superbes. Des images d'Épinal collées en lambeaux sur la porte. En face, un poële russe et la bouilloire à thé. Au fond, un orgue de chapelle pour les musiciens de Barbarie, et des niches pour les vieux saints qu'on ne fête plus. Une grande toile sur châssis pour les peintres déposer leurs ordures. Une chaloupe défoncée pleine de foin nouveau pour les chiens et les poëtes. Un lit de camp : des philosophes dessus et deux petits cochons noirs dessous. À côté, un débit de tabacs. Dans l'espace, des hamacs pendus comme toiles d'araignées, parmi des appareils de gymnastique. Au bout d'une chaîne à puits crochée à perte de vue, oscille le lustre, vrai grappin d'abordage forgé par un maréchal-ferrant ivre et vierge.

Plus haut, si haut qu'on peut monter, c'est la galerie extérieure et la plate-forme découverte qui commande là-bas, lavée par les grains, balayée par les trombes, grêlée par les lunes. Un coq rouillé se ronge, empalé sur le paratonnerre.

Des petits jardins engorgent les gargouilles. Aux angles deux mâchicoulis bayent sur l'abîme et deux clochetons *montrent du doigt le ciel*.

L'un sera gréé en poste de guetteur : mât de télégraphe à grands bras fantastiques et beffroi affolé que les sautes de vent mettront tout seul en branle, dans les nuits de liesse, pour le naufrage.

L'autre, attendant aussi un vent de hasard… attendra.

Là, je veux des petits vitraux obscurs, grillagés, impénétrables dans la barbacane profonde hérissée d'artichauts de fer ; une porte de fer à secret, pleine de clous, armée de verrous… et grand ouverte.

Je veux l'oubliette aérienne, capitonnée de fleurettes pompadour, encombrée de fleurs en fleurs ; un canari empaillé dans une cage dorée, un miroir de Murano plus grand que nature, un sofa Crébillon et un plafond en dôme peint par Mahomet (7ᵉ manière)...

C'est pour l'épave qui est en l'air, la flâneuse du rêve, l'ombre grise qui va vite comme les morts de ballade... et qui ne vient pas. Madame Marlbrough, peut-être :

« Anne, ma sœur Anne, ne vois-tu rien venir ? – Rien ! Rien que l'ouragan qui festoie, la girouette qui tournoie, la brume qui noie... »

CASINO DES TRÉPASSÉS

Oh ! la haute vie sauvage qui vivra là, messeigneurs, hôtes de céans !

À LA BONNE DESCENTE DES DÉCOURAGEUX

Nargue de tout !

Oh ! *la rude revalescière !* Oh ! *le grand* à pleins poumons ! le cynisme élégant ! l'oubli qui cicatrise et le somme qui délie !....

À nous la libre solitude à plusieurs, chacun portant *quelque chose là*, tous triés d'entre les autres par la lourde brise qui chasse au loin les algues sèches et les coquilles vides.

Ici, nos moyens nous permettent d'être pauvres.

Pas de bonhomme poncif à gâter le paysage, notre mer et notre désert. Frères, voici votre uniforme : chapeau mou, chemise brune en drap de capucin, culottes de toile à voiles, bottes de mer en cuir fauve. Nous sommes beaux, allez !

À vous, chasseurs, les grands sables et les marais ; à vous, matelots, la mer jolie et ses poissons qui mangent souvent du pêcheur ; voici vos baleinières de cèdre blanc, braves embarcations hissées sous le porche à leurs potences de fer.

Voici nos équipages d'aventure : des *frères-la-côte*, brutes antiques, pilotes comme des marsouins, cuisiniers à tous crins et femmes de chambre...

Terriens, terrez dans les chaumières. Vous autres, gîtez dans les cellules, nichez dans les aires, perchez dans les haubans !

Pas d'esprit, s'il vous plaît : on est sobre de mots quand on s'est compris une fois.

Toi, fainéant, fais un livre – tout homme a son livre dans le ventre – et l'ennui berceur se penchera sur toi. Peintre ficeleur, dépouille le vieux *chic*. Ô harpiste ! écoute et tais-toi ! Rimeur vidé, voici venir les heures hantées...

Humons l'air qui soûle… ! Et toi qui es malade de la vie, viens ici cacher ta tête, et repose sur le gazon salé, dans le désabonnement universel.

TRISTAN
Penmarc'h. – Septembre. »

La description est complète, donne à voir, fait rêver. Tristan ne peut y être plus lui-même. « *Sui generis* », disait Blémont parlant des *Amours jaunes*. Ce gourou sans disciples intronise une communauté d'utopie. À chacun il attribue une cellule, pourvue des seuls instruments de première utilité : longue-vue des pirates guettant le littoral, espingole pour chasser les *philistins* – le mot déjà consacré par Flaubert et qui sera repris par Richepin exécrateur du bourgeois glabre. Cultivé, nourri de classiques primaires, Tristan installe sous l'ample hotte de la cheminée conviviale ses hôtes de marque, lus et relus cent fois : l'Homère de l'*Odyssée* et de la mer « couleur de vin », le Faust qui assure que l'art est long et court le temps, Rabelais, histoire de passer un « quart d'heure » et d'alambiquer la langue française, Jean Bart, dont Louis Noir allait conter les combats maritimes en style débraillé[38], saint Antoine pour ses tentations (le livre de Flaubert venait d'être publié[39]) et Job le malingreux, le lépreux, prototype d'un Tristan pareillement attaqué par le Mal. Architecte clandestin, par la seule force efficiente de son langage, il place au premier le *Studio di farniente*, là où l'on s'occupe à ne rien faire. Des « guenilles sordides superbes » pendent au mur. Le démodé, le sans valeur, le matériau de Marché aux Puces y prend ses aises : images d'Épinal, orgue dénaturé en orgue de Barbarie et vieux saints sans adorateurs qui finissent leurs jours dans une cha-pelle désaffectée, le long du chemin des douaniers. Qu'on n'espère nul chef d'œuvre et que l'on se contente des « ordures » des peintres. Tristan pose sur un lit de camp des « philosophes », savoureux mot d'argot pour dire des souliers éculés. À disposition du visiteur il place un hamac où lui-même, le cas échéant, ne refuse pas de s'étendre. Au-dehors, sur la plate-forme comme d'un phare, il se plaît à dresser deux clochetons, l'un pour annoncer les naufrages (il n'oublie pas la vieille fonction de pilleur d'épaves au banc des Kerlouans, qui avait déjà frappé son père et dont la Bretagne pauvre ne refusait pas les ressources), l'autre, pré-cieusement meublé, y compris avec le *Sopha* de Crébillon, roman éroti-que, et qui se borne à attendre… « attendre quoi… qui sait », disait « Le Poète contumace » ? « l'épave qui est dans l'air » répond cette prose, murmurant au passage et sans illusions : « Anne, ma sœur Anne, ne vois-tu rien venir » – la silhouette d'Herminie marchant dans les rues de

Paris n'ayant pas voulu dépêcher jusqu'à lui son fantôme, sur ce
Finistère des bords de mer. On retiendra le signe spirituel sous lequel
Corbière se place – celui du « cynisme élégant », qui résume on ne peut
mieux son attitude d'impertinent Alcibiade. L'élégance de Corbière ne
doit jamais être oubliée. Elle coïncide avec son humour. Son désespoir
est toujours relevé. Rarement il cède au blasphème, à l'injure. Aussi
bien accueille-t-il dans son royaume déshérité non pas la valetaille hai-
neuse, la graine misérable des révolutions vindicatives, mais ceux qui
ont quelque chose là (geste obligé, en se frappant le front ou la poitrine
pour attester d'un génie en puissance). Et ce maître ès désillusions
conçoit l'uniforme des « frères » : chapeau mou, chemise longue ou sarreau, culotte de toile à voile (comme ce malheureux Pétrus Borel dans
sa campagne maudite du Bas-Baizil[40]) et bottes en cuir fauve. Tout à
fait le Tristan de la peinture « Une Gueule ». Quels sont-ils alors les
comparses, les affidés ? des chasseurs, des matelots et surtout des semblants d'artistes, l'un avec son livre « dans le ventre » – car chacun
porte *son* livre et doit le montrer le jour venu, comme Rousseau dépo-
sant ses *Confessions* sur l'autel de Notre-Dame de Paris –, l'autre avec
ses toiles, auquel Tristan conseille d'abandonner les ficelles et le chic,
l'autre encore – et sans doute en est-il des plus proches –, le « malade
de la vie », prêt à se reposer pour toujours, requiem du requin inscrit au
« désabonnement universel ». À la pointe d'une exagération constante,
il parle pourtant vrai. Fabricant sa légende, il ne se trompe pas. Son
prieuré, son monastère tiendra au vent. Les appelés y prendront place.

Marcelin, de *La Vie parisienne*, habitué aux gens de talent, ne doute
pas de son Corbière. Cette originalité si drue, bandant à la gueule du
bourgeois, même dans l'élégant journal on en redemande. Et Tristan ne
se dérobe pas. De nouveau captif de son 10 rue Frochot, à deux pas du
petit jet d'eau de la place Pigalle, il griffonne une véritable nouvelle
pour le prochain numéro qui va sortir le 28 novembre : « L'Américaine[41] ». L'histoire a de quoi séduire, dédaigneuse et désespérée. On y
sent un relent biographique qu'accentue la première personne hautement
exhibée, et l'on croit entendre ce que plusieurs affirmèrent à son sujet
quand on lit : « Pour moi la navigation de plaisance doit être avant tout,
excentrique ; une chose défendue aux bourgeois de la mer ; sortir quand
ils sont forcés de rentrer, chasser sur l'ouragan qui les chasse et battre
la lame qui les bat. Braver tranquillement est une des plus grandes
voluptés sur terre comme sur mer [...] » Nous y sommes. À nu, Tristan
nous révèle l'une de ses maximes d'existence. Sans cette bravade, qui
pourrait prétendre le comprendre ? Il lui faut toujours tendre la corde à
se rompre, aiguiser les angles, grossir la réalité et, à propos de ces

« choses de la mer », surpasser d'audace l'« auteur du *Négrier* ».
L'embarcation, cette fois, n'a pas de nom : « mon sabot, c'est un lougre,
un fin flibustier ». Il n'est question ni d'un *Tristan*, ni d'un *Redan*, ni
d'un *Nader*. Il nous est précisé cependant qu'elle eut un nom de femme,
« jolie », mais ce nom est invisible désormais : « On a passé une couche
de peinture noire par-dessus ». Quant à l'équipage, il se compose du
ramassis auquel nous ont habitué les romanciers maritimes, en pire, bien
entendu, ambulantes caricatures durcissant le trait : un Maltais, « contumace de partout », un Yankee « dépendu », deux nègres « décrochés
d'un garde manger royal au Gabon », un cousin « forçat *in partibus* »,
un *loustic*, « petit voyou de Paris », un bossu, souvenir de Bitor et –
belle invention digne d'Eugène Sue – un « tigre de six mois qui sert de
chat ». Ces hommes portent sur leur corps tatoué comme signe d'appar-
tenance le « T. » du narrateur, qu'il serait vain de ne pas identifier à la
lettre initiale du prénom de « Tristan ». Puis le récit se déplace du côté
d'un casino (doit-on deviner en la circonstance la passion de Rodolphe
pour le jeu ?), un peu trop loin de la Bretagne, du côté de Douvres, à
Saint-N..., pour que l'on puisse vraiment penser à une chose vue. Ce
déplacement géographique par rapport aux lieux communément fréquentés par Tristan et les Battine ne laisse pas d'être irritant. Tant qu'à
évoquer un tel édifice, pourquoi ne pas l'avoir situé sur le littoral armoricain ou même normand, sans nous entraîner dans une aventure si nor-
dique ? Tristan a ses énigmes, auxquelles visiblement il tient. Et si ses
nombreuses indications locales ne semblent pas vraiment hasardeuses, il
s'en faut de beaucoup cependant pour que l'on puisse les assigner à des
endroits dont il aurait été le familier. Je retiendrai de l'action située dans
la Mer du Nord le fait que Tristan a souhaité nous parler d'une Américaine et que les premières lignes de sa nouvelle défient les cotres
anglais, les yachts et les « gentlemen-sailors ». Et puis la langue
anglaise est la langue chic, un rien snob. Les dandys la pratiquent. Mais
je ne suis pas sûr que, malgré son flegme, le captain du récit puisse être
considéré comme tel. L'Américaine[42] ! Une tradition – on en regorge à
propos de Tristan – veut que « la » Cucchiani ait été ainsi surnommée.
Bizarre destinée pour une Italienne ! Prudent selon notre habitude, nous
ne nierons pas la situation, triangulaire en apparence, dont joue cette
nouvelle, soit le père (« personnage muet du reste »), la dite Américaine
« libre comme l'Amérique, jolie comme une goëlette [...] et blonde,
mais blonde !.... » et l'obligatoire narrateur. L'audacieuse jeune miss ne
rêve rien tant que de faire une tournée en mer, par gros temps, si possible. Son père y consent et...vogue la galère. Corbière, qui s'y connaît,
ne nous épargne aucune manœuvre. Littérature de suif et de goudron :

« Attrape à appareiller en double. Pare trois ris dans la misaine, deux ris dans le taillevent. – Le tourmentin à demi-bâton. ». On s'y croirait. L'auteur en plein IXe arrondissement de Paris a dû revêtir son suroît et enfiler ses bottes. Tristan retrouve ses vieux démons, les mots du métier, le parler marin senti, l'idiomatique. « La bise fusillait maintenant. – L'avant *mettait le nez dans la plume*... Nous encombrons à la douce... » Nous sommes là hors littérature, à moins de faire du genre. Avec quelque délicatesse cependant, comme cette lingerie fine prévue pour l'invitée et qui révèle de la part de Tristan des manières un peu plus policées qu'on n'aurait pu le croire, une habitude de galanterie. En pleine tempête, la passagère, campée sur le pont, se pelotonne contre son captain. Ses cheveux qui voltigent au vent, touchent la bouche du marin, « tout salés de poudrin ». « Ce poison, l'odeur de femme, m'emplissait les narines. » « Odor di femmina ». L'expression court dans *Les Amours jaunes*, empruntée à Mozart. « Je sentis passer en moi comme un souffle de beauté. » Rare est la beauté chez Corbière. Presque interdite. Il s'interdit devant. Par vents et marées, la nouvelle bourlingue, formant ses figures obligées. L'héroïne finit par se lasser du péril maritime et souhaite revenir à terre. L'aventurier, en difficulté, mais aidé par un cotre, ramène la belle et la dépose sur la plage. Le père en est ravi. Une petite notation ironique empêche décidément de le confondre avec Rodolphe : « Ce bonhomme avait presque déjà l'air de vouloir me traiter de Turc à More, de beau-père à gendre ! » Il faudrait beaucoup d'efforts pour l'assimiler à l'ami des Aiguebelles. Tristan bâcle la fin, comme un débutant : « Car tout ceci n'était qu'un rêve, un abominable cauchemar » – à ceci près que le baiser donné en pleine tourmente à la passagère devait avoir eu quelque douceur.

Une belle vignette, signée « H.Y » à gauche et « Yves et Barot, sc. » à droite, surmonte le texte imprimé. On y voit l'Américaine sur le pont, les cheveux déployés au vent en oriflamme. Elle est vêtue d'un sarreau et d'un pantalon de toile. De hautes cuissardes engainent ses jambes. Le captain, coiffé de la casquette de l'emploi, étreint son bras et approche d'elle son visage. Ces personnages dominent un premier plan où s'activent deux marins qui tirent sur une corde à cabestan. Toute l'image, comme subissant une embardée, penche vers la droite. À gauche les crêtes de vagues noires harcèlent le navire. De nombreuses rayures en diagonales indiquent une pluie diluvienne.

Tristan pouvait se réjouir de ces dernières proses publiées avec soin et dans un journal suffisamment lu pour que son nom y gagne quelque célébrité. Mais ils étaient nombreux, les collaborateurs de *La Vie parisienne*, et ni l'originalité trop personnelle du « Casino des Trépassés », ni l'histoire à effet de « L'Américaine » ne risquaient de retenir l'attention de lecteurs mondains cherchant plus le divertissement que le style. Je reste persuadé néanmoins que Tristan, à partir de ce moment, souhaitait s'engager plus délibérément sur le chemin de la prose, où il montrait une habileté nécessaire, mais point suffisante, pour atteindre un public élargi.

Un début de nouvelle[43] figure sur plusieurs pages blanches de son exemplaire des *Amours jaunes*. Selon toute évidence, elle renvoie à la situation que lui-même connaissait 10, rue Frochot. En toute conscience de Murger, son père spirituel, il s'adonne, comme par bravade, à une patente parodie des *Scènes de la vie de Bohème*, suffisamment obsédantes dans son esprit pour inspirer sa conduite de chaque jour : « Un atelier de peintre sans peinture. Les quatre murs se renvoient un découragement innommable. Il n'y a rien, mais il y a du désordre et des clous […] ». Transposé à Paris, c'est quelque « Casino des Trépassés », « à la bonne descente des décourageux ». On y retrouve même les clous à la muraille, où ne sont suspendus ni tableaux, ni hardes, ni hareng saur, ni homme. La journée a commencé depuis longtemps. Mais au coucou de la pièce, pas d'aiguilles. Le « sans heure » exempte de la vie. En gourou oriental devançant d'un siècle les beatniks, Corbière, une fois encore, se paie son portrait : « un jeune homme dans une pose de méditation avec une chaussette d'une main. » « Il n'est pas beau, mais il est finement laid. Il songe pourtant qu'il est trop laid pour se lever ». La phrase n'est pas de celles qu'on oublie. Elle accuse son Corbière, elle *le sent*. Sa laideur – son bien le plus personnel – fait obstacle à la vie, belle, sinon. Arrivent un cousin et un certain M. de L.

Suit alors un échange de propos, sans l'embarras des « il dit », « il répondit », etc, vif et drolatique, semé de quelques poncifs obligatoires : les peintres qui s'amusent avec leurs modèles ou lutinent les actrices. Tristan nous met au fait de sa personne par réponses brèves et suffisantes :

– « J'ai beaucoup d'esprit, mais je ne le sens, du reste, que très peu.
– Et vous faites des beaux-arts, m'a dit Monsieur ?
– Oui… de la peinture contemplative.
– Peut-on voir quelque…
– Oh ! c'est bien simple : regardez par la fenêtre. Je ne fais guère autre chose.
– Alors, vous n'êtes pas au Salon cette année ?
– Non, Monsieur, j'étais au lit. »

Quant à ses occupations, le peintre en panne, autrement dit Tristan, convient avec impertinence : « Je n'en ai qu'une qui me prend tout mon temps : *ne rien faire.* »

Corbière n'a jamais prétendu autre chose. Avec un flegme souverain. Cette incurable paresse ayant malgré tout produit *Les Amours jaunes*, un grand chantier d'ego et de dégoût, ce livre que tout homme porte dans son ventre et que tout un chacun voudrait accoucher. La nouvelle sur l'atelier, qui fait feu de toute phrase, épuise bientôt son souffle, prend l'allure d'une chose convenue. On a déjà lu ça quelque part. Dans les *Jeunes France* de Gautier[44] ou dans le « Passereau » de Borel. L'original Tristan rejoint le type. Et surtout repasse sur les traces de Murger. On ignore quelle suite il aurait donnée à son projet de proses. À lire une autre esquisse[45], on s'attend presque au pire. « Elle restait là, rêvant à ses bonnes soirées des mauvais jours dans l'atelier parmi les bohèmes de Murger, sa bohème à elle, si fine dans les malheurs, sa philosophie si particulière dans leur abrutissement, si légère dans leur cynisme. » Aux entêtés que nous sommes, il faudra des années encore pour sortir de cette fatale bohème séductrice, qui continue de rayonner sur nos imaginations : pauvreté des débuts, vache enragée, renommée possible aux derniers jours. Tristan y croit peut-être. Mais il s'est avancé bien ailleurs, plus loin qu'il ne l'a cru. On se demandera ce qu'il aurait encore pu dire. Ses derniers textes se répètent, accentuent la note fondamentale. On croyait tout épuisé, il est vrai, et il en est sorti un dernier feu d'artifice, le « banco » du « Casino des Trépassés ». Le reste du reste contient parfois le billon d'or tout au fond de la batte.

Le froid vient sur Paris. Tristan court les rues. Ce n'est pourtant pas un flâneur à la Nerval. Et chaque soir, ou presque, il continue de voir les Battine. Rodolphe a reçu du Mans des nouvelles inquiétantes sur la santé de son père. Il devra bientôt partir là-bas, par devoir filial. Pour l'heure il joue au billard avec Tristan, sort au théâtre, reçoit ses amis de Paris, l'aristocratie d'autrefois et ceux qui croient au retour d'Henri V de Bourbon. Ce soir du 20 décembre, Tristan a rendez-vous avec lui et avec Herminie. Il passe son frac élégant, se dispose à coiffer son haut-de-forme. Un malaise le saisit, plus violent que ceux qui d'habitude éprouvent sa carcasse de poète. Il tombe à la renverse, inanimé[46]. Quelque temps après, inquiet de son retard, Battine s'en vient le chercher. Il le découvre étendu sur le plancher. Tristan n'est pas mort. La respiration se fraie un passage difficile dans sa poitrine. Le pouls révèle une arythmie. Un fiacre, mandé en urgence place Pigalle, l'emmène à l'hôpital, la maison Dubois[47]. Tristan, comme malgré lui, suit le calvaire de Murger. De bien d'autres aussi. Avec le pressentiment qu'ont tous ces poètes de la marge, en attendant les « maudits » de Verlaine, il joue un dernier acte prévu d'avance, en copie conforme. Il accomplit les vers de « Un jeune qui s'en va », ajoute un nom à la liste, comme s'il rem-

plissait un contrat secrètement passé avec lui-même. Du navrant scénario à peine a-t-il conscience, quand il arrive là-bas, veillé d'abord par
Rodolphe, peut-être par Herminie, pour une fois près de son lit de
malade. Un Tristan touché, presque frappé à mort, je veux croire que
pour Rodolphe le « Battinet », c'est un « monde qui s'effondre »,
comme on ne le dit que trop, sans chercher à approfondir.

Au n° 2432 du registre de la maison Dubois[48], on signalera, le jour de
sa sortie, qu'il fut soigné pour « rhumatisme et pneumonie », un diagnostic complexe qui ne nous éclaire pas davantage sur le handicap
physique qui, dès 1862, l'a empêché de poursuivre ses études. Sur ces
graves rhumatismes articulaires, sur cette arthrose probable, on ne sait
rien de plus que ce qu'une tradition a bien voulu nous en apprendre. Le
« lépreux », auquel parfois il a cherché à s'identifier, le Job au fumier,
pourraient laisser entendre un risque de contagion émanant de sa personne. La famille Vacher, quand elle le recevait, veillait à ne pas
confondre son couvert avec ceux des autres. Tuberculose, ou phtisie,
pour utiliser la terminologie médicale de l'époque ? Comme Aloysius
Bertrand à l'hôpital Necker crachant ses poumons ? Personne de son
entourage pour avoir accentué cette image presque caricaturale, surfa-
cée. Ou bien alors une maladie vénérienne, parvenue vite à son troisième stade ? On hésite à l'affliger d'une syphilis précoce. Bien d'autres
diagnostics sont envisageables, aboutissant au même fatal évanouisse-
ment du 20 décembre. Des troubles cardiaques, encore mal enregistrés à
l'époque, doivent également être pris en compte. Quant à la pneumonie
plus couramment évoquée étant donnée la date, on doit y croire, comme
à la cause la plus immédiate ayant conduit à la perte de connaissance.
La famille (sa mère, surtout) décrira un Corbière quasi suicidaire, déjà
malade de la poitrine et sortant peu vêtu par grand froid, avec l'idée
qu'une température aussi glaciale parviendrait à soigner le mal par le
mal. D'où le résultat contraire à ses vœux qui, vrillant le gel dans ses
poumons, finit par l'emporter, au terme de quelques mois de résistance
à peine soutenue.

Un mot est envoyé à Morlaix, dont on ne connaît que la phrase « Je
suis à Dubois dont on fait les cercueils[49] », que je n'imagine pas télégra-
phiquement notée ; je la vois plutôt parvenant Quai de Léon, environnée
de termes plus explicites. N'importe. La formulation apparaît parfaite,
proférée par un « Petit mort pour rire ». « Rondels pour après » à
l'avance enchaînait : « Ris : les premiers honneurs t'attendent sous le
poêle ».

Une semaine de soins, et Tristan est apparemment sauvé. La médecine en ce XIXe siècle avait fait de notables progrès. Elle accordait cer-

taines rémissions. Nul doute qu'avec des doses d'antibiotiques, si pareil remède avait été inventé, Tristan aurait pu « traîner » un peu plus longtemps son existence. À Morlaix l'inquiétude est grande. Oncles et tantes déplorent le sort du neveu. Certains y voient la justification d'un destin. Dans cette France où désormais règne l'« ordre moral », on ne doute pas que ce grand maladroit aux touchantes infortunes, aimé de chacun malgré ses poses et ses paradoxes parfois blessants, expie sa vie de bohème, son far-niente, sa conduite au jour le jour loin de la route commune. Mais depuis *Les Amours jaunes*, son « monstre de livre », on éprouve pour l'artiste en herbe une véritable compassion, à quoi s'ajoute un brin d'admiration. Il est hors de question qu'Édouard le père, affaibli par le grand âge, se déplace à Paris. C'est donc Aspasie qui accomplit ce long voyage, en mère désolée. Dans l'ordre des « mater dolorosa », elle devançait de seize ans une Vitalie Rimbaud en route pour Marseille. Elle arrive juste après les fêtes de Noël, un 27 décembre, et restera là une dizaine de jours, le temps que Tristan se rétablisse assez pour pouvoir sortir de l'hôpital. Évidemment elle rencontre à cette occasion Rodolphe, Herminie qui chaque jour visitent Tristan, et quelques autres, comme les peintres, qu'elle rendra responsables de la santé aggravée de son fils. « Ce fils aurait pu faire notre gloire – écrira-t-elle à Léon Vanier – s'il n'avait été entraîné, flatté, gâté dans le monde des artistes à Paris ! Les dessinateurs, les peintres (il fréquenta entre autres : Desboutin, Hamon, Besnard) estimaient tout ce qu'il faisait ! Ses improvisations, ses caricatures lui donnaient une entrée partout. Il est mort à l'âge de trente neuf ans (?) d'une fluxion de poitrine qu'il a prétendu soigner dans la rue, par un grand froid d'hiver[50]. »

Le retour à Morlaix dut être pénible pour Tristan encore convalescent. Regagner la maison familiale s'imposait cependant, le lieu où il pourrait être l'objet des soins journaliers nécessaires. Le 6 janvier 1875, il est donc sorti de l'hôpital Dubois. Le 7, il dort allongé dans sa chambre bretonne qu'il a désertée depuis longtemps. Il a retrouvé là le lit sculpté, que l'on peut voir encore de nos jours chez Mme June Vacher-Corbière et qui a l'étroitesse d'un berceau. Les jours qui s'ouvrent devant lui paraissent avoir été ceux d'une lente agonie. « Il avait trop aimé les beaux pays malsains. » Beaucoup le visitent sans doute, aussi curieux qu'émus. Quelques-uns même récitent des prières. Tristan, à l'image de son père, ne semble pas avoir eu l'inquiétude de l'au-delà. Il s'était familiarisé avec la mort, si souvent figurée au coin d'un enfeu ou d'un calvaire. Lui-même en avait pris l'aspect, aux dires de certains. L'Ankou. Faute de souvenirs précis, ces ultimes mois de janvier-février-mars s'encombrent d'anecdotes. Martineau en a rapporté quelques-unes

que l'on aurait mauvaise grâce à passer sous silence. Un aveu ainsi
formulé, par exemple : « Ah ! si c'était à recommencer, comme je pren-
drais la vie par le bon bout[51] ! » Mais par quel autre bout aurait pu la
prendre l'adolescent déjà malade, devant quitter le lycée, le réformé mal
bâti ? Et le meilleur des bouts n'était-il pas la bohème à laquelle il
s'était adonné avec passion ? On le montre aussi, récompensant avec
douceur, par des mots plein de grâce, le dévouement de sa mère. On
n'en attendait pas moins d'un fils tel que lui qui, sous des allures rébar-
batives de flibustier, réclamait toujours plus de tendresse et n'en dispen-
sait pas moins.

Chaque jour viennent à son chevet tante Émilie, tante Christine,
Edmond et Édouard Puyo, les cousins et les nièces. Ses joues se creu-
sent davantage ; sa respiration se fait hésitante. Paris est loin, la vie des
quartiers Clichy et Rochechouart, les amis et les peintres. Rodolphe
s'occupe de la considérable succession de son père, mort le 21 janvier.
À Morlaix, on entend par la fenêtre qu'on ouvre un quart d'heure pour
aérer la chambre, la vie de la cité qui se poursuit à l'extérieur, l'agitation du port, le bruit des carrioles, les cris des mouettes, et, fidèle à
l'horaire, le train de Paris ébranlant les arches du viaduc. Tristan a-t-il
la force de lire ? Un Aimé, un Ludovic lui font-ils la lecture ? Des passages, tant de fois repris, de Murger ou ceux de Musset ? Ou encore
« Le Voyage » de Baudelaire, maritime lui aussi :

> « Ô Mort, vieux capitaine, il est temps, levons l'ancre. »

Ou bien les pages du *Manon Lescaut* que viennent de publier les
Glady et qu'ils lui ont fait parvenir sur son lit d'hôpital avec la dédicace
« à Monsr Tristan Corb son édit-Glady Paris le 30 octobre 1874 »[52] ?
Dans son extrême résignation il peut se consoler. Il a du temps pour
mourir, du temps pour voir venir. Un regard l'assure de la présence à
portée de sa main des *Amours jaunes*. Il a donné son dû. Le bilan reste
mince, à deux doigts du ratage. Les heures perdues de Roscoff, toujours
gagnées en rêve. Les affrontements avec la mer, ces moments où l'on ne
triche pas, la grande intensité des vagues agressives. À des lieues de
navigation, Capri et ses peintres, sous un soleil trop beau pour y croire.
Et la vie à Paris, Herminie, femme féroce ou tendre, on ne sait, Féminin
singulier, Idéal féminin. Tristan serait-il un poète vierge environné
d'une Muse putain, fardée comme sur les toiles de Lautrec ? Il est
convaincu de la mascarade humaine. Il se prépare à prendre place dans
la Danse Macabre, entraîné par un ménétrier fantôme, entre un pirate
plus ou moins d'opérette et une fille de joie du quartier Breda, lui-même

revêtu de ses oripeaux familiers et coiffé de son bonnet de forçat dont on a rayé le F de Travaux forcés. Un T suffira pour « Tristan ».

Vers la mi-février, il demande à voir Le Gad, l'hôtelier des bons et des mauvais jours à Roscoff. Et Le Gad n'hésite pas à prendre la diligence qui le mène jusqu'à la cité léonarde. Cette fois, c'est du sérieux. Il connaissait les infinies ressources de Tristan pour déguiser ses malheurs physiques ou pour en rajouter – gueux superbe ou forban pathétique, l'instant d'après rétabli dans son corps brinquebalant. Sitôt franchie la porte de la chambre, Tristan, qui ne s'épanche pas, qui ne dévoile pas ce qu'il souffre, aurait simplement dit : « J'ai voulu vous voir, comprenez-vous ? vous voir[53] ! ». Sur quel ton prononcer cette phrase ? Que chacun la répète pour son propre compte. Ce désir de voir à tout prix Le Gad, compagnon de fortune, valait-il à ses yeux pour s'assurer de la continuation du réel, à l'heure où ce réel se dérobait à lui, perdait sa substance vraie ? Le Gad présent, Roscoff vit encore. Et, par symétrie, Tristan lui aussi apporte à l'autre la preuve de son existence, qui se poursuit vaille que vaille, à la désespérade. Le Gad l'aura vu, comme saint Thomas toucha la plaie du Christ : « Vide latus ». Ici s'arrête la blague. Et brusquement – c'est toujours Martineau qui rappelle ces propos colportés – Tristan d'interrompre le vis-à-vis, la reconnaissance et le serrement de main amical. « Maintenant, allez-vous-en, je vous ai vu, c'est tout ce que je voulais. Demain, je n'y serai plus. »

Je m'en voudrais de voler à Tristan sa mort, le précieux moment du passage. La veille, il aurait demandé – encore un on-dit – que l'on apportât dans sa chambre de mourant des brassées de bruyères. Roses ou blanches. Plantes des landes, cardées par le vent. Petites fleurs pas souvent nommées par lui qui, dans la « mâle-fleurette » des « Rondels pour après », voyait plutôt l'absinthe. Sur d'arides pentes volcaniques, Léopardi admirera l'endurance d'un genêt. Apollinaire un jour pense à l'amour perdu : « J'ai cueilli ce brin de bruyère[54] ». Inodore, la bruyère, mais portant sa manière de beauté, chiche et véridique, capable d'une couleur qui tient sous la rafale. Le 1er mars, à 10 heures du soir, Tristan Corbière, sans profession, meurt « dans la demeure de ses père et mère – comme le dit l'acte de décès établi le lendemain sur la déclaration d'Aimé Vacher, négociant, et de Pierre Puyo, le premier, beau-frère, le second, oncle-germain du défunt ». On ne sache pas qu'un prêtre lui ait administré les derniers sacrements. Ce jour-là, nous assure Alexandre Arnoux d'après la lecture des gazettes locales, « Le lougre *Ange*, capitaine Membrane était entré au port, chargé de chaux hydraulique. Le trois-mâts *Lavinia* appareillait pour Lisbonne. Le bureau de bienfaisance organisait un concert avec le concours gracieux d'un prestidigitateur. Le froment valait 19 fcs 12 l'hectolitre[55]. »

Comme souvent en pareil cas, en vertu de je ne sais quelles subtiles coïncidences, Tristan paraît avoir précipité par sa mort celle des autres. À côté du décès d'Édouard Corbière le père, sans doute hâté par le chagrin qu'il éprouva de la perte de son fils, celui de Rodolphe de Battine semble être survenu de façon foudroyante. Rien apparemment ne le laissait prévoir, mises à part certaines dispositions testamentaires qu'il prit à cette époque[56]. Le 8 mars 1875, âgé de 38 ans, le comte meurt en son domicile parisien du 14, boulevard de Clichy, à 10 heures du matin. Ont déclaré ce décès Gustave de Battine, marquis de Courcival, son cousin germain, habitant 112, rue Marcadet, et Joseph Chapin, le gestionnaire de sa fortune[57]. Mlle Herminie Cucchiani sera instituée sa légataire universelle. Il semblerait que par la suite elle ait rapidement vendu le château et les terres des Aiguebelles, ainsi que la plupart de ses biens. Les traces d'Armida-Josefina-Herminie s'effacent avec un dernier acte judiciaire datant du 1er février 1878 où elle est domiciliée 31 rue Baudin et par lequel elle souhaite retirer à Joseph Chapin la gestion des biens qui lui restent[58]. Je ne me sens pas tenu dès lors d'inventorier toutes les hypothèses qui se présentent à l'esprit pour expliquer la définitive absence de quelque document que ce soit. Encore moins de poursuivre une enquête en terre italienne, à supposer qu'elle soit repartie dans sa région natale. La mort précoce de Rodolphe n'est pas éclaircie pour autant. Si l'on écarte tout accident, évidemment pensable, pour justifier une fin aussi soudaine, on peut mettre, par exemple, au nombre des causes de son décès des troubles circulatoires : embolie, rupture d'anévrisme. La proximité de son décès avec celui de Tristan donne l'impression d'une ironie du sort et soude involontairement leurs deux destinées.

Survenue le 27 septembre 1875, la mort d'Édouard Corbière était la plus attendue. Les derniers mois d'Édouard avaient été endeuillés par la fin de Tristan, une disparition qui faisait porter sur sa vie l'ombre d'une responsabilité. L'homme, peu enclin à suivre la messe et dont l'apparente impiété faisait suffisamment endêver Aspasie, serait revenu au dernier moment sur ses convictions d'athée et – la tradition familiale attentive à ce genre de conversion nous en assure – aurait reçu les sacrements. Il évitait ainsi de mourir en mécréant comme Tristan et se donnait quelque chance d'accéder au Paradis. Ses obsèques rassemblent toute la ville. Gabriel de La Landelle, inépuisable malgré son grand âge, prononce une oraison funèbre intégralement reproduite dans le *Journal de Morlaix* du 2 octobre. Personne pour douter que la ville ne vient de perdre l'un de ses citoyens les plus illustres. Au cimetière de Saint-

Martin-des-Champs, la sépulture, qui est aussi celle des Puyo, réunit le père et le fils. « Ora pro nobis », comme disait Tristan, à propos de la Sainte Bohème.

Le rideau tombé, il n'y avait pas de raison pour que quelque agitation troublât les coulisses. Et les deux inhumés pouvaient reposer, à tout jamais apaisés, dans leur terre bretonne. *Les Amours jaunes* pour autant n'étaient pas ensevelies.

« Ils te croiront mort – Les bourgeois sont bêtes[59]. »

La résurrection du livre était pour demain.

Notes

1. Expression pour qualifier le *Parnasse contemporain* dans la conférence de Mallarmé sur Villiers de l'Isle-Adam (1890) recueillie dans ses *Divagations* (1897).

2. Louis Marcelin (1830-1887) de son vrai nom Émile Planat, était dessinateur et littérateur. Il avait participé avec ses croquis au *Journal amusant* et, en 1862, avait fondé *La Vie parisienne*. En tant que dessinateur, on connaît ses types de convention : officiers, diplomates, femmes du monde.

La Vie parisienne, revue de grand format, comportant trente pages, est ainsi présentée : « dirigée par Marcelin/ mœurs élégantes/ choses du jour-fantaisies-voyages/ théâtres-musique/ mode ». Le numéro sort tous les samedis. Les bureaux en étaient situés au 9, place de la Bourse. Le titre général est entouré de douze vignettes représentant un steeple-chase, une soirée mondaine, des femmes avec éventail, des valseurs, une soirée de bohèmes (l'un jouant du piano, l'autre affalé sur un fauteuil, un troisième contemplant des chopes), des militaires, un couple avec leur fille jouant à la poupée (ils lisent la fameuse « *Vie parisienne* »), des patineurs, un pompier et un monsieur en frac faisant la cour à une danseuse. En 1873, *La Vie parisienne* en était à sa onzième année de parution. La pagination était continue sur toute l'année.

3. Voir *Dictionnaire Baudelaire* par Claude Pichois et Jean-Paul Avice, Tusson, Éd. du Lérot, 2002, p. 475-476. « Les yeux des pauvres » avaient été publiés le 2 juillet 1864, « Les Projets », le 13 août.

4. *Journal* des Goncourt, année 1868, 11 février.

5. *Ibid.*, année 1873, jeudi 12 juin.

6. En p. 332 apparaît sur la partie gauche un texte satirique sous forme d'annonce : « grande société anti-financière/ Société/ anonyme à responsabilité limitée/ pour/ l'extinction du CAPITAL/ en France » ; sur la partie droite, le texte de la « Pastorale » sur deux colonnes. En p. 335 se lit « Veder Napoli Poi Morir », non signé.

7. En p. 539, après un texte intitulé « Yachts à l'île de Wight-août 1873 » signé « BRADA », se lit « Le Garde-côtes », signé « TRISTAN », suivi de « La Journée sur la plage » signé « CLAUDE » et de « "Souviens-toi", Plage Saint-V., août 1873 », signé « DICK ».

8. Page 588 se voit sur la partie gauche le poème « Eau-Douce », avec la précision « Bougival, août 1873 ». Il est accompagné d'un dessin représentant une femme, des canotiers, des soupeurs dans une guinguette tendant haut leurs verres sous une tonnelle avec des lampions.

9. Le poème, p. 670, partie gauche, est signé « TRISTAN ». Sur la même page, colonne de droite, se lit « La Jeune fille », signé « RED. ».

10. Complément de la lettre à Camille Dufour citée chapitre XIII, p. ~~XXX~~.

11. La « Marche de Nasser Eddin », éditée chez l'auteur, rue Lemercier, 52, Paris-Batignolles », est signalée par J.-J. Lefrère et Michael Pakenham dans *Cabaner, poète au piano*, L'Échoppe, 1994, p. 35. « La visite du Shah à Versailles » était commentée dans le numéro du 2 juillet 1873 de *La Vie parisienne*.

12. *Au pays des bœufs musqués. En route pour le Pôle*, Fayard frères, p. 7-8. L'ouvrage appartient à une série « Romans d'aventures et de voyages » écrits par Louis Noir, à 25 c. le volume de 160 pages.

13. *Hommage à C.F. Denecourt, Fontainebleau*, Hachette, 1855. « Les Deux crépuscules » (p. 73-80) sont précédés dans le volume par un poème de Gustave Mathieu.

14. Sur Louis Noir, voir informations http ://celtiq.perso.neuf.fr/louinoir.html

15. D'abord publié en feuilleton dans *Le Conteur* du 9 décembre 1868 au 19 mai 1869, ce roman paraît sous forme de livre en 1874, impr. de Walder, 3 parties en 1 vol. gr. in-8, fig.

16. *Parfums, chants et couleurs*, poésies, Lyon, Imprimerie Louis Perrin, 1875. L'impression en est très soignée et contient des particularités typographiques, notamment en ce qui concerne la lettre s.

Le poème « une petite lâcheté » (p. 167) nous apprend que Mathieu, à ce moment-là, « perche dans la rue/ Houdon, numéro trois, à Montmartre, où j'ai vue/ Sur tous les horizons [...] ». On y relève certains poèmes maritimes comme « Le Chant du corsaire », « Vent arrière », « Vent debout » : « C'est l'heure où son avant s'emperle/ Dans le poudrin éblouissant », « Pare... À virer ! » (« Cette beauté [...]/Est le plancher des hommes libres »), « Sous les tropiques », « Ouvre l'œil au bessoir ! ». Se repèrent aussi « Liberté, égalité, fraternité. 1852 » dédié à Étienne Carjat et « Le Château de Kérouzerai » (p. 39-49) :

> « Clochers dentelés du lointain,
> De Saint-Pol, Plougoulm, Sibirille,
> Phare de Batz, au bout de l'île,
> Allumé du soir au matin,
> Et vous aussi, grèves sauvages,
> Attendez-moi, je reviendrai
> Rêver encor sous les ombrages
> Du grand parc de Kérouzerai. »

Sur Gustave Mathieu, voir Jean-Louis Debauve, « Gustave Mathieu, poète de la mer et du vin » dans *Les Ratés de la littérature*, Éd. du Lérot, 1999, p. 47-54.

17. Léon Durocher, « Tristan Corbière à Paris », art. cit., p. 132.

18. Cet exemplaire (n° 481), qui figure actuellement dans une collection privée, a fait l'objet d'un premier examen par Ida Levi, « New Light on Tristan Corbière » dans *French Studies*, juillet 1951, p. 233-244. Il appartenait alors à Jean Vacher-Corbière. Une relecture en a été faite par Pierre-Olivier Walzer (B. de la Pléiade, 1970, p. 1379 et s.) et, plus récemment, par Benoît Houzé chez le nouveau propriétaire. Voir « Traces de Corbière » dans *Histoires littéraires*, n° 33, janvier-mars 2008.

19. Isidore Ducasse, *Poésies* I, Paris, Librairie Gabrie, 1870.

20. Voir acte II, scène 1, quand Franz s'adresse aux « Crabes, Habitants masqués des plafonds », *Les Séquestrés d'Altona*, Gallimard, 1970.

21. « Ne sachant pas, ingrat ! que c'était tout mon sacre,
Ce fard noyé dans l'eau perfide des glaciers. »
Corbière cependant n'a pu connaître ce poème de Mallarmé écrit en 1864, mais seulement publié dans *Les Poesies de Mallarmé*, édition photolithographiée, 1ᵉʳ cahier, en 1887.

22. Voir les précisions apportées par B. Houzé, art. cit., « Traces de Corbière ».

23. *Les Minutes de sable mémorial*, Mercure de France, 1894. Les bois sont reproduits dans l'édition des *Œuvres* de Jarry, R. Laffont, coll. « Bouquins », 2004 (préface de Jean-Luc Steinmetz, p. 2-5).

24. Léon Durocher, « Tristan Corbière à Paris », art. cit.

25. Dans le *Faust* de Goethe traduit par Nerval, tableau « La Nuit ». Cette réplique est due à Vagner, le serviteur de Faust : « l'art est long, et notre vie est courte ».

26. Léon Durocher, « Tristan Corbière à Paris », art. cit., p. 133.

27. À ce propos, L. Durocher, art. cit., p. 131, rapporte une nouvelle anecdote : « Le neveu du financier Laffitte, qui l'avait vu à Douarnenez, me disait : « Un garçon insupportable ! Je ne pourrais pas vivre avec lui. Il prétend que *le billard est le jeu de hasard par excellence.* »

28. La mort de la mère de Rodolphe, Marie Catherine Stellaye de Baigneux de Courcival, avait eu lieu le 29 décembre 1870. Elle avait été victime d'une épidémie qui sévissait sur la ville du Mans.

29. Voir R. Martineau, *Promenades biographiques*, Librairie de France, 1920.

30. Voir de Jean-Luc Steinmetz, « Tristan et ses bohèmes » dans *Bohème sans frontière*, collectif, sous la direction de Pascal Brissette et d'Anthony Glinoer, PUR, 2009, p. 163-171.

31. *La Bohème galante*, nouvelle édition, 1873, Michel Lévy frères. *La Bohème sentimentale* de Maurice Montégut, Librairie du XIXᵉ siècle, Glady frères, 1875, 180 p. Ce volume de vers se compose de trois séries : « Nocturnes », « Ritournelles », « Bohème », le tout fort médiocre et peu bohémien !

32. *Madame Bovary*, deuxième partie, chapitre VI.

33. Voir *Le Musée du Luxembourg en 1874*, Paris, Édition des Musées nationaux, 1974. Parmi les proches de Corbière furent exposés au Salon de 1874 Jean Benner : « Après un baptême à Capri » et « Sérénade du jour de l'an à Capri », Cermak (alors domicilié 37 Avenue Montaigne) : « Jeune fille de l'Herzégovine » et « Rendez-vous dans la montagne (Monténégro) », Lansyer : « Les brisants de Stang », « Marée basse à Tréboul » et « La lande de Kerlouarneck », Sain : « La marina à Capri » et « Une fille d'Ève ». De nos jours, on retient surtout de ce Salon « Le chemin de fer » de Manet. Il y avait là, bien sûr, les « pompiers » habituels : Henner, Bouguereau, Cabanel, J. Breton, Carolus-Duran, Chaplin, Luminais, Dubufe, Toulmouche.

34. Jean Vacher-Corbière fait état de cette carte de visite (que j'ai vue en 2009) dans son *Portrait de famille*, ouvr. cit., p. 55.

35. Le 24 mai 1874, Hamon décède dans sa villa de Saint-Raphaël, d'une anasarque (œdème généralisé). Sa femme était par testament son légataire universelle. Il l'avait épousée à Capri en 1872. Elle se nommait Rosalie Widerchoff et était née à Saverne, en Alsace, en 1828. La villa des Bruyères appartenant à son ami l'architecte et peintre Albert Louis Hardon avait été décorée par ses soins de fresques qui n'existent plus de

nos jours, mais qui ont été décrites dans un article de Maurice Guillemot publié dans *L'Art et les artistes*, 1ᵉʳ août 1905, p. 195-196.

36. Voir de Benoît Houzé, « Un hommage inconnu à Tristan Corbière : quelques "Coups de bâton" de Louis Verbrugghe » dans *Studi Francesi*, 160, janvier-avril 2010, p. 8-18 et de Virginie Demont-Breton, *Les Maisons que j'ai connues*, II *Nos amis artistes*, Plon, 1927, p. 40-42. Les frères Verbrugghe ont publié en 1879 et 1880 des ouvrages sur l'Amérique du Nord, l'Amérique centrale et l'Amérique du Sud (C. Lévy) parfois cités par J. Verne.

37. Texte publié dans le numéro du 26 septembre 1874, p. 544, colonne de droite, et p. 545, colonne de gauche. Signé « TRISTAN ».

38. *Études marines : Jean Bart et Charles Keyser*, Paris, Brunet, 1868, 449 p.

39. *La Tentation de saint Antoine*, (troisième version) est publiée en 1874 chez Charpentier. Des fragments en avaient été donnés dans *L'Artiste* en décembre 1856 et janvier-février 1857.

40. Voir de Jean-Luc Steinmetz, *Pétrus Borel*, Fayard, 2002, p. 133.

41. Numéro du 28 novembre 1874, p. 663-667. La nouvelle ouvre le numéro et elle est surmontée d'une eau-forte. Elle est signée « TRIST. », indication reprise dans la table des matières sous la forme « Trist » (sans point d'abréviation).

42. Émile Drougard dans « Tristan Corbière » (*L'Âge nouveau*, n° 25, 1948, p. 41), qui avait révélé « L'Américaine » dans *Les Nouvelles littéraires* du 27 avril 1940, note – remarque bien tardive – à propos de ce surnom : « Quelques minutes d'entretien avec les descendants de ceux qui ont connu Tristan et son entourage suffisent à donner la clé de l'énigme. Quand ils évoquent le souvenir de l'étrangère qui a tenu une si grande place dans les dernières années du poète morlaisien, jamais ils ne la nomment autrement que l'*Américaine*. »

43. Ébauche manuscrite de nouvelle donnée p. 912-913 des Œuvres de Corbière dans la Bibliothèque de la Pléiade. Elle commençait à la p. 20 des *Amours jaunes*, en face de « Féminin singulier » et se poursuivait jusqu'à la page 29.

44. On pense au « Bol de Punch » et à « Onuphrius » dans *Les Jeunes-France* (1833) de Gautier et à la nouvelle « Passereau » de *Champavert. Contes immoraux* (Renduel, 1833) de Pétrus Borel.

45. P.O. Walzer cite à propos de ce texte des notes inédites d'Y.-G. Le Dantec : « Une feuille de garde non identifiable porte cette fin de texte ; il précise "Le coin inférieur gauche de cette page est déchiré et les mots qui dépassent à droite ne présentent aucun sens." »

46. R. Martineau, *TC*, 1925, p. 29 : « [...] on le trouva un matin, chez lui, en habit de bal, couché sur le parquet, évanoui. »

47. L'établissement Dubois est décrit dans le n° 10 de *La Parodie*, du 23 octobre 1869. Le caricaturiste André Gill y était alors soigné pour une maladie des yeux. Sur la mort de Murger, voir le *Journal* des Goncourt, 28, 30, 31 janvier et 1ᵉʳ février 1861.

48. Voir « New Light on Tristan Corbière » d'Ida Levin, art. cit., p. 244.

49. R. Martineau, *TC*, p. 79. « Il écrivit à ses parents », dit Martineau pour introduire cette phrase.

50. Lettre à Vanier de la mère de Corbière, citée dans la préface qu'il écrivit en 1891 pour la réédition des *Amours jaunes*.

51. Voir R. Martineau, *TC*, p. 79.

52. Exemplaire relié par la suite et sous étui, collection June Vacher-Corbière.

53. Martineau, *TC*, p. 80.

54. Poème de Léopardi « Le Genêt » dans les *Canti*, Gallimard, coll. « Poésie/ Gallimard », 1982, p. 139-148 ; « L'Adieu » dans *Alcools* d'Apollinaire (1913).

55. Alexandre Arnoux, *Une âme et pas de violon. Tristan Corbière*, Bernard Grasset, 1930.

56. Le testament de Rodolphe a été établi par lui le 29 janvier 1875 au Mans : « J'institue pour ma légataire universelle en pleine propriété Mademoiselle Armida Julia Joséphina (dite Herminie) Cucchiani rentière, demeurant à Paris, Boulevard de Clichy, n° 14. En conséquence je lui donne et lègue tous les biens meubles et immeubles qui m'appartiendront au jour de mon décès et composant ma succession sans réserve./ Comme condition de ce legs universel, je la charge de payer les legs particuliers ci-après [...] Par suite de la mort de M. le comte de Battine, mon père, je désire réaliser la vente de mes biens et régler ce que nous pouvons devoir./ Pour le cas où je mourrais avant que cette liquidation ne soit terminée, je veux qu'aussitôt ma mort tous mes immeubles soient vendus et que tout le passif de la succession soit immédiatement et intégralement acquitté, avant que ma légataire universelle puisse prendre aucune partie des dossiers provenant de la réalisation de mes biens/ [...]/ « J'ai chargé Mr Joseph Chapin, expert à Dissé-sous-le-Lude de vendre mes biens et de liquider ce que je puis avoir [...] Je le nomme mon exécuteur testamentaire. Je lui donne la saisine de tout mon mobilier. Je veux qu'il ait le choix du notaire qui règlera ma succession. »

57. XVIIIᵉ arrondissement, décès, n° 1239. Joseph Chapin y est nommé « propriétaire », âgé de 48 ans.

58. Le dernier acte nommant Herminie date du 1ᵉʳ février 1878. Elle habite alors 31, rue Baudin dans le 9ᵉ arrondissement, tout près de Pigalle. La rue Baudin est devenue depuis la rue Pierre Semard. Dans cet acte, elle dénonce les pouvoirs donnés à J. Chapin qui – rappelons-le – avait été institué mandataire de la gestion de tous les biens de Rodolphe. Les Aiguebelles avaient été vendues l'année précédente. (Archives notariales des Archives de la Sarthe). L'actuel propriétaire des Aiguebelles est M. Bernard Mettray. Je remercie Laurent Manoury de m'avoir communiqué ces documents. D'après Micha Grin (*Tristan Corbière, Poète maudit*, ouvr. cit., p. 36), « L'imprimeur Bernouard, éditeur de Gourmont, avait su que la Cuchiani [*sic*] avait été concierge d'un immeuble sis dans une ruelle donnant sur la rue Caulaincourt [*et non* "Conlemcourt", *comme il est imprimé dans le livre*]. Lorsqu'il s'y rendit, elle était morte entre-temps aux environs de 1901-1902. Tout ce qu'il put tirer d'une locataire, c'est qu'elle lui avait confié avoir connu Corbière (Doc. pers.) ».

59. Vers de « Petit mort pour rire » dans les « Rondels pour après », dernière partie des *Amours jaunes*.

XVI

« Tristan suite »

Tristan mort, réduites étaient les chances pour que son livre, resté confidentiel, lui survécût. Édouard lui-même, à qui il était dédié par allusion, était décédé à son tour, et l'on voit mal les autres membres de sa famille soucieux d'assurer un avenir à ces *Amours jaunes*, jugées par eux, n'en doutons pas, scandaleuses ou sans intérêt. Pas davantage Aimé Vacher ni Ludovic, fidèles à leur ami poète, n'avaient les moindres moyens pour lui conférer la plus mince renommée.

Charles Le Goffic dans la préface qu'il donne à son édition des *Amours jaunes* en 1912 laisse entendre que ce livre assez tôt cependant fut recueilli par un groupe de jeunes bohèmes :

« Il est fort possible, en effet, et j'en croirais volontiers M. Luce et M. Paterne Berrichon, qu'un exemplaire des *Amours jaunes* découvert sur les quais par le dessinateur-poète Parisel, ait été communiqué d'assez bonne heure aux "Vivants", le cénacle poétique fondé en 1872 par Jean Richepin, Raoul Ponchon et Maurice Bouchor. Mais il faut donc que les membres du cénacle aient gardé jalousement pour eux cette révélation, car il n'en transpira rien dans le public jusqu'en 1883[1]. »

La remarque est d'importance, et elle nous rapproche de Rimbaud, lequel, en 1873 précisément, fréquenta ces poètes, notamment Richepin qui garda de lui plusieurs manuscrits des « Derniers vers[2] ». De ce trio qui s'était placé sous une enseigne bien significative revendiquant les actes de la vie plus que l'exercice formel de l'art et qui se plaisait à mener l'existence des Bohèmes, Jean Richepin devait devenir le plus remarquable, au point, plus tard, d'entrer à l'Académie française. On conserve encore la mémoire de Ponchon[3] qui égaya toute une génération par la « gazette rimée » dont il approvisionna régulièrement *le Courrier français* de 1886 à 1908, et il arrive que l'on récite avec bonne humeur les vers bachiques de sa *Muse au cabaret* que n'aurait pas désapprouvés Gustave Mathieu, le chansonnier ami de Tristan. Sur Bouchor[4], en revanche, s'est refermé un compréhensible oubli que ne sauraient dissiper ses recueils inspirés de chansons populaires. Richepin très tôt s'était imposé dans les brasseries du Quartier latin par sa silhouette de bourodeur, son solide visage de poète barbu et chevelu prêt à narguer les crânes dégarnis et les mentons glabres. Il se plaisait à rappeler sa jeunesse errante aux cent métiers : matelot, porte-faix, débardeur. Il avait fréquenté de près les Communards, le caricaturiste André Gill et Jules Vallès auquel il avait consacré *Les Étapes d'un réfractaire*. Dès 1876 sa *Chanson des gueux*[5] avait attiré sur lui l'intérêt. Ostensiblement marginale, elle montrait les pauvres et les rejetés de la société dans un langage recourant volontiers à l'argot. Par ce choix, trop systématique il est vrai, elle pouvait se rattacher à certaines pièces des *Amours jaunes*. Par la suite, *Les Blasphèmes* (1884) et *La Mer* (1886) accentueront cette inspiration hors norme que Richepin exploitera comme un gisement précieux apte à assurer sa popularité. On pense, dans un autre domaine, à Aristide Bruant, chantre attitré des marmites et des marles.

Comme Le Goffic s'en étonnera le premier, « Les Vivants » n'ont pas réellement propagé l'œuvre de Corbière, à supposer même qu'elle leur soit tombée entre les mains. Il revient donc pleinement à « Pol Kalig[6] » de l'avoir révélée. Ce truchement reconnaissant avait moins de mérite à la redécouvrir, car il n'était autre que Jules-Édouard Chenantais qui avait bien connu Tristan dans sa jeunesse et qui l'avait revu maintes fois par la suite. On se souvient qu'en 1860 Tristan, quittant le lycée de Saint-Brieuc, était entré comme externe au lycée de Nantes et que l'hébergeait sa tante Marie-Augustine Puyo, mariée au docteur Jules Chenantais. « Pol Kalig », l'un de leurs fils, avait alors presque sept ans, et il devait garder quelque souvenir du jeune homme qui logeait chez eux, rue Jean-Jacques Rousseau. À plusieurs reprises il avait revu Tristan, soit à Morlaix, soit à Roscoff, lors de réunions de famille, voire même au cours de promenades en mer sur l'un des cotres du poète. Lui qui aimait aussi écrire et griffonner des vers, il avait admiré le fameux bouquin, publié à Paris par son cousin et qui témoignait d'une franche originalité. Jules, tout en poursuivant ses études de médecine, éprouvait surtout un irrésistible penchant pour le monde artistique où il aurait voulu vivre à plein temps pour déployer ses multiples dons, car, rimant à ses heures, jouant du violon avec Emma Puyo pianiste et harpiste, peignant et dessinant, il montrait aussi une habileté multiforme dans différents travaux manuels. Ophtalmologue reconnu, il avait cependant abandonné son métier pour se consacrer entièrement à ses dadas préférés et, sur les traces de Tristan, avait touché de près le milieu de la Bohème, victime à son tour d'une *murgerisation* galopante. Dès 1881, sous le pseudonyme bretonnant de Pol Kalig, il avait publié chez le bibliopole du quai Saint-Michel Léon Vanier un opuscule dont le titre valait comme une référence explicite à Corbière, à une époque où personne, du reste, n'était capable de repérer une telle connivence : *Amour de chic, histoire de brasseries* faisait écho au « Bohème de chic » de Tristan. La couverture de l'opuscule montre debout une femme en jupe longue, les cheveux rassemblés en chignon, fumant la cigarette et tenant haut un plateau sur lequel sont posés des verres à pied et des verres à liqueur. Une cascade de petits anges l'environne. Dessinée au premier plan sur la partie inférieure droite de la couverture, une chope porte sur son flanc l'étiquette

Léon Vanier
Éditeur
QUAI St Michel 19
Prix 0,50 c
PARIS

Une pipe inclinée sur le côté gauche est accrochée à l'anse de la chope.

En quatrième de couverture se voit une liste d'ouvrages en vente à la librairie Vanier. Tous étaient publiés à compte d'auteur et imprimés par Léo Trézenik, dont nous parlerons bientôt. Parmi ceux-là on relève de Vanier lui-même *Les Vingt-huit jours d'un réserviste,* 54 croquis à la plume, et les *Lettres et pamphlets* de Paul-Louis Courier. Le reste vaut de nos jours comme curiosité, symptomatique, au demeurant, où je glane *Journée d'un carabin* par Pierre Infernal dudit Trézenik et les *Poèmes de la Dèche*, sonnets réalistes, plaquette de Gaston Dorival.

L'ouvrage de Kalig est dédié à une « mademoiselle Rachel, de la Comédie humaine », qui, bien différente de la Rachel, illustre sociétaire de la Comédie française, se contentait d'être servante d'estaminet. Il s'ouvre sur un premier sonnet, intitulé « Frontispice », où Tristan aurait pu reconnaître sa manière, en moins bien : accentuations de la caricature et forçage du trait :

« Le bitume crachait sa boue, épais catarrhe.
Tout était gris. La brume envahissait Paris,
Rivant à tous les nez un diamant bizarre…
Lui suait dans sa peau son dégoût incompris.

Se jeter à la Seine était trop mélodrame :
Il fendit sa torpeur d'un geste décidé.
Il avait trouvé pis – se jeter à la femme –
Suicide comme un autre et bien moins démodé.

Il voulait s'amuser : ou la Morgue, ou l'alcôve.
Dans une étuve à bocks, il entra comme un fauve,
En secouant au gaz sa crinière d'ennui.

… Un étrange parfum semblait émaner d'ELLE…
Alors au chatoîment nacré de sa prunelle
Il empoigna son luth et rima ça pour lui. »

Les douze sonnets qui suivent portent souvent l'empreinte de Tristan et, par là, retiennent le lecteur. Pour mémoire, j'extrairai du sixième ces deux vers :

« Te voir, confite en toi, replaquer quelques mèches,
Étudier ton type à l'éternelle union,

et du septième :

« Mais que te sert enfin de tordre ta pensée
À chercher une pose, un reste de fraîcheur
Dans cette huître – la femme – à coquille percée ? »

Il revient à cet original de Pol Kalig d'avoir été le précieux Hermès des *Amours jaunes*. Ses fréquentations parisiennes lui font atteindre le bon port. Il entre en relation avec Léo Trézenik, de son vrai nom Léon Épinette, à la fois imprimeur (pour le compte de Léon Vanier), chroniqueur, poète et directeur depuis mars 1882 de *La Nouvelle Rive gauche*. Ancien membre des Hydropathes, il avait fondé cette revue avec Georges Rall et Charles Morice et l'avait bientôt rebaptisée du nom de *Lutèce*. Elle accueillait les jeunes poètes et soutenait Verlaine qui refaisait enfin surface après ses années de prison et de *poet farmer* avec Lucien Létinois, mort en mars 1883. Charles Morice, qui deviendra l'un des théoriciens du symbolisme, assure qu'il fit se rencontrer Trézenik, Verlaine et Kalig. Par lui, la scène a été fixée une fois pour toutes[7]. Réelle ou légendaire, elle rayonne désormais de sa lumière propre :

« J'ai eu le bonheur, en compagnie avec mon ami Léo Trézenik, – un écrivain charmant, prématurément mort et injustement oublié – de faire connaître *Les Amours jaunes* à Paul Verlaine. Cette nuit de l'hiver 1883 durant laquelle nous lûmes, Trézenik et moi, tour à tour, le précieux volume, de sa première à sa dernière page, au maître de *Sagesse*, est un des plus chers souvenirs de ma carrière littéraire.

Quelques vers cités de mémoire auparavant avaient excité la curiosité de Verlaine. Comme Trézenik ne voulait pas se séparer de l'exemplaire qui lui avait été prêté par le docteur Chenantais, c'est Verlaine lui-même qui sollicita une lecture en commun.

Inoubliables heures ! Du commencement à la fin – notez ce trait singulier – Verlaine ne cessa de rire, et aux passages les plus émouvants, les plus poignants, son rire nous interrompait : du rire où il y avait des larmes. Et ce rire, expression naturelle de l'enthousiasme chez cette âme toute de prime-saut et divinement enfantine, était si beau que nous l'admirions lui-même comme un poème.

À coup sûr, Verlaine reconnaissait en Corbière un frère de son génie [...] ».

Dès 1885, Trézenik, avait rappelé cette période en évoquant Kalig, « un cousin et un élève de Tristan Corbière ; [...] qui, aujourd'hui médecin dans une de nos grandes villes, a, voilà quelque cinq ans, publié, chez le même Vanier sous ce titre : *Amour de chic*, une très curieuse douzaine de sonnets d'un corbiérianisme très particulier et très *personnel*, et que j'engage fort les curieux des lettres à placer, si cette plaquette n'est pas épuisée, au bon coin de leur bibliothèque ; Pol Kalig, qui m'a, au bon temps de notre intimité, révélé Corbière, comme il m'a été donné de le révéler à Verlaine, à Tridon et à quelques autres[8] [...] »

Le récit de Morice date la soirée de lecture de l'hiver 1883, c'est-à-dire, si l'on compte bien, du premier trimestre de cette année, puisque fin août 1883 commencera à être publiée dans *Lutèce* la série des « Poètes maudits » consacrée successivement à Corbière, à Rimbaud et à Mallarmé, le texte sur Tristan, ainsi que l'avant-propos, étant publiés dans trois numéros des 24-31 août, 31 août-7 septembre, et 21-28 septembre.

À la mi-août, Verlaine, s'adressant à Stéphane Mallarmé, avait signalé un « petit journal très bien fait par des jeunes gens hautement intelligents, *Lutèce* », où devait paraître « une série d'articles intitulés *Les Poètes maudits* ». « J'aurai naturellement besoin d'expliquer ce titre en tête de mon travail et cette espèce de sous-titre, *Les Poètes absolus*[9]. » Il semblerait, par conséquent, que sa lecture de Corbière ait plus particulièrement stimulé en lui l'idée de regrouper des personnalités méconnues. La notion même de « poètes maudits », en compétition avec celle de « poètes absolus », reste floue dans l'avant-propos général qui précède le texte sur Corbière. Si « poètes absolus » porte au plus haut l'intensité qui émane de la poésie, l'adjectif « maudit », plus tapeà-l'œil (« calembour », comme disait Baudelaire à propos du titre de ses *Fleurs du mal*[10]) renvoyait (et continue de le faire) à une tradition lisible dans le *Stello* de Vigny : « Le Poète a une malédiction sur sa vie et une bénédiction sur son nom[11] ». Des maudits, Verlaine n'en avait que trop croisés en lisant les poèmes de Rimbaud, par exemple, évoquant dans « Paris se repeuple » « la clameur des maudits », affirmant dans « L'Homme juste » : « Je suis maudit, tu sais ! Je suis soûl, fou, livide » et assurant dans *Une saison en enfer* : « Maintenant je suis maudit ». Il retrouvait maintenant dans « Élixir d'amour » de l'*autre* un semblable humour :

> « Mais ma musique est maudite,
> Maudite en l'éternité ».

Quelles que soient les raisons qui ont déterminé Verlaine à choisir cet adjectif, le titre *Les Poètes maudits*, dont on ne songe jamais à interroger l'exacte résonance idéologique, a conféré à Tristan la célébrité posthume qui lui manquait jusqu'alors. Rallié à l'exceptionnel duo antithétique de Rimbaud le voyageur et de Mallarmé le sédentaire, il offrait l'aspect inouï de l'inconnu par excellence (auquel une chance, encore plus imprévue, aurait pu joindre Isidore Ducasse !). Dans l'opuscule qui les rassemblera pour l'ébahissement de la plupart des lecteurs, leurs portraits photogravés par Blanchet donnaient quelque idée de ce qu'ils furent. Verlaine, le 2 novembre 1883, souhaitait le « mirifique frontispice[12] » de l'original des *Amours jaunes* que, quinze jours plus tard, il nomme la « truculente eau-forte[13] ». Il lui préférera néanmoins, provenant de Pol Kalig et à lui confiée par Trézenik, la photo de Corbière faite à Paris dans les dernières années. Dans l'avertissement à propos des portraits ci-joints[14], il ne perçoit pas la laideur de Tristan (à dire vrai, peu prononcée sur ce portrait). Plutôt il estime celui-ci « très hautain, très "vais m'en aller" » – ce qui est dans la pure ligne de Corbière. « Il y a quelque chose d'impassible dans ces visages bizarres et tous les trois très beaux ». Verlaine généralise. Laissons-le faire, sans trop y croire : « […] les vers de ces chers Maudits sont très posément écrits […] leurs traits sont calmes. » Bien sûr, épuisées les tempêtes et passées toutes les catastrophes, la fixité de la pose pouvait donner l'impression d'un pareil calme « comme de bronze, un peu de décadence », effigie ou médaille absolvant la malédiction si notoirement subie auparavant.

Le principal mérite de Verlaine, mérite journalistique, s'entend – et lui-même s'était appliqué ce qualificatif – a été de révéler un inconnu. Qu'il l'ait placé non loin de Rimbaud et de Mallarmé montre suffisamment quel fut son enthousiasme de primesaut (qui peut-être motiva la série). Les renseignements colportés par Kalig, quoique réduits à peu de choses, seront suffisamment dommageables pour l'avenir. Car Tristan, Breton et marin (marin audacieux au péril des flots), ne s'évadera jamais tout à fait de cette image burinée par Verlaine l'adjugeant à ses sites d'Armor, à son cher Océan. Verlaine, après s'être attardé sur le Corbière parisien, le railleur, le dédaigneux, achève, en effet, sa notice en donnant la part belle au « Breton bretonnant de la bonne manière », expression désastreuse, au moment même où *Les Poètes maudits* élargissait l'audience de ce Morlaisien de nulle part, de ce Roscovite du monde entier, échappé de son cercueil. Dernière malédiction de Tristan[15] !

En tant que complément de cette notice, les souvenirs de Morice doivent être rappelés. Car l'effet des *Amours jaunes*, inattendu pour ceux qu'attendrissaient de nombreuses pages du volume, fut de provoquer chez le Pauvre Lelian un rire continuel, outrepassant de beaucoup la compassion que parfois appelaient ces textes, leurs rages, leurs embardées, leurs élancements douloureux. Rire que je ne pourrais mieux comparer, en l'occurrence, qu'à celui que souleva dans le groupe des amis de Kafka la lecture de *La Métamorphose*. Un tel rire a pour nom « humour » et Verlaine, maladroit quand il parle de Corbière, en a cependant ressenti le caractère typique à un moment où la littérature française était seulement sur le point d'accueillir, voire de produire cette touche désespérée, ce redressement de dernière minute, ce funambulisme et ce jeu de bilboquet avec un crâne. Devant pareille hilarité Trézenik, Morice et Kalig s'avouèrent d'abord décontenancés. Un regret vient que Verlaine, pour l'avoir si fort éprouvée, n'ait pas su la dire, luimême, du reste, avançant la bonne excuse : « comment exprimer ses sensations avec ce monstre-là ? »

Le rire de Verlaine n'était assurément pas un souvenir de sa cohabitation avec Rimbaud, capable plutôt de sarcasmes. Et il fallait une évolution des mentalités pour que *Les Amours jaunes*, à l'heure de leur temps, lui inspirent une réaction de ce genre. C'était certes limiter Corbière à sa surface, à la fois rude et chatoyante, aux variations de sa peau de serpent, s'avouer pris au piège de ses calembours et de ses coq-à-l'âne.

*

Montrant Corbière sortant de son 10 rue Frochot, je l'ai fait passer tout près de là au 12, rue de Laval ou bien, à d'autres moments de la journée ou de la nuit, longer le 84 du boulevard Rochechouart. Il côtoyait ainsi des lieux où sept ans plus tard ses poèmes auraient assurément trouvé l'audience qui leur convenait. En cet endroit, en effet, allait s'ouvrir au 84, en novembre 1881 le premier cabaret du *Chat noir*[16] orné de l'inoubliable enseigne créée par Willette. Bientôt, dans un local exigu, mais meublé avec autant de bizarrerie que le « Casino des Trépassés », se succèderaient chansonniers et poètes, relayés par le théâtre d'ombres – aussi bien Allais que Dauphin, Gill que Goudeau, Krysinska que Gabriel de Lautrec, Mac-Nab que Marsolleau, Moréas que Richepin, Rollinat que Xanrof, tous accueillis par le gentilhomme cabaretier Rodolphe Salis. Cet esprit chatnoiresque, il est évident que Tristan à l'avance le portait en lui, alliage d'une parfaite impertinence, d'une alchimie verbale ultra phonétique, de sarcasmes autoflagellateurs, nulle idée, nulle réalité n'étant préservées du néant qui menace. Et l'intronisation des *Poètes maudits* de Verlaine eut lieu – à n'en pas douter – à la faveur de cette révolution joyeuse orchestrée par ceux que l'on doit bien considérer comme les premiers humoristes de notre langue, à peine annoncés par le premier Musset (celui qui procède de Byron) et les chers « petits romantiques », dont je conteste cependant le regroupement sous pareil vocable.

Parmi eux, Armand Masson avait pris quelque avance sur Verlaine en consacrant l'une de ses fréquentes collaborations à *La Chronique parisienne* (celle du 2 juillet 1882) à « Un poète inconnu », sans, du reste, en afficher immédiatement le nom, pour réparer, au besoin, une flagrante injustice. Si, avec prudence il parlait d'« un cas curieux de pathologie littéraire », il n'hésitait pas toutefois à citer de Tristan une poignée de poèmes qui ne sont pas nécessairement ceux que l'on aurait attendus. C'est ainsi qu'il donne la plutôt médiocre « Pipe du poète », quelques quatrains d'« Un jeune qui s'en va » (nommant Hégésippe Moreau, Lacenaire et Byron), quatre vers raillant Lamartine (« Le Fils de Lamartine et de Graziella ») et ce qu'il appelait un « petit chef d'œuvre incompréhensible et charmant », à savoir « À la mémoire de Zulma ». La révélation n'avait guère eu le temps de se faire, d'autant plus que très peu d'informations l'accompagnaient. On apprenait seulement que Masson avait eu la bonne fortune de trouver ce volume sur les quais et qu'il l'avait lu d'un trait, « avec stupeur », frappé par « l'intensité de cette poésie » et son « caractère d'étrangeté ». Plusieurs lecteurs ayant souhaité en connaître plus, Masson avait assouvi leur curiosité dans une livraison suivante par seize quatrains extraits de la « Rapsode foraine ». De lui Verlaine aurait pu lire toutes ces pages prémonitoires, mais tout prouve qu'il n'en fut rien, puisque, un an plus tard, Trézenik fut auprès de l'auteur des *Poètes maudits* le principal intercesseur.

Armand Masson aura quelque importance dans la vie du temps et ce n'est pas un hasard si on le retrouve au *Chat noir*, établissement « artistique » où la loufoquerie corbiéresque imprégnait les murs. Mais un autre collaborateur de la revue, Léon Bloy, allait dans ses colonnes réagir âprement aux *Poètes maudits* de Verlaine par un article : « On demande des malédictions »[17] qui, de nos jours, nous paraît manquer de clairvoyance, car il critique sans nuance et Rimbaud et Mallarmé. Seul le poète des *Amours jaunes* y est épargné au détriment des deux autres : « Pour ce qui est de Tristan Corbière – assure Bloy –, encore une fois il est inouï de le rencontrer en ces grotesques accointances. Celui-là était vraiment un poète, non *tout-puissant* et *absolu*, comme le prétend ridiculement M. Verlaine, mais néanmoins très touchant et très terrible quand la volonté d'être un fou ou la folie de paraître un indomptable volontaire ne le faisait pas divaguer. » Bloy estime « La Fin » comme « de premier ordre dans le genre pathétique amer » et considère « Le Pardon de sainte Anne » comme un « miracle de beauté poétique et de sentiment naïf » – ce qui ne l'empêche pas de dauber, au rebours de Verlaine, le portrait de Tristan qu'il juge « nul d'expression ». « Le marin poète a l'air d'un commis du *Bon Marché*, d'un employé des contributions indirectes ou de tout autre drôle du même département intellectuel ».

*

Grâce à Verlaine, Corbière avait trouvé droit de cité dans la République des Lettres. Il restait cependant comme un objet indéfinissable, ovni ou météore – ce qu'il demeure aujourd'hui. Son livre, retenu par fragments, ou récupéré *in extenso* sur les quais ou cueilli dans la boutique de Vanier, allait exercer son emprise, révéler son imprévisible fécondité et, à moins de le remiser dans une solitude orgueilleuse et inapprochable, mener jusqu'à Laforgue, qualifié parfois de « Breton de Montevideo ». Pas plus que Corbière, Laforgue n'occupe dans l'histoire de la littérature la place qu'il mérite. Faute, assurément, d'être un classique potentiel. Dédaigneux, lui aussi, et d'une inquiétante drôlerie fortement teintée, qui pis est, de schopenhauerisme. Un an après *Les Poètes maudits*, il publiait chez Vanier ses *Complaintes*. Et la plupart des lecteurs, évidemment familiers du livre de Verlaine, ne manquèrent pas d'apercevoir dans ce volume l'influence présumable de Corbière. Verlaine ne tarde pas à faire ce rapprochement dans une lettre[18] à Vanier et Trézenik, sous le pseudonyme de Mostrailles, le considère comme chose acquise :

« [...] M. Jules Laforgue trempé, imbu, sursaturé de Corbière, a poussé jusqu'à l'extravagance le procédé de l'auteur des *Amours jaunes*.

Corbière, menfoutiste bien avant que *Lutèce* inventât le mot, blague *tout* et jusqu'à lui-même (ses mélancolies subites, comme ses velléités d'amour, ses attendrissements incoercibles et si humains comme ses apitoiements navrés), avec la même désinvolture et la même férocité implacable. Fumiste de fait sans l'être d'intention. M. Laforgue lui, raille aussi, mais amèrement. On sait qu'il a la foi, qu'il croit à *sa mission*, et ce plomb alourdit l'impertinence que son dédain veut lancer au nez du siècle.

Et puis – reproche à mon sens, beaucoup plus grave – M. Laforgue n'accuse pas le moindre souci de clarté, cette « clarté si éminemment française ». Là où Corbière s'auréole d'une brume légère, dans les volutes de laquelle les initiés se retrouvent, M. Laforgue se complaît à siéger dans une bouteille à l'encre de la plus indéniable opacité[19]. »

Laforgue s'était empressé de répondre dans un des numéros suivants de *Lutèce* (4 octobre) par une précise mise au point, où il insistait sur sa découverte tardive des *Amours jaunes*, sans nier de patentes coïncidences entre les deux œuvres – ce qui suppose des familles d'esprit semblables apparaissant au même moment dans une époque donnée.

« [...] Tout le monde me jette Corbière à la tête. Laissez-moi vous confier pour la forme que mes *Complaintes* étaient chez Vanier six mois avant la publication des *Poètes maudits* et que je n'ai tenu le volume des *Amours jaunes* qu'en juin dernier (un rare exemplaire acheté chez Vanier).

Ceci confié, je me reconnais décidément un grain de cousinage d'humeur avec l'adorable et irréparable feu Corbière. Je vais publier une étude dévouée sur son œuvre, et me reportant à mes *Complaintes*, je crois pouvoir démontrer ceci :

Si j'ai l'âme de Corbière un peu, c'est dans sa nuance bretonne et c'est naturel ; quant à ses procédés point n'en suis : ce sont, triplés et plus spontanés, ceux d'Anatole de *Manette Salomon*, de Banville, de *Charles Demailly*, des *Frères Zemganno* et des pitres déchirants de *La Faustin*.

Corbière a du chic et j'ai de l'*humour* ; Corbière papillotte et je ronronne ; je vis d'une philosophie absolue et de tics ; je suis bon à tous et non insaisissable fringance ; je n'ai pas l'amour jaune mais blanc et violet gros deuil ; – enfin Corbière ne s'occupe ni de la strophe, ni des rimes (sauf comme un tremplin à *concetti*) et jamais des rythmes, et je m'en suis préoccupé au point d'en apporter de nouvelles et de nouveaux ; – j'ai voulu faire de la symphonie et de la mélodie, et Corbière joue de l'éternel crin-crin que vous savez[20] [...] »

La même année 1884, Huysmans publiait ce qui allait devenir la Bible de toute une génération, le très curieux et sélectif *À rebours*. Le quatorzième chapitre introduisait dans la bibliothèque de des Esseintes et, parmi des raretés, nommait *Les Amours jaunes*. Après avoir abondamment parlé de Verlaine, Huysmans écrivait :

« D'autres poètes l'incitaient encore à se confier à eux : Tristan Corbière, qui, en 1873, dans l'indifférence générale, avait lancé un volume des plus excentriques, intitulé : *Les Amours jaunes*. Des Esseintes, qui, en haine du banal et du commun, eût accepté les folies les plus appuyées, les extravagances les plus baroques, vivait de légères heures avec ce livre où le cocasse se mêlait à une énergie désordonnée, où des vers déconcertants éclataient dans des poèmes d'une parfaite obscurité, telle que les litanies du *Sommeil*, qu'il qualifiait à un certain moment d'

« Obscène confesseur des dévotes morts-nées ».

C'était à peine français ; l'auteur parlait nègre, procédait par un langage de télégramme, abusait des suppressions de verbes, affectait une gouaillerie, se livrait à des quolibets de commis-voyageur insupportable, puis, tout à coup, dans ce fouillis, se tortillaient des concetti falots, des minauderies interlopes, et soudain jaillissait un cri de douleur aiguë, comme une corde de violoncelle qui se brise. Avec cela, dans ce style rocailleux, sec, décharné à plaisir, hérissé de vocables inusités, de néologismes inattendus, fulguraient des trouvailles d'expression, des vers nomades amputés de leur rime, superbes ; enfin, en sus de ses *Poèmes parisiens*, où des Esseintes relevait cette profonde définition de la femme :

Éternel féminin de l'éternel jocrisse,

Tristan Corbière avait, en un style d'une concision presque puissante, célébré la mer de Bretagne, les sérails marins, le Pardon de Sainte-Anne, et il s'était même élevé jusqu'à l'éloquence de la haine, dans l'insulte dont il abreuvait, à propos du camp de Conlie, les individus qu'il désignait sous le nom de « forains du Quatre-Septembre[21] ».

Plus que chez Verlaine, l'œuvre de Tristan trouvait là un lecteur à sa mesure et les poèmes cités prouvaient bien que, de son côté, Huysmans s'était procuré le volume des frères Glady et l'avait examiné avec le plus grand soin, en dénotant ses particularités stylistiques et le ton dominant de ces pages.

La conjonction des *Poètes maudits* et d'*À rebours* mettait en lumière cet « à-peu-près d'artiste » et commuait la peine du « Poète contumace » en renommée quasi éternelle. Ce mouvement d'intérêt allait se développer selon les admirables et indescriptibles lois qui assurent aux chefs d'œuvre leur seconde naissance, si nécessaire lorsque l'on considère leur régression pendant des années dans des limbes qui auraient pu les absorber au fond d'un oubli définitif. Il est bien remarquable en effet qu'aux alentours de 1890 tout se passe comme si un secret mot d'ordre avait été prononcé pour que soient de nouveau visibles – et plutôt en gloire d'icônes – les livres-clefs, les livres-phares jusqu'alors repoussés, refusés ou cachés. En 1890 en effet, sont publiés chez Léon Genonceaux *Les Chants de Maldoror* du comte de Lautréamont. L'année suivante, toujours chez Genonceaux, vient le tour des *Poésies* de Rimbaud (*Le Reliquaire*) et, chez Vanier, des *Amours jaunes* de Corbière. Le livre de Tristan se présente alors sous l'aspect d'un in-18, de 256 pages, précédé d'une préface due à Vanier lui-même. On y trouve les versions initiales d'« Épitaphe », d'« Un sonnet », d'« Aurora », intitulé « Aquarelle », et une pièce inédite « Sous un portrait de Tristan Corbière[22] ». La préface de Vanier fait le point, cite les quelques articles devenus canoniques. La fameuse soirée avec Verlaine y est évoquée comme moment inaugural. Vanier s'enchante à parler de la séquence « Gens de mer » dont il rappelle « Lettre du Mexique », « Le Mousse » et « Le Douanier ». Il donne ensuite un assez long extrait des « Notes sur Corbière » qu'avait publiées Laforgue dans les *Entretiens politiques et littéraires* (avril-mai 1885) et, que nous citerons bientôt, tout comme il met sous les yeux du lecteur l'article de Mostraille sur *Les Complaintes* (9-16 août) et la réponse de Laforgue à ce sujet (*Lutèce*, 4 octobre), occasion pour lui de signaler en note : « Va paraître bientôt une étude sur Corbière de Pol Kalig, son cousin et ami. » Des renseignements biographiques complètent cette préface qui ne se paie pas d'audace, puisqu'elle se contente de rassembler des textes antérieurs. On y voit de rares informations fournies par la mère de Tristan, la mention de la « Pastorale de Conlie » parue dans *La Vie parisienne*, de récentes notes données dans *La Plume* (n° 9, 15 août) par Vincent Huet. Vanier semble ignorer, en revanche, « Un poète de la mer », important article[23] confié au *Figaro littéraire* du 31 mai 1889, où Jean Ajalbert parle de la façon la plus appropriée de Tristan. Ce texte porte une indication locale « Kerlouan », celle-là même que l'on retrouve à la fin du « Naufrageur », et qui désigne une localité située à une trentaine de kilomètres de Morlaix, près de la grève de Goulven et de Brignogan.

Après avoir redonné intégralement « La Goutte », poème presque à déclamer, Ajalbert se ravisait de la sorte : « Tout de même, il faut que je cite quelques-uns de ses vers parisiens, ces deux pièces *inédites* : elles ont été copiées sur l'exemplaire de l'auteur par un de ses amis, M. Pol Kalig, qui doit être remercié bien fort de les avoir sauvés de l'oubli. » Il donnait alors pour la première fois « Paris diurne » et « Paris nocturne », et l'on doit regretter que Vanier, profitant de cette publication, ne les ait pas intégrés dans son édition des *Amours jaunes* de 1891. En revanche, Vanier citait – comme il fut déjà dit – de longs extraits des notes de Laforgue publiées posthumes (Laforgue était mort trois ans auparavant). Ces notes[24], aujourd'hui encore, constituent la meilleure étude inspirée par *Les Amours jaunes*. Est-ce proximité de tempéraments, acuité de la lecture, opportunité motivée par l'espèce de compétition qui s'était instaurée bien malgré Corbière entre les deux poètes, pourtant si différents, au point que cette dissemblance permet à Laforgue de détromper ceux qui longtemps les rapprochèrent ? Il était temps qu'il se justifiât face à la troupe de ses détracteurs le traitant sans scrupule d'imitateur. En notations brèves, en traits, Laforgue touche juste. Au contact de Corbière ce qu'il aurait pu avoir de corbiérien devient inéluctablement « lui », apporte la leçon d'un style critique. Personne, par la suite, pour avoir atteint ce degré de compréhension et d'estime, voire de nuances, auxquelles il était d'autant plus convoqué qu'il y allait de son originalité même.

UNE ÉTUDE SUR CORBIÈRE. – Bohême de l'océan ; chantant le matelot breton libre et méprisant les terriens. Picaresque et falot (a pris ce prénom Tristan : chevalier errant de la *Triste figure*).

Cassant, concis, cinglant le vers à la cravache. Sa préface porte en titre : *Ça*, noyé en une page blanche. Mais jamais d'ordures, d'obscénités voyantes de commis.

Strident comme le cri des mouettes et comme elles jamais las. (Le vent des côtes de Bretagne lui a fait trouver et aimer le verbe *plangorer*.)

L'eau-forte, un profil de satyre libidineux et falot, maigre, qui a bien roulé, inculte, trempé par l'averse du large qu'il regarde en face, attaché les mains au dos à un mât, près d'une borne, son feutre à terre.

À chaque sortie il avertit : vous savez ! me prenez pas au sérieux. Tout ça, c'est fait de chic, je pose. Je vais même vous expliquer comment ça se fabrique.

*

Deux parties :

Une où il *raconte en vers* sans armatures, ni volutes, qui se désagrégeraient sans le coup de fouet incessant de l'expression mordante et la poigne d'ensemble. – Sans esthétique. – Tout, et surtout du Corbière, mais pas de la poésie et pas du vers, à peine de la littérature.

L'autre *plus intime*, tout subjectif, replié sur soi ou à Paris ou sur l'eau et très-self aussi comme métier sans que ce métier soit riche, non un art mais une manière. Une tenue très chic, non une esthétique profonde.

Quant à l'éternel féminin, il l'appelle « l'éternel Madame » ; madame, ce joli mot des cours d'amour du moyen âge.

La femme qui fait des manières :

> En serez-vous un peu moins nue,
> Les habits bas ?

Il a connu la fille des congés à Paris… les exportations sous toutes les latitudes accablées.

Sensuel, il ne montre jamais la chair ; miracle, il n'y a pas un sein, une gorge dans ses vers ; encore moins des ventres et des cuisses. Il n'indique que le coup de hanche, le tour de main, l'air de tête… ombrelle, éventail.

Un léger priapisme de barrière.

La femme de Montmartre qui n'a qu'un art : la toilette, et qui ne la pousse que dans un sens, souligner son esthétique de pantin à la mode éphémère, pantin incassable comme les buscs de son corset. Vers nuls de la plus basse cuisine :

> Vous qui ronflez auprès d'une épouse endormie.

Mais toujours le mot net – il n'y a pas un autre artiste en vers, plus dégagé que lui du langage poétique. Chez les plus forts vous pouvez glaner des chevilles, images – soldes poétiques, ici pas une : tout est passé au crible, à l'épreuve de la corde raide.

Métier bête ; strophes de tout le monde ; oublis, réels oublis, dans les alternances des féminines et des masculines, rimes ni riches ni pauvres, insuffisantes et quelconques, et ne se permettant d'ailleurs rien – sauf la paresse, l'inattention prouvant radicalement une incurable indélicatesse d'oreille, par exemple ces tas d'alexandrins qui sans raison, par ci par là, n'ont que onze syllabes.

L'assonance imprévue ne lui est pas invite à musique exotique, mais tremplin à coq-à-l'âne.

Il n'est pas artiste, mais on pardonne tout devant des plaintes parfaites et immortelles comme : *Le poète contumace.*

Tout passé au crible ! On peut voir ça dans certaines pièces. Il écrit le titre, le sujet, le mot-sujet. Et là il se prend la tête, et cogne contre ce mot, l'assaille, et alors c'est une grêle de définitions, de jappements brefs, ainsi dans le *Sommeil* où, en strophes inégales chacune sur une seule et même rime féminine, durant une litanie de cent cinquante vers il le définit, une définition par vers, quelquefois, toujours avec point d'exclamation. C'est étourdissant, c'est de la folie à vide ; mettez-vous à sa place. C'est assurément après une de ces parties qu'il a dû se jeter à la mer comme point d'exclamation final.

Une lanterne magique montrant sous mille facettes colorées la même lumière qui est au centre – à la façon de Hugo, mais Hugo tourne comme un cyclone large symphonique à son aise, ici c'est un petit albatros.

                                        *

A une influence romantique, picaresque dans sa jeunesse ; pour le reste dans son volume pas la moindre trace de *Parnassien*, de *Baudelairien*.

Il a un métier sans intérêt plastique. L'intérêt, l'effet est dans le cinglé, la pointe-sèche, le calembour, la fringance, le haché romantique. Il est à l'étroit dans le vers – il abonde en parenthèses, en monosyllabes ; pas un vers à détacher comme beau poétiquement ; rien que curieux de formule.

Autrefois la rime et la raison étaient le difficile ; alors on mettait le mot original dans le corps du vers, et la rime arrivait comme elle pouvait, banale, et le plus souvent cheville, on passait sur la rime, on tâchait de se tirer de ses rimes, voilà tout.

Ensuite, on réagit contre cette école et toute la révolution se porta sur son point faible, la rime. Vous allez voir : tout le dictionnaire va passer à la rime ! et en effet. On fit des vers, en ayant l'œil surtout sur le bout des vers, le reste était oublié. Ce qui fait que les seules idées, les seuls mots personnels, étaient les mots appelés par la rime, il n'y avait d'effet que dans la rime.

Corbière lui rime, comme ça – *prêter* et *rimer, cousu* et *décousu, maison* et *non, jour* avec *jour* ; – deux quatrains d'un sonnet faits avec quatre verbes en *ser* et quatre substantifs en *elle* ! Un autre sonnet sur deux rimes ! La rime ne lui est jamais tremplin ; les entrelacements de féminines et de masculines, il les bouscule, par paresse.

Dans une pièce six masculines viennent après deux féminines puis la pièce reprend son alterné régulier. – Souvent ses vers ont une syllabe en trop ou en pas assez. Cependant jamais une pièce tout en féminines ou tout en masculines. Les mots en *ion* ont tantôt une tantôt deux syllabes, cependant il n'osera jamais faire rimer un singulier avec un pluriel. Rien de rythmes voulus, sauf un sonnet renversé.

                                        *

Il est trop tiraillé et a trop l'amour de l'ubiquité et des facettes et du papillotant insaisissable et la peur de pouvoir être défini, pour se laisser aller au long vers musical qui a toute sa valeur en soi ; la moitié de son vers est dans l'intonation, le geste et les grimaces du diseur, et alors il s'ingénie dans son texte à multiplier les lignes de points de suspension, de réticence et d'en allé, les tirets d'arrêt, les virgules, les : d'attention ! et doubles points d'exclamation.

Tout lui est tremplin, il vit de tremplins ; sa logique et son art ont pour devise : Au petit bonheur des tremplins d'idées ou de mots.

*

Son tremplin d'antithèse souvent s'étale naïvement dans sa fabrication élémentaire :

> Et si par erreur ou par aventure
> Tu ne me trompais – je serais trompé ;

déjeuner de jeûne – Son *épitaphe* est bâtie exclusivement sur ces pointes.

D'ailleurs tous ces gongorismes d'antithèse ne sont pas un jeu en l'air : il y a des racines. C'est l'homme qui déclare son amour et qui est dépité si on l'écoute, qui fuit la société et se lamente qu'on le laisse seul. L'enfant gâté qui ne sait ce qu'il veut, refuse sa soupe parce qu'on la lui prêche et pleurniche dès qu'on la lui enlève.

La lune reste pour lui la lune des vieilles estampes – romantique – des truands noctambules, Tantale évoquant l'absence d'un écu de cent sous. Il n'a pas été empoigné au cœur par les cosmologies modernes, les astres morts, les déserts stellaires sans échos. Il gambille, fait des moulinets, fait le borgne, le lépreux, l'amateur, le feu-follet des mares de Bretagne, narguant tous les octrois de la littérature, tous les douaniers de la critique, il croise le long des côtes, le long des corbières, pour l'amour de l'art.

Il a peur des ridicules lyrique, apocalyptique, fatal, poitrinaire, hystérique, lunaire, prudhomme, musical, sentimental, naïf, etc. et se pose un peu partout, rature, dit : Lyrique moi ? – jamais ! – et en effet le vers suivant est voyou.

Il veut être indéfinissable, incatalogable, pas être aimé, pas être haï ; bref *déclassé* de toutes les latitudes, de toutes les mœurs, en deçà et au delà des Pyrénées :

> Très réussi comme raté.

Très rarement la rime lui fournit l'esprit… et alors c'est toujours le même moule : un mot poétique à qui l'on donne en rime un mot vulgaire, du pavé ; et c'est le drame de deux mots presque homonymes et à mille lieux [sic] l'un de l'autre en tant que synonymie, le charme d'être vraiment attiré puis remballé comme une balle :

coquelicot et calicot,
pastille du sérail et ail,
paradis et radis,
Espagnole et Batignolles.

*

Il n'y a décidément pas trace de réminiscences dans ces poésies : ni sujets, ni métier. Ce n'est pas de l'originalité de quelqu'un revenu des romantiques et des parnassiens successivement, mais du primesaut à la diable. Il a lu, il le dit, il les nomme : on n'en retrouve rien.

Dans son poème sur le douanier garde-côte, il le déguste cet oiseau de mer avec sa poésie au large, faisant ses cent-pas, pipe, caban gris-bleu, dunes, horizons ; comme il l'aime, et alors comme il l'admire d'être :

Poète trop senti pour être poétique.

Ce fut l'art de Corbière. Pas de couchants, pas de poésie de la mer, pas de ciels, pas de spleens pantoumés. Nous sommes tous poétiques, nous avons beau faire, nous montrons toujours un bout du panache azur : lui n'est pas de chez nous, c'est un insaisissable et boucané corsaire hardi à la course. – Il adore le mot « contumace », on le lui surprend à plusieurs endroits, quand il veut frapper un coup et tout dire d'un mot – contumace... contumace... vivre par contumace... poëte contumace... artiste de proie...

*

Toujours sec, insaisissable, épave, sans cœur de chic.

Quand il parle des matelots bien qu'il s'acharne sur leur rude coque comme on n'en fait plus, leur vie de forbans (le vieux d'autrefois qui mangeait de l'anglais), de lupanar, de goëlands, mettant tous les terriens dans le même sac, il devient parfois romance, très-romance, mobile breton.

C'est raconté avec une prodigieuse épuration ; (Bitor), c'est condensé, ça pétille, tout est à prendre, la rime ne compte pas comme rime, on ne la sent pas. – Il fait de la peine à voir compter ses syllabes, alterner ses distiques par masculines et féminines, scander ses césures. Que n'a-t-il fait cela en prose c'est impossible à chanter, ce texte.

*

La plus fine, la plus ténue, la plus pure partie comme art : *Rondels pour après* ; de fines mauves pâles filigranées d'ironie sur un ton posthume.

Biographie

Mais il fut flottant mon berceau.
Fait comme le nid de l'oiseau
Qui couve ses œufs sur la boule.
Mon lit d'amour fut un hamac
Et pour tantôt j'espère un sac
Lesté d'un bon caillou qui roule. »

On ne peut sans doute mieux dire à propos de Corbière – dont ce fut
la chance d'être commenté par des poètes, les plus grands de son temps.
Laforgue tire là, en feux d'artifice, des impressions, au défi de la phrase
qui les relierait d'une volute plus savante. Des *Amours jaunes*, empruntant au besoin à l'auteur son vocabulaire : « cassant », « concis », « cinglant le vers à la cravache » (comme la jument Souris !), « cinglé » (le
sens argotique apparaissait à peine) – ce qui rejoint le masochisme
conscient du poète –, mais aussi « haché », « strident », « mordant »,
comme l'eau-forte initiale, voire « pointe-sèche », Laforgue parle en
s'enchantant de leur primesaut et revient sur ce mot d'atelier : le
« chic », dont Tristan s'est réclamé, sans méconnaître ce qu'il comportait de défauts, d'approximations, d'insuffisances, quand devant une
toile l'artiste se campe et avec une satisfaction drolatique conclut : « ça
a de la gueule ». Lecteur très averti (il est du métier), Laforgue distingue à plus ou moins juste titre deux parties dans l'œuvre, l'une narra-
tive, l'autre plus intime. En réalité, l'intime l'emporte. Puis, écartant
toute rivalité possible établie après coup, il voit en Corbière un poète
sans esthétique, dégagé du langage poétique, hors littérature. Sans bien
observer quelle révolution a proposé (comme lui) ce spontané de façade,
il le montre rimant « comme ça », peu soucieux des alternances entre
rimes masculines et rimes féminines, hésitant sur les diérèses. Mais il
définit l'essentiel (un certain essentiel) lorsqu'il emploie le terme de
tremplin (on pense, à coup sûr, au « Saut du tremplin » de Banville), en
songeant aux rebondissements perpétuels d'une pareille écriture – tremplin des mots et des idées, interactions et antithèses. Loin des confortables lyriques dont il s'est acharné à se distinguer, Tristan joue – au
lépreux, à l'amateur (l'ermite-amateur), au feu follet, pour se trouver.
Mais sans arrêt il « rature » – comprendre « il se rature », verbe auquel
« littérature » donne une paradoxale complétude.

Sensible aux litanies qui se développent là (ses *Complaintes* leur doivent quelque chose), Laforgue a perçu l'aspect oral de cette poésie,
constamment justiciable d'une intonation, digne d'être accompagnée
des gestes et grimaces d'un diseur. Si juste soit son commentaire, il

place Corbière dans un no man's land, une atopie poétique qu'exprime l'adjectif « insaisissable » : « papillotant insaisissable », « insaisissable et boucané corsaire », « insaisissable épave ». Il ne faut certes pas en conclure à un échec de la compréhension et certaines formules de ces notes ont la densité d'une estimation définitive : « payant tous les octrois de la littérature, tous les domaines de la critique, il croise le long des côtes, le long des corbières, pour l'amour de l'art. », à cette remarque près que « pour l'amour de l'art » n'implique nullement ici la recherche d'une esthétique, mais une conduite gratuite, superbe et solitaire. Quant au vocable spécifique de « corbière » désignant un chemin de douanier, il apparaît ici appliqué pour la première fois à Tristan, avant d'inspirer quelques modernes commentateurs peu soucieux d'indiquer leur dette envers ce précédent.

L'embarcation des *Amours jaunes* était-elle dorénavant sauvée, rescapée du naufrage attendu sous le pavillon des frères Glady. Les exemplaires de l'édition Vanier se vendent vaille que vaille. Corbière a droit de cité, même si quelques-uns raillent ses tours de saltimbanque. Un « aimable écrivain de troisième ordre[25] », dit de lui Léon Deschamps, le directeur de *La Plume* ! Il prend place désormais dans les indispensables anthologies, les *Portraits du prochain siècle*, par exemple, où Victor-Émile Michelet le rappelle en une page bien venue[26] :

– Alors, – me dit, pendant que nous sortions de la baie de Douarnenez, le matelot François Coulloc'h qui tenait la barre, – alors, vous êtes poète comme monsieur Corbière !

– Hein ? Tristan Corbière ?

– Eh ! oui ! Feu mon capitaine.

Et le matelot conta la vie du solitaire que l'Art n'a pas connu, qui n'a pas connu l'Art : les haltes à Paris, interrompant la libre vie à bord du *Redan*, – nom que le capricieux propriétaire avait écrit *Nader* à l'arrière du yacht, – les manœuvres follement audacieuses de Corbière, timonier gouvernant droit sur la tempête.

Corsaire breton qui crocha dans les cordes de la Lyre, avec la sauvagerie héritée de la mer et du sol granitique, Tristan Corbière passe sur les vagues des littératures comme à bord de son *Redan*, isolé et dédaigneux.

Inimitable individualité, d'où s'élance la clameur sainte de beauté des pèlerins de Sainte-Anne-de-la-Palud, et d'où l'on entend l'ironique grelot tintant si souvent aux poitrines qui ont intimement souffert. »

Plus décisive encore paraît la présence de Tristan dans le très remarquable, mais très éclectique *Livre des masques*[27] de Remy de Gourmont.

Comme il était de règle pour tous les « portraits » écrits par Gourmont, un bois gravé dû à Félix Vallotton figure en tête de la notice. À l'évidence il reprend les traits de la photo de Tristan faite à Paris chez Fontaine, successeur de G. Le Gray, et la photogravure qu'en avait donnée Blanchet dans *Les Poètes maudits*. Très au fait de la littérature de son temps, Gourmont reprend avec raison certains passages des notes de Laforgue dont il forme un centon. Puis il insiste en termes plus aigus sur la contradiction qui mobilise la poésie de Tristan, ce qu'il nomme plus loin « sa folie du paradoxal », et conclut à un « dandysme à la Baudelaire » on ne peut plus adéquat pour l'auteur des *Amours jaunes* faisant de la pose et de l'authentique les deux pôles de son univers en équilibre instable (la seule stabilité qu'il s'accorde s'appuyant sur les vers de ses poèmes). C'est, en effet, approcher Corbière à l'endroit de la blessure existentielle qui le parcourt, cette plaie mal cicatrisée de Roi pêcheur dans son château en ruines. Plus judicieuse encore paraît sa remarque sur l'« esprit » de Corbière qu'aucun n'avait vraiment défini, alors qu'il pointe à chaque vers. Gourmont, avec une fraîcheur critique admirable, le situe entre celui des cabarets de Montmartre (assurément il pense aux Hydropathes, puis au *Chat noir*) et les propos du gaillard d'avant – et nous rejoignons dès lors la tradition maritime colportée par Édouard le père et La Landelle. Voilà Tristan mis au nombre des « blagueurs », à condition de bien concevoir qu'une telle blague consonne avec celles d'Hamlet et de Yorick. Révélateur, comme il l'avait été pour les *Poésies* de Ducasse, Gourmont prend alors soin de recueillir les deux poèmes recopiés par Jean Ajalbert sur l'exemplaire personnel du poète.

Corbière, désormais, faisait partie du paysage de la poésie française. En 1904, Pierre Martineau allait lui consacrer l'insuffisante biographie que l'on sait, que ne tardera pas à suivre un numéro d'hommage de la revue *Les Marches de Provence* où les fantaisistes (Francis Carco, Jean-Marc Bernard) se réclament de son œuvre, alors même qu'un Charles Le Goffic donnait de celle-là une nouvelle édition[28] chez Albert Messein (1911), successeur de Vanier. Le texte de l'original, qui comportait de nombreuses fautes typographiques, en avait été revu par Charles Morice dont on se souvient qu'il était de ceux qui, toute une nuit de l'hiver 1883, avaient lu à Verlaine *Les Amours jaunes*. Les brouillons découverts par Martineau profitent à cette édition. Comme il était prévisible, la préface confiée à Le Goffic (de l'Académie française) risquait de restituer au pays d'Armor le Chevalier à la Triste figure. Pouvait-il échapper à un arraisonnement de cet ordre ? À le détacher de Laforgue son dioscure, on s'exposerait de nouveau à en faire le « Breton bretonnant » un peu fort proclamé par Verlaine. Après avoir rappelé le jugement de

Verlaine, Le Goffic distingue les pièces sentimentales, gouailleuses et généralement parisiennes, et les pièces bretonnes et maritimes. Il est le premier, sans doute, à la suite de Martineau, à s'attarder sur le Corbière laid, surnommé l'Ankou, et à affliger le poète d'une détresse physique expliquant l'origine de l'œuvre, non moins que l'origine même de « Tristan », ce grand pathétique amer, « qui exprime si bien ces coins déshérités de la Bretagne, entre Sibiril et l'Aber Vrac'h. [...] Le Corbière, que nous retiendrons, c'est surtout le Corbière d'*Armor* et *Gens de mer* ». Passant sur les « insupportables railleries » et les « puérilités » répandues dans certains poèmes, Le Goffic admire au plus haut point « Le Pardon de Sainte-Anne » et tant de pièces armoricaines dues à ce « grand poète d'ouragan », ce « tendre comprimé » – disait Pol Kalig –, « dévoyé sous le ciel parisien ».

Au même moment, cependant, c'est précisément cette autre partie de l'inspiration de Corbière et, à proprement parler, ses « Amours jaunes » avec « l'Éternel Madame », qui retenait l'attention des jeunes poètes Jean-Marc Bernard et surtout Francis Carco dont le poème « À l'amitié » dans le recueil *La Bohème et mon cœur*[29] montre Corbière « Tenant la toile, en matelot » :

> « Emporte-moi dans ton délire,
> Muse errante aux yeux chatoyants,
> Qui vaticines et prétends :
> « *Mon bout de crayon, c'est ma lyre* !
> Mais je n'ai plus de papier blanc. »

Dès 1911, il était question de faire un monument à Tristan Corbière. Le grand sculpteur Antoine Bourdelle avait été chargé de le concevoir. Il en résultera un haut relief où sont représentés les visages du père et du fils. Charles Morice, le 28 mai 1912, prononce au bénéfice de cette œuvre à venir, une conférence à l'Athénée Saint-Germain[30]. L'année sera celle du grand « festival Corbière » à Morlaix placé sous la tutelle d'un comité prometteur : Jean Richepin de l'Académie française, président d'honneur (qui fera excuser son absence), Charles Le Goffic et Charles Morice, vice-présidents d'honneur, Léon Durocher vice-président[31]. Outre des manifestations où seront lus des poèmes en français et en breton, est inauguré, le 1er octobre 1913, Cours Beaumont, le fameux relief en bronze[32] où se voient placés côte à côte le profil d'Édouard et celui de Tristan, d'après la photo de chez Le Coat qui avait déjà inspiré le panneau (perdu depuis) de Jean Benner à Capri. On pouvait y lire ces deux vers (dont le mot initial est fautif « Amer » pour « Ame ») qui terminent le poème « Matelots » :

« Amer-de-mer en peine est le vieux matelot
attendant échoué... – quoi : la mort ? Non, le flot. »

Le Goffic avait alors gratifié Bourdelle d'une lettre louangeuse : « Vous avez fait à mon sens un chef d'œuvre et ces deux têtes de barbares sont belles comme l'antique[33] » Barbares, à entendre au meilleur sens de « primitif » et « originel », comme les *Poèmes barbares* de Leconte de Lisle ou le « Contes barbares », tableau de Gauguin. Une autre barbarie pointait à l'horizon, celle de la Première Guerre mondiale. En attendant, Corbière était placé sur la voie introvertie d'un « armoricocentrisme » dont il n'est pas certain que l'œuvre se soit jamais remise, malgré les fertiles lectures anglaises et américaines d'un T.S. Eliot et d'un Ezra Pound[34].

*

Suivre la destinée des *Amours jaunes* donne un prolongement à la vie de Tristan, en étend le spectacle[35]. Et l'on peut s'interroger sur le bon droit de procéder ainsi. Chaque nouveau commentateur s'en empare, la modèle et la module à son gré. Je ne m'aventurerai qu'à peine jusqu'aux temps présents, aux livres d'Henri Thomas ou de Gérard Macé, plus justes dans leur parti pris d'écriture qu'exacts dans leur vision du poète. Les derniers avatars de l'œuvre demandent cependant à être signalés puisqu'il fallait qu'elle passât par ces épreuves sans lesquelles sa pérennité ne serait pas assurée, encore que le temps seul connaisse la réponse. Tour à tour le dadaïsme et le surréalisme allaient s'intéresser à Corbière, sans toutefois lui accorder la place majeure. Verlaine, quant à lui, ne posait plus problème ; il était tout bonnement passé sous silence, mis au compte d'une poésie obsolète et Mallarmé ne subsistait aux yeux des groupes d'avant-garde que pour l'éclat de son *Coup de dés*. Tristan, quant à lui, excentrique par sa façon d'être et son œuvre, avait eu le tort secret de se situer hors littérature. Or sa contestation s'était faite en respectant les formes mêmes, avec une espèce de désinvolture qui dépassait de loin les manœuvres concertées de la parodie, et c'est plus tard, passées les grandes périodes d'effervescence contestatrice, qu'un André Breton et un Tristan Tzara se préoccuperont enfin plus précisément de lui.

Corbière ne figure pas parmi les principales références que se donne le surréalisme ; la bibliothèque de Breton, lors de la vente Calmels Cohen d'avril 2003 ne comportait pas un exemplaire original des *Amours jaunes* (seules y figuraient deux plaquettes publiées chez Guy Lévis Mano) – ce qui, bien entendu, ne signifie pas que le livre lui-

même n'ait pas été conservé par lui. Aux alentours de 1940, il semble
naturel que Breton, appelé à illustrer la notion d'humour noir, ait songé
à l'œuvre de Tristan, à son état d'esprit. La notice au sujet de celui-là
qu'il compose pour l'anthologie est marquée par une évocation de la
Bretagne en écho à son propre nom. Breton plus d'une fois a pris soin
de rappeler ses origines et ce que j'ai pu dénommer sa « celtitude[36] ».
Gardant le souvenir de la préface de Le Goffic, qui pourtant ne pouvait
représenter à ses yeux qu'une forme d'esprit régionaliste fort éloignée
du « Bretagne est univers » de Saint-Pol Roux, il fait sienne l'expression de Gourmont inventée à propos de Corbière : « dandysme baudela-
rien », à laquelle il n'hésite pas à accrocher diverses images connues –
comme autant d'oripeaux – : la difformité corporelle, le surnom
d'Ankou, le chien Tristan accompagnant son maître comme le barbet de
Faust, mais encore les « énormes bottes », le « crapaud séché sur le trumeau de la cheminée », le « cœur de mouton » donné à Christine peut-
être. Il en déduit une attitude vitale qui coïncide avec cet « humour
noir » si délicat à définir, essentiel « réflexe de défense » sans lequel –
il va de soi – on ne saurait comprendre Corbière, ni retracer sa vie. Et
l'on voit que l'essentiel tient en ce mot, qui vaut comme comportement
et comme style, mais dont si différentes apparaissent les modalités.
L'*Anthologie de l'humour noir*[37] – ce n'est pas un hasard – regroupe
exemplairement une impressionnante escouade de laissés pour compte
de la littérature. Retrouvés, sauvés, « récupérés » diraient les esprits
médisants, ils attendent dans ces parages, en état de survie, les lecteurs
qu'anime la curiosité la plus fine et le goût pour l'étrange. Invité dans
ce « Casino des Trépassés », il n'est pas sûr que Tristan recevait ainsi
un certificat d'existence. De l'œuvre en perpétuelle jachère, André
Breton, le Breton de Lorient et de Saint-Brieuc, extrait précieusement
« Litanie du sommeil », où il voit surtout un exemple, le premier,
d'écriture automatique. Il est clair que Corbière subsiste encore dans
nos esprits par de tels morceaux de haute performance où lui-même a
porté à l'excès et jusqu'au comique sa force de langage, son entente
confondante avec les mots. « Le Pardon de Sainte-Anne » d'une part, de
l'autre « Litanie du sommeil » l'emportent sur le lot. Au nombre des
mots d'auteur (mais ils sont légion chez Corbière, qui, en fin de compte,
n'a que ces mots-là) Breton ne manque pas de souligner le « Je parle
sous moi » de la « Rapsodie du sourd » auquel il confère implicitement
une valeur analytique, proche de l'inconscient, alors que Tristan songeait surtout à l'infériorité de son expression par rapport à ce qu'il
aurait voulu dire. La notice se conclut sur l'ultime formule « Je suis à

Dubois dont on fait les cercueils », qui vaut bien celle de Jarry réclamant sur son lit de mort un cure-dent.

S'il convient d'estimer la présence de Tristan dans l'anthologie de
Breton, on peut s'interroger sur l'absence, dans ce même livre, de Jules
Laforgue. L'inévitable parallèle ne s'est pas poursuivi jusque-là et
l'arbitrage de Breton s'est prononcé en faveur de l'individu de chic, loin
du poète philo, dont l'esprit, plus faisandé, n'avait rien de l'époustou-
flante bravade de Corbière.

Tardivement aussi, et bien après les incartades dadaïstes, passées
depuis à l'état de légende, Tzara est revenu sur Corbière, quand il méditait
son œuvre critique *Les Écluses de la poésie*. Plusieurs se sont demandés
pour quelle raison le Roumain Samuel Rosenstock a choisi, à partir du
moment où il émigra en Suisse, le pseudonyme de Tristan Tzara (écrit en
un seul mot sur sa carte d'identité roumaine[38]). Outre une référence, peu
explicable sur le moment, au *Tristan et Iseut* de la tradition, on a évidemment pensé à Tristan Corbière qu'il avait lu ; mais rien de sa part n'est
venu confirmer cette origine, à ceci près que Claude Sernet, qui avait proposé la signification roumaine du nouveau patronyme, à comprendre
comme « Triste au pays », ne s'est pas vu contredire par le principal intéressé quand il émit cette hypothèse. Toujours est-il qu'après guerre seulement, Tzara s'est appliqué à parler de Tristan, lorsqu'en 1950 il a préfacé
pour le Club français du Livre *Les Amours jaunes*[39]. Très nette apparaît sa
position quant au Corbière armoricain que Le Goffic et même Breton
avaient revendiqué avec enthousiasme :

> « Les brumes de sa Bretagne natale ont fait beaucoup de tort à Corbière.
> Elles ont pendant longtemps confiné son souvenir dans le pittoresque
> d'un régionalisme quelque peu conventionnel. Il serait temps d'éloigner
> sa mémoire des légendes dont ses contemporains, devant la béate incom-
> préhension de son œuvre, l'ont affublé sans en préciser les contours. »

Malgré des informations biographiques nouvelles, Tzara échafaude
une fiction psychologique, qui sera répétée par la suite, parce qu'elle
semble convaincante. Il imagine un ressentiment caché du fils à
l'égard du père et il explique ainsi une révolte qui, en réalité, est
celle de Corbière contre lui-même, son plus inévitable adversaire,
celui qui gîte dans sa propre conscience. Même méprise encore de sa
part, lorsque, remarquant à très juste titre le sens de la réalité que
montre Corbière, il juge bon de le rapprocher de ces témoins sans
pareils que furent Manet et Courbet. On a vu toutefois, par le texte
même, et dans un poème que Tzara cite incomplètement « Idylle
coupée »

> – « Rembranesque ! Raphaélique !
> – Manet et Courbet au milieu –
> … Ils donnent des noms de fabrique
> À la pochade du bon Dieu ! »

à quel point Tristan, lié à d'autres peintres adeptes d'une ancienne manière, a méconnu la qualité de ces nouveaux venus. Fort heureusement, la préface de Tzara vaut pour d'autres remarques qui traduisent au mieux la particularité de Corbière et, pour tout dire, son génie : le caractère d'invective de sa poésie, son aspect oral, déclamation de poèmes à dire, qui ne vont certes pas jusqu'au cri, jusqu'à l'organique inarticulé – comme le prétend le dadaïste d'autrefois rêvant encore d'une sorte d'expression primitive qui nous ramènerait aux beaux temps du Café Voltaire à Zurich. Désarticulé, soit, le langage des *Amours jaunes* où, souvent exhibé, le débat du *for* intérieur se fait *à l'œil nu* : questions et réponses, réquisitoire et plaidoirie, prise à partie des antithèses. Mais autour de ces agencements, agit un principe de contiguïté et non pas la parole nue balbutiant son babil libidinal.

*

Cette dernière rétrospective, sur un peu moins d'un siècle, de la réception des *Amours jaunes* satisfait quelque curiosité concernant la survie de l'œuvre et, partant, les différentes écoutes qu'a rencontrées sa voix. Voix, en effet, où sous les variations et les variantes se perçoit un registre unique. Plus que jamais nous sommes tentés de dire avec Verlaine : « Et tout le reste est littérature. » Mais le paradoxe veut que ce qui nous reste de Tristan soit précisément une œuvre à laquelle, malgré toutes les réticences justifiées, le qualificatif de « littéraire » convient mieux que tout autre. L'effet de ces pages n'en provient pas moins d'une vie d'instant en instant perceptible, source, comme d'un cœur qui bat. Tristan n'est pas séparé de son corps. C'est lui que nous ressentons sans cesse, inquiet et dédaigneux, rafalé, perturbé d'émotions vives, soulevé d'un rire qui se termine en toux, incapable d'accéder au pur univers des mots qu'il s'épuise à donner en spectacle, à défaire, mû par un soupçon qui touche sa propre existence, incertaine de son pourquoi et révoltée par une pareille ignorance. Que les interprétations se soient multipliées n'ôte rien à l'immanence de l'œuvre. Parvenue à ce stade elle n'a pas à être définie par des critères que détermineraient leur plus ou moins grande pertinence. La vie de Corbière – on l'a compris – ne pouvait et ne pourra être dite qu'à peu-près. Un peu moins méconnue, à mesure que j'ai tenté de l'exhumer. D'autres questions prennent forme. L'obscurité plus loin s'étend, entrecoupée d'éclaircies. Tristan n'est rien de plus que ce qu'il a voulu nous dire ; à leur façon, ses *Amours jaunes* apparaissent comme le meilleur témoin fictionnel d'une existence continument jouée et déjouée. Il est donc permis de penser que je n'ai répondu qu'au rôle de comparse dans une pièce – aussi spontanément improvisée à certaines heures que soigneusement activée par des mobiles de perdition. « Nunc plaudite » disait l'ancienne formule latine après la représentation. Ce drôle méritait bien de recueillir pareille gratitude finale après ses tours de saltimbanque, ses exercices de haut mal et son élégance de désespoir.

Notes

1. Voir la préface de Charles Le Goffic aux *Amours jaunes*, Albert Messein, 1912, II-III (Ce volume a connu maintes rééditions).

2. Voir Jean Richepin, « Germain Nouveau et Rimbaud, souvenirs inédits », *Revue de France*, 1er janvier 1927.

3. Raoul Ponchon (1848-1937). Richepin avait fait la connaissance de Ponchon à l'institution Massin durant l'année 1867-1868. *La Muse au cabaret* a été publiée en 1920.

4. Le groupe des Vivants se composait de Richepin, Ponchon, Nouveau, Bouchor et Bourget. Il s'était constitué en 1872. Né en 1855, Bouchor avait publié chez Fasquelle *Les Chansons joyeuses* (1874), *Les Poèmes de l'amour et de la mer* (1876) ; *Le Faust moderne, histoires humoristiques* en vers et en prose (1878), *Contes parisiens en vers* (1880). Il témoignait d'un goût particulièrement vif pour la poésie populaire qu'il se plaisait à commenter.

Richepin était né à Médéa en Algérie ; il était entré en 1868 à l'École Normale supérieure, avait participé comme franc-tireur à la guerre franco-prussienne dans l'armée de Bourbaki. De 1871 à 1875 il avait mené une vie errante ; il avait écrit une pièce de théâtre *L'Étoile*, en collaboration avec André Gill en 1873 et rencontré un succès immédiat avec *La Chanson des gueux* (1876) bientôt suivie de *Les Caresses* (1877), *Les Blasphèmes* (1884) et *La Mer* (1886). Sur Richepin, voir de H. Sutton, *The Life and Work of Jean Richepin*, Genève-Droz, Paris-Minard, 1961.

5. Un grand nombre de poèmes de *La Chanson des gueux* sont écrits en argot, notamment la série « Au pays de largonji ». La partie « Gueux de Paris » est dédiée à Raoul Ponchon. *Les Blasphèmes* sont dédiés à Maurice Bouchor, mais n'ont guère à voir avec la pensée de T. Corbière. En revanche, *La Mer* laisse supposer une possible influence. Dans le sonnet IV, Richepin assure : « Bien ou mal, mes tableaux ne sont jamais *de chic*. » Et quelques poèmes, souvent verbeux, rencontrent l'expressivité de Tristan, notamment ceux de la section « Matelotes », comme « Largue » : « Cric ! crac ! sabot ! Cuiller à pot !... Et je commence./ Je m'en vas vous filer les nœuds de ma romance/ En parler mathurin comme un gabier luron/ Qui s'est suivé le bec à même un

boujaron. » ou « Mon premier voyage », sous-titré : « Au bon souvenir/ de Mathieu Lemardec captaine/ et de Pierre et Quentin matelots/ à bord du caboteur/ *La Louise* » ou le sonnet « Amène », la suite « Les Gas », sixième poème « La marine militaire » : « Je pourrai barbouiller un abordage ici,/ Tout comme un autre ; mais *de chic*. Mieux vaut se taire. », le poème « L'Hareng saur » : « Toi, que ton cuir soit propre ou sale, / Qu'importe ! Il est d'un fameux grain,/ Il se tanne au soleil, se sale/ Dans le poudrain [...] » ou dans la suite « Étant de quart », « Le Morgat » (désignant un oiseau).

6. Sur « Pol Kalig », voir R. Martineau, *Promenades biographiques*, Librairie de France, 1920. Dans son roman *La Jupe* (Monnier, 1887) Trézenik rappellera leurs années de jeunesse et montrera Kalig sous les traits de Kerbihan. « La chambre de Kerbihan, bizarrement disposée tenait le milieu entre un salon et un atelier de peinture [...] Il s'installait des heures devant sa toile, et laissait son pinceau évoquer les paysages fantastiques qui hantaient son imagination. Puis la page finie, et parfaite, il prenait son couteau et râclait sa toile, pour recommencer le lendemain. »

Martineau cite de Kalig ce sonnet inédit qui, bien entendu, renvoie au poème de Corbière « Au vieux Roscoff : berceuse en nord-ouest mineur » :

Sonate en Nord-Ouest majeur

Les nuages massifs taillés dans l'horizon
S'écrasent dans la mer : au loin, grande la houle
Dont la crête poudrée et coquette se roule
En bavant sur l'écueil dans une pâmoison.

Andante de galets qui sautent sur la grève,
Maëstoso la foudre ouvre les flancs du grain,
Se heurte à tous les rocs, rebondit et soudain
Tombe avec un bruit sec comme un ballon qui crève ;

Clignant son œil narquois, point d'orgue d'ouragan,
Le phare par instants dans le noir étincelle
Et paillette d'argent la plage qui ruisselle.

Alors je viens m'asseoir au concert-océan.
Salé par les embruns, je déchiffre en Œdipe
La sonate de Dieu, seul en fumant ma pipe. »

daté de Roscoff et inédit (cité par Martineau).

7. Charles Morice, conférence faite le 28 mai 1912, et recueillie sous forme d'opuscule, publié chez Messein, 1912. Morice (1861-1919), poète, essayiste, secrétaire de Rodin, ami de Gauguin, traducteur de certains romans de Dostoievski, notamment *Les Frères Karamazov*, reste connu pour son livre *La Littérature de Tout à l'heure* (1889) qui propose un certain bilan du symbolisme. Paul Delsemme lui a consacré une étude : *Un théoricien du symbolisme. Charles Morice*, Nizet, 1958.

8. Article publié sous le pseudonyme L.-G. Mostrailles, pseudonyme collectif de Léon Épinette (Trézenik) et Georges Rall, « Les Quais de demain », dans *Lutèce*, IV, n° 195, 9-16 août 1885.

9. Lettre à Mallarmé du 16 août 1883, *Correspondance*, I, p. 804, Fayard, 2005.

10. Voir lettre de Baudelaire à Poulet-Malassis du 16 ou 17 mars 1857. Le titre avait été trouvé deux ans auparavant par Hippolyte Babou.

11. *Les Consultations du Docteur Noir. Stello, ou les Diables bleus (Blue Devils). Première consultation*, Gosselin et Renduel, juin 1832.

12. Lettre à Charles Morice, *Correspondance* I, ouvr. cit., p. 818 : « Et ce Corbière ? Puisque vous revoyez Trézenik il est de toute nécessité qu'il prête ses *Amours jaunes* à Blanchet pour le mirifique frontispice. »

13. Lettre à Charles Morice du 17 novembre 1883, *Correspondance* I, p. 825 : « Pour contenter tout le monde, si tout bonnement, au lieu d'un seul portrait de Corbière, il y en avait deux ! Celui d'après traits sérieux, par Blanchet, et celui d'après la truculente eau-forte ».

14. Cet avertissement est daté du 25 février 1884 et se trouve dans l'« Avertissement/ à propos des portraits ci-joints ». Verlaine précise que le portrait de Tristan, obtenu d'après la photogravure, vient d'une photo de Tristan qui remonte à l'année 1875. Il se trouve en page IV de l'édition des *Poètes maudits* de 1884. Le portrait de Corbière est indiqué comme étant de Carjat, alors qu'il a été photolithographié par Blanchet à partir de la photo de Corbière faite chez Le Gray. Il ne figurera pas dans l'édition de 1888, non plus que l'avertissement. Le texte commencera par un « Avant-propos » constitué par les premières lignes du « Tristan Corbière » de 1884, de « C'est *Poètes absolus* qu'il faudrait dire » jusqu'à « Jugez-en. » Il faut signaler, en outre que l'« Avertissement » de 1884 avait paru dans *Lutèce*, n° 113, 29 mars-5 avril 1884, précédé des trois portraits de Corbière, Mallarmé et Rimbaud » et regroupé sous le titre général « Les Poètes maudits ».

15. Dans sa notice, Verlaine cite abondamment Corbière : « Rescousse » *in extenso*, de larges extraits d'« Épitaphe », « Heures » *in extenso*, des fragments du « Pardon de sainte Anne » (septième, huitième, onzième, douzième et vingtième quatrains) et « La Fin » dans sa totalité.

16. Voir de Rodolphe Salis, *Les Gaîtés du Chat noir*, préface de Jules Lemaître, 1894, Camille Pagé, *Salis et le Chat noir*, 1912, Jean Pascal, *Les Chansons et poésies du Chat noir*, 1907 et le recueil anthologique, *Les Poètes du Chat noir*, présentation et choix d'André Velter, *Poésie/* Gallimard, 1996. On consultera aussi de Léon Durocher (Léon Duringer dit), (1864-1918) « Corbière au "Chat noir" de Salis » dans *Les Marches de Provence*, août-septembre 1912.

17. « On demande des malédictions », compte-rendu des *Poètes maudits* de Verlaine, a paru dans *Le Chat noir* du 3 mai 1884. Article repris dans *Propos d'un entrepreneur de démolition*, Stock, 1884. Bloy, par la suite, saluera le génie de Verlaine.

18. Lettre de Verlaine à Vanier, hiver 1884-1885.

19. « Les Quais de demain », *Lutèce*, 9-16 août 1885.

20. Ce texte était paru dans la partie « Correspondance » de la revue. Les titres de romans cités renvoient à quatre œuvres des frères Goncourt : *Manette Salomon* (1867), *Charles Demailly* (sous ce nouveau titre) (1868) et, dus au seul Edmond de Goncourt, *Les Frères Zemganno* (1879) et *La Faustin* (1882). Tous ces livres observent les milieux artistes et marginaux. Anatole, dans *Manette Salomon*, représente par excellence le personnage du bohème raté, mais heureux de vivre ainsi.

21. *À Rebours*, Charpentier, 1884. On remarquera l'intérêt que porte Huysmans aux poèmes qu'il nomme « parisiens » et qu'il étend au-delà de la seule sous-section « Paris », puisque le vers qu'il cite en dernier lieu, qui débute « Féminin singulier », appartient à la section « Les Amours jaunes », où nombre de textes sont situés à Paris.

22. Ce qui laisse clairement entendre qu'à ce moment Vanier eut communication d'une partie de l'Album Louis Noir, les trois textes publiés correspondant à ceux que l'on peut y lire.

23. Article publié dans *Le Figaro*, supplément littéraire, XVI, n° 22, samedi 31 mai 1890. Les deux poèmes « Paris diurne » et « Paris nocturne » se lisent manuscrits sur l'exemplaire personnel des *Amours jaunes* de Tristan que possédait alors Kalig et qui, de nos jours, se trouve dans une collection privée où Benoît Houzé a pu les consulter. Jean Ajalbert (1863-1947) sera connu pour ses poésies suburbaines *Sur les talus* (1888) et ses *Mémoires en vrac* (Albin Michel, 1938).

24. « Une étude sur Corbière » dans *Entretiens politiques et littéraires*, III, n° 16, juillet 1891, p. 2-13. Ce texte sera repris dans les *Mélanges posthumes*, Mercure de France, 1903. Gustave Kahn dans *La Revue indépendante*, IX, n° 24, octobre 1888, dans un article à propos des *Poètes maudits* de 1888, assure que « quand parurent *les Poètes maudits* [...] Laforgue ne connaissait presque pas Corbière qu'il aima, dès qu'il le connut, tout particulièrement [...] » ; mais ailleurs (*Symbolistes et décadents*, Vanier, 1902) il assurera, en situant ce moment durant l'été de 1880 : « [...] je lui révélais Corbière que je venais de découvrir dans les conversations d'un de ses petits cousins qui signait Pol Kalig des vers légers, essayait de faire connaître *les Amours jaunes*, et y réussissait plutôt peu. » Voir aussi de Claude Leroy, « Jules Laforgue auteur des *Amours jaunes* » dans *Revue des Sciences humaines*, n° 178, 1980-2, p. 5-14.

25. *La Plume*, n° 59, 1er octobre 1891.

26. *Portraits du prochain siècle*, E. Girard, 1894. Le texte de Victor-Émile Michelet sur Corbière figure dans la partie « Les Précurseurs ».

27. *Le Livre des masques*, Mercure de France, 1896.

28. *Les Amours jaunes*, préface de Charles Le Goffic, A. Messein, successeur de L. Vanier, 1912 (millésimé 1911). In-12 de XXXIV-318 p. Cette édition contient deux portraits de Corbière : l'eau-forte de l'édition originale et la reproduction de la photographie du poète (dont *les Poètes maudits* de 1884 donnaient une photogravure). Charles Le Goffic, né à Lannion en 1863, consacrera une grande partie de son œuvre à la Bretagne (voir *Chansons bretonnes* (1891), *Le Crucifié de Kéralès*, roman (1892), *Gens de mer* (1897), etc.)

29. *La Bohème et mon cœur*, édition complète, Albin Michel, 1939. L'édition originale date de 1912. Carco intervient dans le numéro des *Marches de Provence* consacré à Tristan, p. 30 : « Son influence sur notre génération n'a pas été très étendue. Quelques isolés, dont le beau talent orne le nom comme une rose ardente, l'ont connu et admiré de bonne heure ».

30. Charles Morice, *Tristan Corbière – Conférence faite le 28 mai 1912*, A. Messein, 1912, 32 p. avec un portrait.

31. La conférence faite par L. Durocher à cette occasion a été publiée dans la *Bibliothèque du « Fureteur breton »*. Les descendants de J. Benner possèdent cet opuscule avec la dédicace par L. Durocher « au peintre Many Benner / En souvenir de Jean Benner / et de mon portrait ».

32. Ce relief a été transféré à son emplacement actuel en 1995 à l'occasion du cent cinquantenaire de la naissance du poète.

33. Lettre du 16 octobre 1913 (Archives du Musée Bourdelle).

34. Voir de Francis F. Burch, *Tristan Corbière : l'originalité des* Amours jaunes *et leur influence sur T.S. Eliot*, Nizet, 1970 (notamment les chapitres VIII et IX et le célèbre poème *The Waste Land*). Sur E. Pound et Corbière, voir *The Approach to Paris*, V, « New Age », XIII, 23, 2 octobre 1913 (III, Corbière) et *Make It New*, essais, New Haven, Yale University Press, 1934.

35. Il faut ici évoquer André Salmon, Max Jacob fidèle à sa Bretagne (*Poèmes de Morven le gaélique*) et Saint-Pol Roux qui consacra une courte pièce de théâtre à Tristan interpellé par la Mort.

36. Voir de Jean-Luc Steinmetz, « André Breton et la celtitude » dans *Les Réseaux poétiques*, J. Corti, 2001, p. 189-215.

37. *Anthologie de l'humour noir*, Le Sagittaire, achevé d'imprimer 10 juin 1940. Le livre étant censuré sous l'Occupation, ses exemplaires ne seront distribués qu'au milieu de 1945.

38. Information communiquée par Henri Béhar que je remercie.

39. *Les Amours jaunes*, Le Club français du Livre, 1950. Préface non paginée. « Tristan Corbière et les limites du cri ». Sur le projet de *Les Écluses de la poésie*, qui devait contenir cette préface et un article sur des « inédits de Tristan Corbière », voir Tristan Tzara, *Œuvres complètes*, texte établi, présenté et annoté par Henri Béhar, t. 5, Flammarion, 1982. Les inédits, publiés dans *Les Lettres françaises*, n° 388, 15 novembre 1951, présentaient « Parade (oubliée) », « Petit coucher (risette) », « Moi ton amour ? Jamais », trois poèmes figurant manuscrits sur l'exemplaire personnel de Corbière.

Bibliographie

Principales éditions des *Amours jaunes* :

Les Amours jaunes, Glady Frères, 1873.

Les Amours jaunes, préface de Léon Vanier, Vanier, 1891.

Les Amours jaunes, préface de Charles Le Goffic, Messein, 1912.

Les Amours jaunes, introduction de G. Jean-Aubry, Stols, 1947.

Les Amours jaunes, préface de Tristan Tzara, Club français du Livre, 1950.

Les Amours jaunes, introduction et appareil critique de Yves-Gérard Le Dantec, Gallimard, 1953.

Les Amours jaunes, éd. établie par Pierre-Olivier Walzer et Francis F. Burch, Gallimard, 1970, Bibliothèque de la Pléiade.

Les Amours jaunes, Préface de Henri Thomas, éd. établie par J.-L. Lalanne, Gallimard, coll. *Poésie*, Gallimard, 1973.

Les Amours jaunes, Préface de Michel Dansel. Fac-similé de l'édition Vanier de 1891, 1962.

Les Amours jaunes, présentation par Serge Safran, La Différence, 1989.

Les Amours jaunes, postface et notes d'Yves Leclair, Seuil, L'École des Loisirs, 1992.

Les Amours jaunes, texte établi et commenté par Elisabeth Aragon et Claude Bonnin, Toulouse, Presses universitaires du Mirail, 1992.

Les Amours jaunes, éd., préface et notes de Christian Angelet, Le Livre de poche, 2003.

À signaler, parmi les nombreuses éditions illustrées. *Armor*, 8 eaux-fortes de Romanin (Jean Moulin). Fac-similé de l'édition Helleu (1935). Texte de M. Lebranchu, Dossen, 1995.

Traductions :

Selections from « Les Amours Jaunes », traduction et présentation C.F. MacIntyre, University of California Press, 1954.

Gli Amori gialli, traduction de Renzo Paris et Enzo Siciliano, Roma, 1972.

Tutte le poesie, introduction de Alfredo Giuliani. Traduction de Claudio Rendina, Roma, Newton Compton Italiana, 1973.

Gallige Amouren, traduction de L. Partisander, Die Blaue Eule, 1992.

Le Casino des Trépassés, préface et version anglaise par Kenneth White, Bibliothèque internationale de Poésie, 1994.

These Jaundiced Loves, présentation et traduction de Christopher Pilling, Peterloo Poets, 1995.

Livres consacrés à Tristan Corbière :

ANGELET (Christian), *La Poétique de Tristan Corbière*, Bruxelles, Académie royale de langue et de littérature française, 1961.

ARNOUX (Alexandre), *Une âme et pas de violon*, Grasset, 1929.

BERNARDELLI (Giuseppe), *Tre studi su Tristan Corbière*, Gianfranco Angelico Benvenuto Editore, 1983.

BOGLIOLO (Giovanni), *Lessico Corbieriano*, Argalia Editore, Urbino, 1975.

–, *Corbière e le sue maschere*, Urbino, QuattroVenti, 1984.

BURCH (Francis F.), *Tristan Corbière : l'originalité des Amours jaunes et leur influence sur T.S. Eliot*, Nizet, 1970.

–, *Sur Tristan Corbière : lettres inédites adressées au poète et premières critiques le concernant*, Nizet, 1975.

Comité Tristan Corbière et Bibliothèque municipale de Morlaix. Tristan Corbière en 1995. *Lire les Amours jaunes 150 ans après la naissance du poète*, Bibliothèque municipale de Morlaix, 1996.

DANSEL (Michel), *Langage et modernité chez Tristan Corbière*. Préface de Pierre-Olivier Walzer, Nizet, 1974.

–, *Tristan Corbière. Thématique de l'inspiration*, L'Âge d'homme, 1985.

GRIN (Micha), *Tristan Corbière poète maudit*, Ed. du Nant d'enfer, 1971.

JANNINI (Pasquale A.), *Saggio su Tristan Corbière*, Collana di Lugano, Bellinzola, 1959.

–, *Introduzione alla lettura de « Les Amours jaunes » di Tristan Corbière »*, Roma, Edizioni dell'Ateneo, 1969.

–, *Tristan Corbière a Capri*. Dalle carte dell'Hôtel Pagano, Quaderni di « Si & No », 1975.

–, *Un altro Corbière*, Roma, Bulzoni, 1977.

LAROCHE (Hugues), *Tristan Corbière ou les voix de la corbière*, Presses Universitaires de Vincennes, 1997.

LE CLECH (Martine) et YVEN (François), *Tristan Corbière. La métamorphose du crapaud*, Plourin-lès-Morlaix, Bretagne d'hier, 1995.

LE MILINAIRE (André), *Tristan Corbière, la paresse et le génie*, Champ Vallon, 1989.

LINDSAY (Marshall), *Le Temps jaune. Essais sur Corbière*, University of California Press, 1972.

MACFARLANE (Keith H.), *Tristan Corbière dans Les Amours jaunes*, Minard, Lettres modernes, 1974.

MARTIN (Anne-Denes), *Tristan Corbière ou L'aventure maritime*, Editions francophones, 1988.

MARTINEAU (René), *Tristan Corbière*, avec de nombreux inédits, Le Divan, 1925.

MITCHELL (Robert L.), *Tristan Corbière*, Boston, Twayne Publishers, 1979.

RANNOU (Pascal), *De Corbière à Tristan. Les Amours jaunes : une quête de l'identité*, Champion, 2006.

ROUSSELOT (Jean), *Tristan Corbière*, Seghers, 1951.

SONNENFELD (Albert), *L'œuvre poétique de Tristan Corbière*, PUF/Princeton University Press, 1960.

THOMAS (Henri), *Tristan le dépossédé* (Tristan Corbière), Gallimard, 1972.

TRIGON (Jean de), *Tristan Corbière*, Le Cercle du livre, 1950.

TUGNY (Emmanuel), *Corbière le crevant*, Léo Scheer, 2007.

VACHER-CORBIÈRE (Jean), *Portrait de famille. Tristan Corbière*, Monte Carlo, Regain, 1955.

Tristan Corbière en 1995, Lire Les Amours jaunes 150 ans après La naissance du poète, Comité Tristan Corbière, Bibliothèque Municipale de Morlaix, 1996

Ouvrages consacrés partiellement à Tristan Corbière :

BALCOU (Jean) et LE GALLO (Yves) (dir.), *Histoire littéraire et culturelle de la Bretagne*, Champion, 1987. Deux chapitres : « Les Deux Corbière. Tristan le mal conçu », Le Gallo (Yves), p. 51-59 et « *Les Amours jaunes* devant l'analyse poétique », Martin (Denise), p. 59-70.

BOCQUET (Léon), *Les destinées mauvaises*, Malfère, 1923.

CARIOU (André), *Jean Moulin en Bretagne*, Editions Ouest-France, 2005.

LE GOFFIC (Charles), *L'âme bretonne*, Champion, 1924.

–, *De quelques ombres*, Lesage, 1929.

MACÉ (Gérard), *Ex libris, Nerval-Corbière-Rimbaud-Mallarmé-Segalen*, Gallimard, 1980.

MARTINEAU (René), *Promenades biographiques*, Librairie de France, 1920.

–, *Types et prototypes*, Messein, 1931.

TRIGON (Jean de), *Poètes d'océan : La Landelle, Édouard et Tristan Corbière*, Emile-Paul frères, 1958.

VAN BEVER et LÉAUTAUD (Paul), *Poètes d'aujourd'hui*, Mercure de France, 1929.

VERLAINE (Paul), *Les poètes maudits*, Vanier, 1884.

Travaux universitaires consacrés à Tristan Corbière

HOUZÉ (Benoît), *Crier Jaune : le cri et l'aventure de l'énonciation dans l'œuvre de Tristan Corbière*, Université Paris VII-Saint-Denis, 2006.

LAVANAN (René-Alain), *Tristan Corbière et la chanson populaire*, Université de Brest, 1973.

LEVI (Ida), *Tristan Corbière, A biographical and critical Study*, St Hilda's College, Oxford, 1951.

LUNN-ROCKLIFFE (Katherine), « Paris as a Bazar : Tristan Corbière's poetry of the city », *Nineteeth Century French Studies*, vol. 33, n° 1-2, automne-hiver 2004, *University of Nebraska Press*, p. 120-134.

MARTIN (Denise), *Paysage de Tristan Corbière*, Université de Brest, 1970.

MEITINGER (Serge), *Tristan Corbière dans le texte : une lecture des « Amours jaunes »*, Université de Haute-Bretagne, 1978.

LE CHANU (Fabienne), Tristan Corbière, Le bestiaire des " Amours jaunes ",

RANNOU (Pascal), *De Corbière à Tristan, La quête identitaire comme principe orga-nisateur des « Amours jaunes »*, Université de Rennes II, 1998.

Articles et études autour de Tristan Corbière :

BERNARDELLI (Giuseppe), « Orientamenti per l'interpretazione di un testo corbie-rano », *Studi Francesi*, 1997.

BUISINE (Alain), « Sans rimes ni marine », *Revue des Sciences humaines*, 1980, n° 177.

BURCH (Francis F.), « Tristan Corbière and Michel Bouquet », *Studi Francesi*, 1983, n° 80.

DEBAUVE (Jean-Louis), « Avec Tristan Corbière au lycée de Saint-Brieuc : une lettre inédite suivie d'un poème inconnu retrouvé et commenté », *Cahiers de l'Iroise*, 1979, n° 1.

DROUGARD (Émile), *Tristan Corbière*, L'Âge nouveau, 1948, n° 25.

DUROCHER (Léon), « Tristan Corbière à Paris », *Le Fureteur Breton*, avril-mai 1912.

–, « Corbière à Capri », *Le Fureteur Breton*, juin-juillet 1912.

–, « Le père de Tristan », *Le Fureteur Breton*, août-septembre 1912.

–, « La Conlie de Corbière », *La Pensée bretonne*, 15 juillet et 15 août 1917.

ESNAULT G., « Professeurs et condisciples de Corbière », *Le Fureteur Breton*, août-septembre 1913.

GLEIZE (Jean-Marie), « N'être là. L'enjeu des *Sérénades* de Tristan Corbière », *Béré-nice*, 1982, n° 5.

« Le Lyrisme à la question. Tristan Corbière » dans *Poésie et figuration*, éd. du Seuil, 1983, p. 104-125.

GOURMONT (Remy de), *Tristan Corbière* in *Le livre des Masques*, Mercure de France, 1905.

GRACQ (Julien), *En lisant, en écrivant,* José Corti, 1981.

GUYAUX (André), « Spleen et dérision chez Tristan Corbière », *Atti del XVIᵉ Conve-gno della Società universitaria per gli studi di lingua e di letteratura francese*, Milan, Schena editore, vol. I (1991), p. 129-134.

HOUZÉ (Benoît), « En profil laminé : sur trois dessins inédits de Tristan Corbière », *Pleine Marge*, n° 49-50, octobre 2009, p. 67-76.

–, « Traces de Tristan Corbière, documents inédits ou retrouvés », *Histoires littéraires*, 2008, n° 33.

–, « Un hommage inconnu à Tristan Corbière : quelques Coups de bâton de Louis Ver-brugghe », *Studi Francesi*, n° 160, janvier-avril 2010, p. 8-12.

–, « Tristan Tous Genres. Recherches sur l'éclectisme corbiérien (avec un poème oublié) », *L'Œil bleu*, n° 11, juin 2010, p. 3-22.

–, « Xavier-Édouard Sasias, officier supérieur d'infanterie de marine et demi-frère de Tristan Corbière », *Revue d'Histoire littéraire de la France*, décembre 2010, p. 967-977.

LAFORGUE (Jules), « Une étude sur Corbière » dans *Mélanges posthumes*, Mercure de France, 1903.

LARBAUD (Valery), « Sobre Tristan Corbière » (en espagnol), *La Nación*, Buenos Ayres, juillet 1923, repris traduit, dans *Du navire d'argent*, Gallimard, 2003, p. 298-308.

LECLAIR (Yves), *Les Amours jaunes de Tristan Corbière*, L'Ecole des Lettres du second cycle, 1992-1993, n° 5.

LEROY (Claude), « Jules Laforgue, auteur des *Amours jaunes* », *Revue des Sciences humaines*, 1980, n° 178.

MARMIER (Jean), « La Pastorale de Conlie : Tristan Corbière et la guerre de 1870 », *Annales de Bretagne*, 1970, n° 213.

MARTIN (Denise), « Une poésie d'exilé », *Cahiers de l'Iroise*, 1972, n° 4.

– « La Bretagne de Tristan Corbière », *Annales de Bretagne*, 1972, n° 3.

MEITINGER (Serge), « L'ironie romantique de Tristan Corbière », *Littérature*, 1983, n° 51, p. 41-59.

MOULIN (Laure), *Jean Moulin*, Presses de la Cité, 1983.

PIA (Pascal), « La poésie en 1873 », *Carrefour*, 17 avril 1975.

RICHARD (Jean-Pierre), *Pages Paysages*, Seuil, 1984.

ROUDAUT (Jean), « Finir comme un cigare », *Mercure de France*, 1ᵉʳ mai 1965.

– « Les Deux Corbière », *Critique*, 1966, n° 224.

Repris dans Roudaut Jean, *Ce qui nous revient*, Gallimard, 1980.

SAINT-POL-ROUX, « Tristan la vie », *Poésie présente*, 1982, n° 45.

SALA (Alberto), I disegni di Tristan Corbière, *Il Giorno*, 4 janvier 1976.

SONNENFELD (Albert), « Three Unpublished Letters of Tristan Corbière », *The Romanic Review*, 1958, n° 4.

– « Tristan Corbière, poète chrétien? », *Cahiers de l'Iroise*, 1960, n° 1.

– « Calembour et création poétique chez Tristan Corbière », *Cahiers de l'Iroise*, 1961, n° 1.

STEINMETZ (Jean-Luc), Notice sur *Les Amours jaunes*, *Dictionnaire des Œuvres*, Laffont-Bompiani (nouvelle édition), 1994.

STÜCKEMANN (Franck), « On crache dessus, on l'imite même : Corbière-inspirierte Literatur in fin de siècle », Archiv, 1999.

THOMAS (Henri), « Tristan Corbière, un passeur de frontières », *Le Monde*, 5 février 1971.

VACHER-CORBIÈRE (Jean), « Mais non, Tristan Corbière n'est pas de la famille des poètes maudits », *Le Figaro littéraire*, 30 janvier 1954.

WALZER (Pierre-Olivier), « Autour du centenaire de Corbière », *Revue d'histoire littéraire de la France*, 1976, n° 2.

Revues et catalogues

– *Les Marches de Provence*, 1ʳᵉ année, t.II, n° 7, 1912, 40 p., Jean-Aurélien Coulanges, René Martineau, Léon Durocher, Charles Morice, Henri Strentz, lettre du docteur Chenantais (Pol Kalig), Jean-Marc Bernard, Francis Carco, Alfred Pouthier, G. Jean-Aubry, Charles Le Goffic, A. Verdier, 2 poèmes de Pol Kalig.

– *Si & No*, II, n°2, juillet 1975 : Marcel Béalu, Fr. F. Burch, P.A. Jannini, Claudio Rendina, Jean Rousselot, Evelyne Voldeng.

– *Hommage à Corbière*, 1875-1975, Musée de Morlaix, catalogue de l'exposition qui s'est tenue du 24 mai au 31 août 1975, 40 p. dact. + 8 planches et les fac-similés de la lettre à ses parents envoyée de Gênes en 1869 et de celle à sa tante Émilie envoyée de Rome en 1870. Textes de Fanch Gourvil, Michel Mohrt, Jean Roudaut et René Guyomard.

- *Cahier de Bretagne occidentale*, « Etudes sur Edouard et Tristan Corbière », n°1, 1976, 116 p. Yves Le Gallo, Louis Le Guillou, André Lebois, Denise Martin, Jean-Pierre Balcou, Bernard Tanguy, Evelyne Voldeng.
- *La Nouvelle Tour de feu*, « Tristan Corbière », n°s 11-13, printemps-été-automne 1985, sous la direction de Michel Dansel, 210 p. Textes d'Anthony Lhéritier, Pierre-Olivier Walzer, P.A. Jannini, Jean-Louis Debauve, Francis F. Burch, Micheline Grundt, Michel Décaudin, Evelyne Voldeng, Jean Rousselot, Serge Meitinger, Jean-Marie Gleize, Christian Angelet, Michel Dansel, Jean-Pierre Bayard, Pierre Osenat, etc.
- *Tristan Corbière « Poète en dépit de ses vers »*, Musée de Morlaix, catalogue de l'exposition au musée des Jacobins, sous la direction de Patrick Jourdan, 12 mai-18 juillet 1995. Textes de J.-A. Guenégan, Eugène Guillevic, Fabienne Le Chanu, Jean Berthou, Pascal Rannou, Murielle Vettier, Marcel Postic.
- *Skol Breizh, « Tristan Corbière »*, n° 33, 1995, 84 p., sous la direction de Pascal Rannou : Pierre Bazantay, Fabienne Le Chanu, Pascal Rannou, Yannick Lemarié, Michel Jestin.
- *Tristan Corbière en 1995. Lire* Les Amours jaunes*, 150 ans après la naissance du poète*, comité Tristan Corbière et Bibliothèque municipale de Morlaix, 1996, 160 p. Textes de Marcel Postic et Anne-Marie Quesseveur, Michel Dansel, Marc Gontard, Anne-Denes Martin, Jean Berthou, Olivier Cadiou, Fabienne Le Chanu, Jean-André Le Gall, André Le Milinaire, Hugues Laroche, Christopher Pilling, Franck Stückemann, Yves La Prairie, Pascal Rannou, Jean-Paul Kermarrec, René Guyomard, Annick Barc.
- Dossier « Tristan Corbière » de la revue *Histoires littéraires*, n° 33, janvier-mars 2008, avec notamment des textes de Benoît Houzé, Michael Pakenham, Jean-Louis Debauve et la lettre de Tristan à sa tante Christine du 13 novembre 1870.

Remerciements

Ce livre n'aurait pu se construire ni voir le jour sans l'attention de quelques-uns, leur aide et leur sollicitude.

Je tiens à remercier tout particulièrement Benoît Houzé pour les découvertes multiples dont il n'hésita pas à me faire profiter en toute libéralité, Laurent Manoury de l'Association Patrimoines et Légendes qui mit son savoir à confectionner le tableau généalogique placé en tête de ce volume, Sébastien Quéquet, parfait connaisseur des peintres français capriotes et de Jean-Louis Hamon en particulier.

Je veux exprimer aussi toute ma gratitude envers M. Patrick Jourdan, conservateur en chef du musée des Jacobins de Morlaix, qui m'ouvrit le secret de ses archives et me fit connaître les principaux descendants de Corbière, lesquels m'accueillirent avec sympathie. Mme June Vacher-Corbière se reconnaîtra parmi eux, ainsi que M. Frédéric Lebon, propriétaire de Coat-Congar, là où naquit Tristan, et les chaleureux hôtes du château de Bagatelle, M. et Mme Charpentier, M. et Mme de Lafforest.

Aux frères Julien et Victor Thomas, je dois d'avoir accompli sur leur sloop « Jézéquel », le *Luin Gor*, le périple de Tristan, de la rade de Morlaix jusqu'à Roscoff, et à Albert Thomas leur père, d'avoir séjourné à Traon Névez, face à cette même rade.

Que soient également remerciés M. Hubert Borgnis-Desbordes, descendant de la famille Alexandre, grâce à qui furent révélées de nombreuses pièces inconnues venant de Tristan lors de la vente Alde du 28 juin 2007 et qui me confia le répertoire « Mes Livres » de Ludovic, M. Jean-François Benner, qui mit à ma disposition ce qui lui restait de la correspondance de son aïeul, le peintre Jean Benner, M. Eric de Lussy qui m'ouvrit une fois encore les portes de la Bibliothèque de l'Institut de France dont une lettre de M. Marc Fumaroli de l'Académie française m'assura l'accès, Ange Kersau et Laurence Le Bras de la Bibliothèque Nationale qui facilitèrent mes recherches, Sophie Grandjean-Hogg mon éditrice, qui, spécialiste de la littérature populaire, m'apporta tous les renseignements désirés au sujet de Louis Noir.

Aux amis de l'Université, toujours prêts à transmettre l'information souhaitée, à André Guyaux, professeur à la Sorbonne, Patrick Besnier, professeur émérite à l'Université du Maine, Yann Mortelette maître de conférence à l'Université de Brest, à Michael Pakenham, Honorary Research Fellow de l'Université d'Exeter et au très cher Jacques-Rémi Dahan, à tous ceux-là, je ne saurais trop dire ma reconnaissance.

Merci également à l'excellent Jean-Louis Liters, expert mathématicien et amateur de livres, qui compléta quand il le fallait ma bibliothèque corbiérienne, à Vivian O' Shaughnessy, artiste new-yorkaise, à Mme Françoise Denizeau, responsable du fonds patrimonial de la bibliothèque « Les Amours jaunes » de Morlaix et à la municipalité de Morlaix, comme à celle de Roscoff.

Au cours d'un travail de cet ordre, que seul peut faire aboutir un geste réellement littéraire, il est réconfortant d'avoir rencontré de pareils accompagnateurs, prêts à partager l'indispensable ressource que nécessite toute biographie. Il est non moins regrettable d'avoir constaté parfois l'incompréhension ou la rétention.

Face à ces empêchements mal excusables, on comprendra mon immense gratitude envers le propriétaire de l'Album Noir, M. Ian Johnson, qui me communiqua avec simplicité et générosité le trésor qu'il détenait, et envers Mme Myrtille Hugnet chez qui il me fut possible de voir l'un des deux seuls authentiques tableaux connus peints par Tristan Corbière, le second appartenant à Mme June Vacher-Corbière qui me le montra tout à loisir.

Kiyoko Steinmetz vit toutes les étapes de la composition de ce livre et les sites où elles me firent séjourner. Au labeur quotidien elle sut donner la forme de la sérénité partagée. Pour ce bonheur et cette patience, je l'embrasse.

Index

Table des matières

Photocomposition Nord Compo
Villeneuve-d'Ascq

Imprimé en mai 2011 par Rodesa (Espagne)
35-68-3350-2/01

Black 274, 290
277

Lowstic 106

Lieh 416

246 Pope 412